GESKIEDENIS VAN SUID-AFRIKA

Geskiedenis
van SUID-AFRIKA

Van voortye tot vandag

Redakteur
Fransjohan Pretorius

In opdrag van die Geskiedeniskommissie van die
Suid-Afrikaanse Akademie vir Wetenskap en Kuns.

Tafelberg

Kopiereg in:
Samestelling en inleiding © Fransjohan Pretorius (2012)
Bydraes © Individuele skrywers (2012)
Kaarte © Ingrid Booysen
Gepubliseerde uitgawe © Tafelberg (2012)

Eerste uitgawe in 2012 deur Tafelberg
'n druknaam van NB-Uitgewers,
'n afdeling van Media24 Boeke (Edms) Bpk
Heerengracht 40, Kaapstad

Foto-erkennings vir omslag: Dewet, Elke Witzig, José Braga en
Didier Descouens, Henry M. Trotter, Matthew Jordaan, Rapport, Renier Maritz,
Rob Lavinsky, Universiteit Pretoria (Mapungubwe renoster),
Warren Rohner, World Economic Forum

Omslagontwerp: Michiel Botha
Boekontwerp: Nazli Jacobs
Redigering: Henriëtte Lategan, Hans Büttner, Erika de Beer, Linda Roos
Proeflees: Linde Dietrich
Geset in Caslon
Gedruk en gebind deur Interpak Books, Pietermaritzburg

Eerste hardebanduitgawe, eerste druk 2012
Derde druk 2012

ISBN: 978-0-624-05466-5
ISBN: 978-0-624-05801-4 (epub)
ISBN: 978-0-624-06172-4 (mobi)

Eerste sagtebanduitgawe, eerste druk 2014
ISBN: 978-0-624-06951-5

Inhoud

Lys van kaarte

Inleiding

"Dan skryf ons self 'n geskiedenis."

Dié plofkragtige opmerking van prof. Jacques van der Elst, hoof uitvoerende beampte van die Suid-Afrikaanse Akademie vir Wetenskap en Kuns, by 'n simposium van die Geskiedeniskommissie het my oor die afgelope ses jaar slapelose nagte besorg.

By dié geleentheid in 2006 is daarop gewys dat die inhoud wat deesdae aan Suid-Afrikaanse geskiedenis gegee word, veral op skoolvlak, basies klem lê op die versetgeskiedenis van die land, meer spesifiek dié van swart Suid-Afrikaners. Die bevinding was dat, waar die skaal in die apartheidsjare te veel na 'n Afrikaner- of witsentriese benadering tot die verlede oorgeleun het, die pendulum nou weer te veel na die ander kant geswaai het, met 'n groot fokus op die strugglegeskiedenis.

Gedurende die apartheidsjare het die struggle en sy strewes nie juis in die geskiedskrywing van Suid-Afrika gefigureer nie. Swart mense is as "die probleem" beskou, soos blyk uit temas soos die "Naturelle-" en "Kleurlingvraagstuk". Die bestaan van swart konsentrasiekampe wat die Britse owerhede in die Anglo-Boereoorlog opgerig het, is byvoorbeeld ook nie opgehaal nie omdat dit nie by die Afrikaner se nasionalistiese idees oor die lyding van Boerevroue en -kinders ingepas het nie. Dit is trouens ook nie in die Britse geskiedenisse van die Anglo-Boereoorlog genoem nie.

Met die koms van die Nuwe Suid-Afrika in 1994 het swart verset die sentrale tema in geskiedskrywing geword. Soos die Afrikanersentriese benadering sekere helde- en lydingsoombllikke in die Afrikaner se geskiedenis as die enigste ware geskiedenis van Suid-Afrika voorgestel het, word die oorwinning van die swart versetbewegings nou as die ware geskiedenis van Suid-Afrika voorgehou. Dit was maklik om die pendulum na die strugglekant toe te laat swaai en maklik om te bewys hoe verderflik apartheid vir die land se swart bevolking (wat bruin mense en Indiërs insluit) was – wat dit inderdaad was.

Afrikanerrepublikanisme figureer selde of ooit in die swart versetgeskiedenis. In een werk word gemeld hoe swart mense in die konsentrasiekampe van die Anglo-Boereoorlog gely en gesterf het, terwyl die soortgelyke lot van wit aangehoudenes verswyg word. Die rolle is inderdaad omgeruil. In dieselfde werk is slegs een sinnetjie aan pres. Paul Kruger van die Zuid-Afrikaansche Republiek – waarskynlik een van die invloedrykste figure in die Suid-Afrikaanse geskiedenis van die 19de eeu – gewy en wel oor die probleme wat hy met die mynmagnate ondervind het.

Gevolglik is die begeerte by die simposium van 2006 uitgespreek vir 'n omvattende geskiedenis van Suid-Afrika wat sou probeer om die pendulum na die middel te stuur ter wille van versoening en wedersydse begrip onder die verskillende kulturele en politieke groepe. Die Akademie se Geskiedeniskommissie is gevra om hierdie ambisieuse projek van stapel te stuur. Die bedoeling was 'n inklusiewe benadering – beslis nie 'n eksklusiewe een nie – tot die geskiedenis van Suid-Afrika.

In 1969 het die *Oxford History of South Africa* met Monica Wilson en Leonard Thompson as redakteurs die weg aangedui vir 'n breër perspektief op die Suid-Afrikaanse geskiedenis. Dit het – anders as vroeëre werke – nie die teenwoordigheid van die Portugese aan die einde van die 15de eeu of die koms van Jan van Riebeeck na die suidpunt van Afrika in 1652 as die beginpunt van Suid-Afrika se geskiedenis beskou nie. Interdissiplinêre samewerking met die argeologie en die sosiale antropologie het daarvoor gesorg dat die prekoloniale tydperk ook uitgebreide aandag geniet het.

Sedertdien is 'n algemene geskiedenis van Suid-Afrika ondenkbaar sonder 'n bespreking van die eerste mense in Suider-Afrika en die verskillende prekoloniale groepe wat vir 'n komplekse samelewing gesorg het. So het *Nuwe geskiedenis van Suid-Afrika in woord en beeld* onder redaksie van Trewhella Cameron en S.B. Spies (1986) en die *Reader's Digest illustrated history of South Africa* (1988) die prekoloniale geskiedenis van Suid-Afrika in hul werke ingesluit. Dieselfde het met *Nuwe geskiedenis van Suid-Afrika* onder redaksie van Hermann Giliomee en Bernard Mbenga (2007) gebeur.

Daarom is ons ingenome met ons eerste hoofstuk deur die etno-argeoloog Andrie Meyer. Hy wys daarop dat Suid-Afrika se geskiedenis miljarde jare teruggevoer kan word na die oorspronge van die heelal en die aarde, asook watter skatkis van oorblyfsels uit daardie tye steeds bestaan. Meyer dui voorts aan hoe die ontstaan en ontwikkeling van Suid-Afrika tydens verskillende historiese tydperke die verloop van die koloniale geskiedenis en onlangse verlede tot in die hede beïnvloed het.

Geen geskiedskrywing kan op volkome objektiwiteit aanspraak maak nie. Dit doen ons ook nie. Tog verklaar ons ons strewe om sover moontlik 'n billike en objektiewe geskiedenis van Suid-Afrika aan te bied. Ons stel daarom verskillende gesigspunte van bepaalde tydperke naas mekaar. Die Nederlandse era aan die Kaap van 1652 tot 1806 word dus nie alleen die geskiedenis soos vanuit die koloniste se perspektief gesien nie. Die hoofstukke deur Johan de Villiers en Robert Shell behandel ook die lot van die slawegemeenskap en die Khoekhoen (wat in die geskiedenis ook as die Khoi-Khoi of Hottentotte bekend was).

Wat die tydperk 1750 tot 1854 betref, bespreek Jan Visagie die motiverings vir en die migrasies van die wit trekboere en Voortrekkers. Hy wys egter ook op die rol wat gekleurde groepe in die binneland – die Boesmans, Koranas, en Griekwas – gespeel het en hoe die Sotho-Tswana- en Ngunisprekendes en die Voortrekkers deur die Mfecane beïnvloed is.

Jackie Grobler bekyk staatsvorming en strydperke in die tweede helfte van die 19de eeu en die verhaal van die verskillende swart groepe wat deur Visagie begin is, word voortgesit. Grobler ondersoek ook die konstitusionele, politieke en landbou-ontwikkeling van die Kaapkolonie en Natal, en die vorming van 'n aantal Boererepublieke, waarvan die Republiek van die Oranje-Vrystaat en die aanvanklik verdeelde Zuid-Afrikaansche Republiek (ZAR) die belangrikste was. Sy hoofstuk, asook dié van Wessel Visser oor die minerale revolusie en Grietjie Verhoef se bydrae oor die ekonomiese geskiedenis van Suid-Afrika in die 19de eeu, vul mekaar goed aan. Hermann Giliomee se hoofstuk oor Afrikanernasionalisme in die laaste dekades van die 19de eeu sluit daarby aan.

Dit bring ons by die breukvlak tussen die 19de en 20ste eeu. Hier word van die standpunt uitgegaan dat die Anglo-Boereoorlog in die eerste plek 'n stryd tussen die Boererepublieke en Groot-Brittanje was, maar daarnaas ook 'n oorlog was wat Suid-Afrikaners uit alle bevolkingsgroepe geraak en betrek het (Fransjohan Pretorius). Daar word ook verwys na 'n alternatiewe benaming vir die oorlog, die Suid-Afrikaanse Oorlog, wat juis op die betrokkenheid van alle Suid-Afrikaners dui.

Ons strewe om verskillende groepservarings naas mekaar te stel, bereik 'n hoogtepunt in die aanbieding van die geskiedenis van die 20ste eeu. Die meeste van die hoofstukke in die boek word trouens aan dié eeu gewy. Naas die gewone politieke geskiedenis van die bewindhebbers van 1902 tot vandag (deur David Scher, Giliomee, Kobus du Pisani, Japie Brits en Jan-Jan Joubert), word aandag geskenk aan die ekonomie van dié tyd (Verhoef), die vakbondwese (Visser), Afrikanernasionalisme (Giliomee), swart verset (Grobler), die wit Engelssprekende ervaring (John Lambert) en kortliks selfs aan die Chinese gemeenskap in Suid-Afrika (Karen Harris). Hoffie Hofmeyr ondersoek ook die rol van die NG Kerk in hierdie eeu, terwyl Elize van Eeden en haar medeskrywers, onder andere William Beinart (Universiteit van Oxford) en Phia Steyn (Universiteit van Stirling), op die waarde van omgewingsgeskiedenis wys.

Geen interpretasie van die geskiedenis is alleengeldend nie, en Scher en Giliomee verskil byvoorbeeld oor die rol wat apartheid by die Nasionale Partyoorwinning in 1948 gespeel het. Teenoor Scher se uiteensetting van gebeure onder die apartheidsregering tussen 1948 en 1966, verskaf Giliomee weer 'n ander blik op apartheid, deur antwoorde te probeer vind op vrae soos: Was apartheid heeltemal verskillend van die segregasiebeleid wat tussen 1902 en 1948 gevolg is? En: Kon Suid-Afrika ekonomies beter gevaar het as daar nie apartheid was nie? Scher se hoofstuk beskryf apartheid feitelik, terwyl Giliomee apartheid ontleed as 'n bepaalde vorm van modernisering in ontwikkelende lande. Die twee hoofstukke moet dus sáám gelees word.

Ons het dus oorwegend 'n chronologiese benadering gevolg, maar die werk bevat ook sterk temas uit die betrokke tydperke. Ons wil graag hê dat hierdie werk vir hoërskoolleerlinge en onderwysers van nut moet wees, maar is oortuig dat sowel die historikus as die belangstellende algemene leser ook veel hieruit sal put.

Hoewel die boek 'n projek van die Geskiedeniskommissie van die Suid-Afrikaanse Akademie vir Wetenskap en Kuns is, en uitnemende skrywers uit hierdie groep historici na vore gekom het wat die geskiedenis kon saamstel, het ons na gelang van behoefte nog kenners op hul gebied buite hierdie groep betrek. Wat ons hier aanbied, is dus nie die werk van 'n etnies, taal- of ideologies gebonde groep skrywers nie, maar van 'n groep historici wat die geskiedswetenskap wou dien.

Ek wil Hermann Giliomee en Tafelberg bedank vir die stuk wat uit *Nuwe geskiedenis van Suid-Afrika* oorgeneem kon word.

'n Besondere woord van dank aan die buitengewone en buitengewoon groot span wat aan die projek deelgeneem het. Ek is telkens opnuut onderskraag deur die geesdrif van my medewerkers. Dit het my taak aansienlik vergemaklik. Elke hoofstuk is ook sorgvuldig aan eweknie-evaluering onderwerp.

Prof. Jacques van der Elst het 'n enorme bydrae tot die totstandkoming van die werk gelewer. Sy daadwerklike ondersteuning in hierdie tyd word opreg waardeer. Sonder die finansiële ondersteuning wat hy vir ons gewerf het, was daar nie vandag 'n boek nie.

Linda Brink, senior administratiewe beampte van die Suid-Afrikaanse Akademie vir Wetenskap en Kuns, verdien my hartlike dank vir die onbaatsugtige en waardevolle hulp wat sy verleen het.

My dank gaan ook aan Ingrid Booysen wat die kaarte geteken het, en Dioné Prinsloo wat met geesdrif gehelp proeflees het.

Vanuit Tafelberg Uitgewer-geledere het ek besonder aangenaam met Annie Olivier as ons eindredakteur gewerk – aan haar, Hans Büttner en Henriëtte Lategan vir hul redaksionele versorging 'n woord van dank.

Sonder die ruim finansiële steun van die Dagbreek Trust, asook die geldelike bydrae van die Navorsingstrust van die Erfenisstigting, sou hierdie publikasie nie moontlik gewees het nie.

Fransjohan Pretorius
Redakteur

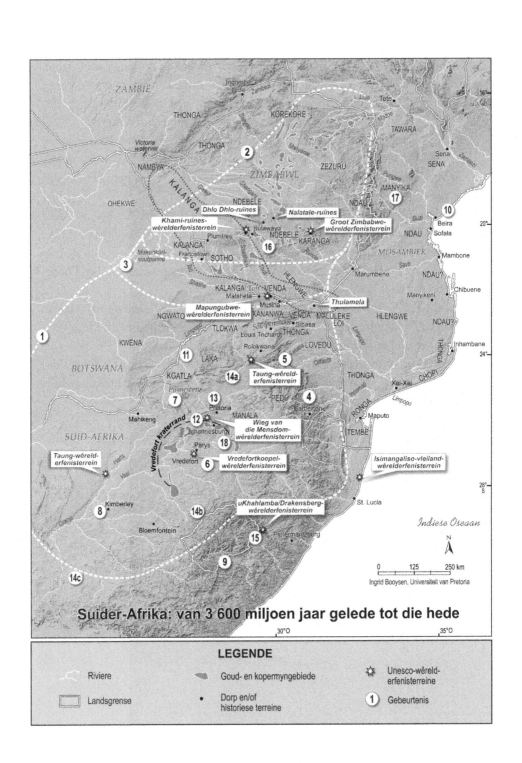

Suider-Afrika: van 3 600 miljoen jaar gelede tot die hede

LEGENDE

Riviere	Goud- en kopermyngebiede	Unesco-wêreld-erfenisterreine
Landsgrense	Dorp en/of historiese terreine	① Gebeurtenis

Gebeurtenis-tydlyn

Miljoen jaar gelede (geraamde syfer)

#		
1	3 600	Kaapvaal-kraton
2	3 000	Zimbabwe-kraton
3	2 700	Kaapvaal-Zimbabwe-Kraton-kontaksone
4	3 400	Barbertongesteentes
5	2 500 - 1 500	Phalaborwa- en Bosveldkomplekse
6	2 023	Vredefortkoepel en asteroïedkrater
7	1 300	Pilanesbergvulkaan
8	190 - 120	Kimberlietmagma met diamante in vulkaanpype
9	180 - 182	Drakens- en Malutiberge
10	160 - 90	Suider-Afrika kuslyne en oerriviere
11	20 & 5	Suider-Afrika plato en riviere
12	4 - 1,5	Australopithesene en eerste mense

Aantal jare gelede (geraamde syfer)

#		
13	220 000	Tswaing-meteorietkrater
14	10 000 - hede	Huidige biome: **14a** Savanne; **14b** Grasveld; **14c** Nama-Karoo
15	10 000 - 200	Laat Steentyd-Boesmans en rotskuns
16	1 500 - 300	Ystertydryke en -myne
17	300 - hede	Bantusprekende stamme en ryke
18	150 - hede	Koloniale en na-koloniale myne

1

Suid-Afrika se oerverlede

Andrie Meyer

Suid-Afrika huisves 'n skatkis van oorblyfsels uit die oertye wat getuig van die ontstaan en ontwikkeling van die Aarde, met inbegrip van die vorming van die eerste landmassa, die eerste lewensvorme en die verskyning van die mens tot by vandag se landskappe en samelewings. Suid-Afrika se ontplooiing tydens verskillende prehistoriese tydperke het nie net die verloop van die koloniale geskiedenis nie, maar ook die onlangse verlede en selfs die hede beïnvloed. Die oorblyfsels van vroeë Suider-Afrikaanse landskappe, mense en hul kulture is dus 'n waardevolle erfenis.

Die mensdom se geskiedenis begin met die vorming van die heelal, die sterrestelsels en die planeet Aarde wat volgens wetenskaplike berekeninge gedurende die tyd tussen 13 700 miljoen jaar (13,7 miljard jaar) en 4 600 miljoen jaar (4,6 miljard jaar) gelede ontstaan het. Verskillende natuur- en geesteswetenskappe word gebruik vir die datering, beskrywing, rekonstruksie en interpretasie van ons verlede. Onder die natuur- en geesteswetenskappe waarmee die verlede bestudeer word, tel die fisika, sterrekunde, geologie, paleontologie, geografie, antropologie, argeologie, geskiedenis en kultuurgeskiedenis.

Die geskiedenis van die Aarde word ingedeel in verskillende hooftydperke of eons. Eons word op hul beurt weer in kleiner tydperke opgebreek. Die oudste hooftydperk was die Argaïese eon, wat sowat 4 600 miljoen jaar gelede begin het met die ontstaan van die Aarde. Tydens hierdie eon is die basiese geologiese samestelling, asook die kern, mantel en kors, van die Aarde gevorm. In hierdie tyd het die hidrosfeer (die waters op die Aarde se oppervlak) in vorme soos vroeë oseane, mere en riviere ontstaan en het die atmosfeer ook om die Aarde begin vorm. Hierdie omgewingselemente, tesame met sonlig en bepaalde weers- en klimaatstoestande, was noodsaaklike voedingsbronne vir die ontwikkeling en voortbestaan van lewensvorme. Die eerste elementêre lewensvorme soos bakterieë het tydens die Argaïese eon in seewater ontwikkel.

Die tweede hooftydperk was die Proterosoïese eon, wat van ongeveer 2 500 miljoen jaar tot 545 miljoen jaar voor die hede geduur het. Dié eon word onderverdeel in drie opeenvolgende eras. Die Proterosoïese eon is veral gekenmerk deur die vorming en fragmentering van verskeie agtereenvolgende oerkontinente en die bestaan van lewensvorme soos bakterieë en alge.

Die Fanerosoïese eon is die eon waarin die mensdom hom tans bevind en wat volgens wetenskaplike berekeninge sowat 545 miljoen jaar gelede begin het. Dié eon word ingedeel in verskillende eras wat weer verdeel word in periodes en die periodes in verskillende epogge. Tydens die Fanerosoïese eon het vandag se kontinente, oseane, klimaatstoestande en 'n groot verskeidenheid lewensvorme op die Aarde ontwikkel. Gedurende die afgelope 65 miljoen jaar – die Senosoïese era van die Fanerosoïese eon – het die bestaande landskappe, asook die huidige plant- en dierelewe, geleidelik vorm aangeneem, terwyl talle ander plant- en dierespesies uitgesterf het.

Die vroegste mensagtige wesens en die eerste mense het sowat 4 tot 2 miljoen jaar gelede in Oos- en Suider-Afrika verskyn, aan die einde van die Plioseenepog en in die vroeë Pleistoseenepog. Daarna het mense mettertyd oor die wêreld heen versprei.

Die oorsprong van die heelal

Ruimteteleskopiese en ruimtefotografiese dokumentasie van die kenmerke en bewegings van sterre- en sonnestelsels het aanleiding gegee tot verskillende sterrekundige teorieë oor die ontstaan en ontwikkeling van die heelal. Die heelal is die totale hemelruim, insluitend alle sterrestelsels en ruimteverskynsels. Volgens die oerknalteorie het die heelal én tyd ongeveer 13 700 miljoen jaar gelede ontstaan weens die ontploffing van 'n enkele oorsprongsbron van materie met oneindige digtheid – moontlik 'n reuse neutronkern.

Onmiddellik ná die ontploffing, wat ontsettend baie energie vrygestel het, het protone en elektrone uit ander subatomiese materiedeeltjies gevorm en met mekaar gekombineer om waterstof- en heliumatome te vorm. Hierdie nuutgevormde materie – die boustowwe van hemelliggame – is in gasvorm van die plofpunt as oorsprongspunt af weggeskiet. Alle materie beweeg steeds in veranderende vorm weg van hierdie oorsprongspunt.

Mettertyd vorm die gasse weens die uitwerking van swaartekrag digte newelwolke van gekonsentreerde materie. Dié sametrekking van materie tot hoë digtheid het gelei tot die vrystelling van hitte-energie en kernfusie waaruit die eerste sterre nagenoeg 200 miljoen jaar ná die oerknal gevorm is. Astronomiese waarnemings toon aan dat sterre weens swaartekragtoestande en prosesse van kondensasie in die gasnewels ontstaan. Gasnewels, wat 'n verskeidenheid materie bevat, tol in die rondte en ontwikkel 'n inherente aantrekkingskrag. Dit veroorsaak weer dat die wolk kleiner word, vinniger draai, verdig en verhit om 'n toenemend gloeiende ster te vorm.

Die res van die materie wentel om die son in 'n protoplanetêre skyf waarbinne die verdigting van materie proto- of oerplanete vorm wat later ontwikkel in volwaardige planete en hul mane. Mettertyd het ontelbare sterre en sterrestelsels ontstaan en is die heelal gevorm, terwyl ou sonnestelsels uitgebrand en nuwe sonnestelsels gevorm is. Volgens een beskouing van die heelal bestaan dit uit stergroepe wat sterrestelsels vorm wat dan weer groepe en supergroepe van sterrestelsels vorm. Die beweging van hemelliggame word beïnvloed deur ongeïdentifiseerde "donker energie" ('n vorm van niewaarneembare energie wat wyd in die ruimte voorkom en veroorsaak dat die heelal steeds vinniger na buite uitbrei) en "donker materie". Donker materie bestaan volgens wetenskaplike teorie uit materiedeeltjies wat nie elektromagnetiese uitstraling afgee of reflekteer nie en gevolglik nie direk waarneembaar is nie. Die teenwoordigheid of aantrekkingskrag van donker materie oefen 'n merkbare invloed uit op die beweging van sigbare sterre en sterrestelsels. Antimaterie dra ook by tot energievrystelling. (Antimaterie is antideeltjies of antipartikels, bv. 'n positron met 'n positiewe elektriese lading, wat die teenoorgestelde is as materiedeeltjies soos 'n elektron, wat 'n negatiewe elektriese lading het. Wanneer gelykwaardige materiedeeltjies en antimateriedeeltjies met mekaar in aanraking kom, word hulle in 'n vernietigingsproses in energie omgesit.)

Die spiraalvormige Melkwegsterrestelsel, waarin die Aarde binne sy sonnestelsel aan die buiterand geleë is, bestaan volgens skatting uit 100 000 miljoen sterre en het 'n totale deursnee van 100 000 ligjare. ('n Ligjaar is die afstand wat lig in een jaar aflê teen 'n spoed van 300 000 km per sekonde.)

Die bestudering van meteoriete uit die buitenste ruimte wat op die aardoppervlak gevind word, is 'n waardevolle bron van inligting oor die ontstaan, bestaan en samestelling van materie in die heelal. 'n Meteoriet is 'n natuurlike voorwerp wat bestaan uit rots en metaal en dit is kleiner as 'n asteroïed, ook bekend as 'n planetoïed of klein planeet. 'n Asteroïed bestaan ook uit rots en metale en is in 'n wentelbaan om die son, soos die asteroïedgordel tussen die planete Mars en Jupiter.

Een van die talle meteoriete wat deur wetenskaplikes bestudeer word, is die Yamato 691-meteoriet wat in 1969 in Antarktika gevind is. Dié meteoriet is volgens wetenskaplike berekeninge 4 500 miljoen jaar oud en is vermoedelik afkomstig van 'n asteroïed in 'n wentelbaan in die omgewing van die planete Mars en Jupiter. Dié meteoriet bevat minerale wat nog nooit tevore waargeneem is nie, o.m. 'n mineraal wat wassoniet genoem word en uit 'n kombinasie van titanium en swael bestaan.

Die vorming van die Aarde

Die sonnestelsel, bestaande uit die son en die planete waarvan die Aarde een is, het sowat 4 600 miljoen jaar gelede ontstaan. Asteroïede kom in wentelbane in hierdie sonnestelsel voor. Daar is 'n asteroïedgordel tussen Mars en Jupiter wat bestaan uit tussen 1,1 en 1,9 miljoen asteroïede met 'n deursnee groter as 1 km, tesame met miljoene kleiner asteroïede. Dié asteroïedgordel is moontlik oorblyfsels van 'n protoplanetêre skyf om die son.

Die Aarde met sy een maan is een van agt planete wat om die son wentel. Dié planete is (in volgorde van die son af) Mercurius, Venus, Aarde, Mars, Jupiter, Saturnus, Uranus en Neptunus. Pluto wat in vroeëre literatuur aangedui word as die negende of verste planeet van die son af, word tans geklassifiseer as 'n dwergplaneet in die Kuiper Gordel. Die Kuiper Gordel bestaan volgens meer resente inligting uit kleiner hemelliggame wat gevorm het tydens die ontstaan van die sonnestelsel.

Die posisie van die Aarde as derde planeet sowat 150 miljoen km van die son af is 'n belangrike faktor wat noodsaaklik was en is vir die ontwikkeling en voortbestaan van lewensvorme. Dit is ver genoeg van die son om nie te warm of te koud te wees nie, en die Aarde se grootte verseker dat daar voldoende aantrekkingskrag is vir die behoud van die hidrosfeer en atmosfeer. Die feit dat die Aarde om sy eie as draai, wat sorg vir dae en nagte, en die kanteling van die planeet se as, wat seisoene en gepaardgaande weerstoestande teweegbring, is ook belangrike vereistes vir aardse lewensvorme.

Tydens die vorming van die Aarde was sy oppervlak 'n warm, gesmelte massa wat met verloop van tyd afgekoel en drie konsentriese lae gevorm het. Die buitenste, soliede kors is 10 tot 50 km dik en bestaan hoofsaaklik uit graniet en basalt, hoewel graniet sover bekend nie in die oseaanvloere voorkom nie. Onder die kors is die mantel. Dit is tot sowat 2 900 km dik en bestaan

uit warm aardmateriaal wat opstyg en kouer aardmateriaal wat afdaal, 'n ver-
skynsel wat konveksiestrome genoem word. In die middel van die Aarde is
die kern wat vanweë die hoë druk van die oorliggende aardlae baie warm is,
met 'n gesmelte buitekern en 'n binnekern wat waarskynlik as gevolg van die
aarddruk van bo af solied is. Die voortdurende interaksie tussen die aardkors
en -mantel, atmosfeer en hidrosfeer veroorsaak die vorming van verskillende
rotstipes. Gesmelte rots uit die mantel wat afkoel om stollingsgesteentes te
vorm, asook magma of lawa wat deur druk van onder na die aardoppervlak
kom, verweer om sedimente en sedimentêre gesteentes te vorm wat verder
deur aarddruk en hitte omvorm word in metamorfiese gesteentes. Dié pro-
sesse van rotsvorming is bekend as die rotssiklus.

Die vorming van kratons (stabiele dele van die aardkors wat nie merkbaar
verander het oor 'n lang tyd nie) wat as rotskoepels uit die mantel van die
Aarde tot bo die seevlak verrys het, het mettertyd die eerste klein kontinente
gevorm. Met verloop van tyd het hulle weens die prosesse van rotsvorming
kerngedeeltes van groter kontinente geword. Die ontwikkeling van dié land-
massas het, tesame met topografiese kenmerke, vorming van die atmosfeer,
hidrosfeer, klimaats- en weerstoestande, voortdurend bygedra tot verande-
rende ekologiese toestande wat gunstig was vir die ontwikkeling van lewe op
die Aarde. Die eerste landmassa was die mineraalryke Kaapvaal-kraton wat
tussen 3 600 en 2 700 miljoen jaar gelede bo die seevlak verskyn en mettertyd
'n kerndeel van Suid-Afrika geword het.

Ná die afkoeling en verharding van die buitenste lae van die Aarde het
waterdamp en koolstofdioksied in die vroeë atmosfeer begin vorm, maar suur-
stof (wat noodsaaklik is vir lewensvorme) het nog nie bestaan nie. Waterdamp
wat uit die atmosfeer gekondenseer het, het sedert sowat 3 900 miljoen jaar
gelede reën laat uitsak en oseane gevorm. Tussen 3 800 en 3 500 miljoen jaar
gelede het die eerste lewende organismes vanuit 'n oerorganisme ontwikkel en
sowat 3 400 miljoen jaar gelede gediversifiseer as mikrobes soos bakterieë en
fungi. Fossiele van dié mikrobes is in gesteentes by Barberton in Suid-Afrika
gevind en by 'n oerstrand by Strandley Pool in Wes-Australië. Die vroeë multi-
sellulêre voorouers van diere, plante en fungi het uit hierdie primêre lewens-
vorme ontwikkel.

Tydlyn

ONTWIKKELING VAN DIE AARDE EN LEWENSVORME (IN JARE VOOR DIE HEDE)

Ca. 13 700 miljoen:

- Ontstaan van die heelal.
- Begin van die vorming van sterrestelsels met inbegrip van die Melkweg en sonnestelsels.

Ca. 4 600 miljoen:

- Vorming van die sonnestelsel waarvan die Aarde 'n planeet is.

Argaïese eon, ca. 4 600-2 500 miljoen:

- Vorming van die Aarde, atmosfeer, hidrosfeer en eerste lewensvorme.

Ca. 4 600 miljoen:

- Die aardoppervlak begin afkoel; die eerste rotsgesteentes ontstaan en vroeë tektoniese plaatvorming vind plaas.
- Vorming van atmosferiese gasse en waterdamp; reën vind plaas en oseane vorm.
- Eerste lewende organismes verskyn in vlak seewater naby warmwaterbronne.

Ca. 3 900 miljoen:

- Bakterieë begin ontwikkel in seewater en versprei wyd in oseane as vroeë lewensvorme.

Ca. 3 600-2 700 miljoen:

- Die Kaapvaal-kraton, die oudste bekende kontinent, en die minerale daarin ontstaan.

Ca. 3 500-1 500 miljoen:

- Die kontinente Atlantika, Arktika en Ur vorm uit die amalgamasie van kratons.

Ca. 3 400 miljoen:

- Die Barbertongesteentes ontstaan en word deel van die vroegste landmassa.
- Vroeë lewensvorme, mikrobes, bestaan in vlak seewater. Hulle word fossiele in rotse.

Ca. 2 700 miljoen:

- Die Zimbabwe-kraton bots en konsolideer met die Kaapvaal-kraton.

Proterosoïese eon, ca. 2 500-545 miljoen:

- Vorming van oerkontinente en vroeë lewensvorme.

Ca. 2 500-1 500 miljoen:

- Mineraalryke geologiese formasies soos die Bosveldkompleks en die Phalaborwa-kompleks ontstaan in die Kaapvaal-kraton.

Ca. 2 023 miljoen:

• 'n Asteroïed tref die Kaapvaal-kraton en vorm die Vredefortkoepel en -krater.

Ca. 1 200 miljoen:

• 'n Oervulkaan ontstaan en vorm die Pilanesberg.

Ca. 1 000-700 miljoen:

• Die kontinente Atlantika, Arktika en Ur vorm saam die superkontinent Rodinia wat daarna in landfragmente opbreek.

Ca. 700-300 miljoen:

• Fragmente van die vroeëre superkontinent Rodinia vorm die kontinent Pangaea.
• Pangaea fragmenteer in twee kleiner kontinente: noordwestelike Pangaea vorm Laurasië en suidoostelike Pangaea vorm Gondwana.

Fanerosoïese eon, ca. 545 miljoen – huidige:

• Kontinentvorming van Gondwanaland tot hedendaagse kontinente en ontwikkeling van 'n omvattende verskeidenheid lewensvorme.

Ca. 540 miljoen:

• Veelsellige lewende organismes ontwikkel.

Ca. 400-200 miljoen:

• Talle plant- en diersoorte ontwikkel in oseane en op land.

Ca. 140-65 miljoen:

• Gondwana fragmenteer en vorm die suidelike hedendaagse kontinente Afrika, Suid-Amerika, Indië, Antarktika en Australië, asook die eiland Madagaskar.

Ca. 65 miljoen:

• Dinosourusspesies sterf uit; snelle ontwikkeling van soogdiere.

Ca. 25 miljoen:

• Hoogtepunt in die vroeë ontwikkeling van ape.

Ca. 20 en 5 miljoen:

• Suider-Afrika word weens druk van onder opgelig en ontwikkel 'n platokarakter.

Ca. 7-1 miljoen:

• Hominiede (mensagtige primate) kom voor in Oos- en Suider-Afrika.

Ca. 2,5 miljoen:

• Die eerste mense verskyn in Oos- en Suider-Afrika. Hulle vervaardig klipwerktuie.

Ca. 2 miljoen-10 000:

• Ystydperke in die Noordelike Halfrond veroorsaak woestyne in Suider-Afrika.
• Die mensdom en sy kulture ontwikkel en versprei oor die wêreld.

Die Kaapvaal-kraton en die oorsprong van Suider-Afrika

Suider-Afrika se oorsprong kan nagespeur word tot by die Kaapvaal-kraton, die eerste bekende kontinent in die Aarde se geskiedenis. Die Kaapvaal-kraton het 3 600 tot 2 700 miljoen jaar gelede gevorm as deel van die uiteindelike Barbertonse berglandskap nog lank voordat Afrika as 'n kontinent bestaan het. Granietrots van die Barbertonse berglandskap het tussen 3 000 en 2 700 miljoen jaar gelede ontstaan en bied bewyse vir die ontwikkeling van die Kaapvaal-kraton. Nuwe gesteentes het voortdurend in en op die verwerende Kaapvaal-kraton ontstaan, met die gepaardgaande vorming van minerale soos goud, yster en mangaan. Dit is gevolg deur die vorming van die wêreldbekende Bosveld-kompleks wat o.m. bestaan uit verskillende opeenvolgende rotstipes soos graniete en vulkaniese lawas en 'n verskeidenheid van minerale soos chroom, platinum en vanadium; en die Phalaborwakompleks met koper, fosfor en vermikuliet.

Sowat 2 023 miljoen jaar gelede het 'n asteroïed uit die buitenste ruimte die Kaapvaal-kraton getref. Die impak van dié botsing was volgens skatting gelyk-staande aan dié van 100 miljoen megaton TNT. Dit het 'n impakkrater van 300 km in deursnee veroorsaak, die oudste en grootste bekende impakkrater op die Aarde. Die impak het 'n terugslagkoepel in die middel van die krater ver-oorsaak, met uitkringende skokgolwe wat gelei het tot die opligting, fragmen-tering en kanteling van die omliggende geologiese formasies. Die buiterand van die krater strek verby die ligging van die hedendaagse Johannesburg. In die weste en noordweste van die krater is geologiese lae met die ryk goudinhoud in die gekantelde laagfragmente blootgelê. Die asteroïedkrater het mettertyd grootliks wegverweer, maar prospekteerders het in die 19de eeu oorblywende goudneerslae in die kraterrand ontdek. Hierdie vondste het aanleiding gegee tot die ontwikkeling van die omvangryke Randse goudmynbedryf.

Die Vredefortkoepel is verweerde oorblyfsels van die terugslagkoepel in die middel van die asteroïed-impakkrater. Die semisirkelvormige bergreeks van die Vredefortberglandskap is oorblyfsels van die rand van die oorspronklike terugslagkoepel en is sigbaar op satellietfoto's vanuit die buitenste ruimte. Die Vaalrivier, wat suidweswaarts deur dié berglandskap vloei, het veel later tydens die vorming van die hedendaagse kontinente ontstaan.

As gevolg van tektoniese bewegings en vervorming van aardkorsplate het verskeie opeenvolgende superkontinente ontstaan en gefragmenteer, om weer elders as nuwe kontinente te konsolideer. Die mineraalryke Zimbabwe-kraton het verder noord ontstaan, met die Kaapvaal-kraton gebots en permanent 'n enkele landmassa saam met die Kaapvaal-kraton gevorm. Dit het mettertyd deel geword van die kontinent Ur (3 000 miljoen jaar gelede), wat die oudste volwaardige kontinent was.

Toe die Kaapvaal-kraton deel van Ur was, het die Soutpansberg- en Waterberggesteentes sowat 1 900 tot 1 700 miljoen jaar gelede ontstaan weens opligting en was daar aanduidings dat suurstof reeds bestaan het. 'n Vulkaan wat waarskynlik sowat 7 km hoog was, het 1 200 miljoen jaar gelede op die Kaapvaal-kraton gevorm en mettertyd verweer om die Pilanesberg naby Rustenburg te vorm. Ander kontinente was Arktika en Atlantika (3 000 tot 1 500 miljoen jaar gelede); Nena (1 600 tot 1 400 miljoen jaar gelede); Rodinia (700 miljoen jaar gelede); Pangaea (600 tot 500 miljoen jaar gelede); Laurasië en Gondwana (500 tot 120 miljoen jaar gelede).

Terwyl Suider-Afrika nog deel van Gondwana was, het omvangryke geologiese lae op en om die Kaapvaal-kraton gevorm. Grootskaalse klimaatswisselinge en 'n omvangryke ontwikkeling van plant- en dierelewe het ook plaasgevind. Fossieloorblyfsels van dié plante en diere het in rotslae behoue gebly. Ruie plantegroei wat tussen 310 en 180 miljoen jaar gelede in die moerasse en rivierdeltas van Gondwana bestaan het, het mettertyd omvangryke steenkoolafsettings gevorm. Tussen 190 en 120 miljoen jaar gelede het diamanthoudende kimberlietmagma ook opgestoot in vulkaniese pype soos dié by Kimberley en Cullinan.

Toe Gondwana sowat 120 miljoen jaar gelede opbreek, het die bestaande vastelande van Afrika, Suid-Amerika, Antarktika, Indië en Australië en die eiland Madagaskar in die Suidelike Halfrond ontstaan en van mekaar af weggedryf. Saam met die noordelike kontinente Noord-Amerika en Eurasië het dit die kontinente gevorm soos ons dit vandag ken, en hedendaagse kuslyne, oseane, seestrome, winde asook klimaats- en weerstoestande het ontwikkel. Hierdie verskynsels het 'n groot invloed uitgeoefen op die ontwikkeling en voortbestaan van lewensvorme. Nog 'n wesenlike invloed op die landskappe was die Suider-Afrikaanse landmassa wat ongeveer 20 miljoen jaar gelede 'n eerste keer opgelig het en weer sowat 5 miljoen jaar gelede. Dit het 'n platokarakter aan Suider-Afrika gegee wat gepaardgaan met 'n unieke topografie, klimaat, plant- en dierelewe, asook die lewenswyses van die mense wat die gebied daarna bewoon het.

Tydens die Pleistoseenepog, tussen 2 miljoen jaar en 10 000 jaar gelede, het klimaatskommelinge met gepaardgaande ystydperke in die Noordelike Halfrond besonder droë klimaatstoestande in die binneland van Suider-Afrika veroorsaak. Tydens die opeenvolgende ystydperke het die verlaging van atmos-feriese temperature veroorsaak dat die ysplate van die poolgebiede en veral van die Noordpool oor groot gebiede uitgebrei het. Enorme hoeveelhede water is in die vorm van ysplate vasgevang wat tot kilometers dik was en wat groter gedeeltes van die aardoppervlakte bedek het. Die gevolglike vermindering van water in die oseane het die seevlak om die Suider-Afrikaanse kuslyn met tot soveel as 130 m laat daal.

Hierdie veranderende klimaatstoestande het gesamentlik bygedra tot die vorming van uitgebreide woestyne in die Suider-Afrikaanse binneland. Die Kalahariwoestyn en die oorblyfsels van Kalaharisand-afsettings elders in suid-westelike Afrika is vandag getuienis van hierdie oerwoestyn. Gedurende die tussen-ystydperke het temperature weer gestyg, die ysplate in die poolgebiede het kleiner geword en die smeltende ys het die seevlak laat styg. Die reënval in gedeeltes van die Suider-Afrikaanse binneland het dan weer toegeneem en daarmee saam ook die plant- en dierelewe. Hierdie wisselende omgewings-veranderinge het ook die verspreiding en omgewingsaanpassing van die mense van die Steentyd in die landstreek beïnvloed. Sowat 220 000 jaar gelede het 'n meteoriet wat volgens wetenskaplike interpretasies sowat 30 tot 50 m in deursnee moes gewees het, die Aarde net noord van die hedendaagse Pretoria getref en die Tswaing-impakkrater van ongeveer 1,13 km wyd en 100 m diep veroorsaak.

Ongeveer 10 000 jaar gelede, ná die einde van die laaste Ystyd en die begin van die Holoseenepog, het die huidige klimaatstoestande ontwikkel. Suider-Afrika se platokarakter, asook sy seestroom- en windpatrone, het gelei tot van-dag se klimaats-, seisoens- en weerstoestande en die natuurlike landskappe van die Suider-Afrikaanse subkontinent. Tipiese kenmerke is die somerreënval in die noorde, die winterreënval in die Suid-Kaap, hoër reënval in die ooste en suide teenoor droë klimaatstoestande in die weste. Verskillende bioomsisteme wat in dié tyd ontwikkel het, is die hedendaagse fynbos van die Wes-Kaap; die woudbioom van die Suid-Kaapse kus; die savannebioom in die warmer noorde; die grasland van die sentrale Hoëveld; en die sukkulent-Karoo, Nama-Karoo en woestyne van die droë weste.

Tydlyn

LANDSKAPELEMENTE VAN SUID-AFRIKA (IN JARE VOOR DIE HEDE)

Ca. 3 600-2 700 miljoen:

- Aardkors van onder die seeoppervlak ontwikkel as die Barbertonberglandskap.
- Toenemende landvorming en vorming van die Kaapvaal-kraton in Suid-Afrika.
- Omvangryke minerale afsettings vorm in rotslae van die Kaapvaal-kraton.
- Vorming van die oerkontinente Atlantika, Arktika en Ur.

Ca. 2 700 miljoen:

- Die mineraalryke Zimbabwe-kraton en die Kaapvaal-kraton vorm 'n enkele landmassa.

Ca. 2 060 miljoen:

- Die mineraalryke Bosveld- en Phalaborwa-stollingskomplekse vorm.

Ca. 2 023 miljoen:

- 'n Asteroïed tref die Kaapvaal-kraton en veroorsaak die Vredefort-impakkrater.

Ca. 1 900-1 700 miljoen:

- Die Waterberggroep- en Soutpansberggroepgesteentes vorm; aanduidings dat suurstof bestaan.

Ca. 1 600-500 miljoen:

- Vorming van die superkontinente Rodinia, Pangaea en Gondwana.

Ca. 700-500 miljoen:

- Die Kaapvaal-kraton vorm deel van die superkontinent Gondwana.

Ca. 450-310 miljoen:

- Die Agulhassee en -sedimente vorm oor die suide van Gondwana.
- Die Agulhassedimente vorm die Kaapse supergroepgesteentes en Kaapse berge.

Ca. 310-180 miljoen:

- Noord van die Kaapse berge vorm 'n binnelandse meer, riviere en moerasse.
- Ruie plantegroei in die moerasse en rivierdeltas vorm steenkoolafsettings.
- Dinosourusspesies ontwikkel en floreer.
- Slikafsettings vorm waarin diere- en plantfossiele mettertyd behoue bly.
- Droë klimaatstoestande ontstaan wat uitgebreide woestyne veroorsaak.
- Die slik- en sandsteenafsettings vorm die Karoo-supergroepgesteentes.

Ca. 190-120 miljoen

- Kimberlietmagma in vulkaniese pype vanuit die mantel van die Aarde vorm diamante.

Ca. 180-182 miljoen:

- Basaltiese lawa bedek landoppervlakke en vorm die Drakensberge en Maluti-berge.
- Grootskaalse en langdurige landerosie begin plaasvind.

Ca. 140-90 miljoen:

- Gondwana fragmenteer en die suidelike kontinente, insluitend Afrika, word gevorm.
- Die Suid-Afrikaanse kuslyne, kontinentale banke en vroeë riviere ontstaan.

Ca. 90-20 miljoen:

- Die Falklandplato breek weg van die Kaapse gebied en dryf weswaarts.
- Die prehistoriese Limpoporivier, Kalaharirivier en Karoorivier ontstaan.
- Die bolope van die Limpoporivier word deur die opligting van die landmassa af-gesny van die res van die Limpoporivier en vorm 'n binnelandse meer bekend as Makgadikgadi.
- Die Karoorivier en Kalaharirivier vorm saam die Oranjerivier (Garieprivier).

Ca. 20 miljoen:

- Suider-Afrika word weens druk van onder opgelig en ontwikkel 'n platokarakter.
- Koue seestrome aan die weskus veroorsaak ariede en woestyntoestande in die aanliggende binneland.

Ca. 5-2 miljoen:

- Die binnelandse plato word verder opgelig, veral in die ooste.
- Reënval teen die oostelike platorand neem toe.
- Droë toestande ontstaan in die westelike binneland.
- Die Kalahariwoestyn ontstaan.

Ca. 2 miljoen-10 000:

- Ystydperke vorm in die Noordelike Halfrond en woestyne in Suider-Afrika..

Ca. 220 000:

- Meteorietbotsing vorm die Tswaing-krater.

Ca. 10 000-vandag

- Die hedendaagse klimaatstoestande, plantbiome en dierelewe ontwikkel.

Die eerste mense van Suid-Afrika

Die australopithesene ("suidelike ape") was pre-menslike ape wat tussen 4,5 miljoen jaar en 1,5 miljoen jaar gelede op die grasvlaktes en in savanne-gebiede van Oos- en Suider-Afrika geleef het. Hulle het regop geloop omdat hul dye langer was as dié van ape, terwyl hul arms korter was en hul bekken-skelet geskik was vir 'n regop liggaamsposisie. Verskillende variasies van die

Australopithecus-genus was *Australopithecus robustus* en *Australopithecus africanus*. Die vroegste australopithesene het waarskynlik nog gedeeltelik in bome gewoon. Hulle het op eenvoudige wyse in die veld rondgeswerf op soek na plantaardige voedsel.

Die vroegste ware mense was jagters en versamelaars wat die vermoë gehad het om klipwerktuie te vervaardig. Die eerste mense waarvan fossieloorblyfsels gevind is, staan bekend as *Homo habilis*, of "nutsman", wat in die Vroeë Steentyd tussen sowat 2,2 miljoen en 1,8 miljoen jaar gelede in Oos- en Suider-Afrika geleef het. Hulle was eenvoudige jagters en versamelaars van veldkos, maar was fisiek en intellektueel in staat om 'n eenvoudige klipwerktuigtegnologie aan te wend vir die vervaardiging van klipwerktuie. Die klipgereedskap van *Homo habilis* was ruwe, kapper-agtige klipwerktuie en klipskilfers, bekend as die Oldupai-industrie omdat van dié werktuie eerste by Oldupai (voorheen bekend as Olduvai) in Tanzanië gevind is.

Belangrike fossieloorblyfsels van die australopithesene en die eerste mense, asook van hul handgemaakte werktuie, is in Suid-Afrika gevind. Wetenskaplikes het afgekom op gefossileerde skeletgedeeltes van die australopithesene en klipwerktuie van 4,5 tot 1 miljoen jaar gelede by die wêrelderfenisterreine van Sterkfontein, Swartkrans en Kromdraai, ook bekend as die Wieg van die Mensdom (dit sluit die Taungskedel-fossielterrein en Makapanvallei in). Die skeletgedeeltes is o.m. van *Homo habilis* en *Australopithecus sediba*, wat beskik het oor menslike fisieke kenmerke soos hand-, bekken- en voetbene en 1,9 miljoen jaar gelede by Sterkfontein geleef het.

Homo erectus, of "regop mens", was jagters en versamelaars wat gedurende die Vroeë Steentyd tussen 2,2 miljoen en 1,9 miljoen jaar gelede in groot dele van Afrika voorgekom het en mettertyd na Suid-Europa, die Nabye-Ooste en Asië versprei het. Baie van hul werktuie is in Suid-Afrika gevind, bv. aan die Kaapse suidkus en in gruislae van oerrivieroewers en waterpanne in die omgewing van die Oranje- en Vaalrivier. Hulle het klipwerktuie vervaardig wat bekend is as die Acheul-industrie. Die werktuie is tydens vervaardiging en gebruik met die hand vasgehou. Verskillende soorte klipgereedskap wat in hierdie tyd begin ontwikkel het, was handbyle of vuisklippe en ruwe klipskilfers wat as messe en skrapers gebruik is.

Homo sapiens, of "wyse mens", ook bekend as die argaïese *Homo sapiens*, het tussen sowat 500 000 jaar en 100 000 jaar gelede versprei in Afrika, Suid-Europa en Asië geleef. Hulle was fisiek en intellektueel in 'n groot mate soortgelyk aan die moderne mens. Hulle het gespesialiseerde klipwerktuigtipes soos meslemme, skrapers en spiespunte vervaardig. 'n Voorbeeld van die argaïese *Homo sapiens* is die fossielskedelgedeeltes van so 'n mens wat sowat 260 000 jaar gelede in die omgewing van die hedendaagse Florisbad naby Bloemfontein geleef het.

Homo sapiens sapiens het tussen ongeveer 150 000 en 100 000 jaar gelede uit die argaïese *Homo sapiens* ontwikkel en was reeds fisiek en intellektueel soortgelyk aan die moderne mens. Hulle was Steentydjagters en -versamelaars in Afrika, Europa en Asië. Van daar het hul afstammelinge geleidelik ook na die Amerikas, Australië en Tasmanië versprei. Gedurende die Middel-Steen-tyd in Suid-Afrika het dié mense reeds gevorderde klipwerktuie vervaardig. In die Blombosgrot aan die Kaapse suidkus is deurboorde seeskulpe gevind wat as liggaamsornamente gebruik is, asook gegraveerde patrone op oker wat getuienis is van die oudste prehistoriese kuns van sowat 75 000 jaar gelede.

Gedurende die Laat Steentyd in Suid-Afrika, wat van sowat 20 000 jaar gelede tot so onlangs as ongeveer 200 jaar gelede geduur het, het nomadiese, gespesialiseerde jagters en versamelaars oral in Suider-Afrika voorgekom en 'n verskeidenheid gespesialiseerde klipwerktuie vir verskillende doeleindes gebruik. Hulle was die voorouers van die Khoisan van Suider-Afrika.

Die Khoisan

Die histories bekende Khoisan bestaan uit twee verwante hoofgroepe: die San, of Boesmans, en die Khoekhoen, of Khoi-Khoi. Die Khoisan is afstam-melinge van mense van die Laat Steentyd en het hul kulturele tradisies ge-deeltelik tot in hedendaagse tye behou. Hulle het egter in die laaste eeue uit groot dele van Suider-Afrika verdwyn.

Die Boesmans was tradisioneel nomadiese jagters en versamelaars van veld-voedsel en het tot in historiese tye as klein familiegroepe in hul jagvelde in rotsskuilings of vlak grotte en in tak-en-grasskerms gewoon. Hul tipiese jag-wapens was boë en gifpyle. Rotsskilderinge teen die oorhangende wande van rotsskuilings en gravures op rotse in die oop veld wat afbeeldings is van mense, diere en abstrakte simbole kom oral in Suider-Afrika voor en word met die Boesmans verbind. Een van die rykste Boesman-rotskunsterreine is tot 4 000 jaar oud en is in die uKhahlamba/Drakensbergpark-wêrelderfenisgebied. Oor-blywende Boesmangemeenskappe bestaan nog in die droë noordweste van Suider-Afrika, veral in die Kalaharistreek in Botswana.

Die Khoekhoen het tradisioneel in familiegroepe gewoon in matjieshutte bestaande uit raamwerke van houtlatte wat oorgetrek is met gevlegte matjies.

Dié boumateriaal is op pakbeeste van een kampterrein na 'n ander vervoer. Skeletoorblyfsels van gedomestikeerde (mak gemaakte) skape wat sowat 2 000 jaar oud is en in Laat Steentydafsettings in rotsskuilings aan die Kaapse kus gevind is, word verbind met vroeë Khoekhoenjagters. Dié jagters was toe reeds nomadiese herders van kleinvee en het mettertyd ook beeste bekom, waarskynlik van Bantusprekende Ystertydboere. Khoekhoengroepe was tot en met die aanbreek van die koloniale tyd betreklik welvarende veeboere. 'n Khoekhoengemeenskap wat vandag nog 'n tradisionele pastorale lewenswyse handhaaf, is die seminomadiese Nama van die Richtersveld.

Tydlyn

PRE-MENSE EN VROEË MENSE VAN OOS- EN SUID-AFRIKA (IN JARE VOOR DIE HEDE)
Ca. 7-6 miljoen:
• Die vroegste hominine verskyn in Oos-Afrika: *Orrorin tugenensis* in Kenia en *Sahelanthropus tchadensis* in Tsjad. Hominine is lede van die superfamilie *Hominoidea*: regoplopende, uitgestorwe mensagtige wesens.
Ca. 5 miljoen:
• *Ardipithecus ramidus* verskyn in Ethiopië.
Ca. 4 miljoen:
• *Australopithecus anamensis* kom voor in Ethiopië.
Ca. 3,8-3 miljoen:
• *Australopithecus afarensis* verskyn in Kenia en Tanzanië.
Ca. 3,3 miljoen:
• *Kenyanthropus platyops* verskyn in Kenia.
Ca. 3 miljoen:
• *Australopithecus africanus* verskyn in Suid-Afrika.
Ca. 2,6 miljoen:
• *Australopithecus robustus* en eerste handgemaakte werktuie verskyn.
Ca. 2,6 miljoen-200 000:
• Vroeë Steentydkulture van Suider-Afrika.
Ca. 2,5-1,5 miljoen:
• *Homo habilis* ("nutsman") verskyn in Oos-Afrika. Hulle maak van die eerste klipwerktuie in Suid-Afrika.
Ca. 1,9 miljoen:
• *Australopithecus sediba* met menslike kenmerke bestaan by Sterkfontein.

Ca. 1,7 miljoen-250 000:
• *Homo erectus* verskyn in Oos- en Suider-Afrika en versprei na Eurasië. Hulle vervaardig klipwerktuie bekend as die Acheul-industrie.
Ca. 800 000:
• Argaïese *Homo sapiens* ("wyse mens") verskyn.
Ca. 250 000-20 000:
• *Homo sapiens sapiens* ontwikkel en versprei wêreldwyd.

Die Ystertyd en die Bantusprekende samelewing

Inheemse vroeë boerdery- en metaalbewerkergemeenskappe het reeds sowat 2 000 jaar gelede voorgekom in Noord-Afrika, asook in die Soedangebied, in Kameroen en in Oos-Afrika. Hiervandaan het hulle via die Oos-Afrikaanse meregebied en die kus suidwaarts versprei.

Die skeletoorblyfsels van beeste, bokke, skape, pluimvee en honde, asook oorblyfsels van graan- en boontjiegewasse, is op talle Ystertyd-woonterreine gevind. Getuienis van gemengde bestaansboerdery van die Ystertyd bestaan op talle terreine, met Mapungubwe as 'n uitstaande voorbeeld daarvan. Mapungubwe was die hoofsetel van 'n vroeë Suider-Afrikaanse koninkryk of klein staat wat tussen 1000 en 1300 n.C. in die Limpoporiviervallei in die noorde van Suid-Afrika bestaan het. Dit is vandag deel van 'n nasionale park en wêrelderfenisgebied.

Die herkoms van gedomestikeerde diere van die Ystertydmense kan teruggevoer word na Oos- en Noord-Afrika, die Nabye-Ooste en Asië. Die gedomestikeerde bok (*Capra hircus*) stam af van die Wes-Asiatiese bok (*Capra aegagrus*) en het van Egipte saam met Ystertydgemeenskappe tot in Suid-Afrika versprei. Die gedomestikeerde skaap (*Ovis aries*) stam af van 'n wilde Asiatiese voorouer (*Ovis orientalis*), terwyl dunstert- sowel as vetstertskape wat in rotskuns in Zimbabwe uitgebeeld is, via die weskus van Suider-Afrika tot by die Kaapse suidkus versprei het. Die oorsprong van die Afrikabeeste word teruggevoer na die skoflose bees, *Bos taurus* van Eurasië, *Bos indicus* van Asië (wat wel 'n skof het) en die inheemse *Bos primigenius* van Noord-Afrika. Die gedomestikeerde hoender (*Gallus gallus*) kom uit Indië en Suid-oos-Asië waarvandaan dit versprei het na Noord-, Wes- en Suider-Afrika. Die gedomestikeerde hond (*Canis familiaris*) stam waarskynlik af van die Suidoos-Asiatiese wolf (*Canis lupus arabs*).

Die graansoorte wat deur die Ystertydmense verbou is, is ook afkomstig van Noordoos- en Oos-Afrika. Droogte- en omgewingsbestande sorghum-variasies het ontwikkel uit *Sorghum verticilliflorum* van Oos-Afrika en *Sorghum bicolor* van Noordoos-Afrika. Mannasoorte wat verbou is, is o.m. *Pennisetum glaucum*, wat wild voorkom in die Saharagebied, en *Pennisetum typhoides* van Oos-Afrika. Die boontjie (*Vigna unguiculata*) is een van verskeie spesies van die wyd verboude, droogtebestande genus *Vigna* in die droë savannegebiede suid van die Sahara.

Van dié bestaansboerderygemeenskappe wat ystergereedskap en versierings van yster en koper vervaardig het, het hulle in die Vroeë Ystertyd – tussen 400 en 800 n.C. – in die savannegebiede in die noordelike en noordoostelike streke van Suider-Afrika gevestig. Tussen 800 en 1600 n.C. het gemeenskappe tydens die middelfase van die Ystertyd dikwels reeds in groter woonterreine gebly. Hul ekonomie, wat gebaseer was op boerdery met beeste, bokke, skape en hoenders, asook gewasse soos sorghum-, manna- en boontjiesoorte, was nou verweef met die ontwikkeling van hul besondere tegnologie, vestigings-wyse en sosiale lewe. Hul kulturele tradisies het sosiaal komplekser gemeen-skapstrukture ingesluit en hul koninkryke het dikwels tot klein Afrikastate ontwikkel.

'n Vroeë voorbeeld hiervan was die binnelandse stamkoninkryk van Mapu-ngubwe wat o.m. gekenmerk is deur die vervaardiging en besit van goue kul-tuurvoorwerpe. Dít, sowel as hul vestigingspatrone (die terreinuitleg, klip-terrasmure en kliptrappe) het voorts die inwoners se koninklike status aangedui. Die goue renostertjie wat argeoloë by Mapungubwe gevind het, was volgens plaaslike stamtradisies 'n simbool van krag en mag wat met 'n koning geas-sosieer word. Goue kultuurvoorwerpe word ook met vroeë koningshuise in die gebied geassosieer.

Soortgelyke latere koninklike terreine is Groot Zimbabwe en Khami in die hedendaagse Zimbabwe. Die mense van daardie koninkryke het goud, koper en yster wat hulle in natuurlike vorme ontdek en gemyn het, en ook ivoor, aan seevarende Swahilihandelaars van die ooskus van Afrika en aan Arabiese en Portugese handelaars verruil vir handelsware soos glaskrale en Chinese keramiek wat buite Afrika vervaardig is. Groot Zimbabwe en Khami is ook verklaarde wêrelderfenisterreine.

Die Ystertydgemeenskappe in Suider-Afrika van die Laat Ystertyd (tussen 1500 en 1800 n.C.) was die voorouersamelewing van die Bantusprekende stamme en ryke wat later in die historiese tydvak bekend geword het as die Suidoos-Bantu. Hul woonterreine met ashope, klipruïnes, grafte en oorblyfsels van metaalbewerking en kleipotskerwe kom wyd versprei voor in die noordelike, oostelike en sentrale dele van Suid-Afrika, van die subtropiese ooskus en die savannegebied van die Laeveld tot die grasvlaktes van die Hoëveld en die berggebiede van die hedendaagse Swaziland en Lesotho. Hul kenmerkende sosiale samelewingstrukture het as stamryke ontwikkel. 'n Stamryk is 'n verwantskapsgebaseerde bevolkingsgroep met 'n eie identiteit en hiërargiese sosiopolitieke rangstruktuur. 'n Kommunale lewenswyse, tradisies, samehorigheidsgevoel en 'n eie geografiese woongebied is kenmerkend van 'n stamryk.

Die histories bekende en lewende Bantusprekende mense van Suider-Afrika word op taalkundige gronde geïdentifiseer as die Suidoos-Bantu. Hulle bestaan uit die Nguni- en die Sotho-Tswanastamme van Suid-Afrika en Botswana; die Tsongastamme van Mosambiek, waarvan gemeenskappe ook in die noordooste van Suid-Afrika woon; die Shonastamme van Zimbabwe; die Venda van Suid-Afrika, wat aan die Shona verwant is; en die Lemba, wat meestal in klein groepies by ander gemeenskappe soos die Venda en Sotho in die Limpopogebied woon.

Die Nguni het in voorhistoriese tye tot een taalgroep behoort, maar oor die eeue heen verdeel in kleiner groepe wat elk hul eie kulturele karakter en taaldialekte ontwikkel het. Weens die onderverdeling van die oorspronklike Ngunigroepe het verskillende Ngunistamryke in die 19de eeu versprei voorgekom in die omgewing van Swaziland, oos daarvan in Natal en suidwaarts tot in die hedendaagse Oos-Kaap, asook in 'n gebied noordoos en oos van die hedendaagse Pretoria en verder noord in die Limpopo-provinsie.

Die Noord-Nguni het teen die 17de eeu bestaan uit drie verwante groepe, die Lala, Mbo en Ntungwa. Die Noord-Nguni het later opgebreek in verskillende stamryke wat hulle teen 1800 in die gebied noord van die Mzimvuburivier en oos van Swaziland en die Drakensbergreeks gevestig het. Die Suid-Nguni het sover bekend teen 1600 reeds in die omgewing van die Mzimvuburivier gewoon. Van die prominentste groepe is die Mpondo, Mpondomise, Thembu en Xhosa. 'n Kenmerk van tradisionele Nguninedersettings was hul koepelvormige woonhutte wat in 'n halfmaan of sirkel om 'n sentrale beeskraal gerangskik was.

Die Ndebelestamme was volgens oorlewering reeds van die 17de tot 19de eeu in die omgewing van Gauteng, Mpumalanga en Limpopo woonagtig. Die woongebied van die Manala-Ndebele was in die noorde en ooste van die groter Tshwane-munisipaliteit, terwyl die Ndzundza-Ndebele verder ooswaarts tot in die hedendaagse Steelpoortgebied in Mpumalanga gevind kon word. Die

Kekana-Ndebele en Langa-Ndebele het in die suide van Limpopo gebly. 'n Meer onlangse vestigingskenmerk van die Ndebele op die noordoostelike Hoëveld is die geverfde geometriese patrone op hul wonings waarvan sommige motiewe geïnspireer is deur alledaagse kontemporêre voorwerpe en strukture. Die Ndebele van die noordelike provinsies van Suid-Afrika word onderskei van die Matabele, wat volgelinge was van Mzilikazi. Die Matabele word dikwels ook as Ndebele beskryf, maar hulle het Natal in die 19de eeu verlaat en die Matabeleryk noord van die Vaalrivier gevestig voordat hulle uiteindelik na die weste van vandag se Zimbabwe uitgewyk het.

Die Sotho is bewoners van die binnelandse plato van Suid-Afrika en Botswana. Verskeie van hul voorouer-woonterreine word deur uitgebreide klipmuurruïnes gekenmerk. Die oorspronklike Sotho het mettertyd in verskeie kerngroepe verdeel en later uit die noordweste van hierdie gebied na aangrensende gebiede versprei. Omvangryke Ystertyd-woonterreine (700 tot 1300 n.C.) geleë op die Moritsane- en Tautswe-heuwel in Suidoos-Botswana word beskou as hoofsetels van voorouergroepe van die Kgalagadi, terwyl bekende Kgalagadigroepe inwoners was van die Molopogebied.

Die Fokeng en die Digoya was vroeg reeds woonagtig in die Hoëveld noord van die Vaalrivier – die Digoya in die gebied suid van die Vaalrivier, en die Rolong in die gebied tussen die Vaal-, Harts- en Moloporivier. Wegbreekgroepe van die oorspronklike Tswana is die Hurutshe, wat hulle aan die bolope van die Maricorivier gevestig het, die Kwena van die Marico- en Krokodilrivier en die Kgatla van die Witwatersrand-area. 'n Belangrike wegbreekgroep van die Kgatla is die Pedi in die Steelpoortriviergebied in Mpumalanga. Voorbeelde van Sothostamme met 'n kleurryke geskiedenis en kultuurkenmerke soos goed bewaarde voorbeelde van rondawelargitektuur asook tradisionele gebruike soos sosiale etiket, kleredrag, voedsel en huishoudelike artefakte is die Hananwa van Blouberg en die Suid-Sotho van Lesotho.

Tsongagroepe soos die Nhlanganu, Tshangana, Nkuna en andere van die oostelike Laeveldgebied in die Limpopo- en Mpumalanga-provinsie en Noord-Natal is afkomstig van die Tsonga van suidelike Mosambiek. Tsongastamme soos die Tembe was vir eeue betrokke by die ivoorhandel en waarskynlik ook die goudhandel met seevaarders soos die Portugese, wat reeds vroeg in die 16de eeu 'n handelspos gevestig het by Baia da Lagoa, tans bekend as Maputobaai. Hul tradisionele woonterreine het verskillende soorte boustrukture opgelewer waaronder rondawelagtige wonings en graanhutte.

Die Venda is 'n afsonderlike groep. Volgens oorleweringe het hulle hul in die begin van die 18de eeu uit die noorde in die Limpopogebied en Sout-pansberggebied gevestig. Hulle is taalkundig en kultureel verwant aan die Shona van Zimbabwe, maar sommige navorsers meen dat hulle oorspronklik van die Makonde van die Malawimeer afstam. Volgens taalkundige navorsing is die Vendataal verwant aan dié van die Kalanga, wat ook bekend staan as die Westelike Shona en in die weste van Zimbabwe en ooste van Botswana voorkom. Die Kalanga het moontlik in die era van Mapungubwe via die Shashi-en Limpoporiviervallei suidooswaarts gemigreer. Dit het waarskynlik verband gehou met die vroeë goudhandel en Mapungubwe. Ná hul aankoms in die hedendaagse Suid-Afrika het die Venda mettertyd verdeel in verskillende koninkryke. Besondere kenmerke van die Venda is hul rondawelargitektuur, dikwels op klipbouterrasse teen berghange, en hul kleurryke tradisionele sere-monies met gepaardgaande musiek, danse en kleredrag.

Die Lemba, wat volgens die oorleweringe saam met die Venda in Suid-Afrika aangekom het, is volgens sommige historici verwant aan die Venda en het onder die invloed van die Moslemhandelaars aan die ooskus van Afrika gekom. Hulle is vaardige handwerkers en handelaars en dien dikwels as amps-draers by tradisionele seremonies.

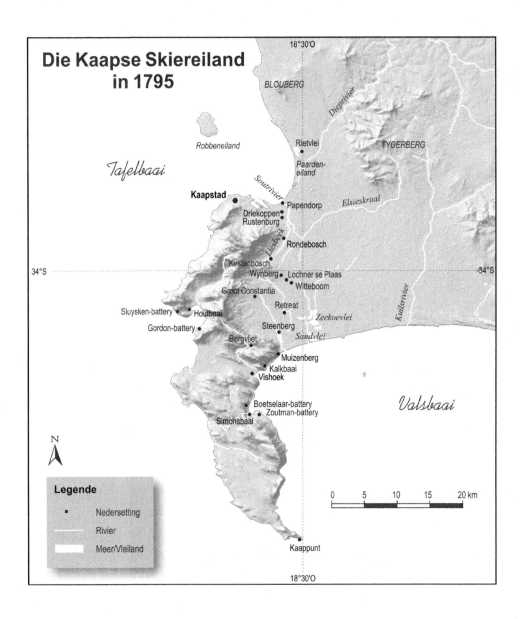

Die Kaapse Skiereiland in 1795

BLOUBERG

TYGERBERG

Tafelbaai

Robbeneiland

Rietvlei

Dieprivier

Paarden-
eiland

Soutrivier

Kaapstad

Papendorp

Elsieskraal

Driekoppen
Rustenburg

Liesbeek

Rondebosch

Kirstenbosch

Wynberg

Lochner se Plaas

34°S

34°S

Witteboom

Groot Constantia

Kuilsrivier

Retreat

Sluysken-battery

Houtbaai

Zeekoevlei

Gordon-battery

Steenberg

Sandvlei

Bergvliet

Muizenberg

Kalkbaai

Valsbaai

Vishoek

Boetselaar-battery

Zoutman-battery

Simonsbaai

N

Legende

• Nedersetting

— Rivier

▬ Meer/Vleiland

0   5   10   15   20 km

Kaappunt

18°30'O

2

Die Nederlandse era aan die Kaap, 1652-1806

Johan de Villiers

Die grondslag van Suid-Afrika se samelewingspatrone is reeds in die 17de eeu gelê toe verskillende groepe mense in die Suider-Afrikaanse subkontinent met mekaar in kontak gekom het. Uit hierdie smeltkroes het die Suid-Afrikaanse samelewing van vandag ontstaan.

Suider-Afrika se geografiese ligging het kontak met die buitewêreld bemoeilik. Dit is moontlik dat Arabiese en Indiese handelaars langs die ooskus nie verder suid as Delagoabaai gevorder het nie. Dit was 'n merkwaardige prestasie toe die Portugese teen die einde van die 15de eeu om die suidpunt van Afrika gevaar het.

Bartolomeu Dias (1488) en Vasco da Gama (1498) se klein vaartuie was blootgestel aan die gure wind- en seestorms van die Suid-Atlantiese Oseaan, asook die onherbergsame kus. Dit was sekerlik idealisme wat gemaak het dat Dias sy aanvanklike benaming Stormkaap (*Cabo Tormentoso*) na Kaap van Goeie Hoop (*Cabo da Boa Esperança*) verander het in sy verslag aan koning João II. Hy het in 'n stormwind die suidpunt van Afrika omseil en die kus van Afrika naby die huidige Mosselbaai bereik.

Die inheemse bewoners van die subkontinent het vir hul oorlewing eiesoortige aanpassings by wisselende klimaatsomstandighede, topografie en natuurlike hulpbronne gemaak. Die wye verspreiding van klein selfonderhoudende gemeenskappe in 'n groot gebied het onderlinge kontak beperk, maar nie heeltemal uitgeskakel nie. Die kusbewoners was verskrik en onthuts deur die aankoms van vreemde besoekers wat vars water en vleis deur ruilhandel wou verkry. Hulle kon mekaar se taal en gebruike nie verstaan nie. In sommige gevalle het dit tot geweld gelei, soos toe die onderkoning van Portugees-Indië, Francisco d'Almeida, in 1510 gedurende 'n skermutseling in Tafelbaai gesterf het. Portugese seevaarders het daarna landings aan dié kus probeer vermy. Die blywende nalatenskap van die Portugese seevaarders aan Suid-Afrika was die benaming van sekere kusdorpe en plekke soos St. Helena-baai, Saldanhabaai, St. Francisbaai, Infantarivier en die gebied Natal.

Sporadiese kontak tussen die inheemse bewoners en seevaarders uit ander Wes-Europese lande soos Denemarke, Engeland, Nederland en Frankryk het in die loop van die 16de en vroeë 17de eeu voortgeduur. Hulle kon die eerste keer mekaar se eiesoortige taal, kleredrag, gebruiksartikels, musiek en danse ervaar. Augustin de Beaulieu het in 1620 in Tafelbaai opgemerk dat die inheemse bewoners se kenmerkende danslied altyd die woord "hautitau" herhaal. In 1623 het die Deen Jon Olafsson die herhalende woord "hottentotte" in die tipiese danslied bevestig. Deur oordrag het besoekers, o.a. Nicolaus de Graaf (1640) en Jean-Baptiste Tavernier (1649), hierdie woord daarna as algemene benaming vir die plaaslike inwoners gebruik.

Op 25 Maart 1647 het die vragskip *Nieuwe Haerlem* in die omgewing van die huidige Blouberg, noord van die Soutriviermonding, gestrand. Die beman-ning en 'n groot deel van die vrag is gered, maar daar was nie plek vir almal op die ander skepe van die vertrekkende retoervloot nie. Onderkoopman Leendert Jansz en 62 van die skipbreukelinge was verplig om langer as 'n jaar te wag vir 'n geleentheid terug na Nederland. Daar het Jansz en Matthijs Proot in 1649 'n *remonstrantie* (verslag) opgestel waarin hulle meld dat 'n permanente verversingspos in Tafelbaai groot waarde vir die retoervlote van die Verenigde Oos-Indiese Kompanjie (VOC) sou hê. Ervaring het bewys dat die inheemse mense vreedsaam was indien hulle goed behandel word. Hulle was bereid om die Nederlandse taal aan te leer en ruilhandel te bedryf. Die grond was ook geskik vir akkerbou en water was beskikbaar.

DIE VOC

In 1602 het verskeie klein Nederlandse handelsmaatskappye saam-gesmelt om die Verenigde Oos-Indiese Kompanjie (die VOC) te vorm. Dit het uit ses outonome bestuursliggame bestaan, naamlik die han-delskamers van Amsterdam, Zeeland, Rotterdam, Delft, Hoorn en Enk-huizen. Al die kamers het onder 'n hoofdireksie, die Here XVII, gestaan wat meestal in Amsterdam vergader het.

Die State-Generaal, as die hoogste Nederlandse regeringsliggaam, het in Maart 1602 'n oktrooi aan die VOC toegeken wat aan dié maat-skappy die alleenreg op alle Nederlandse handel oos van die Kaap die Goeie Hoop en wes van die Straat van Magellaan gegee het. In 1619 is 'n goewerneur-generaal en Raad van Indië in Batavia, op die eiland Java, aangestel om namens die VOC plaaslik beheer uit te oefen.

Daardeur het die VOC met sy oktrooi feitlik soewereine gesag oor al sy handelsposte verkry en moes hy in praktyk net aan sy aandeelhouers verantwoording doen. Dit het die Kompanjie as 'n hoogs winsgewende liggaam gevestig. Die VOC was in werklikheid die eerste groot effektebeurs ter wêreld. Aandeelhouers het 'n dividend ontvang wat aanvanklik in die vorm van gelewerde goedere was.

Uiteindelik is die Kompanjie ná 196 jaar gelikwideer vanweë chroniese wanbestuur en 'n enorme skuldlas van 110 miljoen gulden.

Nederlandse vestiging

In 1650 het die Here XVII in beginsel besluit om 'n verversingspos aan die Kaap op te rig. Die keuse van 'n gesagvoerder vir hierdie taak het uiteindelik op Jan Anthoniszoon van Riebeeck geval. Sy vroeëre ervaring in diens van die Kompanjie (Batavia, Japan en Tonkin), asook sy persoonlike indrukke van die Kaap die Goeie Hoop in 1648, was deurslaggewend.

Op 6 April 1652 het Van Riebeeck met drie skepe, die *Drommedaris*, *Goede Hoop* en *Reijger*, in Tafelbaai aangekom. Die res van sy geselskap het eers 'n maand later in twee verdere skepe, die *Walvis* en *Oliphant*, opgedaag.

Die opdragte van die Here XVII was duidelik: Slegs 'n klein gebied moes as verversingspos vir die VOC se vlote ingerig word. Die hoofdoel was om die Kompanjie se skepe van vars vleis, groente en water te voorsien. Sowat 90 persone is vir hierdie taak aangewys. Vir beveiliging moes Van Riebeeck 'n fort bou, maar vrede moes gehandhaaf word met die inheemse bevolking en besoekers van ander lande. Die hoofdoel van die Kompanjie was dat die verversingspos tegelyk besparend en winsgewend moet wees. Die plaaslike bestuur is deur 'n Politieke Raad behartig wat bestaan het uit Van Riebeeck as voorsitter, die sekunde, die sersant en die boekhouer. Die eerste vergadering op 8 April 1652 het praktiese besluite oor die beveiliging van die klein nedersetting en die verhouding met die inheemse bevolking geneem.

Die veebesittende Khoekhoen in die omgewing van die Kaapse Skiereiland was belangrik vir gereelde vleisverskaffing aan die Kompanjie se retoerskepe in Tafelbaai. Om sowat dertig skepe per jaar van vleis te voorsien, het vereis dat sowat 300 beeste en 300 skape deur ruilhandel bekom word. Koperplaatjies, voorwerpe van yster, tabak en rooi glaskraletjies was gewilde ruilartikels. Die Khoekhoen het ook van brood, wyn en arak (rysbrandewyn) gehou. Vir Van Riebeeck en sy amptenare was 'n tolk onontbeerlik om misverstande te voorkom. Daar is afwisselend en met sukses gebruik gemaak van Autshumao (alias Herrie die Strandloper), sy susterskind Krotoa (alias Eva), Doman (alias Anthonie) en Claas Das.

Ondanks vele pogings kon Van Riebeeck nie die vleistekort oplos nie. Die Khoekhoen wou nie ruilgoedere aanvaar as die transaksies op 'n drastiese daling in hul eie kuddes sou neerkom nie. Hulle was ook onderling verdeeld en het mekaar gewantrou. Van dié stamme was die Goringhaiconas (Strandlopers van Autshumao), Goringhaiquas (Kaapmans onder Gogosoa), Gorachouquas (Tabakdiewe onder Choro en Ankaisoa), Cochoquas (onder Oldasoa en Gonnema) en verder noord die Namaquas.

Van Riebeeck se verdraagsaamheid teenoor die Khoekhoen is tot breekpunt beproef. Op 19 Oktober 1653 het Autshumao en sy volgelinge byna al die vee van die Kompanjie gesteel en die veewagter David Jansz gedood. Toe Autshumao weer in Junie 1655 by die fort opdaag, moes Van Riebeeck sy ontkennings en verskonings aanvaar. Die tolk Doman, wat Autshumao se taak oorgeneem het, het intussen die Kaapmans aangeraai om tydens reënweer die vee van die verversingspos te steel aangesien Van Riebeeck se mense dan nie met klam lonte en kruit hul pangewere doeltreffend kon gebruik nie.

Toe die Kaapmans in Julie 1659 die veewagter Sijmon in 't Velt doodsteek en 68 beeste en 67 skape wegvoer, het Van Riebeeck die plaaslike soldate en burgers opkommandeer. Die Kaapmans het met 'n ontwykingstrategie gereageer, maar in 'n skermutseling is drie Khoekhoen gedood. Daar is eers in April en Mei 1660 met die verskillende leiers vrede gesluit nadat 'n vaste grenslyn en spesifieke toegangsroetes wedersyds neergelê is. Daarna is die amptelike versoeningsbeleid hervat.

Die Khoekhoen het as veewagters en in hul ruilhandel met die Kompanjie meer vertroud geraak met die Nederlandse taal, leefwyse, kleredrag en gebruiksartikels. In die eerste dekade van die verversingspos se bestaan was daar net een Christenbekeerling onder die Khoekhoen, naamlik Krotoa. Sy is in Van Riebeeck en sy vrou Maria se huishouding in die fort opgeneem as jong dogter en is deur almal Eva genoem.

DIE BENAMING KHOEKHOEN

Die meeste geelbruin inheemse bewoners van die Kaap het in die 17de en 18de eeu gesamentlik bekend gestaan as "Hottentotte", hoewel hulle in kleiner groepe of stamme, elk met 'n kenmerkende naam, verdeel was. Die algemene benaming Hottentot het reeds in Van Riebeeck se tyd dokumentasiestatus verwerf. Eers in die 19de eeu is die benaming "mense van kleur" as alternatief gebruik deur o.a. die Britse goewerneur Richard Bourke.

Weens die negatiewe konnotasies wat aan die woord Hottentot bly kleef het, het navorsers veral in die tweede helfte van die 20ste eeu 'n meer eietaalse etnoniem, "Khoekhoen", in wisselende spelling begin gebruik. Hierdie dubbelstammige naam beteken letterlik "mens van mense". Volgens G.S. Nienaber, 'n kenner van die inheemse tale, is die hedendaagse skryfwyse (Khoi-Khoi) misplaas en in stryd met aanvaarde ortografie. Die korrekte stamwoord is Khoe.

Vryburgers en uitbreiding aan die Kaap

Om die voorsiening van veral groente en tabak aan die verversingspos te verbeter, het Van Riebeeck in 1657 aan nege Kompanjiesdienaars met hulle gesinne plasies langs die Liesbeek in die omgewing van Rondebosch toegeken. Die Kompanjie sou alle produkte van hierdie vryburgers aankoop en geen handel met die Khoekhoen deur die vryburgers is toegelaat nie.

Die besoekende VOC-kommissaris Rijckloff van Goens het ingestem dat die getal vryburgers kan toeneem en dat hulle Kompanjieshulp in die vorm van ploeë en trekosse moet ontvang. Die Kompanjie en vryburgers se eiendom is deur 'n aantal fortjies beskerm (Kijkuyt, Duinhoop, Keert de Koe, Coornhoop, Ruyterwacht, en Houd den Bul), asook palissades en 'n ry inheemse wildeamandelbome, waarvan 'n deel vandag nog in die Kirstenbosch Botaniese Tuin te sien is. Die vryburgers het nie 'n maklike lewe gehad nie en Van Riebeeck moes hul klagtes met oorleg hanteer, sonder om die Kompanjie se belange te benadeel.

Met verloop van tyd is vryburgers ook in ander beroepe as dié van landbouers toegelaat. Sommiges het 'n lewe gevoer as vaardige vakmanne, entrepreneurs en professionele persone. Hulle het hoofsaaklik uit Nederland en die omliggende Duits- en Franssprekende gebiede gekom.

Die instelling van vryburgers in 1657 het die oorspronklike verversingspos omskep in 'n uitbreidende kolonie. Daarmee saam het die amptenare van die

Kompanjie wat hul werk aan die Kaap as tydelik beskou het, te staan gekom teenoor vryburgers wat die Kaap as permanente tuiste beskou het. Tussen 1657 en 1702 het die getal vryburgers in die Kaapse nedersetting van 14 tot 1 368 gegroei.

DIE BETEKENIS VAN VAN RIEBEECK

Jan van Riebeeck (1619-1677) was 'n pligsgetroue amptenaar van die Kompanjie in sy tien jaar dienstyd aan die Kaap. Sy ondernemingsgees, aanpassingsvermoë en onderhandelingsvaardighede op verskillende terreine het hom 'n pionier gemaak. As leier van die gemeenskap in die Tafelvallei het hy billik en regverdig opgetree.

Hy het 'n voorlopige verstandhouding met die Khoekhoen bereik en ontdekkingstogte bevorder. Sy eksperimente op landbougebied was 'n waardevolle leerskool vir sy opvolgers. Sy ondankbare taak as kommandeur in krisistye is nie altyd na behore deur sy tydgenote (plaaslike ondergeskiktes en sy meerderes oorsee) erken nie. Tog het die suksesvolle vestiging en uitbou van die Kompanjie se verversingspos aan die Kaap onder sy leierskap 'n simbool van hoop te midde van verydeling geword.

Slawe en vryswartes

Van Riebeeck het die plaaslike Khoekhoen as fisiek ongeskik vir akkerbou en handearbeid beskou. Sy voorstel om die arbeidstekort aan te vul deur matrose van besoekende skepe tydelik diens te laat doen, is deur die Here XVII afgekeur. Van Riebeeck het wel toestemming gekry om slawe in te voer. Die eerste slawe, afkomstig uit Angola en Guinee, het in 1658 op die skepe *Amersfoort* en *Hasselt* in die Kaap aangekom. Daarmee is 'n nuwe element tot die bevolkingsamestelling van die Kaapse nedersetting gevoeg.

Daarna is nog slawe uit Madagaskar en die Ooste gebring. Hulle was van uiteenlopende oorsprong en moes die taal van die Kompanjiesamptenare en hul Nederlandse eienaars aanleer. Drostery van slawe is swaar gestraf. Teen 1693 was daar 322 slawe (mans, vroue en kinders) in diens van die Kompanjie aan die Kaap. Daarna het die getal slawe in diens van die vryburgers dié van die Kompanjie begin oortref. Die slawe het ongetwyfeld 'n enorme bydrae tot die ekonomiese vooruitgang van die Kaap gelewer, veral op landbougebied, maar ook as bedrewe vakmanne en huishoudelike werkers. Maleise slawe was besonder gesog vanweë hul vaardighede in die ambagte en boubedryf.

Die vrystelling van slawe en/of hul kinders deur hul eienaars het 'n onderskeibare minderheidsgroep in die Kaapse samelewing geskep wat bekend gestaan het as vryswartes. Voorbeelde van ekonomies suksesvolle vryswartes in die 17de eeu was Louis van Bengale en Anthonie van Angola wat albei plasies in die Jonkershoekvallei naby Stellenbosch bewerk het.

Die Hugenote

Met die bewindsaanvaarding van Simon van der Stel in 1679 as Kaapse gesagvoerder het die eerste vryburgers al oor die Kaapse Vlakte na die Eersterivier getrek. Die Kompanjie het intussen ook reeds veeposte in Hottentots-Holland, Tygerberg en Saldanhabaai gehad. Nog in die jaar van sy aankoms het Van der Stel die eerste dorp in die binneland, Stellenbosch, gestig en na homself vernoem. In 1687 volg 'n tweede vestiging, aan die Bergrivier, genaamd Drakenstein.

Van der Stel se kolonisasieplanne is bevorder deur koning Lodewyk XIV van Frankryk se herroeping van die Edik van Nantes in 1685. Dit het die Franse Protestante van hul godsdiensvryheid beroof. Duisende van hierdie Hugenote het na buurlande, o.m. na Nederland, gevlug.

Tussen 1688 en 1692 is sowat 200 van hierdie Hugenote in verskillende groepe deur die Here XVII na die Kaap gestuur om die vryburgerbevolking aan te vul. Hulle het 23,5% van die vryburgerbevolking van 856 persone verteenwoordig. In verhouding tot die totale getal vryburgers sou die relatief klein getal Hugenote 'n beduidende invloed aan die Kaap uitoefen.

Van der Stel het die Hugenote op klein plasies tussen die Nederlandse vryburgers in Stellenbosch, Drakenstein, Franschhoek (Olifantshoek), Paarl en die Wagenmakersvallei (hedendaagse Wellington) versprei om hul assimilasie te vergemaklik. In 1691 is hulle egter toegelaat om 'n eie predikant, ds. Pierre Simond, en eie skoolmeester, Paul Roux, in Drakenstein te hê.

Die Hugenote kan as grondleggers van die wynbou in die Kaapkolonie beskou word en het gehelp om die koringproduksie te verhoog. Hul Calvinistiese lewenshouding het die lewensaard van die vryburgerbevolking versterk. Bekende Voortrekkers soos Piet Retief en Sarel Cilliers was afstammelinge van die Hugenote.

Verset teen die goewerneur

In 1699 het Simon van der Stel die Kaapse bewind aan sy oudste seun Willem Adriaan van der Stel oorgedra. Groter eenheid onder die burgers en 'n groter verskeidenheid landboubedrywighede was prestasies van die Van der Stel-era (1679 -1707).

W.A. van der Stel het progressiewe boerderymetodes en veral skaap-boerdery in die Land van Waveren (noord van die Drakensteinberge in die omgewing van die huidige Tulbagh) aangemoedig. Sonder die medewete van die Here XVII het hy 'n private boerdery op die plaas Vergelegen by vandag se Somerset-Wes beoefen. Hy het die Kompanjie se arbeiders en gereedskap gebruik om dit in 'n modelplaas te omskep. Ander hoë amptenare het sy voor-beeld gevolg, o.a. die sekunde Samuel Elsevier, die predikant Petrus Kalden en W.A. van der Stel se jonger broer Frans (spottenderwys Don Francisco genoem).

Ontevredenheid onder die vryburgers het 'n hoogtepunt bereik toe die goe-werneur se gunsteling Johannes Phijffer deur knoeiery volle beheer oor die Kaapse wynpag verkry het. Die burgers Adam Tas, Henning Hüsing en ander ontevredenes het in 1705 'n petisie aan die Here XVII gerig waarin hulle beswaar aangeteken het teen die goewerneur se magsmisbruik. Van der Stel, wat onraad vermoed het, het 'n positiewe getuigskrif vir homself laat opstel en probeer om die leiers van die verset op te spoor.

Op 'n vraag wie hom gedwing het om die beweerde klagskrif te onder-teken, het die Hugenoot Guillaume du Toit eerlik geantwoord: "Mijn con-scientie, mijn heer!" Op 25 Februarie 1706 het die goewerneur Adam Tas laat arresteer en beslag gelê op dokumente in sy lessenaar. Die burgers Jacques de Savoye, Pieter Meyer en Jakobus van der Heiden is selfs in die berugte "Donker Gat" in die Kasteel aangehou.

Die Here XVII het by ontvangs van die burgers se klagskrif onmiddellik 'n kommissie van ondersoek aangestel. Berig van hierdie sukses het die Kaap op 20 Februarie 1707 bereik met die aankoms van die fregat *Peter en Paul*. Die burger Albert van Emmenes het die volgende nag te perd deur die strate van Stellenbosch gejaag en luidkeels verkondig: "Victorie, Victorie!"

Kort daarna, op Sondag, 4 Maart, het 'n aantal opgewonde jeugdiges amok gemaak in die strate en by die dorpsmeule van Stellenbosch. Toe die land-dros, Johannes Starrenburg, opdaag om vas te stel wat die lawaai veroorsaak, het hy twee stuks wat nie betyds kon wegvlug nie met 'n rottang gekonfron-teer. Een van hulle was die weerbarstige 16-jarige Hendrik Biebouw. Hy het volgens ooggetuies by hierdie geleentheid die volgende betekenisvolle woorde uitgespreek: "Ik wil niet loopen, 'k ben een Africaander al slaat de landrost mijn dood, of al setten hy mij in den tronk. Ik sal, nog wil niet swijgen!"

Dit is die eerste tydgenootlike bewys van 'n burger wat homself as Afrikaner geïdentifiseer het. Daarmee het die die verwarde Biebouw waarskynlik sy verbondenheid aan die Suid-Afrikaanse bodem en sy onvergenoegdheid met die Kompanjie se amptenary te kenne gegee. Die gebeure was in breër konteks 'n aanduiding van die toenemende verwydering tussen sommige burgers en amptenare in die klein gemeenskap van Stellenbosch.

Die uiteinde van die burgerverset was dat die Here XVII die goewerneur, sekunde Elsevier, landdros Starrenburg en ds. Kalden uit hul poste onthef het. Die twee Van der Stel-broers en die skuldige amptenare het in April 1708 na Nederland vertrek om nooit weer terug te keer nie.

Koloniale uitbreiding en die Khoekhoen

Die Khoekhoen was nooit besonder veglustig teenoor die burgers nie. Slegs enkele stamme was betrokke by herhaaldelike veediefstalle en aanslae op burgers. Die sogenaamde Tweede Khoekhoenoorlog (1673-1677) was klein in omvang. Die strafekspedisies van die owerheid teen die Cochoquas van Gonnema was ook nie juis baie suksesvol teen 'n ontwykende vyand nie.

Verskeie faktore het bygedra tot die ontstamming en vermindering van die Khoekhoen gedurende die 18de eeu. Onoordeelkundige veeruil met Kompanjiesamptenare en vryburgers, onderlinge oorloë, veediefstal en veesiektes het die Khoekhoen verarm. Baie van hulle het vir oorlewing as veewagters of wadrywers by burgers gaan werk. Aansteeklike siektes het ook ontstamming in die hand gewerk. Die gevreesde pokke-epidemies van 1713, 1755 en 1767 het sommige Khoekhoenstamme totaal uitgewis en ander se getalle dramaties uitgedun. Die voorkoms van pokke is die eerste keer op 18 April 1713 by die Slawelosie in Kaapstad aangeteken. Hierdie aansteeklike en dodelike siekte is waarskynlik deur die wasgoed van besoekende skeepslui oorgedra. Die Khoekhoen was besonder vatbaar daarvoor, en weldra is aan die owerheid gerapporteer dat Khoekhoen wat na die binneland gevlug het, die epidemie vinnig laat versprei het.

Noukeurige statistieke ontbreek, maar die besoekende Nederlandse skrywer François Valentijn het bevestig dat die epidemie letterlik honderde Khoekhoen in sommige streke van die kolonie uitgewis het. Die Sweedse reisiger Anders Sparrman het ook in 1776 bevind dat 'n onbekende "galkoors" groot lewensverlies onder veral die Khoekhoen veroorsaak het. Volgens 'n sensusopgawe van 1805 was daar toe slegs sowat 20 000 Khoekhoen in die Kaapkolonie oor. Hulle was teen daardie tyd 'n grondlose proletariaat wat in 'n groot mate hul eie taal en tradisionele leefwyse ingeboet het om by die Westerse leefwyse aan te pas.

Oor die vraag aan wie die grond in die kolonie behoort het, bestaan daar uiteenlopende menings. Die Khoekhoen het in stamverband aanspraak gemaak op woonplek en weiveld in bepaalde gebiede. Hul nomadiese leefwyse was grotendeels afhanklik van die beskikbaarheid van water. Binne die beperkte amptelike grense van die aanvanklike Kaapse nedersetting is eiendomsplase aan burgers toegeken. Hulle kon ook jaarliks weilisensies in onbesette gebiede bekom. Teen 1714 was daar al sowat 400 eiendomsplase vir koring- en wynproduksie deur die owerheid beskikbaar gestel. Die Khoekhoen se tradisionele lewenswyse het hulle in konflik gebring met hierdie grondbesitters. Toe onafhanklike veeboere ná die pokke-epidemie van 1713 ook amptelik leningsplase gekry het, was baie ontstamde Khoekhoen se onafhanklike bestaanswyse binne die uitbreidende koloniale grense toenemend onder druk.

Aanvanklik het die Kompanjiesamptenare en burgers hulself bloot op grond van godsdienstige oorwegings van die Khoekhoen onderskei, naamlik as Christene teenoor heidene. Teen die middel van die 18de eeu het hierdie onderskeiding al hoe meer op 'n ras- en standverskil in die samelewing berus. Reeds in 1661 is 'n onderwyser in Kaapstad aangestel om die Khoekhoen in die Nederlandse taal en Christelike godsdiens te onderrig. Sommige burgers in die afgesonderde binneland het hul werkers nie van hul huisgodsdiens uitgesluit nie, maar die lewenspeil van die Khoekhoen het daardeur nie juis verbeter nie. Hulle is oor die algemeen karig besoldig en het in hul tradisionele matjieshutte naby die plaasopstalle gewoon. Georganiseerde sendingwerk onder Khoekhoen in die kolonie het teenstand gekry toe die Morawiese sendeling Georg Schmidt in 1742 op grond van klagtes van geordende predikante en sommige lidmate, deur die owerheid verbied is om die sakramente aan bekeerde Khoekhoen by Baviaanskloof in die latere distrik Caledon te bedien. Schmidt moes in 1744 onverrigter sake na Europa terugkeer.

Teen die einde van die 18de eeu het baie burgers egter 'n nuwe, positiewer ingesteldheid teenoor Christelike sendingaksies onder die Khoekhoen ingeneem. Dit kan aan die heersende tydsgees van filantropie en die ywer van predikante en sendelinge uit eie geledere toegeskryf word. In 1799 is die Zuid-Afrikaansche Zendelings Genootschap (ZAG) in Kaapstad gestig om saam met buitelandse genootskappe sendingwerk onder veral die Khoekhoen te bevorder. In 1792 het die Morawiërs die Baviaanskloof-sendingstasie heropen, en in 1805 is dit herdoop tot Genadendal. Dit het spoedig 'n navolgenswaardige voorbeeld van deugsaamheid gestel wat by die owerheid en burgers agting gewek het.

Op militêre gebied was daar in die 18de eeu noue samewerking tussen die burgers en ontwortelde Khoekhoen. Individuele werkers van burgers het geleer om met die ou voorlaaiers akkuraat te skiet. Dit was noodsaaklik in die jagveld, maar ook vir beter beskerming van veekuddes teen diewe en roofdiere. Weens die beperkte getal soldate in die Kaapse garnisoen het 'n unieke kommandostelsel in die binneland ontwikkel. Dit het op die noue samewerking tussen berede burgers, vryswartes en ervare Khoekhoen berus, met die goedkeuring van die landdros van die betrokke distrik.

In 1781 is 'n Corps Bastaard Hottentotten in Kaapstad gestig om enige moontlike buitelandse inval te help afweer. Die 400 manskappe was onder bevel van twee burgeroffisiere, Hendrik Eksteen en Gerrit Munnik. Nadat 'n groep Franse huursoldate die jaar daarna na die Kaap gestuur is, kon die Khoekhoen weer na die plase terugkeer. In 1793 is nog 'n Corps Pandoeren gestig wat uit 200 Khoekhoen onder aanvoering van burgerkaptein Jan Cloete bestaan het. Dit was die begin van 'n lang tydperk van professionele militêre diens deur Khoekhoen en persone van gemengde herkoms in die Kaapkolonie.

Die lot van die Boesmans

Die Boesmans is die naaste afstammelinge van die oerbewoners van Suider-Afrika. Kompanjiesdienaars van die 17de eeu het hulle die beskrywende naam "Bosjesmannen" (mense van die bosse) gegee omdat hulle dikwels skugter agter struike en in bosse vir vreemdelinge weggekruip het.

Die jagtersbestaan van die Boesmans het veroorsaak dat hulle 'n byna voortdurende stryd met veebesittende mense in die binneland gevoer het. Die beste weivelde was ook die beste jagvelde. In hierdie opsig was die Khoekhoen- en vryburgerveeboere natuurlike bondgenote in die stryd teen Boesmanjagters wat met dodelike gifpyle hul jagveld teen toenemende indringing van veeboere wou beskerm.

In 1688 het die Boesmans 'n paar veewagters in die Drakenstein aangeval. Simon van der Stel het daarna beveel dat dié "vyand" beveg moet word. Teen 1700 het veeboerdery in die binneland toegeneem, en die stryd teen die Boesmans het in felheid toegeneem. In 1715 is garnisoensoldate in die Drakensteingebied die eerste keer vervang deur suiwer burgerkommando's. Terselfdertyd is gewapende burgers ook in die passe oor die Hexrivierberg, Piekenierskloof en Witzenberg geplaas om vlugtende Boesmans voor te keer. Verskeie Boesmans en twee burgers het tydens hierdie kommando-optrede gesneuwel. In 1739 is daar weer 'n groot burgerkommando teen plunderende Boesmans in die Roodezand- en Piketbergomgewing uitgestuur. In 1754 het 'n soortgelyke kommando in die Bokkeveld en Roggeveld daarin geslaag om heelwat gesteelde vee terug te kry en tydelik vrede met daardie Boesmans te sluit.

Teen 1770 het veeboere versprei tot in die sentrale hoogland van die kolonie. Tussen 1786 en 1795 het Boesmans van die Roggeveld, Hantam, Nuweveld en Sneeuberg groot getalle vee gesteel en nie minder nie as 276 veewagters en boere om die lewe gebring. In skermutselinge met burgerkommando's het talle Boesmans gesterf. In 'n enkele kommando-operasie teen die einde van 1774 is 503 Boesmans doodgeskiet en 241 vroue en kinders gevange geneem. In sommige gevalle was die totale uitwissing van die Boesmans blykbaar die oogmerk.

Teen 1795 was die intense stryd tussen die veeboere en die Boesmans grotendeels iets van die verlede. Oorlewende Boesmans het noordwaarts na die gebied van die Gariep (Groot- of Oranjerivier) uitgewyk. In 1798 het die Kaapse owerheid veldwagmeesters na die oorgeblewe Boesmans tussen die Sakrivier en Kareeberg gestuur met 'n skenking van skape en 'n aanbod van vrede. Die konflikte van die Khoekhoen en burgers teen die Boesmans in die 18de eeu was 'n tragiese lydensgeskiedenis in 'n oopgrens-situasie, waarin die swakkere voor die mag van die sterkere moes swig.

DIE BENAMINGS SAN(A) EN KHOESAN (KHOISAN)

Die Khoekhoen het die klein vlugvoetige jagterversamelaars wat dikwels hulle vee gesteel het, met minagting "San" of "Sana" genoem. Die benamings "Sonqua" of "Obiqua" wat hulle ook vir hierdie mense gebruik het, het letterlik struikrowers of moordenaars beteken.

Die term "Khoesan" (Khoisan) is 'n nuutskepping van die 20ste eeu. Dit poog om die gemeenskaplike kenmerke van die Boesmans en Khoekhoen te omvat, maar daar is ook geldige redes om die unieke identiteit van albei groepe afsonderlik te erken.

Anders as die Khoekhoen het die Boesmans slegs in klein gesinsgroepies geleef, sonder 'n gemeenskaplike gesagstruktuur, bv. 'n opperhoof of stamkaptein. Hulle was klein van postuur en het 'n nomadiese leefwyse gevoer om die jagveld en beskikbare veldkosse ten beste te benut. Hulle het klipwerktuie gebruik en met pyl en boog gejag. Hulle het in grotte of onder takskerms skuiling gevind. Hul unieke rotskuns, bestaande uit tekeninge en gravures, het waarskynlik 'n religieuse betekenis gehad.

Slawe en Basters

Hoewel slawerny 'n sosiale euwel was, het dit algemeen voorgekom in die 18de eeu. In die Kaapkolonie is slawearbeid as noodsaaklik vir die plaaslike ekonomie beskou. Flukse en bedrewe slawe was 'n finansiële bate en belegging vir hul eienaars, terwyl slawearbeid ook vir die Kompanjie finansieel voordelig was. Dit het egter ook meegebring dat talle slawe-eienaars dit as 'n skande beskou het om self handearbeid te verrig. Die reisiger Cornelis de Jong het teen die einde van die 18de eeu opgemerk dat weinig burgers self die hand aan die ploeg sal slaan of hul arms in die pakhuis sal gebruik.

Slawe in Kompanjiebesit was in die algemeen swakker daaraan toe as dié wat aan private individue behoort het. Die Kompanjieslawe is in Kaapstad gehuisves in die Slawelosie wat in 1679 opgerig is. Die daaglikse toesighouers was self slawe, bekend as mandoers. Die Kompanjie het 'n redelik konstante getal slawe aangehou: hy het 445 slawe in 1714 gehad, 605 in 1742, 625 in 1784 en 509 teen 1793.

Slawe in private besit was gewoonlik beter geklee en opgevoed. Hulle is ook dikwels beter behandel as dié in Kompanjiebesit. Hul baadjies en broeke was van growwe materiaal. Hulle was kaalvoet, maar is toegelaat om 'n hoed te gebruik as hulle Nederlands kon praat. Die slawe uit Wes-Afrika en Madagaskar was fisiek sterk, maar relatief goedkoop weens hul beperkte kommunikasievaardighede. Slawe uit die Ooste, bekend as Maleiers, was bekwame vakmanne en baie gesog. Slawe wat aan die Kaap gebore is, was die betroubaarste omdat hulle gewoonlik nie gedros het nie.

Vooraanstaande slawe-eienaars in en naby Kaapstad het soms tussen tien en twintig slawe besit. Goewerneur W.A. van der Stel het nie minder nie as 200 slawe op sy plaas Vergelegen aangehou. Die gemiddelde getal slawe per eienaar was sowat drie volwassenes. Teen 1710 was daar omtrent ewe veel slawe as vryburgers in die kolonie, maar kort daarna het die slawebevolking die burgerbevolking verbygesteek.

Drostery was 'n voortdurende probleem en het dikwels met diefstal, moord of brandstigting gepaardgegaan. Slawe wat gedros het en weer aangekeer is, is swaar gestraf. Daar was egter ook erkenning vir getroue diens in die vorm van geld, groter vryhede en selfs emansipasie (vrystelling). Slawe is soms as gesinsgenote behandel.

In 1685 is 'n deel van die Slawelosie in Kaapstad as 'n skool vir slawekinders ingerig. Sommige slawekinders het later ook openbare skole bygewoon.

In 1779 was daar 84 slawekinders in skole in Kaapstad. In die loop van die 18de eeu is slawe egter toenemend uit die Christelike kerke uitgesluit, o.m. deur die bepaling in 1721 dat slawe nie bevoeg was om hul kinders te laat doop nie. Maleise slawe wat Islam aangehang het, kon hul godsdiens ongehinderd beoefen.

Bloedvermenging tussen slawe en Europeërs aan die Kaap het aanleiding gegee tot 'n nageslag wat alombekend was as "Basters". Vanaf die vroegste jare van die Kaapse verversingspos was daar 'n tekort aan hubare vroue. In 1658 het die burger Jan Zacharias met die slavin Maria van Bengale getrou. Sulke huwelike was egter seldsaam. In 1685 het die besoekende kommissaris H.A. van Reede 'n algehele verbod op huwelike tussen burgers en slawe geplaas. Buite-egtelike verhoudings tussen slawe en besoekende matrose, garnisoensoldate en vryburgers het nogtans voortgeduur. 'n Manlike slaaf wat met 'n wit vrou gemeenskap gehad het, soos Cupido van Bengale in 1681, is hieroor lewend aan die galg verbrand.

In 1685 was daar 58 Basterkinders van "Duitse" vaders, oftewel Wes-Europese afkoms, in die Slawelosie. Die besoekende kommissaris Van Reede het voorsien dat hierdie Basterkinders opleiding in 'n ambag kon ontvang en op 25 jaar vrygestel kon word. Daarenteen, volgens die Romeinse reg, moes buite-egtelike kinders die status van die moeder (in hierdie geval 'n slavin) aanvaar en sou hulle slawe moes bly. Eers teen 1775 is wetlik bepaal dat 'n slawe-eienaar nie 'n slavin en haar Basterkinders mag verkoop nie en dat hulle ná die eienaar se dood bevry moet word.

Die Basters was nie werklik by enige groep aan die Kaap tuis nie. Gedurende die 18de eeu was hulle 'n minderheidsgroep en is daar vanweë heersende vooroordele soms op hulle neergekyk. Nogtans was sommige Basters suksesvol en welvarend, bv. J.A. Vermaak. Hoewel sy moeder 'n slavin was, is hy in 1803 tot lid van die Gemeenteraad (plaaslike bestuursliggaam) in Kaapstad verkies. Teen die einde van die 18de eeu was daar sowat 2 000 Basters wat as gedoopte Christene erken is. Die Basters het gewoonlik met ander vryswartes getrou, maar selde met Khoekhoen. Basters was belastingpligtig en het kommandodiens teen die Boesmans verrig. Sommige Basters het die kolonie in die 18de eeu verlaat. Een so 'n groep onder leiding van Adam Kok het noordwaarts oor die Garieprivier getrek en teen 1813 die benaming Griekwa aanvaar. Hul leefwyse het grootliks met dié van die veeboerpioniers ooreengestem.

In die nadraai van die Franse Revolusie, wat die beginsels van vryheid en gelykheid vooropgestel het, het slawerny in die Kaapkolonie op 1 Desember

1834 tot 'n einde gekom. Dit was die grootste humanitêre daad in die Britse Ryk in die 19de eeu, hoewel verligte denke en maatreëls om die lot van slawe te verlig reeds tydens die Nederlandse era aan die Kaap merkbaar was.

Pioniersvroue

Buitengewoon hoë eise is aan die fisieke en geesteskrag van die relatief klein getal wit vroue gestel gedurende die vestiging en uitbreiding van die Kaapse nedersetting. Om in sulke pioniersomstandighede aan te pas en te oorleef, het ondernemingsgees, toewyding en praktiese vaardighede vereis.

Maria de la Quellerie, die vrou van Jan van Riebeeck, was as kommandeursvrou by almal bemind en hooggeag. Sy is beskryf as aantreklik, saggeaard en volhardend. Haar Franse herkoms en Protestantse oortuigings het besoekers beïndruk. In 1653 het sy die intelligente jong Khoekhoenmeisie Krotoa (ook bekend as Eva) in haar huishouding opgeneem en haar algaande aan die taal, leefwyse en godsdiens van die Nederlanders bekendgestel. Sodoende is sy toegerus met die nodige vaardighede as toekomstige tolk, Christelike dopeling (1662) en huweliksmaat vir die amptenaar en chirurgyn Pieter van Meerhoff (1664). Maria en haar gesin het reeds in 1662 na Batavia vertrek waar haar man kommandeur van Malakka geword het. Maria is twee jaar later daar aan pokke oorlede.

Die ongeletterde Annetje Boom, ook bekend as "Annetje de Boerin", het besondere ondernemingsgees in die vroeë Kaapse nedersetting aan die dag gelê. Sy was die vrou van Hendrik Boom, die hooftuinier van die Kompanjie aan die Kaap. Sy was kontraktueel verbind om melk, botter en karringmelk aan die plaaslike gemeenskap te lewer. Boonop het sy teen vergoeding herberg aan besoekers gebied. Ondanks baie teenspoed (storms, brand, dros van arbeiders, diefstal en oorlog) is haar hardwerkendheid met sukses bekroon. In 1665 kon sy met haar gesin na Nederland terugkeer. Ander erkende baanbrekers in die boeregemeenskap was die Duitse vrou Catharina (Trijn) Ras in die Steenbergomgewing en die beginselvaste Hugenoot Sara de Clercq (later du Toit) van Stellenbosch.

Weens die chroniese tekort aan hubare wit vroue in die vroeë kolonie het sommige burgers met vryswartes in die huwelik getree. Kinders uit sulke verbintenisse is gemaklik in die destydse samelewing opgeneem. Angela (Ansiela) van Bengale is as vrygemaakte slavin getroud met die burger Willem Basson. Ná die dood van haar man in 1689 was sy 'n suksesvolle sakevrou. Haar dogter

Anna de Koning het met die bekende kaptein Olof Bergh van die Kaapse garnisoen in die huwelik getree.

Sommige vroue het in die afwesigheid van mediese praktisyns waardevolle versorgingsdiens in die Kaapse samelewing gelewer. Maria Buisset was byvoorbeeld in die vroeë 18de eeu 'n erkende vroedvrou en baanbreker op mediese gebied.

Die vroue van Kaapse goewerneurs soos Maria (eggenote van W.A. van der Stel), Elizabeth (eggenote van Rijk Tulbagh) en Reinet (eggenote van Cornelis van de Graaff) was toonaangewend as ondersteuners van hul mans, maar nie noodwendig gewild nie. Ander bekende vroue in die laat 18de eeu aan die Kaap was Johanna Duminy van die plaas Bokrivier naby Swellendam, Anna Maria Truter, eggenote van die reisiger John Barrow, en lady Anne Barnard, eggenote van die koloniale sekretaris aan die Kaap tydens die eerste Britse besetting van die kolonie. Sonder hierdie vroue se dagboeke sou ons vandag veel minder van die alledaagse leefwyse aan die Kaap geweet het.

Augusta, dogter van kommissaris-generaal J.A. de Mist, het bekendheid verwerf met haar dagboek in Frans wat sy tydens 'n reis met haar vader in 1803 en 1804 bygehou het. Die dorp en distrik Uitenhage is na hul ou familienaam vernoem. Dan was daar ook die merkwaardige Catharina, suster van die Kaapse predikant ds. Helperus Ritzema van Lier, wat 'n groot ywerjaar vir sending en evangelisasie was. Haar skryfwerk en poësie was tipies van die opkomende mistiek en filantropie van die laat 18de eeu.

Die kerk en die Kaapse samelewing

Die Gereformeerde Kerk het 'n onontbeerlike rol gespeel en was op verskeie terreine by die gemeenskap betrokke tydens die bykans anderhalf eeu van Nederlandse beheer oor die Kaapkolonie. Reeds met die stigting van die verversingspos in 1652 is die Gereformeerde kerklike tradisie aan die Kaap gevestig. Die kerk het veral hoop gebied aan 'n afgeleë en grootliks geïsoleerde wit samelewing.

Die amptelike gebed wat die Here XVII aan Van Riebeeck voorgeskryf het, het duidelik vermeld dat die Christendom aan die Kaap bevestig en uitgebou moet word. Aanvanklik moes die sieketrooster Willem Wijlandt en sy opvolgers omsien na die geestelike behoeftes van die plaaslike gemeenskap, insluitend die Khoekhoen en slawe. Die eerste geordende leraar van die Kaapse gemeente, Joannes van Arckel, het in 1665 diens aanvaar, maar sterf reeds 'n paar maande ná sy aankoms. Sowel predikante as sieketroosters was besoldigde amptenare van die VOC en moes hul werkgewer se belange dien. Aanvanklik is gereelde kerkdienste in die fort en daarna in die Kat van die Kasteel gehou totdat ds. Petrus Kalden in 1704 'n nuwe kerkgebou op die perseel naby die Kompanjiestuin ingewy het waar die Groote Kerk vandag staan. Sieketroosters het voortgegaan om arbeiders by die Kompanjie se talle buiteposte te bedien.

Die vryburgers was nie verplig om kerkdienste op Sondae by te woon nie. Vanweë groot afstande moes hulle baie moeite doen om die sakramente van doop en nagmaal te ontvang. Nuwe gemeentes is algaande gestig: Stellenbosch (1686), Drakenstein (1691), Roodezand (1743) en Swartland (1745). Ouderlinge en diakens is uit die geledere van amptenare en vryburgers in kerkrade aangestel. Sowat 45 predikante het tydens die Kompanjiestyd aan die Kaap diens gedoen. Hulle is vooraf streng gekeur deur die kerklike ring van Amsterdam en die Here XVII.

Die eerste gekombineerde kerkvergadering of ring van die vyf gemeentes in die kolonie het in 1746 onder voorsitterskap van ds. Franciscus le Sueur byeengekom om gemeenskaplike sake te oorweeg. In 1759 het die Politieke Raad onverwags hierdie sittings verbied omdat hy van mening was dat dit sy plaaslike oppergesag bedreig. Hoewel die gesag van die Kompanjie oor die Kaapse kerk gehandhaaf is, bv. deur die aanstelling van predikante en sieketroosters, het persoonlike godsdiensvryheid tog bestaan. Daar was ongetwyfeld Lutherane, Katolieke en ander geloofsgenote onder die amptenary en vryburgers. Protestantse Hugenote wat in die kolonie 'n tuiste gevind het, is mettertyd geassimileer in die plaaslike kerk. Moslemslawe en politieke bannelinge uit die Ooste het as geloofsgemeenskap hulle eie identiteit in die Kaapse samelewing behou.

Die tradisionele opvattings van die plaaslike Khoekhoen is mettertyd vervang deur Europees-georiënteerde akkulturasie en die geloofsoortuigings van ander bewoners van die kolonie. Sendingwerk onder die Khoekhoen het aanvanklik informeel en sporadies plaasgevind, o.m. aan huis van ds. Petrus Kalden te Zandvliet vroeg in die 18de eeu. Met die koms van die Morawiese sendeling Georg Schmidt in 1737 het sendingwerk doelgerig op Baviaanskloof (die latere Genadendal) begin. In 1744 moes Schmidt weens plaaslike teenkanting na Europa terugkeer. Eers weer in 1792 kon die Morawiërs met hernude ywer hul werk daar voortsit. Dit was veral aan die sendingywer van die Kaapse predikant ds. H.R. van Lier te danke dat teen 1788 'n groot herlewing onder Christene aan die Kaap plaasgevind het. Dit het tot meer aktiewe evangelisasie van slawe en die Khoekhoen gelei.

Tydens die Nederlandse era aan die Kaap het die kerk en onderwys hand aan hand gegaan. Basiese geletterdheid was in pioniersomstandighede nodig om die Bybel te kon lees en die kategismus te bemeester. Die sieketrooster Pieter van der Stael het in 1658 'n slaweskool begin. Sy opvolger, Ernestus Back, het in 1663 deeltyds die eerste openbare skool in die nedersetting behartig. Die eerste persoon wat uitsluitlik as onderwyser aangestel is, was Daniel Engelgraaf. In 1683 volg ook die stigting van 'n skooltjie in Stellenbosch om aan die onderwysbehoeftes van die uitbreidende gemeenskap te voldoen. Teen 1714 het goewerneur De Chavonnes 'n kommissie van skolarge aangestel wat die funksie en vergoeding van alle skoolmeesters in die kolonie moes orden en beheer.

Verskeie Europese sendinggenootskappe het ook teen die einde van die 18de eeu onderwys vir slawe, vryswartes en Khoekhoen bevorder. Tydens die Bataafse bewind (1803-1806) het kommissaris-generaal J.A. de Mist se verligte Skoolorde die bedryf van openbare skole geskei van die kerk se verantwoordelikheid. Ook die Kerkorde van De Mist was omvattend en liberaal, maar het die oppergesag van die staat oor die kerk gehandhaaf.

Konfrontasie en transformasie, 1750-1806

In die laaste sowat vyftig jaar van die Nederlandse era is die Kaapse samelewing gekenmerk deur merkwaardige uitbreiding en vooruitgang te midde van sekere remmende faktore. Die kolonie se grense is uitgebrei ondanks die Kompanjie se beperkende monopolistiese handelsbeleid. Die burgers het toenemend bewus geword van hul identiteit, belange en vooruitsigte. Plaaslike amptenare en vryburgers het nuwe ekonomiese geleenthede in eie belang probeer benut.

In opdrag van goewerneur Rijk Tulbagh het August Beutler in 1752 die binneland ooswaarts verken. Toe hy die Keiskammarivier bereik, het hy berig dat dié rivier in die praktyk die skeiding vorm tussen die weivelde van die Khoekhoen, spesifiek die Gonaquas, en die swart mense (die Suid-Nguni of Xhosa). Eers 26 jaar later, in 1778, het 'n nuwe goewerneur, Joachim van Plettenberg, 'n ooreenkoms met sommige Xhosaleiers gesluit waardeur die Groot-Visrivier as die oosgrens van die Kaapkolonie eerbiedig moet word. In 'n oopgrens-situasie was dit moeilik om "skuldiges" aan te dui, en wedersydse oorskrydings van hierdie reëling het tot drie Oosgrensoorloë in die 18de eeu gelei, in 1779, 1793 en 1799.

Intussen het die burger Pieter de Bruyn in 1738 'n ongemagtigde ekspedisie na die gebied noord van die Gariep gelei. Hulle het vee in Groot-Namakwaland verkry. Veel later, in 1760, het die ondernemende olifantjagter Jacobus Coetzee die Garieprivier by Gudaos (Skaapdrif) oorgesteek en deurgedring tot by die huidige Warmbad (Aigams). 'n Volgende ekspedisie, onder kaptein Hendrik Hop, na dieselfde gebied het geen finansiële voordeel vir die Kompanjie opgelewer nie. In 1779 het kolonel Robert Jacob Gordon die Gariep hernoem tot die Oranjerivier ter ere van die Nederlandse koningshuis.

DIE HELDEDAAD VAN WOLRAAD WOLTEMADE

Tydens 'n hewige storm in Tafelbaai op 1 Junie 1773 het die vaartuig *De Jonge Thomas* 'n sandbank naby die monding van die Soutrivier getref. Die skip het kort daarna in twee stukke gebreek. Toe nuus van die tragedie die Kasteel bereik, is dertig soldate gestuur om goedere te bewaak wat uitspoel. Terwyl die storm voortgewoed het, kon niks vir die 203 opvarendes aan boord van die skip gedoen word nie.

Die vader van een van die diensdoende soldate, die bejaarde en arm melkboer Wolraad Woltemade, het vir sy seun kos na die strand gebring. Toe hy die uiterste nood van die skipbreukelinge besef, het hy dadelik op sy wit perd gespring en die woeste golwe aangedurf. Só het hy begin om telkens twee persone veilig aan wal te bring. Veertien skipbreukelinge is gered, maar toe die uitgeputte ruiter en perd die agtste keer die sinkende skip bereik, het ses beangste persone tegelyk op hulle afgespring. Almal het saam met Woltemade en die perd in die ysige golwe verdwyn. Die skip het verbrokkel en slegs 53 persone het uiteindelik daarin geslaag om op wrakstukke die strand te bereik.

Volgens die Sweedse reisiger Anders Sparrman was Woltemade se heldedaad nog meer merkwaardig omdat hy blykbaar nie kon swem nie. Sy onverskrokke en lewensopofferende reddingsdaad maak hom die eerste held van die Europese nedersetting aan die Kaap.

In 1779 en 1782 het georganiseerde verset deur die Kaapse burgers teen die VOC se ekonomiese beperkings en die Kompanjiesamptenare se ongevoeligheid vir hul probleme tot omvattende memories (petisies) aan die Here XVII gelei. Die Patriotte, soos die Kaapse burgers hulself genoem het, het hulle opgestel teenoor die welvarendes, wat hulle die Mamelukke genoem het (na aanleiding van die benaming van die heersersklas van voormalige slawe in Egipte).

Die Patriotte is beïnvloed deur die denke oor vryheid en gelykheid in Europa, asook die Amerikaanse Vryheidsoorlog (1775-1783). Hul vertoë het slegs beperkte sukses behaal, maar hulle het tog groter verteenwoordiging vir burgers in die Raad van Justisie gekry, terwyl die ongewilde en eiewillige fiskaal Willem Boers in 1783 afgedank is.

Intussen het die oorlog tussen Nederland en Brittanje in 1781 tydelike ekonomiese verligting vir die produsente in die kolonie meegebring. 'n Groot Franse vloot onder kommodoor Pierre André de Suffren het in Tafelbaai aangekom en die Kaapse garnisoen met twee regimente versterk. Die toename in skeepsverkeer het die afset van die kolonie se oorskot landbouprodukte verseker. Kaapstad het spoedig die bynaam "Petit Paris" (Klein Parys) gekry en die inwoners het dinamies en welvarend voorgekom.

Onder 'n nuwe goewerneur, Cornelis Jacob van de Graaff, is in 1785 begin om die vestingwerke in en om die Kaapse Skiereiland aansienlik uit te brei en 'n groot nuwe hospitaal op te rig. Dit het in die algemeen 'n spandabele lewenstyl bevorder. Tydens sy bewind was die kolonie se uitgawes vier keer groter as tydens die voorafgaande Van Plettenberg-era. Die Here XVII het Van de Graaff gevolglik in 1791 na Nederland ontbied.

Twee besoekende kommissarisse-generaal van die VOC, Sebastiaan Nederburgh en Sijmon Frykenius, het in die jare 1792 en 1793 ingrypende besparingsmaatreëls, eweredig verspreide belastingverhogings, vryhandel met Nederland en beperkings op die uitgebreide magte van die fiskaal aangekondig. Die implementering daarvan is aan kommissaris-generaal Abraham Josias Sluysken oorgelaat, maar hierdie ingryping was te laat en onvoldoende.

Die Kaapse Patriotte se verset in die afgeleë buitedistrikte van Graaff-Reinet en Swellendam het 'n nuwe dimensie aan hul ontevredenheid gegee. Ontstoke burgers het op 6 Februarie 1795 die ongewilde landdros Honoratus Maynier van Graaff-Reinet verjaag en die gesag van die Kompanjie verwerp. Voortaan moes alle ampsdraers deur die "algemene volkstem" aangewys word en sou trou net aan die State-Generaal (as die hoogste regerende liggaam) in Nederland betoon word. In Swellendam het die Patriotte ook op 18 Junie 1795 die gesag van die Here XVII verwerp. Die burgers het Hermanus Steyn as "nasionale landdros" en Petrus Delport as "nasionale kommandant" verkies.

Kleurryke figure van die koloniale grensgebiede

Die afgeleë noordelike en oostelike grense van die kolonie is gekenmerk deur die wisselwerking tussen die verskillende gemeenskappe wat daar gewoon het.

Elke gemeenskap was vir sy voortbestaan afhanklik van sy eie inisiatief en hulpbronne. Al die gemeenskappe het na selfhandhawing en oppergesag gestreef, maar met 'n oop grens was niks ooit seker of stabiel nie. In dié omstandighede het 'n unieke kommandostelsel ontwikkel en het sekere natuurlike leiers na vore getree. Van dié leiers se motiewe en optredes was dikwels nie in pas met dié van die Kaapse owerheid of die Here XVII nie.

Een voorbeeld is Adam Kok (ca. 1710-ca. 1795), wat as vrygestelde slaaf in die omgewing van die hedendaagse Piketberg gewoon het. Teen die middel van die 18de eeu het hy weidingsregte op die plaas Stinkfontein gehad en talle Basters en Khoekhoen om hom versamel. Teen 1771 het hy na die Kamiesberg en Gariepomgewing uitgewyk om olifante te jag vir ivoorhandel. Hy het altyd vriendskaplike betrekkinge met die Kaapse owerheid gehandhaaf en as patriarg van sy volgelinge opgetree. Sy nageslag is in 1813 op aanbeveling van die sendeling John Campbell oorgehaal om die onderskeidende naam Griekwa te aanvaar, en hul setel by Klaarwater is na Griekwastad hernoem.

Adriaan van Jaarsveld (1746-1801) is ook gebore en getoë in die omgewing van Piketberg. Teen 1770 vestig hy hom as veeboer in die Sneeuberg. Hy word spoedig as veldkorporaal en daarna as veldwagmeester aangestel om met kommando's teen die plunderende Boesmans op te tree. Ná die eerste Oosgrensoorlog (1779-1780) vestig hy hom in die Kamdeboo en word aangestel as veldkommandant. Sy kommando tree op teen Xhosa-oortreders en lê beslag op 5 300 beeste. Van Jaarsveld was 'n dapper en vernuftige militêre leier, maar ook roekeloos en individualisties.

Hy word as heemraad in die nuwe distrik Graaff-Reinet (1785) aangestel, maar bots spoedig met landdros Maynier se liberale opvattings. In 1795 neem hy deel aan die burgerlike opstand teen die Kompanjiesgesag in Graaff-Reinet. Vier jaar later word hy daarvan beskuldig dat hy 'n kwitansie vervals het en word gearresteer. Onderweg na Kaapstad word hy bevry deur burgers onder die leiding van Marthinus Prinsloo, maar hy word uiteindelik weer gearresteer. Hy is saam met mederebelle in die Kasteel aangehou waar hy in aanhouding sterf.

Petrus Pienaar (1750-1796) was afkomstig uit die distrik Tulbagh en het bekendheid verwerf as jagter, gids en avonturier buite die grense van die destydse kolonie. Hy het aan minstens twee ekspedisies na die onbekende binneland deelgeneem, in 1779 saam met kolonel R.J. Gordon na die Gariep (Oranjerivier) en in 1793 met Sebastiaan en Dirk van Reenen na die Swakoprivier in die hedendaagse Namibië. In 1790 het Pienaar as spreekbuis vir die burgers en ander wetsgehoorsame ingesetenes van die Hantam en omstreke opgetree. Hy word uiteindelik veldwagmeester, maar is nie gewild as organi-seerder van kommando's teen Boesman-plunderaars nie. Teen 1790 was Pienaar met die hulp van Jager Afrikaner (nie te verwar met die burgers as Afrikaners nie) en sy Khoekhoen- en Bastervolgelinge in beheer van die doel-treffendste gevegsorganisasie in die noordgrensgebied. Pienaar het wapens en ammunisie aan sy bondgenote verskaf om aan kommando's deel te neem, maar op die ou einde het hulle teen hom gedraai. Hy, sy vrou en dogter is in Maart 1796 deur die Afrikaners op sy plaas Elandsdrif naby die hedendaagse Calvinia om die lewe gebring.

Die leier van die Afrikaners, Jager Afrikaner (circa 1750-1823), was seker-lik die mees omstrede randfiguur in Klein- en Groot-Namakwaland. Hy was van gemengde slawe- en Khoekhoenafkoms. Ná die moord op Pienaar vlug Jager en sy volgelinge na die Benede-Gariepgebied om hul vervolgers te ont-wyk. Hulle word spoedig 'n berugte rowerbende wat 'n skrikbewind voer. Die Afrikaners het hul veestapel uitgebrei en ook ander vlugtelinge om hulle ver-samel. Hul hoofnedersetting was uiteindelik by Hamis, oos van die heden-daagse Warmbad in Namibië.

Jager Afrikaner het sy rowery teen 1810 tydelik gestaak nadat sendelinge van die Londense Sendinggenootskap (LSG) in sy gebied aangekom het. Die Duitser Johannes Seidenfaden het daar onderwys aan die kinders van Afrikaner en sy mense gegee. Afrikaner het besef dat dit vir hom en sy vol-gelinge sou baat om ook op handels- en politieke gebied op goeie voet met die sendelinge en die Kaapse owerheid te wees. Sy positiewe beeld is be-vorder toe die sendeling Johann Ebner hom en sy familie in 1815 gedoop het.

In 1819 besoek Jager Afrikaner Kaapstad saam met die sendeling Robert Moffat en ontvang van die owerheid 'n ossewa en paspoort vir toegang tot die kolonie se markte. Ná sy dood is hy opgevolg deur sy seun Jonker Afri-kaner (1790-1860).

'n Nuwe bewind

In Junie 1795 het die uurglas leeggeloop vir die Kompanjie toe 'n groot Brit-se vlootmag onder bevel van admiraal George Keith Elphinstone en troepe onder aanvoering van generaal-majoor James Craig in Simonsbaai aankom. Intussen was Nederland onder Franse beheer en het die stadhouer, die Prins van Oranje, na Engeland uitgewyk. Kommissaris-generaal Sluysken en lede van die Politieke Raad kon nie oortuig word dat die Britte slegs edele motiewe gehad het met hul versoek om die kolonie namens die Prins van Oranje tydelik teen Franse anneksasie te beveilig nie.

Toe aanvanklike onderhandelings misluk, het die Britte tot militêre optrede oorgegaan. Die halfhartige plaaslike verdediging van Muizenberg op 7 Augustus en die aankoms van Britse troepeversterkings onder bevel van generaal-majoor Alured Clark het Sluysken uiteindelik gedwing om 'n verdrag van oorgawe op 16 September 1795 te onderteken. Die Britte se tydelike bestuur van die kolonie het 'n oorbruggingskarakter gehad. Die handhawing van vrede en die status quo het voorrang geniet, en baie probleme het onopgelos gebly. Onrus en besware in die samelewing, veral aan die Oosgrens, het nie verdwyn nie.

In Europa het die Vredesverdrag van Amiens, wat op 25 Maart 1802 onderteken is, die nuwe Bataafse regering van Nederland beheer oor die Kaapkolonie gegee. 'n Jaar later het kommissaris-generaal J.A. de Mist en generaal Jan Willem Janssens as goewerneur begin om die kolonie se sake reg te ruk. De Mist se verligte denke het neerslag gevind in die omvorming van die algemene administrasie. Plaaslike sake is in Kaapstad behartig deur 'n Gemeente-raad in plaas van die ou Burgersenaat. 'n Doeltreffende posdiens is ingestel om kommunikasie met die binneland te vergemaklik.

Twee nuwe distrikte, Tulbagh en Uitenhage, is geskep. Veldkornette, wat aangewys is uit die plaaslike inwoners, is in elke wyk aangestel. Die landdros en heemrade is ook gemagtig om burgerlike huwelike te voltrek. De Mist se Kerkorde van 1804 het gelyke beskerming aan die verskillende Christelike geloofsrigtings en die aanhangers van Islam verseker. Insgelyks het De Mist se Skoolorde staatsbeheer oor onderwys ingestel waardeur gelyke opvoedkundige geleenthede en geriewe na alle burgers uitgebrei is. De Mist en Janssens se eerstehandse kennis van die inwoners van die binneland en hul unieke omstandighede het hulle gehelp om realistiese maatreëls te tref en vertroue in te boesem.

Die kolonie het voorts 'n onafhanklike regbank, met reg tot appèl na Den Haag, ontvang. Die amp van die fiskaal is vervang deur 'n prokureur-generaal en Raad van Justisie met gekwalifiseerde regsgeleerdes. 'n Afsonderlike Boedelkamer moes alle boedels afhandel. Op ekonomiese gebied moes vryhandel die landbouproduksie bevorder, maar wisselvallige oeste en afsetprobleme het voortgeduur. Die Koloniale Rekenkamer moes alle openbare fondse beheer. Die Bataafse owerheid het slawerny as ongewens beskou, maar dit moes geleidelik in die kolonie afgeskaf word. Werkgewers moes 'n skriftelike dienskontrak met hul Khoekhoenwerkers sluit om almal se belange te beskerm. Die grensbeleid moes die vrede onderling bevorder. Alle beskikbare middele moes aangewend word om die kolonie teen 'n moontlike buitelandse vyand te verdedig.

In Januarie 1806 het die kortstondige Bataafse bestuur skielik tot 'n einde gekom. 'n Groot Britse invalsmag onder generaal-majoor David Baird en die vloot van admiraal Home Popham het op die oggend van 8 Januarie die keur van die Bataafse garnisoen op die vlakte by Blouberg aangeval. Toe Janssens se verdedigingslinie knak, het hy met die grootste deel van sy krygsmag teruggetrek na die Hottentots-Hollandbergpas. Janssens het spoedig besef dat verdere weerstand teen die Britse oormag nutteloos sou wees. Ná onderhandelings met die Britse bevelhebbers is 'n onderling aanvaarbare verdrag van oorgawe op 18 Januarie onderteken.

Die tweede Britse besetting sou 'n nuwe dimensie aan die bevolkingsamestelling en aard van die samelewing in die kolonie gee. Daardeur is die kontoere van die samelewing onomkeerbaar verander. Nogtans het baie Nederlandse instellings en gebruike lank daarna nog in die Kaapkolonie bly voortleef.

3

Mense in knegskap

Robert Shell[1]

Die Kaap was feitlik van meet af 'n slawesamelewing. Slawe het nóg vryheid nóg status gehad, maar het ander se vryhede en status bepaal. Hulle was die kolonie se belangrikste arbeidsbron.

In Kaapstad het die mans in die groentetuine gewerk, en as vakmanne; op die plase het hulle op die landerye en in die wingerde gewerk. Die vroue was kokke, kinderoppassers en soogvroue in die huise. Die kinders was speelmaats vir hul meester se kinders. Huisslawe het deel van die koloniste se "gesin" geword, en het die grondslag gelê vir die soort samelewing wat in die Kaapkolonie ontwikkel het.

Die meeste slawe was in die stedelike of halfstedelike gebiede. Kaapstad was die beste mark vir slawe, wat feitlik elke week tydens gewilde veilings op Kerkplein verkoop is. Die veilings was onder 'n groot boom langs die Kompanjie se Slawelosie agter die Gereformeerde kerk. Tussen 1652 en 1808, toe die slawehandel beëindig is, is ongeveer 63 000 slawe ingevoer. Sowat 26,4% van die kolonie se slawe was van Afrika, 25,1% van Madagaskar, 25,9% van Indië en 22,7% van Indonesië.

Beamptes en burgers het geglo elke groep slawe is anders, en het vaardighede en karakter aan die land van oorsprong toegeskryf. Hulle het kru rasse- en geografiese stereotipes gebruik. Slawe van Bengale of die Koromandelkus het as goeie naaldwerksters bekend gestaan, en is hiervoor gebruik. Slawe van Mosambiek was kwansuis sag en geduldig, maar Maleiers is as verraderlik beskou, en geneig om amok te maak. 'n Kaaps-gebore halfbloed (die kind van 'n verhouding tussen 'n Europeër en 'n slaaf) was sterk in aanvraag. Die Britte

---

1 Hoofstuk 3 is oorgeneem uit Hermann Giliomee en Bernard Mbenga se *Nuwe geskiedenis van Suid-Afrika*. Tafelberg, 2007.

het hulle Afrikanders genoem. 'n Kommentator sê: "Die Afrikandervroue was die meesteres se gunstelingslawe. Hulle het alles gereël en ordelik gehou, en is met alle waardevolle dinge vertrou – hulle was eerder metgeselle as slawe; die meesteres het egter selde, en die slaaf nooit, hul eie stand vergeet nie, en al was hulle in die privaat ook hóé gemeensaam, het die goeie orde in die teenwoordigheid van ander gegeld."

Daar was vier groepe slawe: Dié in diens van die Kompanjie, dié in besit van die Kompanjie se beamptes, dié in besit van die burgers in die kolonie (verreweg die meeste), en 'n vierde en baie klein groepie slawe in besit van die vryswartes. Die Kaap se slawerny was meer as 'n eeu lank grootliks stedelik. Selfs so laat as 1767 het 40% van al die slawe in die kolonie in Kaapstad gewoon.

Die Slawelosie

Die belangrikste groep onder die slawe was dié wat aan die Kompanjie behoort het. Bykans almal het in die Slawelosie gewoon. Die Kompanjie het honderde slawe vir allerlei take gebruik, soos om sy groentetuin aan die gang te hou, in die hospitaal te werk, die hawe se aansienlike vestingwerke te bou en die dorp se minder aantreklike take te verrig, soos om nagvuil strand toe te neem. 'n Spesiale polisiemag wat uit slawe saamgestel is, het lukraak straf uitgedeel. Ná 'n eeu was daar 1 000 Kompanjieslawe.

Die "Loots" of "Logie" was 'n groot gebou sonder vensters. Dit was aan die bokant van die hoofstraat, langs die Kompanjie se groentetuin van nege akker en oorkant die groot Kompanjieshospitaal. Die Losie was feitlik 'n fort, en Kompanjiesamptenare het dit soos 'n militêre instelling bestuur.

Min Europeërs het die Losie vrywillig besoek, behalwe vir die een uur snags wanneer dit 'n bordeel vir die plaaslike garnisoen geword het. Daar was bykans ewe veel vroue as mans in die Losie, en soms meer. 'n Paartjie in die Losie kon toestemming kry om op die "huwelikslys" geplaas te word, maar die Gereformeerde Kerk het sulke slawehuwelike selde of ooit erken of selfs aangeteken. Slawe in koloniste se besit kon eers in 1823 trou.

Daar was 'n hoë sterftesyfer onder slawe in die Losie. Tydens die hele bestaan van slawerny was daar baie meer sterftes in en drosters van die Losie as geboortes. Dit was 'n demografiese rampgebied.

Sommige van die slawe in private besit het as vakmanne gekwalifiseer. Die belangrikste ambagte was messelaar, smid en timmerman. Die meeste eienaars het in die Tafelvallei gewoon en daar klein ondernemings besit.

Slawe op plase naby Kaapstad waar veral wyn, koring, rog en gars intensief verbou is, het besonder swaar gekry. Hulle het die hele jaar deur hard gewerk. Slawearbeid was vir dié plase só onmisbaar dat die meeste mense gedink het die ekonomie sal in duie stort as slawerny afgeskaf sou word. Slawe het hul hele lewe lank op wyn- en koringplase gewoon, en die enkele dorpe in die binneland maar selde besoek. Katie Jacobs, 'n slaaf wat in die 19de eeu in die Malmesbury-distrik gebore is, is ná haar verkoop aan 'n eienaar in die vallei langsaan van haar Malgassies-sprekende ma geskei en het nooit weer taal of tyding van haar gekry nie.

Daar was ook enkele slawe op die uitgebreide skaap- en beesplase wat die koloniste in die 18de eeu in besit geneem het. Op só 'n plaas het 'n opsigter of die eienaar se seun gewoonlik 'n ogie gehou oor enkele Khoekhoenvee-wagters, of 'n paar ouer slawe wat "uitgeplaas" is, het op hul eie daar gewoon. Hul lewe was baie eensaam.

Kinderoppassers en soogvroue

Bykans alle vroulike slawe het in die huis gewoon en was deel van die huis-houding. Hulle was dienaar, kok, kinderoppasser, plaasvervangermoeder en soms ook soogvrou. Hekel, borduur, stik, brei en klere was het hulle ook besig gehou. In Kaapstad het die slawevroue in die alomteenwoordige losieshuise na al die verkwikte matrose en soldate se behoeftes omgesien.

'n Ongetroude slawevrou was dikwels ook vroedvrou, soogvrou en kinder-oppasser. Sulke slawe het met die geboorte gehelp; die kind gesoog; die baba na die doopvont gedra; en was die kind se metgesel wanneer skooltyd aange-breek het. "Só 'n slaaf is baie goed behandel," merk Otto Mentzel, 'n skerp-sinnige eietydse waarnemer, op. "Behalwe goeie kos het sy baie geskenke gekry, met die moontlikheid van vrylating omdat sy met die grootmaak van verskeie kinders goeie diens gelewer het."

Slawevroue is dus nie net aan die gesin se boesem gedruk nie, maar was ook letterlik die burgergesin se boesem. In Nederland self is daar destyds oor soogvroue gefrons, maar aan die Kaap is 'n slaaf as voogma gebruik. Kaapse vroue het deeglik besef daar is 'n verband tussen soog en ovulering. 'n Kaapse soogvrou wat 'n kind namens die biologiese moeder gesoog het, het só ver-seker dat die biologiese moeder gouer weer ovuleer as wat die geval sou wees indien sy self die baba geborsvoed het. Sy sou dus met korter tussenposes kinders kon hê.

Soogvroue was só belangrik in 'n slawesamelewing dat twee terme deel van die koloniale volksmond geword het: "minnemoer" of "mina" (liefdesmoeder) en "aia" (ou oppasster). Dié woorde leef nog voort, net soos die kinder-oppasser self.

Straf en paternalisme

Slawe wat aan ernstige misdrywe skuldig bevind is – soos die aanranding van 'n meester, brandstigting, of aanlê by 'n Europese vrou – is meestal swaar met die paalstraf, brandmerking of vierendeling gestraf. Die hoogste straf was die dood, ná foltering. Veroordeelde slawe is geradbraak, hul vleis is met 'n rooiwarm tang afgetrek; hulle is vermink, gepaalstraf of stadig verwurg. Die lyke van tereggesteldes het aan 'n galg bly hang, of is ná verminking in Kaapstad of by 'n opstal blootgestel. Teen 1727 was daar só baie geskende en verminkte lewende slawe dat die regering besluit het om ontsnapte slawe op die rug te brandmerk om die gevoelens van die koloniste, veral swanger vroue, te spaar.

Sulke wrede strawwe was tot 'n mate 'n afskrikmiddel, maar dit beteken nie dat meesters se beheer oor hul slawe grootliks van 'n sweep en kettings afgehang het nie. Blote lyfstraf kan nooit verklaar waarom slawerny as 'n stelsel in Suid-Afrika geslaag het nie. Dit geld veral vir die afgeleë plase ver van die polisie en militêre mag wat in Kaapstad gesetel was.

Die owerhede het straf vir slawe in private besit tot "huishoudelike tug" beperk, dieselfde soort straf wat 'n pa op sy kinders kon toepas. Kettings en swepe is verbied. Die bewoording van die betrokke wet is duidelik: "Die eienaar mag, in die geval van 'n slaaf wat fouteer, só 'n slaaf met huishoudelike tug straf, maar mag die slaaf nie in ysters slaan, of erger, die slaaf martel of andersins mishandel nie."

'n "Soort kind van die gesin"

Eienaars het dikwels hul slawe, veral die huisslawe, beheer deur hulle deel van hul uitgebreide gesin te maak. Historici noem dit paternalisme. Die huishouding of "gesin" was die enigste "tuiste" vir slawe wat van hul eie kultuur en naastes weggeruk is. Om as 'n deel van die "familie" beskou te word, is as 'n powere maar tasbare troos aan die slaaf voorgehou.

Besoekers aan die Kaap in die 18de en 19de eeu het dié verskynsel meer raakgesien. In die laaste jare van die 18de eeu het lady Anne Barnard, wat pas van Brittanje gekom het, by geleentheid geskryf sy het getwyfel of sy haar gasvrou se slawevrou 'n halssnoer moet gee voordat sy geskenke aan die ware gesinslede uitdeel. Toe sy daaroor uitvra, het al twee die vroue gelag en gesê dat sy (lady Anne) haar nie daaroor hoef te kwel nie, aangesien die slavin in dieselfde huis gebore is en as t'ware 'n "kind van die huis" is. Lady Anne is aangemoedig om die krale daar en dan vir die slavin te gee.

Die frase "in dieselfde huis gebore" verwys dus na 'n slaaf se spesiale status in 'n gesin. Kaapse slawe-eienaars het baie moeite gedoen om slawe, veral vroulike slawe, "deel van die familie" te maak. Die gedagte van paternalisme sou ondermyn word as sulke slawe aan buitestaanders verkoop word. Die slawe van gestorwe slawebesitters is gewoonlik deur verwante geërf.

Paternalisme het nooit gelykheid met ander gesinslede behels nie. Selfs jong dogters kon volwasse huisslawe straf. Alle slawe het die een of ander tyd besef dat hulle in hul eienaars se oë altyd 'n afhanklike kind sal wees en dié vernederende status nooit sal ontgroei nie. Ongeag hul ouderdom of status was alle Kaapse slawe altyd "jongens" of "meide" (jongmeisies).

Slawe se name

Alle Kaapse slawe is in die gemeenskap op die voornaam genoem. Die slawe-handelaar of nuwe eienaar het die slawe se name gegee, en slawe het dikwels ná 'n wettige oordrag 'n nuwe naam gekry. Die daaglikse gebruik van nét die voornaam was 'n belangrike deel van die proses om slawe aan hul status van gedurige kindwees gewoond te maak.

Daar was spotname soos Slim of Patat, maande as name soos April of September, name uit die Ou Testament soos Salomo of Moses, klassieke name soos Kupido of Titus en soms inheemse name. Die name van die eienaar of sy kinders is selde gebruik.

Die geskil oor die doop

Die vraag of en wanneer slawe gedoop moet word, het die kerk en koloniste tot diep in die 19de eeu besig gehou. Die doop was 'n belangrike ritueel waarsonder talle regte nie uitgeoefen kon word nie.

Tydens die Dordtse Sinode van 1618-1619 het die Nederlandse Gereformeerde Kerk besluit dat alle heidense kinders in 'n huishouding, slaaf of vry, 'n reg op Christelike onderrig het. Die hoof van die huishouding, eerder as die kerk of die kind se ouers, moes egter besluit of 'n slaaf in sy huishouding gedoop moet word. Daar is ook besluit dat gedoopte slawe "gelyke regte met ander Christene" sou geniet. Gedoopte slawe kon nie aan heidene verkoop word nie, maar kon wel deur oorerwing of as 'n geskenk aan ander Christene oorgedra word. Daar was geen duidelike besluit oor die behoorlike ouderdom waarop 'n slaaf gedoop moet word nie, en daar is nie genoem hoe dié voorskrifte afgedwing sou word nie. Sulke sake is aan die hoof van die huishouding oorgelaat.

Teen omstreeks 1725 was dit duidelik dat sommige eienaars hul kleuterslawe die reg op die doop ontsê. Otto Mentzel het in die 1740's geskryf: "Dit is betreurenswaardig dat kinders wat in slawerny gebore word, nóg gedoop word nóg enige Christelike onderrig kry. Daar is 'n algemene maar deeglik gegronde geloof dat Christene nie in slawerny moet leef nie; dus word net kinders wat waarskynlik vrygelaat gaan word, gedoop." In die loop van die eeu toon kerkrekords 'n duidelike neiging dat al minder slawekinders gedoop word.

Die meeste slawe-eienaars was min oor hul slawe se doop gepla. Teen die laat 18de eeu was banke wat spesiaal in die "Moederkerk" in Kaapstad vir slawe gebou is, die een Sondag na die ander leeg.

Selfs die mees siniese slawe-eienaar sou nooit beweer het dat slawe geen reg op die doop het nie, maar die eienaar kon dit uitstel deur te betoog dat die slawe voor die doop eers onderrig moet word. Dan kon die eienaar eindelose huishoudelike voorwendsels gebruik om slawe se toetrede tot die Christelike gemeenskap te vertraag, en so sorg dat sy slawe se markwaarde nie daal nie. Suiwer materialisties gestel was slawe 'n veiliger belegging as hul nie Christene was nie. Dié oortuiging het tot met die vrylating van alle slawe voortgeduur.

Uit die 2 543 slawe wat van 1652 tot 1795 gedoop is, was 1 715 slawekinders wat aan die Verenigde Oos-Indiese Kompanjie behoort het – gemiddeld een per maand. Dié Losieslawe is as deel van die Kompanjie se "huishouding" beskou, en alle slawe wat in die Losiehuishouding gebore is, is gedoop. Private eienaars het 'n totaal van 828 slawe laat doop – minder as nege per jaar. Die enkele slawe-eienaars wat slawekleuters laat doop het, was meestal ryk.

Gemengde verhoudings

In die vroeë jare was die situasie só vloeibaar dat sommige kinders wat buite die huwelik uit nie-Europese ouers gebore is, in die Europese gemeenskap aanvaar is. Die slaaf Armosyn Claasz het in die Kompanjie se Losie aan vier verskillende pa's se kinders die lewe geskenk. Sommiges was halfslag, wat op 'n wit pa gedui het. Talle van dié kinders, en hul nakomelinge, het deel van prominente Afrikanerfamilies geword.

Tydens sy besoek aan die Kaap in 1685 het kommissaris H.A. van Reede huwelike tussen Europeërs en heelslag-slawevroue (van suiwer Asiese of Afrikaoorsprong) verbied. Hy het egter huwelike met halfslag-vroue toegelaat, sodat die kinders in die Europese bevolking opgeneem kon word. Pa's het meestal oor 'n verbintenis met 'n slaaf geswyg en het dus nie gehelp om hul kinders by halfslag-vroue hul vryheid te gee nie. Van Reede se regulasies wou juis dié feit van die lewe aan die Kaap aanspreek.

Tydens die Kompanjie se bewind het net meer as 1 000 voormalige slawe- en inheemse vroue met vryburgers van Europese afkoms getrou (en net twee manlike oud-slawe het met vrye vroue van Europese afkoms getrou).

As 'n mens onthou dat sowat 63 000 slawe na die Kaap ingevoer is, en by- kans net soveel in slawerny gebore is, is dit duidelik dat daar maar 'n skrale kans was dat 'n slaaf deel van die koloniale samelewing sou word en dat afkoms deurslaggewend was.

Boonop het dié kans skraler geword namate slawe duurder geword het. Niemand kon met 'n slaaf trou nie – sy moes eers vrygestel word. Aan die einde van die 18de eeu het Willem Klomphaan sy slaweminnares en hul twee slawekinders probeer vrystel, maar is oorlede voordat hy die volle prys kon betaal.

Die strewe na vryheid

Alle slawe wou vry wees, maar min het ontsnap. Hulle kon wegloop of dros na plekke waar vlugtelingslawe weggekruip het. Daar was by Faure, Hang- klip en selfs op Tafelberg sulke gemeenskappe. Verskeie klein, stabiele droster- gemeenskappe in die kolonie het wegloopslawe gehelp. 'n Gemeenskap van sestig slawe het 'n eeu lank feitlik ongesteurd in 'n grot by Hangklip gewoon totdat slawerny in 1834 afgeskaf is.

Die ander roete na vryheid was vrystelling en status as 'n vryswarte. Vryheid was nie 'n reg wat die staat toegeken het nie, maar 'n guns binne die huis- houding; die eienaar het besluit om die slaaf sy vryheid te gun. Vrygestelde mense is vryswartes genoem, al het hulle van Europeërs afgestam. Die vry- stellingsregulasies was primêr kultuurgegrond. Heel bo-aan die lys van ver- eistes vir vrystelling was die vermoë om Nederlands te verstaan, praat en skryf.

Van 1715 tot 1791 het die Politieke Raad 'n totaal van 1 075 aansoeke om vrystelling ontvang, waarvan net 81 Kompanjieslawe behels het. Daar was 'n uiters lae vrystellingskoers in die kolonie – jaarliks gemiddeld net 0,165% van die slawebevolking. In Brasilië en Peru was die syfer ses maal hoër.

Die feit dat die vrye bevolking aan die Kaap buite Kaapstad in die 1820's en 1830's baie klein gebly het, het belangrike gevolge vir toekomstige rasseverhoudinge ingehou. Feitlik almal wat brandarm en sonder status was, was swart; al die ryker mense was wit. 'n Verband tussen 'n wit vel en sukses het mettertyd al hegter geword.

Vrygestelde manlike slawe aan die Kaap het dié vryheid met talle groot agterstande begin, o.m. vooroordeel, armoede, 'n gebrek aan krediet en probleme om goed betaalde werk te kry. Vryswartes is reeds in 1727 van die meeste beroepe uitgesluit. Burgerraadslede het vryswartes selfs verbied om nietighede soos "roosterbrood en koekies" op straat te verkoop. Talle moes hulle tot vissery in die gevaarlike Suid-Atlantiese water wend.

Hoewel die kerk se armfonds sommige bevryde slawe gehelp het, is die meeste deur die simpatieke Moslemgemeenskap van vryswartes gehelp. Verskeie lede van dié gemeenskap het self slawe besit, en hulle dikwels vrygestel.

Bevolking van die Kaapkolonie

Jaar	Europese vry-burgers	Burgers se slawe	Vryswartes
1670	125	52	13
1690	788	381	48
1730	2 540	4 037	221
1770	7 736	8 200	352
1798	±20 000	25 754	±1 700

Slawerny as internasionale verskynsel[2]

Slawerny het in die 17de en 18de eeu wêreldwyd voorgekom. 'n Slaaf was die eiendom van 'n persoon of instansie aan wie hy/sy gedienstig en gehoorsaam moes wees. Slawe was die laagste stand in die samelewing. Hulle is op vier maniere bekom, naamlik uit die geledere van krygsgevangenes, mense wat nie hul skuld kon betaal nie, kinders wat uit nood deur hul ouers as slawe verkoop is, of kinders wat in slawerny gebore is. Die verkoopswaarde van 'n slaaf is bepaal deur sy/haar fisieke krag, gesondheid, ouderdom, ras en spesiale vaardighede.

Verskeie Europese lande het slawe uit Wes- en Sentraal-Afrika na hul kolo-

---

2 Dié subafdeling is bygedra deur Johan de Villiers.

nies ingevoer om die arbeidstekort te verlig met die verbouing van suiker, koffie, katoen en rys in Noord-Amerika en die Karibiese gebied, asook vir die silwer- en goudmyne van Peru en Mexiko. Omstreeks 1600 het Portugese handelaars jaarliks sowat 4 000 slawe uit Afrika na Brasilië ingevoer. Die Britse Royal African Company se handelsvaartuie van Liverpool, Bristol en Londen het duisende slawe uit die Goudkus (Ghana), Benin en Gambië na die Britse kolonies in Noord-Amerika en die Karibiese Eilande vervoer. Die Franse kolonies in die Karibiese gebied het insgelyks groot getalle slawe op-geslurp. Skrikwekkende toestande het aan boord van die transatlantiese vaar-tuie geheers. Die beperkte ruimte en karige rantsoene het groot lewensverlies (sowat 10-15%) onder slawe op see tot gevolg gehad.

Onlangse navorsing van P.D. Curtin raam die getal ingevoerde slawe in die Nuwe Wêreld tydens die 17de en 18de eeu konserwatief as volg:

Portugees-Brasilië	3, 6 miljoen
Britse kolonies	2 miljoen
Franse kolonies	1,6 miljoen
Spaanse kolonies	1,5 miljoen
Nederlands-Suriname en die Antille	0,5 miljoen
Deense kolonies	28 000

Daarbenewens is sowat ses miljoen slawe uit Afrika ook na Asië weggevoer, terwyl agt miljoen slawe in Afrika self aangehou is.

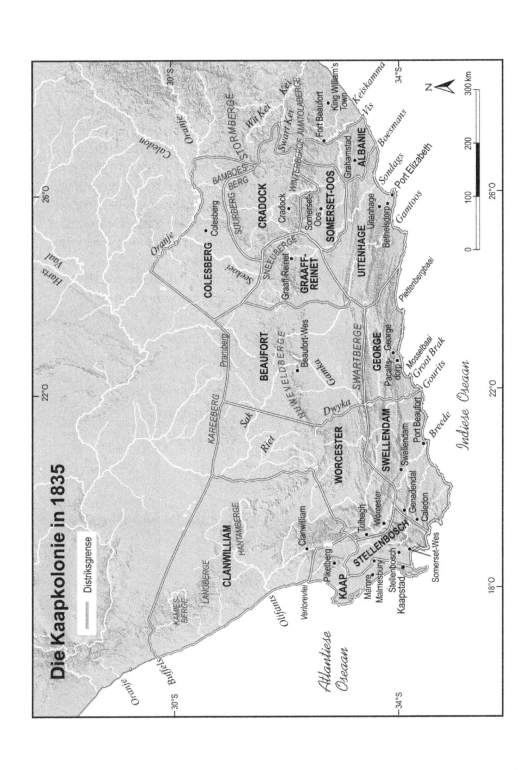

Die Kaapkolonie in 1835

Distriksgrense

4

Die Kaapse samelewing onder Britse bestuur, 1806-1834

Johan de Villiers

Aan die begin van die 19de eeu is die Kaapse samelewing gekenmerk deur 'n streng klasseverdeling. Die verskillende klasse het bestaan uit die outokratiese regeerders, welvarende grondbesitters, ondernemende sakelui, vrye arbeiders, arm bywoners, gekontrakteerde werkers en slawe. Dié soort samelewingsorde was in daardie tyd tipies van die heersende sosiale bestel in vele lande, veral in Wes-Europa. Saam met hierdie klasseverdeling was daar ook 'n toenemende rassebewustheid aan die Kaap. Ras en klas het dus in 'n groot mate mense en groepe se status bepaal.

Bykomende polariserende faktore in die Kaapse samelewing, soos vryheid teenoor gebondenheid, mag teenoor onmag en rykdom teenoor armoede, is uitgebalanseer deur gemeenskaplike behoeftes en verwagtinge wat tot 'n groter eenheidsgevoel gelei het, veral tydens eksterne bedreiging. Dit is daarom verstaanbaar dat dié gemeenskap getraumatiseer is deur die Britse militêre oorname in 1806.

Verwikkelinge aan die Kaap was ten nouste gekoppel aan gebeure in Europa. Net meer as 'n jaar ná die Vredesverdrag van Amiens in 1802 tussen Brittanje en Frankryk gesluit is, het die Britse regering van William Pitt in Mei 1803 weer oorlog verklaar teen Napoleon Bonaparte. Dit was nadat Franse troepe die Duitse stad Hannover beset het uit weerwraak vir die Britte se versuim om uit die eiland Malta te onttrek, soos by Amiens ooreengekom is. In die seeslag by Kaap Trafalgar, op 21 Oktober 1805, is die Franse vloot verpletter. Dit het Britse oppergesag ter see bevestig en die weg geopen vir 'n betreklik maklike Britse militêre besetting van die Kaapkolonie. Die inwoners moes kies tussen openlike verset of gedweë aanvaarding van die nuwe regeringsbestel.

Waarom was die Kaapkolonie belangrik vir Brittanje? In die eerste plek het die Nywerheidsomwenteling in Brittanje 'n vraag na oorsese grondstowwe en afsetgebiede geskep. Die strategiese ligging van die Kaap op die belangrike seeroete tussen Brittanje en die Britse handelsposte in Asië was ook deurslaggewend. Die Kaapkolonie moes as militêre voorpos dien om die Britse handelsbelange in veral Indië te beskerm. In die tweede plek was natuurlike hawens aan die kus van Suider-Afrika uiters beperk. Daarom sou Britse beheer oor die hawens van die Kaapse Skiereiland (Tafelbaai en Simonsbaai) verseker dat vreemde moondhede nie onbeperk die plaaslike geriewe kon gebruik nie. Derdens het Britse amptenare, reisigers, handelaars en sendelinge tydens die eerste Britse bestuur van die kolonie (1795-1803) positiewe indrukke gevorm van die plaaslike inwoners en die omstandighede daar. Danksy die reisbeskrywings en verslae van mense soos John Barrow was Britse besluitnemers in Londen bewus van die potensiaal van 'n gevestigde infrastruktuur en menslike hulpbronne wat tot die beskikking van Britse entrepreneurs in die kolonie sou wees.

> **KOLONIALISME**
>
> Kolonialisme is die beleid of strewe van groot moondhede om beheer te verkry en te behou oor ondergeskikte gebiede elders in die wêreld. Voorbeelde van groot Europese moondhede wat sedert die 15de eeu koloniale ryke ver buite hul grense gevestig het, is Spanje, Portugal, Brittanje, Frankryk en Nederland. Die ganse sosiale, ekonomiese en politieke ontwikkeling van die koloniste was aan die oppergesag van die verafgeleë moederland onderworpe. Kolonies moes die moederland bevoordeel as bron van grondstowwe en landbouprodukte, maar ook as afsetgebiede vir die nywerheidsprodukte van die moederland. Bowendien kon kolonies ook alternatiewe verblyf bied aan werklose arbeiders en gefrustreerde entrepreneurs van die moederland. Die begrip imperialisme is verwant aan kolonialisme. Dit omskryf groot moondhede se drang na wêreldwye ryksuitbreiding.

Nuwe besems vee skoon

Die Britse militêre oorname van die Kaapkolonie is deur doeltreffende strategie en vuurkrag bepaal, maar om die harte van die oorwonne inwoners te wen, was 'n groter uitdaging vir die nuwe gesagvoerders. Generaal David Baird was aanvanklik die waarnemende goewerneur en hy het twee belangrike doelstellings gehad. Eerstens moes hy die kolonie militêr beveilig teen 'n moontlike

Franse besettingsmag. Daarvoor het hy 6 000 Britse troepe tot sy beskikking gehad. Tweedens moes hy siviele sake in die kolonie ordelik bestuur in belang van Brittanje en die plaaslike inwoners. Die bepalings in die akte van oorgawe (1806) en redelike beloftes moes bevestig word deur geloofwaardige uitvoering. Dit moes al die verskillende groepe in die Kaapse samelewing oorhaal ten gunste van Britse bestuur.

Die Cape Regiment wat tot stand gebring is, het aan sommige ontstamde Khoekhoen en Basters geleentheid gebied om 'n militêre loopbaan voort te sit. Die burgery is gunstig gestem deur Baird se voortsetting van beproefde bestuursinstellings uit die Nederlandse tyd. Die meeste funksionarisse uit die Bataafse tydperk is voorlopig behou. Met duisende Britse soldate in Kaapstad, het die moederstad van die kolonie spoedig 'n Engelse karakter ontwikkel, maar in die buitewyke en op die afgeleë platteland is Nederlands gehandhaaf.

Ter wille van goeie orde het Baird slegs enkele noodsaaklike veranderinge aangebring. Hy het De Mist se burgerlike huwelikswet afgeskaf, posdienste versnel en die doeaneheffing op Britse goedere verslap. Om verwagte voedseltekorte te oorbrug, het hy graan en rys van Madras in Indië en voorrade van die eiland St. Helena ingevoer. Hy het ook op versoek van die Burgersenaat toegelaat dat Amerikaanse skepe koffie en Indiese katoenstof aflewer. Baird was 'n voorstander van plaaslike landbouontwikkeling, maar dit was net gerig op tydelike voorsiening. Al hierdie maatreëls het hom gewild onder die burgerlike bevolking gemaak.

Met die aankoms van die Graaf van Caledon in Mei 1807 as volwaardige goewerneur is die Britse versoeningsbeleid voortgesit. Verskeie Britsgesinde ondersteuners uit die burgery is in sleutelposisies in die plaaslike regering aangestel, o.a. Olof Gotlieb de Wet (regter), Willem van Ryneveld (staatsaanklaer), Johannes Truter (fiskaal), Abraham Fleck (weesheer) en Christoffel Brand (poshouer by Simonsbaai). Daarby kan gevoeg word gesiene Kaapse families, soos die Cloetes, Van der Bijls en Mijburghs, wat heeltemal verengels het. Nog 'n faktor wat die beeld van Britse gesag onder die burgery bevorder het, was die aanstelling van bekwame meertalige landdroste, soos Jacob Cuyler (Uitenhage), Adriaan van Kervel (George) en Daniël van Ryneveld (Jan Disselsvlei, later Clanwilliam). Dit het die administrasie in die buitedistrikte aansienlik verbeter en meer toeganklik vir die inwoners gemaak.

Nog 'n vêrsiende maatreël van Caledon was die instelling van 'n rondgaande hof vir die buitedistrikte in 1811. Dit het beteken dat minstens twee regters jaarliks die verskillende drosdye besoek het en ook na die belange van slawe en Khoekhoen kon omsien. Caledon was ook 'n ondersteuner van sendingwerk onder die Khoekhoen. Tydens sy bewind is die Morawiese sendingstasie Mamre tot stand gebring. Sy bydrae tot die regulering van arbeid om groter stabiliteit te skep, was ook van groot waarde (sien die volgende afdeling).

Caledon se herorganisasie van die Lombard Bank, wat in 1793 as eerste bankinstelling aan die Kaap gestig is, en ander finansiële reëlings het die ekonomie van die kolonie op 'n gesonde grondslag geplaas. Hy het die produksie van wyn, graan en wol deur die inwoners probeer aanmoedig, maar met slegs beperkte sukses. Die owerheid se funksionering is ook verbeter deur die oprigting van talle nuwe regeringsgeboue.

Caledon het eerstehandse kennis oor die buitedistrikte ingewin deur majoor Richard Collins op twee inspeksiereise te stuur. Die verslae van hierdie Britse offisier het die erns van die Boesmangevaar in die noordelike gebiede en Xhosa-invallers in die Suurveld beklemtoon. Caledon se grensbeleid was aarselend, want hy wou nie enige drastiese maatreëls tref terwyl die Napoleontiese oorloë in Europa gewoed het nie. Hy wou ook owerheidsuitgawes beperk. Hy het simpatie met die inwoners van die kolonie gehad weens hul veeverliese, maar die hantering van die probleme aan sy opvolger oorgelaat.

Uiteindelik het Caledon, 'n edelman sonder militêre agtergrond, in konflik gekom met generaal Henry Grey, die bevelhebber van die Kaapse garnisoen. Grey het aangedring op die hoogste uitvoerende militêre gesag, sonder inmenging van die burgerlike goewerneur. Hierdie skeiding van magte was 'n ernstige dilemma waaroor die Britse regering uitsluitsel moes gee. Om soortgelyke probleme in die vervolg te verhoed, was al Caledon se opvolgers ook Britse generaals.

Onder goewerneur sir John Cradock het verdere versoening vanaf 1811 plaasgevind tussen die Britse bewindhebbers en die plaaslike inwoners. Dit was sy taak om die Vierde Grensoorlog te organiseer nadat enorme lewens- en stoflike verliese in die voorafgaande jare deur die kolonie se inwoners gely is vanweë toenemende invalle deur die Xhosa. 'n Gekombineerde offensief deur Britse troepe en burgerlike kommando's het die Visriviergrens gestabiliseer. Cradock se reisindrukke van 1813 tot 1814 en die maatreëls wat hy daarna ingestel het, het ook onderlinge gesindhede tussen die burgers en die owerheid verbeter.

Cradock se blywende bydrae was die instel van die ewigdurende erfpag wat die ou leningsplaasstelsel vervang het. Dit het meegebring dat burgers meer sekerheid oor erfreg kon hê. Die goewerneur het ook vrye skole vir die inwoners ingestel. In die loop van nege jaar het die nuwe owerheid daarin geslaag om 'n paternalistiese, maar stabiele verhouding met die verskillende bewoners van die kolonie op te bou.

MOEDERSTAD KAAPSTAD

Onder Britse bestuur het Kaapstad bestendig uitgebrei as administratiewe en handelsentrum. Teen 1815 was die permanente inwonertal van Kaapstad nagenoeg 15 600 persone. Net meer as 'n dekade later was dit reeds 26 000. Die een helfte van die inwoners was slawe en vrye arbeiders van kleur. Die ander helfte was regeringsamptenare en sakelui.

Duisende Britse soldate is tydens die Napoleontiese oorloë in Kaapstad gestasioneer om die kolonie teen moontlike vyandige besetters te beskerm. Dit het die plaaslike mark bevoordeel deur 'n handige afsetgebied te skep. Die vermindering van doeanetariewe het die uitvoer van die kolonie se wisselvallige wyn- en graanproduksie deur die Kaapse hawe vergemaklik. Besoekers aan die stad kon huisvesting vind in talle herberge, en verskeie taphuise het drank verskaf aan reisigers en inwoners. Die vooraanstaande stadsbewoners het gewoonlik op groot persele, met inbegrip van werkerskwartiere, perdestalle en grond vir tuinbou, in die stadskom gewoon.

Die mees opvallende gebou in Kaapstad was die vyfpuntige Kasteel uit die Kompanjiestyd. Dit is kuslangs ondersteun deur die artilleriebatterye van Fort Knokke, Roggebaai, Amsterdam, Chavonnes en Mouille. Die parade langs die Kasteel en militêre kaserne vir 2 000 soldate het die militêre inrigting afgerond. Ander opvallende bakens in die stad was die goewerneurswoning by die ou Kompanjiestuin (sy somerverblyf was Rustenburg by Nuweland), die Groote Kerk aan die Keizersgracht (later Adderleystraat), die Burgerwachthuis (aan Groentemarkplein), die Latynse Skool, die Slawelosie en die Gevangenis.

Kaapstad se moderne voorkoms is teen 1834 ook beklemtoon deur die toevoeging van 'n openbare biblioteek, museum, sterrewag, vuurtoring en beter hospitaalgeriewe. Hoewel die stofstrate en ongeordende verkeer veel te wense oorgelaat het, is onder die Britse bestuur beter straatbeligting (olielanterns), watervoorsiening (pypstelsel) en laaigeriewe (Roggebaai-rede) aangebring.

Die burgers en die Khoekhoen onder die Britse bewind

Onder Britse bestuur het die verskillende bevolkingsgroepe in die kolonie hul lank vasgelegde patroon van bestaan voortgesit. Benewens die Kaapse amptenary en sakelui was die oorgrote meerderheid van die wit bevolking Nederlands-

Afrikaanse burgers wat 'n lewe as grondbewerkers en veeboere gemaak het. Hulle was sowat 26 000 in getal (mans, vroue en kinders) en het die spreekwoordelike ruggraat van die kolonie se landbou-ekonomie gevorm. In die suidwestelike deel van die kolonie was betreklik welvarende graan- en wynboere gevestig.

In die uitgestrekte noordelike en oostelike grensdistrikte het die armer skaap- en beesboere redelik nomadies geleef. Hierdie boere was baie individualisties. Hulle was gespeen van Europa en gewortel in Afrika – vandaar hul toenemende gebruik van die benaming "Afrikaners" om na hulself te verwys. Vir oorlewing moes hierdie bevolkingsgroep aanpas by die dikwels strawwe klimaat, onherbergsame omgewing en vyandige elemente. Armoede het hulle verplig om ondernemend, hardwerkend en selfonderhoudend te wees. Hulle moes noodgedwonge mekaar tydens krisisse help. Teenoor vreemdelinge was hulle gewoonlik gasvry, maar nie bereid om goed bedoelde wenke te aanvaar nie. Hulle boerderymetodes het vir buitelanders dikwels primitief en ondoeltreffend voorgekom. Hulle was grotendeels afhanklik van ongeskoolde handearbeid.

Die meeste Nederlands-Afrikaanse burgers was uiterlik flegmaties en selfs apaties ingestel teenoor die Britse veroweraars van die Kaap, maar in hul gemoed was hulle anti-Brits. Hul affiniteit teenoor Nederland het lank ná die Britse oorname nog voortgeleef in tipiese gebruike en uitdrukkings. Hoewel die meeste burgers nie gevorderde skoolopleiding ontvang het nie, het hulle tog oor basiese lees-, skryf- en rekenvaardighede beskik. In relatiewe afsondering het hulle mettertyd saam met die ander bewoners van die kolonie 'n vroeë vorm van Afrikaans as spreektaal in die huis en werkplek ontwikkel.

Die burgers was in die algemeen godsdienstig ingestel en geheg aan die Bybel as rigsnoer van hul lewe. Die veeboere in die afgeleë binneland was ver van kerke en predikante en blootgestel aan morele verval. Hulle was veral bevooroordeeld teenoor die inheemse bevolking van die kolonie en het hulle beskou as van 'n laer sosiale rang.

Die burgers het nie juis deelgeneem aan die politiek nie, maar hulle het tog kennis gedra van plaaslike sake by die distriksdrosdy, wat later as die magistraatskantoor bekend gestaan het. Die eerste periodieke publikasies vir die burgers in Nederlands was *Het Nederduitsch Zuid-Afrikaansche Tijdschrift* (1824) en die koerant *De Zuid-Afrikaan* (1830). Dit het geleentheid gebied aan skrywers uit eie geledere, soos Meent Borcherds, Christoffel Brand, Abraham Faure en Jacques Smuts, om 'n kritiese mondstuk van die burgers te wees.

Benewens die burgers, het die ontstamde Khoekhoen- en Bastergemeenskappe 'n tweede komponent van die arbeidsektor in die kolonie uitgemaak. Met die Britse oorname in 1806 het nagenoeg 20 000 van hulle verspreid in die kolonie gewoon. Dit het ook persone van gemengde afkoms ingesluit, maar nie die Khoekhoen wat buite die koloniale grense gewoon het nie. Toe Caledon as goewerneur aangestel is, was die Khoekhoen op regsgronde amptelik vry en onafhanklik. Hulle het geen belastings aan die owerheid betaal nie en was nie onderworpe aan diensplig nie. Hulle kon gaan waar hulle wou, solank hulle nie op die private eiendom van die burgers oortree het nie.

Die oorblywende stamkapteins in die kolonie het geen noemenswaardige gesag meer oor hul mense uitgeoefen nie. Voorbeelde van sulke stamkapteins wat nog teen 1809 deur die owerheid finansieel vergoed is, was Christlief Booda en Paulus (Daalie) Haas van Genadendal, Hans Klapmuts van Groenekloof en Hans Mozes en Claas Kees van Swellendam. Caledon het besef dat die tradisionele stelsel van stamregering uitgedien was. Slegs 'n klein aantal Khoekhoen het nog as veeboere in erkende krale of reservate in die kolonie gewoon. Die meeste Khoekhoen het 'n bestaan gevoer as tydelike of permanente arbeiders in diens van die burgers. Ander het weer by sendingstasies (soos Genadendal, Mamre en Bethelsdorp) of as soldate in die Cape Regiment by Wynberg 'n heenkome gevind. Die res was grondlose plakkers of het rondgeswerf en van bedel of diefstal geleef.

Teen 1809 was die wetlike posisie van die Khoekhoen in die kolonie steeds onseker. Die goewerneur het om hierdie rede besluit om die vroeëre aanbevelings van fiskaal Willem van Ryneveld te aanvaar. Dit het beslag gekry in Caledon se proklamasie op 1 November 1809 wat die Khoekhoen ten volle onder die jurisdiksie van die kolonie se howe geplaas het. Dit het beteken dat hul burgerskap wetlik erken is en alle Khoekhoen in die vervolg 'n vaste woonplek moes hê. Wanneer Khoekhoen in diens van burgers getree het, moes 'n behoorlike dienskontrak in triplikaat opgestel word, sodat die werker, werkgewer en landdros 'n rekord daarvan kon hê. Die doel was om die belange van alle partye te beveilig. 'n Geskrewe verlofbrief (pas) is vereis wanneer Khoekhoen reise elders in die kolonie wou onderneem. Dit het diefstal en die Khoekhoen se rondswerwery doeltreffend beperk.

Die negatiewe gevolg van Caledon se proklamasie was dat dit die bewegingsvryheid van Khoekhoen drasties ingeperk het en werkers aan 'n werkgewer gekoppel het. Dit het ook die Khoekhoen se werkstatus op ongelyke vlak met dié van die burgers gestel. Vanuit owerheidsoogpunt het dit groter werkstabiliteit geskep in 'n tyd toe die kolonie onder chroniese arbeidstekorte gebuk gegaan het. Dit het weer eens bevestig hoe noodsaaklik 'n stabiele arbeidsmag vir ekonomiese vooruitgang is. Die proklamasie het egter niks bevat wat die Khoekhoen kon help om private eiendom te verkry en onafhanklike veeboere te word nie. Sonder kapitaal was die enigste alternatief vir ondernemende Khoekhoen om soos die trekboere buite die grense van die kolonie uit te wyk.

Cradock het Caledon se proklamasie in 1812 uitgebrei. Alle agt- tot agtienjarige Khoekhoenkinders is by goedgekeurde burgers ingeboek om goeie arbeidsgewoontes aan te leer. Hulle moes van kos en klere voorsien en volgens Christelike beginsels opgevoed word. Eers in 1828 het 'n nuwe ordonnansie (no. 50) van goewerneur Richard Bourke die posisie van die Khoekhoen verbeter. Daar is na hulle verwys as vrye persone van kleur met volle burgerskapregte. Arbeidskontrakte sou hulle nie meer aan 'n bepaalde woonplek koppel nie. Die vereiste verlofbriewe (passe) om te mag reis, is afgeskaf en individuele besitreg op eiendom is bevestig. Die groot leemte van hierdie ordonnansie was dat dit nog nie ekonomiese gelykheid kon bewerkstellig nie.

Die deug van volhoubare arbeid onder die Khoekhoen is ook deur verskeie Christelike sendinggenootskappe in die kolonie bevorder. Die Morawiese Genootskap het baanbrekerswerk by Genadendal gedoen en driekwart van die sowat 800 inwoners was gedoop. Hulle is in een of ander ambag geskool, bv. as wamakers, hoefsmede, kuipers, transportryers, handelaars, meulenaars, messelaars, posbodes en vroedvroue. Die meeste inwoners was egter steeds arbeiders op die omliggende plase.

Caledon het in Desember 1807 'n stuk grond by Groenekloof (aan die weskus, digby Kaapstad) vir 'n tweede Morawiese sendingstasie, Mamre, goedgekeur. In 1816 is 'n verdere Morawiese sendingstasie, Enon, in die distrik Uitenhage begin. Die Morawiese sendelinge het ook 'n instituut vir melaatses, Hemel-en-Aarde, aan die Onrustrivier bedryf, en nog 'n sendingstasie by Elim (digby Kaap Agulhas) gestig. In 1830 het sendelinge van die Rynse Genootskap uit Duitsland ook Wupperthal in die Sederberg en Ebenezer aan die Olifantsrivier in navolging van die landbou- en handelspatroon van Genadendal aangelê, terwyl sendelinge van die Berlynse Genootskap vanaf 1834 sowel in Transoranje as in die Klein-Karoo stasies gestig het.

Die sendingstasie Bethelsdorp van die Londense Sendinggenootskap (LSG) was in die distrik Uitenhage geleë. Luitenant-kolonel Richard Collins het in 1809 bevind dat die wonings van die Khoekhoenbewoners vuil en onooglik was. Hulle het volgens hom lusteloos voorgekom. Die inwoners het van die skrale opbrengs van hul koringlande en vee geleef. Slegs 66 van die 639 inwoners was gedoop en slegs 43 het 'n nuttige beroep beoefen, hoewel die sendelinge, James Read en dr. J.T. van der Kemp, probeer het om hulle basiese lees- en skryfvaardighede te leer. Die sendelinge het ook verslae aan die direkteure van hul sendinggenootskap gestuur waarin gemeld is dat die Khoekhoen ernstig deur burgers mishandel word.

Gevolglik is die Kaapse goewerneur deur die Britse regering gelas om dié klagtes te ondersoek. Van der Kemp is in Desember 1811 oorlede voordat die rondgaande hof, ook bekend as die Swarte Ommegang, die bewerings kon aanhoor. Uiteindelik is 17 gevalle van moord en 15 van aanranding voorgelê, asook 'n aantal klagtes van weerhouding van lone deur werkgewers. Nie een van die moordklagtes kon bewys word nie, en slegs 'n paar beskuldigdes is uiteindelik beboet. Hierdie verhoor het die onderlinge verhoudinge tussen die burgers, die owerheid, die Khoekhoen en die sendelinge vertroebel.

Dr. John Philip, wat in 1819 as superintendent van die LSG in die Kaapkolonie aangestel is, het as politieke pleitbesorger vir die Khoekhoen opgetree. Sy boek *Researches in South Africa* het in 1828 groot opspraak aan die Kaap en in Brittanje gewek. Dit het die kompleksiteit van die uiteenlopende samelewingsverhoudinge in die kolonie blootgelê. Ander sendingstasies van die Londense Genootskap tydens die eerste dekades van Britse bestuur was Zuurbraak (1811), Pacaltsdorp (1813), Theopolis (1814) en Hankey (1822).

Die broers Albrecht en William Anderson, sendelinge van die Londense Genootskap, was ook werksaam buite die kolonie, noord van die Gariep, by Warmbad en Klaarwater. By hierdie plekke is onderskeidelik die Namas en Griekwas bearbei.

Wat die militêre lewe betref, het die Cape Regiment tussen 1806 en 1817 'n belowende loopbaan vir manlike Khoekhoen gebied. Tussen 500 en 700 manskappe is daarin opgeneem. Dit het weliswaar die algemene arbeidstekort in die kolonie vergroot, maar 'n beter lewenskwaliteit vir die manskappe verseker. Die regiment het 'n belangrike rol aan die Oosgrens van die kolonie vervul, waar dit in offensiewe operasies en defensiewe ontplooiing gebruik is. Die eerste aanvoerder van die regiment was die ervare luitenantkolonel John Graham. Die veldprediker van die regiment was die Nederlandse sendeling Aart van der Lingen wat gemaklik met die soldate kon kommunikeer.

Nadat hierdie regiment om finansiële redes in 1817 ontbind is, is 'n nuwe maar kleiner eenheid tot stand gebring, die Cape Corps of Infantry and Cavalry onder bevel van majoor George Sackville Fraser. Khoekhoensoldate is die eerste keer amptelik as berede infanterie, gewapen met kortloop-karabyne, opgelei. In 1827 is hierdie koloniale korps vervang deur die imperiale Cape Mounted Riflemen onder bevel van luitenant-kolonel Henry Somerset.

Vryheid vir die slawe

Die slawe het die derde belangrike komponent van die arbeidstruktuur aan die Kaap uitgemaak. By die aanvang van die Britse bewind in 1806 was daar ruim 29 000 slawe. Die Britse parlement se verbod in 1807 op enige slawehandel per skip na sy kolonies het nie 'n einde gebring aan slawerny in die kolonie nie, maar dit het wel beteken dat nuwe slawe nie meer ingevoer kon word nie.

Byna 'n derde van die slawe het in Kaapstad gewoon, terwyl die res veral in die Wes-Kaapse graan- en wynproduserende gebiede gewerk het. Slawe-arbeid het die hoeksteen gevorm van die ganse landbou-ekonomie van die kolonie. Die aard van slawearbeid het onder Britse bestuur nie juis veel verander nie. Sommige slawe is gebruik vir ongeskoolde arbeid, terwyl ander weer bedrewe ambagslui was.

Die reisiger William Burchell het bevind dat slawe van Maleise afkoms wat in Kaapstad gebore is, die waardevolste belegging was. Hulle is gebruik as geskoolde ambagslui en is ten duurste uitverhuur deur hul eienaars. Sulke manlike slawe is opgelei as skrynwerkers, hoefsmede, wamakers, messelaars, e.d.m., asook in allerlei ander praktiese vaardighede. Vroulike slawe is dikwels opgelei as kleremakers, verpleegsters, kokke en huishoudelike versorgers. 'n Slaaf se finansiële waarde is uiteindelik bepaal deur die intrinsieke waarde van sy/haar arbeid. Gesogte slawe het dikwels meer vryheid en verantwoordelikhede geniet as ander slawe. Slawe wat jare lank getroue diens aan 'n eienaar gelewer het, was soms baie geheg aan die eienaar en familie. Hulle is dan ná die eienaar se dood uit slawerny bevry, veral as hulle gedoop kon word as Christene. Tydens die Britse bestuur van die kolonie is sowat 1 000 slawe vrywillig vrygestel deur hul eienaars. Desondanks was daar teen 1834 nog sowat 39 000 slawe in die Kaapkolonie geregistreer.

Die lewe van slawe was in die algemeen baie moeilik en veeleisend. Daar was swaar beperkinge op hul persoonlike lewe en hulle was in alle opsigte aan hul eienaar verbonde. Slawekinders is soms van hul ouers geskei en familieverbintenisse geïgnoreer. In die hof is slawe se getuienis nie geredelik aanvaar nie. Oortredings wat begaan is, is swaar gestraf, want strafoplegging moes as afskrikmiddel dien.

Die Nederlandse reisiger Marten Teenstra het die Overbergse plaasboere se leefwyse teen 1820 beskryf as "lui en lekker" omdat alle arbeid deur slawe verrig is. Hy het die slawe beskryf as "tamme huisdiere". Volgens Teenstra het die Kaapse burgers geredeneer dat slawerny volgens die Bybel wettig is en dat slawe beter na liggaam en siel deur die eienaars versorg word as om hulle toe te laat om in vryheid te krepeer van armoede.

Dat nie alle slawe vreedsaam en onbesorg tydens die Britse bestuur aan die Kaap geleef het nie, het duidelik geblyk uit die slaweopstand van 27 Oktober 1808. Twee plaaslike slawe, Louis van Mauritius en Abraham, is deur twee Iere, die dagloner James Hooper en die matroos Michael Kelly, aangespoor om 'n opstand te begin. Hulle het uiteindelik 331 slawe as volgelinge van ongeveer 34 plase in die omgewing van Koeberg, Tygerberg en Swartland versamel om hul vryheid van die fiskaal in Kaapstad op te eis. Tydens hul opmars het hulle twaalf waens en vier saalperde gekonfiskeer en ook verskeie gewere en buskruit op plase buitgemaak. Die bejaarde Adriaan Louw is oor die kop geslaan, en Christiaan Storm is byna nakend op 'n wa gelaai en van sy persoonlike besittings beroof. Die optog het in twee groepe verdeel en Soutrivier genader waar nog perde, waens en ammunisie gebuit is.

Goewerneur Caledon het onmiddellik 'n afdeling kavallerie en infanteriste opdrag gegee om die opstandelinge aan te keer. Hulle het sonder weerstand oorgegee. Uiteindelik is 51 van die opstandelinge verhoor en gevonnis. Vyf van die voorlopers, o.a. die slaaf Abraham en die dagloner Hooper, is ter dood veroordeel en nog 34 slawe is tot gevangenskap en lyfstraf gevonnis. Hierdie opstand het getoon dat die slawe se vryheidsdrang groter was as die beperkte beskerming wat hulle in diens van hul eienaars geniet het. Dit is opvallend dat hierdie opstand nie teen spesifieke slawe-eienaars gemik was nie, maar ontwikkel het as 'n desperate poging van slawe om hul vrystelling van die owerheid te verkry.

Ná 1815, in die nadraai van die Franse Revolusie en die Verligting, het die invloed van die filantrope toegeneem in Brittanje. Hulle wou o.m. die lot van slawe in die Britse kolonies verbeter. In die Britse parlement het politici soos William Wilberforce en Thomas Buxton die groot kampvegters vir verligte slawewetgewing geword. Vanaf 1816 moes daar in elke distrik van die Kaapkolonie 'n slaweregister wees sodat getalle en verkope by die drosdy gekontroleer kon word. Die verkoop van slawe is ook deur die owerheid belas.

Toe die slaaf Joris op 10 September 1822 op die plaas Simonsvlei naby Klapmuts op wreedaardige wyse doodgeslaan is in opdrag van die 22-jarige Wilhelm

Gebhart, is geregtelike stappe teen die eienaar ingestel. Hy is in die hooggeregshof sonder versagtende omstandighede skuldig bevind en ter dood veroordeel. Selfs 'n brief van dr. John Philip van die LSG aan goewerneur Somerset om begenadiging was tevergeefs. Die teregstelling van Gebhart op 15 November was 'n uitsonderlike voorval, maar het slawe-eienaars opnuut daaraan herinner dat hul slawe op 'n menswaardige wyse behandel moet word.

In 1823 het 'n belangrike slaweproklamasie gevolg. Dit het die werkstyd van slawe beperk tot 'n maksimum van twaalf uur per dag in die somer en tien uur per dag in die winter. Sondae moes slawe geen gedwonge arbeid verrig nie. Huwelike van slawe is amptelik erken en die afsonderlike verkoop van slawefamilies is verbied. Slawe is toegelaat om private besittings te hê. Hulle moes behoorlik gevoed en geklee word. Lyfstraf vir oortredings is beperk tot 25 houe. Slawekinders in Kaapstad en groter dorpe is verplig om basiese skoolonderrig te ontvang.

Ondanks al hierdie verligte maatreëls het daar in 1824 'n slaweopstand in die distrik Worcester (voorheen Tulbagh) uitgebreek. 'n Slaaf genaamd Galant het 'n aantal slawe aangespoor om dadelik hul vryheid met geweld op te eis. In dié konflik is twee burgers gedood en verskeie gewond, maar die slawe is uiteindelik aangekeer en ter dood veroordeel. Dit is te betwyfel of hierdie opstand spesifiek aan die slawewetgewing van 1823 toegeskryf kan word.

In 1826 het 'n verdere slaweordonnansie (no. 19) bepaal dat enige slaaf wat ernstig mishandel is, dadelik in vryheid gestel moes word. 'n Slawebeskermer is in Kaapstad aangestel met assistentbeskermers in die verskillende distrikte. Hierdie wet het slawe aangemoedig om klagtes voor te lê oor beweerde vergrype van eienaars. Dit het slawe-eienaars hewig ontstel. 'n Openbare vergadering is in Julie in Kaapstad belê. Die slawe-eienaars het hulle ten gunste van geleidelike vrystelling uitgespreek, maar was sterk gekant teen enige vermindering van hul gesag oor die slawe. 'n Soortgelyke vergadering is in Oktober in Graaff-Reinet gehou. Daar is aanbeveel dat slawekinders by geboorte vrygestel moet word. Vir sulke manlike suigelinge moes die owerheid vergoeding aan die eienaars betaal, maar vroulike babas sou geen vergoeding meebring nie.

Die Britse regering het ná 1830 alle slawewetgewing in die kolonies gekonsolideer en nog strenger bepalings neergelê. Hierdie wetgewing was veral gemik op slawerny in die Wes-Indiese Eilande, maar was ook van toepassing op die Kaapkolonie. Voortaan mog slawe nie langer as nege uur per dag werk verrig nie. Lyfstraf vir slavinne was verbode, en manlike slawe wat oortree het, sou nie meer met 'n sweep geslaan kon word nie. Elke slawe-eienaar moes 'n strafboek aanhou wat twee keer per jaar deur die slawebeskermers geïnspekteer moes word. Slawe-eienaars het hulle beroep op hul natuurlike instink om reg te laat geskied. Ná hewige teenkanting in 1831 is die inspeksievereistes verslap en net van toepassing gemaak op die omgewings van Kaapstad en Grahamstad. Sowat 2 000 eienaars het nogtans op 17 September 1832 in Kaapstad byeengekom om te protesteer teen inmenging deur die Britse regering in die kolonie.

Slawerny kon nooit moreel geregverdig word nie. Dit was 'n euwel wat beëindig moes word omdat dit die waardigheid, persoonlike vryheid en verantwoordelikhede van mense misken het. Uiteindelik het die Britse parlement in Augustus 1833 besluit om slawerny amptelik in al die kolonies te beëindig met ingang 1 Desember 1834. Daarna sou die vrygestelde slawe nog vier jaar lank by hul voormalige eienaars ingeboek bly. Daar is bepaal dat eienaars vergoed sou word, maar dit was onder die werklike koopwaarde van slawe. Die uitbetalings sou ook net in Londen geskied deur middel van Britse skuldbriewe. Die gevolg was dat slawe-eienaars groot finansiële verliese gely het en soms deur agente uitgebuit is.

Hoewel die meeste burgers in die kolonie nie gekant was teen die vrystelling van slawe nie, het hulle 'n meer geleidelike oorgang gesteun. Die slawe het natuurlik hul emansipasie met groot vreugde verwelkom, maar is spoedig ontnugter deur die werklikhede daarvan om hulself te moet onderhou. Baie slawe kon niks anders as ongeskoolde werk doen nie, maar moes nou op die ope mark meeding met ander vrye ondernemers. Die chroniese arbeidstekort in die kolonie het die meerderheid vrygesteldes egter wel van minstens laagbesoldigde werkgeleenthede verseker.

Die troebele Oosgrens

Die situasie in die oostelike grensgebied van die kolonie is in die eerste dekades van Britse bestuur vertroebel deur botsende aansprake en behoeftes van verskillende belangegroepe. Die Suurveld, tussen die amptelike Visriviergrens (1780) en die Boesmansrivier, was die brandpunt van intense konflik met ongemagtigde gereelde invalle, diefstal en moord. Daar was soms wel betreklik vreedsame interaksie tussen die groepe by onderhandeling of ruilhandel. Vier belangrike rolspelers het die toneel oorheers: die owerheid (verteenwoordig deur burgerlike amptenare en militêre maghebbers), die wit landelike burgery (bees- en skaapboere), die ontstamde Khoekhoen (insluitend die Gonakwas) en die getalryke Xhosastamme (almal veebesitters).

Die owerheid moes teen elke prys oppergesag oor die oostelike grensgebiede behou, maar met die minste uitgawes. Waar onderhandelinge en ooreenkomste misluk het, moes die troepe onder Britse bevel verkieslik net as reserwemag diens doen. Die primêre verantwoordelikheid vir die beveiliging van die Oosgrens het dus berus by die landelike burgery en lojale Khoekhoen. Hulle is in noodgevalle in kommando's vir diens opgeroep. Die vyand was gewoonlik die nomadiese Boesmanjagters aan die kolonie se noordgrens en die Xhosa-indringers aan die Oosgrens. Die nypende tekort aan arbeiders het sommige burgers genoodsaak om in tye van relatiewe vrede onwettig plaaswerkers onder die Xhosa te werf en ruilhandel te bedryf. Intussen het Xhosaveeboere die vrugbare Suurveld toenemend binnegedring op soek na beter weiveld en ook vanweë oorbevolking in die streke oos van die Visriviergrens.

Caledon het kennis geneem van die toenemende veediefstalle en lewensverliese in die Oosgrensdistrikte. Die Xhosa-opperhoof Ndlambe het oor 'n leër van sowat 3 000 krygers beskik en was die magtigste militêre faktor in die Suurveld. Sy aartsvyand, Ngqika, die opperhoof van die Rarabe, was in die Tyumievallei oos van die Katrivier gevestig wat buite die amptelike koloniale grens was. Ander Xhosahoofmanne in die omstrede Suurveldomgewing was die bejaarde Chungwa, Ngqueno, Habana, Kassa en Galata. Hulle kon nie hul volgelinge van veediefstalle weerhou nie. Sommige Xhosa het ook die gebiede Bruintjeshoogte, Winterhoek, Zwagershoek en Tarka binnegedring op soek na weiveld. In 1810 is meer as 1 000 beeste van burgers in die distrik Uitenhage gesteel.

Die burger Isaac Joubert, twaalf Khoekhoenveewagters en twee slawe is deur die Xhosa-invallers doodgemaak. Die landdros, majoor Jacob Cuyler, was oortuig dat die gesteelde beeste verder ooswaarts oor die grens geneem is en nie maklik teruggevind sou word nie. Ook in die distrik Graaff-Reinet het diefstalle en geweldpleging toegeneem. Op grond van die aanbevelings van luitenant-kolonel Richard Collins het die owerheid net een oplossing gehad. As vredevolle oorreding nie slaag nie, moes die Xhosa-indringers met militêre mag permanent uit die Suurveld en omliggende gebiede oor die Visriviergrens gedwing word. Dit moes met die minste moontlike bloedvergieting plaasvind. Kaptein Abiathar Hawkes, bevelvoerder van 'n aantal Britse dragonders, het in Junie 1811 aan die landdros van Graaff-Reinet berig dat groot getalle burgers hul plase in die streek Bruintjeshoogte verlaat het uit vrees vir die geweld van die plunderaars.

Die onvermydelike Vierde Oosgrensoorlog het in Desember 1811 uitgebreek. Dit was nadat Britse troepeversterkings deur die nuwe Kaapse goewerneur, sir John Cradock, van Kaapstad na die Oosgrens gestuur is. As kommissaris en plaaslike opperbevelhebber van die gewapende magte is die bekwame luitenant-kolonel John Graham van die Cape Regiment aangestel. Die reserwemag was onder bevel van majoor Thomas Lyster in Graaff-Reinet. Die offensiewe mag was in drie afdelings verdeel. Die regtervleuel was onder bevel van majoor Cuyler, die linkervleuel onder landdros Anders Stockenström sr., en die sentrale mag is gelei deur kaptein George S. Fraser. By al hierdie afdelings was gewapende burgers saam met die troepe onder Britse bevel ingedeel, maar hulle het onder direkte beheer van hul eie veldkommandante en veldkornette gestaan.

Intussen het landdros Stockenström die versekering van opperhoof Ngqika gekry dat hy nie sou verhoed dat Ndlambe se volgelinge hulle oos van die Visrivier, buite die kolonie, op bevel van die Britse owerheid vestig nie. Graham het Ngqika se belofte gewantrou, maar dit was vir die Britse owerheid 'n positiewe wending om aan al die Xhosa 'n toevlug buite die Suurveld te kon bied. Stockenström, 'n Bastertolk en agt burgers van sy eskort is egter onverwags op 29 Desember 1811 by Doornnek in die Zuurberg deur hoofman Kassa se volgelinge om die lewe gebring toe hy probeer het om hulle te oorrreed om oor die Visrivier terug te trek.

Die gekombineerde koloniale taakmag, sowat 800 soldate en gewapende burgers onder die opperbevel van Graham, het vroeg in 1812 'n veldtog teen die Xhosa van opperhoof Ndlambe geloods. Binne twee maande is sowat 20 000 Xhosa uit die kolonie verdryf, maar dit het nie vrede gebring nie. Om moontlike oorskrydings van die Visriviergrens in die vervolg te verhoed, moes minstens 22 wagposte opgerig en gereelde patrollies onderneem word. 'n Permanente militêre en administratiewe sentrum is in 1812 in die Suurveld ingerig en Grahamstad genoem. Dit het spoedig die hoofsetel van die nuwe subdistrik Albany geword.

Die relatiewe vrede was van korte duur. Veediefstalle is oor die uitgestrekte Visriviergrens hervat. Die nuwe goewerneur, lord Charles Somerset, het in April 1817 samesprekings gehou met Ngqika en sy oom Ndlambe in die teenwoordigheid van verskeie hoofmanne van die Katriviervallei. Somerset het die omstrede spoorstelsel aangekondig. Daarvolgens moes die kraal waarheen die spoor van gesteelde vee gelei het, volledige vergoeding verskaf aan die koloniale eisers, ongeag of die vee gevind word of nie. Omdat die Britse regering die oppergesag van slegs Ngqika erken het, moes hierdie opperhoof die eindverantwoordelikheid met teësinnigheid aanvaar. Sy dilemma was dat Xhosahoofmanne normaalweg selfstandig gesag uitgeoefen het oor hul volgelinge.

Ontevredenheid en twis in eie geledere het uitgebrei toe Ngqika geaarsel het om op te tree toe die koloniale owerheid aandring op vergoeding vir beweerde diefstalle. Die gevolg was dat majoor G.S. Fraser in Januarie 1818 met 'n koloniale kommando beslag gelê het op meer as 2 000 beeste van Ndlambe se volgelinge. Roof en plundery het daarna tussen die verskillende stamme toegeneem. Dit was die ideale geleentheid vir Ndlambe om sy mag ten koste van Ngqika uit te brei.

In Junie 1818 het 'n bloedige slag tussen Ndlambe en Ngqika se magte op die Amalindevlakte naby Debenek in die Suurberg plaasgevind. Ngqika se magte is verpletterend verslaan. Uit sy skuilplek in die Winterberg het Ngqika by die Britse owerheid gepleit om militêre hulp. Goewerneur Somerset het dit as 'n ideale geleentheid beskou om die Oosgrensgebied te bestendig. Luitenant-kolonel Thomas Brereton het met 'n gemengde mag van infanteriste en berede vrywilligers Ndlambe se gebied binnegeval. Dit het die Vyfde Grensoorlog ingelui. Sowat 23 000 beeste is gebuit, maar Ndlambe en sy volgelinge het direkte botsings vermy en in die bosse gaan skuil. Ngqika is met 9 000 beeste vergoed en die res is vir koloniale uitgawes aangewend.

Ndlambe se militêre mag was nie gebreek nie. Onder invloed van die legendariese toordokter Nxele, ook bekend as Makhanda of Lynx (vanweë sy linkshandigheid), is groot getalle Xhosakrygers versamel om die kolonie binne te val. Intussen het luitenant-kolonel Thomas Willshire militêre voorbereidings vir 'n offensief teen Ndlambe begin tref, maar voordat uitvoering hieraan gegee kon word, het sowat 10 000 Xhosakrygers Grahamstad helder oordag aangeval op 22 April 1819. Dit was 'n dorp met slegs sowat 350 wit inwoners waarvan die meerderheid militêre personeel was. Toevallig was daar daardie dag in Grahamstad ook 130 Khoekhoenjagters van die sendingstasie Theopolis teenwoordig saam met hul leier Boesak.

Die geveg is ná twee-en-'n-half uur beëindig. Die uitslag het uiteindelik nie op getalle berus nie, maar was te danke aan die vuurkrag, berekende taktiek en kalme optrede van die verdedigers. Die aanvallers se verliese was groot. Sowat 1 000 Xhosakrygsmanne is gedood of gewond. In die geledere van die verdedigers het slegs drie gesneuwel en is vyf gewond.

Die suksesvolle verdediging van Grahamstad het Willshire aangespoor om op 22 Junie met mag en mening 'n koloniale teenoffensief teen Ndlambe te loods. Die kommando is saamgestel uit 500 infanteriste en dragonders, saam met opgekommandeerde burgers onder leiding van die jeugdige Andries Stockenström (sien kassie). Duisende stuks vee is gebuit by die terugvallende Xhosa. Op 15 Augustus 1819 het Nxele homself oorgegee nadat Ndlambe met die meeste van sy volgelinge na die Keirivier uitgewyk het. Sy militêre mag was gebreek en dit het die einde van die Vyfde Grensoorlog beteken. Hintsa, die opperhoof van die Galeka, het aan Ndlambe skuiling gebied. Op aandrang van goewerneur Somerset is die gebied tussen die Vis- en Keiskammarivier as 'n neutrale buffersone verklaar. In werklikheid het die oostelike grens van die Kaapkolonie daarmee uitgebrei tot aan die Keiskamma, hoewel die gebied nie amptelik geannekseer is nie.

Die groot verloorder was opperhoof Ngqika wat heelwat van sy grondgebied ingeboet het, hoewel hy 'n bondgenoot van die Britse owerheid was. Die neutrale gebied is daarna om verskillende redes telkens deur onderskeidelik die burgers, Khoekhoen en Xhosa geskend. Die oostelike grens van die kolonie is gevolglik in 1825 amptelik aangepas tot aan die Koonaprivier en in 1829 tot aan die Katrivier. Dit het die Xhosa se gevoel van verontregting oor die verlies aan hul eertydse woongebiede laat toeneem.

ANDRIES STOCKENSTRÖM JR.

Andries Stockenström jr., seun van landdros Anders Stockenström, is gebore in Kaapstad. Op 16-jarige leeftyd vergesel hy luitenant-kolonel Richard Collins as tolk op 'n inspeksiereis na die Oosgrens waar hy goed bekend raak met die binnelandse inwoners se lewenswyse.

In 1811 word hy aangestel as vaandrig (vaandeldraer) in die Cape Regiment. Hy onderskei hom as leier van die burgerkommando's tydens die Vierde Grensoorlog. Sy praktiese intelligensie en oorleg word deur goewerneur Cradock erken toe hy as adjunklanddros op die nuutgestigte dorpie Cradock aangestel word. In Mei 1814 word hy bevorder tot luitenant in sy regiment en die jaar daarna stel goewerneur Somerset hom op 22-jarige ouderdom aan as landdros van die distrik Graaff-Reinet. Hy dien dus tegelyk in burgerlike en militêre poste.

Stockenström was ongetwyfeld 'n uiters begaafde en ondernemende leier. Hy was individualisties en het nie geskroom om regeringsbeleid en die optrede van verteenwoordigers van die Londense Sendinggenootskap te kritiseer nie. Dit het hom 'n omstrede, maar ook besondere

leier in onsekere tye aan die Oosgrens gemaak. Tydens die Vyfde Grens-
oorlog voer hy bevel oor die burgers van Graaff-Reinet wat operasio-
neel in die Katriviervallei ontplooi is. Hulle ondersteun die opperhoof
Ngqika in die stryd teen Ndlambe en die Gcaleka. Daarna deurkruis hy
die Visrivierbosse en beveilig die gebied. Uit erkenning vir sy leierskap
word hy in Oktober 1819 bevorder tot kaptein van die Cape Corps of
Infantry and Cavalry.

Stockenström is spoedig in 'n geskil betrokke met kaptein Henry
Somerset, die seun van die goewerneur en 'n ontvanger van 'n Waterloo-
medalje tydens die Napoleontiese oorloë. Hy dien in Grahamstad in die-
selfde korps as Stockenström. Dit lei in 1820 tot die beëindiging van
Stockenström se diens in die korps, maar hy bly aan as landdros van
Graaff-Reinet.

Mettertyd word Stockenström se administratiewe kundigheid en erva-
ring met die Oosgrensbewoners in 1828 deur die nuwe goewerneur,
Richard Bourke, erken toe hy aangestel word as kommissaris-generaal
van die oostelike distrikte. Stockenström se skepping van die Katrivier-
nedersetting in Mei 1829 is 'n deurbraak in groter grensbeveiliging. Hy
vestig ontstamde Khoekhoen en Basters daar as 'n buffer teen die
Xhosa. Hoofman Maqoma en sy volgelinge word verplig om hul vaste
verblyfplek in die Katriviergebied te ontruim.

Stockenström se taak as kommissaris-generaal is bemoeilik deur die
geskil tussen hom en Henry Somerset oor die toepassing van die om-
strede spoorstelsel buite die koloniale grense. In Junie 1830 gelas
Stockenström 'n strafekspedisie teen hoofman Tyali vanweë beweerde
veediefstalle. Tydens dié kommando-optrede word die ongewapende
hoofman Zeko doodgeskiet. Daarna is Stockenström skepties om sulke
strafkommando's te herhaal, veral as Henry Somerset as kommandant
van die grensgebied dit sou lei. Met die uitbreek van die Sesde Grens-
oorlog in 1834 is sy leierskap in die grensgebied weer onontbeerlik. In
1836 word hy deur die Britse regering as luitenant-goewerneur van die
Oos-Kaap aangestel. Dit berei hom voor vir sy latere betrokkenheid in
die plaaslike politiek en ook as Kaapse parlementslid. In 1856 tree hy
uit die openbare lewe en sterf agt jaar later in Londen met die titel
baronet.

Die Slagtersnekopstand

Teen 1815 het weersin teen die Britse owerheid in burgergeledere 'n ernstige
wending in die Oosgrensdistrikte geneem. Die bevindinge van die rond-
gaande hof of Swarte Ommegang van 1812 was nog vars in die burgers se
geheue. Op hierdie tydstip het 'n Khoekhoenplaasarbeider genaamd Booy 'n

klagte oor wanbetaling teen sy werkgewer, Cornelis Frederik (Freek) Bezuidenhout aan die Baviaansrivier, by die landdros van Graaff-Reinet ingedien. Toe Bezuidenhout ná herhaalde aanmanings nie by die hof opdaag nie, is luitenant Rousseau en vaandrig MacKay met twaalf soldate van die Cape Regiment gestuur om hom te arresteer. Hulle en twee geregsdienaars het Bezuidenhout se plaas op 10 Oktober 1815 bereik.

Bezuidenhout het saam met sy Basterseun Hans en die 18-jarige Jacob Erasmus, 'n toevallige besoeker, agter 'n paar rotse naby die opstal stelling ingeneem. Hy het op die soldate begin skiet en hulle het die geweervuur beantwoord. Bezuidenhout en sy twee helpers het daarna beter skuiling gesoek in 'n klipskeur langs die Baviaansrivier. Ná talle versoeke om oor te gee, het Rousseau die soldate beveel om die skuilplek te bestorm. Bezuidenhout se twee helpers het hulle sonder verdere verset oorgegee. In die skietery wat daarop gevolg het, is Bezuidenhout noodlottig gewond en die volgende dag op sy plaas begrawe.

Sy broer Johannes (Hans) het by die graf gesweer dat hy sy broer se dood sou wreek. Hendrik Frederik (Kasteel) Prinsloo is ook deur dié voorval aangevuur om 'n burgeropstand te organiseer teen die Britse regeerders wat hy luidens rekords van hul latere hooggeregshofsaak as "Godvergete tiranne en skelms" bestempel het. Volgens Hans Bezuidenhout kon die burgers van die Oosgrens nie meer die "swaar laste en onreg" van die Britse owerheid verduur nie. Hy het geglo dat sy broer onskuldig doodgeskiet is en dat die burgers hul land "weer vry moes veg". Rousseau se militêre pos moes aangeval en daar moes op alle ammunisie beslag gelê word. Die burger Cornelis Faber moes probeer om die hulp van opperhoof Ngqika te kry vir 'n gelyktydige aanval op al die militêre poste aan die grens. Dit sou 'n "oorlog des bloedkuils" wees waarin geen genade betoon word nie. Hans Bezuidenhout het geglo dat die Khoekhoensoldate meer voorregte van die Britse owerheid as die burgers in die Oosgrensdistrikte ontvang het. Hy was bereid om die hele Suurveld tot aan die Boesmansrivier aan te bied as vergoeding vir Xhosahulp teen die Britse magte.

Kaptein Caesar Andrews van die Cape Regiment het onmiddellik soldate gestuur om Hendrik Prinsloo te arresteer. Dit het verhoed dat die leiers van die opstand meer mense kon oorreed om die wapen op te neem. Sowat 60 opstandelinge het op 14 November by Andrews se militêre pos opgedaag en Prinsloo se vrylating geëis. Majoor Fraser het opgedaag en aangedring dat enige besware op 'n behoorlike wyse aan die owerheid op skrif gestel moet word. Dit het gemoedere laat bedaar. Die opstandige burgers het op 18 November by Slagtersnek byeengekom, maar is gekonfronteer deur 'n militêre mag van 40 soldate en 30 lojale burgers. Kommandant Willem Nel en veldkornet Adriaan de Lange het van die opstandelinge omgepraat om oor te gee.

Die rebelleleiers Hans Bezuidenhout, Cornelis Faber, Stephanus Bothma, Abraham Bothma en Andries Meyer het egter noordwaarts gevlug en is deur Fraser agtervolg. Die meeste is teen 29 November in die gebied van die Tarkarivier naby die Winterberg deur troepe van die Cape Regiment tot oorgawe gedwing. Hans Bezuidenhout, sy vrou Martha en elfjarige seun Gerrit het by Madoersdrif (Spring Valley) weerstand gebied. Bezuidenhout is in die skermutseling gedood en sy vrou en seun lig gewond.

Die vraag oor die ware motiewe van die leiers van die opstand en die houding van sommige burgers van die Oosgrens teenoor die Britse owerheid bly omstrede. Goewerneur Somerset was van mening dat die burgers daaraan gewoond was om die Khoekhoen as minderwaardig te beskou. Daarom het die dood van Freek Bezuidenhout deur soldate van die Cape Regiment 'n algemene gevoel van afkeer by die burgers gewek. Somerset het in 'n brief aan die Britse minister van kolonies, graaf Bathurst, verklaar: "Independent of the great distinction between Christian and Heathen, which they look upon the Hottentots to be, the difference between Black and White . . . will take much time to do away in the feelings of this people."

Die hooggeregshof het die ses leiers van die opstand skuldig bevind aan hoogverraad en gevonnis om gehang te word. Hulle was Prinsloo, Faber, die twee Bothma-broers, Theunis De Klerk en Willem F. Krugel. Laasgenoemde is deur die goewerneur begenadig weens sy waardevolle diens tydens die Vierde Oosgrensoorlog maar hy is lewenslank uit die Oosgrensdistrikte verban.

Die openbare teregstelling van die ander vyf veroordeeldes het op 9 Maart 1816 plaasgevind op die plaas van Willem van Aardt. Die beul is vanaf George ontbied, maar hy het net een nuwe galgtou saamgeneem. Gevolglik moes verweerde toue vir die gelyktydige teregstelling gebruik word en vier van die veroordeeldes het op die grond geval. Hulle het landdros Cuyler om begenadiging gesmeek, maar Cuyler was nie by magte om die teregstelling af te gelas nie en die prosedure is herhaal. Hierdie tragiese gebeure het jare daarna nog as afskrikmiddel gedien en ontevrede burgers in hul oortuiging bevestig dat enige gewapende verset teen die owerheid tot mislukking gedoem sou wees.

Die Slagtersnekgebeure het landdros Cuyler oortuig dat die Khoekhoen die enigste bevolkingselement in die kolonie was op wie die Britse owerheid in 'n krisismoment kon reken. Veldkornet Abraham Greyling van Zwagershoek het bevestig dat die burgers van Bruintjeshoogte oortuig was dat die Britse owerheid eerder die Khoekhoen as die burgers sou beskerm. Die kommissarisse van regspleging wat die Oosgrens in 1816 besoek het, het egter bevind: "The cause of the Rebellion may be clearly traced to a few discontented inhabitants of the neighbourhood of the Baviaans River, the relatives and friends of C.F. Bezuidenhout, whose uniform disobedience to the laws of years past, and at last violent resistance to them, led to his own destruction."

Daarteenoor het Louis Meurant, redakteur van *Het Kaapsche Grensblad,* jare later verklaar dat die gebruik van Khoekhoensoldate 'n omstrede en nievergete strydpunt was. Talle Xhosa-opperhoofde het baie bloed vergiet en enorme ellende aan die Oosgrens veroorsaak, maar het skotvry daarvan afgekom.

Dit is duidelik dat hoewel die meeste burgers nie saamgestem het met die Bezuidenhouts se optrede nie, daar tog met hul motiewe gesimpatiseer is. Die opstand het vir sommige burgers in die grensdistrikte 'n simbool geword van hul onderdrukking deur die Britse owerheid, maar lojale burgers het ook gehelp om die opstand gou en met die minste bloedvergieting te beëindig. Die Slagtersnekopstand het uiteindelik slegs beperkte invloed gehad op die beweegredes van die burgers wat sowat twee dekades later aan die Groot Trek sou deelneem.

Die Britse setlaars

In 1820 is die burgerlike samelewing van die Kaapkolonie aansienlik versterk deur die toevoeging van sowat 4 000 Britse setlaars. Dit het beteken dat die totale burgerlike bevolking binne enkele maande van sowat 42 000 tot sowat 46 000 toegeneem het. Waarom het hierdie Britse setlaars na die Kaap verhuis?

Teen 1815 was die Napoleontiese oorloë verby en het werkloosheid in Brittanje toegeneem. Britse handel het afgeneem vanweë internasionale mededinging. Britse nywerhede moes ook werkers verminder, aangesien moderne tegnologie en meganisasie minder, maar beter geskoolde operateurs benodig het. Die Kaapkolonie het 'n rooskleurige heenkome vir Britse emigrante gebied. Ná die Vyfde Oosgrensoorlog was daar betreklike vrede en het die neutrale buffersone en grensposte 'n gevoel van groter veiligheid vir koloniale grensbewoners gebied.

'n Projek van Benjamin Moodie om Skotse vakleerlinge en ambagslui na die kolonie te lok, is in 1817 suksesvol deurgevoer. Hierdie nuwe immigrante is naby Grootvadersbosch, in die distrik Swellendam, gevestig. Goewerneur Somerset het in dieselfde jaar 'n pleidooi aan die Britse regering gerig om gekeurde setlaars as veeboere in die ontvolkte Suurveld te vestig. Gevolglik het die Britse regering in 1819 fondse bewillig vir 'n ambisieuse emigrasie-skema. Voornemende setlaars moes in groepe van minstens tien volwasse mans, met vroue en kinders, gratis na die Kaap verskeep en onderhou word. Elke setlaar sou 'n plasie van sowat 40 hektaar in erfpag ontvang wat vir die eerste tien jaar van paggeld vrygestel sou wees. Landboubenodigdhede, soos Engelse ploeë en saadkoring, asook voedselrantsoene teen kosprys, is aan alle setlaars belowe.

In 1820 het nagenoeg 4 000 setlaars onder 57 leiers in Algoabaai aangekom. Die eerste van 21 setlaarskepe was die *Chapman* en *Nautilus.* Somerset was met verlof in Engeland en die waarnemende goewerneur, sir Rufane Donkin, moes plaaslik reëlings tref vir die ontvangs en uitplaas van die setlaars. Hulle was afkomstig uit alle lae van die Britse samelewing en van verskillende plattelandse en stedelike gebiede. Donkin het opdrag ontvang om die Engelse, Skotte en Iere afsonderlik uit te plaas.

Dit was geen maklike taak om die sowat 4 000 nuwelinge groepsgewys by hul bestemmings te kry nie. Die grootste enkele groep was 344 persone onder Hezekiah Sephton. Die kleinste groep was 23 persone onder Miles Bowker. Die groep van John Bailie het bykans honderd ossewaens nodig gehad om na hulle bestemming by die Visriviermonding te reis. Khoekhoentouleiers en ervare burgers is as gidse gebruik. Die Skotse setlaars van Thomas Pringle moes 'n tog van sestien dae aanpak om hul plasies aan die Baviaansrivier te bereik.

Die setlaars was swak voorbereid vir die nuwe uitdagings. Nie almal was ervare boere nie. Hulle was onbekend met plaaslike omstandighede. Dit was 'n harde leerskool. Hulle het aanvanklik in tydelike hartbeeshuisies gewoon en spoedig gevind dat die ligte Engelse ploeë nie geskik vir grondbewerking in die Suurveld was nie. Boonop was die plasies te klein om ekonomies daar-op te boer. Die graanoes is verniel deur roes, ruspes en sprinkane, asook ontydige verspoelings. Die mark was beperk. Daarom het baie setlaars uit-eindelik vir oorlewing 'n alternatiewe heenkome gesoek as handelaars, amp-tenare, ambagsmanne, veeboere en vissers.

Sommige setlaars het groot sukses as veeboere behaal. Pioniers in merino-wolskaapboerdery was Richard Daniell, Miles Bowker en Thomas Philipps.

Ander setlaars het in navolging van ervare koloniale beesboere ook tot hierdie bedryf toegetree toe hulle groter plase kon aankoop. Sommige setlaars het weer in die staatsdiens en kommersiële ondernemings uitgeblink. 'n Tipiese voorbeeld was John Centlivres Chase wat sowel handelaar en amptenaar as skrywer-politikus geword het.

Somerset het met sy terugkeer in die kolonie in 1822 heelwat besware teen Donkin se reëlings geopper, maar sy outokratiese bestuurstyl het spoedig uit alle oorde kritiek ontlok. Die kroonkoloniestatus van die Kaapkolonie het die goewerneur byna onaantasbaar vir beswaarde koloniste gemaak. Hy was slegs vir sy besluite aan die imperiale regering in Londen verantwoordelik. Sy direkte kontakpersoon daar was die destydse minister van kolonies, graaf Bathurst. Die Raad van Advies wat in 1825 in die kolonie ingestel is, het nie die goewerneur se alleenreg in plaaslike besluite beëindig nie. Dit was egter 'n liggaam wat die pad aangedui het na groter medeseggenskap van koloniste in hul regering. 'n Verteenwoordigende regeringsliggaam, die Wetgewende Raad, is in 1834 ingestel. Dit was grotendeels die gevolg van setlaaragitasie.

Die stryd om 'n vrye pers was 'n voorbeeld van die setlaars se kritiek op die goewerneur se inmenging en onderdrukking van openbare meningsuiting. Thomas Pringle en John Fairbairn se weekblad, *The South African Commercial Advertiser*, se verslag oor 'n lastersaak het Somerset se woede gewek. Alle verdere uitgawes van die blad is in Mei 1824 deur hom verbied. Pringle en die drukker George Greig is na Londen om klagte in te dien oor die beperking op vrye meningsuiting in die Kaapkolonie. Bathurst het simpatiek gereageer en gelas dat die weekblad weer kon voortgaan, onderhewig aan sekere voorwaardes. Eers in 1828 is die stryd om 'n vrye pers aan die Kaap gewen. Die goewerneur en sy raad sou nie meer kon ingryp om verantwoordelike joernalistieke berigte en kritiese kommentaar te verbied nie.

Nog 'n terrein waartoe die setlaars willens en wetens bygedra het, was die merkbare verengelsing van die koloniale samelewing. Dit was die uitgesproke ideaal van Somerset en sy voorgangers om die plaaslike bevolking so gou as moontlik met die Engelse spreek- en skryftaal vertroud te maak. Die doel van Somerset was om in belang van die Britse Ryk al die inwoners van die kolonie na die voorbeeld van gebore Britte te omvorm. Die beeld is geskep dat die Britse kultuur en instellings beter en van hoër gehalte as enige ander was. Die koms van die Britse setlaars en hul tipiese karakter en leefwyse het hierdie persepsie versterk.

In oorleg met Bathurst het Somerset 'n aantal Skotse Presbiteriaanse predikante soos George Thom (Caledon), Andrew Murray (Graaff-Reinet) en Henry Sutherland (Worcester) na die Kaap laat kom om vakatures te vul in die Nederduitse Gereformeerde Kerk. Ten spyte van teenkanting is die tweetaligheidsbeginsel in die kerk toegelaat. By die sinode van 1834 was twaalf van die 22 predikante Skots. Skotse onderwysers is ook ingevoer om die jeug te verengels, maar die Afrikaanse jeug het nie totaal verengels nie. Voorbeelde van sulke bekwame ingevoerde opvoeders was James Rose-Innes (Uitenhage) en William Robertson (Graaff-Reinet).

Somerset se taalproklamasie van 1822 het die kern van sy angliseringsbeleid uitgemaak. Daarin het hy 'n drieledige tydskedule vir amptelike verengelsing aangekondig. Vanaf 1823 moes Engels die enigste amptelike taal van die kolonie wees. Teen 1825 moes Engels die enigste taal van rekord in alle regeringskantore wees en twee jaar later die enigste voertaal in die kolonie se howe. Somerset het wel 'n belangrike bydrae gelewer deur die skep van sekere instellings soos die juriestelsel, siviele kommissarisse en vrederegters. Dit het die ou Burgersenaat, heemrade en landdroste vervang.

Die setlaars het ongetwyfeld 'n blywende Britse karakter aan die Oos-Kaapse wit bevolking gegee wat 'n bate vir die groter kolonie was. Hul nageslag het hierdie tradisies by veranderde tye en omstandighede aangepas.

Teen 1834, op die vooraand van die Sesde Grensoorlog en die emigrasie van duisende Afrikaanse burgers tydens die Groot Trek, het die Kaapse samelewing al die sosiale bestanddele bevat wat Suid-Afrika se latere sogenaamde reënboognasie sou kenmerk. In die volgende eeu het talle polariserende faktore, maar ook samebindende ideale, die teelaarde geskep vir vele veranderinge in Suid-Afrika.

5

Migrasie en die gemeenskappe noord van die Oranjerivier

Jan Visagie

In sowel die verre verlede as in moderne tye het mense op 'n vrywillige of gedwonge wyse gemigreer. Verskillende vorme van migrasie sluit onder meer seisoensmigrasies in, bv. wanneer mense tydelik na 'n ander streek trek omdat dit beter weiveld vir hul vee bied. Dan is daar permanente verhuisings soos die Groot Trek in die 19de eeu en die verhuising na Argentinië van groepies Afrikaners vroeg in die 20ste eeu (hoewel laasgenoemde ook onder interkontinentale migrasies ingedeel kan word).

Die verhuisings van swart mense in Suider-Afrika omstreeks 1750-1835 tydens die Mfecane – wat in hierdie hoofstuk bespreek word – was hoofsaaklik gedwonge migrasies. Ander voorbeelde van migrasies is verstedeliking, waar mense van plattelandse streke na die stede beweeg, en die omgekeerde proses, waar mense vanweë die drukte in die stede verkies om op die rustiger platteland te gaan woon.

In die geskiedenis het migrasie ook voorgekom in die vorm van verowering en kolonisering van lande of deur stadige kulturele infiltrasie en hervestiging. Die spanning en destabiliserende uitwerking wat hierdie gebeure in gemeenskappe meegebring het, het soms tot betekenisvolle gebeure in die wêreldgeskiedenis gelei, bv. die ondergang van die Wes-Romeinse Ryk. Migrasie in die vorm van kolonisasie het tot transformasies gelei in lande soos Australië, die Amerikas en Suid-Afrika.

Wat is die algemene oorsake van migrasie? Een interessante teorie verwys na die stoot- en trekfaktore wat migrasie motiveer. Die stootfaktore verwys na gebeure in 'n land wat mense as 't ware daaruit stoot en is gewoonlik meer aggressief van aard. 'n Mens kan dit ook só stel dat sekere omstandighede mense "afgestoot het" en dat dit hulle laat trek het. Stootfaktore wat trekgedagtes kan laat ontstaan, sluit in skaarste aan werkgeleenthede of grond, politieke afkeer of vrees, besware in verband met kultuur en taal, teleurstelling met sekere wette, ens. Onder die trekfaktore ressorteer gewoonlik positiewe kenmerke in 'n ander land wat mense aantrek en hulle oorhaal om daarheen te verhuis. Dit kan faktore soos beter werkgeleenthede, beter lewensomstandighede, politieke en godsdiensvryheid, sekuriteit, onderwysgeriewe, beter mediese sorg, familiebande en goedkoop beskikbare arbeiders en grond insluit.

Die migrasies in Suider-Afrika soos die Mfecane en Groot Trek is eintlik baie klein in vergelyking met migrasiestrome elders in die wêreld, bv. die verhuising van 400 000 Jode na Palestina in die vroeë 1900's. 'n Verdere voorbeeld in die 20ste eeu is die migrasie van drie miljoen Russe, Pole en Duitsers uit die Sowjetunie as gevolg van die Russiese Burgeroorlog.

Migrasies in Suider-Afrika

Dié hoofstuk sal die verskillende bevolkingsgroepe wat noord van die Oranjerivier gewoon het in die tydperk van 1750 tot 1835 se herkoms, samestelling, groeperinge, migrasies en leefwyse kortliks bespreek. Dit is bedoel as agtergrond om die Mfecane en Groot Trek beter te verstaan.

Teen omstreeks 1800 was daar verskeie Khoekhoen-, Boesman-, gekleurde en Bantusprekende gemeenskappe noord van die Gariep (Oranjerivier). In die westelike dele, tussen die Vaal- en Marico-/Moloporivier, het hoofsaaklik Boesman-, Khoekhoen- en Tswanagemeenskappe gewoon. Daar was toe ook reeds enkele wit en veral gekleurde inwoners soos die Griekwas en Koranas wat uit die Kaapkolonie hier 'n bestaan gesoek het.

Verder oos in die gebiede wat vandag as Mpumalanga, die oostelike dele van Limpopo, Vrystaat, KwaZulu-Natal, die oostelike deel van die Oos-Kaap en die koninkryk van Swaziland bekend staan, was daar Boesman-, Sotho-, Tswana-, Noord- en Suid-Ngunigemeenskappe, asook die Venda en Lemba. Onder hierdie groepe was dit veral die Griekwas en Koranas tussen die Gariep-, Harts- en Vaalrivier, die opkomende Zulu onder Shaka in Natal, die Basotho onder Mosjwesjwe (ook Moshoeshoe geskryf) by Thaba Bosiu en die Matabele (ook genoem Ndebele) onder Mzilikazi op die westelike Hoëveld (wes van die hedendaagse Pretoria) wat nuwe magsblokke in die binneland geskep het.

Verdere "bestanddele" in hierdie pot wat binne 'n dekade of drie sou dreig om oor te kook, was die wit trekboere wat in hierdie jare uit die Kaapkolonie na oorkant die Gariep beweeg het. Gelyktydig het verskeie sendelinge hulle hier gevestig. Tussendeur het die Britse regering ook stadig begin om in dié streek belang te stel en 'n invloed daar uit te oefen. Daarmee het die Kaapkolonie as 't ware sy "walle oorstroom" en is sy noordgrens in werklikheid verder noordwaarts uitgeskuif.

KAAPSE GRENSGEBIEDE

Wat word onder die benaminge Kaapse noordgrens, noordoosgrens en oosgrens in die eerste helfte van die 19de eeu verstaan?

Normaalweg is 'n grens slegs 'n denkbeeldige lyn of geografiese bakens (riviere of berge) wat 'n gebied afpen. In die Kaapse dokumente van daardie tyd word dit dikwels ook gebruik vir die gebied/streek of distrikte wat langs hierdie grens lê.

Die Kaapse grense het van 1800 tot 1850 dikwels verander, maar by benadering kan gesê word dat die *noordgrens* vanaf die weskus tot ongeveer net wes van die dorp Colesberg (by die Seekoeirivier) geloop het. Aanvanklik het hierdie grens heelwat verder suid van die Garieprivier geloop. Omstreeks 1800 het die grens bv. vanaf die weskus met die Buffelsrivier oor die Nuweveldberge na Plettenbergsbaken aan die Seekoeirivier geloop. Die distrikte suid van hierdie grens, soos Stellenbosch en Graaff-Reinet, het toe nog die noordgrensdistrikte gevorm. Stellenbosch is later onderverdeel in verskeie distrikte soos Tulbagh en Clanwilliam, en van Graaff-Reinet is later Somerset(-Oos), Beaufort-Wes en ander afgestig.

Die *noordoosgrens* het later suidwaarts van die mond van die Stormbergspruit (in die Garieprivier) al langs die Stormbergspruit tot by die Stormberg geloop en dan suid daarvan die Klaassmits- en Swartkeirivier tot by die Winterberg gevolg. Langs die noordoosgrens het die groot distrikte Cradock en Somerset(-Oos) gelê.

Die *oosgrens* het omstreeks 1825 suid van die Winterberg die Koonap- en Groot-Visrivier tot by die kus gevolg. Die distrik Albany (Grahamstad) het hieraan gegrens.

Die Boesmans

Die noord- en noordooswaartse uitbreiding en kolonisasie van wit burgers uit die Kaapkolonie, asook die kolonisasiebewegings van swart gemeenskappe uit die Oos-Kaap, Transgariep en Natal, het veroorsaak dat die Boesmangroepe wat daar gewoon het, óf uitgedruk óf onderwerp is. Die Boesmans wat nie geïntegreer is in die ekonomie van die wit boere of die swart gemeenskappe nie, het uitgewyk na buite die kolonie se noord- en noordoosgrens waar hulle by ander jagterversamelaars aangesluit het.

In die binneland het die Boesmans se verhoudinge met die swart groepe versleg sodra dié groepe hul jaggebiede binnegedring het. Die Boesmans het die swart gemeenskappe se besetting beantwoord deur hulle aan te val en hul vee te steel. Dit was 'n herhaling van hul reaksie teenoor die wit boere wat 'n dekade of twee tevore hul jaggebiede in die kolonie beset het. Die uiteinde was dat die Boesmangemeenskappe verjaag is of by die swart gemeenskappe as onderdane van 'n laer status ingelyf is.

Die Boesmans se botsings met die Suid- en Noord-Nguni het uiteinde-lik daarop uitgeloop dat hulle na die Oos-Kaapse berggebiede asook na die Drakensberge gevlug het. Die klein Boesmangroepies wat in die Drakens-berge probeer oorleef het, is egter in die 1820's en 1830's selfs daar deur uitgehongerde vlugtende groepe, naamlik die slagoffers van die Mfecane, aan-geval en bykans uitgewis.

Die streek tussen die noordgrens (wat omstreeks 1800 nog suid van die Garieprivier, ook bekend as die Oranjerivier, was) en die Garieprivier, en ook noord daarvan, is vanaf ongeveer 1780 deur die Griekwas beset. Hulle het die Boesmans op 'n wrede wyse van hul fonteine en jaggebiede verdryf. Die tweede koloniserende groep wat tussen die jare 1800 en 1825 die Boesmans meedoënloos uit die noordweste, bekend as Boesmanland, verdryf het, was die wit trekboere. Daar was wel ook van die wit boere se kant redelik sukses-volle pogings om die Boesmans as arbeiders in diens te neem en om andere te bevriend deur hulle van voedsel en vee te voorsien. Baie Boesmans het veeoppassers en arbeiders op die wit burgers se plase geword en daarmee hul onafhanklikheid prysgegee.

Die Koranas

Die Koranas was van die vroegste inwoners van die Transgariep. Sommige historici meen dat hulle deel was van die Khoekhoengemeenskappe wat baie vroeg uit die noorde gemigreer en hulle net noord van die Gariep gevestig het. Hulle was rondtrekkende veeboere en voortdurend op soek na water en weiveld. Die Koranas, soos die Khoekhoengroepe, het 'n gebrek aan eenheid geopenbaar en teen die 1830's was daar reeds minstens twintig groepe met eie kapteins aan die hoof. Die Koranagroepe is mettertyd versterk deur die noordooswaarts uitwykende Khoekhoengroepies wat in die vroeë 18de eeu uit die Kaapkolonie oor die Gariep beweeg het. Selfs wit burgers, slawe en

vryswartes wat weens die een of ander oortreding uit die kolonie moes pad-
gee, het by die Koranagroepe aangesluit.

Sekere Koranagemeenskappe het sterk gegroei, bv. die Swart Volk onder
leiding van die wit uitgewekene Jacob Kruger wat 'n paar Koranavroue gehad
het. Sy geneigdheid tot geweld met behulp van vuurwapens het die groep in
twee laat skeur. Die Regshande onder Kruger het in die omgewing van die
latere Griekwastad gaan woon en die Towenaars in die suide van die Trans-
gariep. Daar was ook 'n groep onder leiding van die wit man Jan Bloem en 'n
ander onder Koos Taaibosch. Die Koranagroepe het baie rondbeweeg en later
met hul vuurwapens rooftogte op die Boesmans, Griekwas, Sotho, Tswana en
Ndebele uitgevoer. Teen die einde van die 18de eeu was hulle daarvoor be-
kend dat hulle gedurig strooptogte in die binneland uitgevoer het. Kleiner
Sothohoofmanskappe tussen die Gariep en Vaal is deur die Koranas bykans
uitgewis.

In die 1820's en 1830's het die Koranas dikwels met ander splintergroepe en
slagoffers van die Mfecane saamgespan om ander gemeenskappe te plunder.
So het hulle bv. met die Taung en Rolong saamgespan om in 1828 en weer in
1831 die Ndebele (Matabele) van Mzilikazi aan te val. Albei aanvalle het klaag-
lik misluk. Die Boesmans was voortdurend onder druk van die Koranas en
later veral die Griekwas. Baie Boesmans is in die proses in die Koranageledere
opgeneem, en van die Koranagroepe het selfs onder Boesmankapteins soos
Dawid Danster gestaan. Die Griekwas onder Andries Waterboer en Adam Kok
het dikwels alliansies met die Koranas gevorm en gesamentlik die Ndebele
aangeval. Die Griekwakapteins wou graag die Koranas onder hulle gesag bring,
maar kon nooit werklik daarin slaag nie.

Die Griekwas

Die Griekwas was die eerste draers van 'n min of meer Westerse leefwyse wat
hulle permanent in redelik groot gemeenskappe noord van die Gariep gaan
vestig het. Hul migrasie na die noorde en noordooste was in 'n groot mate
gemotiveer deur 'n soektog na maklik bekombare en beskikbare grond en in
sommige gevalle om vry van oorheersing, diskriminasie en koloniale wette te
word.

Onder die verbrokkelde Khoekhoengroepe was daar 'n groot groep wat nie
by die wit boere in diens wou tree nie. Hulle het in klein groepies op die
grense van die kolonie 'n bestaan as jagterversamelaars, veeboere en selfs
veediewe probeer maak. Hul geledere is geleidelik uit die Kaapkolonie ver-

sterk deur weggeloopte slawe, vryswartes, Basters en enkele wit mense. Hul taal was Nederlands en hul kleredrag, wapens en sekere aspekte van hul leefwyse het sterk aan dié van die wit boere herinner. Tydens 'n vergadering op 7 Augustus 1813 op die dorpie Klaarwater het hierdie gemengde groepe mense besluit om die naam Griekwa aan te neem en dat Klaarwater voortaan Griekwastad sou heet. Eerw. John Campbell, inspekteur van die Londense Sendinggenootskap (LSG) wat by hierdie vergadering teenwoordig was, het dié interessante gebeurtenis in sy *Travels in South Africa* te boek gestel.

Omstreeks 1800 het twee belangrike Griekwagemeenskappe hulle tussen die koloniale noordgrens en die Gariep gevestig. Die een groep het gestaan onder Cornelius Kok, seun van Adam Kok, wat toe pas oorlede is, en Cornelius se seuns Adam II en Cornelius II. Die tweede groep was onder leiding van Barend Barends en het hoofsaaklik uit Basters bestaan. Albei kapteinskappe het teen 1805 noord van die Gariep gewoon: Kok en sy groep by Klaarwater (later Griekwastad) en Barends se gemeenskap by Daniëlskuil. Die kapteins se gesag is deur die koloniale regering erken. Elke kaptein is in die uitoefening van sy gesag deur 'n raad bygestaan wat die wette gemaak het. Die regterlike gesag was in die hande van magistrate, wat gewoonlik lede van die kapteins se families was. Die plaaslike administrasie is deur veldkornette behartig wat in tye van oorlog ook as militêre aanvoerders opgetree het.

Die kapteins Cornelius Kok, sy seun Adam Kok II en Barend Barends was rustelose mense wat dikwels rondgetrek het. Dit het 'n standvastige bestuurstelsel bemoeilik. Die kapteins se verhouding met die sendelinge van die LSG, wat reeds in 1801 onder hulle gearbei het, was nie goed nie omdat die sendelinge in hul sake ingemeng het deur o.m. 'n verkose kapteinskap in plaas van die gebruiklike erflike kapteinskap voor te staan. 'n Verdere faktor wat onstabiliteit veroorsaak het, was dat heelwat van die nuwe aankomelinge wat onder hulle gaan woon het, nl. Basters, Koranas en Khoekhoengroepe, nie altyd die kapteins se gesag wou erken nie. Die kapteins se gesag is verder verswak deur sommige van hul onderdane wat deur handelsbedrywighede welvarend geword en vuurwapens bekom het. Dit het toenemend veroorsaak dat hulle onafhanklik van die kapteins gevoel het.

Mettertyd was daar 'n verdere versplintering onder die Griekwakapteinskappe wat eenheid teëgewerk het. Cornelius Kok het besluit om sy hoofskap aan sy seun Adam Kok II oor te dra en na sy ou tuiste in die Kamiesberg terug te keer. Intussen het die sendelinge die Griekwas oorgehaal om 'n kaptein te kies en Adam Kok II is opnuut as leier verkies. Hierdie verkiesing is deur die koloniale regering erken, en Kok het 'n ampstaf van die Kaapse goewerneur ontvang. In 1816 het Cornelius Kok na Griekwastad teruggekeer en weer die kapteinskap opgeëis. Sy invloed het tydens sy afwesigheid getaan en hy moes hom noodgedwonge met sy ondersteuners by Campbell gaan vestig. Kort voor sy dood het hy sy ander seun, Cornelius II, as opvolger aangestel.

Adam Kok II het in opstand gekom teen die sendelinge se politieke inmenging. Dit het tot verdere verdeling onder die kapteinskappe gelei. 'n Groep Griekwas bekend as die Hartenaars het teen hom in opstand gekom en 'n onafhanklike regering by die Hartsrivier gevestig. Adam Kok II was so teleurgesteld met dié verwikkelinge dat hy bedank het en kort voor sy vertrek uit Griekwastad die regering in die hande van sy seun Kort Adam oorgegee het. Die sendelinge het weer eens ingemeng en 'n verkiesing georganiseer waarin Andries Waterboer, 'n gunsteling van die sendelinge, as kaptein gekies is. Waterboer is deur die sendelinge opgelei en het selfs 'n tydjie as assistentsendeling opgetree. Die sendelinge het hom bo die ongeletterde Adam Kok verkies, maar sommige Griekwas was ontevrede omdat Waterboer nie tot die Kokfamilie behoort het nie en gedeeltelik van Boesmanherkoms was. Die onstuimigheid en verdeeldheid onder die Griekwas het met die verkiesing van Waterboer vererger en die moontlikheid dat die vier kapteinskappe sou verenig, het al verder gewyk.

Die sendeling William Anderson en sy kollegas het in Griekwastad onvermoeid gearbei en die Christendom stewig daar gevestig. Die sendelinge het ook op vele ander terreine 'n belangrike rol gespeel. Hulle het selfs die koloniale regering se boodskappe aan die Griekwaregering gehanteer en dus nieamptelik die Britse regering verteenwoordig. Anderson se politieke inmenging en pogings om etiese norme aan die Griekwas op te dwing het egter mettertyd sy gesag ondermyn en in 1820 het hy Griekwastad verlaat. Kort ná sy vertrek het die Britse regering begin om sy gesag noord van die Gariep voelbaar te maak deur 'n Britse resident in Griekwastad te vestig. Die residentagent was John Melvill, 'n voormalige regeringslandmeter wat ook 'n belangstelling in sendingaksies gehad het. Melvill se pogings om die Griekwas onder Waterboer te verenig het groot ontevredenheid onder die ander kapteins tot gevolg gehad en in 1826 het hy onverrigter sake na die Kaapkolonie teruggekeer.

Intussen het Adam Kok II hom deur bemiddeling van dr. John Philip, superintendent van die LSG, op die ou Boesmansendingstasie Philippolis gevestig. Op Philippolis het Kok met sy groep van ongeveer sestig Griekwafamilies 'n bestuurstelsel gevestig, bestaande uit 'n raad van twaalf lede, magistrate en veldkornette. Sy sekretaris was die intelligente Hendrik Hendriks wat ook die korrespondensie met die Britse regering gehanteer het en Kok se regterhand was. Saam met die Griekwas het ook Tswana-, Sotho- en Koranafamilies hulle daar gevestig en is, saam met nuwelinge uit die kolonie, in die gemeenskap opgeneem. Enkele voormalige Khoekhoen van die Katriviernedersetting in die Kaapkolonie net noord van Fort Beaufort het hulle in die vroeë 1830's ook by Kok aangesluit. Adam Kok II is in 1835 oorlede en ná heelwat struwelinge het sy seun Adam Kok III hom opgevolg.

Die Griekwastaat het dus in die eerste dekades van die 19de eeu vinnig sterker geword en mettertyd is ook hul grondgebied ten koste van die Boesmans en ander gemeenskappe uitgebrei. Die Boesmans is uit hul jaggebiede verjaag en doodgemaak. Koranagroepe in die omgewing is tot onderdanigheid gedwing. Die Griekwas se ekonomie het hoofsaaklik op veeboerdery berus, maar die verbouing van graan en veral die dryf van handel in vee, velle, ivoor, sout en graan met omringende gemeenskappe soos die Tlhaping, Basotho en Koranas het voorrang geniet. Deur as tussengangers op te tree tussen die kolonie en die swart gemeenskappe noord van die Gariep het die handel in hierdie produkte in die 1820's en 1830's goeie winste vir die Griekwas gelewer wat hul lewensomstandighede aansienlik verbeter het.

In Junie 1823 is die Tlhapingdorp Dithakong deur 'n groep Phuting, Fokeng en Hlakwana bedreig. Hulle was vlugtendes wat deur ander groepe aangeval is en toe – tipies van die Mfecane-tydperk – op hul beurt weer 'n volgende gemeenskap wou oorval. Die sendeling van die LSG, Robert Moffat, het inderhaas die Griekwas gevra om Dithakong te help verdedig, en Adam Kok, Barend Barends en Andries Waterboer het met ongeveer honderd gewapende man gehelp om die aanval af te slaan.

Mzilikazi se Ndebele het hul invloed vanaf 1826 op die westelike Hoëveld laat voel en die meeste Tswanahoofmanskappe onderwerp. Die gevolg was dat die Griekwas se handelsroetes met hul noordelike bure geblokkeer en bemoeilik is. In 1829 het daar dus 'n gekombineerde Griekwa-, Korana- en Tswanamag onder Jan Bloem teen Mzilikazi uitgetrek, maar ná aanvanklike suksesse het die Ndebele 'n teenaanval geloods en meer as vyftig van Bloem se manne gedood.

Barend Barends het vasberade pogings aangewend om die vyande van die Ndebele te verenig om hulle uit die Griekwagebied te verdryf. In Junie 1831 het 'n gesamentlike Griekwa-, Tlhaping- en Rolongmag teen Mzilikazi opgeruk. Ongeveer die helfte van die sowat 1 000 man was Griekwas. Nadat die kommando sowat 6 000 stuks vee van die Ndebele gebuit het, het hulle met die volle geweld van Mzilikazi se slaankrag kennis gemaak. Barends se kamp is oornag oorval en ongeveer 400 Griekwas is gedood.

Die Griekwas het spoedig die intrekkende Voortrekkers as bondgenote teen Mzilikazi beskou en in 1836 het hulle gretiglik saam met 'n kommando Voortrekkers en Rolong teen die Ndebele by Mosega uitgetrek. Hierdie aanval op Mzilikazi se Ndebele het daartoe aanleiding gegee dat Mzilikazi in 1837 besluit het om die Maricostreek te verlaat. Hierdie vlugtog het veroorsaak dat die Ndebele in twee groepe verdeel het. Een groep het na die hedendaagse Zimbabwe uitgewyk, terwyl 'n ander onder Mzilikazi self na die Okavangostreek in die noorde van die hedendaagse Botswana verhuis het. Eers veel later sou Mzilikazi en sy groep weer by sy ander volgelinge aansluit. Die Griekwas het egter 'n mindere aandeel gehad in Mzilikazi se besluit om na die teenswoordige Zimbabwe te verhuis.

Die Griekwas se kennis en besit van vuurwapens en perde het in die 1820's en 1830's daarvoor gesorg dat hulle die onstuimigheid in die binneland bekend as die Mfecane grootliks gespaar gebly en direkte aanvalle vrygespring het, maar soos uit die bostaande blyk, is hulle tog ook daarby betrek. Die historikus H.J. van Aswegen wys daarop dat die vestiging van die Griekwas in die Transgariep 'n nuwe oopgrensgebied geskep het waar koloniserende groepe met mekaar in aanraking gekom het. Die Griekwas se vestiging het, te midde van die verwoesting rondom hulle, tog in 'n betreklik klein gebied daarin geslaag om 'n rustigheid te skep wat die wit boere se besetting van die streek vergemaklik het, maar wat ironies genoeg tot nadeel van die Griekwas was.

Wit trekboere

Wit veeboere uit die Kaapkolonie het nog voor 1700 begin om stadigaan noorden later ooswaarts die binneland in te beweeg op soek na beter weiveld vir hul kuddes. Die meeste wit veeboere was op hul leningsplase in die kolonie gevestig, maar daar was 'n groep wat vanweë ekonomiese faktore rondgetrek en mettertyd in die geskiedenis as trekboere bekend geword het. Die stelselmatige inbesitneming van plase in die 18de eeu was 'n spontane kolonisasiebeweging en nie deel van die Verenigde Oos-Indiese Kompanjie (VOC) se beleid nie. Sonder dat die VOC dit so wou hê, is die Kaapkolonie tussen die jare 1700 en 1780 enorm uitgebrei. Die Wes-Kaapse distrik Stellenbosch kon vir enkele jare tot voor die totstandkoming van die distrik Graaff-Reinet in

1785 eweneens 'n oosgrensdistrik genoem word, aangesien die Onder-Visrivier deel van sy oosgrens uitgemaak het.

Nadat die veeboere teen omstreeks 1780 teen die Groot-Visrivier en die Bantusprekende gemeenskappe gestuit het, het die migrasiestroom na die noorde geswaai. Die noordelike punt van die noordgrens was teen 1778 vasgestel as die Plettenbergsbaken naby Colesberg, maar die veeboere het spoedig noord daarvan tot by die Garieprivier plase in besit geneem. Een kenmerk van hierdie uitbreidingsproses was dat die regering voortdurend en stelselmatig die grens moes verskuif om die wit bevolking binne sy grense te hou. In die eerste dekades van die 19de eeu het die uitbreiding voortgegaan, en enkele wit boere was reeds voor 1820 periodiek noord van die Gariep (nou algemeen bekend as die Oranje) met hul vee. In die jare 1822-1824 is die noordgrens na die Oranjerivier verskuif, maar ook dit kon die wit boere nie stuit nie.

Die periodieke droogtes in veral die grensdistrikte van die Kaapkolonie was onder die belangrikste oorsake wat veeboere in sekere jare en seisoene met hulle vee beter weiveld laat soek het. Daar was ook faktore soos trekbokke en sprinkane wat van tyd tot tyd die weiveld verniel het. Die draagkrag (getal skape per hektaar) van die grond in die Karoostreke was laag en veel groter plase was nodig om voldoende weiveld en water vir 'n gemiddelde kudde te voorsien. Selfs die grootste Karooplase was tydens droogtes onvoldoende. Die noordoosgrensboere het dus gereeld in droogtetye na oorkant die Stormbergspruit met hul vee beweeg, terwyl die noordgrensboere na oorkant die Oranjerivier getrek het.

Die trekboere het hierdeur 'n mobiliteit ontwikkel. Op die trekpad was hul waens hul woning en skuiling teen wind en weer, asook 'n toevlug tydens vyandige aanvalle. Omdat hul seisoenale migrasies hoofsaaklik ekonomies gemotiveer was, wou hulle aanvanklik nie permanent in die Transoranje gaan woon nie. Hulle het deurgaans daarna gestreef om bande met die Kaapkolonie te behou en, soos dit goeie burgers betaam, nog gereeld staatsheffings soos die jaarlikse rekognisiegelde op leningsplase aan die plaaslike regeringsliggame betaal. Dit was vir hulle belangrik om in die distriksopgaafrolle aangeteken te bly en om bande met die Kaapse Nederduitse Gereformeerde Kerk te behou.

Die veeboere in die grensdistrikte soos veral Colesberg (afgestig van Graaff-Reinet) en Cradock het nie almal hul eie plase besit nie. Van hierdie mense, in soverre hulle nie bywoners was nie, moes met hulle vee rondswerf op soek na weiveld en water. Mense sonder vaste eiendom was onder die eerste gesinne om afskeid te neem van die kolonie en hulle permanent in die Transoranje te vestig. Trouens, meer as 200 gesinne wat volgens hul eie verklaring nie grond besit het nie, het reeds in die vroeë 1830's oorkant die grens gewoon. In 1834 het hulle die regering in kennis gestel dat hulle geen grond in die kolonie kan vind nie en dat, indien die regering hulle nie sou toelaat om noord van die Oranje grond in besit te neem nie, hulle verplig sou wees om 'n onafhanklike bestaan in die Transoranje te voer.

Talle ander trekboere met grond in die kolonie het egter ook in die 1830's begin om die Transoranje hul permanente tuiste te maak, hoewel hulle nie hul burgerskap graag sou wou prysgee nie. Teen 1834 was daar ongeveer 1 000 wit trekboerfamilies in die Transoranje. Sommige van hulle kon nog seisoentrekkers gewees het, maar 'n groot persentasie was reeds permanent daar gevestig. 'n Jaar of twee later was sommige van die boere in die Transoranje reeds só sterk anti-Britsgesind dat hulle by die verbytrekkende Voortrekkers aangesluit het.

Die trekboere se afgesonderde leefwyse het hulle individualiste gemaak wat hul eie gesag in hul omgewing en oor hul families en arbeiders laat geld het. In die uitoefening van dié gesag het hulle dikwels hardhandig teenoor hul werkers (Khoekhoen, slawe of swart mense) opgetree. Hulle het ook nie sonder meer die gesag van die owerheid of bure aanvaar nie. Vanweë gevare in die grensgebiede was hulle gedwing om hulself te beveilig en om wapens te gebruik indien nodig.

Met die aankoms van die trekboere in die 1820's in die streek noord van die Oranjerivier was die Boesmans reeds in konflikte met die Koranas en Griekwas gewikkel. Pogings van die Kaapse regering en sendelinge om die Boesmans te beskerm en aan hulle bestaansmoontlikhede te bied, het misluk. Enkele wit veeboere se pogings om vir die Boesmans vee te versamel en hulle 'n meer stabiele en onafhanklike lewe te gee, het eweneens nie geslaag nie. Veeboere het gekla dat Boesmanveediewe van die sendingstasie by Philippolis op hul kuddes toegeslaan het. Mettertyd is die Boesmans deur wit trekboere en die Griekwas uit hul gebiede verjaag.

Ten spyte van Adam Kok se pogings om die intrekkende wit veeboere aan die Riet- en Modderrivier van sy grond verwyder te kry, het sy Griekwa-onderdane nie altyd daaraan meegedoen nie. Trouens, baie Griekwas het plase aan die trekboere verkoop of verhuur en Kok se gesag was nie sterk genoeg om dit te keer nie. Hierdie transaksies sou later probleme oor grondregte veroorsaak, waarby dit in gedagte gehou moet word dat, ondanks Adam Kok se aansprake op die gebied, dit inderwaarheid die Boesmans se tradisionele eiendom was.

Die trekboere se besetting van die suidoostelike Transoranje in die jare 1825-1836 was eweneens gekenmerk deur individue wat begin het om ook die westelike Transoranje in te dring. In die jare ná 1836 het hul verhoudinge met die Griekwas aansienlik versleg.

Tot 1836 was die trekboere se aanraking met die Sotho (Basotho) in die oostelike Transoranje, d.w.s. die Caledonriviervallei, beperk. Hoofman Mosjwe-sjwe van die Basotho was as gevolg van die Mfecane-woelinge verplig om op sy bergvesting Thaba Bosiu te bly. Hy en sy mense se groot vrese was die Tlokwa en Mzilikazi se Ndebele wat gereeld tot omstreeks 1836 die omringende gemeenskappe aangeval het. Die trekboere se vestiging in die Caledon-vallei het sedert 1836, toe die gevolge van die Mfecane bedaar het, 'n al hoe groter grondregteprobleem geword wat later tot baie konflikte sou lei. En dit was maar net die begin, want die wit kolonisasie van die binneland sou nou vinnig op dreef kom.

Die Mfecane/Difaqane

Daar is beperkte kennis oor die migrasie, groeperinge en woongebiede, asook die politieke en sosiale lewe, van die swart gemeenskappe in Suider-Afrika van voor 1700. Dit is wel duidelik dat hulle hul omgewing en hulpbronne op kundige en voordelige wyse benut het. Van die 11de tot die 18de eeu het hierdie gemeenskappe se bevolkingstalle aansienlik toegeneem en hul vestiging en groepering ook begin om 'n vaste patroon aan te neem.

Die Bantusprekende gemeenskappe van Suid-Afrika word om praktiese redes deur volkekundiges in twee groepe ingedeel, naamlik die Ngunisprekendes en die Sotho-Tswanasprekendes. Elkeen van hierdie groepe word dan verder onderverdeel, hoewel volkekundiges benadruk dat dié indelings ietwat kunsmatig is omdat Afrikamense die benaminge Nguni en Sotho-Tswana nie in só 'n breë verband gebruik nie en dat dit eintlik kleiner groeperinge is wat so genoem word. Die onderverdeling van die Nguni en Sotho-Tswana in Noord-, Suid- en Wesgroepe is eweneens benaminge wat volkekundiges om praktiese redes geskep het. Die benaminge Nguni en Sotho-Tswana moet ook nie as homogene groepe beskou word nie. Trouens, met verloop van tyd het vermenging plaasgevind wat 'n duidelike onderskeiding tussen die twee groepe nie altyd moontlik maak nie.

Die Noord-Nguni bestaan uit die Zulu en Swazi en die Suid-Nguni omvat die Xhosa, Mpondo, Thembu en Mpondomise. Die Wes-Sotho of Tswana bestaan o.m. uit die Rolong, Hurutshe, Kwena, Fokeng en Kgatla en die Noord-Sotho uit die Pedi. Die Suid-Sotho het uit 'n verskeidenheid kleiner groepe bestaan voordat hulle in die 19de eeu by die Basotho ingelyf is. Gemeenskappe soos die Venda, Lemba en Tsonga val nie onder die bogenoemde groter indelings nie, maar is tog as gevolg van 'n wisselwerking deur naburige groepe beïnvloed.

In die tydperk van omstreeks 1750 tot 1835 het 'n transformasieproses onder die swart gemeenskappe in Suider-Afrika plaasgevind wat as die "Mfecane" in Zulu en die "Difaqane" onder die Sotho-Tswana bekend staan. Aangesien hierdie benaming reeds in minstens een woordeboek van die laat 19de eeu verklaar word, moes dit toe al redelik algemeen in gebruik gewees het. Die Duitse sendeling Albert Kropf omskryf die woord "im-Fecane" in sy Xhosa-woordeboek as "Marauders, free-booters, bandits, lawless tribe, especially the followers of Matiwana [Matiwane], who were defeated and broken up at the Umtata [Mthatharivier] in 1829". Dis egter meer korrek om te noem dat in Sotho-Tswana die woord "Difaqane" letterlik "gedwonge migrasie" beteken en dat dit betrekking het op gebeure in bogenoemde tydperk. Om praktiese redes sal hier meestal na die gebeure as "Mfecane", die Zulu-ekwivalent, verwys word.

Hierdie transformasie kan as dramatiese gebeure beskryf word, aangesien dit die samestelling van swart gemeenskappe, hul bewoningspatrone en trouens die hele demografie van Suider-Afrika verander het. Uiterlik het dit die voorkoms van 'n reeks uitkringende vlae van geweld gehad waartydens een gemeenskap 'n naburige groep aangeval, onderwerp en/of laat vlug het. Die vlugtendes is uit hul tradisionele woongebiede verjaag en moes om te oorleef ander gemeenskappe aanval. Op hierdie wyse het 'n ketting van botsings en stropery plaasgevind wat uiteindelik tot die verskuiwing van woonplekke, die vorming van nuwe gemeenskappe en die ontstaan van nuwe magsblokke gelei het.

Die konflikte was wyd versprei en die invloed daarvan is gevoel van die teenswoordige Tanzanië, Zimbabwe en Mosambiek in die noorde tot in die Kaapse Oosgrensgebied in die suide en van die hedendaagse Botswana in die weste tot in die woongebied van die Basotho en die kusstreek in die ooste.

Volgens navorsing van die afgelope paar dekades het die Mfecane nie bloot as gevolg van die Zulukoning Shaka se veldtogte van onderwerping begin nie, maar baie jare vóór sy tyd in 'n gebied noord van Zululand. Dit kan aan grondliggende veranderinge van 'n sosio-ekonomiese aard binne die swart gemeenskappe toegeskryf word.

Maar Shaka se aandeel aan die oorsake van die Mfecane kan nie heeltemal geïgnoreer word nie. Meer onlangse navorsing dui wel daarop dat hy nie so 'n groot rol gespeel het as wat eers gemeen is nie, maar tog was hy en sy oorheersende militêre mag die oorsaak van baie onrus en bloedvergieting. Trouens, sy aandeel het die hele proses van geweld in die hedendaagse KwaZulu-Natal momentum gegee. Daar was egter ook elders in Zululand brandpunte waar konflikte ontstaan het, en Shaka en sy Zulu was maar slegs een daarvan. Só het daar reeds so vroeg as ongeveer 1750 en dekades daarná 'n intense broederoorlog onder verskeie gemeenskappe in en rondom die streek van die hedendaagse Noordwes-provinsie geheers.

Navorsing het ook getoon dat groepe soos die Griekwas, Koranas, wit trekboere, wit jagters, smouse, slawehandelaars in Delagoabaai en selfs sendelinge 'n baie ondergeskikte dog ontwrigtende rol, indien enige, gespeel het.

Daar is egter ook die sogenaamde "Cobbing-tese", genoem na die historikus Julian Cobbing. Hy argumenteer dat wit mense uit die Kaapkolonie en die Portugese kolonie Mosambiek in die eerste plek vir die Mfecane verantwoordelik was. Volgens hom is die probleme veroorsaak deur wit stroperpartye, ondersteun deur die Griekwas en Koranas, wat slawe vir arbeid in die Suid-Afrikaanse binneland kom buit het. Sendelinge soos Robert Moffat en John Melvill was volgens Cobbing bloot slawehandelaars in skaapsklere. Hulle het die swart groepe naby die noordgrens met voorbedagte rade gedruk om in die Kaap te gaan werk, en só die onrus in die binneland verder aangestook. Die "Cobbing-tese" beteken dat die Zulu se rol in die Mfecane meer beperk was en dat die militaristiese Zulustaat uit selfverdediging opgebou is. Hoe dit ook al sy, die finale woord oor die oorsake van die Mfecane is nog nie geskryf nie.

Die ontstaan van die Mfecane kan ook teruggevoer word na die Sotho-Tswanasprekende gemeenskappe wat sedert 1750 in 'n breë gebied broedertwiste beleef het. In die omstreke van die hedendaagse Noordwes het gemeenskappe soos die Kwena, Kgatla, Rolong, Fokeng en Hurutshe in konflikte betrokke geraak wat, soos elders, deur mededinging gekenmerk is. Net ná 1800 het die Ngwaketse die Hurutshe se heerskappy aan die Madikwerivier verbreek. Die Tlhaping het suid van die Moloporivier beheer oor die Rolong verkry, en die Kgatla en Pedi het op die Lydenburgplato die sterkste gemeenskappe geword. Die tipiese patroon van die Mfecane-konflikte van aanvalle, fragmentering, vlugtogte en konsolidasie was ook onder die Sotho-

Tswanagemeenskappe te bespeur. Daarmee is soms sterk koninkryke versplinter en nuwe bondgenootskappe gesluit.

In die laaste kwart van die 18de eeu het verskeie gemeenskappe in die streek tussen die Thukelarivier in die hedendaagse KwaZulu-Natal en Delagoabaai (Maputo) magtiger en groter geword. Die hoofmanskap Mabhudu in die suide van Mosambiek is hiervan 'n voorbeeld. Naburige swakker groepe is onderwerp of het op die vlug geslaan.

In die noorde van die hedendaagse KwaZulu-Natal aan weerskante van die Mfolozirivier het die Ndwandwe- en Mthethwagemeenskap eweneens uitgebrei en nog verder gesoek om bondgenote te werf. Verder wes aan die voet van die Drakensberg was daar die Hlubi wat sterk gegroei het.

Hoofmanskappe wat konflikte rondom hulle kon vermy, het vinnig padgegee, soos die Ngwane onder Matiwane. Hulle het weswaarts gemigreer en toe die Hlubi aangeval en hul hoofman vermoor. Een groep Hlubi het gevlug en die ander het met die Ngwane verenig. Matiwane het met die inlywing van swakker groepe in die omgewing van die teenswoordige Bergville gaan woon en was spoedig die sterkste hoofman aan die Bo-Thukelarivier.

In die tweede dekade van die 19de eeu het die Mthethwa onder Dingiswayo steeds sterker geword danksy die inlywing en onderwerping van ander groepe. Een van Dingiswayo se samewerkende gemeenskappe was die Zulu onder Senzangakhona. Toe laasgenoemde sterf, het Shaka met Dingiswayo se hulp die leier van die Zulu geword.

Die magstryd in die noorde van Zululand tussen die Mthethwa onder Dingiswayo en die Ndwandwe onder Zwide het teen 1818 tot uitbarsting gekom. Dingiswayo is deur Zwide doodgemaak, en Shaka het die leierskap oor die Mthethwa ook op hom geneem. Shaka het die naburige gemeenskappe onder hom verenig en die stryd teen Zwide het begin. Met Zwide se tweede aanval op die Zulu/Mthethwa het hulle die Thukelastreek te diep binnegedring en met Shaka se terugvegpoging het die Ndwandwe gevlug. Sommige van die Ndwandwe se bondgenote het na Delagoabaai en daarna nog verder noord geretireer, terwyl Zwide sy oorblywende eenhede in die gebied noord van die Phongola gekonsolideer het.

Hoewel Shaka se vergrote Zulukoninkryk sterk uitgebrei het na noord en suid van die Mfolozirivier en ook in die omgewing van die Thukela- en Mzinyathirivier invloed uitgeoefen het, kon hy nie sy invloedsfeer na Delagoabaai uitbrei nie. Ook was sy suidgrens sodanig kwesbaar dat hy op onderhorige gemeenskappe moes staatmaak om dit te beveilig.

Vlugtelinge en splintergroepe het tydens die Mfecane oor 'n wye gebied versprei. Voormalige Ndwandwegroepe soos dié onder Zwangendaba en Nxaba het hulle uiteindelik in Suid-Tanzanië gevestig. Soshangane het met sy volgelinge na die suide van Mosambiek gemigreer en die Gazakoninkryk gestig. Zwide het hom eindelik in die teenswoordige Swaziland gevestig. Twee jaar ná sy dood in 1824 is sy seun deur Shaka aangeval en die Ndwandwe is noord van die Phongolarivier verslaan. Splintergroepe van die Ndwandwe het by die sterker wordende Ndebele aangesluit, terwyl baie deur die Zulu ingelyf is.

Die Matabele (ook genoem Ndebele) was lede van die Khumalo-clan en het tussen die Zulu en Ndwandwe gewoon. Hul hoofman Mzilikazi het met Shaka 'n uitval gehad en met 'n redelik klein groepie volgelinge na die Hoëveld verhuis, waar hy omstreeks 1823 digby die hedendaagse Groblersdal sy hoofsetel, ekuPumuleni, ingerig het. Die kleiner hoofmanskappe van die Pedi en die Kgatla was in hierdie streek nie teen die goed afgerigte Ndebele bestand nie. Hulle is verslaan en splintergroepe is by die Ndebele ingelyf. Insgelyks is honderde vlugtende lede van die Ndwandwe uit die hedendaagse KwaZulu-Natal ook by die Ndebele opgeneem. Teen 1825 het die Ndebele verskuif na noord van die Magaliesberg in die omgewing van die Apiesrivier. Mzilikazi se hoofsetel, emHlahlandlela, was nou aan die Krokodilrivier. Daarvandaan het hy beheer oor 'n groot streek noord van die hedendaagse Pretoria en Rustenburg uitgeoefen. In dié omgewing het hy o.m. die Kgatla en Hurutshe verslaan. Soos reeds vermeld, het die Koranas, Griekwas en Taung in die jare 1828 en 1831 mislukte aanvalle op die Ndebele geloods. In 1832 was dit weer die Zulu onder Shaka se opvolger, Dingane, wat Mzilikazi se impi's aangeval het, maar slegs gedeeltelike sukses behaal het. Daarop het Mzilikazi weer sy hoofsetels verskuif, hierdie keer na Mosega en eGabeni (Kapain) in die omgewing van die Maricorivier. Binne enkele jare was hy in beheer van die hele westelike Hoëveld, en sy invloed was reeds in die vroeë 1830's tot in die Kaapkolonie bekend.

Die konflikte en stropery het eweneens na die suidelike Hoëveld versprei, waar die Hlubi onder Mpangazitha die Tlokwa onder die vroueleier Manthatisi aangeval het. Sy het op haar beurt ander groepe digby die Vaal- en Sandrivier lastig geval. Eindelik het die Tlokwa, die Hlubi en die Ngwane onder Matiwane in die Caledonriviervallei suid van die Drakensberg gaan woon. Die Tlokwa het in 1825 die Hlubi oorweldig en gedeeltes by hulle ingelyf. Ander splintergroepe van die Hlubi het suidwaarts deur die Thembu en Xhosa se woongebiede beweeg en óf by die Mfengu óf by Matiwane se Ngwane aangesluit.

Vlugtelinge oftewel slagoffers van die Mfecane het in die 1820's bykans die hele binneland met inbegrip van die Caledonriviervallei met stropery ontwrig. Gedurende die jare 1823 tot 1826 is bv. die Rolong en Tlhaping voortdurend deur vyandige aanvalle geteister. Gemeenskappe soos die Fokeng en Sebetwane het daarin geslaag om die stropery te ontsnap en die Kololo-koninkryk in die teenswoordige Wes-Zambië te vestig. 'n Soortgelyke verstrooiing het suid van die Zulugebied plaasgevind, en groepe soos die Thembu het by die Mpondo onder Faku beland waar 'n gedeelte aanvaar is en 'n ander faksie verbrokkel het as gevolg van Faku se aanvalle.

Die Mfecane kan as een van die mees betekenisvolle revolusies in die 18de en 19de eeu in Suider-Afrika beskou word. Vanaf die groot mere van Sentraal-Afrika deur die Kalahari tot in die Kaapse grensdistrikte het die swart gemeenskappe deur hul buitengewone mobiliteit 'n ommekeer teweeggebring.

Die mees opsigtelike en onmiddellike gevolg was die enorme verlies aan menselewens en die versteuring van die gemeenskappe se daaglikse lewe. Talle gemeenskappe moes ná vlugtogte en onbeskryflike menslike lyding vind dat hulle geen vee oorgehad het om van te leef nie en dat daar ook vir 'n baie lang tyd nie sprake sou wees van georganiseerde akkerbou nie. Dis nie bekend hoeveel mense omgekom het nie, maar dit moes derduisende gewees het. Baie gemeenskappe is totaal uitgewis.

Die vestigingspatroon van die meerderheid gemeenskappe het ingrypend verander. Groot gedeeltes van die Transoranje en gebiede noord van die Vaalrivier was bykans ontvolk. Oorlewendes van vroeëre hoofmanskappe het soms wel na hul voormalige woongebiede teruggekeer, maar gevind dat daar geen geordende samelewing was waarby hulle kon inskakel nie.

'n Verdere betekenisvolle gevolg van die Mfecane was die opkoms van sterk gesentraliseerde state. Die vroeëre talryke klein hoofmanskappe wat voor die Mfecane so algemeen was, is nou vervang deur of ingelyf by groot magsblokke. Die ontwikkeling van groot eenheidstate was egter reeds aan die gang vóór Shaka se tyd. Shaka se organisasie het dit voortgesit en sy oorloë het dit ook elders laat posvat. Die nuwe leiers aan die hoof van hierdie state was o.a. Moletsane van die Taung, Sekwati van die Pedi, Manthatisi en haar seun Sekonyela van die Tlokwa, Montshiwa van die Rolong, Mosjwesjwe van die Sotho, Mzilikazi van die Ndebele en Shaka van die Zulu.

Saam met die politieke transformasie het sosiale veranderinge gekom. Shaka het verskeie belangrike veranderinge in die struktuur van sy gemeenskap aangebring. So was daar die opbou van 'n elitegroep onder leiding van die hoofman/koning wat beheer gehad het oor produksiemiddele en die gesagsposisie wat Shaka se indoenas verkry het. Die hoofman het ook ingemeng in die seksuele verhoudings van sy onderdane deur bv. te bepaal wanneer hulle mag trou. Die *amabutho* (werksgroepe) moes aanvanklik diens aan die hoofman lewer; later moes hulle ook jag en vee oppas en in die geval van die Zulu het hulle 'n permanente deel van die hoofman se koninklike huishouding geword. Hulle is volgens ouderdomsgroepe gemonster en nie as eenhede van 'n bepaalde streek nie, sodat plaaslike toegeneentheid bestry en lojaliteit jeens die eenheidstaat bevorder kon word.

Die groot toestroming van buitelanders oftewel hawelose slagoffers van die Mfecane in die laat 1820's en vroeë 1830's na die grens van die Kaapkolonie, asook veral die sterk invloei na binne die kolonie, was 'n verdere betekenisvolle gevolg van die Mfecane. Dit het die getal werklose rondlopers in die Oosgrensdistrikte aanmerklik vermeerder. Die gepaardgaande verhoogde onveiligheid van lewe in die grensgebiede het op 'n kritieke tydstip gebeur – juis toe wit Oosgrensboere se ontevredenheid oor 'n verskeidenheid van sake 'n hoogtepunt bereik het.

As gevolg van die Mfecane was gedeeltes van die Transoranje en noord van die Vaalrivier redelik onbewoon. Reisigers se verslae, en veral Erasmus Smit se dagboek, skets die verwoesting wat daar plaasgevind het. Die intrekkende trekboere en daaropvolgende Voortrekkers se vestiging in baie gebiede het dus sonder enige noemenswaardige teenstand plaasgevind in gebiede wat die voorafgaande paar eeue die woonplek was van swart groepe wat nou in die berge en klowe skuiling gesoek het. Vanuit die swart groepe se standpunt het hulle egter nooit dié gebiede permanent prysgegee nie.

Uiteraard het die vestiging van die wit boere in die binneland 'n verdere destabiliserende faktor en bedreiging vir die bestaande en nuwe swart koninkryke meegebring.

Die ontstaan van nuwe swart state ná die Mfecane

Die Taung: Moletsane aan die hoof van die Taung moes ook tydens die Mfecane plunder om te oorleef, maar het daarin geslaag om sy mense bymekaar te hou. Hulle het bv. by Adam Kok (Philippolis), eerw. Samuel Rolland (Beersheba) en Mosjwesjwe (Mkwatleng) skuiling gevind. Veral by laasgenoemde plek het ander swerwende groepe by hulle aangesluit. Hoewel onder die Sotho van Mosjwesjwe se heerskappy, kon Moletsane en sy mense 'n redelik onafhanklike bestaan voer en selfs later 'n goeie bondgenoot van Mosjwesjwe word.

Die Tlokwa: Ná die dood van haar man omstreeks 1815, het Manthatisi as regentes van die Tlokwa namens haar minderjarige seun Sekonyela opgetree. Sy was 'n besonder gewilde leier. Sy was so wyd bekend dat die Tlokwa-gemeenskap as die Manthatisi bekend geword het, en dat selfs alle vlugtelinge wat uit 'n mengelmoes van gemeenskappe na die Kaapkolonie se grense ge-vlug het ondanks etniese verskille as die Mantatese of Makatese onder die wit en bruin grensboere bekend geword het. Die Tlokwa het daarin geslaag om ondanks die Mfecane-onrus in hul gebied te bly, hoewel hulle 'n paar keer van standplaas moes verander. Hul veilige ligging bo-op 'n berg naby die hedendaagse Ficksburg het 'n toevlugsoord vir ander vlugtelinge geword. Bowendien het Sekonyela bekend geword as 'n behendige aanvoerder wat baie vee deur die jare gebuit het. Teen omstreeks 1833 het die Tlokwa se geledere só gegroei dat dit op 24 000 te staan gekom het.

Die Sotho: Die hoofman van die Sotho, Mosjwesjwe, het veral bekendheid verwerf vanweë sy diplomasie met gemeenskappe en hoofmanne met wie sy pad gekruis het. Die Sotho het selde deelgeneem aan die rooftogte wat so algemeen gedurende die Mfecane voorgekom het, en Mosjwesjwe het verkies om op sy bergvestings, aanvanklik Butha-Buthe (in 1822 betrek) en later Thaba Bosiu, skuiling te soek. Sy geskenke aan invloedryke hoofmanne soos Matiwane van die Ngwane, Sekonyela van die Tlokwa en Shaka van die Zulu was diplomaties fyn beplan en het verseker dat hy uiteindelik meer vriende as vyande gehad het. Onderhandelinge en bondgenootskappe was wagwoorde wat soos 'n goue draad deur Mosjwesjwe se verhoudinge met ander swart gemeenskappe geloop het.

Hoofmanne wat hom wel aangeval het, soos Matiwane van die Ngwane, het met die volle geweld en fyn strategiese teenaanvalle van die Sotho te doen gekry. Matiwane is verslaan en het na die Oos-Kaapse grens uitgewyk waar hy in 1828 by die slag van Mbholompo aan die Mthatharivier deur Xhosa- en koloniale magte verder vernietig is.

Sendelinge van die Paryse Evangeliese Sendinggenootskap soos Thomas Arbousset, François Daumas, Eugène Casalis en Constant Cosselin het die Sotho met die Westerse leefwyse laat kennismaak. Casalis het hom later op uitnodiging van Mosjwesjwe as raadgewer by Thaba Bosiu gevestig.

Die Tswana: Die Tswanagemeenskappe het voor en tydens die Mfecane nie daarin geslaag om 'n hegte eenheidstaat te vestig nie. Een van hierdie gemeenskappe, die Rolong, moes tydens die Mfecane dikwels van woonplek verander om stropers te vermy. In dié vlugtogte het hulle van mekaar verwyder geraak en uiteindelik was daar net klein verspreide groepies wat op die beskikbare bewerkbare grond en weiveld agtergebly het. In 1833 het 'n Ndebelekrygsmag die westelike Rolong se hoofstad, Khunwana, naby die teenswoordige Mahikeng aangeval en groot getalle mense doodgemaak. Hierdie vergeldingsaanval was na aanleiding van die moord op twee Ndebeleverteenwoordigers van Mzilikazi. 'n Groot getal mense het as gevolg hiervan haweloos rondgeswerf.

Dieselfde lot het die Kwenagemeenskap onder Khama getref. Die Hurutshe onder hul hoofman Mokgatlha was vasalle van Mzilikazi en is nie aangeval nie, maar het as gevolg van die moorde op die Rolong paniekerig geraak en suidwaarts gevlug. Verstrooiing en hongersnood was aan die orde van die dag. Heelwat van die Tswanagroepe het egter onder Mzilikazi se heerskappy bly woon en aan hom skatplig betaal.

Europese sendelinge het van die Tswanagroepe onder hul beskerming geneem en 'n mate van heropbou kon onder sommige gemeenskappe plaasvind. So kon die Tlhaping, Tlharo en Kgalagadi grootliks die geweld van die Mfecane ontsnap danksy eerw. Robert Moffat se ingryping en teenwoordigheid by Dithakong, die Tlhapinghoofstat. Insgelyks kon Moroka se Rolongbo-Seleka oorleef danksy die vroegtydige optrede van sendelinge. Die sendeling James Archbell het in 1833 hierdie groep Rolong oorreed om na Thaba Nchu te verhuis. Dis ook hier waar die Voortrekkers hulle aangetref het.

6

Oorsake van die Groot Trek na die binneland

Jan Visagie

Oor die jare heen het historici die emigrasie van die Afrikaners na die noorde en noordooste van Suid-Afrika – die sogenaamde Groot Trek – verskillend beoordeel. Dit is o.m. beskou as 'n desperate protes teen gelykstelling tussen wit en swart; as 'n beweging waartydens ooswaartse uitbreiding in die Kaapkolonie laat vaar is ten gunste van 'n noordwaartse flankbeweging; en as iets wat die toekoms van Suid-Afrika onherroeplik met die Afrikaner verbind het.

Volgens 'n taamlik swartgallige beoordeling deur die historikus W.M. Mac-Millan in 1927 was die Groot Trek "the great disaster of South African history". MacMillan baseer sy geskiedskrywing kennelik te onkrities op die siening van die bekende filantroop en superintendent van die Londense Sendinggenootskap in die Kaapkolonie dr. John Philip, tot wie se destyds nuutgeopende dokumente hy eerste toegang gehad het. Daarteenoor staan die aanspraak van MacMillan se tydgenoot E.A. Walker dat dié emigrasie tog 'n sentrale gebeurtenis in die geskiedenis van wit Suid-Afrikaners was.

Die Groot Trek was 'n georganiseerde beweging waartydens duisende Afrikaanssprekende persone in die 1830's en 1840's uit die Britse Kaapkolonie na aangrensende streke in die noorde en noordooste verhuis het met die oogmerk om nooit weer terug te keer nie. Uit die uiteensetting in die vorige hoofstuk van swart en bruin migrasies kan afgelei word dat dié wit migrasie een van die laastes van die 19de eeu was.

Die Afrikaners se emigrasie was nie 'n spontane verhuising nie. Dit was die beste oplossing wat sekere grensboerleiers kon bedink om met 'n deel van die Afrikaners weg te trek uit omstandighede wat vir hulle ondraaglik begin lyk het. Omdat dit nie spontaan ontstaan het nie, moes die trekgedagte gepropageer word sodat genoeg mense gewerf kon word om te verhuis. In die motivering om te emigreer, was daar sowel "stoot"- as "trek"-faktore aanwesig. Uiteindelik het by benadering minder as een derde van die Kaapse Afrikaners aan die Trek deelgeneem. Latere navorsing het ook aan die lig gebring dat meer mense uit die westelike distrikte verhuis het as wat eers besef is. Veral uit die distrikte Clanwilliam en Swellendam het beduidende getalle verhuis.

Die trekboerkultuur van die Afrikaner in die 18de en vroeë 19de eeu, naamlik die gewoonte om sy besittings herhaaldelik op 'n ossewa te laai, sy vee te laat aanja, op sy perd te klim en te soek na beter weiveld, was ook kenmerkend van die latere Voortrekkers. Maar die Groot Trek was nie bloot 'n versnelde voortsetting van die trekboerbeweging nie – die motivering het heeltemal verskil. Een van hierdie verskille was ingrypend van aard: Omdat die Voortrekkers sonder toestemming die landsgrense in groot geselskappe oorgesteek het, getrek het om nooit weer terug te keer nie en 'n selfstandige republiek onafhanklik van die Britse regering opgerig het, was hulle inderdaad deel van 'n rebellie, hoewel vreedsaam van aard.

Die benaming "Groot Trek" is eers teen die laat 19de eeu gebruik vir die beweging wat vandag só bekend staan. In die eerste dekades van die 19de eeu is die woord "trek" reeds redelik algemeen in Nederlands en Engels gebruik. "Trekboere" is al in die 1820's gebruik wanneer na rondtrekkende veeboere verwys is. In die jare 1830 tot 1840 is die benaming trekboere ook vir die Voortrekkers gebruik en is daar nie veel onderskeid tussen die groepe getref nie. Mettertyd het dit tog vir die inwoners van die Kaapkolonie duidelik geword dat die nuwe migrasie van die trekboerbeweging onderskei moet word, hoewel die volle betekenisverskil nog lank verskuil sou bly. In daardie jare word in die Kaapse koerante soos *De Zuid-Afrikaan* na die Voortrekkers verwys as emigranteboere, verhuisers, uitgewekenes en weggetrokkenes. Eerw. Erasmus Smit wat aanvanklik saam met die Voortrekkerleier Gert Maritz se geselskap getrek het, verwys in sy dagboek na hulle as "reizigers". Diegene wat vóór hulle uit die Kaapkolonie weg is, noem hy "vroegere reizigers".

In die meeste gevalle was dit 'n kombinasie van griewe wat die Afrikanerboere laat besluit het om te trek. In die vyftien jaar voor die aanvang van die Trek het die Afrikaneroosgrensboere 'n reeks ervarings gehad wat hulle al hoe meer oortuig het dat hulle op ekonomiese gebied nie langer 'n bestaan in die Kaapkolonie kon maak nie. Insgelyks is hulle blootgestel aan politieke en sosiale veranderinge wat hul status en veiligheid bedreig en hul vryheid beperk het. Al die faktore het gekulmineer in 'n gevoel van vervreemding jeens die Britse regering, en daar het 'n negatiewe ingesteldheid onder die Afrikaners ontwikkel wat die trekgedagte na die enigste uitweg laat lyk het.

Die oorsake wat hierna bespreek word, het nie almal ewe swaar getref nie. Dis selfs moontlik dat slegs een aspek daarvan by 'n persoon die deurslag gegee het om by 'n trekgeselskap aan te sluit. Ongetwyfeld was daar ook gevalle waar gesinne glad nie van plan was om te verhuis nie, maar onder druk van familielede besluit het om tog te verhuis. Afrikaners in die oostelike distrikte het soos elders dikwels in groot en hegte familiegroepe op aangrensende plase gewoon waar patriargale gesag 'n deurslaggewende rol gespeel het.

Ekonomiese faktore

Grondbesit en grondadministrasie

Op die vooraand van die Groot Trek was die Groot-Visrivier reeds vyftig jaar tevore as oosgrens van die Kaapkolonie vasgestel. Finansiële en filantropiese redes het die regering verplig om geen verdere grensuitbreiding toe te laat nie. Afrikanergrensboere kon egter omtrent net uit veeboerdery 'n bestaan maak. Veeboerdery het groot plase vereis en vanweë droogtes en ander faktore het die gehalte van die weiveld in die tien jaar voor die emigrasie merkbaar agteruitgegaan. Jong boere se toekomskeuses het dus al hoe minder geword en in die 1820's was daar reeds 'n skaarste aan goedkoop bruikbare grond. Die natuurlike groei in die bevolking, die invloei van nog mense uit die westelike distrikte en die vestiging van duisende Britse setlaars in die grensdistrik Albany het die akute grondtekort aan die Oosgrens vererger en plaaspryse opgestoot.

Tot en met 1813 is die meeste grond in die binneland volgens die leningsplaasstelsel in besit geneem. Die leningsplaasstelsel het in die Kompanjiestyd in die 17de en 18de eeu uit die weilisensiestelsel ontwikkel, maar is nooit amptelik ingestel nie. Dit is egter openlik deur die owerheid toegelaat omdat die administrasie daarvan min gekos en tog 'n jaarlikse inkomste uit rekognisiegeld opgelewer het. Benewens heelwat voordele vir die regering en die boere, het leningsplase vinnige uitbreiding bevorder omdat sulke plase nie onderverdeel kon word nie en veeboere se seuns dus eenvoudig net verder getrek en hul eie plase uitgesoek het. By die identifisering van 'n leningsplaas het 'n boer na 'n fontein en geskikte weiveld gesoek. Met die fontein as middelpunt (genoem die ordonnansie) het hy 'n halfuur se stap te perd in alle windrigtings gery en bakens geplant. Die gevolg was 'n min of meer ronde plaas van omtrent 3 000 morg. Die plaas is by die naaste landdroskantoor of in Kaapstad geregistreer. Indien dit nie omringende eienaars se regte geskend het nie, kon die boer homself as die ordonnansiehouer beskou. Teen 24 riksdaalders per jaar was dit 'n "winskoop", hoewel die plaas nooit sy eiendom kon word nie.

Die uitgee van leningsplase het die skaarste aan bruikbare grond baie vererger omdat die vrugbaarste grond vinnig beset is. Die groot ruimtes tussen leningsplase kon ook nie deur nuwe boere benut word nie omdat dit onekonomiese eenhede was.

Omdat leningsplase deur die boer beset kon word solank hy wou en die staat slegs die grond teruggeneem het as dit vir 'n openbare doel nodig was, bv. vir dorpstigting, het dié vorm van grondbesetting redelike bestendigheid gewaarborg. Tog het dit ook tot onsekerheid van grondbesit bygedra omdat die plase nooit die boere se eiendom kon word nie. Leningsplase is nie opgemeet nie en dit het mettertyd tot meer en meer grensdispute gelei. Leningsplase het in pioniersomstandighede hul doel gedien, maar met digter bewoning het dit al hoe duideliker geword dat dit 'n onordelike metode was om grondverdeling te hanteer.

In 1813 het die Britse regering dus bepaal dat geen nuwe leningsplase uitgegee sou word nie en dat alle nuwe gronduitgifte volgens die ewigdurende erfpagstelsel sou geskied. Leningsplase sou op aansoek na die nuwe stelsel oorgeskakel kon word, maar moes eers opgemeet word soos vir alle erfpagplase vereis is. Die erfpagstelsel was daarop gemik om orde en bestendigheid te bewerkstellig, maar verskeie faktore het veroorsaak dat die stelsel uiters gebrekkig uitgevoer is.

Daar moes by die regering vir alle nuwe grond aansoek gedoen word. Opmetingsgelde moes vooruitbetaal word, sonder enige versekering dat die opmeting vinnig sou geskied of dat die grondbrief binne 'n redelike tyd uitgereik sou word. Die nuwe reëling het die boer baie meer geld gekos en hy moes jare wag voor die plaas op sy naam geregistreer is. Trouens, teen 1828 was daar meer as 4 000 aansoeke om grond wat nog onafgehandel was. Selfs tot 1840 en jare daarna het grootskaalse wanorde in die kolonie se grondadministrasie geheers. Die vertraging met die uitreiking van kaart en transport (grondbrief of titelakte) het boere in 'n groot onsekerheid oor hul grondbesit gedompel. Té hoë waardering van grond, sonder voldoende inagneming van die vrugbaarheid en draagkrag, het ook meegebring dat jaarlikse erfpaggeld duur geword het. Boonop het foutiewe opmetings voorgekom wat verdere vertragings en verliese veroorsaak het. Een van talle voorbeelde van die wanordelike grondadministrasie was toe die ontvanger van grondbelasting, wat ook as 'n regter diens gedoen het, in 1823 daaraan skuldig bevind is dat hy 44 000 riksdaalders van die boere se gedeponeerde erfpaggelde en opmetingsfooie gesteel het.

Finansiële verliese en onsekerheid oor eiendomsbesit was twee komponente in die grondadministrasie wat in die twee dekades voor die Groot Trek groot ontevredenheid by veral die grensboere uitgelok het. Die onsekerheid oor grondbesit in die streek tussen die Bo-Visrivier en Koonaprivier het vanaf 1825 vererger toe die Britse regering as gevolg van filantropiese druk besluit het dat alle grensboere wat in 'n gordel van 48 km breed aan die Oos- en noordoosgrens gewoon het, geen slawe mag besit nie. Diegene wat wel van slawearbeid gebruik gemaak het, moes daarvan afstand doen of die gebied verlaat. Die gerug wat hierdie boere bereik het oor die rede vir die besluit, was dat die gebied vir Engelssprekende persone geoormerk was omdat hulle nie soos die Afrikaners geneig sou wees om die swart gemeenskappe te verslaaf nie. (In 'n brief van die minister van kolonies word hierdie gerug bevestig, hoewel die Kaapse regering dit van die Afrikanerboere weerhou het.)

Bogenoemde besluite het die grensboere verslae gelaat. Die gevolg was verbittering en 'n diepe wantroue jeens die Britse regering. Dis betekenisvol dat juis uit hierdie streek meer as 300 gesinne getrek het en dat dit Voortrekkerleiers soos Louis Tregardt, Louis Nel, Philippus Opperman, Lucas Meyer, Hercules Malan, Johannes de Lange, Hermanus Lombard en Piet Retief opgelewer het.

Oorlogsverliese

Die Afrikaneroosgrensboere het groot finansiële verliese in die oorloë van 1812, 1819 en veral dié van 1835 gely. Die Sesde Oosgrensoorlog (1835) het die grensboere enorme verliese berokken. Die Xhosa-invalsmag het in die eerste maande van die oorlog die meeste skade aan eiendom aangerig en die verliese het op meer as £290 000 te staan gekom. 'n Heeltemal onvoldoende bedrag is deur die regering bewillig as kompensasie vir oorlogsverliese. As gevolg van die voortdurende besparing wat die Kaapse regering moes toepas, was daar heeltemal te min staandemagtroepe om die Oosgrens te verdedig en moes daar, soos in die verlede, op die burgerkommando's staatgemaak word om die tekort aan grensverdedigers aan te vul. Benewens hierdie opofferinge het die owerheid voorrade, waens, beeste en perde van die westelike en oostelike distrikte se boere opgekommandeer waarvoor later hopeloos onvoldoende vergoeding betaal is. Die feit dat die verliese weens die Sesde Oosgrensoorlog deur feitlik al die getuies as onder die vernaamste oorsake van die Trek genoem word, beklemtoon die belangrikheid daarvan.

Diefstalle deur rondlopers

In die oostelike en noordoostelike grensdistrikte het baie rondswerwende bendes veral in die dekade voor die Groot Trek van rooftogte en veediefstalle gelewe. Bantusprekende groepe het in vredestyd oor die grens gekom en byna daagliks die boere se kuddes geroof. Khoekhoenrondloperbendes het ná die uitvaardiging van Ordonnansie 50 van 1828 en die afskaffing van die passtelsel ook in getalle toegeneem. Een tydgenootlike skrywer het in 1836 bereken dat van die sowat 32 000 bruin mense in die kolonie tussen 8 000 en 10 000 sonder vaste werk rondgeswerf het.

Die getal werklose rondlopers binne die kolonie het verder toegeneem weens die instroming van hawelose buitelanders as gevolg van die Mfecane (sien Hoofstuk 5). Die regering het toegelaat dat 'n beperkte getal "Mantatese" (soos die vlugtelinge genoem is) deur die grensboere in diens geneem word, maar vermoedelik het die meerderheid sonder werk rondgeswerf en moes hulle uiteraard steel om aan die lewe te bly. Dit spreek vanself dat die talle rondlopers eweneens 'n veiligheidsprobleem vir die grensboere op hul geïsoleerde plase geskep het wat die trekgedagte verder sou aanwakker.

Arbeidswetgewing: Khoekhoengemeenskappe

Arbeidswette soos Ordonnansie 50 het die vry gekleurdes en Khoekhoendiensknegte van gedwonge arbeid onthef. Vir alle kontrakte wat 'n boer vir langer as een maand met sy knegte gesluit het, moes hy spesiaal en meestal baie ver na 'n staatsaanklaer (clerk of the peace) of vrederegter ry om die kontrak te laat registreer, wat bowendien ná 'n jaar hernu moes word. Die passtelsel is eweneens afgeskaf en voortaan sou leeglopery nie meer 'n oortreding wees nie.

Baie gou het hierdie wette op sowel sosiale as ekonomiese vlak 'n transformasie in die kolonie teweeggebring. Die filantropiese doelwit was om die kneg of veewagter op 'n gelyke voet met sy werkgewer te plaas, maar daarmee saam is baie mag van werkgewers weggeneem. Die pligte van die werker is nie voldoende omskryf nie en daar is nie behoorlik voorsiening gemaak vir bestraffing weens pligversuim nie. Die werkgewers sou dus nie werkers wat hul pligte verwaarloos, werkgewers se eiendom beskadig of enige vorm van verset openbaar, maklik kon vervolg nie.

Die veranderde arbeidswetgewing het 'n diepgaande ommekeer in die tradisionele verhouding tussen werkgewer en werknemer veroorsaak. Piet Retief het in 1836 die gevolge van hierdie wetgewing opgesom deur te verklaar dat die "increasing insubordination and desertion . . . of the Coloured Classes, on entering into service, are other grievances of great magnitude, . . . the great distance of the seat of magistracy from their [d.w.s. die boere se] habitations . . . has a powerful effect in producing this insubordination, it being impossible that the masters for every offence . . . can undertake a journey of 2 or 3 days . . . The only alternative is they are deprived in most cases of the services of their Servants . . . "

Retief noem ook dat as die boere nie werkers kon kry nie, hulle hul plase moes verlaat.

Arbeidswetgewing: slawe

Britse filantrope het 'n belangrike en lofwaardige oorwinning behaal met die aanvaarding van die wet wat alle slawe in die Britse Ryk vrygemaak het. Die bepaling was dat alle slawe op 1 Desember 1834 amptelik vrygestel sou word. Vir die volgende vier jaar, tot 1 Desember 1838, sou hulle nog as ingeboekte knegte by hul voormalige eienaars moes aanbly. Hierdie wetgewing het ook die Afrikaners en hul werknemers geraak en het bepaalde ekonomiese en sosiale gevolge teweeggebring.

Op 1 Desember 1834 was daar volgens een bron 30 287 slawe in die sewe westelike distrikte van die Kaapkolonie. In die vier oostelike distrikte, Graaff-Reinet, Somerset(-Oos), Uitenhage en Albany, was daar slegs 5 458 slawe. 'n Ander bron dui die getal slawe ietwat hoër aan, onderskeidelik as 33 277 en 5 744. In die sewe westelike distrikte was daar gemiddeld 6,5 slawe per eienaar, terwyl die syfer in die oostelike distrikte op 4,5 slawe per eienaar te staan gekom het. Sommige skrywers het in die verlede daarop gewys dat die groter getal slawe-eienaars in die westelike distrikte swaarder getref is deur die onvoldoende kompensasie vir hul vrygestelde slawe as die kleiner getal slawe-eienaars in die oostelike distrikte. Die vraag is dan: As slawe-aangeleenthede die oorsaak van die Groot Trek was, waarom het daar so min mense uit die westelike distrikte getrek?

Die drieledige antwoord is dat ander griewe wat nie in die westelike distrikte aanwesig was nie, ook 'n rol gespeel het in die oostelike distrikte; dat meer mense uit die westelike distrikte getrek het as wat historici vroeër van bewus was; en dat die gemiddelde slawe-eienaarskap in dié twee dele van die kolonie tog nie so 'n groot verskil toon nie. Die feit is ook dat grensboere heelwat armer was as hul westelike eweknieë en dus die eienaarskap van 'n slaaf kosbaarder geag het as hul eweknieë in die westelike distrikte. 'n Slaaf het in die oostelike distrikte gemiddeld 'n waarde van £100 verteenwoordig, wat in daardie jare 'n stewige bedrag was. Die Trekkerleier Gert Maritz se twaalf volwasse slawe is op £1 540 gewaardeer, maar uiteindelik het hy net ongeveer £632 as kompensasie ontvang.

Maritz kon homself nog gelukkig ag. In die algemeen het die slawe-eienaars in die kolonie slegs een vyfde van die waarde van hul slawe ontvang. Ná al die onkoste afgetrek is en ná talle irriterende regulasies en voorskrifte nagekom is oor hoe om die kompensasiegeld te ontvang, het slawe-eienaars gehoor dat die afgeskaalde kompensasiebedrag slegs in Londen uitbetaal sou word. Vanselfsprekend het agente die geleentheid benut. Die moedelose eienaars se kompensasiesertifikate is teen 'n verdere verminderde waarde deur die agente opgekoop om in Londen te gaan verhandel. Heelwat eienaars was so verbitter dat hulle glad nie hul eise ingedien of aan agente verkoop het nie. Waarskynlik tel die groep Afrikanerboere wat kort daarna uit die kolonie getrek het onder dié groep. Onopgeëiste kompensasiegeld het tot so laat as 1854 nog £5 906-18s-4d beloop.

Die tweede gevolg van die veranderde wetgewing ten opsigte van slawe was sosiaal-ekonomies van aard. Tussen 1823 en 1831 het die uitvaardiging van die een wet na die ander die bruikbaarheid van slawearbeid vir die Afrikanerboere verminder. Dié reeks wette het o.m. bepaal dat slawe nie gedwing kon word om op Sondae te werk nie; beperkte werkure is vasgestel en later nog verder ingekort; indien die beperkinge op werkure oorskry word, moes vergoeding betaal word; 'n slawebeskermer is aangestel; en die slawe-eienaar moes 'n strafboek aanhou. Dit het die eienaars se beheer en seggenskap oor hul slawe, wat hulle as hul private eiendom beskou het, ernstig aan bande gelê.

'n Deel van die slawe-eienaargemeenskap van destyds was reeds gevoelig oor slawerny. Boere van Graaff-Reinet het 'n metode voorgestel wat tot 'n geleidelike uitfasering van slawerny sou lei sonder dat die finansiële verliese so groot sou wees. Die regering het dit egter geïgnoreer en alle slawe in 1834 skielik vrygestel. Die praktiese gevolg hiervan was dat dit spanning tussen eienaar en slaaf meegebring het. Dit het goeie verhoudinge aan albei kante beduiwel, en die verlies van hul patriargale gesag het boere geestelik geraak.

So kon slawe nou hul eienaars voor die hof daag indien hulle meen dat hul regte geskend is. Op sigself was dit aanvaarbare prosedure, maar slawe het dikwels vals klagte gelê waarvoor die boere baie ver na die hof moes reis. 'n Hoofklerk in die Kaapse koloniale kantoor het dus "the interference with their slaves by the appointment of Guardians and Special Justices" as 'n hoofoorsaak van die Groot Trek beskryf.

Sosiale faktore

Die destydse Afrikanergemeenskap en veral die wit boere in die oostelike distrikte het hulself op 'n hoër sosiale vlak as die inheemse bevolking beskou. Eerstens het hulle hulself as Christene en die swart mense as heidene beskou. Tweedens het hulle kleur en fisieke kenmerke gebruik as kriteria om tussen mense te onderskei. Derdens het hulle ook klasseverskille getref en geglo wit mense was veronderstel om die heersers te wees en dat swart en bruin mense 'n onderhorige posisie beklee het. Die Britse regering se wetgewing het binne 'n redelik kort tydperk die Afrikaner se patriargale heersersposisie aangetas en ingrepe in hul geestelewe gemaak wat dekades daarna deur die Afrikaners as griewe onthou sou word.

In die eerste plek het die gelykstellingswette soos die Khoekhoenwet van 1809 en Ordonnansie 50 ingedruis teen sommige wit boere se interpretasie van die Bybel. Talle van die versoekskrifte van die Afrikanerboere het 'n inleidende bewoording bevat wat nie net as 'n hoflike standaardinleiding van die tyd beskou moet word nie. Soms het hierdie versoekskrifte gelui dat hulle die goewerneur as hul aardse vader beskou en sy leiding aanvaar. Daar was dus 'n soort kinderlike vertroue dat die goewerneur weet wat hul wense is en hy hulle nie sou teleurstel nie. 'n Meer siniese vertolking hiervan is dat die goewerneur dus as 't ware moreel verplig sou word om die boere 'n positiewe antwoord te gee op wat hulle ook al gevra het. Maar dit skets ook 'n prentjie van die Afrikanerboere se ingesteldheid en in die lig daarvan is dit maklik om hul ontnugtering te begryp toe hierdie wette deurgevoer is. Die Afrikaners se vertolking van die gelykstellingswette was dat die goewerneur en regering swart en bruin mense bó hulle en hul belange gestel het. Dit het daartoe bygedra dat hulle al hoe meer van die regering vervreemd gevoel het.

Die Afrikanerboere was al sedert die Kompanjiesbewind tot 1827 gewoond aan sekere plaaslike burgerlike instellings waarin hulle 'n mate van politieke inspraak gehad het. So was daar die raad van landdros en heemrade wat min of meer elke kwartaal byeengekom het. Die heemrade was vooraanstaande burgers van die betrokke distrik wat die inwoners se belange moes verteenwoordig. Verder was daar 'n veldkornet vir elke distrikswyk wat die regering uit die burgery aangestel het en wat gewoonlik die respek van die wyksinwoners geniet het. Met die afskaffing van die landdroste en die heemraadstelsel en die inkorting van die veldkornette se magte in 1827 het die burgers die laaste bietjie verteenwoordiging in 'n regeringsliggaam verloor.

Tot op daardie tydstip was die meeste landdroste en heemrade invloedryke Afrikaners wat vertroue onder die inwoners van die distrik ingeboesem het. Die landdros en heemrade is vervang deur een persoon wat 'n siviele kommissaris en residentmagistraat genoem is. Indien die distrik dit geregverdig het, is die pos deur twee persone beklee. Daarmee is 'n ou tradisie uit die Nederlandse tyd verbreek en die regeringsverteenwoordigers gewoonlik met Engelssprekendes vervang. Hierdie veranderinge was deel van 'n transformasieproses gemik op doeltreffender regering, maar dit het die Afrikanerboere laat voel hulle is in hul eie land op die kantlyn geskuif. Daar is voldoende bewyse dat die grensboere ernstig gegrief was oor die verlies aan verteenwoordiging in die plaaslike regeringsliggame.

Die Sesde Oosgrensoorlog van 1835 het, benewens die erge verliese wat die grensboere gely het, tot verdere verbittering teenoor die regering oor 'n verskeidenheid gebeure gelei. Tydens die oorlog was daar verskeie voorvalle tussen lede van die Afrikanerburgermag en die Britse staandemagtroepe wat daarop gedui het dat die Afrikaners glad nie tevrede was met die hoogmoedige en arrogante houding van die Britse soldate teenoor hulle nie. Die Afrikanerboere se weersin in die lewe van 'n beroepsoldaat het later in 1835 weer duidelik geblyk toe goewerneur sir Benjamin D'Urban bekendgemaak het dat hy die instelling van 'n permanente burgermag of milisie in die kolonie beplan. Die beoogde wet het onmiddellik groot ontevredenheid onder Afrikanerboere veroorsaak. Hul hoofbeswaar het daarop neergekom dat daar op hul regte as vryburgers inbreuk gemaak word en hulle in 'n stelsel gedwing sou word wat baie naby aan dié van 'n beroepsoldaat sou wees. Tesame met die verliese en opkommandering van hul vee en geliefde ryperde (waarvoor hulle onvoldoende of glad nie vergoed is nie), het hierdie emosionele saak weer eens 'n gevoel van verontregting geskep wat selfs nog jare later in die herinneringe van oud-Voortrekkers opgeduik het. Hoewel die milisiestelsel nooit ingestel is nie, was die geestelike skade reeds gedoen en het die diepe wantroue in die regering toegeneem.

Die administratiewe verwaarlosing van die oostelike distrikte en veral die noordoostelike distrikte het die grensboere laat voel dat die regering hulle eintlik net geken het as hulle belastings ingevorder het. Daar moet terselfdertyd daarop gewys word dat dié distrikte in die 1820's en 1830's geweldig groot was, met hopeloos te min amptenare om dit te administreer. Toe die distrik Somerset(-Oos) eindelik in 1825 van die groot en lompe distrik Graaff-Reinet afgestig is, was dit steeds 'n reuse-stuk grond wat gestrek het van net noord van die Zuurberg (noord van die hedendaagse Kirkwood) tot by die Oranjerivier. Weliswaar was daar 'n subdistrik Cradock wat na die verre noordoostelike wyke soos Tarka en Brakrivier kon omsien, maar soos met die ander dorpe was daar slegs een of twee amptenare en dan die klompie veldkornette wat die amptelike wykspligte moes verrig. In die distrikte Graaff-Reinet, Albany en Uitenhage was die onderbemanning en onderfinansiering dieselfde.

Die hoofoorsaak hiervan was weer eens die finansiële besparingsbeleid van die imperiale regering in Brittanje wat die opeenvolgende Kaapse goewerneurs gedurig tot besparing gemaan het. Dié beleid het egter vir die boere groter onkoste meegebring. Hulle moes tot 100 km na die naaste magistraatskantoor aflê indien hulle 'n klag teen iemand wou lê. Miskien die belangrikste gevolg hiervan was nogmaals 'n gevoel van wantroue en vervreemding teenoor 'n regering wat hulle nie meer geken het nie, wat hulle nie wou of kon beskerm nie en baie swak wette aan hulle opgedwing het.

Die vraag of nasionalisme 'n oorsaak van die Groot Trek was, het al heelwat aandag onder historici geniet. Vandag is die meeste skrywers dit eens dat daar wel 'n onderontwikkelde nasionale gevoel onder die grensboere bestaan het op die vooraand van die Trek, maar dat nasionalisme eerder 'n gevolg van die Trek as 'n oorsaak daarvan was. Daar moes wel al 'n strewe na vryheid en onafhanklikheid gewees het onder die Trekkers, want daar is immers nie doelloos die binneland ingetrek nie. Daar was ook 'n duidelike doelwit om 'n onafhanklike staat te stig. Maar, buiten vermeldings in die briewe van enkele grensboerleiers, kom die strewe na onafhanklikheid nie prominent na vore nie.

Verkenning van die binneland en ooskus

Die Afrikanerboere se verkenning van die binneland in die vyf jaar voor die emigrasie was sowel 'n oorsaak as 'n gevolg van die trekgedagte. In teenstelling met wat vroeër geglo is, was die binneland van Suid-Afrika in die vroeë 1830's al redelik bekend deur inligting wat reisigers, sendelinge en boerejagters na die kolonie teruggebring het. Enkele reisigers soos dr. Andrew Smith het by hul terugkoms kaarte gepubliseer wat die binneland kartografies bekend gestel het, hoe gebrekkig ook al.

Die Afrikanerboere se verkenning van die binneland het veral tussen 1830 en 1834 plaasgevind toe reise na onderskeidelik Damaraland (in die hedendaagse Namibië), die hedendaagse Limpopo en na Natal onderneem is. Omdat die latere trekgeselskappe nie na Damaraland is nie, kan aanvaar word dat die verslae daaroor nie gunstig vir boerderymoontlikhede was nie. Die verkenningstog na Natal was 'n uitgebreide ekspedisie van sowat 21 wit boere en ongeveer dieselfde getal gekleurdes onder leiding van die Uitenhaagse boer en latere Voortrekkerleier Piet Uys.

Hans Dons de Lange was toe reeds bekend as verkenner van die binneland en hy het by hierdie tog as gids opgetree. Die besoek aan Natal het plaasgevind van September 1834 tot Maart 1835 en die lede van die ekspedisie het na alle waarskynlikheid met groot lof oor die boerderymoontlikhede in Natal gerapporteer. Sekere lede het byvoorbeeld aan 'n Engelssprekende grensboer, Thomas Bowker, verklaar ". . . they had seen, between the Orange River and the country of Natal, an immense and fertile country, destitute of inhabitants, in which they might find a refuge". Bowker het bygevoeg: "My own ideas at the time were, that they would all leave the Colony . . . "

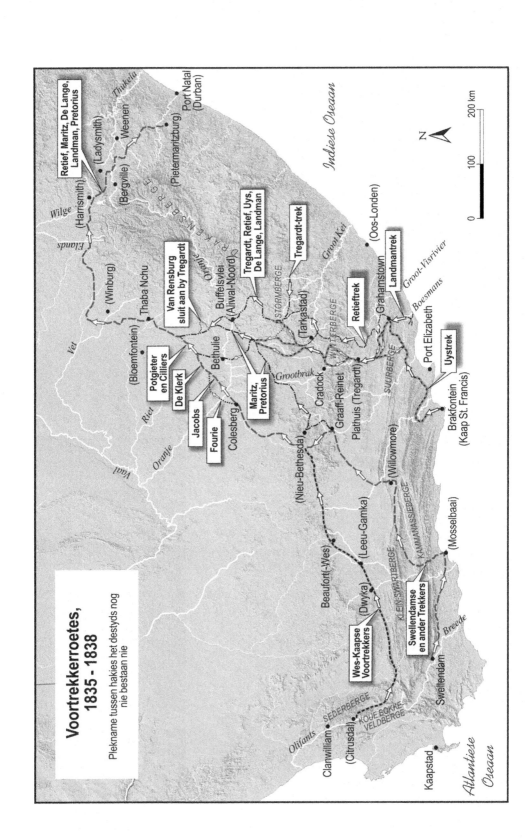

Voortrekkerroetes, 1835 - 1838

Plekname tussen hakies het destyds nog nie bestaan nie

Retief, Maritz, De Lange, Landman, Pretorius

Tregardt, Retief, Uys, De Lange, Landman

Tregardt-trek

Van Rensburg sluit aan by Tregardt

Landmantrek

Retieftrek

Potgieter en Cilliers

De Klerk

Jacobs

Fourie

Maritz, Pretorius

Uystrek

Wes-Kaapse Voortrekkers

Swellendamse en ander Trekkers

Thukela

Port Natal (Durban)

(Ladysmith)

Weenen

(Bergville)

(Pietermaritzburg)

(Harrismith)

Wilge

Elands

(Winburg)

Thaba Nchu

(Bloemfontein)

Vet

Riet

Oranje

Vaal

Buffelsvlei (Aliwal-Noord)

Bethulie

Colesberg

Grootbrak

STORMBERGE

(Tarkastad)

WINTERBERGE

Cradock

Graaff-Reinet

Plathuis (Tregardt)

(Nieu-Bethesda)

Beaufort(-Wes)

(Leeu-Gamka)

(Dwyka)

Willowmore

Groot-Kei

(Oos-Londen)

Grahamstown

Groot-Visrivier

Boesmans

Port Elizabeth

Brakfontein (Kaap St. Francis)

SUURBERGE

(Mosselbaai)

KAMMANASSIEBERGE

KLEIN-SWARTBERGE

SEDERBERGE

KOUE BOKKE-VELDBERGE

Olifants

Clanwilliam

(Citrusdal)

Breede

Swellendam

Kaapstad

Indiese Oseaan

Atlantiese Oseaan

N

200 km

100

0

DRAKENSBERGE

7

Uittog en vestiging van die Voortrekkers in die binneland

Jan Visagie

D ie meeste Voortrekkers het die bestaande roetes na die Oranjerivier gevolg. Geen georganiseerde trekgeselskap het die ooskusroete geneem nie weens die ondervindinge van reisigers en grensboere op handels- en verkennings-togte langs die ooskus na Natal en ook vanweë die onstabiele veiligheidsitu-asie ná die Sesde Oosgrensoorlog (1834-1835).

In die jare 1835 tot 1845 het meer as 2 500 gesinshoofde aan die emigrasie deelgeneem. Daar word voorts bereken dat ongeveer 17 000 wit mense in hierdie jare na die noorde en noordooste verhuis het. Hierdie getal emigrante verteenwoordig ongeveer een vyfde van die wit bevolking van die destydse Kaapkolonie. Daar kan aanvaar word dat elke wit gesin deur minstens twee of meer werknemers vergesel is. Dit kon insluit oud-slawe, mense van Khoe-khoen- en Boesmanafkoms en lede van die swart gemeenskappe aan die grens. Dit sou die getal emigrante teen 1845 op minstens 23 000 te staan gebring het. In die geheel gesien was dit inderdaad 'n "Groot Trek" – ondanks bewering dat dit nie die benaming "Groot" verdien nie.

Sommige families en miskien selfs die meeste van hulle het eers noord van die Oranje bymekaargekom en dan as groep verder getrek. Baie families het in die binneland oor en weer van trekgeselskap verander sodat die trekke se getalle voortdurend gewissel het.

Leiers van die Groot Trek

Louis Tregardt

Louis Tregardt se trek het inderwaarheid reeds in 1834 begin toe hy sy plase in die wyk Oos-Rietrivier verkoop en hom in Gcalekaland by sy seun Karel aangesluit het wat toe al 'n jaar of langer daar was. Volgens oorlewering het Tregardt 'n groot stuk grond by die Gcaleka-opperhoof Hintsa gehuur. Tregardt het hom langs die Indwerivier gevestig met sowat agtien ander grensboergesinne, waaronder Johannes Henricus de Lange (ook bekend as Hans Dons). Met die uitbreek van die Sesde Oosgrensoorlog het die meeste van dié uitgewekenes weer tot binne die noordoosgrens van die kolonie beweeg. Hier, net suid van die Stormberg, het Tregardt en 'n paar gesinne 'n ruk lank vertoef en toe in September 1835 finaal die kolonie verlaat deur die Oranjerivier by Buffelsvlei (die huidige Aliwal-Noord) met ongeveer sewe gesinne oor te steek.

Hoewel Tregardt se geselskap die eerste was wat getrek het, is dit belangrik om te onthou dat hulle eintlik buite die hoofstroom van die Groot Trek gestaan het. Behalwe die geselskap van Hans van Rensburg, wat 'n ent saam met hulle beweeg het, en Hendrik Potgieter, wat hulle by die Soutpansberg besoek het, het hulle nooit weer enige kontak met die ander Voortrekkers gehad nie.

In die dagboek wat Tregardt tydens sy geselskap se epiese tog na die noorde aangelê het, leer 'n mens hom ken as 'n saggeaarde persoon en vredemaker. Hy was goed vaardig met die pen, terwyl sy geskrewe Nederlands reeds 'n oorgang na Afrikaans toon.

Tregardt het hoogs waarskynlik in September-Oktober 1835 of kort daarna by Lang Hans van Rensburg met sy geselskap van 49 wit mense op Buffelsvlei of Zevenfontein (noordoos van die huidige Rouxville) aangesluit. Daarvandaan het hulle die pad na die noorde saam aangepak. Die twee geselskappe het trouens al van die suidooste van die Transoranje in mekaar se nabyheid gebly. Hul roete het deur die Transoranje en oor die Vaalrivier gegaan voordat hulle wes van die huidige Middelburg tot aan die Soutpansberg gereis het.

Naby Strydpoort het die Van Rensburgtrek vooruit beweeg en daarna heeltemal kontak met die Tregardt-trek verloor. Latere navorsing het tot die gevolgtrekking gekom dat die hele geselskap van Van Rensburg in Julie 1836 vermoor is ná 'n hewige stryd teen 'n impi van Manukozi aan die Djindispruit naby die Limpoporivier.

In Junie 1836 het die Voortrekkerleier Hendrik Potgieter 'n ekspedisie na die noorde gelei en Tregardt by die Soutpansberg besoek. Kennelik was hul afspraak dat Tregardt vir die Potgietertrek daar sou wag. Toe Potgieter ná 'n jaar steeds nie weer by hulle opdaag nie, het Tregardt en sy mense in Augustus 1837 hul tog na Lourenço Marques in Delagoabaai voortgesit. In die omgewing van die Soutpansberg het ongeluk die geselskap getref toe minstens ses mense, onder wie drie jong kinders van Tregardt, aan malaria beswyk het.

Ná 'n uiters moeisame tog oor die Drakensberg het Tregardt en sy oorblywende mense Delagoabaai bereik. Die siekte onder die Trekkers en hul armoede het die Portugese goewerneur genoop om te help waar hy kon. In Delagoabaai het nog twintig lede van die geselskap, onder wie Tregardt en sy vrou, egter aan malaria beswyk. Dit het 'n einde gebring aan Tregardt se droom om buite Britse gebied en naby 'n hawe 'n nuwe begin te maak.

Die groepie van 25 oorlewendes, hoofsaaklik kinders en weduwees, is deur die Natalse Voortrekkers met die boot *Mazeppa* laat haal, en op 19 Julie 1839 het hulle veilig in Port Natal (die huidige Durban) aangekom.

Hendrik Potgieter en Sarel Cilliers

Hendrik Potgieter was 'n gesiene en invloedryke persoon in die wyk Tarka naby die noordoosgrens, waar sy plaas Commandodrift geleë was. Sy vader en grootvader was reeds in die laat 18de eeu grensboerpioniers. Hy het 'n sterk persoonlikheid gehad en was streng konserwatief en godsdienstig.

Potgieter het sy plaas teen die einde van 1835 of vroeg in 1836 met 'n klompie gesinne verlaat, maar (soos die geval ook was met ander leiers) die meeste mense het eers later by hulle aangesluit. Tarka het meer Voortrekkers as enige ander wyk opgelewer, en Potgieter was spoedig die leier van een van die grootste geselskappe. Die Potgietertrek is waarskynlik met die Boesmanspoortdrif deur die Oranjerivier net wes van die plek waar die Caledonrivier in die Oranje vloei.

Vroeg in 1836 het die Potgietertrek die eerste formele reëlings getref om 'n Voortrekkerbestuur saam te stel. By 'n vergadering noord van die Oranjerivier het die aanwesige mans Hendrik Potgieter op 'n demokratiese wyse tot kommandant verkies. Teen die einde van 1836 sou hulle saam met die Maritztrek by Thaba Nchu (Blesberg, soos die Trekkers dit genoem het, oos van die teenswoordige Bloemfontein) oor die eerste bestuursinstelling besin.

Sarel Cilliers het uit die wyk Nuwe Hantam in die distrik Colesberg getrek. Onderweg het 'n aantal families by hom aangesluit. Eers by die Boesmansberg in die Transoranje het sy trek by die Potgietertrek aangesluit.

'n Trek met so baie waens en duisende stuks vee wat aangeja moet word, het beteken dat die Trekkers in kleiner groepe verdeel en oor 'n breër front voortbeweeg het. Sodoende het die onderskeie Trekkers se skape en beeste nie maklik deurmekaar geraak nie en was daar ook meer weiveld beskikbaar.

Indien enige gevaar gedreig het, sou hulle nogtans vinnig nader aan mekaar kon beweeg en 'n laer trek.

By Thaba Nchu het hoofman Moroka van die Rolonggemeenskap en eerw. James Archbell van die Wesleyaanse sending die Trekkers vriendelik ontvang. Die Trekkers het vee en graan geruil en vir die Rolong wild geskiet. By die Groot-Vetrivier, min of meer waar Winburg vandag geleë is, het hulle die versplinterde Taunggemeenskap onder Makwana teëgekom. Potgieter het 'n ooreenkoms met Makwana gesluit waarvolgens die uitgestrekte streek tussen die Vet- en Vaalrivier aan die Trekkers gegee is in ruil vir 'n klompie beeste. Hierdie was die eerste van 'n paar ooreenkomste wat die Trekkers met binne-landse swart gemeenskappe gesluit het. As gevolg van hierdie transaksie het groepies Trekkers uitgesprei, en die Liebenbergfamilie het selfs oorkant die Vaalrivier kamp opgeslaan.

Van die omgewing van die Vetrivier het Potgieter 'n kommissie van elf per-sone na die Soutpansberg gelei en van daar verder noordoos gegaan om boer-derymoontlikhede te ondersoek. Hulle wou ook vasstel of 'n begaanbare roete na die see gevind kon word. Die kommissie het in Mei 1836 vertrek en, soos reeds genoem, ook by Tregardt se geselskap aangedoen. Redelik naby die oos-kus het hulle omgedraai toe hulle blykbaar oortuig was van 'n deurgang na die Portugese hawe in Delagoabaai.

Die Potgieterkommissie was drie maande op reis. Met hul terugkeer op 2 September 1836 het 'n toneel van verwoesting by die trekwaens op hulle gewag. In Potgieter se afwesigheid is die Trekkers op 23 Augustus 1836 in die omgewing van die Vaalrivier naby die huidige Parys deur 'n Ndebele-impi onder aanvoering van Mkaliphi, Mzilikazi se bekwaamste aanvoerder, oorval. Die Trekkers het moontlik onwetend Mzilikazi se gebied betree, en hy het hul perde en gewere waarskynlik ook as 'n bedreiging beskou. Nagenoeg twintig Trekkers en 'n onbekende getal gekleurde veewagters het omgekom, terwyl tot 150 Ndebelekrygers moontlik gesneuwel het in hierdie botsing, wat as die Vaalrivierslag bekend staan.

By hul terugkoms het Potgieter en die res van sy kommissie die moedelose trekgeselskap by die Renosterrivier aangetref. Die Trekkers was versprei om 'n heuwel, 24 km suid van die huidige Heilbron. Mzilikazi het Mkaliphi weer teen die Trekkers uitgestuur, maar hierdie keer met die volle krygsmag van die Ndebele – tussen 3 000 en 5 000 man. Potgieter en sy manne is deur die omgewing se swart mense oor die naderende Ndebelemag gewaarsku en 'n patrollie van die Trekkers het bevestig dat 'n "vreeselijke commando" in aantog was. Dit was nie vir hulle moontlik om te vlug nie. Die enigste uitweg vir die 36 weerbare mans was om hulle so goed as moontlik te verskans in 'n walaer wat reeds sy waarde by die Vaalrivierslag bewys het. 'n Sirkelvormige laer van ongeveer vyftig waens is onder die heuwel getrek. Om die vroue en kinders te beskem, is 'n vierkantige laer van vier waens binne dié laer getrek. Alle openinge tussen die waens is met doringtakke toegemaak en die waens is met rieme aan ingeplante pale vasgemaak.

Op 20 Oktober 1836 is 'n groot patrollie ruiters uitgestuur om die Ndebelekrygers tegemoet te ry en die aanval te probeer afweer. Daar is probeer om met die krygers te onderhandel, maar Mkaliphi het gekom om te veg. Trouens, die Ndebele het die patrollie dadelik aangeval en probeer om die ruiters te omsingel. Die Trekkers moes al skietend na die laer retireer. Toe die Ndebele ongeveer dertig tree van die laer af was, het Potgieter die teken gegee om te skiet. Die Ndebelekrygers het tot dig teen die waens gekom en probeer om deur te breek. Sommige het bo-oor die verskansings probeer klim of onder deur die takke, en ander het die waens uit die kring probeer sleep, maar die Trekkers kon vinnig genoeg skiet om hulle te keer. Van die vroue en kinders het die mans gehelp om die ou voorlaaiergewere (sannas) te laai. Elke man het minstens twee voorlaaiers gehad sodat hulle net kon skiet. So is die omslagtige laaiproses van die ou gewere versnel en kon elkeen ongeveer vier skote per minuut vuur.

Ander vroue het hulself met stokke en byle bewapen en die krygers wat nog daarin kon slaag om halfpad deur te kruip met dié wapens bygekom. Ten spyte van die geweldige oormag, kon nie een Ndebelekryger daarin slaag om die laer binne te kom nie. Gevolglik het hulle hul taktiek verander en hul kort assegaaie oor die waens binne-in die laer begin gooi. Dit het uiteindelik ook die meeste ongevalle en wonde onder die Trekkers veroorsaak. Meer as 'n duisend assegaaie is ná die geveg binne die laer opgetel. Dit het egter ook beteken dat die Ndebelekrygers besig was om hulself geleidelik te ontwapen.

Die geveg het nagenoeg 'n halfuur geduur, voordat die Ndebele skielik besluit het om pad te gee. Die Trekkers het hulle tot sononder agternagesit, maar kon geen vee terugkry nie. Die slag was 'n oorwinning vir die Trekkers, maar die groot hoeveelheid buit wat die Ndebele weggevoer het, het die oorwinning bederf. Bykans al die skape, beeste en trekosse is gebuit, ongeveer 6 000 beeste en 41 000 skape. Die perde is in die laer gehou en is nie weggevoer nie. Onder die Trekkers was daar twee ongevalle en 'n onbekende getal gewondes. Daar word geskat dat die Ndebele ongeveer 400 man verloor het.

Ná die slag is die heuwel waaronder die Voortrekkers laer getrek het Vegkop genoem.

Die paar weke ná die geveg moes die Trekkers sonder slagvee en melkkoeie klaarkom en het hulle baie ongerief verduur. Uitkoms het eers gekom toe Moroka, die Rolonghoofman, trekosse aan hulle geleen het. Die vyftig waens en die mense kon toe uiteindelik na Thaba Nchu terugkeer, waar eerw. Archbell ook voorrade aan hulle geleen het. Enkele dae daarna sou die trek van Gert Maritz Thaba Nchu bereik en is die Trekkergeledere versterk.

Gert Maritz en Piet Retief

Gert Maritz, 'n welvarende wamaker en sakeman, was maar veertig jaar oud toe hy in September 1836 sy trekgeselskap uit Graaff-Reinet gelei het. Hy en sy suster, Susanna Maria, wat later getroud is met die Nederlands gebore sendeling eerw. Erasmus Smit, het klaarblyklik 'n goeie skoolopleiding gehad. Maritz se regsboeke het hom gedurende die Trek goed te pas kom. Op die trekpad en later in Natal was Maritz die verkondiger van wet en orde, gebaseer op die waardestelsel van die Voortrekkers.

Die Maritztrek is by Sanddrif, wes van die huidige Aliwal-Noord, oor die Oranje en het Thaba Nchu op 19 November 1836 bereik. Eerw. Smit was die enigste predikant wat saam met die emigrante getrek het, maar baie van hulle het, tot onstellenis van Smit, ook eerw. Archbell se kerkdienste by Thaba Nchu bygewoon.

Die groot getal Trekkers van Potgieter en Maritz se geselskappe wat teen die einde van 1836 by Thaba Nchu saamgetrek het, het die behoefte aan 'n bestuursliggaam aangevoel en op 2 Desember 1836 is die eerste volksvergadering belê. 'n Bestuur van sewe lede, bekend as die Burgerraad, is verkies. Die Raad sou die hoogste wetgewende, uitvoerende en regterlike gesag in die Trekkergemeenskap wees. Maritz het as voorsitter opgetree by sittings van die Burgerraad en was ook die regter as die Raad as 'n geregshof byeengekom het. Potgieter is aangestel as die laerkommandant. Die bestuurstelsel het ook vir 'n volksvergadering voorsiening gemaak wat van tyd tot tyd byeengeroep sou word om oor sake van gemeenskaplike belang te besluit.

Dit is opmerklik dat die Trekkers magsmisbruik wou vermy deur te sorg dat een persoon nie oor te veel gesag beskik nie. Daarom is geen leier as regeringshoof verkies nie. Die Voortrekkerbestuur is voorts op 'n vrye en demokratiese wyse verkies deur middel van geheime stembriewe, en die Burgerraad was vir sy optrede aan die volksvergadering verantwoordelik.

Piet Retief het in Februarie 1837 met 'n groot geselskap uit die wyk Winterberg, distrik Albany, vertrek. Hy het die redes vir sy emigrasie in die vorm van sy Manifes in *The Graham's Town Journal* van 2 Februarie 1837 laat publiseer. Met die opstel van die dokument is Retief moontlik gehelp deur die koerantredakteur L.H. Meurant, hoewel die kern daarvan Retief se eie werk sou gewees het. Van die redes wat hy aanroer, was o.m. die wit boere se gegriefdheid oor die swak beskerming wat hulle op die grens geniet het, asook irriterende wette en kapitaalverliese weens die vrystelling van die slawe en die filantrope se aanvalle op hul karakter.

Hy het die regering voorts verseker dat hulle beplan om die beginsels van vryheid in die binneland te handhaaf en te sorg vir behoorlike verhoudings tussen meester en kneg. Die Trekkers het gehoop op 'n rustiger lewe en sou niemand molesteer of beroof nie. Retief het ook onderneem om hul strewe om in vriendskap met die binnelandse gemeenskappe te lewe aan hulle bekend te maak, maar dat die Trekkers hul eiendom sou verdedig indien hulle aangeval word. Retief het voorts verklaar dat hulle die kolonie verlaat in volle vertroue dat die Britse regering niks meer van hulle verlang nie en dat hulle toegelaat sal word om hulself te regeer sonder inmenging.

Nog iets wat 'n rol gespeel het in Retief se besluit om te trek, was Andries Stockenström se hooghartige en selfs neerbuigende houding teenoor die Afrikanerboere. In 1836 het Stockenström luitenant-goewerneur van die oostelike distrikte geword, maar amper dadelik was daar groot vyandigheid tussen hom en die Britse setlaarboere en hul koerant, *The Graham's Town Journal*, enersyds en die Afrikanerboere andersyds. Die rede waarom hierdie voorheen gerespekteerde Afrikaneramptenaar in Britse diens so skielik die gramskap van feitlik die hele burgerbevolking aan die Oosgrens op hom gehaal het, was sy getuienis voor 'n komitee van die Britse laerhuis waarin hy onder meer die burgerkommando's se optredes in Xhosagebied gekritiseer het. Uiteindelik het hy en Retief 'n vurige korrespondensie gevoer wat uitgeloop het op Retief se ontslag as waarnemende veldkommandant.

Retief se geselskap het die Oranjerivier by Buffelsvlei (later Aliwal-Noord) oorgesteek en vroeg in April 1837 aan die Vetrivier uitgespan waar die meeste ander Trekkers reeds gewag het. Kort voor Retief se aankoms het Potgieter en Maritz besluit om 'n strafekspedisie teen Mzilikazi uit te stuur, want Mzilikazi was steeds 'n bedreiging vir die Trekkergemeenskap. Daar is ook gevoel dat Mzilikazi tot verantwoording geroep moet word vir sy rowery en bloedvergieting. Bowendien wou Potgieter van die Trekkers se buitgemaakte vee terugkry. Die aankoms van meer en meer Trekkers uit die kolonie het verdere stukrag aan só 'n ekspedisie verleen.

Vroeg in Januarie 1837 het Potgieter en Maritz met 107 wit mans en 'n honderdtal uit die swart gemeenskappe in die omgewing na Mosega vertrek. Mosega was die belangrikste stat van Mzilikazi en geleë in 'n vrugbare kom waar die Hurutshe in 1832 verslaan en verdryf is.

Die Ndebele het nie in groot gemeenskappe gewoon soos bv. die Tswana nie, maar in kleiner los eenhede rondom die beeskrale. Vroeg die oggend van 17 Januarie het die kommando die Ndebele aangeval en teen 11:30 was ongeveer 15 wooneenhede naby Mosega in puin gelê en 7 000 beeste gebuit. Hul afgematte perde het die kommando laat besluit om nie ook die koning-stat eGabeni (Kapain) verder noord aan te val waar sowel Mzilikazi as Mka-liphi hulle bevind het nie. Die slag was dus nie beslissend nie.

Die aankoms van Piet Retief en sy geselskap by die Vetrivier het 'n hersie-ning van die bestuursreëlings nodig gemaak. Op 'n openbare vergadering van 17 April 1837 is Retief tot "goewerneur" verkies, terwyl Maritz sy pos as voorsitter van die politieke raad ("Raad van Politie") en regter behou het.

Die rede waarom Potgieter nie tot enige amp verkies is nie, is waarskynlik omdat hy hom doelbewus afsydig gehou het weens sy meningsverskil met Retief oor die eindbestemming van die Trek. Retief het na Natal gemik, terwyl Potgieter van mening was dat dit onafwendbaar was dat die Britte hul gesag ook na Port Natal sou uitbrei. Daarom het hy van die begin af sy oog op die binnelandse Hoëveld gehad, d.w.s. noord van 25° suiderbreedte en dus buite die afgekondigde Britse jurisdiksie.

Retief het sy leierskap op 'n bekwame wyse uitgevoer, maar soms opgetree sonder om sy bestuurslede soos Maritz te raadpleeg. So het hy met die Britse goewerneur gekorrespondeer sonder om die Raad daarin te ken en teen Maritz se advies met 'n groep Trekkers na Dingane gegaan om oor grondoordrag te onderhandel.

Intussen het Piet Uys uit die wyk Gamtoosrivier, distrik Uitenhage, ook met sy trek by die Trekkergemeenskap aangesluit. In Oktober 1837 het Uys saam met Potgieter in 'n tweede ekspedisie teen Mzilikazi opgetrek. In die slag wat op 4 November 1837 begin en nege dae geduur het, is die Nde-belemag in die noordweste heeltemal verslaan en Mzilikazi gedwing om met sy volgelinge uit die gebied te vlug.

Natal as bestemming

Retief het finaal besluit om na Natal te trek nadat die Trekkers by 'n volks-
vergadering op 13 September 1837 nie oor die eindbestemming kon ooreen-
kom nie. Hy het sy laer aan die westekant van die Drakensberg agtergelaat en
met net 15 man en vier waens na Dingane vertrek om met hom oor 'n grond-
gebied vir die Trekkers te onderhandel. By Port Natal (die huidige Durban)
het hy die Engelse handelaar Thomas Halstead versoek om hom as tolk te
vergesel. Op 5 November 1837 het Retief in die teenwoordigheid van eerw.
Francis Owen, die Engelse sendeling by Dingane se kraal, vir Dingane gaan
spreek.

Dingane het Retief se versoek aangehoor, maar aan hom genoem dat van
sy beeste gesteel is deur 'n berede kommando wat Westerse klere gedra het.
Dingane het die streek tussen die Thukela- en die Mzimvuburivier aan die
Trekkers belowe indien Retief sy gesteelde vee aan hom sou terugbesorg.
Retief het, heeltemal korrek, vermoed dat die eintlike diewe die Tlokwa onder
Sekonyela was en onderneem om Dingane se vee vir hom terug te haal. Retief
het die vee sonder moeite van Sekonyela teruggekry deur die kaptein met 'n
slenterslag in boeie te slaan en sonder enige bloedvergieting Dingane se na-
genoeg 700 beeste terug te vat. As strafmaatreël het Retief ook tussen sestig
en sewentig perde en ongeveer dertig gewere by Sekonyela afgeneem.

Hy het daarna met sowat sestig vrywilligers en nog dertig gekleurde agter-
ryers vir 'n tweede besoek na Dingane se hoofstat, Mgungundhlovu, vertrek.
Retief en sy manne het op 3 Februarie 1838 daar aangekom, blykbaar onbe-
wus van Dingane se wantroue teenoor hulle. Retief was oortuig van Dingane
se goeie bedoelinge. Gevolglik het hy nog 'n paar dae daar vertoef nadat die
koning die gebied tussen die Thukela en Mzimvubu in 'n dokument, gedateer
4 Februarie 1838 en bekend as die Retief-Dingane-traktaat, aan die Trekkers
afgestaan het. Op die oggend van 6 Februarie 1838 het die jong seun William
Wood, wat by eerw. Owen gewoon het en die Zulutaal goed kon verstaan, die
groepie Trekkers gewaarsku dat Dingane bose planne in die mou voer, maar
niemand het hulle aan die waarskuwing gesteur nie.

Die traktaat is eers op 6 Februarie onderteken. Retief en sy geselskap het op
die punt gestaan om te vertrek toe Dingane hulle ontbied om hom te kom
groet. Soos gebruiklik het hulle ongewapend voor die koning verskyn, saam
bier gedrink en na 'n vertoning van die dansende krygsmanne gekyk. Skielik
het Dingane egter 'n bevel gegee dat die "towenaars" doodgemaak moet word.

Die Trekkers en hul agterryers is na 'n heuwel, Kwa-Matiwane, gesleep en almal gedood.

Dingane se motiewe

Nog voor en terwyl Retief besig was om Dingane se beeste by Sekonyela terug te neem, het die Zulukoning se komplekse verhouding met die sendelinge en Voortrekkers hom toenemend in onsekerheid gedompel. Die probleem is vererger omdat hy die sendelinge nie meer genoeg vertrou het om hulle vir advies oor Retief te nader nie. Die feit dat die sendeling A.F. Gardiner Dingane in 'n brief daaraan herinner het dat die gebied wat nou aan Retief belowe is, reeds aan hom afgestaan is, sou sekerlik tot die koning se irritasie bygedra het. Sy twee raadgewers Ndlela en Dambuza het ook nie juis gehelp om hom gerus te stel nie. Blykbaar was albei teen die sendelinge gekant en van mening dat Retief se versoek om grond geweier moet word.

Volgens Zulu-oorlewering het Dingane die Voortrekkers se maklike oorwinning oor Mzilikazi se Ndebele, hul behendige ruitery, akkurate skietwerk en die vindingryke wyse waarop Sekonyela uitoorlê is, as toordery beskou. Dingane het volgens hierdie oorlewering vir Sekonyela as 'n towenaar beskou, en Retief was dus in sy oë 'n groter towenaar as Sekonyela. Zulutradisie lui voorts dat dit die rede is waarom Dingane die Trekkers se dood beveel het met die woorde: "Maak dood die towenaars!"

Van die Trekkers se dade het die Zulukoning ook agterdogtig gemaak en bedreig laat voel. Daar was bv. Retief se ontaktvolle brief waarin hy Dingane daarop gewys het dat Mzilikazi sy straf verdien het en dat God slegte konings nie lank laat lewe nie. Dingane se agterdog is verder aangewakker omdat Retief nie die vuurwapens en perde wat hy saam met die beeste van Sekonyela teruggebring het, aan Dingane wou afstaan nie. Dit moes vir Dingane ook ontstellend gewees het dat die Voortrekkers reeds Natal binnegekom, die Thukela oorgesteek en oor 'n groot gebied versprei kamp opgeslaan het nog voor 'n ooreenkoms onderteken is.

Aangesien die Zulu geweet het waar die Trekkerlaers was, het Dingane besluit om die verrassingselement te gebruik en op Retief se laers toe te slaan. Die Zulukoning het sy impi's beveel om die verspreide Voortrekkerlaers aan die Boesmans- en Bloukransrivier aan te val. Langs hierdie twee sytakke van die Thukela en verdere vertakkinge soos die Moord- en Rensburgspruit het talle Trekkerfamilies op Retief se terugkoms gewag. Die versigtige Maritz het 'n deeglike laer aan die Boesmansrivier, nie te ver van die huidige Estcourt nie, getrek. Die Potgieter- en Uysgeselskappe was nog gedeeltelik anderkant die Drakensberg, maar heelwat van hulle was reeds besig om teen die berg af te trek.

Vroeg die oggend van 17 Februarie het duisende Zulu die niksvermoedende Trekkergesinne aangeval en talle van hulle gedood. Die eerste mense wat aangeval is, was dié aan die Bloukransrivier en by Moordspruit waar geen laers getrek is nie. Maritz se laer is ook aangeval, maar die verrassingselement was daarmee heen. Die Zulukrygers se moegheid enersyds en Maritz se paraatheid andersyds, asook sy mense se dapper verdediging en die sterk stroom van die Boesmansrivier, het daartoe bygedra dat die Zulukrygers uiteindelik die aftog moes blaas. Die Zulu-impi het egter met hulle terugtog duisende stuks vee van die Trekkers meegevoer.

Die aanvalle op Retief se groepie en op die verspreide laers was 'n groot terugslag vir die Trekkers. Saam met Retief en sy manne het bykans 350 wit Trekkers gesterf en bykans ewe veel van hul bruin en swart werknemers. In totaal is 600 mense dood.

'n Kommando van ongeveer 350 man het op 'n strafekspedisie teen die Zulu onder die gesamentlike bevel van Potgieter en Uys vertrek. Op 11 April is hulle deur die Zulu in 'n hinderlaag oorkant die Buffelsrivier gelok en elf man het omgekom. Onder hulle was Uys en sy seun Dirkie. Dit was 'n verdere terugslag vir die Trekkers in Natal. Potgieter het daarna teruggekeer na sy plan om na die Hoëveld, en so ver as moontlik van die Britse invloed af, te trek, en hy het besluit om Natal te verlaat.

WAS DIE RETIEF-DINGANE-TRAKTAAT 'N EGTE DOKUMENT?

Die bekende Suid-Afrikaanse historikus George Cory het in 1923 die egtheid van die Retief-Dingane-traktaat bevraagteken. Dit het daartoe gelei dat die Universiteit van Stellenbosch vir proff. Cory, W. Blommaert en dr. Gustav Preller genooi het om aan 'n debat oor dié dokument deel te neem. Die hulp van onder andere handskrifkundiges is ingeroep om die bestaande natrekke van die traktaat te ondersoek.

Een van Cory se bedenkinge het daaroor gegaan dat die oorspronklike traktaat tydens die Anglo-Boereoorlog verlore geraak het en dat die litografiese natrekke dus nie met die oorspronklike vergelyk kon word nie. Die natrekke en afdrukke van die traktaat was egter so akkuraat dat dit bewys kon word dat Retief en die ander Boeregetuies se handtekeninge wel outentiek is. Cory se ander bedenkinge oor die egtheid van die dokument is ook opgeklaar en hy het in Desember 1923

in 'n openbare toespraak erken dat die handskrif op die natrekke bewys
dis van die oorspronklike Retief-Dingane-traktaat gemaak en dat die
dokument inderdaad as eg beskou kan word.

Die waarde van dié historiese dokument lê daarin dat vir Retief en sy
manne die ooreenkoms met Dingane beteken het dat die streek tussen
die Thukela- en Mzimvuburivier aan die Voortrekkers afgestaan is en
vir altyd aan hulle en hul nageslag sou behoort. Maar volgens oorlewe-
ring het die traktaat vir Dingane en sy volgelinge die betekenis inge-
hou dat die Voortrekkers die grond kon bewoon, maar dat dit nie hul
eiendom was nie. Alle grond waarop die Zulugemeenskappe gewoon
het, was die eiendom van die Zulukoning of, soos dr. Oscar D. Dhlomo
dit in 1988 gestel het, "that the voortrekkers would occupy the land
without necessarily owning it – as all land was owned by the King as
trustee on behalf of his subjects".

Die Slag van Bloedrivier

Die jaar 1838 het die een na die ander rampspoedige gebeurtenis vir die Voor-
trekkers gebring. Skielik was hulle sonder hul vernaamste leiers, want nie alleen
het Retief en Uys albei gesterf nie, maar Potgieter het teruggetrek oor die
Drakensberg en Maritz is op 23 September 1838 oorlede. Die jaar het wel
'n positiewe wending geneem toe Andries Pretorius in November 1838 in
hul laer aangekom het. Al hoe meer mense het ook in die voorafgaande weke
van oral uit die Transoranje en die Kaapkolonie opgedaag om die Trekkers se
getalle te versterk.

Ná 'n verkenningsbesoek aan die Voortrekkers aan die einde van 1837 het
Andries Pretorius en sy geselskap Graaff-Reinet in Oktober 1838 verlaat.
Op 22 November het hy by die Trekkers se hooflaer aan die Klein-Thukela
aangekom. Hier is hy dadelik as hoofkommandant van die strafkommando
(later Wenkommando genoem) teen Dingane aangewys. Twee dae later het
hy met sy kommando noordoos in die rigting van Zululand vertrek. Op pad
het die Voortrekkerleier Karel Landman met sy volgelinge by hulle aangesluit,
sodat die ekspedisiemag uiteindelik 470 man – met inbegrip van drie Engelse,
o.a. Alexander Biggar, 'n voormalige Britse offisier en setlaar – sterk was.

Pretorius het die veldtog met groot deeglikheid beplan. Onderweg het hy
die idee van 'n gelofte met sy kommandante en manskappe bespreek en goed-
keuring daarvoor gekry. Gevolglik het Sarel Cilliers die gelofte in 'n gebed op
Sondag, 9 Desember 1838 by die huidige Wasbankspruit afgelê en daarna,
tot en met die botsing met die Zulu, elke aand herhaal. Die gelofte het gelui

dat as God die oorwinning aan hulle skenk, dié dag deur hulle en hul na-komelinge herdenk sal word en dat 'n kerk gebou sal word.

Terwyl die kommando deur Zululand beweeg het, het hulle op 15 Desember berig ontvang dat die Zuluhoofmag in hul rigting op pad was. Op die weste-like oewer van die Ncomerivier, wat die Trekkers later Bloedrivier genoem het, het Pretorius sonder versuim 'n laer laat trek. Die laer se ligging was strategies goed gekies, in 'n hoek tussen die rivier en 'n diep sloot. In teenstelling met die vorige nag se digte mis, was Sondag, 16 Desember 'n helder sonskyndag. Kort ná sonsopkoms het ongeveer 10 000 Zulukrygers onder aanvoering van Nzobo (Dambuza) en Ndlela herhaaldelik die laer bestorm, maar die Trek-kers het telkens daarin geslaag om die aanvalle te stuit. Ná sowat twee uur het Pretorius die hekke van die laer laat oopmaak sodat die perderuiters die Zulu-krygers kon bestorm. Die ruiters is twee keer na die laer teruggedryf, maar toe hulle 'n derde keer uitstorm, het die Zulu op die vlug geslaan.

Pretorius was deel van die groep wat die vlugtende krygers agtervolg het. Tydens die jaagtog het hy 'n pynlike assegaaisteek in sy linkerhand opgedoen. Teen sowat twaalfuur die middag is die agtervolging gestaak, maar ná 'n rus-periode het Pretorius weer 'n perdekommando uitgestuur. Die vlugtende Zulu kon egter nie ingehaal word nie.

Aan die kant van die Voortrekkers was daar slegs drie gewondes, maar die volgende dag is meer as 3 000 Zululyke om die laer getel. In die lig van die groot lewensverlies was dié botsing die grootste enkele slag wat tot nog toe op Suid-Afrikaanse bodem geveg is. Pretorius het hom in die hele veldtog as 'n goeie organiseerder, mensekenner en uitnemende strateeg bewys. Hy is trouens as die held van Bloedrivier beskou en het bykans oornag beroemdheid verwerf, ook ver buite die grense van Natal.

Bloedrivier was 'n ernstige terugslag vir die Zulu, maar hul mag is daar-deur nie gebreek nie. Pretorius het sy Wenkommando verder laat beweeg na Mgungundhlovu, sowat 60 km suidoos van die slagveld. Daar het hulle op 20 Desember 'n afgebrande en verlate stat aangetref. Hulle het voorts op die koppie Kwa-Matiwane op die oorskot van Retief en sy manne afgekom, asook op die erg verweerde leertas waarin die Retief-Dingane-grondskenkingsakte nog was.

Die Republiek Natalia, 1838-1843

Danksy die vestiging van die Voortrekkers in Natal aan die einde van 1837 kon hulle ondanks al die teenspoed uiteindelik 'n eie Voortrekkerstaat stig.

So is die Republiek Natalia gebore. Die grense van die republiek het ooreen-komstig die Retief-Dingane-traktaat die gebied tussen die Mzimvubu- en Thukelarivier beslaan. Aan die oostekant was die Indiese Oseaan, maar die wesgrens is nie vasgestel nie. In die loop van 1838 is begin om 'n nuwe grond-wet op te stel en 'n Volksraad van 24 lede te verkies.

Die Volksraad was die hoogste bestuursliggaam en het oor die drie staats-magte, naamlik die wetgewende, uitvoerende en regterlike magte, beskik. Lede van die Volksraad het bestaan uit mans tussen die ouderdom van 25 en 60 jaar en is jaarliks deur alle manlike burgers bo 21 jaar verkies. (In daardie tye het slegs mans stemreg gehad, ook elders ter wêreld.) Steeds was die Voortrekkers versigtig om te veel mag aan een persoon toe te vertrou, veral gedagtig aan Retief wat heelwat besluite op sy eie geneem het. Gevolglik is geen staatshoof verkies nie en was al die mag in die hande van die Volksraad gesetel.

Die afwesigheid van 'n regeringshoof aan die spits van die uitvoerende gesag was 'n swakheid. Terwyl die Volksraad nie gesit het nie, was daar dus niemand om die wette uit te voer nie. 'n Nuwe liggaam, die Kommissieraad, wat in resestye as die uitvoerende gesag kon optree, het die probleem deels opgelos.

Die Voortrekkers het mettertyd die grondgebied beset wat deur Dingane afgestaan is. Plaaslike bestuur is ingerig en die republiek verdeel in distrikte met 'n landdros en heemrade aan die hoof van elkeen. Die landdros en heem-rade moes vir die regspleging en distriksadministrasie sorg, maar die regsple-ging was onderworpe aan die gesag van die Volksraad, wat as 'n appèlhof gedien het. Die Voortrekkers se plaaslike bestuurstelsel was vir hulle belang-rik, en kommissaris-generaal J.A. de Mist se destydse reëlings gedurende die Bataafse bewind (1804) is as voorbeeld gebruik. Die verdeling in distrikte en elke distrik in veldkornetskappe (wyke) was ook 'n logiese uitvloeisel van dit waaraan die Afrikanerboere gewoond was. Pietermaritzburg (vernoem na Pieter Retief en Gert Maritz) was die hoofsetel van die nuwe republiek.

Die vereniging van die Voortrekkergemeenskappe in Natal en die Potgie-terondersteuners op Potchefstroom was vir die Natalse Volksraad 'n belang-rike prioriteit. Pretorius is met hierdie doel deur die Volksraad afgevaardig om met Potgieter op Potchefstroom samesprekings te hou. Ná gesprekke in 1839 en 1840 is die Voortrekkers op 2 Februarie 1841 in een republiek verenig. Die Republiek Natalia het nou ook die gebied Potchefstroom-Win-burg ingesluit. Laasgenoemde streek sou deur 'n Adjunkraad van twaalf lede verteenwoordig word. Potgieter was die erkende militêre bevelvoerder van die Voortrekkergebied wes van die Drakensberg. Die groot afstand tussen die twee gemeenskappe het gereelde skakeling bemoeilik, en die twee rade het regeringsake bykans onafhanklik van mekaar gehanteer.

Die Volksraad het die Kaapse goewerneur, sir George Napier, in September 1840 versoek om die jong Voortrekkerstaat as 'n vry en onafhanklike staat te erken, maar die Britse regering het geweier om dit te doen en genoem dat hulle beoog om die Britse gesag oor Natal uit te brei. Die Voortrekkers se aansoek om hulpverlening by die Nederlandse koning het ook misluk. Die jong republiek kon dus nie internasionale erkenning kry nie.

In Mei 1842 het die Britte Port Natal beset toe 'n troepemag onder aanvoering van kapt. T.C. Smith daar aangekom en die Britse vlag gehys het. Die Britte se optrede is grotendeels veroorsaak deur die Voortrekkers se optrede teen die Zulu en ook die aanval op die Bhaca onder Ncapayi. Die Britte was veral bang dat die Trekkers se optrede teen die swart gemeenskappe aan die ooskus verdere probleme sou veroorsaak en druk op die swart gemeenskappe op die Oosgrens van die Kaapkolonie sou plaas.

Die Trekkers het die Britse mag by Congella beleër en hul oorgawe geëis. Ná 'n maand van beleg en enkele skermutselings het die Britte versterkings ontvang en het die Volksraad op 5 Julie 1842 besluit om oor te gee. Tien dae later is 'n vredesverdrag onderteken ingevolge waarvan die Britse gesag oor Natal erken is. Die amptelike anneksasie van Natal het eers 'n jaar daarna, op 9 Augustus 1843, plaasgevind toe Henry Cloete as kommissaris gestuur is om Natal tot Britse gebied te verklaar. In Mei 1844 is Natal 'n aparte distrik van die Kaapkolonie gemaak.

Hoewel die Natalse Voortrekkerrepubliek van korte duur was, het die Afrikanerboere daarmee tog 'n mylpaal bereik. Ondanks al die gebreke van hierdie eerste poging om hul eie staat te stig, was dit 'n leerskool in demokrasie en 'n proses waarin hul volksbesef verder ontwikkel het.

Die Voortrekkers by Potchefstroom-Winburg

Nadat Potgieter en sy geselskap hulle in 1838 by Potchefstroom gevestig het, het hulle hul eie bestuur verkies wat as die Raad van Hendrik Potgieter bekend gestaan het. Potgieter was die hoofleier van die gemeenskap, en sy jurisdiksie het gestrek oor die Trekkers van die noordelike Transoranje (Winburg) en westelike Oorvaalse gebied (Potchefstroom en omgewing).

Die gemeenskap van Potchefstroom-Winburg het in 1841 by die Natalse Republiek ingeskakel, en die gewone organisasie van distrikte, veldkornette en wyke is hier ingestel. Jan Mocke is as kommandant vir die streek tussen die Modder- en Vetrivier aangewys. Met die Britse anneksasie van Natal het Potgieter egter finaal sy bande met die Natalse Voortrekkers verbreek, die Adjunkraad is tot 'n Burgerraad omvorm, en die grondwet van Natalia is oorgeneem.

Potgieter se vrees vir naderende Britse oorheersing het veroorsaak dat hy met 'n groep Voortrekkers van Potchefstroom na Ohrigstad (noord van die huidige Lydenburg) verskuif het. J.J. (Kootjie) Burger, vroeër sekretaris van die Natalse Volksraad, en sy ondersteuners se trek na Ohrigstad het meegebring dat daar teen die einde van 1846 twee regerings in Ohrigstad was wat al twee daarop aanspraak gemaak het dat hulle die wettige gesag oor hierdie streek gehad het.

Potgieter was uiters teleurgestel met die Burgergroep se miskenning van sy leierskap en het verder noord getrek en hom in 1848 by Schoemansdal (wes van die teenswoordige Louis Trichardt) gevestig.

Die onmin onder die Voortrekkers is daardie jaar verder aangevuur deur Andries Pretorius en sy geselskap se vestiging aan die Magaliesberge. Pretorius se invloed en aanhang het daarvoor gesorg dat hy dadelik 'n belangrike leiersrol onder die Voortrekkers van die Transoranje en Potchefstroom begin speel het. Sy hewige teenstand teen die uitbreiding van Britse gesag oor die Transoranje het daartoe gelei dat hy op 29 Augustus 1848 by Boomplaats in 'n geveg met troepe van goewerneur sir Harry Smith betrokke was. Pretorius is verslaan, maar sy opponering van die Britte het sy invloed versterk. Die Potgieterondersteuners het egter geglo Pretorius se geveg met die Britte kon ook die Oorvaalse onafhanklikheid in gevaar stel. Hulle het ook bedreig gevoel deur Pretorius se toenemende invloed onder die Trekkers.

Teen 1849 was daar in Transvaal dus drie faksies onder die Voortrekkers. Eerstens was daar die Potgieterondersteuners in die noorde onder hul eie regering, wat Potgieter as die hoofkommandant en leier van al die Trekkers in Transvaal beskou het. Tweedens was daar die groep onder leiding van Kootjie Burger by Ohrigstad en Lydenburg, wat nie Potgieter se gesag erken het nie, maar self ook nie buite hul streek enige gesag kon afdwing nie. Derdens was daar die groep in die suide van Transvaal wat Pretorius se gesag erken het.

Pretorius het hom daarop toegespits om een Voortrekkerstaat tot stand te bring. Ten spyte van volksvergaderings het onderlinge twiste voortgeduur. Met die Volksraad se sitting in Rustenburg in September 1851, waar sy opponente van Lydenburg nie teenwoordig was nie, het Pretorius volmag gekry om met die Britse regering oor die erkenning van onafhanklikheid te onderhandel.

Die mees betekenisvolle belangrikheid van die Groot Trek en die bestuursvorme wat daaruit gespruit het, is daarin geleë dat die Afrikaners die grondslag gelê het van die republikeinse staats- en regeringsvorm terwyl die Britse parlementêre stelsel in die Kaapkolonie nog besig was om te ontplooi.

Die Sandrivierkonvensie

In September 1851 het Pretorius majoor Henry Douglas Warden, die Britse resident in die Oranjerivier-Soewereiniteit (die gebied tussen die Oranje- en Vaalrivier wat in Februarie 1848 deur sir Harry Smith tot Britse gebied verklaar is), skriftelik meegedeel dat hy oor 'n "verstandhouding" wou onderhandel.

Die Britte het dié toenadering dadelik aangegryp, aangesien hulle ernstige probleme in hul Suid-Afrikaanse gebiede ondervind het. Die Kaapkolonie was sedert 1850 in 'n Agtste Grensoorlog met die Xhosa gewikkel. Die Britse resident in die Oranjerivier-Soewereiniteit kon met die beperkte militêre en finansiële bronne tot sy beskikking nie sy posisie teenoor onder andere Mosjwesjwe volhou nie. Dit was juis 'n gebrek aan geld wat veroorsaak het dat die Britse regering nie hul grensreëlings kon afdwing nie en wat daartoe gelei het dat majoor Warden in Junie 1851 by die Slag van Viervoet deur die Sotho verslaan is.

Op 17 Januarie 1852 is die Sandrivierkonvensie onderteken deur Pretorius en 'n paar afgevaardigdes, asook kommissarisse W.S. Hogge en C.M. Owen namens die Britse owerheid. Daarvolgens het Brittanje die onafhanklikheid van die Trekkerrepubliek noord van die Vaalrivier amptelik erken. Die Voortrekkers het een van hul groot ideale bereik, en nog dieselfde jaar het die Zuid-Afrikaansche Republiek (ZAR) tot stand gekom. Vir die Britse regering aan die Kaap was dit 'n noodsaaklike besparings- en beveiligingsmaatreël, want nou kon die Voortrekkers as bondgenote gebruik word om die Britse kolonie se grense te beskerm.

Die Bloemfonteinkonvensie

Die heterogene bevolkingsamestelling van die suidelike Transoranje wat voortdurend onrus veroorsaak het, het die Britse regering in die 1840's aangespoor om sy invloed ook daarheen uit te brei. In die suide het die Griekwas onder Adam Kok gewoon, in die ooste was daar die Rolong onder Moroka, en nog verder oos die Sotho onder Mosjwesjwe. Die Sotho het hul grondaansprake op die vrugbare streek wes van die Caledonrivier gerig.

Die verskillende groepe wit boere in die gebied was die trekboere onder Michiel Oberholzer en die republikeinse Voortrekkers van die Winburg-omgewing. Die trekboere was lojaalgesind teenoor die Britse regering en het hulle gedistansieer van die republikeinse Voortrekkers wat hoofsaaklik in die streek tussen die Vet- en Vaalrivier gewoon het. Laasgenoemde groep het ná die anneksasie van Natal hul eie bestuur ingestel en onder Potgieter deel van Potchefstroom-Winburg uitgemaak. Potgieter en die Burgerraad van die Voortrekkers het trouens daarop aanspraak gemaak dat hul gesag tot aan die Oranjerivier gestrek het.

Die Britte het spoedig hierna hul invloed oor die Transoranje uitgebrei. Goewerneur Napier het die gebied tot 25° suiderbreedte tot Britse gebied verklaar. Hy wou die Kaapse noordgrens sonder groot koste met bufferstate beskerm en het dus probeer om indirekte beheer oor die Transoranje uit te oefen. Gevolglik het hy einde 1843 verdrae met Adam Kok en Mosjwesjwe gesluit wat o.m. bepaal het dat die ondertekenaars getroue vriende van die Kaapkolonie sou wees en dat hulle die orde in hul onderskeie gebiede sou bewaar, misdadigers sou uitlewer en hul bondgenote wedersyds sou waarsku teen moontlike vyandelikhede.

Die Trekkers en die lojale trekboere was nie bereid om hulle aan die gesag van die swart leiers te onderwerp nie. Wit versetaksies teen Adam Kok het toegeneem totdat Britse troepe in Mei 1845 'n gewapende groep Trekkers by Swartkoppies verslaan het. Sir Peregrine Maitland het met Adam Kok ooreengekom dat die streek suid van die Rietrivier as 'n onvervreembare en uitsluitlik Griekwareservaat behou sou word. In die noorde kon Britse onderdane grond koop of huur, maar die grond sou onder die soewereiniteit van die Griekwa-kaptein bly.

'n Belangrike stap was die plasing van 'n Britse resident op Bloemfontein, majoor Henry Warden. Dit was die eerste aanstelling van 'n Britse amptenaar in die Transoranje. Warden moes egter feitlik sonder enige steun die mas opkom te midde van groeiende onrus onder die bevolkingsgroepe. Dit het uiteindelik tot regstreekse Britse inmenging gelei. In Februarie 1848 het sir Harry Smith die hele gebied tussen die Oranje- en Vaalrivier en die Drakensberge as die Britse Oranjerivier-Soewereiniteit namens Brittanje geannekseer.

Tot in hierdie stadium wou Andries Pretorius nog deur vreedsame onderhandelinge onafhanklikheid vir die Trekkers probeer kry. Die anneksasie van die Transoranje het hom egter tot verset laat oorgaan. Pretorius het met die grootste kommando wat hy nog aangevoer het teen Smith opgeruk in die suidelike Transoranje, maar op 29 Augustus 1848 is hy in die Slag van Boomplaats verslaan. Weer eens het die groot uittog van die Voortrekkers op 'n laagtepunt te staan gekom. Die enigste weg na vryheid het nou noord van die Vaalrivier gelê.

Nog voor die ondertekening van die Sandrivierkonvensie in Januarie 1852 het die Britse regering besluit om ook uit die gebied tussen die Oranje- en Vaalrivier te onttrek. Intussen het die Sotho onder Mosjwesjwe die Britse prestige 'n gevoelige knou toegedien toe hulle 'n Britse aanval by Bereaberg afgeweer het. 'n Spesiale kommissaris, sir George Clerk, is vervolgens na die gebied gestuur. Ondanks teenkanting van talle Britse handelaars, sendelinge en trekboerlojaliste, is die Bloemfonteinkonvensie op 23 Februarie 1854 met Josias Hoffman en ses ander voormalige Trekkers onderteken. Hiervolgens het die Britse regering die onafhanklikheid van die gebied tussen die Oranje- en die Vaalrivier erken en het die Republiek van die Oranje-Vrystaat tot stand gekom. Hierdie gebeurtenis was veral betekenisvol omdat die Britse regering uit 'n gebied onttrek het wat hulle voorheen geannekseer het.

Die betekenis van die Groot Trek

Met die totstandkoming van die twee onafhanklike Voortrekkerstate in die binneland van Suid-Afrika het die Afrikanerboere hul vryheidsideaal bereik. Daarmee is die land in twee Britse kuskolonies en twee binnelandse Afrikanerstate verdeel. Die Groot Trek kan as een van die belangrikste verskynsels in die Afrikaners se geskiedenis beskou word en was 'n beslissende keerpunt.

Met die Groot Trek het private Afrikanerinisiatief in die 1830's vir die eerste keer relatief geslaagde leiding geneem. Die emigrasie het met baie swaarkry en smart gepaardgegaan, maar 'n sterker gevoel van samehorigheid en identiteit het daaruit gegroei. Afrikaners kon aan die einde van die 19de eeu met trots terugkyk op wat hul voorgeslagte vermag het.

Hul emigrasie kan as 'n versnelde wit kolonisasieproses deur Afrikanergrensboere gesien word. Daarmee is vir kapitaalkragtige entrepreneurs, handelaars en beroepslui nuwe eksploitasiemoontlikhede in Afrika oopgestel.

Die Voortrekkers het heeltemal weggebreek van die monargistiese staatstelsel en, ongeag die aanvanklike gebreke, 'n nuwe republikeinse bestuurstelsel geskep. Die Natalse Voortrekkerrepubliek was ook die eerste republiek in Afrika.

Die Voortrekkers se emigrasie en vestiging in die binneland het op 'n dramatiese wyse tot die opkoms van die Afrikaner gelei. Soos die historikus C.W. de Kiewiet opgemerk het, het dit die toekoms van die hele Suid-Afrika onlosmaaklik aan die Boere gekoppel.

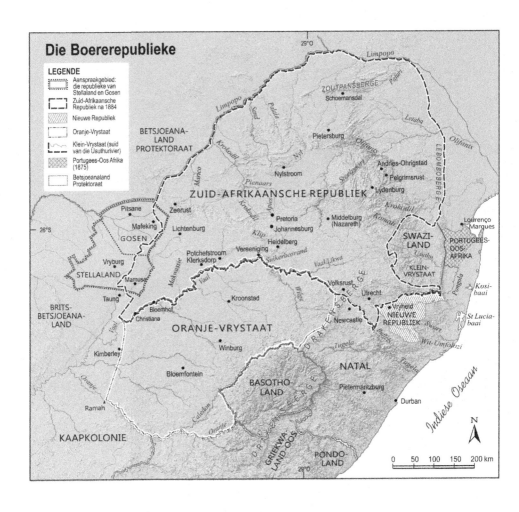

Die Boererepublieke

LEGENDE

Aanspraakgebied: die republieke van Stellaland en Gosen

Zuid-Afrikaansche Republiek na 1884

Nieuwe Republiek

Oranje-Vrystaat

Klein-Vrystaat (suid van die Usuthurivier)

Portugees-Oos Afrika (1875)

Betsjoeanaland Protektoraat

29°O

Limpopo

ZOUTPANSBERGE

Schoemansdal

Limpopo

Sand

Pafuri

Padda

Letaba

Olifants

Pietersburg

BETSJOEANA-LAND PROTEKTORAAT

Krokodil

Nyl

Steelpoort

Andries-Ohrigstad

Olifants

LEBOMBOBERGE

Nylstroom

Pelgrimsrust

Pienaars

ZUID-AFRIKAANSCHE REPUBLIEK

Apies

Lydenburg

Krokodil

26°S

Pitsane

Zeerust

Krokodil

Pretoria

Middelburg (Nazareth)

Komati

Mafeking

Lichtenburg

Johannesburg

SWAZI-LAND

Lourenço Marques

GOSEN

Klip

Heidelberg

Usuthu

PORTUGEES-OOS-AFRIKA

Vereeniging

Suikerbosrand

KLEIN-VRYSTAAT

Potchefstroom

Vaal/Likwa

Vryburg

Klerksdorp

Pongola

Kosi-baai

STELLALAND

Mamusa

Vaal

Volksrust

Mkuze

Madwassie

Utrecht

St Lucia-baai

Taung

Kroonstad

Vryheid

BRITS-BETSJOEANA-LAND

Bloemhof

Vet

NIEUWE REPUBLIEK

Christiana

Newcastle

Vaal

DRAKENSBERGE

Wit-Umfolozi

ORANJE-VRYSTAAT

Kimberley

Winburg

Tugela

NATAL

Oranje

Bloemfontein

BASOTHO-LAND

Pietermaritzburg

Tugela

Indiese Oseaan

Caledon

Durban

Ramah

Oranje

DRAKENSBERGE

KAAPKOLONIE

GRIEKWA-LAND-OOS

PONDO-LAND

29°O

N

0 50 100 150 200 km

8

Staatsvorming en stryd, 1850-1900

Jackie Grobler

Tussen 1850 en 1900 het Suid-Afrika 'n dramatiese gedaanteverwisseling ondergaan danksy grootskaalse politieke, ekonomiese, kulturele en demografiese omwentelinge. In dié tyd het die staatkundige eenheid wat vroeg in die volgende eeu as Suid-Afrika bekend sou word, onmiskenbaar vorm aangeneem.

In die begin van dié tydperk het nagenoeg twintig gemeenskappe wat min of meer onafhanklik was in die land gewoon. Vyftig jaar later was die hele gebied opgedeel in twee Britse kolonies (die Kaapkolonie en Natal) en twee Boererepublieke (die Zuid-Afrikaansche Republiek, of ZAR, en die Oranje-Vrystaatse Republiek). Al die swart gemeenskappe was aan hul gesag onderwerp.

In 1850 was boerdery vir die oorgrote meerderheid Suid-Afrikaners hul vernaamste bedryf en was daar geen sprake van 'n gesonde geldekonomie nie. Teen 1900 was mynbou goed gevestig en was daar aandelebeurse, banke en tienduisende loonarbeiders. In 1850 was die ossewa die vernaamste vervoermiddel en was daar feitlik geen paaie, brûe of bergpasse in veral die noordelike deel van die land nie. Teen 1900 het spoorlyne die land deurkruis en het die motor sy verskyning begin maak.

In 1850 was daar net 'n handjie vol skole in Suid-Afrika. Tersiêre opleiding was beperk tot 'n beskeie inrigting in Kaapstad – terwyl die eerste universiteit in die Verenigde State van Amerika, Harvard College, reeds in 1640 gestig is. Teen 1900 was skole oor die hele land versprei en was daar verskeie kolleges vir naskoolse opleiding. In 1850 was Kaapstad die grootste dorp in Suid-Afrika en die enigste metropool met meer as 10 000 inwoners, terwyl die meerderheid Suid-Afrikaners op plase of in gehuggies gewoon het. Teen 1900 was sowat 15% van die totale Suid-Afrikaanse bevolking verstedelik en het Johannesburg 'n bevolking van meer as 100 000 gehad.

Hoe het dit gebeur dat Suid-Afrika in hierdie halwe eeu so 'n ingrypende transformasie ondergaan het?

Swart gemeenskappe onder druk

Die Boesmans (San)

Vir die Boesmans, of San, het die tweede helfte van die 19de eeu geen hoop op vooruitgang gebring nie. Die enkele onafhanklike Boesmangemeenskappe wat in daardie stadium nog 'n sukkelbestaan gevoer het in onherbergsame gebiede soos die Cederberge, die Drakensberge, Boesmanland en die Kalahariwoestyn, is in die loop van dié halfeeu onder toenemende druk geplaas. Hul jagterversamelaarkultuur is al hoe meer bedreig deur die uitbreiding en bevolkingstoename van die veeherder- en landbouergemeenskappe wat in hul soeke na weiveld selfs in die meer onherbergsame terreine inbeweeg het. Teen die einde van die eeu was daar inderdaad geen Boesmangemeenskappe in die Drakensberge oor nie en is die Boesmans wat vroeër daar gewoon het, gedwing om besittingslose loonarbeiders en veeherders by hul sterker buurgemeenskappe te word.

Die Khoekhoen (Griekwas, Koranas, Namas)

Teen 1850 was daar nog verskeie onafhanklike of minstens semi-onafhanklike Khoekhoengroepe in Suid-Afrika. Daarbenewens was daar verskeie Suid-Afrikaanse gemeenskapsgroepe wat uit die Khoekhoen ontwikkel het, waaronder die Griekwas. Maar ook vir dié groepe was die tweede helfte van die 19de eeu 'n hartseer tydperk.

Die Khoekhoen en ander gemeenskappe wat nie as wit omskryf is nie en wat in die Katriviernedersetting in die Oos-Kaap woonagtig was, het toenemend soos tweedeklasburgers begin voel. Die rede hiervoor was die plaaslike Britse amptenare en wit boere van die omgewing wat dwangmaatreëls aan hulle opgedring en hulle probeer dwing het om as arbeiders op die wit boere se plase te gaan werk. Toe die sogenaamde Agtste Grensoorlog (die Mlanjeni-oorlog) in 1850 uitbreek, het hul ontevredenheid oorgekook. Die meeste van Katrivier se inwoners, insluitende die Khoekhoengarnisoen van Fort Armstrong, wat teen hul wit offisiere gemuit het, het die kant van die Xhosa in hierdie oorlog gekies. Die Khoekhoen van die Shiloh- en die

Theopolis-sendingstasies het spoedig in solidariteit by die Katrivieropstande-linge aangesluit. Die Britse owerhede het intussen bruin troepe in die hui-dige Wes-Kaap opgekommandeer en na die Oosgrens gestuur om die oor-log en die opstand wat daarmee saamgehang het, te beëindig. Hierdie soldate was egter onwillig om teen hul rasgenote te veg en is uiteindelik na die Kaap teruggestuur.

Die Griekwas wat langs die Garieprivier in die huidige Vrystaat gewoon het, met Adam Kok III as leier, was teen 1850 nog relatief goed daaraan toe. Sommige het hulle in die hoofstroom van ekonomiese bedrywighede bevind deur hul boerdery met merinoskape. Diegene wat hul grond aan wit boere verkoop het, het egter arm gebly. Met die stigting van die Republiek van die Oranje-Vrystaat in 1854 het die Griekwas geen politieke regte gekry nie. Met die instemming van die Britte was hulle geheel en al ondergeskik aan die Boere (soos die burgers van die ZAR en die Republiek van die Oranje-Vrystaat bekend gestaan het). Hulle moes aanvaar dat hulle as afsonderlike gemeenskap sal verdwyn, tensy hulle veg vir hulle onafhanklikheid, of elders 'n heenkome gaan soek. Hulle het besluit om 'n ander tuiste te vind.

Toe hierdie Griekwas teen die einde van die 1850's ingelig is oor die bestaan van 'n onbewoonde gebied suidoos van die Drakensberge tussen die Mzimkulu-en Mzimvuburivier (Niemandsland, wat later Griekwaland-Oos genoem is), het hulle in 1860 hul grond verkoop en met die seën van die Britse goewer-neur van die Kaapkolonie daarheen getrek. Aanvanklik het dit goed gegaan in die nuwe gebied, en hulle het 'n geordende gemeenskap rondom hul nuwe hoofstad, Kokstad, gevestig. Vanaf 1872 het die Britte egter stelselmatig met die oorname van Griekwaland-Oos begin. Ná Adam Kok se dood in 1875 het die eenheid in Griekwageledere verbrokkel en het talle Griekwas hul grond aan buitestanders verkoop. Drie jaar later, in 1878, is Griekwaland-Oos deur die Britte geannekseer. Daarmee was 'n onafhanklike bestaan vir dié Griekwa-gemeenskap vir altyd iets van die verlede.

Benewens die Griekwas wat volgelinge van Adam Kok III was, was daar ook Griekwavolgelinge van die Waterboer-familie wat laer af langs die Garie-rivier in die omgewing van Griekwastad gewoon het. Hul ongestoorde, onaf-hanklike bestaan het in die 1870's tot 'n einde gekom toe diamante in daardie gebied ontdek is. Die Britse regering het die gebied van die Waterboer-Griekwa, wat Griekwaland-Wes genoem is, ingepalm en het dit in 1880 by die Kaap-kolonie ingelyf. Die meeste Griekwas het hulle grond en aansprake op diamant-rykdomme aan wit mense verkoop en in armoede verval.

Die vallei van die Garieprivier verder stroomaf tot naby die Augrabies-waterval is teen 1850 bewoon deur 'n groep Khoekhoenveeherders wat die Koranataal gepraat en ook mense van gemengde bloed ingesluit het. Hulle het mettertyd perde en gewere in die hande gekry en dit onder meer benut in rooftogte op wit veeboere wat in die tweede helfte van die 19de eeu in die gebied inbeweeg en plase by die Kaapse regering geregistreer het. Twee oor-loë tussen die Koranas en die Kaapse owerhede het gevolg (onderskeidelik in 1868-1869 en 1878-1879). Die Koranas is verslaan en hul leiers is tronkstraf opgelê en na Robbeneiland gestuur. Die Koranagebied is herdoop as Gordo-nia en vir wit bewoning oopgestel. Daarmee het die onafhanklike bestaan van dié gemeenskappe ook tot 'n einde gekom.

Die laaste Khoekhoengemeenskap wat tussen 1850 en 1900 nog grotendeels onafhanklik was, was die Namas van Namakwaland en die Richtersveld. In-dringing deur wit boere het meegebring dat talle Namamense hul toevlug tot sendingstasies op plekke soos Leliefontein, Kommagas, Steinkopf en Richters-veld geneem het.

Die Suid-Nguni

Vir die Suid-Nguni – die hoofsaaklik Xhosasprekende gemeenskappe wat in die suidoostelike deel van die land gewoon het – het die tweede helfte van die 19de eeu begin met 'n oorlog teen die Kaapse koloniale owerheid. Die oorlog was 'n uitvloeisel van Britse koloniale uitbreiding in daardie streek met die totstandkoming van British Kaffraria wat die grondgebied van die Ngqika en die Ndlambe ingesluit het.

Die finale aanleiding tot die oorlog was die Britse owerheid se afsetting van die Ngqika-hoofman Sandile in 1850, waaroor die Xhosa baie ontevrede was. 'n Xhosaprofeet met die naam Mlanjeni het verkondig dat die voorvaders die Xhosa in 'n oorlog teen die wit mense sal bystaan. Die Agtste Grensoorlog, of Mlanjeni-oorlog, het in Desember 1850 begin toe die Ngqika drie Britse militêre nedersettings in die grensdistrik Victoria vernietig het. Dit het die Britte drie jaar geneem om weer hul gesag oor die Xhosa te vestig.

In 1856 en 1857 het 'n groot ramp die Xhosa getref in die vorm van 'n ge-beurtenis wat bekend geword het as die "Xhosa-beesuitwissing". 'n Jong mei-sie met die naam Nongquase het geprofeteer dat 'n krygsmag van die voor-vaders sou ingryp om die Xhosa teen die Britte by te staan. Die voorvaders sou ook aan hulle voedsel verskaf as die Xhosamense al hulle vee uitwis en hul voedselvoorrade vernietig. Sommige hoofmanne, waaronder die opperhoof

Sarili, het die profesie aangehang en hul onderdane gedwing om hul vee dood te maak en oeste te vernietig. Die Xhosa wat in die gebied wes van die Keirivier gewoon het, het in oorweldigende getalle meegedoen. As slagoffers van kolonisasie en onderwerping deur die Britte was hulle desperaat om enige hulp te verkry wat hul posisie kon verbeter.

Al die opofferinge was egter vergeefs, want die voorvaders het hulle nie op die bestemde tyd kom help nie. Die gevolg was dat die meerderheid Xhosa aan hongersnood begin ly het. Tienduisende het gesterf en tienduisende ander het die grens van die Kaapkolonie oorgesteek om vir kos te gaan bedel en 'n nuwe heenkome te vind. Daar word bereken dat tot sowat 'n derde van die Xhosa gesterf het of na die Kaapkolonie gevlug het.

Die wanorde wat op die beesuitwissing gevolg het, is deur die Britse owerheid uitgebuit om die ontmagtiging en ontstamming van die Xhosa te bespoedig. Goewerneur sir George Grey het doelbewus wit plaasboere tussen die Xhosa gevestig om hulle te "beskaaf", maar ook om hul ontstamming te versnel. Xhosahoofmanne wat hul titels geërf het, moes nou begin plek maak vir verkose hoofmanne. Stamgrond is vir individuele titelaktes verruil. Tradisionele Afrika-godsdienste is toenemend deur die Christelike godsdiens verdring. Xhosakleinboere het ploeë en waens aangeskaf en vir die mark begin boer. Xhosastemgeregtigdes het in Kaapse parlementêre verkiesings vir wit politici begin stem.

Die Xhosa se laaste poging om hul onafhanklikheid te behou, het uitgeloop op die sogenaamde Negende Grensoorlog van 1878-1879. Die Gcaleka-Xhosa het in dié oorlog die voortou geneem, maar Britse koloniale troepe het hulle onderwerp en 'n koloniale administrasiestelsel oor hul gebied ingestel. 'n Kortstondige opstand teen dié stelsel in 1881 is deur Kaapse troepe in die kiem gesmoor. Teen 1894 was die volle Transkeigebied, met ander woorde die gebied noordoos van die Keirivier (of oorkant die rivier, vanuit Kaapstad gesien), insluitende Pondoland, Thembuland en Griekwaland-Oos, onder wit beheer gebring.

Sommige Xhosagemeenskappe was in 'n mate self vir die verlies van hul onafhanklikheid verantwoordelik. Toe hoofman Ngangelizwe van die Thembu in 1875 byvoorbeeld die onderspit gedelf het in 'n geveg teen Gcaleka-Xhosa van Sarili, het hy by die Britse regering op beskerming aangedring. Dit het gevolglik Britse inmenging geregverdig. Die Xhosa in die Transkei is toegelaat om hul tradisionele instellings grootliks in stand te hou, maar gebiedsrade is wel ingestel om wit magistrate met die administrasie van die Xhosa by te staan.

Met die minerale ontdekkings later in die 19de eeu het die Xhosa se om-
standighede weer eens verander. In 1894 het die Kaapse parlement die soge-
naamde Glen Grey-wet aanvaar wat 'n einde gebring het aan die gelyke status
met wit inwoners wat die Xhosa in die Kaapkolonie geniet het. 'n Spesiale
grondbesitstelsel is vir die Xhosa ingestel ingevolge waarvan elkeen net sowat
vier hektaar grond kon besit, wat nie as eiendomskwalifikasie vir stemreg sou
geld nie.

Die Noord-Nguni

Die Noord-Nguni sluit hoofsaaklik die Zulu en die Swazi in. Die Zulu het
teen 1850 'n onafhanklike gemeenskap gevorm wat breedweg gesproke die
gebied noord van die Thukelarivier in die huidige KwaZulu-Natal bewoon
het. Hul koning was Mpande. Hy het tot met sy dood in 1872 die onafhank-
likheid van sy koninkryk beskerm deur op diplomatieke wyse konfrontasies
met die Britte asook die Boere te voorkom. Terselfdertyd het hy die militêre
stelsel van die Zulu in stand gehou.

In 1856 het 'n ernstige meningsverskil tussen Mpande se seuns ontstaan
oor wie hom sou opvolg. Cetshwayo het uiteindelik as die vernaamste aan-
spraakmaker na vore getree en die belangrikste politieke mag in die koninkryk
geword. Mpande het egter sy houvas op die koningskap tot en met sy dood
byna 16 jaar later behou. Nadat Cetshwayo aangewys is as die nuwe koning
het hy die Zulumag herbou en spoedig beskik oor 'n krygsmag van 40 000
soldate wat in *amabutho*, of ouderdomsregimente, ingedeel was. Sy mags-
posisie op die noordgrens van die Britse kolonie Natal is egter deur die Britte
as 'n bedreiging vir hul oppergesag in Suider-Afrika beskou.

Met die vaste voorneme om die Zulumag te vernietig, het sir Bartle Frere,
die Britse Hoë Kommissaris, aan die einde van 1878 'n onredelike ultimatum
aan Cetshwayo gestuur. Die Zulukoning kon nie aan die eise in die ultimatum
toegee nie. Die Britte het sy verwerping daarvan gebruik as verskoning om
Zululand binne te val. Dit het die Anglo-Zulu-oorlog ingelui. Die Zulu het hul
land vasberade verdedig, en op 22 Januarie 1879 het hulle by Isandhlwana 'n
roemryke oorwinning oor die Britte behaal. Die invallers kon egter op die-
selfde dag daarin slaag om 'n Zulu-aanval by die sendingstasie by Rorke's Drift
af te weer. In die loop van die volgende paar maande het 'n aantal gevegte wat
van onbeslissende belang was, gevolg.

In Julie 1879 het die Britte na Cetshwayo se hoofstad, Ulundi, marsjeer.
Die Zulu het dapper weerstand gebied, maar hul spiese, skilde en knopkieries

was nie bestand teen die Britte se vuurwapens nie en hulle het 'n nederlaag gely. Cetshwayo is gevange geneem en uit Zululand verban. Sy land is in dertien distrikte verdeel onder 'n hoofman wat deur die Britse owerheid aangestel is. 'n Burgeroorlog het gevolg wat tot verdere wanorde gelei het. Die Britte het toegelaat dat Cetshwayo terugkeer, maar hy sou nie weer koning van 'n verenigde Zululand wees nie. Hy is in 1884 as 'n gebroke man oorlede.

Cetshwayo se aangewese opvolger, sy seun Dinuzulu, was destyds net vyftien jaar oud. Hy het spoedig in 'n bitter stryd met Zibhebhu, 'n ander aanspraakmaker, betrokke geraak. Uit desperaatheid het hy die hulp van 'n groep Boere ingeroep wat hom gehelp het om die oorhand te kry. In ruil vir hul hulp en erkenning van hom as Zulukoning het Dinuzulu 'n groot stuk grond aan die noordwestekant van Zululand aan dié Boere afgestaan, waar hulle die Nuwe Republiek gestig het. In Zululand self het die Britse owerheid egter steeds nie vir Dinuzulu erken nie en het die wanorde voortgeduur. In 1887 het die Britte die chaos as verskoning gebruik om Zululand as geheel te annekseer. Tien jaar later is dit by Natal ingelyf en het dit deel van 'n Britse kolonie geword. Daarmee was die onafhanklike bestaan van die Zulu op 'n einde.

Een van die min Noord-Ngunistamme wat in die tweede helfte van die 19de eeu nog 'n min of meer onafhanklike bestaan in Natal gevoer het, was die Hlubi. In 1873 het hul hoofman, Langalibalele, hom verset teen die eis van die Natalse koloniale regering dat hy sy stamlede se gewere moet registreer. 'n Leërmag is gevolglik teen hom uitgestuur. Die Hlubistam is oorrompel, en hul vee en grondgebied is deur die Britte ingepalm. Langalibalele het probeer vlug, maar hy is deur die Britte gevang, in 'n hofsaak aan verskeie misdrywe skuldig bevind, verban en onder meer vir 'n ruk op Robbeneiland aangehou. Sy stam het hul onafhanklikheid vir ewig verloor.

Die Sotho

Die geskiedenis van die Sotho-inwoners van vandag se Lesotho was in die 19de eeu so ineengevleg met die breër Suid-Afrikaanse geskiedenis dat dit ook vermeld moet word. In 1850 was Mosjwesjwe, toe reeds in sy sestigerjare, steeds die koning van die Sotho. Die hartland van die Sothokoninkryk was die omgewing van Mosjwesjwe se bergvesting, Thaba Bosiu.

Aangesien daar nie genoeg grond naby Thaba Bosiu was om al die Sotho te huisves en hul boerdery voort te sit nie, het Mosjwesjwe en sy volgelinge om historiese redes aanspraak gemaak op die hele oostelike deel van die Oranjerivier-Soewereiniteit (naastenby die huidige Vrystaat-provinsie), 'n gebied waaroor die Britte in 1848 hulle gesag afgekondig het en wat hulle uit Bloemfontein beheer het. Mosjwesjwe het by twee geleenthede in militêre konfrontasies met die Britte betrokke geraak oor wat hy as 'n onbillike grenslyn tussen sy gebied en die Oranjerivier-Soewereiniteit beskou het. Die Sotho het by albei geleenthede die beskeie leërmagte verslaan wat die Britte teen hulle uitgestuur het. Die grens het egter gebly waar dit was – en maak vandag steeds die grens tussen Suid-Afrika en Lesotho uit.

In 1854 het die Britte besluit om die Soewereiniteit te ontruim en die gesag oor te dra aan die Voortrekkers wat in die gebied gewoon het. Hulle het daarna die Republiek van die Oranje-Vrystaat gestig. Die Sotho het van meet af aan druk uitgeoefen op die regering en inwoners van die nuwe republiek om aan hul eise om grondgebied toe te gee. Die Vrystaters was egter vasbeslote om die grenslyn wat hulle van die Britte geërf het, in stand te hou.

Josias Hoffman, die eerste president van die Republiek van die Oranje-Vrystaat, was op betreklik goeie voet met Mosjwesjwe. Hoffman het uit sy pad gegaan om deur gereelde persoonlike kontak goeie verhoudinge met die Sotho te handhaaf. Hy het onder meer vir Mosjwesjwe na Bloemfontein uitgenooi, waar hy hom hartlik ontvang en op 'n staatsbanket trakteer het. Hoffman het Thaba Bosiu ook self besoek. By een geleentheid het hy 'n vaatjie buskruit as 'n geskenk aan Mosjwesjwe oorhandig, maar dié gebaar het soveel openbare teenstand onder die wit Vrystaters ontketen dat Hoffman in 1855 verplig was om as president te bedank. Die Voortrekkers het vas geglo dat daar in onderhandelinge met swart mense altyd seker gemaak moes word dat hulle nie Westerse wapens in die hande kry nie.

Die volgende president van die Vrystaat, Jacobus Boshof, kon ook geen oplossing vir die grensgeskil tussen die Vrystaat en die Sothokoninkryk vind nie. In 1858 het die voortslepende spanning op die grens daartoe gelei dat die Republiek oorlog teen die Sotho verklaar het. Vrystaatse kommando's het na Thaba Bosiu opgeruk, maar kon nie daarin slaag om hierdie bergvesting te verower nie. Ondertussen het die Sothokrygers tot diep in die republikeinse gebied ingedring en plase geplunder. Boshof was verplig om sy kommando's van Thaba Bosiu af terug te roep om hierdie nuwe bedreiging die hoof te bied. Hy het ook 'n beroep op sowel die ZAR as die Kaapse goewerneur, sir George Grey, gedoen om die Vrystaat te ondersteun. Uiteindelik het Grey as bemiddelaar tussen die Vrystaat en die Sothokoninkryk opgetree. Die onderhandelinge wat gevolg het, het uitgeloop op die Verdrag van Aliwal-Noord, wat in hooftrekke die bestaande grenslyn herbevestig het.

Al was die Sotho steeds ontevrede met die grensreëlings, het 'n paar jaar van vrede gevolg. Die probleem was egter nie opgelos nie, want die Sothobevolking het voortdurend gegroei, en daar was algaande minder grond per stamlid beskikbaar. Die Sotho het steeds hul oog gehad op grond wat deur die Oranje-Vrystaat beskou is as hul gebied.

In 1865 het oorlog weer uitgebreek. Dit het nie gunstig verloop vir die Sotho nie. Die Oranje-Vrystaat was baie sterker as tevore en is boonop in die eerste fase van die oorlog deur kommando's uit die ZAR te hulp gesnel. Aan die ander kant was Mosjwesjwe al oor die sewentig jaar oud en sy seuns verdeeld omdat hulle gewedywer het oor wie hom sou opvolg. Nogtans kon die republiek se kommando's, ten spyte van die heldhaftige optrede van kommandante soos Louw Wepener, weer nie daarin slaag om Thaba Bosiu in te neem nie. Die Vrystaters het gevolglik begin om die Sotho se mielie- en koringlande en ander voedselvoorrade te vernietig om hulle tot oorgawe te dwing. In 1866 het Mosjwesjwe ingestem tot die Traktaat van Thaba Bosiu, waarin hy baie van die vrugbare en ploegbare dele van sy koninkryk aan die Vrystaat afgestaan het.

Die volgende jaar het konflik weer uitgebreek en die Vrystaatse kommando's het die Sothovolk gou tot op die rand van ineenstorting gebring. Mosjwesjwe het egter nog steeds Thaba Bosiu beset en gepleit vir Britse ingryping. Die Britse regering het vroeg in 1868 aan die Kaapse goewerneur, sir Philip Wodehouse, toestemming verleen om 'n Britse protektoraat oor die Sothokoninkryk af te kondig, wat hy in Maart 1868 gedoen het. Die grense van Basotholand is deur die tweede Traktaat van Aliwal-Noord vasgestel. Hiervolgens het die Sotho groot dele van die grond wat hulle voor die begin van die 1865-oorlog besit het, verloor. Dit het onder andere die hele westelike gedeelte van die Caledonriviervallei ingesluit, wat hierna deur die Vrystaat "die verowerde gebied" genoem is.

Die Britse anneksasie van Basotholand was in vele opsigte 'n betekenisvolle gebeurtenis. Dit het die behoud van die Sothogemeenskap verseker, maar hulle het hul onafhanklikheid ingeboet. Basotholand is vir drie jaar direk deur die Britse Hoë Kommissaris in Suid-Afrika geadministreer, maar in 1871 is dit by die Kaapkolonie ingelyf. In 1880 het die Kaapse regering maatreëls ingestel om die Sotho te ontwapen. Die Sotho het hulle daarteen verset, waarop die "Geweeroorlog" (*Gun War*) gevolg het. Vrede is eers in 1884 herstel toe die Britse regering weer die beheer oor Basotholand by die Kaapkolonie oorgeneem het. Weens die tekort aan voldoende landbougrond in hul land het talle Sotho teen daardie tyd na die Vrystaat uitgewyk waar hulle laagbesoldigde arbeiders of deelsaaiers op Boere se plase geword het.

Die Pedi

In die tweede helfte van die 19de eeu het die Pedi gewoon in 'n gebied wat vandag binne die provinsies Mpumalanga en Limpopo geleë is. Sekwati, hul hoofman, het sy mag opgebou deur diplomasie en bondgenootskappe met omliggende gemeenskappe. Dit was soms vir die Pedi nodig om hulle teen die Noord-Ngunigemeenskappe soos die Swazi en die Zulu te verdedig. In 1851 het koning Mpande se Zululeër byvoorbeeld by twee geleenthede die Pedi aangeval, maar hulle kon in albei gevalle hulself suksesvol verdedig.

'n Ander probleem vir die Pedi was die intog van Voortrekkers in hul gebied. Toe Hendrik Potgieter se trekgeselskap van sowat 100 families hulle in 1845 in die omgewing van Ohrigstad (noord van die latere Lydenburg) gevestig het, was Sekwati bereid om 'n vredesverdrag met hulle te sluit. Die Voortrekkers se getalle het egter vinnig toegeneem, en verhoudinge tussen hulle en die Pedi het algaande vertroebel. In Augustus 1852 het dit uitgeloop op 'n oorlog. Potgieter en 'n kommando het 'n aangeval geloods op Phiring, Sekwati se hoofsetel, maar kon dit nie verower nie.

Vyf jaar later het die Pedi in 1857 'n ooreenkoms met die Voortrekkers gesluit ingevolge waarvan die Steelpoortrivier as grens sou dien, met die Trekkers wat suid van dié rivier sou bly. Ná Sekwati se dood in 1861 het sy seun Sekhukhune die troon bestyg nadat hy die regmatige opvolger, Mampuru, omvergewerp het. Sekhukhune moes in sy regeringstyd dikwels veg om die Pedi se gebied teen indringing deur wit boere van die ZAR te beskerm. Boonop het die Swazi telkens die Boere bygestaan. In 1876 het die geskille tussen die Pedi en die Boere op 'n oorlog uitgeloop waarin die Pedi hulself aanvanklik met gemak gehandhaaf het, maar vroeg die volgende jaar moes hulle vir vrede vra.

Nadat die Britte die ZAR in 1877 geannekseer het, het hulle die Pedigebied in 1878 en 1879 met 'n groot leërmag binnegeval. Sekhukhune se mag is verbreek en sy grondgebied is aansienlik verklein. Sekhukhune is in 'n tronk in Pretoria aangehou, maar in 1881 weer vrygelaat. Hy het na sy land teruggekeer, maar is in 1882 vermoor. Die herstelde ZAR-regering het 'n veldtog teen die Pedi geloods wat finaal 'n einde gebring het aan hul onafhanklikheid.

Die Tswana

In die vroeë fase van die Groot Trek was daar telkens goeie samewerking tussen die Voortrekkers en die Tswana, veral omdat hulle die Matabele (Ndebele) van Mzilikazi as 'n gesamentlike bedreiging beleef en beveg het. Die verhouding tussen die twee groepe het mettertyd egter om verskeie redes versuur. Daaronder tel die Voortrekkers se aanspraak dat hulle oppergesag oor die hele binneland het, omdat hulle die Matabele uit Suid-Afrika verdryf het. Alle swart gemeenskappe was volgens hierdie siening regtens aan die Voortrekkers onderhorig, en die swart gemeenskappe soos die Tswana moes hulle by die wit Trekkers se grondbepalings neerlê.

Kort ná 1850 was daar botsings oor hierdie kwessies. In 1851 het hoofman Montshiwa van die Barolong gekla dat die Trekkers die grense van sy grondgebied skend. Onderhandelinge oor 'n grenslyn tussen die Barolong en die Boere het aanvanklik voorspoedig verloop. Ná die sluiting van die Sandrivierkonvensie, waarvolgens die Britte die onafhanklikheid van die Boere noord van die Vaalrivier erken het, het die wrywing toegeneem. Piet Scholtz, die Boerekommandant op die Transvaalse wesgrens, het nou nie net meer vereis dat swart gemeenskappe die oppergesag van die Trekkers moes aanvaar nie, maar ook dat hulle belasting moes betaal in die vorm van arbeidsverskaffing in ruil vir die reg om sekere grondgebiede te bewoon. Boonop het die Boere stappe begin doen om te verhoed dat swart mense gewere in die hande kry.

Hierdie maatreëls het spoedig tot verset deur die Tswana gelei. Teen die middel van 1852 het hoofman Mosielele van die Bakgatla geweier om arbeiders uit die geledere van sy volgelinge aan die Trekkerowerhede beskikbaar te stel. Boonop het sy onderdane van die Voortrekkers se vee gesteel. Scholtz het gevolglik 'n kommando byeengebring om teen Mosielele op te tree, maar Mosielele het toe by hoofman Sechele van die Bakwena gaan skuiling soek. Dit het in Augustus 1852 by Dimawe op 'n geveg tussen die Boere en die gesamentlike magte van die Bakwena en die Bakgatla uitgeloop. Scholtz het die oorhand gekry, en sowat 100 Tswana het gesneuwel. Benewens groot troppe vee het die Boere 'n aantal Tswanavroue en -kinders, wat hierna as werkers by wit Boere "ingeboek" is, as buit weggevoer. Sechele het tevergeefs hieroor by die Britse owerhede in die Kaap beswaar gemaak.

In hierdie tydperk was die mees suidwestelike Tswanagemeenskap die Batlhaping, wat in die suidweste van die huidige provinsie Noordwes gewoon het. Hul gebied is ná die ontdekking van diamante in die omgewing van die Gariep- en Vaalrivier se sameloop onder Britse beheer geplaas. Hoewel die

Batlhaping hulle by twee geleenthede, eers in 1878 en daarna in 1896, teen die Britte verset het, moes hulle ook hul vryheid prysgee.

In 1885 het die Britse koloniale owerhede besluit om die Tswana teen die Boere van die ZAR te beskerm deur 'n "protektoraat" oor die Tswanagebiede af te kondig. Die Betsjoeanaland-protektoraat is egter in 1895 by die Kaapkolonie ingelyf, waarmee die Tswanagemeenskappe suid van die Moloporivier finaal hul onafhanklikheid verloor het.

Kleiner gemeenskappe noord van die Vaalrivier

'n Aantal onafhanklike Ndebelegemeenskappe het teen 1850 noord van die Vaalrivier gewoon, maar almal sou hul onafhanklikheid in die loop van die volgende vyftig jaar verloor. In enkele gevalle is die gemeenskappe deur die wit owerhede vernietig – soms in reaksie op aanvalle op Trekkers.

In die noorde van die ZAR het die Kekana-Ndebele van Mokôpane in 1854 'n aanval op 'n wit reisgeselskap by 'n drif oor die Nylrivier suid van die Strydpoortberge geloods. Die hele geselskap, insluitende die kinders, is vermoor. Terselfdertyd is 'n wit jaggeselskap deur die Langa-Ndebele uitgewis. Sowel kommandant-generaal M.W. Pretorius en kommandant-generaal Piet Potgieter het hul ondersteuners opgeroep en met kommando's na die terrein, die huidige Moorddrif, gehaas. Die Ndebele het in 'n grot in die Strydpoortberge gaan skuil wat sedertdien as Makapaansgat bekend staan. Die burgers het hulle beleër en Mokôpane se uitlewering geëis, maar die Ndebele het geweier.

Potgieter het tydens die beleg gesneuwel, maar min ander burgers is beseer. Die Kekana-Ndebele het swaar daarvan afgekom, en die meeste het van honger en dors omgekom tydens die beleg. Mokôpane is nooit gevind nie. Kort daarna het die Volksraad 'n nuwe dorpie in die omgewing gevestig en dit Piet Potgietersrus gedoop.

Die Ndzundza-Ndebele het in die noordooste van die huidige Mpumalanga gewoon en wit indringing in hul gebied vir etlike jare taamlik suksesvol teengestaan. Teen 1882 het die vyandskap tussen die Ndzundza onder hoofman Nyabela en die wit owerhede egter op 'n volskaalse oorlog uitgeloop, maar die Boere het ná 'n paar maande die oorhand gekry. Nyabela het in die Boere se hande geval en is lewenslange tronkstraf opgelê, maar is in 1898 vrygelaat. Sy stam se grondgebied is in klein plasies verdeel en toegeken aan Boere wat aan die veldtog deelgeneem het.

Die Lobedu was 'n gemeenskap wat teen die tweede helfte van die 19de eeu in die berge rondom die huidige dorp Modjadjiskloof in die Limpopo-provinsie woonagtig was. Hulle is deur 'n koningin met die naam Modjadji regeer. Sy is beskou as iemand met die mag oor reënval en is met groot respek deur haar eie asook ander gemeenskappe bejeën. Ná haar dood in 1895 is sy deur 'n volgende koningin opgevolg.

Die Venda

Die Venda het teen 1850 in die Soutpansberggebied in die noorde van die huidige Limpopo-provinsie gewoon en was in los hoofmanskappe georganiseer. Nadat 'n groepie Trekkers onder leiding van Hendrik Potgieter hulle in 1848 aan die suidelike voetheuwels van die Soutpansberge gevestig en 'n dorpie aangelê het wat later as Schoemansdal bekend was, het sommige Vendagemeenskappe noue bande met hierdie nuwe aankomelinge aangeknoop. Vriendskaplike verhoudinge was vir sowel die Venda as die Voortrekkers voordelig.

Sommige Vendamense het op die Voortrekkers se plase gaan werk, terwyl ander as jagters of ivoordraers in wit jagters se diens getree het. Die toename in jagbedrywighede van wit kolonialiste het die Venda egter mettertyd verontrus en verontrief, want hulle was self jagters. Dit het ook verhoudinge tussen hulle en die wit mense vertroebel. Ná die Boere se ontruiming van Schoemansdal in 1867 het die Venda vir bykans dertig jaar daarin geslaag om hulself teen wit indringing te beskerm. In 1898 het die magte van die ZAR egter 'n veldtog teen die Venda onderneem en hulle uit hul vestings in die Soutpansberg verdryf. Hoofman Mphephu en sowat 10 000 van sy volgelinge het noodgedwonge oor die Limpoporivier gevlug. Daarmee is die laaste onafhanklike swart gemeenskap in Suid-Afrika se grondgebied deur die wit mense ingepalm.

Staatsvorming

Die Kaapkolonie

Teen 1850 was die Kaapkolonie al vir langer as veertig jaar deel van die Britse koloniale ryk. Die uitvoerende beheer oor die kolonie was in die hande van die goewerneur, wat deur die Koloniale Kantoor in Londen aangestel is, en sy amptenare. Op daardie tydstip was sir Harry Smith die dienende goewerneur. Die Kaapse goewerneurs is sedert 1834 deur 'n wetgewende raad bygestaan waarin vyf burgers, wat onregstreeks verkies en dan deur die goewerneur aangewys is, saam met vier vooraanstaande amptenare gedien het.

Ná 'n stryd van bykans sewe jaar is hierdie liggaam in 1853 tot 'n verkose liggaam omskep en het die burgers 'n verteenwoordigende bestuur gehad. Die uitvoerende mag was egter nie aan die wetgewende raad verantwoordelik nie. Dié stand van sake het tot 1872 gegeld toe verantwoordelike regering aan die burgers toegestaan is waarvolgens die uitvoerende gesag – die eerste minister en sy kabinet – aan die wetgewende raad vir hul doen en late verantwoordelik was. Dit het beteken dat die lede van die uitvoerende gesag moes bedank as hulle die vertroue van die raad verloor. Die Kaapse parlement was egter nog steeds ondergeskik aan die Britse parlement, en die Britse monarg (koning of koningin) was die staatshoof. Die Britse regering is deur die goewerneur verteenwoordig en laasgenoemde moes al die kolonie se wette en proklamasies onderteken voor dit van krag kon word.

'n Stelsel van gekwalifiseerde stemreg het gegeld. Dit het beteken dat enige manlike burger bo 'n sekere ouderdom, en van 'n bepaalde opvoedkundige en ekonomiese vlak, kon stem. Aanvanklik kon elke manlike burger ouer as 21 jaar wat meer as 50 pond sterling per jaar verdien of eiendom ter waarde van minstens 25 pond sterling bewoon het, as kieser registreer. Die gevolg was dat hoofsaaklik wit inwoners van die kolonie stemreg gehad het. Hierdie bepalings is van tyd tot tyd gewysig.

Die Kaapse politieke toneel is grotendeels deur Engelstalige koloniste oorheers. John Charles Molteno, wat van die Oos-Kaap afkomstig was, was die eerste Kaapse eerste minister. Afrikaners het hulle aanvanklik grotendeels afsydig van die politieke proses gehou. Hoewel hulle in 1872 sowat 'n driekwart van die totale wit bevolking van die kolonie uitgemaak het, was minder as 'n derde van die Kaapse parlementslede Afrikaners.

Teen die einde van die 1870's het dinge begin verander. Afrikanernasionalisme het gaandeweg sterker geword weens teenstand teen die Britse verengelsingsbeleid. Reeds in 1875 het dit uitgeloop op die stigting van die Genootskap van Regte Afrikaners, wat gestaan het vir "ons taal, ons nasie en ons land". Die genootskap het in 1876 *Die Afrikaanse Patriot*, die eerste koerant in Afrikaans, uitgegee. Die stigting van die Afrikanerbond in die Kaap in 1879 was 'n verdere aanduiding van die opkoms van Afrikanernasionalisme. Die leidende figuur in dié beweging, wat mettertyd 'n politieke party geword het, was Jan Hendrik ("Onze Jan") Hofmeyr.

Die oorgrote meerderheid Kaapse Afrikaners het egter tot in die 1890's lojale onderdane van die Britse Ryk gebly. Daar is na hulle verwys as "koningin Victoria se Afrikaners". Dit was met die steun van hierdie groep Afrikaners dat Cecil John Rhodes in 1890 die Kaapse eerste minister geword het. Dit moet wel in gedagte gehou word dat Rhodes beleidsrigtings voorgestaan het wat aan sekere verwagtinge van die Kaapse Afrikaners voldoen het. Eerstens het hy hul eis dat Hollands as parlementstaal naas Engels erken moet word, ondersteun en gehelp om wetgewing aanvaar te kry wat dit sou bewerkstellig. Tweedens was hy simpatiek teenoor hul afkeur van die onbeheerde uitbreiding van stemreg na swart inwoners in die Kaapkolonie en derdens het hy toegesien dat die belange van boere sover moontlik in ag geneem is in regeringsbeleid.

Dit was eers ná die Jameson-inval in 1896 dat die oorgrote meerderheid Kaapse Afrikaners hulle rug op Rhodes gekeer het, wat daarna ook as eerste minister bedank het. Dit het die weg gebaan vir die Afrikanerbond wat kort voor die eeu se einde die bewind oorgeneem het aan die Kaap, met W.P. Schreiner as eerste minister. Teen daardie tyd het die oorlogswolke oor Suid-Afrika begin saampak. Schreiner het alles in die stryd gewerp om versoening tussen die ZAR en Brittanje te bewerkstellig, maar dit was vergeefs. Hy het probeer om die Kaap neutraal te hou, maar die Britse regering wou dit nie toelaat nie, aangesien die Kaap 'n Britse kolonie was. Verskeie Kaapse Afrikaners het agter hul volksgenote in die republieke gestaan en hulle ook aktief tydens die Anglo-Boereoorlog gesteun.

Wit gemeenskappe in Natal

Vanuit 'n wit oogpunt was Natal in die tweede helfte van die 19de eeu bykans 'n uitsluitlik Engelssprekende kolonie. Tussen 1847 en 1851 het sowat 5 000 immigrante uit Brittanje en Ierland in Natal aangekom, en gevolglik was die meeste wit inwoners van dié kolonie Engelssprekend. In 1851 het Brittanje egter alle staatsgesteunde emigrasie na Natal gestaak.

Natal het feitlik dieselfde soort konstitusionele ontwikkeling as die Kaapkolonie deurgemaak: In 1857 het die kolonie verteenwoordigende bestuur bekom en in 1893 verantwoordelike bestuur. 'n Luitenant-goewerneur het die Britse regering verteenwoordig. Volwasse swart manlike inwoners van die kolonie kon in teorie, soos in die Kaapkolonie, stemreg kry, maar die stemreg-kwalifikasie vir swart mense was so ingewikkeld dat slegs drie swart mense hulle teen 1893 as kiesers geregistreer het.

Sir Theophilus Shepstone was van 1846 in beheer van die swart mense wat op Natalse grondgebied gewoon het. Hy het die groep swart mense, waarvan die meeste Zulusprekend was maar van hul stamverband losgeraak het, in tien lokasies of reservate onder beheer van hul eie mense geplaas. Wit magistrate het die lokasies met behulp van 'n swart polisiemag geadministreer. Shepstone het swart hoofmanne aangewys om orde te handhaaf en belasting in te samel. Die vernaamste belasting was hutbelasting, en swart mense is gedwing om dit te betaal om die Britte se administrasie te finansier. Die stelsel het vir etlike dekades rus en orde verseker, maar nie alle swart mense het die hoofmanne wat aan hulle opgedwing is, se gesag aanvaar nie. Die stelsel kon ook nie verseker dat genoeg swart mense bereid was om op wit boere se plase te gaan werk nie.

Landbou-ontwikkeling in Natal het ook nie seepglad verloop nie. Mielies is wel suksesvol verbou, maar nie op groot skaal nie, want bemarkingsgeleenthede was skraps. Pogings om katoen te verbou, het misluk. Die produksie van suiker het van meet af aan belowend gelyk. Suikerriet was 'n uitheemse gewas wat met die hand aangeplant en geoes moes word. Hierdie intensiewe boerderymetode het groot getalle arbeiders geverg wat met lae lone tevrede sou wees. Die plaaslike swart mense was nie bereid om die moeisame arbeid te verrig nie, want hulle kon relatief maklik in die reservate of op plase wat hulle goedkoop gehuur het, 'n onafhanklike bestaan voer.

'n Oplossing vir die arbeidsvraagstuk is gevind met die invoer van ongeskoolde kontrakarbeiders uit Indië. So is die grondslag vir Suid-Afrika se Indiërbevolking gelê. Tussen 1860 en 1911 is meer as 150 000 kontrakarbeiders per skip na Natal gebring. Die Natalse regering het hulle reiskoste betaal. Op die suikerplantasies is hulle weinig beter as slawe behandel. Hul werkdag was lank, behuising was swak, hul rantsoene was karig en maatskaplike dienste was feitlik afwesig. Ná afloop van hulle tienjaarkontrak kon hulle gratis na Indië terugkeer of in Natal agterbly waar hulle (in elk geval tot 1890) 'n stukkie grond gratis sou ontvang. Meer as die helfte van die Indiese kontrakwerkers het agtergebly.

Die meeste het 'n bestaan gemaak as kleinboere, vissers, handelaars of smouse. Benewens die suikerrietwerkers het ander Indiërs, waarvan sommige hul eie passaat betaal het, ook na Natal gekom. Die Indiërs het mettertyd oor die hele Suid-Afrika versprei, behalwe na die Republiek van die Oranje-Vrystaat, waar hulle vir lank verbied is om te woon of te werk.

Die Natalse Afrikaners se getalle was besonder klein en hulle het gevolglik nie 'n groot rol gespeel het nie.

Die twee Boererepublieke

Nadat Brittanje die onafhanklikheid van die Voortrekkergemeenskap noord van die Vaalrivier en dié noord van die Garieprivier in onderskeidelik 1852 en 1854 erken het, moes hierdie erg verdeelde gemeenskappe die ingewikkelde taak van staatsvorming aanpak. In die Transgariepgebied het dit relatief maklik gegaan en is die Republiek van die Oranje-Vrystaat in 1854 in die lewe geroep. Bloemfontein is aangewys as die hoofstad, en in daardie stadium het sowat 15 000 Afrikaners in die republiek gewoon. Die gemeenskappe in Transvaal kon egter eers in 1857 daarin slaag om die Zuid-Afrikaansche Republiek (ZAR) te stig. Hoewel die presiese samestelling en bevoegdhede van dié twee republieke se hoë rade en funksionarisse van mekaar verskil het, is sowel die lede van die rade as die presidente op 'n demokratiese wyse deur die manlike burgers verkies. Die Voortrekkers het dus die republikeinse staatsvorm in die binneland gevestig.

Die ondertekening van die Sandrivierkonvensie in Januarie 1852 het nie beteken dat 'n vrye, verenigde Afrikaner- of Boerestaat noord van die Vaalrivier onmiddellik tot stand gekom het nie. Die proses van staatsvorming het trouens sowat twaalf jaar lank geduur, omdat baie van die verdeeldhede van die 1840's voortgeduur het. Direk ná die ondertekening van die Sandrivierkonvensie was die gemeenskappe van Transvaal polities in die volgende groepe verdeel: In die weste en suidweste (die Potchefstroom-Magaliesberg-Maricogebied) het die oorgrote meerderheid Voortrekkers kommandant-generaal Andries Pretorius gesteun, terwyl kommandant-generaal Hendrik Potgieter weer in die verre noorde by Soutpansbergdorp en Schoemansdal aangehang is. In die ooste, waar die dorpie Lydenburg die kern van gemeenskapsbedrywighede was, het die meeste inwoners weer geglo dat die mag by die Volksraad eerder as by 'n militêre leiersfiguur soos 'n kommandant-generaal moet berus. Elders in Transvaal, waaronder die vallei van die Apiesrivier in die sentrale gedeelte, die Suikerbosrand in die suidooste en die Buffelsrivier in die verre suidooste, waar die inwoners 'n dorpie met die naam Utrecht gestig het, het geïsoleerde gemeenskappe 'n sukkelbestaan gevoer.

Die eenheid wat in 1857 bereik is, is opgevolg deur 'n verdere tydperk van twis en tweedrag in die vroeë 1860's wat by tye op wapengeweld uitgeloop het en as die Transvaalse Burgeroorlog bekend staan. 'n Relatief stabiele eenheidstaat het eers in 1864 tot stand gekom.

SWART GEMEENSKAPPE IN DIE BOEREREPUBLIEKE

Swart bevolkingsgroepe is nie op regeringsvlak betrek toe die Voortrekkers tydens en ná die Groot Trek in sekere dele van die land politieke beheer verkry het nie. Oor baie jare heen het die leiers van die ZAR en Oranje-Vrystaat die tradisionele beleid van skeiding (segregasie) toegepas in gebiede wat hulle as hulle s'n beskou het. Daarvolgens kon elke groep homself op sy eie wyse op sy eie grondgebied bestuur, hoewel sekere grense en skeidslyne gehandhaaf moes word. In die koloniale tyd was sulke beleidsrigtings geen uitsondering nie – die "plaaslike" bevolkings is nêrens ten volle by die bestuur van die land betrek nie. Dié groepe het ook nie aanspraak gemaak op sitting in die hoogste raadsale nie.

Binne die grondgebied van die Vrystaat is swart mense toegelaat om by hul tradisionele vestings te bly en hul grondgebiede het later as reservate bekend gestaan. Benewens dat hulle belasting moes betaal, is hulle nie gevra om enige burgerplig na te kom nie, en binne die reservate was daar selfbestuur.

Die Trekkers en ander wit nedersetters in die Boererepublieke het in talle gevalle op vriendskaplike wyse met swart gemeenskappe oor die grense van grondgebiede ooreengekom. Dit het wel beteken dat die swart gemeenskappe met verloop van tyd tot hierdie grondgebiede beperk is. Die Trekkers het die aangrensende grond vir boerdery gebruik, terwyl klein groepies swart mense hulle as arbeiders op die boereplase gevestig het. In die algemeen het 'n gees van voogdyskap (simpatieke toesig) aan die kant van die Boere teenoor swart mense gegeld.

Dit was ook deel van die republikeinse Afrikaners se beleid dat swart gemeenskappe nie toegelaat moes word om vuurwapens te besit nie. Paul Kruger, die latere president van die ZAR, het geglo die wit mense kon dit eenvoudig nie waag nie in die lig van die getalleoorwig van die swart mense.

In die eerste twintig jaar ná die Sandrivierkonvensie is die politieke toneel in Transvaal in 'n groot mate deur M.W. Pretorius, 'n seun van die Voortrekkerleier Andries Pretorius, oorheers. Ná sy pa se dood in 1853 het M.W. Pretorius die kommandant-generaal in die Potchefstroom-Magaliesberg-Maricogebied geword. In die noorde het 'n soortgelyke verandering in leierskap in dié tyd plaasgevind toe die Voortrekkerleier Hendrik Potgieter in Desember 1852 oorlede is en sy seun Piet hom as kommandant-generaal opgevolg het. Hy is egter minder as twee jaar later oorlede, waarna Stephanus Schoeman as die belangrikste leier in die noorde na vore getree het.

Die verdeeldheid in Transvaal is in 1853 vererger met die aankoms van ds. Dirk van der Hoff as die eerste permanente predikant noord van die Vaalrivier. Hy was 'n Hollander, het aan die Hervormde Kerk behoort en hom met die Pretoriusgroep geassosieer. Dit was veral die meer behoudende groep, sogenaamde Doppers, wat Van der Hoff nie wou aanvaar nie. Een van die Doppers se leiers was die jong Rustenburgse kommandant Paul Kruger. Hulle het spoedig die dienste van 'n eie leraar, ds. Dirk Postma van die Gereformeerde Kerk in Nederland, bekom. In die 1860's het die Kaapse Nederduitse Gereformeerde Kerk hom ook in Transvaal gevestig.

Teen 1857 het M.W. Pretorius daarin geslaag om al die gebiede en faksies te verenig en 'n grondwet vir 'n republiek saam te stel. Hy is tot president en hoof van die uitvoerende gesag verkies. Pretoria, wat in 1855 gestig is, is terselfdertyd as hoofstad van die ZAR aangewys.

Aan die einde van 1859 het Pretorius se strewe om die ZAR en die Oranje-Vrystaat te verenig daartoe gelei dat hy ook tot president van die Republiek van die Oranje-Vrystaat verkies is. So het hy die enigste persoon in die geskiedenis geword om president van twee afsonderlike republieke te word en wel in dieselfde tydperk. Dit was egter onaanvaarbaar vir sy teenstanders in die ZAR, en hy is gedwing om tussen die twee republieke te kies. Sy keuse het op die Vrystaat geval, en dit het Transvaal opnuut leierloos gelaat.

Hierna het die politieke verdeeldheid in Transvaal nuwe hoogtes bereik. Pretorius se ondersteuners wou nie aanvaar dat hy nie meer president was nie en hulle het gevoel dat die Volksraad nie meer die wil van die volk verteenwoordig nie. Die Pretoriusondersteuners het geglo hulle verteenwoordig die volk se wil en hulle het hulself die Volkslaer genoem. Daarteenoor was die standpunt van lede van die Volksraad dat staatsgesag gehandhaaf moet word. Hul ondersteuners is die Staatslaer genoem en hul vernaamste leier was Paul Kruger. Vroeg in 1864 het 'n skietgeveg tussen die twee laers wes van Pretoria plaasgevind, maar die uitslag was onbeslis. Pretorius het ná afloop van die geveg daar opgedaag en aangekondig dat hy as president van die Vrystaat bedank het. Die twee kante het toe ooreengekom dat nuwe verkiesings gehou moet word. Pretorius is as president herkies en Kruger is as kommandant-generaal verkies.

In 1871 het die Volksraad Pretorius weer gedwing om te bedank, dié keer weens sy onbeholpe hantering van die Diamantveldkwessie. Op aanbeveling van president J.H. (Jan) Brand van die Vrystaat het die Transvalers in 1872 vir ds. T.F. Burgers, 'n Kaapse Afrikaner, as president verkies. Dit was 'n fout, want as liberale predikant kon Burgers nooit daarin slaag om die vertroue van die behoudende Transvalers te wen nie. Sowel Kruger as visepresident Piet Joubert, wat die kommandant van Wakkerstroom was, het so 'n afkeer van Burgers gehad dat hulle hul geheel aan die openbare lewe onttrek het. Verdeeldheid het so diep geloop dat die Transvaalse Boere teen 1877 totaal magteloos was toe Britse imperialisme hul onafhanklikheid skielik weer bedreig het.

Die versterking van Britse belange in Suid-Afrika ná die ontdekking van diamante in die binneland sedert 1867, en die beoogde federasie van Suid-Afrikaanse state deur lord Carnarvon, die Britse minister van kolonies, het in 1877 uitgeloop op die anneksasie van die ZAR. Sir Theophilus Shepstone het op 12 April 1877 'n proklamasie hieroor op Kerkplein in Pretoria voorgelees. Die Boere het hul beswaar daarteen bloot in 'n protes deur Burgers gelug maar niks gedoen om die anneksasie teen te staan nie. Hulle was inderdaad te verslae en verdeeld om tot enige kragdadige aksie oor te gaan. Burgers het die land daarna verlaat.

Daar het egter gou teenstand teen die anneksasie onder die Transvaalse Boere opgebou. Hulle het in onderskeidelik 1877 en 1878 deputasies na Brittanje gestuur om die herroeping van die anneksasie te bepleit. Paul Kruger was die leier van al twee deputasies, maar nie een was suksesvol nie. Dit het die burgers net meer vasberade gemaak om hul vryheid te herwin. Elders in Suid-Afrika het 'n toenemende getal Afrikaners hulle met die Transvalers se stryd begin vereenselwig, wat nog 'n aanduiding was van 'n ontwakende Afrikanernasionalisme. Daarbenewens het die Transvaalse Boere 'n reeks volksbyeenkomste of saamtrekke gehou om hul besware te bespreek en hul verset te verwoord.

Die laaste van hierdie volksvergaderings het in Desember 1880 op die plaas Paardekraal (waar Krugersdorp later aangelê is) op die wapad tussen Pretoria en Potchefstroom plaasgevind. Sowat 3 000 burgers het daar saamgetrek. Op 11 Desember is besluit dat die oorblywende lede van die eertydse regering van 1877 in hul posisies herstel moet word en hiermee is daar oorgegaan tot opstand. Die Volksraadslede wat by Paardekraal teenwoordig was, het die regering opgedra aan 'n driemanskap onder leiding van Paul Kruger as visepresident.

Die Eerste Vryheidsoorlog

Die Transvaalse burgers het vermoed dat die Britte nie geredelik sou aanvaar dat hul republiek herstel word nie en het by Paardekraal op oorlog begin voorberei. Die burgers het Piet Joubert tot kommandant-generaal verkies.

Hy het van die reg gebruik gemaak om onder die krygswet generaals en kommandante vir spesifieke take te benoem. Terwyl Joubert met die grootste kommando na Heidelberg vertrek het, wat tydelik as hoofstad sou dien, is nog 'n Boerekommando na Potchefstroom, waar 'n groot Britse militêre garnisoen gestasioneer was. Op 16 Desember het die eerste skote van die Transvaalse Vryheidsoorlog (of Eerste Anglo-Boereoorlog) in Potchefstroom geklap.

Hoewel die Britte verskeie militêre garnisoene in Transvaal gehad het, waaronder 'n mag van meer as 'n duisend man in Pretoria, sou hierdie magte sukkel om die opstand te onderdruk. Dit was veral duidelik nadat die Boere op 20 Desember 1880 'n oorwinning oor 'n Britse taakmag naby Bronkhorstspruit, oos van Pretoria, behaal het. Die goewerneur van Natal, generaal George Colley, het dadelik begin om 'n leërmag in Natal byeen te bring waarmee hy Transvaal wou binneval. Kommandant-generaal Joubert is hieroor ingelig en het met sy hoofkommando na die Laingsnekpas opgeruk waar die wapad uit Natal oor die Drakensberge gekronkel het.

Aangesien die Britte nie op 'n oorlog voorbereid was nie, het Colley egter gesukkel om 'n leërmag byeen te bring. Hy het die Drakensberge gevolglik eers aan die einde van Januarie 1881 bereik. Die Boere was gereed vir hom, en het sy mag verslaan in die Slag van Laingsnek op 28 Januarie. Colley het swaar verliese gely en moes sy beoogde opmars na Transvaal om die beleërde garnisoene te gaan ontset, uitstel tot tyd en wyl hy genoeg versterkings ontvang het. Die Boere het ook as oorwinnaars uit die stryd getree in die tweede geveg aan die Natalse front: die Slag van Schuinshoogte op 8 Februarie 1881.

DIE GLORIERYKE OORWINNING BY MAJUBA

Teen die einde van Februarie 1881 het 'n groot groep Britse troepe by Colley se magte aangesluit. Hoewel daar reeds sprake was van vredesonderhandelinge, het Colley besluit om aan te val om sy reputasie te red.

Hy wou die verrassingselement gebruik en het sy aanval in groot geheimhouding beplan. Op Saterdagaand, 26 Februarie ná aandete het hy 'n leërmag van 570 man beveel om in doodse stilte in die donker aan te tree. Die soldate het op sy bevel die berg Majuba in die nag bestyg – 'n moeitevolle taak in die donker op 'n onbekende terrein. Die laaste uitgeputte soldate het eers kort voor dagbreek die volgende oggend die suidwestelike punt van die bergtop bereik. Hulle het om die kruin se rand, wat sowat 1 300 m in omtrek was, versprei.

Die Boere het die soldate kort ná sonop opgemerk, en Joubert het beveel dat burgers uitgestuur moet word om hulle op die berg aan te val. Spoedig het etlike honderde burgers teen die berg begin opklim. Die Britte het bo van die kruin af op hulle geskiet, maar dit het hulle nie gekeer nie. Die burgers het alle moontlike skuilplekke benut en dit so doeltreffend gedoen dat die Britte nie besef het dat hulle besig was om al hoe hoër te klim nie. Hulle is wreed ontnugter toe die voorste burgers die noordelike kruinrand teen eenuur die middag bereik het en op 'n kort afstand op hulle begin skiet het.

Die stryd om die kruin van Majuba het net tussen tien en twintig minute lank geduur. Die verdediging het vinnig gedisintegreer. Talle soldate en offisiere het na die suidelike kruinrand begin hardloop. Sommige is raakgeskiet, waaronder Colley self, wat noodlottig getref is terwyl hy verdwaas teruggestap het. Die soldate wat ongedeerd die kruinrand bereik het, het teen die steiltes afgehardloop en na Colley se kamp by Mount Prospect koers gekies. Enkeles het oor die kranse getuimel en hulle te pletter geval. Die Boere het die hele kruin beset en van bo af op die terugvallende soldate geskiet. 'n Digte mis het egter skielik toegesak en die Slag van Majuba beëindig.

Die Britse magte het 'n vernietigende nederlaag gely met ses offisiere en 86 manskappe wat gesneuwel het en nege offisiere en 125 manskappe wat gewond is. Twee burgers is dood en vyf is lig gewond. Majuba het vir die Britte die simbool van nederlaag geword – 'n nederlaag wat gewreek moes word. Hulle sou negentien jaar later daarin slaag toe lord Roberts in 1900 tydens die Anglo-Boereoorlog op Majubadag vir generaal Piet Cronjé by Paardeberg tot oorgawe gedwing het en generaal sir Redvers Buller op dieselfde dag op die Natalse front deur die Boere se verdedigingslinie gebreek het.

Die glorieryke oorwinning by Majuba was 'n belangrike stap in die Transvalers se strewe om hul onafhanklikheid te herstel. Joubert en sir Evelyn Wood, Colley se opvolger, het 'n paar dae ná die slag by Laingsnek 'n wapenstilstandsooreenkoms onderteken.

Die Konvensie van Pretoria is op 3 Augustus 1881 onderteken, maar die ZAR se onafhanklikheid is hierdeur nie volkome herstel nie. Dié Boererepubliek het steeds onder Britse susereiniteit gestaan – 'n vae begrip wat basies beteken het dat die Britse regering steeds toesig gehad het oor die ZAR se buitelandse sake en sy wetgewing binnelands ten opsigte van swart mense. Vyf dae later is die landsbestuur aan 'n driemanskap onder die leiding van Kruger oorhandig. 'n Nuwe Volksraad is gekies wat die Konvensie van Pretoria bekragtig het.

Die implementering van die konvensie het talle probleme opgelewer wat daartoe gelei het dat die Boereleiers in 1883 besluit het om die Britse regering oor moontlike wysigings daarvan te nader. Paul Kruger, Nicolaas Smit en ds. S.J. du Toit, die superintendent van onderwys, het in November van daardie jaar na Londen vertrek en tot vroeg in die volgende jaar uitgerekte onderhandelinge met die destydse minister van kolonies, lord Derby, gevoer. 'n Nuwe ooreenkoms, die Konvensie van Londen, is bereik en op Majubadag 1884 onderteken. Daarin was geen sprake meer van susereiniteit nie; die ZAR is weer as 'n onafhanklike staat erken. Al beperking was dat geen verdrag met 'n vreemde moondheid sonder die Britse monarg se toestemming gesluit mag word nie.

Die Transvaalse Vryheidsoorlog het 'n belangrike stimulus van Afrikanernasionalisme geword en Paul Kruger het as die simbool van die Afrikanervryheidsgees na vore getree.

KORTSTONDIGE BOEREREPUBLIEKE

Die Britse inmenging in Zululand en gevolglike verbrokkeling van Zululand as politieke eenheid het nie sonder invloed op die Afrikanergemeenskap afgeloop nie. Die afgesette Zulukoning Cetshwayo se seun Dinuzulu het 'n aantal Afrikaners se hulp ingeroep om hom by te staan in 'n burgeroorlog teen ander Zuluhoofmanne. In ruil het hy 'n groot grondgebied aan hulle belowe waar hulle in 1884 die Nuwe Republiek, met Vryheid as hoofstad en Lukas Meyer as president, gevestig het. Die Nuwe Republiek is in 1888 by die ZAR ingelyf as die distrik Vryheid.

Op die wesgrens van die ZAR het daar vroeg in die 1880's tussen Tswanagroepe soortgelyke twiste as dié tussen die Zulu uitgebreek. Hier het dit ook uitgeloop op versoeke om hulp aan die Boere wat met grond vir hulle dienste beloon is. Twee afsonderlike republieke is hier gestig, naamlik Stellaland met Vryburg as hoofstad en Land Gosen met Rooigrond as hoofstad. Hierdie twee republieke het selfs korter as die Nuwe Republiek bestaan, want albei is onder Britse druk in 1884 ontbind. Die oostelike dele van albei republieke is by die ZAR en die (meer uitgestrekte) westelike gedeeltes by die nuutgestigte Brits-Betsjoeanaland ingelyf.

Die ontdekking van diamante en goud

Die eerste diamant is amptelik in 1867 in die distrik Hopetown ontdek. Kort daarna is 'n veel groter diamant deur 'n Griekwaskaapwagter in die Gariepriviervallei opgetel. Dit het die diamantstormloop ingelui en duisende mense het na die Noord-Kaap gestroom om hul fortuin te soek. Hulle het plek-plek spoeldiamante in en om die sameloop van die Gariep- en Vaalrivier gevind.

Teen 1870 was 10 000 delwers – sowel binnelanders as buitelanders – daar aan't diamante delf. Prospekteerders het ook al verder weg van die riviere na diamante begin soek en in 1871 is 'n groot vonds op 'n koppie op die plaas Vooruitzigt tussen die Gariep- en Vaalrivier gevind. Aangesien daar in 'n kort tydjie letterlik duisende diamante op die koppie gevind is, het talle delwers daarop toegesak. Naderhand was daar 'n groot, diep gat waar die koppie eens was, maar steeds het die delwers diamante gekry.

In die dorpie wat rondom die gat ontstaan het en wat ter ere van die Britse minister van kolonies Kimberley genoem is, het die delwers se sinkhuisies teen 1873 vir permanente strukture begin plek maak. Ondernemers het besighede opgerig en regsgeleerdes het agentskappe daar gevestig. So het Suid-Afrika se eerste moderne myndorp ontstaan. Al was die meeste van Kimberley se wit inwoners Engelssprekend, het talle Afrikaners hulle ook daar gevestig. Die myndorp het voorts vir swart Suid-Afrikaners groot aantrekkingskrag gehad, al is hulle slegs toegelaat om as arbeiders daar te werk.

Hierdie groot sametrekking van mense het beteken dat die boere van die Wes-Vrystaat en later ook boere verder weg nou skielik oor 'n afsetgebied vir hul plaasprodukte beskik het. Die meeste van hierdie boere was Afrikaners. Terselfdertyd het daar vir talle Afrikaners die geleentheid opgeduik om as transportryers 'n bestaan te maak. Twee van hierdie transportryers het later toonaangewende generaals in die Anglo-Boereoorlog geword, naamlik Koos de la Rey van Lichtenburg in die destydse Wes-Transvaal en Christiaan de Wet van die suidelike Oranje-Vrystaat.

Een van die onvoorsiene gevolge van die vestiging van die diamantmyne en die geweldige vraag na arbeid was dat duisende swart arbeiders heen en weer tussen die Boererepublieke en die Britse kolonies beweeg het op pad na of van die delwerye en hul oorspronklike tuistes. Vir die owerhede het dit 'n bedreiging vir wet en orde verteenwoordig, omdat talle swart mense wapens gekoop het met die geld wat hulle by die myne verdien het. Talle wit burgers was destyds bekommerd dat 'n algemene swart opstand teen wit oorheersing op hande was. Een van die gevolge in sowel die Britse kolonies as die Boererepublieke was die instelling van streng maatreëls om swart mense se beweging te beperk, insluitend die instelling van nuwe passtelsels.

'n Ander gevolg van die grootskaalse ontginning van diamante was die instelling van die geslote kampongstelsel wat tot die miskenning van swart werkers se regte gelei het.

Die ontdekking van diamante het ook die nywerheidsomwenteling in Suid-Afrika ingelui. Die ontdekking van ryk goudneerslae aan die Rand enkele jare later het dit tot nuwe hoogtes gevoer. Goud is wel reeds in die voorkoloniale tydperk in Suider-Afrika ontgin, maar die rykste goudrif ter wêreld is eers in 1886 op die Witwatersrand ontdek.

Prospekteerders en goudsoekers het reeds vanaf 1850 die hele Transvaal deurkruis op soek na goud. Hulle het van tyd tot tyd klein, onekonomiese hoeveelhede spoelgoud gevind, maar dit was skaars genoeg om die hoop op 'n groot vonds lewendig te hou. Goudkoors het Transvaal behoorlik beetgepak toe goud in 1871 op die plaas Eersteling naby die latere Pietersburg (vandag Polokwane) ontdek is. Die myndorpie Pelgrimsrus in die huidige Mpumalanga het ook ontstaan in die vallei rondom die stroompie waaruit uiteindelik 'n paar miljoen pond se spoelgoud herwin is.

Die Struben-broers, Fred en Harry, het die Witwatersrandgebied van 1883 af stelselmatig vir goud deursoek. George Harrison, 'n Australiese delwer, of die Brit George Walker word egter beskou as die persoon wat die rykste goudrif in die wêreld ontdek het, die hoofrif op die plaas Langlaagte (waar Johannesburg se sentrale sakegebied vandag is). Spoedig het twee groot mynkampe aan die Witwatersrand ontstaan. Tentedorpe het soos paddastoele opgeskiet en later is sinkpondokkies oral opgeslaan.

Die eens arm Transvaal was skielik verseker van voorspoed en welvaart. Sakeondernemings het gefloreer, nuwe markte is vir die boere se produkte geskep en meer werksgeleenthede het op die myne, fabrieke en plase ontstaan. Die uiteenlopende agtergronde van die mense wat aan die Rand saamgetrek het, het gelei tot botsende lewens- en wêreldbeskouings. Kulturele en politieke verskille het ook tot heelwat wrywing aanleiding gegee. Dit was veral die tienduisende "Uitlanders", spesifiek Britse burgers, wat hulle aan die Witwatersrand gevestig het wat mettertyd 'n politieke faktor geword en die geskiedenis ingrypend beïnvloed het.

Die ontdekking van minerale rykdomme op en later binne die grense van die Boererepublieke het spoedig tot hewige dispute gelei. Nóg Brittanje nóg die Kaapkolonie het enige wettige aanspraak op die diamantvelde gehad. Die Griekwas van hoofman Nicolaas Waterboer, aangespoor deur sy regsverteenwoordiger David Arnot, het op feitlik die hele gebied waar daar diamante gevind is, aanspraak gemaak. Die Republiek van die Oranje-Vrystaat het geen twyfel gehad nie dat minstens die hele gebied tussen die sameloop van die Vaal- en die Garieprivier deel van die republiek was. Die ZAR het die diamantdraende gebied noord van die Vaalrivier, oos van sy samevloeiing met die Hartsrivier, geëis. Hoofmanne van die Batlhaping, Barolong en Koranas het ook op dele van die gebied noord van die Vaalrivier aanspraak gemaak. Al die aanspraakmakers het geglo dat hulle aansprake op stewige gronde berus het, en niemand was bereid om sy aansprake te laat vaar nie.

Die ironie van die sogenaamde Diamantveldkwessie is dat nie een van hierdie aanspraakmakers uiteindelik suksesvol was nie, aangesien die Britse regering in Mei 1871 besluit het om die bestrede gebied deel van die Britse Ryk te maak. Die Transvaalse president, M.W. Pretorius, het dit vir die Britte maklik gemaak toe hy ingestem het tot arbitrasie oor die kwessie. Die finale arbiter was Robert Keate, die Britse luitenant-goewerneur van Natal. Hy het in Oktober 1871 bevind dat die grootste deel van die diamantvelde aan die Griekwas behoort, en 'n gedeelte noord van die Vaalrivier aan die Barolong. Skaars tien dae later het die Kaapse goewerneur, sir Henry Barkly, Britse gesag geproklameer oor die gebied wat aan die Griekwas toegeken is, kwansuis om hul belange te beskerm. Die Britte het die gebied, wat daarna as Griekwaland-Wes bekend was, vir alle praktiese doeleindes geannekseer.

Die Diamantveldkwessie het opspraakwekkende gevolge gehad: In Transvaal is Pretorius gedwing om as president te bedank weens sy onbeholpe hantering van sy republiek se aansprake. President Jan Brand het met veel meer wysheid in die Oranje-Vrystaat opgetree. Hy was net bereid om arbitrasie deur 'n neutrale arbiter te aanvaar – iemand soos die president van die Verenigde State van Amerika of die koning van Nederland. Die Britse regering wou dit nie toelaat nie, omdat hulle geen buitelandse inmenging in Suid-Afrika geduld het nie. Ná die Keate-uitspraak en die Britse anneksasie van Griekwaland-Wes het die Vrystaatse Volksraad heftig maar tevergeefs geprotesteer. Altesaam 143 plase wat aan Vrystaatse burgers behoort het, was nou skielik onder die Britse vlag. Sommige van daardie plaaseienaars het hulle tot die landhof van Griekwaland-Wes gewend om hul wettige eienaarskap te bevestig. Tot groot verleentheid vir die Britse regering het die hof ten gunste van die plaaseienaars beslis.

Kort ná hierdie uitspraak is Brand na Londen vir samesprekings met die nuwe Britse minister van kolonies, lord Carnarvon. Hy het geweier om Brand se volgehoue aansprake op die diamantvelde te aanvaar. As 'n gebaar van versoening het Carnarvon egter 'n bedrag van £90 000 aan die Vrystaat aangebied, destyds 'n klein fortuin. Brand het dit namens sy republiek se inwoners aanvaar en daarmee was die saak afgehandel, al het die Vrystaters steeds beswaard gevoel.

'n Belangrike gevolg van die ontdekking van diamante was dat dit opnuut Brittanje se belangstelling in die twee Boererepublieke geprikkel het. Die Britse regering het op verskeie maniere probeer om weer beheer oor Transvaal en die Oranje-Vrystaat te kry. Hieronder tel die inlywing van Kimberley by die Kaap en die anneksasie van Transvaal in 1877. Laasgenoemde gebeurtenis het uitgeloop op die Transvaalse Vryheidsoorlog van 1880 (sien vroeër in hierdie hoofstuk).

Die wyse waarop Brittanje die Diamantveldkwessie hanteer het, het daartoe gelei dat die band tussen die twee Boererepublieke verstewig is. Brand was van mening dat die twee republieke teen Brittanje moet saamstaan. Gevolglik is die Transvaal-Vrystaat Vriendskapsverdrag in 1872 gesluit.

Barkly se anneksasie van die diamantvelde het plaasgevind kort ná die toekenning van verantwoordelike bestuur – parlementêre selfregering – aan die Kaapkolonie. Tot die goewerneur se skok het die Kaapse parlement geweier om verantwoordelikheid vir Griekwaland-Wes te aanvaar. Dit was maar een manier waarop daar uiting gegee is aan Kaapse Afrikaners se simpatieke houding teenoor die Boererepublieke. Die simpatie het in die loop van die volgende drie dekades toegeneem in reaksie op gebeure soos die Britse anneksasie van Transvaal in 1877 en die Jameson-inval in 1896. Teen die einde van die eeu was daar nouer bande as ooit tevore tussen die Kaap en die Boererepublieke.

Die aanloop tot die Anglo-Boereoorlog

Nadat die ZAR sy onafhanklikheid in Augustus 1881 herwin het, het visepresident Paul Kruger hom permanent in Pretoria gevestig om sy volle aandag aan staatsake te wy. Hy het hom veral ten doel gestel om die onderwys te bevorder en die republiek se ekonomie te stimuleer deur nywerhede te vestig. Die Transvalers het in 1883 hulle eerste presidentsverkiesing sedert die Vryheidsoorlog gehou. Die belangrikste kandidate was Kruger en Piet Joubert. Kruger het 'n oortuigende oorwinning behaal en is in Mei 1883 as president ingesweer.

Een van Kruger se grootste drome was om 'n spoorlyn te bou wat van Lourenço Marques (vandag Maputo) tot in Pretoria sou loop deur 'n gebied wat totaal vry was van Britse beheer. Hy het reeds in 1884 met die Portugese regering daaroor onderhandel, aangesien Lourenço Marques deel was van die Portugese kolonie Mosambiek. Dit het egter nog langer as tien jaar geneem voordat die Nederlandsche Zuid-Afrikaansche Spoorweg-Maatschappij (NZASM), wat spesiaal vir hierdie doel gestig is, die sogenaamde Oosterspoorlyn aan die einde van 1894 sou voltooi.

Ander spoorlyne, onder meer tussen die Kaap en Transvaal via die Oranje-Vrystaat, is ook in Kruger se regeringstyd gebou en het 'n groot bydrae tot die ontwikkeling van die ZAR gelewer. Johannesburg en Pretoria is ook per spoor verbind en teen 1899 is die spoorlyn tot in Pietersburg verleng. Die sogenaamde Randtrem het die Witwatersrand van oos na wes deurkruis, en in die verre ooste is die Oosterspoorlyn met die myndorp Barberton verbind.

Die goudontdekking en die toename in welvaart wat daaruit voortgevloei het, was vir die ZAR 'n gemengde seën. Die goud was waardevol en dit is vir groot bedrae geld in die buiteland verkoop. Mynmaatskappye het groot bedrae in belasting aan die Transvaalse regering betaal. Waar die Transvaalse regering voor 1886 bykans bankrot was, was daar nou geld om amptenare te betaal, dienste soos onderwys te lewer, 'n staatsartillerie te vestig en openbare geboue soos die Raadsaal en die Paleis van Justisie op Kerkplein in Pretoria op te rig.

Duisende delwers het van oor die hele wêreld na Johannesburg gestroom om die goudriwwe te ontgin. Die skielike teenwoordigheid van 'n groot en groeiende stedelike bevolking het 'n stabiele en immer groeiende mark vir plaasprodukte in die hartjie van die republiek beteken, wat 'n groot uitkoms vir talle Transvaalse boere was. Maar die meeste van die delwers het 'n stedelike kultuur beoefen wat totaal volksvreemd vir die Transvaalse burgers was. Daarom het hulle die nuwelinge in hulle midde Uitlanders genoem.

Verarmde Afrikaners wat nie plase besit het nie, het hulle nogtans by die nuwe stedelinge aangesluit en ongeskoolde werk op die goudvelde gekry wat hulle in staat gestel het om te oorleef. Ook geskoolde Afrikaners uit veral Kaapland het hulle na die Witwatersrand begewe, waar hulle as agente, regsgeleerdes en dies meer 'n bestaan gemaak het. 'n Goeie voorbeeld was Christiaan Beyers, die latere Boeregeneraal, wat hom as prokureur in Boksburg gevestig het.

Vir die Transvaalse regering was die groot uitdaging dat die Uitlanders al meer talryk geword en naderhand 'n bedreiging vir die bestaan van die staat as 'n Boererepubliek gevorm het. Sommige Uitlanders − veral dié wat van Brittanje af gekom het − het begin kla dat hulle te veel belasting betaal en dat die Transvaalse regering hulle sleg behandel. Hulle sou dit verkies dat Brittanje weer Transvaal oorneem en die Boereregering uitskop. Hulle het die Afrikanerkultuur as minderwaardig en Afrikaners as agterlik beskou.

In 1894 was daar reeds 75 000 Uitlanders teenoor sowat 150 000 burgers in die republiek. Kruger het besef dat daar uiteindelik meer Uitlanders as burgers sou kon wees. Hy was daarvan oortuig dat indien die Uitlanders stemreg sou kry, hulle uiteindelik die politieke mag van die Transvaalse Republiek sou oorneem en dit aan Brittanje sou oorgee. Hy het hulle as geldgierige materialiste beskou, en daarom wou hy nie aan hulle stemreg toeken nie. Al hierdie negatiewe gevoelens saam verklaar waarom Kruger in 1894 in 'n toespraak na die Uitlanders verwys het as "diewe, moordenaars en fortuinsoekers".

In 1895 het die Uitlandervraagstuk op gewelddadigheid uitgeloop. Cecil John Rhodes was nie alleen die eerste minister van die Kaapkolonie nie, maar boonop die rykste Suid-Afrikaner, met uitgebreide belange in die goudmyne aan die Witwatersrand. Hy was daarvan oortuig dat Britse beheer oor die goudvelde in belang van die mynbedryf was. Dit sou behels dat Kruger se regering die Witwatersrand moes afstaan. Vreedsaam, het Rhodes besef, sou dit nie gebeur nie. Gevolglik het hy, met die medewete van die Britse minister van kolonies, sir Joseph Chamberlain, met die Uitlanderleiers op die Witwatersrand, waaronder sy broer Frank Rhodes, saamgesweer om 'n opstand te bewerkstellig. Rhodes sou dan 'n aantal soldate van buite onder bevel van sy vriend en vertroueling dr. Leander Starr Jameson stuur om in te gryp en sommer ook Kruger se regering omver te werp. Alles moes aan die einde van 1895 gebeur.

Rhodes se planne het van meet af skeef geloop. Die Uitlanders se Reform Committee in Johannesburg was skielik huiwerig om wel tot opstand oor te gaan. Intussen het Jameson besluit om met 500 man op eie houtjie op te tree. Net ná Kersfees het hy en sy invallers die Transvaalse grens by Marico in die weste oorgesteek.

Kruger se reaksie was om 'n kommando onder leiding van generaal Piet Cronjé op te roep. Jameson het met sy invallers te perd tot net buite Roodepoort gevorder voor Cronjé se burgers hulle by Doornkop oorrompel het. Daarmee was die Jameson-inval verby.

Al is die Jameson-inval suksesvol afgeweer, was die gevaar vir die Boere nie verby nie. Inteendeel, Brittanje is verneder. Dit is onder hierdie omstandighede wat die Britse regering vroeg in 1897 sir Alfred Milner as die nuwe Hoë

Kommissaris na Suid-Afrika gestuur het. Aan Britse kant was Milner waarskynlik die individu wat die grootste aandadigheid aan die uitbreek van die Anglo-Boereoorlog in 1899 gehad het. Uit sy optrede lyk dit asof hy geglo het dat dit sy taak was om 'n einde te maak aan die ZAR se vryheid. Hy het hom veral daarop toegespits om die sogenaamde Uitlandervraagstuk uit verband te ruk en uit te buit ten einde druk op die ZAR te plaas.

Milner het besef dat Kruger sy grootste struikelblok was. Vir Kruger was dit weer ewe duidelik wat Milner se planne was. Daarom het hy 'n offensiewe en defensiewe verbond met president M.T. Steyn van die Republiek van die Oranje-Vrystaat gesluit. Daarvolgens sou die twee Boererepublieke mekaar bystaan indien enigeen se voortbestaan bedreig word.

Voorts het Kruger forte rondom Pretoria en in Johannesburg laat oprig en ook begin wapens aankoop, want hy het oorlog verwag. Uit Duitsland het hy duisende 7 mm-Mausergewere bestel – die beste gewere van daardie tyd. Uit Frankryk het hy Creusot-vestingkanonne bestel – ook die beste wat daar in die wêreld was. Die Boere het die vier swaar vestingkanonne *Long Toms* genoem. Daarbenewens het die Boere verskeie ander tipes kanonne aangeskaf, waaronder ligte snelvuurkanonne ("pom-poms").

Intussen het Kruger met Milner onderhandel om oorlog te probeer verhoed. Op 31 Mei 1899 was hulle saam in Bloemfontein, waar sowel Milner as Kruger opnuut eise gestel het. Milner het geëis dat die Uitlanders binne vyf jaar se verblyf moet stemreg kry, want hy het geglo hulle sou die Boere in 'n verkiesing klop. Kruger se antwoord was: "Jy wil nie stemreg hê nie, jy wil my land hê!" Tog het hy gedeeltelik aan Milner se eise toegegee. Vir die Britte was dit nie goed genoeg nie, en hulle het skeepsvragte soldate na Suid-Afrika begin stuur. Vir Kruger en sy regering was dit duidelik dat 'n oorlog onvermydelik was as hulle nie sommer net voor die Britte wou gaan lê nie.

9

Die minerale revolusie

Wessel Visser

Historici beskou die minerale omwenteling, of minerale revolusie, as 'n keerpunt in die 19de-eeuse Suid-Afrika weens die ingrypende ekonomiese, sosiale en politieke veranderinge wat dit teweeggebring het. Die ontdekking van diamante en goud het die ekonomiese swaartepunt na die noorde van die land verskuif en die dryfveer vir geleidelike industrialisasie en die ontstaan van binnelandse stede soos Kimberley en Johannesburg geword.

Suid-Afrika, wat voor 1910 geografies die Brits-beheerde Kaapkolonie en Natal, asook die twee onafhanklike Boererepublieke omvat het, het van 'n landbouland met 'n bestaansekonomie in 'n moderne nywerheidsland ontwikkel. Dié dramatiese ontwikkeling binne enkele dekades was slegs moontlik danksy die tegnologiese uitvindsels en vooruitgang weens die Industriële Revolusie, of Nywerheidsomwenteling, in Wes-Europa en Brittanje. Die Wes-Europese Nywerheidsomwenteling, wat van ongeveer 1750 tot 1850 geduur het, het talle tegnologiese ontwikkelings meegebring, onder meer op die gebied van elektrisiteit, mynbou, metallurgie en ingenieurswese. Dit het weer as dryfveer vir ekonomiese groei gedien. Sonder die tegnologiese vooruitgang en industriële vernuwing sou dit nie moontlik gewees het om veral die diepliggende gouderts van die Witwatersrand te ontgin nie.

Daar is bewyse dat swart gemeenskappe reeds teen 500 v.C. yster, goud en koper in Suider-Afrika ontgin het en dat die Tlhapingstam jare voordat wit delwers die Oranje-Vaal-gebied betree het in diamante handel gedryf het. Vroeë swart gemeenskappe het blykbaar spoelgoud in rivierbeddings in die Tatigebied noord van die Limpopo in die huidige Botswana, asook in die huidige Zimbabwe en Mpumalanga gevind. Hulle het dit verwerk en as ruilmiddel gebruik, aanvanklik in hul handel met Arabiese en Indiese handelaars en van die 15de eeu af met die Portugese aan die ooskus van Afrika. In 1685 het goewerneur Simon van der Stel ook ryk neerslae kopererts by die huidige Springbok in Namakwaland ontdek, maar dit is eers sedert 1850 op groot skaal gedelf.

Diamante word ontdek

Op 'n dag in 1867 het die boer Schalk van Niekerk 'n blink klippie by 'n seun van die buurplaas De Kalk op die suidelike oewer van die Oranjerivier in die distrik Hopetown gekry. Sy vermoede dat dit 'n diamant was, is gou bevestig toe dit blyk dat dit 'n diamant van 21,25 karaat is. Dié diamant is later die Eureka-diamant genoem. Kort daarna het 'n Griekwaskaapwagter genaamd Swartbooi 'n groter diamant in die Oranjeriviervallei opgetel en vir 'n perd, tien beeste en vyfhonderd skape aan Van Niekerk verkoop. Van Niekerk het dit vir £11 200 verkoop, wat hom oornag 'n skatryk man gemaak het. Dié diamant van 83,5 karaat is later die Ster van Suid-Afrika genoem.

In die daaropvolgende twee jaar het rondreisende handelaars ruilhandel in diamante met die plaaslike Tlhaping-, Griekwa- en Koranagemeenskappe gedryf. Die groot diamantstormloop het vroeg in 1870 begin nadat ryk diamantgrond by Klipdrift aan die Vaalrivier ontdek is. Teen Julie 1870 was 800 delwers uitgekamp aan die oewers van die Vaal en teen Oktober het dié getal tot 5 000 aangegroei.

Dié vroeë delwerye was spoel- of rivierdelwerye (alluviale diamantafsettings) wat 160 km ver al langs die Vaalrivier gestrek het van die samevloeiing met die Oranjerivier tot by dorpies soos Klipdrift (die latere Barkly-Wes) en Delportshoop. Die gebied het gou gewemel van delwers en fortuinsoekers, wit én swart, uit alle vlakke van die samelewing en van alle uithoeke van die land, asook van Brittanje, Europa, Amerika, Brasilië en Australië.

Kort daarna is baie ryker, droë delwerye tussen die Vaal- en Modderrivier by Du Toitspan en Bultfontein oopgestel. In 1871 is nog diamante op die plase van die De Beer-broers gevind. Uitgrawings op die nabygeleë Colesbergkoppie het die grootste konsentrasie diamante ooit opgelewer. Daar was 'n geweldig ryk diamantdraende pyp in vulkaniese klip, ook bekend as kimberliet. Duisende delwers het op die koppie toegesak en kleims afgesteek. Later was daar slegs 'n groot gat waar die Colesbergkoppie vroeër was.

'N DIAMANTKLEIM

Sodra 'n nuwe diamantveld ontdek is, het dit gewoonlik tot 'n storm-loop van voornemende delwers gelei. So het die Kimberleymyn byvoorbeeld eers as die New Rush-myn bekend gestaan. Elke delwer wat op die diamantveld toegesak het, het vir hom 'n kleim (afgelei van "to claim" in Engels) afgesteek of opgeëis deur vier penne op 'n vierkantige stuk grond in te slaan. Elke kleim was ongeveer 10 m x 10 m groot en daarvoor moes 'n delwer 10 sjielings per maand betaal.

In 1873 is besluit om die Colesbergkoppie-omgewing Kimberley te noem, ter ere van die Britse minister van kolonies. Die vier Kimberleymyne (Bultfontein, Du Toitspan, Kimberley en De Beers) was spoedig die middelpunt van die diamantvelde. Nog twee diamantmyngebiede, Jagersfontein en Koffiefontein, is daarna in die suidwestelike Oranje-Vrystaat ontdek, maar hulle was nie naastenby so winsgewend soos die Kimberleygebied nie.

Aangesien daar nie sekerheid was oor die grense van die diamantvelde nie, het verskeie groepe daarop aanspraak gemaak. Ten spyte van aansprake deur die Republiek van die Oranje-Vrystaat, die Zuid-Afrikaansche Republiek (ZAR), die Griekwas, asook die Tlhaping-, Rolong- en Koranastamme, het Brittanje uiteindelik beheer oor die diamantvelde verkry. Robert Keate, wat opgetree het as arbiter in dié geskil, het in 1871 bevind dat die grootste deel van die diamantvelde aan die Griekwas behoort en 'n deel noord van die Vaalrivier aan die Rolong. Kort ná die Keate-uitspraak het die Kaapse goewerneur, sir Henry Barkly, die Griekwahoofman Nicolaas Waterboer en sy volgelinge tot Britse onderdane verklaar en sodoende beheer oor die betwiste diamantvelde verkry. In 1880 is Griekwaland-Wes by die Kaapkolonie ingelyf.

Aanvanklik was die delwerswonings eenvoudige sak- en rietskuilings, pondokke, waens of seiltente. Later is tydelike hout- en sinkgeboue opgerig. Weens 'n gebrek aan paaie en infrastruktuur was vervoer moeilik en goedere besonder duur. Die groei van handelsentra in delwersdorpies, waarvan Kimberley die grootste en vooruitstrewendste was, het ook sakelui en professionele mense soos diamantkopers, prokureurs, slagters, ambagslui en dokters daarheen laat stroom, terwyl permanente baksteengeboue opgerig is waarin winkels, kantore en kantiens gevestig is.

Namate die diamantdelwerye uitgebrei en 'n bedryf in eie reg geword het, het 'n kapitalistiese loonekonomie (gebaseer op die lone wat die werkers verdien) ontwikkel wat 'n groter vraag na arbeid geskep het. Hoewel swart mense, soos die plaaslike Tlhaping, aanvanklik self ook kleims kon besit en bewerk, was die meeste werkers in die diamantmyne swart mense wat van elders gewerf moes word. Dit het tot die trekarbeidstelsel gelei.

Swart werkers is gewoonlik te voet na die diamantvelde, waar hulle op kontrakbasis gewerk en daarna teruggekeer het na hul tuistes tensy hul kontrakte hernu is. Die grootste etniese groepe in die diamantmyne was die Pedi, die Tsonga van Mosambiek en die Sotho van die huidige Lesotho. Veral vir die Pedi was die beskikbaarheid van vuurwapens, verbruiksartikels soos komberse en fietse, asook geld om hul veetroppe mee aan te vul 'n belangrike lokaas na Griekwaland-Wes. Die Sotho het hul loon dikwels gebruik om bruidskat vir hul tradisionele huwelike te betaal. Die Tsonga is veral gelok weens die swak ekonomiese toestand, ekologiese rampe en oorloë in Mosambiek.

Die kampongstelsel is ingevoer om huisvesting en voeding aan swart werkers te verskaf. Dit was 'n manier waarop kapitalistiese diamantmaatskappye beheer oor hul werkers kon kry en kon verseker dat hul arbeidsmag konstant bly.

Aanvanklik was die kampongs of slaapsale "oop" en het werkers taamlike bewegingsvryheid gehad. Teen die vroeë 1880's het die oop kampongs tot 20 000 mans gehuisves. "Geslote" kampongs is egter in 1885 ingestel om diamantdiefstal te probeer voorkom, maar ook om die swart arbeidsmag beter te beheer, produksie te verhoog, koste te verminder en arbeid produktiewer te maak. Die geslote kampongs was volledig toegeruste eenhede wat die werkers afgesny het van die buitewêreld vir die duur van hul kontrakte. Dit is streng bewaak, omhein en bo met ogiesdraad toegemaak om te verhoed dat pakkies met diamante oor die omheining gegooi word. Toegemaakte gange het na die myningange gelei.

Die toestand in die geslote kampongs het meestal veel te wense oorgelaat. Benewens die beperkte bewegingsvryheid was die kampongs oorvol en in die meeste gevalle het die beddens uit sementbanke bestaan en was die geriewe swak. Siektes, veral longkwale soos longontsteking, was aan die orde van die dag, die werkers se kos was ontoereikend en mediese sorg onvoldoende. Die sterftesyfer in die kampongs was dus hoog. Die toestand het eers begin verbeter toe noodsaaklike verbeterings teen 1903 in die kampongs aangebring is.

Die myne wat al hoe dieper geword het, het dit reeds teen 1874 vir die meeste individuele delwers onmoontlik gemaak om aan te hou delf. Duur masjinerie is benodig, maar omdat dié delwers nie oor die kapitaal, vernuf of ondernemingsgees beskik het om met groot maatskappye mee te ding nie, het die meeste hul kleims verkoop. Cecil John Rhodes het besef dat die sentralisasie van die diamantbedryf deur maatskappye saam te voeg die enigste manier is waarop die bedryf sou kon voortbestaan. In 1888 het hy daarin geslaag om die diamantbelange van ander kapitaliste soos Charles Rudd en Barney Barnato saam met syne te voeg in 'n nuwe maatskappy, De Beers Consolidated Mines. Teen 1890 het De Beers ongeveer 90% van die diamantproduksie in die Kimberleygebied gelewer.

Die ontdekking van goud

Goudsoekers en prospekteerders het die hele Transvaal reeds van 1850 af deurkruis op soek na goud. Toe P.J. Marais in 1853 as amptelike goudsoeker van die ZAR aangestel is, het goudprospektering groter momentum begin kry. In Oktober daardie jaar het hy 'n bietjie spoelgoud in die Jukskeirivier ontdek.

Prospekteerders soos die Duitser Karl Mauch het sedert omstreeks 1867 klein goudneerslae by die Olifantsrivier in Oos-Transvaal (die huidige Mpumalanga) ontdek. Spoelgoud is in 1869 ook noord van Lydenburg ontdek en nog goud is onder meer in die omgewing van die Klein- en Groot-Letabarivier (1870), op die plaas Eersteling naby Marabastad (1871), op Pelgrimsrus (1873) en by die Sheba Reef in die berge bokant Barberton (1884) ontdek. Die spoelgoud by Barberton het spoedig honderde prospekteerders, insluitend bekende diamantmagnate soos Alfred Beit en Sammy Marks, gelok. Die goudneerslae in Oos-Transvaal was egter nie baie winsgewend of volhoubaar nie.

Aan die Witwatersrand – die gebied tussen Springs in die ooste en Randfontein in die weste – is daar sedert 1880 ook intensief vir goud geprospekteer. Die gebied het sy naam te danke aan die strome en fonteine wat oor die verbleikte kalkklippe van die hoërliggende rante gevloei het. Prospekteerders soos Jan Bantjes het in 1881 'n skag gesink by Kromdraai, noord van Krugersdorp, en die broers Fred en Harry Struben het in 1884 'n ryk kwartsrif by die Wilgespruit blootgelê. In 1886 het die Australiër George Harrison of die Brit George Walker die Witwatersrand se hoofgoudrif op die plaas Langlaagte ontdek. Die nuus het soos 'n veldbrand versprei en soos in die geval van die diamantvelde het honderde prospekteerders en fortuinsoekers aan die Witwatersrand begin opdaag.

In September 1886 het die ZAR-regering die plase Langlaagte, Randjeslaagte, Turffontein, Doornfontein, Elandsfontein, Driefontein, Roodepoort,

Paardekraal en Vogelstruisfontein – almal in die besit van Afrikanerboere – amptelik tot openbare delwerye verklaar. Dit was die stimulus vir die totstand-koming van die grootste goudmynbedryf ter wêreld. Die eerste myne was oopgroef- of oppervlakmyne. Ná 1887 het mynbedrywighede ook by Germis-ton, Benoni en Nigel aan die Oos-Rand begin.

Steenkool vir kragopwekking is by die nabygeleë Vereeniging en Boksburg ontdek, wat meegebring het dat die goudmyne baie gouer as die diamant-myne gemeganiseerd kon raak.

Dit het gou duidelik geword dat die goudontginningsproses aan die Wit-watersrand moeilik en duur sou wees. Die goud was van lae ertsdraende ge-halte en etlike tonne goudhoudende konglomeraat moes ontgin word om 'n klein hoeveelheid goud te kry. Hoewel die dun oppervlaktelaag aanvanklik ontgin kon word, het die 30 km lange goudrif baie dieper gestrek en duur toerusting, plofstof, tegnologiese kennis en groot kapitaalbedrae vereis om ontgin te word. Weens 'n gebrek aan kennis en kapitaal het die eienaars van die gouddraende plase hul grond gou aan kapitaalkragtiger mense verkoop.

In die 1890's is met diepgroefmynbedrywighede begin. Dit was 'n duur, arbeidsintensiewe onderneming waarmee individuele delwers en klein maat-skappye nie kon meeding nie. Teen 1889 het 44 mynmaatskappye bankrot gespeel, maar die bedryf is gered deur mynkapitaliste wat hul kapitaal tussen 1890 en 1892 saamgevoeg het om sogenaamde mynhuise te vorm wat ook deur oorsese kapitaal gerugsteun is. Hierdie mynmagnate en ander groot kapi-taliste het as die Randlords bekend gestaan.

Teen 1893 was tien groot mynhuise aan die Witwatersrand bedrywig, waar-onder Rand Mines Limited van mynmagnate soos Alfred Beit, Hermann Eckstein en Lionel Phillips, Consolidated Gold Fields of South Africa van Cecil John Rhodes, die Johannesburg Consolidated Investment Company van Barney Barnato en Anglo-French van die George Farrar-groep. Die kapitaal-kragtige ondernemers wat die moderne mynbedryf in Suid-Afrika help vestig het, het van Brittanje, Duitsland en Frankryk gekom en dit het 'n sterk Europese invloed aan die ekonomie verleen.

Johannesburg en sy inwoners

In 1886 het die ZAR-regering 'n tweemankommissie aangewys om 'n dorps-gebied vir die duisende fortuinsoekers aan die Witwatersrand aan te wys. Die kommissie het bestaan uit visepresident Christiaan Johannes Joubert en Johann Rissik van die landmeter-generaal se kantoor. Hul keuse het geval op

Randjeslaagte, 'n driehoekige stuk "uitvalgrond" tussen die plase Braamfontein, Doornfontein en Turffontein. Die nuwe dorp het Johannesburg geheet, na aanleiding van Joubert en Rissik se voorname, en sou uiteindelik Suid-Afrika se grootste stad word.

Die bevolkingsamestelling van die Witwatersrand het uit drie groepe bestaan, wat gesorg het vir 'n diverse en kosmopolitiese samelewing. In die eerste plek was daar geskoolde mynwerkers en ambagslui van Brittanje, die VSA, Europa, Rusland en Australië wat deur relatief hoë lone na die goudvelde gelok is. Hulle het die vakbondwese in Suid-Afrika gevestig. Die vakbonde het groot druk uitgeoefen vir wetgewing oor werkreservering wat die skaars vaardighede van geskoolde werkers teen ongeskoolde arbeid sou beskerm. Dan was daar onder andere ook bankiers, winkeliers, aptekers, bakkers, hoteleienaars en drankhandelaars, asook Italiaanse, Portugese en Joodse groente- en melkboere. Die Transvaalse burgers het dié groep, wat die Randlords ingesluit het, Uitlanders genoem.

Tweedens was daar 'n groep half- of ongeskoolde plattelandse Afrikaners, bywoners of sogenaamde armblankes. Hulle is veral deur ekonomiese faktore gedwing om 'n beter heenkome in Johannesburg te soek. Die runderpesepidemie van 1896-1897, plae en droogtes, die verwoesting weens die Anglo-Boereoorlog, asook die grootskaalse boerderymetodes van kapitaalkragtige boere het bestaansboerderye begin insluk en bywoners na die stede gedryf.

Vir arm, ongeskoolde Afrikaners was daar bitter min formele werkgeleenthede in die mynbedryf aan die Witwatersrand. Gevolglik moes baie van hulle hul natuurlike vaardighede en vindingrykheid as entrepreneurs gebruik om 'n bestaan te maak. Voordat Johannesburg deur spoorlyne met die kus verbind is, het talle Afrikanerentrepreneurs by transportry betrokke geraak. Goedere is met ossewaens oor lang afstande van die hawens na die Witwatersrand vervoer. Oor korter afstande is goedere per skotskar ('n wa met 'n kasvormige wipbak wat deur perde of osse getrek is) tussen die Witwatersrandse dorpe geneem. Nadat die spoorlyne na Johannesburg aangelê is, het transportry as bedryf getaan.

'n Tweede bedryf wat Afrikanerentrepreneurs geleenthede gebied het, was openbare vervoer. Voordat Johannesburg teen 1906 'n elektriese tremstelsel gekry het, het verskeie Afrikaners 'n bestaan gemaak deur as kapkardrywers (die voorlopers van die moderne huurmotor- of taxibedryf) te werk. Die kapkarre is ook deur perde getrek. Teen die middel van die 1890's is meer as 1 500 lisensies per jaar aan kapkardrywers uitgereik.

Steenmakery was 'n derde bedryf waarin talle Afrikaners hulle begewe het. In die snelontwikkelende Johannesburg was daar 'n geweldige vraag na boustene. In 1887 het die ZAR-regering 'n deel van die plaas Braamfontein gekoop sodat burgers hul steenmaakbedryf daar kon beoefen. Aanvanklik het die terrein as Brickfields bekend gestaan, maar sedert 1897 het dit amptelik Burgersdorp geheet. Teen die 1890's het moderne steenmaakfabrieke, soos Sammy Marks se Vereeniging Brick & Tile Company, wat groter hoeveelhede stene van beter gehalte kon vervaardig, stelselmatig hierdie vorm van vroeë Afrikanerentrepreneurskap aan die Witwatersrand verdring.

Ongeskoolde swart werkers, insluitend Indiërs, bruin mense en Chinese, het die derde en grootste groep in die Witwatersrandse werkmag uitgemaak. Die goudmynbedryf was nog arbeidsintensiewer as die diamantbedryf en het 'n groot vraag na goedkoop arbeid geskep. Talle swart mense het om dieselfde redes as die Afrikaners verarm, maar ook as gevolg van Britse en ZAR-uitbreiding, en hulle is gevolglik na die stede gedryf. Hoe armer hulle geword het, hoe geredeliker het hulle werk in die myne aanvaar. Die trekarbeid- en kampongstelsel om swart mense te huisves is eweneens in die goudmynbedryf gebruik, hoewel swart mense ook in plakkershutte aan die buitewyke van die stad gewoon het in gebiede wat later as sogenaamde lokasies afgebaken is. Die swart werkmag op die Witwatersrandse goudvelde was hoofsaaklik Tsonga van Mosambiek, Sotho van Basotholand en Zulu van Natal. Hulle is gewerf deur werwingsinstansies van die Kamer van Mynwese, wat as belangeverteenwoordiger van die mynhuise opgetree het. Swart mense het ook as klerewassers, huisbediendes en polisiekonstabels gewerk.

DIE AMAWASHA: VROEË SWART ENTREPRENEURS

Soos vir die ongeskoolde Afrikaner-armblankes en -bywoners was dit vir vele ongeskoolde swart mense uiters moeilik om formele werk te kry en 'n bestaan aan die Witwatersrand te maak. Dit het gelei tot die ontstaan van 'n manlike Zulu-wasgilde, die sogenaamde AmaWasha, wat tussen 1890 en 1914 in Johannesburg bedrywig was. Daar was 'n groot behoefte aan klerewassers onder die stad se wit bevolking, wat aanvanklik grotendeels uit enkellopende mans bestaan het. Die geld wat die klerewassers verdien het, is in grond en beeste in hul tuislande belê.

Aanvanklik het die AmaWasha hul wasserye in strome aan die buitewyke van Johannesburg bedryf, maar uiteindelik is die wasserye in Braamfontein, Aucklandpark, Elandsfontein, Booysens en Concordia gekonsentreer. Teen 1896 was meer as 1 200 klerewassers by die

Johannesburgse gesondheidsowerheid geregistreer. Die owerheid se verskuiwing van die wasplekke na ver buite die middestad, tesame met die koms van moderne stoomwasserye, het uiteindelik ook hierdie entrepreneursinisiatief verdring.

Die kampongs aan die Witwatersrand was baie groter en het meer mense gehuisves as dié op die diamantvelde. Dié kampongs was nie so toegekamp soos dié in Kimberley nie, hoofsaaklik omdat die gevaar van diefstal nie so groot soos by die diamantmyne was nie. Daarby moes die goudmynmaatskappye onderling met mekaar meeding en hulle het ook mededinging gekry van die kapitalistiese handelaars in Johannesburg wat wou hê dat werkers vry kon rondbeweeg om hul geld in hul winkels te bestee.

Die mynmaatskappye het aanvanklik selfs probeer om die swart arbeidsmag deur alkohol te beheer wat in biersale op mynterreine verkoop is. Op die koop toe is verdere inkomste uit drankverkope verdien.

Om koste te sny, hul wins te vergroot en die werkmag beter te beheer, het die goudmynmaatskappye swart mynwerkers se lone tussen 1889 en 1890 probeer verminder. Die diepgroefmyne het duur toerusting benodig om die erts so diep te ontgin. Swart vakbonde is verbied sodat hulle nie op georganiseerde wyse vir beter lone kon beding nie. Teenstand deur swart mynwerkers is in bedwang gehou deur 'n versterkte mynpolisiemag, terwyl paswette strenger toegepas is. Daarby is kontrakbreuk in die vorm van drostery 'n kriminele oortreding gemaak.

Ekonomiese gevolge

Voor die ontdekking van minerale was die geografiese Suid-Afrika se ekonomie hoofsaaklik op bestaanslandbou gebaseer en boere het net genoeg vir hul eie behoeftes geproduseer. Die ontdekking van diamante en goud het gelei tot 'n baie lewendiger kontantekonomie met die klem op markgerigte produksie en loonarbeid. Verreweg die grootste deel van die geld wat deur die diamant- en goudproduksie voortgebring is, is in die ZAR en elders in Suid-Afrika as salarisse en lone uitbetaal en ook gebruik om plaaslike produkte te koop.

Hierdie groot, gekonsentreerde koopkrag het noodwendig ook voorspoed vir boere en nywerhede, asook ander dele van Suid-Afrika gebring. Ná die ontdekking van minerale het die ZAR deel geword van die wêreldekonomie en 'n plek gekry in internasionale ekonomiese kringe. Transvaalse goudaandele is verhandel op die Londense, Paryse en Berlynse aandelebeurse.

Namate die goudproduksie aan die Witwatersrand toegeneem het, het baie van die wêreld se grootste handelslande die sogenaamde goudstandaard aanvaar wat in Brittanje ontstaan het. Dit het makliker geword om goud te aanvaar as die standaard waarteen die wêreld se geldeenhede gemeet is. Dit het Londen, die Bank van Engeland en die Britse pond sterling in die middel van die internasionale handel geplaas.

Die goudstandaard was 'n monetêre standaard waarmee die verhandelingswaarde van lande se geldeenhede teen 'n vaste hoeveelheid fyngoud, of suiwer goud, gemeet kon word. Geldeenhede is met ander woorde gemeet teen die waarde van goud, aangesien die goudprys vasgestel was. Ná die Napoleontiese oorloë van die 19de eeu het Brittanje 'n geldwaardestelsel aanvaar waarvolgens een goue pond as 113,0016 grein suiwer goud beskou is. Volgens wet moes die Bank van Engeland en ander handelsbanke in staat wees om banknote en deposito's op aanvraag vir goud te verruil. Goud het dus as reserwewaarborg vir die waarde van die land se hele geldvoorraad, soos banknote, gedien. Die hoeveelheid goud wat deur die Bank van Engeland aangehou is, het bepaal hoeveel krediet die bank in die vorm van banknote en deposito's kon uitreik.

Die in- en uitvloei van goud het skommelings in die geldvoorraad veroorsaak. Dit het weer skommelings in die beweging van pryse veroorsaak. As gevolg van Brittanje se leidende rol in die destydse wêreldhandel is byna alle lande deur sy ekonomiese skommelings geraak. Daarby het Britse kapitaal die grootste van alle internasionale beleggings in die nuwe Suid-Afrikaanse mynbedryf verteenwoordig. Toe die geweldige groot omvang van die ZAR se goudneerslae eers vasgestel is, het die invloei van sy goud na die wêreld se geldmarkte dus die probleme met betrekking tot internasionale likiditeit (die onmiddellike beskikbaarheid van geld) laat afneem.

Die ZAR was gelukkig dat kapitaal wat deur die diamantbedryf voortgebring is, beskikbaar gestel kon word vir beleggings in die goudmynbedryf. Die diamantkapitaliste van Kimberley het nie net die geld gehad om in die goudmyne te belê nie, maar kon ook hul ervaring en tegnologiese kundigheid daar aanwend. In baie opsigte was Kimberley se diamantbedryf dus die voorloper van die Witwatersrandse goudmynbedryf. Die produksie en uitvoer van diamante het besonder vinnig toegeneem. Tussen 1866 en 1870 was die jaarlikse gemiddelde diamantuitvoer slegs £35 700, maar tussen 1881 en 1885 het dit toegeneem tot £3 242 000 (van die totale uitvoer van £8 021 000). Goudproduksie het ook vinnig toegeneem. Waar die waarde daarvan in 1885 slegs £6 010 was, het dit teen 1898 tot £16 241 000 toegeneem. Die ZAR was daardie jaar die grootste enkele goudprodusent en het 27,5% tot die wêreld se goudproduksie bygedra.

Handel en nywerheidsbedrywighede het skielik toegeneem as gevolg van die minerale revolusie. 'n Lewendige invoerhandel het in die Suid-Afrikaanse gebiede ontstaan toe goedere van Brittanje, die VSA, Frankryk en Duitsland ingevoer is. Johannesburg het spoedig in 'n groot stad ontwikkel met 'n gediversifiseerde ekonomie, hoofsaaklik weens die groter omvang van die goudbedryf. Die ZAR het verander van die armste tot die rykste staat in die 19de-eeuse Suid-Afrika en president Kruger het nou oor die ekonomiese middele beskik om die Transvaalse administrasie te verbeter. Skole, vervoer en openbare werke het aandag gekry.

Die staatsinkomste van die Kaapkolonie, Natal en die Oranje-Vrystaat het eweneens skerp gestyg. Nywerhede het in die Kaapkolonie ontwikkel en in 'n mindere mate in Natal, veral by die Durbanse hawe. Kaapstad het die finansiële infrastruktuur, die hawe, banke en handelshuise gehad wat die nuwe nywerheidsontwikkeling moes steun, en om sy ekonomiese status te behou, moes die stad kontak met die markte in die diamant- en goudbedrywe probeer behou. Die Kaapkolonie het dus groot bedrae geld in die bou van nuwe spoorweë gestort.

Die diamantbedryf was 'n belangrike ekonomiese stimulus vir die Oranje-Vrystaat, veral omdat dit aan die Kimberleyse diamantvelde gegrens het. Algemene handelaars en ander ondernemings soos Fichardts het takke in Bloemfontein en ander dorpe oopgemaak. In die 1870's was die gemiddelde maandelikse omset van dié ondernemings tussen £4 000 en £5 000.

Die gebrekkige infrastruktuur in die binneland, wat veroorsaak het dat goedere soos mynboutoerusting en voedsel ongereeld oor lang afstande per ossewa na die diamant- en goudvelde vervoer moes word, het egter uitstekende landbougeleenthede gebied. Daar was 'n opbloei in handel na en van Kimberley en die Witwatersrand. Wit en swart boere het landbouprodukte aan die nuwe myngemeenskappe verskaf. Namate die vraag na voedsel op die diamant- en goudvelde toegeneem het, het binnelandse markte dus uitgebrei en die boere het hul produksie daarby aangepas. 'n Nuwe klem is op intensiewe boerdery geplaas en baie swart en wit boere het met groot sukses oorgeskakel van bestaans- na kommersiële boerdery. Suiwelprodukte, hoendervleis, groente, vrugte, koring en mielies was sterk in aanvraag. So het die Tlhaping byvoorbeeld ook hul landbouproduksie verhoog om te voorsien in die behoeftes van die Kimberleyse myngemeenskap.

Hout was aanvanklik die enigste energiebron vir die diamantvelde. Weens die skaarste van brandhout het 'n lewendige handel daarin ontstaan wat goeie wins vir die Tlhaping opgelewer het. So ook het Sothokoringboere 'n groot bydrae tot die verhoogde landbouproduksie in die sentrale binneland gelewer.

In die Oos-Kaap het die Mfengu hoogs suksesvolle bees-, graan- en wolboere geword en sterk mededinging aan wit boere gebied. In die distrik Herschel het swart boere baie sorghum en koring geproduseer. In die Kaapkolonie het die produksie van gewasse, wyn en brandewyn en die wamakersbedryf by Wellington 'n hupstoot gekry. In die distrik Oudtshoorn het die volstruisboerdery vooruitgegaan omdat modebewuste vroue volstruisvere wou hê.

Een van die onmiddellike gevolge van die minerale revolusie was dat infrastruktuur soos paaie, spoorweë, hawegeriewe en telegraafverbindings opgegradeer en uitgebrei moes word. Spoorlyne is van Kaapstad, Port Elizabeth en Oos-Londen na Kimberley aangelê. Die spoorlyn van Kaapstad af het Kimberley in 1885 bereik.

Die koms van die spoorweë het 'n skerp daling in die pryse van voedsel, goedere en brandstof meegebring. Hierdie kommoditeite kon nou vinnig en goedkoop na Kimberley vervoer word. Dit het Tlhaping- en Sothoboere egter nadelig geraak. Goedkoop Walliese steenkool is nou na Kimberley gebring, wat die Tlhaping se winsgewende handel in brandhout beëindig het. Ingevoerde Amerikaanse koring was ook goedkoper as dié van die Sotho. Dit, tesame met te min grond en ekologiese probleme, het daartoe gelei dat voorheen welvarende Sothoboere verarm geraak het. Vir die myneienaars was dit egter 'n voordelige ontwikkeling aangesien baie Tlhaping en Sotho deur hul ekonomiese omstandighede gedwing sou word om goedkoop arbeid in die myne te kom verrig. Spoorlyne van Delagoabaai (nou Maputo), Durban en die Kaapse hawens het die Witwatersrand ook teen die middel-1890's bereik. Dit het egter wit en swart transportryers se inkomste tot niet gemaak.

Die minerale revolusie het ook die ontwikkeling van sekondêre nywerhede tot gevolg gehad. Om in die behoeftes op die diamant- en goudvelde te kon voorsien, het nywerheidsgroei in die hawestede plaasgevind. Sekondêre nywerhede, waarvan baie groot, kapitalistiese maatskappye was, is oral in Suid-Afrika opgerig en het algaande die nodige toerusting, klere en luukse goedere voorsien wat die groeiende bevolking benodig het. In die Oranje-Vrystaat,

wat aan die diamantvelde gegrens het en 'n belangrike skakel in die pro-
dusent- en vervoernetwerk was, het 'n leerlooiery, 'n aantal smidswinkels en
'n konstruksiemaatskappy vir die bou van brûe in die 1870's ontstaan.

In die ZAR het die uitbreiding van sekondêre nywerhede met die toepas-
sing van president Kruger se berugte konsessiebeleid gepaardgegaan. Konses-
sies vir die verskaffing van water, sanitasie, elektrisiteit en dinamiet is op 'n
monopoliebasis toegeken aan individuele maatskappye of mense wat Kruger
se guns gewen het. Nyweraars soos Allois Nellmapius en Sammy Marks is
toegelaat om fabrieke op te rig wat goedere soos stewels, glasbottels, inge-
legde vrugte, vleis en drank verskaf het. Marks en sy swaer, Isaac Lewis, het
ook steenkool by Witbank en Vereeniging begin ontgin om brandstof aan die
myne te verskaf.

Kruger se konsessiebeleid het hom egter die gramskap van die mynmagnate
(die Randlords) op die hals gehaal omdat hulle gemeen het dit strem vrye
onderneming. As gevolg van die verbeterde finansiële posisie kon Kruger die
swart gemeenskappe in die ZAR ten volle beheer en kon hulle ingetrek word
as loonarbeiders in die groeiende kapitalistiese ekonomie.

Die ontwikkeling van sekondêre nywerhede het tot 'n groot vraag na ener-
gie gelei. So het Kimberley al in 1882 elektriese straatligte gehad terwyl gas-
ligte nog in 'n wêreldstad soos Londen gebruik is. Aan die Witwatersrand het
private maatskappye soos die Rand Central Electric Works Limited hul eie
kragsentrales gebou. Die eerste steenkoolkragsentrale is in 1897 by Brakpan
in bedryf gestel.

Toe mynbedrywighede ná die Anglo-Boereoorlog hervat is, het die behoefte
aan kragsentrales toegeneem. 'n Konsortium, die Victoria Falls and Transvaal
Power Company (VFP), waaruit Eskom later sou ontwikkel, is gevorm. Die
VFP was verantwoordelik vir die oprigting van verskeie kragsentrales, onder
meer by Vereeniging in 1912.

Sosiale gevolge

'n Direkte gevolg van die minerale revolusie was 'n grootskaalse bevolkings-
toename op die diamant- en goudvelde. Die toenemende verstedeliking in
veral die ZAR ná 1880 het tot die ontvolking van die platteland gelei. En
verstedeliking het sekere sosiale probleme en verdelings tot gevolg gehad.

Reeds van 1870 af was Kimberley, met 'n bevolking van oor die 50 000,
sosiaal-geografies op grond van ras verdeel. Benewens in die kampongs het

'n groot aantal swart mense in sogenaamde lokasies buite die dorp gewoon. In 1879 is 'n amptelike beleid aanvaar waarvolgens woonbuurtsegregasie tussen swart en wit toegepas is. Die grootste sosiale euwels was drankmisbruik – daar was kroeë om elke hoek en draai – dobbelary, wat dikwels tot bakleiery, aanranding en moord gelei het, en prostitusie. Laasgenoemde het daarmee saamgehang dat baie min vroue aanvanklik hul mans na die diamantdelwerye vergesel het.

Diamantsmokkelary, of IDB ("illicit diamond buying"), veral waar skelm wit mans gesteelde diamante onwettig by swart werkers gekoop het, was 'n groot probleem.

In Kimberley is hotelle opgerig waar maaltye aan plaaslike inwoners voorgesit is en waar danspartytjies en konserte gehou is. Teaters het ook tot stand gekom waar konserte, revues en melodramas opgevoer is. Kimberley se perderenbaan is in 1872 aangelê en verskeie sosiale klubs, asook 'n wedren- en tennisklub, is gestig. Daarby is plaaslike koerante uitgegee en 'n openbare biblioteek, kerke, moskeë en 'n sinagoge opgerig. Kimberley se munisipale bestuur het in 1878 tot stand gekom.

In Johannesburg het die eerste sinkkaias (huisies) gou plek gemaak vir baksteengeboue. Woonbuurtvorming vir swart en wit het 'n soortgelyke sosiale onderskeidingspatroon as in Kimberley gevolg en die opvallende klasseverskil tussen ryk en arm weerspieël. Teen 1896, slegs tien jaar nadat die dorp op die kaal Hoëveldse vlakte ontstaan het, het Johannesburg reeds 'n bevolking van 100 000 gehad waarvan ten minste twee derdes mans tussen twintig en veertig jaar oud was. Wit werkers het in talle losieshuise naby die myne geloseer of in werkersklaswoonbuurte soos Fordsburg, Jeppe, Malvern, Mayfair, Vrededorp, Burgersdorp, Troyeville, Turffontein, Booysens en Langlaagte gewoon. Duisende armblankes, swart mense en Indiërs het aanvanklik saam in vervalle agterbuurte soos Ferreirasdorp en Brickfields (Braamfontein) gewoon waar die lewensomstandighede en gesondheidstoestande haglik was.

Soos in Kimberley het sosiale euwels soos oorvol woonplekke, onhigiëniese toestande, swak behuising, alkoholmisbruik, prostitusie en sedeloosheid voorgekom. Daar was ook 'n verlies aan tradisionele waardes, rassisme, wapensmokkelary en ander misdaad. Dit het egter meer algemeen in Johannesburg voorgekom omdat dié stad 'n groter en meer kosmopolitiese bevolking gehad het en daar 'n groter behoefte aan goedkoop arbeid was.

Die meer welgestelde inwoners het in voorstede soos Doornfontein, Ophirton, Yeoville, Houghton en Berea gewoon, terwyl die Randlords die deftige Parktown, ver van die mynskagte en fabrieke, verkies het.

Talle skole en kerke is sedert die ontstaan van Johannesburg opgerig. Verskeie sosiale klubs, soos die eksklusiewe Rand Club vir die welgesteldes, en klubs en verenigings vir vryetydsbesteding is opgerig. By die Wanderers Club is sportsoorte soos krieket, rugby, atletiek en fietsry aangebied.

Die betreklik snelle aanwas van die Suid-Afrikaanse bevolking het die tempo van ekonomiese ontwikkeling weerspieël. So het die wit bevolking, wat in 1875 maar op 328 000 mense gestaan het, teen 1911 reeds tot 1 276 242 gegroei, wat 'n gemiddelde aanwas van 3,9% per jaar beteken het. Die besonder vinnige groei in die wit bevolking van gemiddeld 4,3% per jaar tussen 1875 en 1904 is in 'n groot mate toe te skryf aan immigrasie, veral na die Witwatersrandse goudvelde. Daarteenoor het die land se swart bevolking tussen 1904 en 1951 teen 1,9% per jaar toegeneem.

Die minerale revolusie het ook stedelike ontwikkeling gestimuleer. Waar daar teen 1845 slegs sowat 45 dorpe en stede in Suid-Afrika was, het dié syfer teen 1921 tot 369 gestyg en teen 1951 tot 603.

Politieke gevolge

Sedert 1806 het Brittanje aktief probeer om sy oppergesag in Suider-Afrika te handhaaf, maar die ontdekking van diamante het hierdie magsposisie uitgedaag. Brittanje was bewus daarvan dat ander Europese moondhede ook koloniale besittings in Afrika wou verkry en wou gevolglik sy oorheersende posisie in Suider-Afrika verdedig. Enige teken van inmenging in Suid-Afrika deur een van hierdie moondhede is dadelik deur Brittanje gestuit. Hierdie geopolitieke magsituasie het veral die verhouding tussen Brittanje en Duitsland vertroebel, veral nadat Duitsland in 1884 'n protektoraat oor Duits-Suidwes-Afrika afgekondig het.

Die ontdekking van diamante het 'n tydperk van konfrontasie tussen Brittanje en die Boererepublieke ingelui. Omdat Brittanje vasbeslote was om sy oppergesag oor die subkontinent te behou, moes die Vrystaat se aanspraak op die diamantvelde dus om strategiese redes gestuit word en die "pad na die noorde" tussen die Kaapkolonie en die binneland oopgehou word vir moontlike verdere Britse uitbreiding. Daarby sou die finansiële implikasies en voordele van die diamantvelde in Britse besit aansienlik wees. Derhalwe is die Keate-uitspraak in Brittanje se guns bewimpel en Griekwaland-Wes uiteindelik by die Brits-beheerde Kaapkolonie ingelyf. Die Vrystaat se aanspraak is vir £90 000 afgekoop.

Dit was ook duidelik dat as Brittanje die goudvoorraad en wins van die Witwatersrand wou gebruik om 'n Brits-georiënteerde staat tot stand te bring om die goudmynbedryf se belange te ondersteun, hy politieke beheer oor die ZAR sou moes kry. Die politieke konfrontasie oor beheer oor die goud het spanning tussen die Uitlanders en die Transvaalse burgers veroorsaak. Pogings en sameswerings deur mynkapitaliste soos Rhodes en Britse imperialiste soos Joseph Chamberlain en Alfred Milner om die Kruger-regering tot 'n val te bring, het aanvanklik misluk, soos die Jameson-inval van 1895-1896 in die ZAR getuig. Maar uiteindelik het die toenemende Britse druk op die ZAR gelei tot die uitbreek van die Anglo-Boereoorlog (1899-1902), waarin Brittanje die oorwinnaar was. Daardeur is Britse oppergesag oor die hele Suid-Afrika gevestig en Britse beheer oor die goudmynbedryf en swart arbeid finaal verkry.

Die vraag na goedkoop arbeid was in 'n groot mate verantwoordelik vir die onderwerping van swart gemeenskappe. Nywerheidskapitaliste het druk op die swart mense uitgeoefen om hierdie arbeid te verskaf. Britse ekspansionisme en die geleidelike indringing van die Boererepublieke in swart gebiede het gelei tot hul onderwerping en verlies van politieke onafhanklikheid. Dit het gelei tot wetgewing soos die reservaatstelsel, die beperking van swart mense se beweging en die instelling van hut- en kopbelasting. Dit het meegebring dat swart gemeenskappe ontstam en verarm geraak het en dus gedwing is om in die myne te gaan werk. Die minerale revolusie het die ZAR die nodige ekonomiese stabiliteit en hulpbronne gegee om swart gemeenskappe te onderwerp, wat die skaal in die guns van wit oorheersing in die hele Suid-Afrika laat kantel het.

Laastens het die industriële omwenteling Afrikaner- en swart nasionalisme laat opvlam. Die Oranje-Vrystaat en die ZAR het ekonomies en polities nader aan mekaar beweeg. Afrikanernasionalisme het veral as gevolg van die Britse anneksasie van Transvaal in 1877 en die Eerste Anglo-Boereoorlog en republikeinse oorwinning van 1880-1881 en in reaksie op die Jameson-inval 'n bloeitydperk beleef.

Swart nasionalisme is deur die industriële omwenteling gestimuleer in dié sin dat veral die opgevoede swart elite in die Oos-Kaap polities met Britse oogmerke geïdentifiseer het. Hulle het 'n deelnemende, gematigde benadering gehad en 'n onwrikbare geloof in die sogenaamde Britse regverdigheid ("fair play") ontwikkel. In die konfrontasie tussen imperialisme en republi-kanisme het hulle Brittanje sterk ondersteun en verwagtinge gekoester dat indien Brittanje as oorwinnaar uit die Anglo-Boereoorlog sou tree, alle swart mense 'n kans in die lewe sou kry.

10

'n Ekonomiese geskiedenis van die 19de eeu

Grietjie Verhoef

Aan die begin van die 19de eeu was Suid-Afrika 'n landboustreek en ekonomiese ontwikkeling het gewentel om sy unieke hulpbronne. Die interaksie tussen die land se natuurlike en menslike hulpbronne het die omgewing geskep waarin individue, groepe, instellings en ideologieë die ekonomie se verloop beïnvloed het.

Ná 1806 was die Kaapkolonie onder Britse beheer en die binneland is bewoon en bewerk deur inheemse volke. Namate die noordwaartse uitbreiding van die Voortrekkers en die Britse koloniale besetting plaasgevind het, het politieke beheer oor die gebied verander. Hoewel die ekonomie nie saam met hierdie politieke omstandighede verander het nie, het latere ekonomiese ontwikkeling wel dikwels tot politieke verandering gelei.

Hoewel die Nywerheidsomwenteling in die eerste helfte van die 19de eeu 'n nuwe ekonomiese orde in Europa gevestig het (met massaproduksie, die ontwikkeling van wêreldnywerhede en wêreldmarkte), het dit gelyk of 'n groot deel van die boerebevolking aan die suidpunt van Afrika weggetrek het van kontak met die groter wêreld en terugbeweeg het na 'n eenvoudige ekonomiese omgewing sonder 'n monetêre ekonomie en met ruilhandel, weg van mededingende markte. Suid-Afrika was destyds op die rand van ontwikkelings in die wêreldmetropool – die hart van ekonomiese vooruitgang was in Europa. Dit het die VSA en die kolonies egter ook gebaat omdat die koloniale owerhede en die setlaarbevolkings hulle daarby betrek het danksy handel en ander ekonomiese bedrywighede.

Die laat 19de eeu was juis die tyd van groot koloniale uitbreiding. Brittanje, Frankryk, Duitsland, België en Italië het kolonies in Afrika gevestig en daardie gebiede sodoende betrek by ekonomiese aktiwiteite in Brittanje en Europa. Die meeste van die inisiatiewe vir die uitbreiding en modernisering van kolonies het gekom van die immigrantebevolking wat hulle geleidelik daar gevestig het. Die kontak met die lande van herkoms is versterk deur die "oop" karakter van die plaaslike ekonomie. Ekonomiese bedrywighede was afhanklik van handel met die res van die wêreld en daarom het ontwikkelings in die moederlande ná 'n aanvanklike sloertydperk ook in die kolonies neerslag gevind. Die ekonomiese ontwikkeling wat in die 19de eeu in Suider-Afrika plaasgevind het, was dus 'n verlengstuk van die ontwikkeling in Europa en die VSA.

Drie eienskappe van die gebied het 'n bepalende rol in sy ekonomiese vooruitgang gespeel. Die eerste is dat 'n groot aantal mense van 'n verskeidenheid inheemse volke die land bewoon het voordat Europese setlaars hulle hier gevestig het. Die tweede eienskap is die groot aantal Europese setlaars wat hulle mettertyd as boorlinge van die gebied beskou het. Die derde eienskap is die ryk neerslae van 'n verskeidenheid minerale. Die diamant- en goudneerslae het die struktuur van die ekonomie grondig verander. Die verweefdheid van mens en natuur in hierdie omgewing het tot 'n snelgroeiende ekonomie gelei.

MENSLIKE KAPITAAL

Aan die begin van die 19de eeu het die land se bevolking hoofsaaklik uit landbouers en veeboere bestaan. Teen 1820 het ongeveer 4 000 wit Britse immigrante hulle in die Oos-Kaap gevestig, maar die Britse regering het drie jaar later besluit om nie meer setlaars met staatshulp aan die Kaap te vestig nie.

Die Groot Trek was verantwoordelik vir die verspreiding van die wit bevolking na die binneland, hoewel die getal klein was. Ná 1837 het ongeveer 5 000 Engelse en Ierse ambagsmanne weer met Britse ondersteuning na die kolonie gekom.

Die meeste Voortrekkers wat nog in Natal gewoon het, het dié kolonie ná 1848 verlaat om hulle by die ander Trekkers in die binneland aan te sluit. In die daaropvolgende drie jaar het Brittanje ongeveer 4 500 koloniste in Natal gevestig om die getal koloniste aan te vul. Die Britse regering het tussen 1858 en 1870 nog 12 000 immigrante in die oostelike deel van die land gevestig, in sowel die Oos-Kaap as Natal.

Hierdie groep mense het saam met die inheemse swart volke, die Khoekhoen en die Boesmans die land se ekonomie gebou. Die meeste loonarbeid is deur die swart, Khoekhoen- en slawebevolking verrig. Die wit mense was meestal boere, sakelui of ambagsmanne. In 1838 is slawe vrygestel en kon hulle die arbeidsmark in die Kaapkolonie as vry mense betree. Hierdie breë rolverdeling het die res van die eeu onveranderd gebly.

Teen 1900 was die totale bevolking net meer as 'n miljoen mense.

Die opvallendste kenmerk van die 19de eeu in Suid-Afrika was die ontdek-king van minerale – diamante in 1867 en goud in 1886. Binne enkele dekades is die oorwegend landbou-ekonomie met sterk eienskappe van 'n bestaans-ekonomie en ruilhandel volledig omvorm. 'n Moderne, kapitalistiese myn-bedryf het ontwikkel en daarmee saam 'n markekonomie en kredietmark. Waar die oorgang van 'n landbou-ekonomie na 'n industriële markekonomie in die meeste ontwikkelde lande geleidelik plaasgevind het, was daardie oorgang in Suid-Afrika blitsvinnig. Die minerale revolusie het meegebring dat sowel myn-bouontwikkeling as nywerheidsontwikkeling baie vinnig plaasgevind het.

Ten spyte van al hierdie omwentelings was 'n groot deel van die swart bevolking steeds aan die grond gebonde. Daar was wel 'n geleidelike toename in loonarbeid deur die swart en ander bevolkings. 'n Groot deel van die swart bevolking was nog betrokke in bestaansboerdery, maar ander het wel loon-arbeid op wit boere se plase gaan verrig of as onafhanklike kleinboere self aan die ontluikende markekonomie deelgeneem.

Ná die onstabiliteit weens die Mfecane het baie swart mense hulle weer in die Oosgrensgebied gevestig en begin deelneem aan die kapitalistiese markte wat ná die koms van die Britse setlaars ontwikkel het. Die swart gemeenskappe wat hulle ná die Mfecane in die Oos-Kaap gevestig het, was baie minder aan tradisionele gesag onderworpe en het as kleinboere baie doeltreffend met wit boere meegeding toe hulle meer begin produseer het as wat vir hul eie gebruik nodig was.

In ander dele van die land waar die tradisionele gesag nog sterk gegeld het, het produksie in die kommunale grondbesitstelsel plaasgevind en is produkte deur die tradisionele gesag herversprei.

Die onderskeie swart volke, soos die Zulu in Natal, die Pondo in die Oos-Kaap en die Sotho in die Vrystaat, het selfstandig voortbestaan in hul onder-skeie gebiede totdat die ontdekking van diamante en goud 'n geweldige vraag na ongeskoolde arbeid laat ontstaan het. Daarna het baie swart mense die opsie van loonarbeid oorweeg sodat hulle geld kon verdien om aan die geldeise van die koloniale owerhede te voldoen.

Die koloniale owerhede het verskillende soorte belasting ingestel om die inheemse bevolking oor te haal tot loonarbeid. Tradisionele leiers se welvaarts-oorwegings het ook meegebring dat hulle hul onderdane verplig het om loon-arbeid te verrig. Tradisionele leiers het ook 'n aptyt ontwikkel vir goedere wat deur Europeërs die land ingebring is en dit kon net met geld bekom word. Die wit owerhede was in 'n voortdurende stryd om swart mense uit hul selfversorgende leefomgewing te lok om loonarbeid in myne en nywerhede te kom verrig. Dié verskynsel het in die 20ste eeu groter en meer dinamiese afmetings aangeneem.

Die Kaapse ekonomie

Kaapse boere het hul grond bewerk om in hul eie behoeftes en dié van die skeepsverkeer te voorsien. Een van die belangrike waarborge wat ná die Britse besetting in 1795 aan boere gegee is, was dat koloniste se regte en voorregte erken sal word en private eiendomsreg gerespekteer sal word. Boere het al hoe meer produkte aan besoekende skepe verkoop. Die uitvoer van die Kaap af het toegeneem van £637 253 in 1850 tot meer as £7,6 miljoen in 1900.

Hierdie uitvoer het die kolonie weer die koopkrag gegee om taamlik baie te kon invoer. Die vernaamste rede vir die indrukwekkende uitvoersyfers was egter die uitvoer van diamante sedert 1867. Voor die ontdekking van diamante het meer as 94% van die uitvoer uit landbou- en veeteeltprodukte bestaan.

Landbou-ontwikkeling is erg aan bande gelê deur die klein plaaslike vraag na landbou-produkte. Wat nie plaaslik verbruik is nie, moes uitgevoer word of het tot niet gegaan.

Die koms van die Britse setlaars in 1820 was 'n belangrike moment en het mense met nuwe vaardighede en kennis by die bevolking gevoeg. 'n Gesonde handelsomgewing het in die Oos-Kaap ontstaan waarin swart boere ook deelgeneem het. Handelaars en winkeliers het gehelp met die uitvoer van landbouprodukte en het verbruiksgoedere ingevoer vir die snelgroeiende bevolking aan die Oosgrens. Welvarende swart boere wat meer graan, groente of vleis geproduseer het as wat hulle benodig het, het dit aan die handelaars begin verkoop. Hulle het ook nuwe gewasse verbou en teen 1868 groot hoeveelhede mielies en sorghum, koring, hawermout, boontjies en aartappels op die plaaslike markte verkoop.

Wanneer die surplus uitgevoer is, het dit 'n sterk koopkrag in die Oos-Kaap geskep. Die swart boere het geld ontvang vir hul surplusproduksie en 'n vraag geskep na lewensmiddele wat deur die Britse winkeliers verskaf is. So het die Oos-Kaap in die laaste helfte van die 19de eeu 'n belangrike sentrum van ekonomiese bedrywighede geword wat in 'n goeie posisie was om die nuwe mark in Kimberley van noodsaaklike lewensmiddele te voorsien.

Die vernaamste ekonomiese bedrywighede in die suidelike deel van die Kaapkolonie was landbou. Teen 1865 het 78,9% van die Kaapse bevolking in die landbou gewerk. Boere het vrugte, koring, wintergrane soos gort, rog en hawermout, en wingerd verbou en wyn gemaak, asook bietjie suiker en mielies geplant. Daar was ook vee- en skaapboerdery. Dit was eers met die uitbreiding na die Oos-Kaap dat skaapboerdery werklik op groot skaal beoefen is. Wolskape is reeds in 1795 deur die Nederlandse goewerneur ingevoer, maar dié boerdery is eers sedert die 1830's kommersieel beoefen. Die produksiekoste van voedsel was hoog omdat die Kaap so ver van Europese markte was. Dit was feitlik onmoontlik om op groot skaal na daardie lande uit te voer en die plaaslike mark was gevolglik klein.

Met wynproduksie het dit effens anders verloop: Brittanje het voorkeurtoegang aan Kaapse wyne verleen, wat beteken het dat Kaapse wyn sonder tariefheffings uitgevoer kon word na Brittanje en Europa. ('n Tariefheffing is 'n belasting wat gehef word op goedere wat van een land na 'n ander vervoer word – hetsy as in- of uitvoer.) Die Kaapse wyne is nie vir eindgebruik aangewend nie, maar om met Europese wyne versny te word. Daar was dus 'n groot vraag na Kaapse wyn, maar nie noodwendig na kwaliteitswyn nie. Brittanje het dié voorkeurbehandeling tussen 1825 en 1831 stelselmatig opgehef. Dit het die uitvoer van Kaapse wyne beëindig.

Sedert die laat 1860's was daar 'n groot vraag na volstruisvere, aangesien dit toe hoogmode in Europa was. Toe die gier oorgewaai en Europa tussen 1879 en 1882 in 'n depressie verval het, is baie boere wat skielik ryk geword het uit volstruisvere in armoede gedompel.

Die woluitvoer het in die 1850's en 1860's 'n oplewing beleef en toegeneem van 1,2 miljoen kg wol (ter waarde van £212 166) tot 8,8 miljoen kg (ter waarde van £1,2 miljoen). Dit was 'n groot inspuiting vir die Kaapse ekonomie. Die struktuur van die uitvoer het verander van hoofsaaklik voedsel en drank na hoofsaaklik grondstowwe soos wol, huide en velle. Aan die einde van die 1860's het wolpryse egter getuimel weens 'n resessie in Europa. 'n Erge resessie het die Kaapse ekonomie dus ook getref.

Die Kaap kon in die laaste helfte van die 19de eeu as industrieel vooruitstrewend beskryf word. Vervaardiging was weliswaar eenvoudig, maar daar was steenmakerye, visverwerking vir uitvoer, graanmeulens, seep- en kersfabrieke, snuifvervaardiging en yster- en kopersmelterye. Gemeet aan die vlak van industrialisasie in Europa was die Kaap wel agter, maar in vergelyking met nywerheidsbedrywighede in ander kleiner gebiede was die Kaap vooruitstrewend. Daar was ook 'n uitgebreide finansiëledienste-sektor met klein plaaslike banke, trustmaatskappye en versekeringsondernemings. In die Oos-Kaap

het groothandelondernemings ontstaan wat verbruiksgoedere en kapitaal-
toerusting ingevoer en landbouprodukte uitgevoer het.

Met die groei in ekonomiese bedrywighede het die vraag na geld toege-
neem en sakelui het krediet benodig. Klein banke het ontstaan om in die
plaaslike behoeftes te voorsien. Voorbeelde van sulke banke was die eerste
spaarbank, die Cape of Good Hope Savings Bank, wat in 1831 gestig is, die
Eastern Province Bank (1838) van Grahamstad en die Port Elizabeth Bank
(1847). Die eerste versekeringsmaatskappy aan die Kaap en in Suid-Afrika
was die South African Fire and Life Assurance Company (1831) en die eerste
eksekuteurskamer is in 1834 deur 22 inwoners van Kaapstad gestig. Tussen
1834 en 1899 is nie minder nie as dertig trustmaatskappye in die Kaap tot
stand gebring. 'n Monetêre ekonomie het dus ontwikkel, wat bewys is van die
gevorderde aard van die Kaapse ekonomie in daardie stadium.

Dieselfde kon egter nie van die ander kolonie, Natal, of die Boererepublieke
gesê word nie.

Die dramatiese oplewing in ekonomiese bedrywighede het Britse banke se
aandag getrek. In 1861 het die eerste sogenaamde imperiale bank, die Lon-
don and South African Bank (LSAB), 'n tak in Kaapstad oopgemaak. Die
volgende jaar het Standard Bank in die Kaap begin sake doen en in 1873 die
Oriental Bank Corporation. Die depressie van die laat 1860's het baie van die
klein plaaslike banke in groot probleme gedompel. Kliënte het nie geld gehad
om in die bank te deponeer nie en die banke het beperkte kapitaal gehad om
die moeilike tyd te oorleef. Die meeste van die klein banke is deur Standard
Bank of die LSAB oorgeneem en gevolglik het die imperiale banke die finan-
siële sektor eintlik oorheers.

Die enigste spoorlyn is tussen 1860 en 1863 aangelê tussen Kaapstad, Wel-
lington en Worcester. Alle vervoer was per pad in osse- of perdewaens. 'n Groot
omwenteling het gekom ná die ontdekking van diamante in Kimberley in
1867. Ná die droogte van die laat 1860's en die depressie weens die ineen-
storting van wolpryse was daar skielik 'n ekonomiese opswaai danksy die ont-
ginning van diamante. Die mynbedrywighede het ondersteunende bedrywig-
hede meegebring: 'n Vraag na verbruiksgoedere, voedsel, klerasie, skoeisel en
werktuie het voedselproduksie en klein nywerhede gestimuleer.

Dit het ook belangrik geword om spoorverbindings na die naaste hawens –
Durban, Port Elizabeth en Oos-Londen – te hê. Die Kaapse regering het
dadelik die beheer van die spoorlyne oorgeneem (die kort spoorlyne by Kaap-
stad was in private besit) en teen 1885 het die spoorlyn van Kaapstad af

Kimberley bereik. Weens hoë koste is besluit om die spoorlyn 1 065 mm breed te maak, in teenstelling met die 1 433 mm van Europese en Amerikaanse treine. Dit sou later vir Suid-Afrika groot probleme meebring met ingevoerde treinwaens.

Die ontdekking van goud aan die Witwatersrand in 1886 het die spoorbouprogram versnel.

Dit was egter 'n politieke tameletjie: die Zuid-Afrikaansche Republiek (ZAR) wou nie die Brits-beheerde Kaapse owerheid toelaat om sy spoorlyn direk van Kimberley na Johannesburg te verleng nie omdat dit die Britte beheer sou gee oor die strategiese spoorlyn oor Boeregrond. Die Transvaalse republiek wou eerder die spoorlyn na Delagoabaai in Mosambiek voltooi sodat uitvoerprodukte goedkoper, meer direk en sonder inmenging van die Britse owerheid na die naaste hawe kon gaan. Uiteindelik het die Kaapse regering toestemming van die Oranje-Vrystaat gekry om die spoorlyn deur Bloemfontein te bou. Dié spoorlyn is aan die einde van 1892 voltooi en die Transvaalse spoorlyn na Delagoabaai in 1894. Die spoorlyn van Durban deur Volksrust het Johannesburg in 1895 bereik.

Hierdie spoorontwikkeling was uiters belangrik vir ekonomiese vooruitgang. Nie net het dit goederevervoer dramaties versnel en vergemaklik nie, maar mense en goedere kon die binneland nou ook makliker bereik. Plaaslike markte is op 'n baie doeltreffender wyse as voorheen met mekaar verbind. In- en uitvoer is noemenswaardig vereenvoudig en ekonomiese skommelinge in die wêreldmarkte sou die plaaslike ekonomie meer direk kon beïnvloed.

Diamante het algemene ekonomiese voorspoed vir die Kaapkolonie gebring. Baie nuwe werkgeleenthede is vir ongeskoolde arbeid geskep. Die bruto binnelandse produk van die Kaap het van £3,2 miljoen in 1867 tot meer as £13,5 miljoen in 1881 gestyg. Die produksie van koper, wat in 1852 in Namakwaland ontdek is, het marginaal gebly op produksie ter waarde van net meer as £261 110. Die grootste inspuiting was die vraag na bestaans- en produksiemiddele deur die snelgroeiende bevolking in Kimberley en omstreke. Die spoorbouprogram het ook nuwe besteding gebring en dus ook 'n vraag geskep, en 'n wilde spekulatiewe gees het posgevat. Die banke het maklik krediet toegestaan en nie altyd voldoende sekuriteit gevra nie. Dit het die sogenaamde "diamantkrisis" van 1881 veroorsaak.

Die klein prospekteerders is geleidelik deur groot mynondernemings oorgeneem. Nadat die ryk diamantpype by Jagersfontein en Kimberley ontdek is, het dié ondernemings met groot kapitaal ingespring en die kleiner delwers verdring. Hulle het gou daarin geslaag om baie meer diamante te ontgin, wat 'n ooraanbod meegebring en die hoë diamantpryse afgedwing het. Cecil John Rhodes het besef dat dit nodig sou wees om die aanbod van diamante sentraal te beheer en hy het Barney Barnato uit die mark gedwing met die stigting van De Beers Consolidated Mines in 1888. De Beers het dus 'n monopolie geword wat beheer uitgeoefen het oor die vrystelling van diamante op die mark sodat die pryse hoog kon bly.

In 1881 was daar 65 diamantmaatskappye en meer as £12 miljoen is in die bedryf belê. Daarvan was £6,5 miljoen van die Kaapkolonie self afkomstig. Banke se rojale kredietverlening, soms net teen die sekuriteit van kleims, het teen die middel van 1881 begin verander. Krediet is ingeperk en 'n gees van onsekerheid het op aandelebeurse ontwikkel, ook weens die Eerste Anglo-Boereoorlog wat in Transvaal uitgebreek het. Daarna het die ergste depressie nog in die geskiedenis van die Kaapkolonie gevolg – van 1882 tot 1886. Dit was uiteindelik goud wat tot die redding van die Kaapse ekonomie sou kom.

Die verskillende konflikte waarby die Britse magte betrokke was, het altyd ook vir 'n ekonomiese inspuiting gesorg. Die grensoorloë van die 19de eeu het meegebring dat Brittanje amptenare en troepe na die konflikgebiede moes stuur. Daardie mense is besoldig en het 'n vraag geskep na bestaansmiddele, wat voedselproduksie en sakeondernemings gestimuleer het. Op dieselfde wyse het die anneksasie van Transvaal in 1877, die Anglo-Zulu-oorlog van 1879 en die Eerste Anglo-Boereoorlog geld van buite af in die plaaslike ekonomie ingebring. Die vernietiging van die Tweede Anglo-Boere-oorlog van 1899-1902 was egter so omvattend dat die Suid-Afrikaanse ekonomie eers ná 1906 weer in 'n opswaaifase inbeweeg het.

Die ekonomiese geskiedenis van die Kaapkolonie toon aan hoe sakesiklusse op- en afwaarts beweeg het in reaksie op klimaats- en natuurlike omstandighede, nuwe geld en spekulasie weens verwagtings van voorspoed.

Natal se ekonomiese ontwikkeling

Die kolonie Natal het eintlik eers 'n rol in die plaaslike ekonomie begin speel nadat die Voortrekkers hulle teen 1838 daar gaan vestig het. Ná hulle vertrek in die 1840's het die nuwe Britse immigrante 'n ekonomie begin vestig wat aangesluit het by die Britse belange in die Kaap. Natal is tot 1856 nog as 'n onderdeel van die Kaapkolonie bestuur.

Die ander inwoners van Natal was die Zulu, wat hoofsaaklik gewasse soos mielies en sorghum verbou het, maar oorwegend veeboere was. Beeste het 'n groot rol in hul tradisionele lewe gespeel en is beskou as 'n aanduiding van rykdom en status. Grond het aan die opperhoof en hoofmanne behoort en is kommunaal bewerk. Dit was die tradisionele leier se reg om sy onderdane voedsel en vee te gee. Geen voedselproduksie was bedoel om as surplus verkoop te word nie en gevolglik het die Zulu nie aan handel met markte buite hul omgewing deelgeneem nie. Daar was wel voorbeelde van ruilhandel in vee of basiese implemente met aangrensende swart groepe, maar geen groot mark in voedsel of verbruiksgoedere het ontwikkel nie.

Ná die Anglo-Zulu-oorlog van 1879 het Brittanje die Zulu meer direk onder die Britse koloniale administrasie geplaas. Hoewel die Zulu hul landelike bestaanswyse voortgesit het, is al hoe meer druk op hulle uitgeoefen om loonarbeid in die Britse kolonie te gaan verrig. 'n Praktyk van loonarbeid op wit boere se plase het dit wel ontwikkel, maar gedurende die 19de eeu was die Zulu nog oorwegend ekonomies "onafhanklik" en aangewese op hul tradisionele bestaanswyse.

Die koms van wit mense het die Westerse kapitalistiese markbenadering gebring. Eers het die Voortrekkers die grond begin bewerk met die oog op eie verbruik, maar ook ruilhandel vir goedere wat hulle nie self kon produseer nie. Die Britse immigranteboere het 'n verskeidenheid gewasse ingevoer, soos koffie- en teeplante van Indië en suiker van Mauritius. Hulle het ook suksesvol met mielies geboer en teen 1891 meer mielies geproduseer as die Vrystaat. Daar is ook begin om katoen te verbou, maar dit het misluk omdat daar nie genoeg werkers was om die katoen te pluk nie. Die Zulu was nie geredelik beskikbaar nie omdat hulle 'n voorspoedige lewe as bestaansboere gelei het. Die boere is verder aan bande gelê deur plant- en veesiektes waarvoor daar geen teenmiddels was nie.

In 1850 is suikerriet geplant en dit het gou op sukses gedui. 'n Beskermende tarief is op ingevoerde suiker gehef om die plaaslike bedryf te help vestig. Dié tarief het 'n "belasting" geplaas op ingevoerde suiker wat ingevoerde suiker dus veel duurder as plaaslike suiker sou maak. 'n Arbeidstekort het daartoe gelei dat die Natalse koloniale owerheid in 1859 geld bewillig het om kontrakarbeiders van Indië in te voer. Die eerste Indiese arbeiders het die volgende jaar in Natal aangekom. Teen 1866 was daar 5 600 Indiese kontrakarbeiders in Natal, maar om finansiële redes is besluit om hul invoer nie meer te finansier nie. Die invoer van Indiese kontrakarbeiders is eers ná 1911 hervat.

Die suikerproduksie het teen 1910 reeds op 82 000 ton te staan gekom en

£1,23 miljoen beloop. Die Indiese arbeiders het 70% van die arbeidsmag in die suikerbedryf uitgemaak. Nadat hul kontrakte verstryk het, het die grootste persentasie van die Indiese kontrakarbeiders besluit om in Natal aan te bly as groenteboere, smouse of winkeliers. Hierdie groep Indiërs, asook onafhanklike Indiese sakelui wat aan die einde van die 19de eeu na Suid-Afrika geëmigreer het, het in die 20ste eeu welvarende sakelui geword wat ook in Transvaal sakeondernemings begin het en 'n groot rol gespeel het in die ontwikkeling van klein- en groothandelondernemings in Suid-Afrika.

Hoewel die Natalse ekonomie hoofsaaklik om landbou gewentel het, het klein handelsondernemings rondom die hawe in Durban ontwikkel. Die Natal Fire Assurance and Trust Company of Durban het in 1849 versekeringsdienste in dié dorp begin lewer, wat dui op die stewige geldekonomie wat in die hawegebied ontwikkel het. Daar was genoeg geld in omloop sodat die Natal Bank in 1854 in Pietermaritzburg gestig is. Kort daarna het Standard Bank en die LSAB ook takke in Natal geopen en in 1881 het die Natal Bank 'n tak in Transvaal geopen. Teen 1902 het die Natal Bank elf takke gehad. Die Natal Bank het bly voortbestaan totdat dit in 1914 deur die Nasionale Bank oorgeneem is.

Net soos oorloë in ander kolonies was die Anglo-Zulu-oorlog van 1879 'n groot inspuiting vir die Natalse ekonomie. Dit was amper soos om kapitaal in te voer sonder die verpligting om rente daarvoor te betaal!

Die Oranje-Vrystaat en Transvaal

Die twee Boererepublieke wat in die 1850's tot stand gekom het, het hoofsaaklik ook op 'n landbou-ekonomie staatgemaak. Transvaal was nie juis vooruitstrewend voor die laaste dekade van die 19de eeu nie. Daar was beperkte landbou: Die kos wat geproduseer is en vee waarmee geboer is, was hoofsaaklik vir eie gebruik. Jagbedrywighede het wel goedere opgelewer waarna daar 'n vraag in die suide was. Spoorwegverbindings met die twee republieke het eers ná die ontdekking van diamante gekom. Tot die laaste dekade van die 19de eeu was transportry met waens die enigste manier om handelsware in die republieke te kry.

Tot laat in die 19de eeu het die burgers van die ZAR in relatiewe armoede geleef. Die meeste boere het geen of min landbougereedskap gehad, in eenvoudige hartbeeshuisies gewoon en hulle hoofsaaklik op bees- en skaapboerdery verlaat. Kuddes van tussen 400 en 600 stuks vee en tussen 300 en 400 stuks kleinvee is soms aangetref. Vee is aangehou vir hul vleis, melk en trek-vermoë. Botter is gemaak, maar nie kaas nie. Hout is vir meubels en ander bou-werk gebruik. Teen 1866 het die regering beperkings op die uitkap van bosse ingestel om die natuurlike plantegroei te beskerm.

Sommige boere het meer gejag as geboer, want dit was taamlik wins-gewend. In 1880 het jagters byna 100 000 kg ivoor net in die Soutpansberg-gebied versamel. Buffelhorings, renosterhorings, seekoeitande en heuning is uitgevoer. Jagbedrywighede is deur wetgewing beheer om die wild te beskerm teen totale uitwissing. Sout is ontgin in die sogenaamde "soutsee" tussen die huidige Bela-Bela (Warmbad) en Rustenburg. Die sout is gebruik om die vleis wat gejag is, te preserveer. Die Soutpansbergse soutpanne het jaarliks ongeveer 1 000 sakke sout opgelewer.

Ander minerale bronne is ook ontgin – steenkool sedert 1861 op die Oos-Transvaalse Hoëveld en 'n bietjie lood naby Pretoria en die Marico. Dit is hoof-saaklik gebruik om ammunisie te maak. Die beperkte goudontdekkings in Oos-Transvaal is in die vorige hoofstuk genoem. Die hoeveelheid goud wat tussen 1874 en 1880 in Transvaal ontgin is, was maar tussen £197 000 en £1 miljoen werd. Klein hoeveelhede silwer, kobalt, koper en yster is ook gemyn.

Die boere het wel met sorghum, mielies en ander graan geëksperimenteer, maar net genoeg vir eie gebruik. Vrugte, veral lemoene, en groente is wel in die Rustenburg-omgewing geplant. Veeteelt het egter oorheers. Boere het elk meer as een plaas besit en met die vee rondgetrek agter weiding aan.

Vervaardigingsbedrywighede was eenvoudig en gerig op die boerdery-gemeenskap se behoeftes. Daar was 'n wamakersbedryf, koringmeulens naby Potchefstroom en 'n sigaarfabriek met tabak wat in die Rustenburg-distrik gekweek is. Voor 1880 was die sentrum van handelsbedrywighede Potchef-stroom.

In 1867 is die eerste landboutentoonstelling in Potchefstroom gehou. Trans-vaal was afhanklik van smouse, meestal Jode, en handelaars om goedere van die republiek te vervoer en broodnodige ware van die hawestede af na die noordelike gebiede te bring. Vrystaatse boere het later hul wol in Johannes-burg verkoop en koring en meel daar gekoop. Potchefstroom en Rustenburg is beskou as die welvarendste gebiede in die streek, maar te oordeel aan die aan-tal handelslisensies wat teen 1870 in Transvaal uitgereik is, was daar duidelik 'n interne mark in die gebied.

In gebiede soos Lydenburg, Waterberg, Wakkerstroom, Heidelberg, Utrecht en Bloemhof is verskeie handelslisensies ook uitgereik. In 1870 is volstruisvere,

wol, ivoor, beeste, graan en leerprodukte ter waarde van £133 500 ook uit-
gevoer. Dit was min in vergelyking met die totale uitvoer van die Kaapkolonie
wat in 1850 reeds meer as £637 235 was.

Teen 1883 is bereken dat handel tot ongeveer £1 miljoen toegeneem het.
Dit was hoofsaaklik toe te skryf aan die opening van die eerste fabriek vir
voedselverwerking in 1883. President Paul Kruger het "Ons Eerste Fabrieken"
op 6 Junie 1883 net buite Pretoria geopen. Daar was ook die normale ambags-
werk en die vervaardiging van waens en skoeisel, maar geen nywerheidspro-
duksie om te vergelyk met soortgelyke nywerhede in Europa in dieselfde tyd
nie.

Hoewel Transvaal 'n interne mark gehad het, was die skakeling met metro-
politaanse markte uiters beperk. Daarom het skommelings in die sakesiklusse
van Brittanje en Europa Transvaal baie minder geraak as die twee Britse kolo-
nies.

Algemene padverbindings was taamlik goed, maar min. Passasiers het per wa
tussen die diamantdelwerye gery en steenkool is op dieselfde wyse daarheen
en na Delagoabaai vervoer. Met 'n wit bevolking van skaars 25 000 was Trans-
vaal teen 1870 ekonomies geïsoleerd en aangewese op 'n beperkte interne mark.
Daar was geen sprake van noemenswaardige buitelandse handel of deelname
aan die internasionale goedereverkeer met die Europese metropool nie. Daar
was geen plaaslike banke nie, net takke van Standard Bank en die LSAB. Die
ZAR het eers in 1888 'n eie bank gekry.

In die Oranje-Vrystaat het die ekonomie geleidelik 'n oplewing getoon. Die
finansiële welstand van die wit bevolking van sowat 15 000 was ná die onder-
tekening van die Bloemfonteinkonvensie in 1854 en die vertrek van die Britse
troepe so swak dat handel feitlik tot stilstand gekom het. Ruilhandel was aan
die orde van die dag. Paaie was swak en 'n reis per wa tussen Bloemfontein
en Durban het meer as drie weke geduur en na Port Elizabeth agt weke.

Die uitvoer van wol het geleidelik buitelandse valuta ingebring. Wolpro-
duksie het van vyftig bale merinowol in 1850 tot meer as 5 000 bale in 1856
toegeneem. Die oplewing in die wolbedryf van die 1850's en 1860's het wol-
boere in die Suid-Vrystaat ook baie gebaat. Hulle het wol verkoop aan die
groothandelaars in die hawestede, van waar die wol uitgevoer is. Dorpe soos
Bloemfontein, Fauresmith, Smithfield en Harrismith was sterk handelsentra.

Boere was hoofsaaklik betrokke by algemene boerdery, maar teen 1860 is
op redelike skaal met mielies, koring en ander graan geboer. Die boere het self
hul produkte verkoop. 'n Aktiewe interne mark in huide en velle en wild het

ontwikkel. 'n Onderneming in Kroonstad het in een jaar byvoorbeeld 152 000 blesbok- en wildebeesvelle verkoop. Die handel in volstruisvere was ook taamlik groot.

Op die Vrystaatse Hoëveld en in die suide van Transvaal het boere op groot skaal van swart arbeid gebruik gemaak. Mettertyd is wetgewing aanvaar wat dit vir swart mense moontlik gemaak het om as deelboere op wit boere se plase te woon. Die deelboere het arbeid verrig en 'n deel van hul opbrengs aan die boer betaal in ruil vir die reg om op die grond te boer.

Weens die ineenstorting van markte gedurende die diamantkrisis het boere wat groot verbande op hul plase gehad het baie swaar gekry. Hulle kon nie in munt vir arbeid betaal nie en het afhanklik geword van swart boere se produksie, wat deelboerdery laat toeneem het. Deelboerdery het nog algemener geword met toenemende mededinging om grond. Die swart deelboere het baie suksesvol geboer en voor die ontdekking van diamante, maar ook daarna, bygedra tot die goeie landbouprestasie van die Vrystaat. Naas deelboere het die Sotho onafhanklik ook baie suksesvol geboer met mielies, koring, wol en bokhaar en hulle surplusse op die markte verkoop. Teen die tyd dat 'n groot vraag na voedsel by die diamantmyne ontwikkel het, het die Vrystaat reeds groot hoeveelhede graan, skape en wol van hul Sotho-bure gekoop en dit dan op die diamantvelde verkoop.

Handel was so suksesvol dat van die Kaapse banke takke in die republiek geopen het. In 1862 is die eerste twee Vrystaatse banke ook gestig, naamlik die Bloemfontein Bank en die Fauresmith Bank. Die vooruitsigte was so goed dat die LSAB en Standard Bank ook takke daar kom open het, maar ná konflik met die Vrystaatse regering is alle buitelandse banke in 1864 verbied. In 1877 is die Nasionale Bank van die Oranje-Vrystaat gestig. Hierdie bank het 'n baie goeie reputasie gehad en is allerweë as 'n modelbank beskryf.

Die opbou van die Vrystaatse ekonomie het stelselmatig plaasgevind, maar dit was uiteindelik die ontdekking van diamante wat die vraag na voedsel en allerlei verbruiksgoedere meegebring het en daarmee saam voorspoed.

Minerale en groei

In 'n sekere opsig was dit asof die ekonomieë van die twee kolonies en die twee republieke gewag het op 'n inspuiting van buite om die losstaande ekonomiese bedrywighede saam te snoer in 'n meer suksesvolle mark wat sterker internasionaal sou kon deelneem. Die ontdekking van diamante in 1867 en die snelle ontginning daarvan het geweldige kapitaalinvloei meegebring. Dit het mense na die land gebring en daarmee saam 'n vraag na bestaansmiddele wat 'n ekonomiese stimulus vir die hele streek was.

Diamantontginning het baie vinnig ontwikkel: Die uitvoer van diamante het gegroei van gemiddeld £35 700 per jaar tussen 1866 en 1870 tot gemiddeld £3,2 miljoen per jaar tussen 1881 en 1886. Die massiewe nuwe koopkrag het werkgeleenthede beteken, die bou van vervoerverbindings gestimuleer, 'n feitlik onversadigbare mark vir plaasprodukte geskep en buitelandse valuta verdien waarmee noodsaaklike kapitaaltoerusting en moderne tegnologie ingevoer kon word. Daar was 'n onmiskenbare opswaaifase in die ekonomieë van sowel die kolonies as die republieke.

Spekulasie in diamantaandele het wydverspreid voorgekom en banke het krediet minder verantwoordelik toegestaan. Teen 1881 was die gevaartekens daar. Banke het krediet geleidelik ingekort en spekulante verplig om aandele te verkoop, wat die prys daarvan afgedwing en die "seepbel" laat bars het. Die hele streek het weens die sogenaamde "diamantkrisis" gesteier en in 'n depressie verval. Goedereverkeer deur die Kaapse en Natalse hawens het in duie gestort, staatsinkomste het skerp gedaal en insolvensies in die Kaap het van 259 in 1880 tot meer as 1 000 in 1883 gestyg. Skielik was die streek in 'n skerp afswaaifase. Omstandighede is vererger deur 'n soortgelyke depressie in Europa en 'n ongenadige droogte in die land.

Die gebeure het bewys dat 'n geïntegreerde kapitalistiese mark in Suid-Afrika ontwikkel het, met effekteverkeer (die koop en verkoop van aandele in ondernemings), spekulasie, 'n elastiese kredietstelsel (die toestaan van krediet op aanvraag, of die inkorting van krediet as ekonomiese bedrywighede afneem) en 'n "organiese" geheelbeeld van ekonomiese krisisse en siklusse. Die groter ekonomiese geheel het sterker ontwikkel ná die ontdekking van goud. Die struktuur van die ekonomie het vinnig verander van oorheersend landbou na landbou-mynbou.

Toe groot goudneerslae in 1886 aan die Witwatersrand ontdek is, het die demografie en ekonomie ingrypend verander. Taamlike sakekundigheid het veral in die Kaap en Natal ontwikkel, die diamantbedryf het die basiese nywerhede in die kolonies en republieke op die pad van groter verfyndheid geplaas en kapitaal het die land gereelder ingekom. Arbeid was geredelik beskikbaar en genoeg voedsel is deur die swart en wit boere geproduseer.

Die ontdekking van goud het gehelp om die hele land uit die depressie van die 1880's na 'n nuwe groeifase te stuur. Hoewel 'n deel van die opbrengs uit goud in dividende aan buitelandse aandeelhouers uitbetaal is, is die grootste deel van die opbrengs in Suid-Afrika bestee. Hierdie geweldige koopkrag het groter voorspoed vir boere en nyweraars in Suider-Afrika meegebring. Die samestelling van die totale uitvoer het ook verander: In 1885 was die waarde van die gouduitvoer £35 300 (van die totale uitvoer van £8 021 000), maar teen 1910 was die waarde van gouduitvoer £35 miljoen (van die totale uitvoer van £47 574 000). Goud het dus reeds teen Uniewording in 1910 'n oorheersende rol in Suid-Afrika se totale uitvoer gespeel: Dit het ongeveer 64% van die totale Suid-Afrikaanse uitvoer uitgemaak.

Die ontdekking van goud het verskeie omwentelings meegebring. Enersyds het die bevolking in Transvaal 'n kosmopolitiese karakter verkry met baie buitelanders van Europa, die VSA, Brittanje, Australië en vele ander wêrelddele. Andersyds het ekonomiese verkeer meer internasionaal geword en het beperkende politieke en sosiale omstandighede in Transvaal spanning onder die verskillende groepe inwoners meegebring. Verskeie ander sektore het ook met rasse skrede gegroei. Banke soos Standard Bank het sy posisie versterk met die oorname van die LSAB in 1877 en in 1888 het De Nederlandsche Bank voor Zuid-Afrika (later Nedbank) in Transvaal begin sake doen. Teen 1890 was daar elf banke met 66 takke in die land.

Die algemene spekulasie in goudmynaandele en grond het, net soos ná die ontdekking van diamante, met oormatige kredietverlening gepaardgegaan. Teen Maart 1890 het die ineenstorting bekend as die "goudkrisis" begin en is die markwaarde van maatskappye feitlik oornag gehalveer. Deposante het hul geld gou onttrek. Sonder deposito's kan 'n bank nie geld uitleen nie en so het die vrye toegang tot krediet tot 'n einde gekom. Dit het onvermydelik gelei tot minder ekonomiese bedrywighede en 'n depressie van die laaste paar maande van 1890 af.

In 1896 was daar die runderpes en drie jaar daarna het die Anglo-Boere-oorlog uitgebreek waartydens die ekonomiese middele van die Boererepublieke totaal vernietig is – hul mense, produktiewe grond en bestaansmiddele. Tussen 1903 en 1909, aan die vooraand van Uniewording, het 'n erge depressie voortgesleep.

Die goudmynbedryf het egter steeds nywerheidsproduksie aangemoedig en die fabrieke in Transvaal het tussen 1890 en 1910 van 550 tot 1 500 toegeneem. Al het nywerheidsproduksie reeds voor Uniewording 'n totale waarde van £17 miljoen bereik, was dit maar elementêr en het grootliks op die verwerking van landbouprodukte neergekom. In die Kaap was daar meer as 2 000 "fabrieke" of werkplekke waar eenvoudige nywerheidsproduksie plaasgevind het. Die meeste van dié "fabrieke" was koringmeulens, bakkerye, saagmeulens, wamakerye, leerlooierye, meubelfabrieke en drukkerye. Dit was dus klein vervaardigingsondernemings wat in die direkte behoeftes van die boerderygemeenskap voorsien het. Daar was nie sprake van die gebruik van nuwe tegnologie om tegnies gevorderde goedere soos in Brittanje of Europa te produseer nie. Die vervaardiging van masjinerie en ingenieurstoerusting het eers later in die omgewing van die mynbedryf ontwikkel.

In die Kaap is vervaardigingsproduksie beskerm en bevorder deur die instelling van *ad valorem*-invoertariewe (belasting) op goedere wat meegeding het met produkte wat in die Kaap vervaardig is. In Natal was daar beperkte vervaardiging, in die Vrystaat feitlik niks en in Transvaal het dit momentum gekry met die minerale revolusie. Nogtans kan daar nie gepraat word van noemenswaardige nywerheids- of vervaardigingsproduksie teen die eeuwisseling nie. Die waarde van vervaardiging in die Kaap was ongeveer £7,4 miljoen, in Natal £4,4 miljoen, in Transvaal £4,6 miljoen en in die Vrystaat £749 000.

Daarteenoor was die waarde van die gouduitvoer teen 1910 reeds £35 miljoen. Die waarde van die invoer was meer as £27 miljoen, wat beteken het dat die invoer die uitvoer heeltemal oorskry het, goud uitgesluit. Suid-Afrika het nie naastenby genoeg in sy eie nywerhede vervaardig om uit te voer nie en het die buitelandse valuta wat met die gouduitvoer verdien is, gebruik om vir invoer te betaal. Dit was 'n ongesonde beginsel, maar het tot die laat 1960's voortgeduur.

Die rede waarom vervaardigingsproduksie so stadig ontwikkel het, was omdat die uitvoer van sekere goedere, soos goud, diamante en wol, 'n relatiewe voordeel ingehou het, maar ook omdat plaaslike nywerhede feitlik geensins beskerm is teen mededinging deur goedkoper produkte van meer ontwikkelde markte nie.

Die indirekte beskerming van hierdie nywerhede met taamlik hoë vervoertariewe het uiteindelik gelei tot die doeane-ooreenkoms van 1906. Voor die Anglo-Boereoorlog het Transvaal besonder hoë vervoertariewe gehef op die vervoer van goedere op sy spoorlyn en dit het die koste van uit- en invoer vir die Britse kolonies opgestoot. Ná die oorlog het die Britse Hoë Kommissaris, lord Alfred Milner, gehoop om die tariewe op die spoorlyn met die ander kolonies te verlaag ten einde die heropbou van die landbou te versnel en groter ekonomiese samewerking te bewerkstellig. Die Portugese regering het egter gedreig dat hy sou weier dat Portugese werkers van Mosambiek in die goudmyne gaan werk as Milner nie die voorkeurposisie van die Johannesburg-Delagoabaai-spoorlyn handhaaf nie. Milner het toe die ooreenkoms tussen Transvaal en die Portugese owerheid in Mosambiek oor die Delagoabaai-spoorlyn gehandhaaf, al moes hy inkomste vir die imperiale owerheid uit vervoertariewe op die Natalse spoorlyn inboet.

Uiteindelik het lord Selborne, die nuwe Britse Hoë Kommissaris, in 1906 daarin geslaag om die vier Britse kolonies, die Britse Hoëkommissarisgebiede en Suid-Rhodesië in 'n doeane-ooreenkoms te bind wat tariewe op onderlinge verkeer geskrap het en buurlande daarby ingesluit het. Op die konferensie van die doeane-unie in 1908 is die hoop vir die eerste keer uitgespreek dat tariefbeskerming aan die jong Suid-Afrikaanse nywerhede verleen sou word. Dit was duidelik dat die vier kolonies gemeenskaplike belange begin ontwikkel het.

Die uiteindelike konsolidasie van spoorverbindings in een netwerk was gunstig vir die ekonomiese ontwikkeling van Suid-Afrika. Dit dui aan hoe vervoer- en kommunikasieverbindings die opkoms van 'n ontwikkelde ekonomie gebaseer op geld- en goedereverkeer ná 1870 volledig by die kapitalistiese stelsel ingeskakel het. Die doeane-unie het verdere samewerking bevorder tussen die vier kolonies wat eintlik reeds as 'n ekonomiese geheel gefunksioneer het.

11

Afrikanernasionalisme, 1875-1899

Hermann Giliomee

Op 13 Augustus 2000 berig *Rapport* dat die 18-jarige Carina Carshagen, wat toe pas die ATKV se debatkompetisie gewen het, gesê het: "Die Afrikaners is toegewikkel in 'n droomlose slaap. Hulle weet nie wie hulle is nie, weet nie wat 'n Afrikaner is nie en het boonop geen droom om na te strewe nie . . . Ons Afrikaners het ongelukkig maar altyd ons droom om 'n ideologie gebou, maar hierdie ideologie het in duie gestort." Sy het afgesluit met die woorde: "As die Afrikaners weer 'n droom wil kry, moet die begrip Afrikaner herdefinieer word. Die Afrikaner moet weet wie hy is en bereid wees om 'n verskil te maak in die nuwe Suid-Afrika."

Die droom waarna Carina verwys, is die ideale wat Afrikanernasionaliste ongeveer 'n eeu lank ná 1875 nagestreef het. In daardie jaar is die eerste nasionalistiese organisasie – die Genootskap van Regte Afrikaners – in die Paarl gestig. Honderd jaar later, in 1975, het Afrikanernasionalisme sy toppunt bereik: Afrikaners het die staat en regering beheer en 'n aandeel van ongeveer 20% in die ekonomie gehad. Afrikaans was een van die twee amptelike landstale en het in die algemeen sterk gestaan.

In die honderd jaar tussen 1875 en 1975 het Afrikanernasionaliste hul volksgenote oorreed om saam te staan in 'n party om politieke mag te verwerf, om aanvanklik die Hollandse en later die Afrikaanse taal en kultuur te bevorder en om ook vir die ekonomiese welsyn van Afrikaners en Suid-Afrika te werk. Dit was egter eers in die tweede en derde dekade van die 20ste eeu dat 'n nasionalistiese beweging werklik onder Afrikaners ontstaan het. Hierdie hoofstuk kyk na ontwikkelinge in die laaste kwart van die 19de eeu toe vir die eerste keer voorgestel is dat Afrikaners 'n eie politieke party stig.

Die benaming Afrikaner

Teen die jaar 1700 het "Afrikaners" verwys na slawe wat in Afrika gebore is. In die loop van die 18de eeu het mense van gemengde afkoms na die noordweste van die kolonie uitgewyk waar hulle onder leiers soos Jonker Afrikaner en Jager Afrikaner gestaan het. Burgers van hoofsaaklik Hollandse, Duitse of Franse afkoms wat in die suidweste van die kolonie gewoon het, het in dieselfde tydperk egter ook na hulself begin verwys as Afrikaners. Baie wit Hollands- en Afrikaanssprekendes het hulself lank ook "Christene" genoem.

Nadat Brittanje die Kaap eers in 1795 en toe weer in 1806 verower het, wou baie Kaapse Afrikaners hê dat plaaslike Engelssprekendes hulself ook as Afrikaners moet beskou. Toe *De Zuid-Afrikaan*, die eerste Hollandse koerant, in 1830 verskyn, het die redakteur geskryf: "Almal wat in die land woon en daaruit 'n bestaan put, is Afrikaners." Hy het ook gesê dat almal wat die land kritiseer streng deur "alle Afrikaners, sowel Engelse as Hollanders" teengestaan moet word.

In die laat 19de eeu was daar ook bruin mense, veral diegene wat polities aktief was, wat die naam Afrikaner gebruik het. In 1883 is daar op Kimberley 'n Afrikaner League (Coloured) opgerig. Die stigter was Pieter Johannes Daniels, oorspronklik van Stellenbosch. In die eerste dekades van die 20ste eeu het sommige Nasionale Party-kandidate ook die stem van "bruin Afrikaners" gevra.

'n Afrikanergemeenskap in wording

In die loop van die 19de eeu het Afrikaners begin om 'n duidelik herkenbare groep om afkoms, taal en godsdiens te vorm. Geleidelik het hulle ook die naam Afrikaners aanvaar. Al sou nasionalistiese verenigings en koerante eers van 1875 af opgerig word, het 'n Afrikanergemeenskap in werklikheid toe dus reeds bestaan. Dié gemeenskap het veral in reaksie op Britse gesag ontwikkel en op wat as Britse meerderwaardigheid beskou is. Engelse kleredrag, argitektuur, sosiale etiket en gedrag het die toon aangegee. Engelssprekendes het hul taal in die algemeen ook as veel "progressiewer" of "beskaafder" as Hollands beskou (Afrikaans is gewoon as 'n onbeskaafde taal beskou).

Nadat Brittanje deur middel van 'n vredesverdrag van 1814 finaal beheer oor die Kaap gekry het, was die bewindhebbers gretig om die Kaap te "verbeter" en te "beskaaf". Een van die eerste stappe in dié proses was 'n nuwe taalbeleid. In 1822 het die regering van goewerneur lord Charles Somerset aangekondig dat Engels oor die volgende vyf jaar ingefaseer sou word as die taal van die regering en die howe.

In die 1820's het Somerset se regering ook probeer om die skole en die kerk te verengels. Die gratis regeringskole het slegs Engels as voertaal gehad. Die burgers was gretig om hul kinders Engels te laat leer, maar was daarteen gekant dat Hollands uitgedryf word. Hulle wou skole hê wat die kinders in albei tale onderrig. Namate die Britse bewind stewiger gevestig geraak het, het die ouers se aandrang op Hollands afgeneem. Toe die Athenaeum (later die South African College en nog later die Universiteit van Kaapstad) gestig is, het die ouers en die NG Kerk-predikante nie omgegee dat die meeste van die onderwysers Engelse en Skotte was nie. Die predikante was egter ontsteld toe die kollege ook godsdiensonderrig wou gee omdat hulle bang was dat die jeug gevolglik by 'n Engelse kerk sou wou aansluit.

Dit was vir die Kaapse burgers moeilik om Britse meerderwaardigheid uit te daag. Tot die 1820's was daar aan die Kaap geen Hollandse koerante, tydskrifte, boeke, skilderye of uitvindings wat hulle as eie skeppings kon opeis nie. Die Kaaps-Hollandse huise was wel kultuurskeppings waarop die Afrikaanse koloniste met reg trots was.

NASIONALISME

Nasionalisme beskryf 'n sekere manier waarop mense oor die samelewing dink en polities optree. Nasionaliste glo dat die samelewing grootliks bestaan uit volke of volke in wording wat polities moet saamstaan op grond van hul geskiedenis, taal en kultuur. Daarteenoor beklemtoon liberaliste die enkeling en sy regte en vryhede, terwyl kommuniste hoofsaaklik bepaalde klasse, byvoorbeeld die werkersklas, en hul belange raaksien.

Nasionaliste gee hul hoogste trou aan hul volk – hulle glo dat die "kultuur-eie", die "bande van bloed", lede van 'n volk saambind en dat hulle "amper soos 'n familie" is. "Ons is nie elkeen net vir homself nie, maar ons staan almal saam vir die volk" is die tipiese nasionalistiese boodskap. Nasionalisme groei feitlik altyd uit 'n gevoel van verontregting, byvoorbeeld wanneer 'n imperiale ryk (soos die Britse Ryk) of 'n welvarende gemeenskap op mense se taal, kultuur en geskiedenis neerkyk en hulle van die beste werkgeleenthede uitsluit. Die leiers van 'n nasionalistiese beweging probeer mense oorreed om saam te staan teen benadeling en vernedering.

Om 'n nasionalistiese beweging op te bou, is harde werk, want dit is selde duidelik wie aan die volk behoort en wie nie, of wat die volk se naam is. Die geval van die Afrikaners illustreer dit treffend.

Die beweging wat as die Groot Trek bekend geword het, is nie deur nasionalistiese sentimente onder Kaapse Oosgrensboere veroorsaak nie, maar wel weens 'n gebrek aan grond, arbeid en voldoende veiligheid. Tog het die Trekkers gevoel dat die Britse amptenare hulle as minderwaardiges behandel. Olive Schreiner, 'n Engelse skrywer wat as jong meisie onder die grensboere in die Oos-Kaap gewerk het, het geskryf: "Wat die koloniste die meeste verbitter het, was die koue afsydigheid waarmee die regering hulle behandel het en die wete dat hulle beskou word as 'n onderworpe en minderwaardige ras."

Ná die Groot Trek en die stigting van onderskeidelik die Zuid-Afrikaansche Republiek (ZAR) in Transvaal in 1852 en die Republiek van die Oranje-Vrystaat (OVS) in 1854, het daar teen 1860 ongeveer 200 000 Afrikaners gewoon in die gebied wat later as Suid-Afrika bekend sou staan. Van hulle het ongeveer 136 000 in die Kaapkolonie gewoon waar hulle driekwart van die wit bevolking uitgemaak het. In elk van die twee republieke het ongeveer 30 000 Afrikaners gewoon. Ongeveer 3 000 het Natal hul tuiste gemaak.

Teen 1850 het niemand nog gepraat van 'n Afrikanervolk wat oor al die grense van Suid-Afrika verspreid was nie. Dikwels is dit 'n buitestander wat eerste die moontlikheid raaksien dat 'n volk wat oor landsgrense heen gevind kan word, besig is om te ontwikkel. In 1860 het sir George Grey, goewerneur van die Kaapkolonie, geskryf dat die Afrikaners een gemeenskap vorm. "Hulle het dieselfde vanne as die mense van die Kaapkolonie en het noue familiebande met hulle. Hulle praat dieselfde taal (Hollands en nie Engels nie), behoort aan dieselfde kerk (die Nederduitse Gereformeerde Kerk), het dieselfde regstelsel (die Romeins-Hollandse reg), en het dieselfde simpatieë, vooroordele, gewoontes, en gevoelens teenoor die inheemse rasse."

Die republieke het lank in die skadu van die Kaapkolonie gestaan. Nietemin het burgers in Transvaal en die Vrystaat 'n lojaliteit teenoor hul onderskeie republieke ontwikkel. Hulle was republikeine eerder as nasionaliste. Daarteenoor was baie van die vooraanstaande Kaapse Afrikaners lojaal aan die Britse Ryk en koningin Victoria.

Die Britse anneksasie van Transvaal in 1877 het groot ontevredenheid onder Afrikaners regoor die land veroorsaak. Die Transvaalse burgers het die koloniale Afrikaners gevra om hulle te help. In Junie 1880 het die Pretoriase koerant *De Volksstem* 'n tipiese nasionalistiese beroep op Afrikaners buite Transvaal gedoen om hulle te ondersteun: "Ons is tog een nasie, een bloed, een been en een vlees." Op vergaderings het Afrikaners in die Vrystaat en die Kaap sterk steun vir die saak van die Transvaalse Afrikaners uitgespreek.

In Desember 1880 het die Transvaalse burgers in opstand gekom teen die Britse gesag en vroeg in 1881 'n klinkende oorwinning oor 'n Britse mag by Majuba behaal. In Bloemfontein het *De Express* juigend oor die sege geskryf: "Ten spyte van alle vroeë verskille tintel in ons die gevoel dat ons een volk is met dieselfde liefde vir die vryheid en dieselfde haat vir dwingelandy."

Voor hierdie opstand het die Transvaalse burgers 'n gelofte afgelê, net soos die Voortrekkers in 1838 voor die Slag van Bloedrivier. Sarel Cilliers het die Voortrekkers voorgegaan in die gelofte dat hulle en hul kinders die dag jaarliks met 'n erediens sou heilig en 'n kerk sou bou as God hulle 'n oorwinning oor die Zulumag gee. Die idee van 'n uitverkore volk – wat gevoed is deur die oorwinning by Bloedrivier – is een van die sterkste mites van 'n nasionalisme. 'n Mite is 'n geloof of 'n fabel wat gewoonlik gaan oor die wyse waarop 'n volk of nasie ontstaan het, maar wat nie bewys kan word nie. Sulke volksmites kan eers wyd versprei word wanneer mense boeke en koerante begin lees en politieke en kulturele organisasies stig. In die 1830's was daar nog geen sprake daarvan nie.

In uitvoering van die gelofte by Bloedrivier het die Voortrekkers 'n kerk in Pietermaritzburg gebou. Die gebruik van 'n spesiale gedenkdag het daarna egter in onbruik verval. In 1877, nadat Brittanje Transvaal geannekseer het, het burgers egter weer begin om die dag te gedenk. Op 16 Desember 1880 het tussen 5 000 en 9 000 gewapende burgers by Paardekraal, naby die latere Krugersdorp, 'n gelofte teenoor God afgelê en dit met 'n klipstapel bevestig.

Paul Kruger, wat in 1883 president van die herstelde ZAR geword het, het sy burgers elke jaar op 16 Desember toegespreek. By elke geleentheid het hy die boodskap uitgedra dat daar 'n verband is tussen die Voortrekkers en die Hebreërs van ouds. Hy het sy burgers "Godsvolk" genoem en die gedagte van hul geroepenheid beklemtoon. Sy boodskap was dat die republiek onafhanklik sou bly solank die Transvaalse burgers getrou bly.

Ná die Eerste Anglo-Boereoorlog het 'n nuwe politieke bewussyn in Transvaal tot stand gekom. Soos J.G. Kotzé, wat kort tevore as regter aangestel is, opgemerk het: "Dit het 'n sterk nasionale gevoel onder die Boere tot stand gebring; dit het hulle verenig en almal het hulle nou agter die staat geskaar." Die Transvaal van individualistiese pioniers wat hulle min aan die sentrale owerheid en sy gesag gesteur het, het tot die verlede behoort. Kruger, self 'n pionier, het hulle oorreed om die staat te steun. Hy het ook groot waarde geheg aan skole wat kinders in Hollands onderrig.

'n Politieke party vir die Afrikaners

Die Kaap het reeds in 1853 'n parlement gekry, maar dit sou meer as twintig jaar duur voordat Afrikaans- en Hollandssprekende burgers hulle in politieke partye begin organiseer het. Hoewel daar meer Afrikaanssprekende as Engelssprekende kiesers was, is meer Engelse as Afrikaners tot die parlement verkies.

Teen die vroeë 1870's het die Kaapse Afrikaners hul politieke apatie begin afskud. In 1872 het die Kaap verantwoordelike bestuur gekry. Dit het beteken dat die parlement meer magte van die Britse regering ontvang het om die kolonie te ontwikkel en te bestuur en sy grense te bewaak. Die diamantmyne in Kimberley het die ekonomiese ontwikkeling van die Kaap aangewakker. Heelwat meer inkomste was vir die regering beskikbaar. 'n Parlementslid was nou in 'n posisie om sy kiesafdeling en sy bepaalde steungroepe se belange te bevorder.

Een van die steungroepe was die Afrikanernasionaliste. Sonder 'n energieke politieke party of organisasie kan mense met nasionalistiese oogmerke egter moeilik vorder. Dit het die agt Afrikaners wat op 14 Augustus 1875 die Genootskap van Regte Afrikaners in die Paarl gestig het, deeglik besef. Hul leier was S.J. du Toit, 'n jong NG predikant op die dorp.

Op daardie tydstip was baie Afrikaners gegrief omdat Engels die enigste amptelike taal was. Op skool moes hul kinders boonop 'n geskiedenis leer wat die Britse Ryk verheerlik het en nie veel goeds oor Afrikaners gesê het nie. Geleidelik het 'n behoefte ontstaan aan 'n geskiedenis van Afrikaners wat in skole onderrig kon word.

Teen die 1870's was daar in die Kaap ook 'n groot behoefte aan 'n Afrikaanse Bybel omdat soveel arm Christene, wit én bruin, nie Hollands of Engels verstaan het nie. In die vroeë 1870's het twee Hollandse immigrante, Arnoldus Pannevis en C.P. Hoogenhout, dus voorgestel dat die Bybel in Afrikaans vertaal word. Die Britse en Buitelandse Bybelgenootskap, wat gehelp het om die Bybel in inheemse tale te laat vertaal, het S.J. du Toit genader oor die projek.

Du Toit het 'n vergadering belê om die saak te bespreek waar besluit is dat die tyd nog nie ryp is vir 'n Afrikaanse vertaling van die Bybel nie. Op dieselfde vergadering is die Genootskap van Regte Afrikaners (GRA) egter gestig. Dié organisasie was gerig op alle Afrikaners wat "Afrikaanse harte" eerder as "Hollandse of Engelse harte" gehad het.

Die GRA het Afrikaners probeer oorreed om Afrikaans as hul eie taal te beskou, dit te skryf en in die openbaar te praat. Dit was egter nie, soos wat die GRA-lede beweer het, 'n taal wat net deur Afrikaners gemaak is of wat net aan Afrikaners behoort het nie. Afrikaans het ontstaan omdat burger en slaaf, boer en werker, boervrou en huishulp 'n gemeenskaplike taal benodig het om met mekaar te kan kommunikeer. Die Moslemgemeenskap van Kaapstad was in werklikheid die eerste groep wat Afrikaans in 'n boek gebruik het toe Afrikaanse gebedeboeke in die 1840's in Arabiese skrif uitgegee is.

Die genootskap het sy eie koerant, *Die Afrikaanse Patriot*, uitgegee om sy boodskap te versprei en ook 'n nasionalistiese geskiedenis gepubliseer, getiteld *Die geskiedenis van ons land in die taal van ons volk*. Dit was baie krities jeens die regering en die "Engelse" en het vertel hoe heldhaftig, eerbaar en gelowig die Afrikaners is. In sy geskrifte het Du Toit die gedagte verkondig dat God die Afrikaners in Afrika geplaas het en die Afrikaanse taal aan hulle gegee het.

'n Kort tydjie in die 1880's het *Die Patriot* die grootste sirkulasie van alle Hollandse of Afrikaanse koerante gehad. Die styl was helder, bondig en vars met eenvoudige sinne wat hoofsaaklik woorde van een lettergreep gebruik het. Hier is 'n voorbeeld: "Di hoogste wet is di wil van di volk. Wat di volk wil moet wet wore en as 'n volk nie eenstemmig is ni dan gaat dit met meerderheid van stemme. Di meerderheid maak di wet . . . Geen regering kan staan teen di volkswil . . ."

Baie mense het nie saamgestem met die snaakse manier waarop die koerant sekere Afrikaanse woorde gespel het nie (behalwe "ni" en "di" was daar ook "gen" vir "geen" en "ferkeerd" vir "verkeerd".) Afrikaners met 'n hoë opvoedingspeil, veral dié in die Kaapkolonie, het Engels as skryftaal en Hollands as die taal van die kerk verkies. Hulle het Hollandse koerante en Engelse boeke gelees.

Die NG Kerk was baie sterk gekant teen Du Toit en sy blad *Die Patriot*. Du Toit het baie dinge waarvoor die NG Kerk gestaan het, bv. opwekkingsdienste, spesiale bidure, Engels in skole en 'n oordrewe onderdanigheid aan die regering, teengestaan. Die kerk was ook sterk lojaal teenoor die koningin en die Britse Ryk. In 1880 het die Kaapse sinode *Die Patriot* oor drie dae bespreek. Die een spreker ná die ander het die blad se "verderflike invloed" gekritiseer, veral die agterdog wat dit gekweek het teen die regering, die kerk en sy ampsdraers. Du Toit het homself en die koerant verdedig, maar in 'n stemming van 114 teen twee het die sinode die koerant veroordeel.

Later sou historici die GRA se bedrywighede as die Eerste Afrikaanse Taalbeweging bestempel. Die genootskap het 93 650 eksemplare van Hollandse boeke en 88 000 eksemplare van Afrikaanse boeke gedruk. Die beweging het teen 1890 doodgeloop. Du Toit het as leier steun verloor omdat hy polities sy gewig ingegooi het by Cecil John Rhodes, wat hom sterk vir die Britse Ryk beywer het.

'n Tweede groep wat politieke verteenwoordiging gesoek het, was die boere. Teen die begin van die 1870's het veral die wynboere in die Suidwes-Kaap, wat omtrent almal Afrikaners was, ontevrede begin raak omdat hulle gemeen het die regering bevoordeel die handelaars, feitlik almal Engelssprekendes. Ook die koringboere was ontevrede oor lae pryse en goedkoop koring wat van oorsee ingevoer is.

Die weiering van die Transvaalse burgers om hulle aan Britse oorheersing te onderwerp, het die behoefte aan 'n eie party verder onder die Kaapse Afrikaners versterk. Dit was egter hul verset teen 'n nuwe belasting wat op wynboere gehef is wat die sterkste motivering was. Nasionalisme bied dikwels 'n soort pakket: Lede van 'n volk kan ook hul ekonomiese belange bevorder as hulle polities saamstaan.

In 1879 het S.J. du Toit gepleit dat 'n Afrikanerbond gestig word om Afrikaners se kultuur en belange te bevorder. Die volgende jaar het mense takke in die Kaapkolonie begin stig en enkele takke het ook in die Boererepublieke tot stand gekom. Die Afrikanerbond was nie net vir Afrikaners nie, maar vir "almal wat Afrika erken as hul vaderland ... al is hulle van Engelse, Hollandse, Franse of Duitse afkoms". Dit was die eerste politieke party in die geskiedenis van Suid-Afrika en het gou die grootste party in die Kaapse parlement geword.

Vroeg in die 1880's het Jan H. ("Onze Jan") Hofmeyr die beheer van die Afrikanerbond oorgeneem nadat S.J. du Toit 'n betrekking in Transvaal aanvaar het. Hofmeyr was 'n koerantredakteur wat die wynboere se belange bevorder het. Hy was nie 'n nasionalis nie en was daarteen gekant dat Afrikaans Hollands vervang, maar hy het hom sterk met die Afrikanergemeenskap vereenselwig. Terselfdertyd wou hy 'n nuwe nasie uit die twee wit gemeenskappe bou deur "verligte Engelse" te lok.

Omdat die Afrikanerbond gou omtrent al die Afrikaners se steun gehad het, het Hofmeyr by 'n punt gekom waar hy gesê het hy wil liewer vyf Engelsmanne as honderd Afrikaners as lede van die party inskryf. Hy was baie gesteld daarop om Afrikaners én Engelse, sowel die Afrikaanse boere as die Engelse winkeliers, te lok. Hy was ook versigtig om die NG Kerk – wat sterk ten gunste van die Britse Ryk was en geen Afrikaans in die kerk of skole wou hê nie – nie aanstoot te gee nie.

Hofmeyr was sekerlik bekommerd oor die kwynende kultuur en taal van die koloniale Afrikaners en het groter erkenning vir Hollands as amptelike taal verkry. Hy wou dit egter nie 'n twispunt maak nie. Hy wou niks doen wat kon lyk of die Kaapse Afrikaners nie getrou is aan die Britse Ryk nie. Hofmeyr het die ryk nie opgehemel nie, maar geglo dat Brittanje se vloot nodig is om die Kaapkolonie te beskerm in 'n era van wedywering tussen die groot moondhede.

Hy het ook probeer om steun onder bruin en swart kiesers te werf. Die Kaapkolonie het 'n nie-rassige grondwet gehad, terwyl daar in die Oos-Kaap talle swart kiesers was en in die gebied van die huidige Wes-Kaap baie bruin stemgeregtigdes. Die Afrikanerbond het hard probeer om hierdie stemme in verkiesings te trek, maar soos die ander partye was dié party nie gretig om bruin en swart mense as partylede te hê nie. In verkiesingstyd is die feit dat Afrikaners vroeër op veel groter skaal as Engelssprekendes slawebesitters was teen die Afrikanerbond gebruik. Sommige kandidate het die bruin kiesers selfs gewaarsku dat die bond slawerny weer wou instel, wat onwaar was.

Die Vrystaat as modelrepubliek

In die Republiek van die Oranje-Vrystaat het Britse inmenging in sake noord van die Oranjerivier gevoelens van anti-imperialisme gekweek wat uiteindelik in 'n vorm van nasionalisme oorgegaan het. In 1868 het Brittanje Basotholand geannekseer en drie jaar later die ryk diamantvelde. Nadat diamante in 1867 ontdek is, het 'n Britse arbiter die aansprake van die Griekwas en die Tlhaping bo dié van die Vrystaat en Transvaal aanvaar.

Die Vrystaat het die wyse waarop die Britte die diamantvelde gegryp het as 'n groot onreg beskou. Jan Brand, Vrystaatse president van 1864 tot 1888, het die kwessie met diplomasie gehanteer. Hy het daarin geslaag om die Britse regering te oorreed om £90 000 as kompensasie aan die Republiek van die Oranje-Vrystaat te betaal. Hy het die kompensasie vir die diamantvelde goed bestee deur 'n staatsbank op te rig, wat die republiek finansieel onafhankliker gemaak het. Brand het klem gelê op 'n sterk regstelsel om handel en beleggings te lok en het ook opgetree teen korrupsie.

Die diamantvelde het egter steeds voordele vir die Vrystaat ingehou. In Kimberley, wat net anderkant die Vrystaatse grens was, het 'n groot mark vir die produkte van Vrystaatse boere en handelaars ontstaan wat vir 'n ekonomiese inspuiting gesorg het. Wol is ook uitgevoer, maar op klein skaal.

Die klein staatjie het immigrante met goeie kwalifikasies graag in diens geneem. 'n Skot, dr. John Brebner, het die onderwysstelsel hervorm, en dr. C.L.F. Borckenhagen, 'n Duitser, het in 1877 redakteur van *De Express* in Bloemfontein geword. As voorstander van republikeinse onafhanklikheid het Borckenhagen groot invloed aan weerskante van die Vaalrivier uitgeoefen.

Britse kulturele invloede het sterk gebly. Van die begin tot die laaste jare van die republiek was Bloemfontein hoofsaaklik 'n Engelse stad. Engels was die vernaamste taal in private skole in Bloemfontein en selfs ook in die plaas-skole wat welgestelde boere begin het. In 1888 het 'n lid van die Volksraad verklaar dat die voorkeur wat aan Engels in die vernaamste staatskool, Grey Kollege, gegee is, "die kinders leer om hul eie taal te verag en te vergeet en hul nasie te minag".

Nietemin het 'n republikeinse gees toenemend onder die burgers ontwik-kel, wat in skerp kontras met die "koloniale patriotisme" van die Kaapse Afri-kaners gestaan het. Volgens Jan Hofmeyr, die Kaapse leier, was daar in die Vrystaat 'n lewende gevoel dat "regering en gemeenskap een is", iets wat in die suide heeltemal afwesig of baie onseker was.

Teen 1890 is die Vrystaat beskou as die deel van Suid-Afrika wat die beste geadministreer is. James Bryce, 'n Britse konstitusionele kenner, het dit as 'n modelrepubliek bestempel. Die landelike aard, relatief homogene kieserskorps en die afwesigheid van groot konsentrasies rykdom het dié republiek stabiel gemaak. Engelssprekendes en 'n paar Duitsers het die handel en professionele lewe in die dorpe oorheers. Die staat het immigrante verwelkom en sy republi-kanisme gepaar met 'n nasieskap wat alle wit mense ingesluit het.

Marthinus Theunis Steyn (1857-1916) was die eerste Vrystaatse president wat in die republiek gebore is. Sy pa se plaas was net buite Bloemfontein en hy kon van vroeg af saam met sy ouers met die hoofsaaklik Engelssprekende elite in die hoofstad omgaan – die Brands, Fichardts, Fischers en Frasers. Steyn het met Tibbie Fraser getrou en in Engels met haar gekorrespondeer.

In Nederland, waar hy in die regte wou studeer, was sy Hollands so sleg dat hy in Londen gaan studeer het. In 1889 het Steyn 'n regter in Bloemfontein geword en in 1896 president van die Vrystaat. Hy is juis verkies vanweë die Vrystaatse Afrikaners se morele steun aan die ZAR ná die Jameson-inval. Hy was bekend om sy moed, sjarme, sterk karakter en gesonde oordeel. Hy word soms as die eerste moderne Afrikaner bestempel. Die soort politiek wat Steyn en ander Vrystaters voorgestaan het, het hy as volg beskryf: "'n Mens kan 'n goeie Afrikaner en opregte republikein wees ongeag die taal wat jy praat."

As republikein het Steyn noue bande met die ZAR nagestreef, maar kultureel het hy hom meer met die Kaapse Afrikaners vereenselwig. Steyn het die Vrystaatse republiek as 'n gemeenskap van vryheidsliewende boere probeer opbou. Hy het 'n meer regstreekse vorm van demokrasie deur die gebruik van referendums voorgestel en ook al hoe meer aandag gegee aan die kwessie van taal en kultuur, wat hy as uitings van Vrystaatse nasieskap beskou het. As die Hollandse taal kwyn, sou die nasie volg, het hy gesê. Hy het sy amptenary beveel om Hollands te gebruik in korrespondensie met Vrystaatse burgers en met die Natalse en die Kaapse regering. Mense wat vlot in Hollands was, het voorrang gekry by aanstellings in die staatsdiens. Sy regering het druk uitgeoefen op die skole, wat hoofsaaklik Engels as voertaal gebruik het, om Hollands in te voer.

Kaapse en Transvaalse Afrikaners

Die ontdekking van die ryk goudvelde aan die Witwatersrand in 1886 het die ZAR binne 'n dekade baie voorspoedig gemaak. Die Kaapse regering het min daarvan gehou dat die kolonie toenemend tweede viool teenoor die ZAR moes speel. Die Transvaal se planne om sy grense uit te brei, het ook gebots met Cecil John Rhodes se planne om die Britse vlag oor groot dele noord van die Kaapkolonie én Transvaal te laat wapper.

Hofmeyr het Rhodes gehelp om in 1890 eerste minister van die Kaapkolonie te word. Rhodes wou die Afrikanerbond se politieke steun gebruik om die nuwe gebiede te koloniseer. Dit het hom in konflik gebring met Paul Kruger en die Transvalers, wat gretig was om die republiek se grense uit te skuif om nog grondgebied vir hul boere oop te stel.

Nog 'n bron van konflik tussen die ZAR en die Kaapkolonie was invoertariewe. Toe die Transvaalse republiek finansieel nog swaar getrek het, moes hy hoë tariewe aan die Kaapkolonie betaal vir goedere wat deur die Kaapse hawens ingevoer is. Alle klagtes hieroor by die Kaapse regering het op niks uitgeloop nie. Toe die ZAR welvarend geraak het ná die ontdekking van goud het die republiek plaaslike nywerhede begin oprig. Hoë invoertariewe is dus gehef op produkte wat die Kaap na die Transvaal uitgevoer het. Die Kaap het sterk protes aangeteken, maar sonder sukses.

Hoewel Kruger eerstens Transvaalse belange nagestreef het, het hy ook die taal van 'n nasionalis gebruik. Hy het daarop aangedring dat Afrikaners oor die hele land die twee republieke teen Britse imperialisme ondersteun.

Die gevoel van politieke eensgesindheid onder Afrikaners in die noorde

(Transvaal en die Vrystaat) en die suide (die Kaapkolonie) het egter vervaag omdat hul regerings hul eie rigting ingeslaan en hul onderskeie lande se belange eerste gestel het. In 1887 het 'n komitee van die Afrikanerbond 'n brief aan Kruger geskryf wat lui: "Ons moet met leedwese erken dat daar 'n verkoeling te bespeur is van die warm gevoel van gehegtheid aan die saak van die Transvaalse broers. Ons vrees dat tensy sake 'n ander loop neem dit weldra onmoontlik sal wees om weer soveel simpatie as destyds [tydens die Eerste Anglo-Boereoorlog in 1880-1881] in die Kaapkolonie te kry."

Vir Kaapse Afrikaners wat hulle in Transvaal gaan vestig het, het dit gou duidelik geword dat daar 'n groot verskil tussen die "kolonie" en die "republiek" is. Die twee republieke het 'n veel groter plek aan hul burgers se taal en kultuur gegee as die Kaapkolonie. M.E. Rothmann, wat in die volgende eeu as die skrywer M.E.R. bekend sou raak, het oor haar skooldae op Swellendam so geskryf: "Van kleins af het duisend drukkinge dit op my ingestempel dat wat Engels is goed is; wat Afrikaans is, minder goed."

M.E.R. skryf in die inleiding tot *Oorlogsdagboek* as volg oor dr. William Robertson, NG predikant op Swellendam in die 1880's en 1890's: "Hy het dit sy plig beskou om die Engelse taal en instellings by ons af te dwing. Die staat was tog, so het sulke afdwingers geredeneer, onder Engeland se beheer en om die Engelse taal en instellings te bevestig, was die beste manier om eensgesindheid en krag aan te kweek. Was dit dan skade? Hulle het dit nooit kon dink nie. Inteendeel.

"Die antwoord op hierdie vraag is eenvoudig dit – dat om die Engelse stempel blywend te maak, die Afrikaners daarvan oortuig moet word dat hul instellings, hul taal en hul lewensbeskouing verkeerd was en vervang moet word deur dit wat beter was ... Die poging het 'n ewige en uiters skadelike gemoedsverwarring geskep. Dit doen 'n kind groot kwaad om te voel dat sy pa en ma se taal, en hul manier van lewe, as minderwaardig beskou moet word wanneer dit slegs verskillend is van die taal en lewensbeskouing van diegene wat aan hom onderwys gee."

Dit is in verset teen hierdie boodskap van Engelse meerderwaardigheid dat baie Afrikaners toenemend nasionalisties geword het. Toe Rothmann in die 1890's in Transvaal gaan werk het, het sy bevind dat haar eie taal nie opsy gestoot en verag word nie, maar oral in die Volksraad, howe, skole en staatsdiens gebruik word. Sy het geskryf: "In plaas daarvan om die geskiedenis van die eie volk as 'n belaglike en veragtelike flentertjie in 'n Engelse skoolboek teë te kom, is dit as eervolle besitting bestudeer."

"'n Elektriese skok na die nasionale hart"

Brittanje kon nie daarin berus dat die ZAR die rykste goudvelde ter wêreld beheer het in 'n tyd toe goud die lewensaar van die internasionale ekonomie was nie. Die bekende skrywer George Bernard Shaw het dié sentiment verwoord toe hy verwys het na "'n klein gemeenskappie grensboere wat totaal onbevoeg is om die minerale rykdomme van Suid-Afrika te beheer".

Die Britse regering het gemeen dat die ZAR se versterkte ekonomiese posisie 'n al hoe groter bedreiging vir Brittanje inhou. Joseph Chamberlain, Britse koloniale sekretaris, het geglo as Brittanje nie ingryp nie, sou dit sy internasionale aansien ondermyn. "[We], and not the Dutch, are Boss [in South Africa]," het lord Salisbury, die Britse eerste minister, dit opgesom.

Britse imperialiste soos Chamberlain en Rhodes het dus maniere gesoek om beheer oor die goudvelde te kry. Met die medewete en steun van dié twee mans het dr. Leander Starr Jameson Transvaal aan die einde van Desember 1895 met 'n klein mag binnegeval. Die doel was om 'n opstand uit te lok onder die sogenaamde Uitlanders (buitelanders sonder stemreg of burgerskap wat in Transvaal gewerk het) en met hul hulp die ZAR-regering omver te werp. Dit het klaaglik misluk.

Die Jameson-inval het vir 'n opwelling van Afrikanernasionalisme regoor die land gesorg. In Kaapstad het F.S. Malan, jong redakteur van die blad *Ons Land*, geskryf: "Die dolksteek waarmee probeer is om die Afrikanerdom vir goed in die republieke te verlam, het 'n elektriese skok na die nasionale hart gestuur. Die Afrikanerdom het ontwaak met 'n erns en bewustheid ... Deur die hele Suid-Afrika het 'n nuwe gevoel golwend gegaan."

Die inval het die samewerking tussen Rhodes en Hofmeyr se Afrikanerbond beëindig. Dié breuk is vergroot toe Rhodes die Afrikanerbond in die verkiesing van 1898 met hand en tand beveg het. Die Kaapse Afrikaners was egter nie besonder gretig om die Afrikaners in Transvaal op konkrete wyses te help nie. Baie van hulle het 'n meerderwaardige houding teenoor die twee Boererepublieke ingeneem. Hulle was wel heeltemal bereid om die noordelike Afrikaners raad te gee, al was dit ongevraag. Min van hulle het Kruger as 'n bedrewe politikus beskou.

Die Kaapse Afrikaners was hoofsaaklik koloniale burgers van die Britse Ryk. Hulle wou hê dat Transvaal sy tariefmure afbreek en die republieke en kolonies in een staat onder die Britse vlag verenig word. Republikeinse onafhanklikheid, waaraan Kruger soveel waarde geheg het, was nie vir die leiers van die Afrikanerbond belangrik nie en ook nie die strewe om alle Afrikaners oor die land heen in een party te verenig nie. Tog het Hofmeyr aan die Britse eerste minister geskryf dat suidelike en noordelike Afrikaners aan mekaar verbonde voel deur al die bande van gemeenskaplike afkoms, taal en godsdiens. Hulle het ondertrou en was vriende. "Their wrongs are our wrongs and services rendered to them are services rendered to us."

Alfred Milner, wat in Mei 1897 in Kaapstad aangekom het om die pos van Britse goewerneur en Hoë Kommissaris te vul, het sake op die spits gedryf. Hy het geglo as die ZAR nie spoedig 'n nederlaag toegedien word oor die kwessie van stemreg aan die Uitlanders nie, die Britse gesag en aansien in Suid-Afrika vinnig sou kwyn. Om druk op Londen toe te pas, het Milner die kwessie van stemreg vir Uitlanders en ander griewe al hoe groter opgeblaas. Hy het die steun van sekere mynmagnate gekry omdat hulle ongeduldig geword het oor die ZAR se beleid of administratiewe onvermoë wat hul produksie gestrem het. Milner het aan die Britse regering in Londen 'n prentjie geskilder van 'n verraderlike Afrikaanse gemeenskap in die Kaapkolonie wat gereed sou wees om Kruger te help deur die Britse gesag te ondermyn.

Die Afrikanerleiers het hul bes gedoen om Milner te oortuig dat daar onder hulle of hul volgelinge geen landwye sameswering teen Britse belange is nie. Volgens J.T. Molteno, seun van 'n vorige eerste minister van die Kaapkolonie, het Milner die Afrikaners dikwels beledig en hul lojaliteit bevraagteken. Toe die Graaff-Reinetse tak van die Afrikanerbond in 1898 'n skriftelike verklaring van lojaliteit aan hom oorhandig, was sy antwoord: "Of course you are loyal. It would be monstrous if you were not." As hulle vrede verlang, het Milner voorts gesê, moet hulle druk op Kruger plaas vir hervorming en kant kies. Oor hierdie uitlatings het die Engelse pers in Suid-Afrika hom luid toegejuig, het hy aan Chamberlain geskryf.

Brittanje sou versigtig gewees het vir oorlog as die moontlikheid van 'n massaopstand deur Kaapse Afrikaners bestaan het, maar die Kapenaars was vasgevang in veelvuldige identiteite. As koloniale patriotte was hulle lojaal teenoor die kroon en hul eie kolonie. As hulle 'n voorkeur vir republikanisme gehad het, was dit net 'n ideaal vir die verre toekoms. Hulle het ook geglo dat die Kaapkolonie die basis moet wees van 'n toekomstige wit nasie onder die Britse vlag.

Milner het gou besef dat die leiers van die Kaapse Afrikaners tot elke prys 'n oorlog wou voorkom en dat hulle daarom hul bes sou doen om Kruger tot die nodige toegewings oor te haal. Die relatief swak gevoelens van Afrikanernasionalisme onder Kaapse Afrikaners het dit vir Milner makliker gemaak om oorlog teen die Boererepublieke te verklaar.

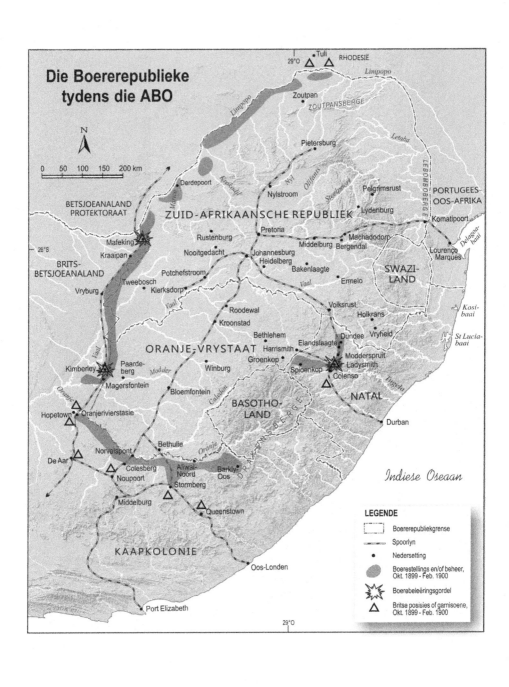

Die Boererepublieke
tydens die ABO

N

| 0 | 50 | 100 | 150 | 200 km |

RHODESIË

Tuli

29°O

Limpopo

Zoutpan

ZOUTPANSBERGE

Letaba

Pietersburg

Limpopo

BETSJOEANALAND
PROTEKTORAAT

Derdepoort

Kleinkaoli

Nyl

Olifants

Steelpoort

Pelgrimsrust

PORTUGEES-
OOS-AFRIKA

ZUID-AFRIKAANSCHE REPUBLIEK

Nylstroom

Lydenburg

Komatipoort

Pretoria

Machadodorp

Delagoa-
baai

26°S

Mafeking

Rustenburg

Middelburg Bergendal

Kraaipan

Nooitgedacht

Johannesburg
Heidelberg

Bakenlaagte

Lourenço
Marques

BRITS-
BETSJOEANALAND

Potchefstroom

Tweebosch

Klerksdorp

Vaal

Ermelo

SWAZI-
LAND

Vryburg

Vaal

Roodewal

Volksrust

Kosi-
baai

Kroonstad

Holkrans

Bethlehem

Dundee Vryheid

St Lucia-
baai

ORANJE-VRYSTAAT

Harrismith

Elandslaagte

Kimberley

Paarde-
berg

Modder

Winburg

Groenkop

Spioenkop

Modderspruit
Ladysmith

Magersfontein

Bloemfontein

Colenso

NATAL

Tugela

Hopetown

Oranjerivierstasie

Orange

Caledon

BASOTHO-
LAND

Durban

Bethulie

Oranje

De Aar

Norvalspont

Colesberg

Aliwal-
Noord

Barkly
Oos

Indiese Oseaan

Noupoort

Stormberg

Middelburg

Queenstown

KAAPKOLONIE

Oos-Londen

LEGENDE

	Boererepubliekgrense
---	Spoorlyn
•	Nedersetting
	Boerestellings en/of beheer, Okt. 1899 - Feb. 1900
	Boerebeleëringsgordel
△	Britse posisies of garnisoene, Okt. 1899 - Feb. 1900

Port Elizabeth

29°O

12

Almal se oorlog: die Anglo-Boereoorlog (1899-1902)

Fransjohan Pretorius

Teen 1875 wou lord Carnarvon, die Britse koloniale sekretaris, 'n federasie van Suid-Afrikaanse state onder die Britse vlag tot stand bring. Brittanje het die Zuid-Afrikaansche Republiek (ZAR, of Transvaal) in 1877 geannekseer en terselfdertyd is die saadjie van Afrikanernasionalisme geplant. Die Transvalers – wat hul onafhanklikheid wou terughê – het die Britse magte in die Eerste Anglo-Boereoorlog van 1880-1881 verslaan ná 'n finale oorwinning by Majuba op 27 Februarie 1881.

Die Pretoriase Konvensie van 3 Augustus 1881 het nie Transvaal se onafhanklikheid volkome herstel nie, maar dit onder Britse susereiniteit geplaas. Hierdie vae begrip het beteken dat Brittanje toesighoudende beheer behou het oor sowel die buitelandse beleid van Transvaal as sy wetgewing oor die swart gemeenskappe in sy gebied. Die daaropvolgende Londense Konvensie van 27 Februarie 1884 het volkome binnelandse onafhanklikheid (soewereiniteit) aan Transvaal toegestaan, maar die beperking op sy buitelandse beleid het bly staan.

Voor die ontdekking van goud aan die Witwatersrand in 1886 het Transvaal 'n sukkelbestaan gevoer. Goud het Transvaal egter potensieel 'n politieke en ekonomiese bedreiging vir Britse oppergesag in Suid-Afrika gemaak, juis in 'n stadium dat Brittanje met Frankryk en Duitsland in 'n wedloop om kolonies in Afrika betrokke was.

Duisende Uitlanders, waarvan die meeste Britse onderdane was, het na die goudvelde gestroom op soek na hul fortuin. Uit vrees dat die Uitlanders se teenwoordigheid die Boere se onafhanklikheid sal bedreig, het president Paul Kruger die vereiste verblyftydperk vir die verkryging van burgerskap en stemreg in 1890 van vyf tot 14 jaar verleng. Die meeste Uitlanders was nie van plan om van die burgerskap van hul vaderland afstand te doen vir Transvaalse burgerskap nie. Sommige van die mynmagnate het seggenskap in die bestuur van Transvaal geëis omdat Kruger se beleid van konsessies die mynbedryf baie duur gemaak het. Dié beleid het behels dat die Transvaalse regering bv. die vervaardiging van dinamiet aan 'n individu verkoop, wat vrye mededinging onmoontlik gemaak het en die prys opgestoot het.

Cecil John Rhodes, eerste minister van die Kaapkolonie wat 'n verenigde Suid-Afrika onder die Britse vlag begeer het, het gesorg dat Transvaal teen 1890 aan sy westelike, noordelike en suidoostelike kant deur Britse gebied omring was. Nadat die spoorlyn tussen Pretoria en Delagoabaai in Mosambiek in 1894 voltooi is, waardeur Transvaal groter ekonomiese onafhanklikheid van die Britse kolonies in Suid-Afrika verkry het, het Rhodes die Jameson-inval gereël. Die plan was dat die Reform Committee, wat uit Uitlanders bestaan het, 'n opstand in Johannesburg sou begin. Dr. Leander Starr Jameson sou hulle dan met 'n mag vanuit Betsjoeanaland (vandag Botswana) te hulp snel en saam sou hulle die regering van Transvaal oorneem. Die swak beplande Jameson-inval oor Nuwejaar 1896 het misluk toe generaal Piet Cronjé die invallers tot oorgawe gedwing het voordat hulle Johannesburg kon bereik.

Historici stem vandag saam dat die Britse koloniale sekretaris, sir Joseph Chamberlain, van Rhodes se sameswering geweet het en dit boonop ondersteun het. Die inval en die vermoede dat Brittanje daarby betrokke was, het gelei tot 'n oplewing van nasionalisme onder Afrikaners in sowel die Boererepublieke as die Britse kolonies. Onder president M.T. Steyn het die Vrystaat in Maart 1897 sy politieke verbond van 1889 met Transvaal versterk. Hiervolgens sou die republieke mekaar ondersteun wanneer een of albei se onafhanklikheid bedreig word. Al twee republieke het nou ook op groot skaal wapens en ammunisie van Duitsland en Frankryk begin koop.

In Mei 1897 is sir Alfred Milner deur Chamberlain as Hoë Kommissaris in Suid-Afrika aangestel. Dit was 'n keerpunt in die betrekkinge tussen Brittanje en Transvaal. Milner was, soos Chamberlain, 'n voorstander van 'n federasie van Suid-Afrikaanse state onder die Britse vlag. Transvaal – as sentrum van Afrikanernasionalisme – sou vernietig moes word.

Hoe gegrond was Milner se vrees dat Afrikanernasionalisme die Britse posisie in Suid-Afrika bedreig het? In die algemeen het Afrikanerleiers nie die idee van 'n verenigde Suid-Afrika ondersteun nie. Kruger was wel oop vir nouer samewerking tussen die republieke en kolonies van Suid-Afrika, maar sodra die onafhanklikheid van Transvaal op die spel was, het hy vasgeskop. Tot

Milner se ontsteltenis is Kruger in Februarie 1898 met 'n oorweldigende meer-derheid as president herkies. Daarop het Milner aan Chamberlain geskryf: "Daar is geen manier om die probleme van Suid-Afrika op te los nie behalwe hervorming in Transvaal of oorlog."

Hierna het Milner die kwessie van stemreg vir die Uitlanders gebruik om in Transvaal se binnelandse politiek in te meng. Hy het verklaar dat Britse susereiniteit nie met die Londense Konvensie opgehef is nie. Hy het verkeer-delik aangevoer dat dit hom dus die geleentheid gee om in Transvaal se binne-landse sake in te meng. In samewerking met Chamberlain het hy die Britse pers en openbare mening beïnvloed oor die kwessie van die Uitlanders se griewe en oor die moontlikheid van oorlog as 'n bevredigende oplossing nie gevind kon word nie. Met Milner se aanmoediging het die Uitlanders in Maart 1899 'n petisie met 22 000 handtekeninge aan koningin Victoria gestuur. Daarin het hulle op stemreg en Britse tussenkoms aangedring. Om die Uitlanderpetisie te versterk, het Milner in sy "helote"-telegram van 4 Mei 1899 aan Chamberlain verklaar dat duisende Britse onderdane in Transvaal in die posisie van helote (slawe) is.

Kruger en Milner het mekaar op 31 Mei 1899 in Bloemfontein ontmoet deur president Steyn se bemiddeling. Kruger was bereid om ná 'n verblyf van sewe jaar stemreg aan Uitlanders te verleen. As vergoeding vir sy toegewing het hy egter met nuwe eise vorendag gekom wat die sukses van die konferen-sie in gevaar gestel het. Hy wou onder meer die inlywing van Swaziland by Transvaal hê en arbitrasie (beslissing deur 'n derde party) oor die Londense Konvensie. Milner wou nie daartoe instem nie en het op 'n stemregkwalifi-kasie van vyf jaar aangedring. Toe Kruger nie daarvoor kans sien nie, het Milner die onderhandelinge op 5 Junie beëindig.

Die politieke spanning het opgelaai. Brittanje was in 'n magtige posisie, want as die sterkste moondheid ter see kon hy buitelandse voorraad van die Trans-vaal weerhou. Met die hele Britse Ryk aan sy kant kon hy feitlik onbeperkte troepe, asook voedsel- en wapenvoorraad bekom. Op 8 September het die Britse regering 10 000 troepe na Suid-Afrika gestuur. Dit sou die getal Britse troepe aan die republikeinse grense op 22 000 man te staan bring.

Transvaal en sy bondgenoot, die Oranje-Vrystaat, het die groeiende getal Britse troepe aan hul grense met kommer aanskou. Op 27 September 1899 het kommandant-generaal Piet Joubert sowat 60% van die Transvaalse bur-gers opgeroep om na die grense op te ruk. Ses dae later het Steyn sy burgers dieselfde opdrag gegee.

EEN OORLOG, VERSKILLENDE NAME

Die oorlog wat tussen 1899 en 1902 plaasgevind het, het verskeie name, waarvan sommige aanvaarbaarder as ander is. Die Britte se benaming Boereoorlog is net so eensydig of subjektief soos die Afrikaners se Engelse Oorlog of Tweede Vryheidsoorlog.

Die benaming Suid-Afrikaanse Oorlog geniet vandag groot aanhang. Ondersteuners van dié naam voer aan dat dit 'n oorlog was wat op Suid-Afrikaanse bodem plaasgevind het waarby sowel wit as swart mense betrokke was of daardeur geraak is. Die beswaar hierteen is dat Groot-Brittanje, die moondheid wat vandag algemeen aanvaar word as die aanstigter van die oorlog, nie in die naam weerspieël word nie. Bowendien praat die Viëtnamese nie van die Viëtnamese Oorlog nie.

Aanhangers van die benaming Anglo-Boereoorlog voer gevolglik aan dat dit meer gepas is omdat die naam verteenwoordigend is van die partye wat in die diplomatieke, politieke en militêre stryd gewikkel was. Die amptelike oorlogsverklaring was tussen Groot-Brittanje en die twee Boererepublieke, en dis ook dié partye wat die oorlog beëindig het. Kritiek hierteen is dat dit nie swart mense se betrokkenheid by die oorlog weerspieël nie en ook dat "Anglo" eintlik slegs op Engelse betrekking het en nie erkenning gee aan die Skotte, Walliesers, Iere, Kaapse koloniste, Natallers, Australiërs, Nieu-Seelanders en Kanadese wat aan Britse kant geveg het nie.

Ongeag watter benaming verkies word, daar moet duidelik verstaan word dat dit amptelik 'n oorlog tussen Brittanje en die Boererepublieke was, en dat swart mense daarby betrokke geraak het en/of daardeur beïnvloed is.

Militêre verloop van die oorlog

Die Transvaalse regering het op 9 Oktober 1899 'n ultimatum aan Brittanje gestel. Daarin is geëis dat alle probleme tussen die twee state deur arbitrasie besleg word, dat die Britse troepe aan sy grense onmiddellik onttrek word en dat die troepe wat per skip na Suid-Afrika onderweg was, nie aan wal moes gaan nie. Die Britse regering het die ultimatum geïgnoreer, waarna die Anglo-Boereoorlog twee dae later, op 11 Oktober, uitgebreek het.

Die oorlog is in die eerste vyf maande deur 'n stellingkryg gekenmerk, dit wil sê die Britse en Boeremagte het op die slagveld teenoor mekaar stelling ingeneem en mekaar met artillerie- en geweervuur probeer verslaan. In die eerste geveg het generaal Koos de la Rey op 12 Oktober by Kraaipan aan die wesfront 'n gepantserde trein buite aksie gestel. Die eerste groot veldslae was by Talana en Elandslaagte in Natal, waar die Britte op onderskeidelik 20 en 21 Oktober oorwinnings behaal het. By Talana is die Britse bevelvoerder, generaal Penn Symons, noodlottig gewond, terwyl dieselfde lot generaal Jan Kock, die Boere se bevelvoerder by Elandslaagte, getref het.

Die Boeremagte het Ladysmith in Natal en Kimberley en Mafeking in die Kaapkolonie beleër (stelling ingeneem rondom die dorpe). Die Britse magte het daarna natuurlik probeer om hul garnisoene in hierdie dorpe te ontset en dit het 'n paar belangrike veldslae opgelewer. Die Boere het egter ten spyte van die Britse oormag groot oorwinnings vanuit hul versteekte stellings behaal. By Magersfontein, suid van Kimberley, het generaal Piet Cronjé lord Methuen op 11 Desember 1899 verslaan toe die Britse magte hulle in versteekte Boereloopgrawe vóór in plaas van bo-op die koppies vasgeloop het. Dit was De la Rey, Cronjé se ondergeskikte, se vernuftige plan nadat hy besef het dat Methuen die Boere bo-op die koppies sou verwag.

DIE BRITSE SOLDAAT IN DIE VELD

Vir die Britse soldaat (of Tommie, soos hy oor die algemeen genoem is) was die omstandighede in Suid-Afrika bitter moeilik. Frederick Tucker van die 1st Rifle Brigade was in Mei 1900 'n lid van generaal sir Redvers Buller se mag wat gereed gemaak het om Transvaal van Natal af binne te val. In sy dagboek teken hy op 18 Mei aan:

Ons vind die weer bitter koud. Die troepe is byna die hele dag besig om loopgrawe te grawe en skanse te bou om goed voorbereid te wees vir 'n aanval. Daar word berig dat die Boere goed verskans is en in groot getalle op Majuba-heuwel en Laingsnek lê. Die afgelope twee dae was daar 'n groot gebrek aan rantsoene. Ons eet nou ons trekosse – hul vleis is meer geskik om stewels mee te herstel as vir menslike gebruik.

Op 15 Desember het generaal Louis Botha generaal Buller by Colenso in Natal verslaan toe die Britte eweneens nie Botha se loopgrawe net oorkant die Tugelarivier raakgesien het nie. Op 24 Januarie 1900 het Buller by Spioenkop naby Ladysmith 'n vernietigende nederlaag teen Botha in een van die grootste veldslae van die oorlog gely. Die 17-jarige Deneys Reitz het as volg geskryf oor sy ervaring van die Slag van Spioenkop:

Ons ly swaar verliese van die Engelse skans voor ons, en die mense word rusteloos onder die moorddadige vuur, wat nie te verwonder is nie, want die morele uitwerking van vinnige Lee-Metfordsarsies op 'n afstand van twintig tree is 'n verpletterende ondervinding. Die Engelse troepe lê so digby dat mens hulle met 'n klip kan gooi, en die verliese wat hulle vir ons veroorsaak lê maar al te duidelik tussen ons, terwyl ons natuurlik nie weet dat ons nog groter skade onder hulle aanrig nie.

Daarteenoor het 'n Britse soldaat, Herbert Unwin van Thorneycroft's Mounted Infantry, oor Spioenkop huis toe geskryf: "Ek moes byna die hele dag in een posisie lê, inmekaar gedruk en dood van die dors; die loopgrawe het opgehoop met dooie en sterwende manne. Een arme vent se arm is naby sy skouer afgeskiet. Hy het dit met sy ander hand opgetel en uitgeroep: 'My arm, my arm, ag God, waar is my arm!' Rasend van pyn het hy uit die loopgraaf gespring, maar hy is onmiddellik dodelik getref en só verdere pyn gespaar."

Die einde van Februarie 1900 het 'n wending in die oorlog gebring met die gelyktydige verbrokkeling van al die Boerefronte. Kimberley is op 15 Februarie deur die Britse magte ontset en twaalf dae later het Cronjé hom met 4 000 burgers by Paardeberg in Wes-Vrystaat aan lord Roberts oorgegee. Hierdie terugslae het die Boerestellings rondom Colesberg ook in gevaar gestel en gevolglik het die suidelike front ook verbrokkel. In Natal het Buller uiteindelik op 27 Februarie by Pietershoogte deur Botha se dun linie gebreek en Ladysmith die volgende dag ontset. Mafeking sou eers op 17 Mei 1900 ontset word. Toe dit gebeur, het die vreugdevure in Londen hoog gebrand oor die heldhaftige uithouvermoë van kolonel Robert Baden-Powell en sy manne.

BUITELANDERS IN DIE OORLOG

In die loop van die oorlog sou die Britse leër versterk word deur vrywilligerskontingente van Kanada, Australië, Nieu-Seeland, die Kaapkolonie en Natal. Daarteenoor sou sowat 13 000 Kaapse en Natalse rebelle aan Boerekant die wapen teen Brittanje opneem.

Nagenoeg 2 000 buitelandse vrywilligers het hulle by die Boeremagte aangesluit. Hulle wou die Boere in hul stryd teen Britse imperialisme ondersteun, maar baie is ook deur hul avontuurlus na Suid-Afrika gelok. Die meeste het huiswaarts gekeer toe dit voor die middel van 1900 geblyk het dat die oorlogsgety teen die Boere is.

Onder die buitelandse vrywilligers was talle kleurryke figure, soos kolonel Georges de Villebois-Mareuil van Frankryk en Yevgeny Maximov van Rusland, wat albei vanweë hul dapperheid bewondering by die Boere afgedwing het. De Villebois-Mareuil het in April 1900 naby Boshof in die Vrystaat as aanvoerder van die Vreemdelingekorps gesneuwel.

Vir die Boeremagte was die ses maande ná die terugslae van Februarie 1900 'n tydperk van groot verwarring. Hulle moes oral terugval. Roberts het Bloemfontein op 13 Maart 1900 ingeneem en op 5 Junie was Pretoria ook onder sy beheer. Die Britse opperbevelhebber het die Vrystaat trouens op 24 Mei as Britse gebied geannekseer en Transvaal op 1 September 1900. Dit is nie deur die Transvaalse en Vrystaatse regerings erken nie, wat voortaan "te velde" gefunksioneer het. 'n Groot aantal burgers het die wapen neergelê op grond van Britse beloftes van vrede en beskerming.

Intussen is Louis Botha ná die dood van generaal Piet Joubert op 27 Maart 1900 as kommandant-generaal van die Transvaalse magte aangestel. In die volgende paar maande sou hy en ander dinamiese offisiere, soos Christiaan de Wet en Koos de la Rey, die plek van die ouer garde onbekwame generaals soos Lukas Meyer, Kooitjie Snyman, Daniël Erasmus en Hendrik Schoeman inneem.

De Wet het as hoofkommandant die Boereweerstand in die Vrystaat gelei en die guerrillafase van die oorlog ingelui met verrassingsaanvalle op geïsoleerde Britse kolonnes en op Roberts se uitgestrekte verbindingslinie. Sy oorwinning op 31 Maart 1900 by Sannaspos, oos van Bloemfontein, was die eerste teken dat die guerrillafase op hande was. Asof hy op die jagveld was, het De Wet met 'n aantal burgers in 'n spruit wes van die Britse kamp by Sannaspos stelling ingeneem. Die Boere se kanonne was egter aan die oostekant van die Britse kamp opgestel en toe hulle op die kamp losbrand, het die Britse soldate – soos De Wet verwag het – halsoorkop weswaarts padgegee, reg in die hande van De Wet se wagtende burgers in die spruit.

Op 7 Junie het De Wet by Roodewalstasie, noord van Kroonstad, in 'n verrassingsaanval ammunisie- en voedselvoorraad afgeneem, die grootste buit van die oorlog. 'n Groot terugslag vir die Boere was toe Marthinus Prinsloo hom op 30 Julie 1900 met 4 400 Vrystaters in die Brandwaterkom, suid van Bethlehem, aan die Britse magte oorgegee het.

DANIE THERON

Hierdie baasverkenner van die Boere is in 1872 in Tulbagh in die Kaapkolonie gebore en het Transvaalse burgerskap verwerf ná sy deelname aan die oorlog teen Mmalebôgô in 1894.

Theron het hom by die veldslae van Colenso en Spioenkop in Natal onderskei voordat hy in Februarie 1900 na die wesfront gestuur is. Een van sy mees gewaagde dade was toe hy deur die Britse linies gekruip (en veilig teruggekeer) het om 'n boodskap van generaal Christiaan de Wet by die vasgekeerde generaal Piet Cronjé by Paardeberg te kry.

Vroeg in Maart 1900 is die Theron Verkenningskorps (TVK) gevorm: 'n Keurkorps van honderd man wat spoedig in getal verdubbel het met Theron as kaptein. Dié korps het die oë en ore van die Boeremag geword deur noue kontak met die Britse magte te behou en dikwels hul linies binne te dring. Só kon hulle die Boereoffisiere van waardevolle inligting voorsien.

Tussen Junie en Augustus 1900 het die TVK belangrike verkenning vir De Wet gedoen, toe die Britte De Wet met mening agtervolg het. Hulle het dikwels die agterhoede gevorm en die agtervolgende vyand teruggehou. Op 22 Julie is Theron deur De Wet tot kommandant bevorder nadat hy en sy korps 'n trein gebuit en gesorg het dat die Boeremag veilig oor die spoorlyn kom.

Op 5 September 1900 het Theron aan die Gatsrand in Wes-Transvaal gesneuwel toe hy op sy eie gaan verken en hom in 'n Britse mag vasgeloop het. Deur sy fermheid en strenge regverdigheid het Theron dissipline afgedwing. Hy was geliefd onder sy korpslede en hy het hulle met sy voorbeeld besiel. Oor sy dood het De Wet geskryf: "Beminlike en dapper manne soos hy sou daar wel in die wêreld wees, maar 'n man met soveel deugde in één persoon verenig – waar sou ek dié vind?"

In die laaste stellinggeveg van die oorlog het Roberts die Transvaalse magte op 27 Augustus 1900 by Bergendal, wes van Machadodorp, verdryf. Daarna het Botha in Oos-Transvaal, soos De Wet in die Vrystaat en De la Rey in Wes-Transvaal, guerrillataktiek begin toepas. Wanneer die geleentheid hom voorgedoen het, het die Boeregeneraals die verspreide kommando's versamel, geïsoleerde Britse kolonnes aangeval en daarna vinnig padgegee.

Die bittereinders het bykans twee jaar nog hul stryd op dié manier volgehou. Intussen het president Kruger in Oktober 1900 na Europa vertrek waar hy vergeefs probeer het om buitelandse diplomatieke tussenkoms te verkry. Toe hy in November in Europa aankom, het die algemene publiek hom geesdriftig ontvang. Oor die algemeen het die Europese volke simpatie met die Boererepublieke se lot gehad. Hierin het die pers 'n belangrike rol as meningsvormer gespeel deur Brittanje voor te stel as "die onderdrukker van nasies".

Pro-Boerekomitees het geldinsamelings gehou om die lot van die Boerenoodlydendes te verlig. Ambulansspanne van veral Nederland, Duitsland en Rusland is toegerus en na die oorlogsfront gestuur. In Nederland was die simpatie vir die Boeresaak die sterkste. Net soos die Franse was die Duitsers en die Russe in die eerste plek anti-Brits en daarom pro-Boer.

Die regerings van Europese lande was egter te bang vir Brittanje se mag om die Boere daadwerklik te help. Veral Duitsland, Frankryk en Rusland was huiwerig om op te tree, aangesien elkeen bevrees was dat die ander Europese moondhede met Brittanje sal saamspan teen hom. Kruger sou in 1904 in ballingskap in Switserland sterf.

Kitchener tree toe tot die oorlog

In November 1900 het lord Horatio Herbert Kitchener die leisels by Roberts oorgeneem as Britse opperbevelhebber. Hy het 'n drieledige strategie gehad om die oorlog te beëindig. Eerstens het hy Roberts se verskroeide-aarde-beleid voortgesit wat sedert Junie 1900 gevolg is. Die republieke is aan doelbewuste en stelselmatige verwoesting onderwerp. Sommige dorpe en duisende plaasopstalle is afgebrand, voedselvoorraad is vernietig en vee is by die duisende doodgemaak.

Tweedens is die konsentrasiekampstelsel uitgebrei waardeur burgerlikes, veral vroue en kinders, van afgebrande plaasopstalle verwyder en in kampe geplaas is. Kitchener het geglo dat die burgers op kommando sodoende nie meer voedsel by die vroue op die plase sou kry nie en bowendien die wapen sou neerlê om met hul gesinne herenig te kan word. Daarbenewens is swart mense in afsonderlike konsentrasiekampe byeengebring, onder meer om die kommando's van inligtings- en voorraadbronne te ontneem.

Derdens het Kitchener met sy dryfjagte (agtervolgings) begin. Dit het behels dat hy kommando's probeer vaskeer het teen blokhuislinies wat vir dié doel in 'n netwerk regoor die oorlogsterrein opgerig is. Teen die einde van die oorlog was daar sowat 8 000 blokhuise oor 'n afstand van 5 600 km. (Vandag is omtrent vyftig daarvan nog oor.)

Op die lange duur was Kitchener se strategie suksesvol. Die Boere het nog 'n aantal goeie oorwinnings behaal, byvoorbeeld De la Rey op 13 Desember 1900 by Nooitgedacht, Botha op 30 Oktober 1901 by Bakenlaagte, De Wet op 25 Desember 1901 by Groenkop, en De la Rey op 7 Maart 1902 by Tweebosch. Maar uiteindelik was die Britse oormag te groot. Teen Mei 1902 was daar nog maar sowat 20 000 Boere in die veld – tien keer minder as die Britse soldate, wat boonop die hulp van sowat 30 000 gewapende swart mense in die Britse leër gehad het. Swart groepe het ook groot dele van afgeleë gebiede van die republieke oorgeneem en die Boerevroue en -kinders wat haweloos in die veld rondgeswerf het, bedreig, asook die verspreide kommando's. In groot dele van die republieke, veral in die Noordoos-Vrystaat en byna die hele Oos-Transvaal, was daar weens die Britse verskroeide aarde-beleid geen voedsel nie. Bowendien was die Boere verdeeld: sowat 'n derde het hul wapens in die loop van die oorlog neergelê en nog 'n derde was in Britse krygsgevangene-kampe, meestal oorsee.

Boere-afgevaardigdes het gevolglik ná samesprekings by Vereeniging op 31 Mei 1902 met 54 stemme teenoor ses besluit om oor te gee. Daardie aand is die Vrede van Vereeniging in Melrosehuis in Pretoria onderteken. Die twee verslane republieke het hul onafhanklikheid verloor en is as Transvaal en die Oranjerivierkolonie by die Britse Ryk ingelyf.

KRYGSGEVANGENES

Vanuit die staanspoor het sowel die Britte as die Boere krygsgevangenes geneem.

Meer as 20 000 Boere is in die loop van die oorlog krygsgevange geneem. Talle seuns, enkele net agt jaar oud, is saam met hul pa's krygsgevange geneem en na die kampe gestuur. Massa-oorgawes deur die Boere, byvoorbeeld dié deur generaals Piet Cronjé by Paardeberg op 27 Februarie 1900 en Marthinus Prinsloo in die Brandwaterkom op 30 Julie 1900, het meegebring dat die krygsgevangenekampe in die Kaapkolonie en Natal spoedig te klein was. Kampe is gevolglik op St. Helena, Ceylon (vandag Sri Lanka), die eilande van Bermuda en in Indië opgerig. Sowat duisend Boere, asook nagenoeg vyftig vroue en honderd kinders, is ook in Portugal geïnterneer nadat hulle in September 1900 die grens na Mosambiek oorgesteek het.

Amptelik is sowat 400 Britse offisiere en 9 200 troepe deur die Boere krygsgevange geneem. Die ware getal is egter heelwat hoër, aangesien nie alle krygsgevangenemings in die guerrillafase aangeteken is nie. Bowendien het die Boere hul krygsgevangenes in die guerrillafase meestal onmiddellik vrygelaat omdat hulle nie geriewe gehad het om hulle te huisves nie. Britse troepe wat gevange geneem is, is aanvanklik op die renbaan in Pretoria aangehou (vandag die skouterrein) en die offisiere in die Staats Model School (waaruit die jong Winston Churchill ontsnap het). In Desember 1899 is die krygsgevangenes na Waterval, noord van Pretoria, verskuif. Tydens lord Roberts se opmars na Pretoria is die krygsgevangenes verskuif na Nooitgedacht, naby Nelspruit in Oos-Transvaal. Daar het generaal Ben Viljoen hulle einde Augustus 1900 vrygelaat toe die Britse magte in aantog was.

Vir sowel Britse as Boerekrygsgevangenes was voedselverskaffing in die algemeen onvoldoende en van swak gehalte. Streng dissipline is gehandhaaf, hoewel die behandeling van die krygsgevangenes afgehang het van die betrokke kamp-owerheid se welwillendheid. Georganiseerde sport, soos rugby, krieket, atletiek en tennis – en ook boeresport vir die Boere - het welkome afleiding vir verveelde krygsgevangenes gebied. Daar was ook lewendige kultuurbedrywighede, soos debat– en musiekaande.

Vir die Boerekrygsgevangenes was die nuus oor die ondertekening van die Vrede van Vereeniging 'n groot skok. Hulle moes die eed van getrouheid aan die Britse kroon aflê voordat hulle na hul vaderland kon terugkeer.

Die konsentrasiekampe

Met die uitbreek van die oorlog het die meeste Boerevroue en hul kinders op die plase agtergebly om die boerderye te behartig. Ander het na die dorpe getrek weens 'n gebrek aan lewensmiddele of uit vrees vir naburige swart groepe.

Reeds van die begin van 1900 af is Boere se plaashuise deur die Britse magte afgebrand. As gevolg van die voortdurende aanvalle op sy spoorverbindings, veral deur generaal De Wet in die Vrystaat, het lord Roberts op 16 Junie daardie jaar die verskroeide aarde-beleid amptelik van stapel gestuur. Hy het aanvanklik beveel dat die plaashuise naaste aan aanvalle op die spoorlyn afgebrand word.

In September het hy die omvang van die beleid uitgebrei deur te beveel dat, benewens die afbrand van huise, alle voedselvoorraad binne 'n radius van 16 km vernietig moet word. Dit het beteken dat 'n gebied van 547 km^2 verwoes is ná elke aanval op die Britse verbindingslyne. Dit is dus geen wonder nie dat Britse offisiere die indruk gekry het dat hulle Roberts se amptelike goedkeuring het om maar alles te kan afbrand en verwoes. Onder Kitchener is die verskroeide aarde-beleid nog kragtiger voortgesit en tot 30 000 plaashuise is waarskynlik afgebrand.

Intussen het Roberts teen September 1900 begin om Boere wat die wapen neergelê het en hul gesinne in kampe – die sogenaamde "refugee camps" – byeen te bring. Die bedoeling was om hulle teen die Boere se heropkommandering te beskerm. 'n Groeiende getal Boerevroue wie se plaashuise afgebrand is, is egter ook saam met hul kinders na dié kampe geneem. Die Britte het hulle die "ongewenstes" genoem, en hulle het spoedig die meerderheid in die kampe gevorm. In hul geval kan dus nie gepraat word van "refugee camps" nie, maar eerder van konsentrasiekampe. Dit moet egter nie verwar word met die konsentrasiekampe wat Nazi-Duitsland in die Tweede Wêreldoorlog vir Jode oprig het nie. Die Nazi's het 'n heel ander oogmerk gehad met die oprigting van hul "doodskampe" as wat die Britte met die konsentrasiekampe gehad het.

Teen September 1901 was daar 34 konsentrasiekampe vir wit mense, met ongeveer 110 000 inwoners. Die getal het daarna nie veel toegeneem nie en van Desember 1901 af is min Boereburgerlikes na die kampe gestuur.

Daar was uit die staanspoor sterftes in die kampe, maar die syfer het tussen Augustus en Oktober 1901 'n hoogtepunt bereik met 3 205 sterftes slegs in Oktober. Ná die oorlog het P.L.A. Goldman, 'n voormalige argivaris van Transvaal, vasgestel dat 27 927 wit mense in die konsentrasiekampe gesterf het – 26 251 vroue en kinders (van wie meer as 22 000 jonger as 16 was), en 1 676 mans ouer as 16. Ná die oorlog het die verbittering van die Afrikaners jeens Brittanje hoofsaaklik om die hoë sterftesyfer in die konsentrasiekampe gedraai.

Die hoë sterftesyfer kan toegeskryf word aan die onhigiëniese toestand wat in die algemeen in die land geheers het weens die besmetting van veral water, die onhigiëniese gewoontes van sommige minder ontwikkelde Boeregesinne en die gebrekkige beheer deur die Britse kamp-administrasie. Laasgenoemde is veroorsaak deur die swak keuse van kampplekke; die gebrek aan sindelik-heid in die kampe weens die laksheid van sommige kamp-amptenare; die swak voeding wat weerstand teen siekte afgetakel het; onvoldoende en onbekwame mediese personeellede; die gedwonge saamgroepering van 'n groot aantal landelike mense wat oor jare geen immuniteit teen siekte-epidemies opgebou het nie en onkunde oor hoe om epidemies soos masels onder beheer te kry. Kitchener moet grotendeels die skuld hiervoor dra omdat hy die konsentrasie-kampstelsel uitgebrei het sonder om die gevolge daarvan in ag te neem.

Daar was 'n groot daling in die sterftesyfer nadat lord Milner, die Britse Hoë Kommissaris, die kamp-administrasie in November 1901 by 'n onver-skillige Kitchener oorgeneem het. Dié daling is ook in 'n groot mate toe te skryf aan die inmenging van 'n Britse vrou, Emily Hobhouse, wat ná 'n reis na Suid-Afrika die swak toestande in die kampe in Brittanje bekend gemaak het. Dit het daartoe gelei dat die Britse regering 'n vrouekommissie onder leiding van Millicent Fawcett benoem het om die kampe amptelik te onder-soek. Hul wenke ter verbetering van die kampe – onder meer beter gekwali-fiseerde dokters en verpleegsters, beter hospitaalgeriewe en voedsel van beter gehalte – het die gewenste uitwerking gehad. Teen Mei 1902 het die sterfte-syfer tot 196 vir die maand gedaal.

Afrikanerleiers het in die loop van die 20ste eeu die lyding en sterftes van die Boerevroue en hul kinders in die konsentrasiekampe gebruik om Afrikaner-nasionalisme te bevorder. Daar moet egter ook in gedagte gehou word dat minstens een uit elke tien kinders op die platteland voor die oorlog op 'n jong ouderdom gesterf het. Hoewel die swak Britse kamp-administrasie verreweg die hoofoorsaak van die hoë sterftesyfer was, kan dit dus nie noodwendig die skuld vir al die sterftes dra nie.

Die vrees vir die gevare van die konsentrasiekampe het daartoe gelei dat 'n aantal Boerevroue vir die res van die oorlog met hul kinders in die veld rond-geswerf het. Hulle het veral in Oos- en Wes-Transvaal en die Oos-Vrystaat skuiling in die klowe en spelonke gevind. Hul lyding was eweneens groot. Weens die verskroeide aarde-beleid was voedsel 'n groot probleem. Die toe-nemende vyandigheid van sommige swart groepe het ook 'n groot gevaar ingehou. Teen die einde van die oorlog was sowat 14 000 Boerevroue en hul kinders nog in die veld.

Hendsoppers en joiners

Ongeveer 'n derde van die beskikbare aantal Boerekrygers, dit wil sê nagenoeg 20 000 burgers, het in die loop van die oorlog die wapen neergelê en die eed van neutraliteit afgelê. Die Boere wat aanhou veg het, het na hulle verwys as hendsoppers (van die Engelse woorde "hands up"). Sommige hendsoppers was burgers wat nooit by die kommando's aangesluit het nie.

Wapenneerlegging het veral voorgekom ná groot militêre terugslae, soos die oorgawe van generaal Piet Cronjé by Paardeberg en die Britse besetting van Bloemfontein en Pretoria. Hierdie Boere was oorlogsmoeg en het die voortsetting van die stryd as onrealisties beskou of gehoop dat hulle met hul optrede die einde van die oorlog sou bespoedig en dat hul eiendom nie langer aan die verwoesting blootgestel sou word nie.

Die joiners (van die Engelse woord "join") het verder as die hendsoppers gegaan deur in burgerkorpse of as gidse of verkenners aktiewe militêre diens aan Britse kant te doen. Die meeste van hulle was arm bywoners wat gelok is deur betaling en vae Britse beloftes van 'n bevoorregte posisie ná die oorlog. Sedert Oktober 1901 het Kitchener die National Scouts en die Orange River Colony Volunteers amptelik by die Britse leër ingelyf. Hul leiers was vooraanstaande oud-Boereoffisiere, soos generaal Piet de Wet, broer van generaal Christiaan de Wet, en generaal Andries Cronjé, broer van generaal Piet Cronjé. Teen die einde van die oorlog was daar 5 464 joiners in Britse militêre diens.

Ná die oorlog het die bittereinders die hendsoppers en joiners openlik verafsku. Hulle is uit die Afrikanersamelewing, die politiek en die kerk gestoot. Pogings tot versoening deur generaals Louis Botha, Jan Smuts en Koos de la Rey het net gedeeltelik geslaag.

Kaapse en Natalse rebelle

Afrikaners in Natal en die Kaapkolonie het 'n houding van lojale protes aangeneem. In die algemeen was hulle lojaal aan die Britse kroon, maar hul kulturele en politieke verwantskap met die Boere van die twee republieke het verseker dat die meeste van hulle ten gunste van republikeinse onafhanklikheid was. In stryd met die krygswet se bepalings het baie Afrikaners in die Britse kolonies die invallende Boerekommando's van voedsel voorsien. Die rebelle het egter 'n stap verder gegaan deur by die Boerekommando's aan te sluit. Soms was dit onder dwang van die Boerekommando's.

Die Kaapkolonie het twee golwe van invalle deur die Boeremagte belewe. Die eerste was met die uitbreek van die oorlog en die tweede van Desember 1900 af, wat ook generaal Smuts se inval in September 1901 ingesluit het. Sowat 10 000 Kaapse rebelle het met die eerste golf by die Boere aangesluit, hoofsaaklik van die distrikte aangrensend aan die republieke. Met die verbrokkeling van die fronte in Maart 1900 het sommige van die rebelle na hul tuistes teruggekeer, terwyl ander die kommando's na die republieke vergesel het. Hoofsaaklik weens 'n gebrek aan wapens en ammunisie en 'n afname in geesdrif het slegs sowat 3 000 Kaapse rebelle met die tweede golf by die Boere aangesluit. Die Kaapse distrikte van Murraysburg, Graaff-Reinet, Middelburg en Cradock was die sentrum van bedrywighede, aangesien die Kamdebo-, Tandjies-, Sneeu- en Zuurberge die ideale skuiling gebied het. Die kommando's van generaal Wynand Malan en kommandante Gideon Scheepers, J.C. Lötter en Willem Fouché het byna volledig uit Kaapse rebelle bestaan.

Natal was die enigste gebied waar die Afrikaners in die minderheid teenoor Engelssprekendes was. Daar was dan ook heelwat minder rebelle in Natal as in die Kaapkolonie. Die Boeremagte was ook net tussen Oktober 1899 en Junie 1900 in Natal teenwoordig en wel in Noord-Natal, waarvandaan die meeste rebelle gekom het.

Uiteindelik het 1 012 Kaapse rebelle tronkstraf gekry, 360 is as bandiete na Bermuda verban en 379 is ter dood veroordeel, van wie 44 tereggestel is. Ná die oorlog het 10 577 Kaapse rebelle hul stemreg vir vyf jaar verloor. In Natal is 409 rebelle aan hoogverraad skuldig bevind en net een tereggestel. Natalse rebelle het ook hul stemreg vir vyf jaar verloor.

Swart mense en die oorlog

Die Anglo-Boereoorlog was in die eerste plek 'n stryd tussen Boer en Brit, maar dié konflik het die swart bevolkingsgroepe in die land ook ten nouste geraak. Swart en bruin mense het in sowel vegtende as nie-vegtende hoedanigheid by die oorlog betrokke geraak. Albei republieke het 'n meerderheid swart mense binne hul grense gehad: In Transvaal was daar 289 000 wit mense teenoor 755 000 swart mense en in die Vrystaat 78 000 teenoor 130 000.

In die 19de eeu het al die swart groepe onder die politieke beheer van wit owerhede gekom. Brittanje het Basotholand (die huidige Lesotho) in 1868 geannekseer, in 1885 'n protektoraat oor Betsjoeanaland (die huidige Botswana) afgekondig, Zululand in 1897 by Natal ingelyf en die administrasie van Swaziland in 1894 aan Transvaal oorgedra. In Transvaal is die swart groepe een na die ander onderwerp en groot gebiede is vir wit nedersetting oorgeneem. In dieselfde tyd moes die swart bevolkingsgroepe hul ekonomiese selfversorging prysgee. 'n Trekarbeiderstelsel het tot stand gekom waarin wit mense van swart arbeid afhanklik geword het en swart mense van die wit ekonomie en nywerhede.

Verreweg die meeste swart mense het op 'n Britse oorwinning gehoop. Die swart, bruin en Indiër-elite het gehoop dat Brittanje die Kaapse stemregkwalifikasies – waarvolgens swart mense met sekere onderwys- en eiendomskwalifikasies stemreg sou kry – na die noorde sou uitbrei. Die latere bekende Indiese leier Mohandas Gandhi het sy mede-Indiërs by die aanvang van die oorlog opgeroep om Brittanje te steun om hul lojaliteit aan die Britse kroon te bewys, al het hy gemeen dat geregtigheid aan die Boere se kant was. Gedurende die oorlog sou Indiërs se rol beperk bly tot siekedraers ná gevegte aan die Natalse front. Gandhi het self ná die Slag van Spioenkop as siekedraer opgetree.

Daar was 'n stilswyende ooreenkoms tussen die Britse en Boereleiers dat dit 'n wit man se oorlog is en dat swart mense nie vir die stryd bewapen moet word nie – die Boere vanweë die swart bevolkingsgroepe se getalleoorwig en die Britte omdat hulle nie die Kaapse en Natalse wit mense aanstoot wou gee of die weg wou baan vir 'n sosiale revolusie in Suid-Afrika nie. Nie een van die twee partye sou egter by hierdie besluit hou nie.

Van die begin af het sowel die Britte as die Boere swart en bruin mense vir nie-vegtende doeleindes aangewend. In die Britse leër het hulle veral as wadrywers of arbeiders in die kampe opgetree. In die guerrillafase het swart verkenningskorpse onder bevel van wit offisiere egter waardevolle militêre hulp aan die Britse leër verleen.

In die eerste jaar van die oorlog het lord Roberts op versoek van die Britse regering opdrag gegee dat swart mense nie vir aktiewe diens teen die Boere bewapen mag word nie. Toe generaal Pieter Kritzinger, wat met sy Vrystaters in die Kaapkolonie geveg het, in Julie 1901 vir lord Kitchener waarsku dat swart mense in diens van die Britse leër tereggestel sou word ongeag of hulle gewapen is al dan nie, het Kitchener met instemming van die Britse regering besluit dat swart verkenningskorpse vuurwapens vir selfbeskerming mag ontvang. Dit het diegene ingesluit wat die blokhuise opgepas het.

Die Liberale opposisie in die Britse parlement het dié beleid hewig gekritiseer. Kitchener het in Maart 1902 ná talle navrae van die War Office uiteindelik erken dat daar 10 000 gewapende swart mans in die Britse leër is. Dié syfer was egter nie korrek nie, want dit het nie diegene ingesluit wat hul eie wapens verskaf het nie. Lloyd George se opmerking in die Britse parlement dat daar tot 30 000 gewapende swart mans in Britse militêre diens is, was nader aan die waarheid.

Die swart bevolkingsgroepe het in 'n ander opsig 'n bedreiging vir die Boere ingehou. In die guerrillafase het die Transvaalse regering basies die beheer oor die swart groepe binne sy grense verloor. Boerefamilies is deur die Tswana uit groot dele van Wes-Transvaal verdryf, so ook deur die Pedi in Oos-Transvaal. Swart groepe het Boere se vee gebuit en vir beloning na die Britse leër aangejaag. Hulle het ook met die Britse leër saamgewerk deur die indringing van Boerekommando's in hul gebiede te verhoed. Dit het die bewegingsvryheid van die Boere, wat reeds deur Kitchener se dryfjagte teen die blokhuislinies vasgedruk was, verder beperk.

Op die oggend van 6 Mei 1902 het 'n Zulustam, die Qulusi, by Holkrans (Mthashana) naby die huidige Vryheid 56 burgers van die Vryheidkommando doodgemaak. Dit was deel van 'n lang geskiedenis van wrywing tussen Boer en Zulu oor grond en vee. Die Boere-afgevaardigdes wat by Vereeniging oor vrede onderhandel het, het ook besef watter groot rol gewapende swart mense in die oorlog gespeel het. Die bedreiging wat swart groepe ingehou het, was 'n belangrike beweegrede vir die sluiting van die vredesooreenkoms benewens die ellende van die Boerevroue en -kinders in die konsentrasiekampe, die verwoesting van die republieke en die ongelyke stryd teen 'n Britse oormag.

Swart mense het in weerwil van die amptelike regeringsbeleid in 'n paar gevalle die wapen aan Boerekant opgeneem. Generaal Snyman het tydens die beleg van Mafeking die plaaslike Tswana "om veiligheidsredes" bewapen. Toe president Kruger daarvan te hore kom, is die swart mense ontwapen en weggestuur.

MATHAKGONG EN "GENERAAL" WINDVOËL

Swart mense se betrokkenheid in die Anglo-Boereoorlog het vir uiterstes gesorg. Aan die een kant was daar iemand soos Mathakgong, 'n Rolongheld tydens die beleg van Mafeking. Hy het honderde stuks vee van Boereplase rondom Mafeking geroof en die dorp ingebring. Sodoende het hy die nypende voedseltekort vir swart en wit verlig. Vir die Boerefamilies van die omgewing was Mathakgong glo 'n verskrikking. In sy dagboek beskryf die skrywer en politikus Sol Plaatje hom as "een van die onbesonge helde" van die beleg van Mafeking.

Dan was daar weer "generaal" Windvoël, 'n agterryer van die Du Plessis-broers van die Rustenburgkommando. Hy het sy eie perd en geweer gehad en was vasbeslote om die republiek saam met die Du Plessis's te help verdedig. Op patrollie het hy uit sy eie die leiding geneem en die burgers het hom laat begaan omdat hy die oë van 'n valk gehad het. Wanneer hy die Britse magte gewaar het, het hy met onverbeterlike planne vorendag gekom. Om dié rede het die burgers hom "generaal" Windvoël genoem. Tydens die Slag van Vlakfontein op 29 Mei 1901 het hy te midde van groot gevaar ook 'n burger met 'n onwillige perd na veiligheid gebring.

Die Boeremagte het swart mense veral in nie-vegtende hoedanigheid gebruik. Swart arbeiders het loopgrawe gegrawe en waens gedryf. Talle Boere het hul plaaswerkers as agterryers op kommando saamgeneem as perdeoppassers (ook tydens gevegte), waterdraers of vuurmakers. Tussen so 'n Boer en sy agterryer was daar meestal 'n goeie verhouding, gebaseer op 'n paternalisme wat deur die agterryer aanvaar is. Daar was waarskynlik tot 11 000 agterryers op kommando, hoewel die getal skerp afgeneem het ná die Britse inname van Bloemfontein en Pretoria. Slegs in 'n paar gevalle het agterryers saam met die Boere aan gevegte deelgeneem.

Swart mense is van die tweede helfte van 1900 ook deur die Britse leër in konsentrasiekampe byeengebring. Sommige swart mense het by die Britse owerhede beskerming gesoek. Die verwydering van swart mense van die oorlogsterrein was egter nie in die eerste plek om menslike redes nie. Kitchener wou keer dat die Boerekommando's voedsel of inligting by die swart mense kry en hy wou die mans teen betaling as arbeiders in die oorlog gebruik. Met hierdie betaling kon hulle hul gesinne in die kampe onderhou. Anders as wit mense is swart mense tot die einde van die oorlog na konsentrasiekampe gestuur. In totaal was daar ongeveer 66 swart kampe, waarvan sommige tydelik was, met sowat 115 000 inwoners.

Teen die middel van 1901 het die Native Refugee Department die beheer van die swart kampe by die superintendente van die wit kampe oorgeneem om die lot van die swart mense te verbeter. 'n Belangriker rede hiervoor was dat swart arbeiders vir die Britse leër in dié kampe gewerf kon word wat die plek ingeneem het van die swart mynwerkers wat na die goudmyne teruggekeer het.

Die kampinwoners moes hul eie huisvesting oprig. Hulle is toegelaat om gesaaides vir selfonderhoud te plant. Sout en melk is gratis uitgedeel. Diegene wat gewerk het en dit dus kon bekostig, kon mieliemeel en weeldeartikels soos sorghum, suiker, koffie, tee, stroop en tabak koop.

Soos in die wit konsentrasiekampe het die sterftesyfer in die swart kampe in die tweede helfte van 1901 ontstellende afmetings aangeneem. Desember 1901 was die ergste maand, toe 2 831 sterftes aangeteken is. Soos in die wit kampe was kinders oorwegend die slagoffers, aangesien hulle 81% van alle sterftes uitgemaak het. Die amptelike syfers is beslis onvolledig, maar waarskynlik het meer as 18 000 gesterf.

Die meeste sterftes onder swart mense was as gevolg van waterpokkies, masels en disenterie. Dit kan toegeskryf word aan die verskriklike toestande in die oorbevolkte kampe. Hutte en tente is te na aan mekaar opgerig en het nie genoeg beskerming teen wind en weer gebied nie. Water was dikwels skaars of besoedel, en mediese geriewe en brandstof vir vuurmaak onvoldoende. Die voedselgehalte was swak en die rantsoene kleiner as dié vir die wit kampinwoners, terwyl die meeste verplig was om selfonderhoudend te wees.

Aan die begin van 1902 is verbeterings in die swart kampe aangebring, veral wat die gehalte van voedsel betref. Dit het die sterftesyfer aansienlik laat daal, maar toe was dit reeds te laat.

SOL PLAATJE

Hierdie buitengewoon bekwame Rolongjoernalis, politikus en skrywer is in 1876 gebore. Hy het as Christen op die Berlynse sendingstasie Pniel, noordwes van Kimberley, grootgeword. Deur private studie het hy die Kaapse Staatsdienssertifikaat verwerf. Hy was agt tale magtig en dit het hom goed te pas gekom toe hy in 1898 as tolk in Mafeking se magistraatskantoor aangestel is.

In die Anglo-Boereoorlog is Plaatje gedurende die beleg van Mafeking (Oktober 1899 tot Mei 1900) in die dorp vasgekeer, waar hy sy tolkwerk vir die Britse owerhede voortgesit het. Dit is egter sy dagboek wat hom so sterk met die Anglo-Boereoorlog verbind. Dit is sewentig jaar ná die oorlog ontdek en in 1973 vir die eerste keer gepubliseer. Die inskrywings begin op 29 Oktober 1899 en hou aan tot die einde van Maart 1900. Dit gee 'n merkwaardige insig in die ervaring en denke van 'n geleerde swart man van die tyd, en vertel ook van die gewone swart mense se stryd om voortbestaan tydens die beleg. Dit is die enigste dagboek van 'n swart mens wat tot dusver oor die Anglo-Boereoorlog gevind is. Ná die oorlog het hy die eerste Tswana-Engelse weekblad, *Koranta ea Becoana*, gepubliseer.

Plaatje was ontsteld omdat die Vrede van Vereeniging in 1902 nie die gekwalifiseerde stemreg van die Kaapkolonie en Natal na die verowerde republieke uitgebrei het nie. Hy was ook ontevrede oor die Wet op Naturellegrondgebied van 1913 wat swart mense in wese van kleinboere tot plaasarbeiders verlaag het. In 1912 het hy korrespondensiesekretaris van die pas gestigte South African Native National Congress (sedert 1923 bekend as die African National Congress) geword.

Benewens sy boek *Native Life in South Africa* (1916) en vertalings in Tswana van verskeie dramas van Shakespeare is Plaatje veral bekend vir sy roman, *Mhudi* (1930).

Ten slotte, die Vrede van Vereeniging het Britse oppergesag in Suid-Afrika gevestig. Die imperiale beleid van lord Milner, wat op algehele verengelsing van die Afrikanervolk berus het, het egter kort ná die oorlog misluk toe sir Henry Campbell-Bannerman se Liberale Party in 1905 in Brittanje aan die bewind gekom het. Milnerisme het trouens die teenoorgestelde uitwerking gehad deur bloot Afrikanernasionalisme aan te vuur. Op ekonomiese gebied het die Britse teenwoordigheid egter die boustene verskaf vir die opkoms van die Suid-Afrikaanse nywerhede in die 20ste eeu.

Die oorlog het die Afrikaners ekonomies en sielkundig verpletter. Dit het tot die armblanke-vraagstuk bygedra en verstedeliking versnel nadat talle boere hul plase verloor en by die myne gaan werk soek het. In die loop van die 20ste eeu sou die Afrikaners egter politieke beheer van Suid-Afrika oorneem. Hulle was vasbeslote om onafhanklik van Britse invloed te raak. Dit het hulle as rassepatriotte gevorm en het 'n aggressiewe nasionalisme aangewakker wat hulle gelei het om na selfbeskikking en algehele beheer van Suid-Afrika te strewe. Hierdie aspirasies, tesame met hul vrees vir die swart meerderheid, kan gedeeltelik die toepassing van die apartheidsbeleid in die tweede helfte van die 20ste eeu verklaar. Met die totstandkoming van die Republiek van Suid-Afrika in 1961 is Vereeniging uiteindelik gewreek.

Swart mense is eweneens deur die oorlog platgeslaan, met soortgelyke gevolge wat armoede en verstedeliking betref namate swart mans as arbeiders na die goudmyne gestroom het. Daarbenewens is hul besetting van wit grondgebied in die oorlog nie deur die bepalings van die Vrede van Vereeniging erken nie. Gekwalifiseerde stemreg is ook nie na Transvaal en die Oranjerivier-kolonie uitgebrei nie. Toe Transvaal en die Oranjerivierkolonie in onderskeidelik 1906 en 1907 verantwoordelike bestuur ontvang het, is swart ambisies oor stemreg weer gefrustreer.

Dit het nogmaals gebeur met die totstandkoming van die Unie van Suid-Afrika in 1910. Dit het toe gelei tot die stigting van die South African Native National Congress in 1912. In 1923 het dit die African National Congress geword. Die swart stryd sou dwarsdeur die 20ste eeu voortduur totdat sukses in 1994 behaal is met die totstandkoming van 'n demokraties verkose Suid-Afrikaanse regering. Ook vir hulle is Vereeniging uiteindelik gewreek.

13

Naoorlogse rasseverhoudings, 1902-1948

David M. Scher

Gedurende die Anglo-Boereoorlog is stilswyend aanvaar dat dié gewapende stryd tussen wit partye gevoer is en dat swart mense nie in 'n militêre hoedanigheid aangewend sou word nie. Behalwe enkele belangrike uitsonderings is hierdie verstandhouding meestal eerbiedig.

Die meeste swart mense het egter gehoop op 'n Britse oorwinning en die burgers van die Boererepublieke was deeglik bewus hiervan. Die afgevaardigdes van verskeie Boerekommando's het tydens die vredesonderhandelings by Vereeniging in Mei 1902 byvoorbeeld gekla oor teistering en vyandige optrede deur swart groepe tydens die oorlog. Hoewel swart mense in die algemeen nie 'n groot rol in die oorlog gespeel het nie, het hul teenkanting teen die Boere se saak Afrikaners se oortuiging versterk dat hulle potensiële bondgenote van Britse imperialisme teen die Afrikanerdom was.

Dit was nie 'n ongegronde vrees nie. Sir Alfred Milner het in Januarie 1901 'n groep afgevaardigdes ontvang wat glo 100 000 bruin mense van die Kaapkolonie verteenwoordig het. Dié groep was verheug dat die twee Boererepublieke in die Britse Ryk opgeneem sou word omdat hulle daarvan oortuig was dat bruin mense "slegs onder die Britse vlag en Britse beskerming geregtigheid, gelykheid en vryheid sou kon geniet".

Hierdie vertroue in die deugde van Britse imperialisme is geëwenaar deur die Boere se oortuiging dat hulle in die oë van die swart bevolking op vernederende wyse verslaan is.

Boer en Brit: 'n gerieflikheidsverhouding

In die heropbou van Suid-Afrika ná die Anglo-Boereoorlog was swart mense waarskynlik die grootste verloorders. Die Britte het versoening tussen die Afrikaners en die Engelse as die dringendste saak beskou. Voor die oorlog het Milner nog gepraat van Brittanje se "plighted faith" (geswore trou) aan swart mense. Die kern van die Suid-Afrikaanse situasie was egter dat albei wit groepe vasbeslote was om hul oorheersende posisie te handhaaf. Die Britse owerheid wou die kwessie van swart stemreg uitstel totdat selfregering aan die Britse kolonies in Suid-Afrika toegeken is.

Nadat koloniale verantwoordelike bestuur aan hulle toegeken is, is verkiesings in die eertydse Boererepublieke gehou. In Transvaal het die politieke party Het Volk in Februarie 1907 die meeste stemme gekry en generaal Louis Botha is as eerste minister aangewys en generaal J.C. (Jan) Smuts as koloniale sekretaris. Albei het 'n versoeningsbeleid ondersteun. Dit het behels dat die sogenaamde bittereinders en hendsoppers met mekaar versoen moes raak, dat versoening tussen Afrikaners en Engelssprekendes bewerkstellig moes word én dat alle Suid-Afrikaners die band met die Britse Ryk moes aanvaar. Daar is voorsien dat Afrikaners en Engelssprekendes sou verenig in 'n nuwe, groter Suid-Afrikaanse eenheidstaat wat selfregering van die "grootmoedige" Britse veroweraars sou kry.

Die algemene verkiesing in die Oranjerivierkolonie in November 1907 het daartoe gelei dat die politieke party Orangia Unie aan die bewind gestel is. Abraham Fischer is as eerste minister aangestel en generaal J.B.M. Hertzog as prokureur-generaal en minister van onderwys. Die Fischer-kabinet het sowel Afrikaners as Engelssprekendes ingesluit. Hertzog was ongetwyfeld die oorheersende persoonlikheid in die kabinet en hy het sy eie politieke filosofie begin formuleer. Dit het neergekom op 'n wit Suid-Afrikaanse nasie wat uit twee afsonderlike komponente saamgestel is en dat Afrikaners en Engelssprekende groepe elk hul eie kultuur en identiteit behou.

In die Kaapkolonie het die Suid-Afrikaanse Party van John X. Merriman in Februarie 1908 aan die bewind gekom met die steun van J.H. ("Onze Jan") Hofmeyr se Afrikanerbond. In Natal is Frederick R. Moor tot eerste minister verkies.

Die staatkundige vereniging van die vier Britse kolonies in Suid-Afrika is in daardie tyd algemeen bespreek in wit geledere. Die sogenaamde Selborne-memorandum van 1907 is deur Lionel Curtis vir die Britse Hoë Kommissaris in Suid-Afrika opgestel en deur die Britse regering gesteun. Dié memorandum het die voordele van vereniging beklemtoon: Dit sou die doeane- en spoorweg-probleem, die posisie van swart mense en die gepaardgaande arbeidsvraag-stukke op 'n eenvormige en hanteerbare wyse kon oplos.

Merriman en Smuts het heelwat met mekaar gekorrespondeer hieroor. Hul briefwisseling toon hoe dié twee grondleggers van die latere Unie van Suid-Afrika die rassekwessie in verhouding tot die Afrikaner-Engelse-vraagstuk beskou het. Merriman het besef dat die rassebeleid die hoofkwessie in 'n toe-komstige unifikasie sou wees. Hy het die bestaande Kaapse stemregstelsel met beperkte deelname deur bruin en swart mense verdedig. Merriman se Kaapse liberalisme was gegrond op die veronderstelling dat stemreg die sluimerende griewe van bruin en swart mense op 'n aanvaarbare wyse sou kanaliseer. Soos William Porter, eertydse prokureur-generaal van die Kaapkolonie, dit in die vorige eeu gestel het, sou Merriman eerder 'n bruin man by die stembus tege-moet wou gaan as om "in 'n kloof of 'n skeur met 'n geweer teen sy skouer" deur hom gekonfronteer te word.

Smuts het egter nie geglo dat so 'n beleid 'n verenigde Suid-Afrika sou bevorder nie. Hy het verkies dat die "onuithoudbare las" om 'n oplossing vir die rasseprobleem te vind eerder aan die groter wysheid van toekomstige besluitnemers oorgelaat word. Merriman het Smuts probeer oorreed om 'n landwye, nie-rassige kiesstelsel te aanvaar om moontlike imperiale inmen-ging te voorkom. Hy het toegegee dat dit moontlik onwys sou wees as stry-dende wit politieke partye swart stemme probeer werf, maar dat dit baie slegter sou wees as swart mense die pleegkinders van 'n imperiale mag sou word. Dit sou tot voortdurende imperiale inmenging in Suid-Afrika lei.

Smuts kon egter nie oortuig word nie. Die toekomstige grondwet van die eenheidstaat sou, ter wille van unifikasie en versoening, daarvoor voorsiening moes maak dat die onderskeie kolonies hul eie kiesstelsels behou. Volgens Smuts sou die kwessie van swart stemreg beter aangepak kon word ná staat-kundige eenwording. Openbare leiers wat uitstyg bo die kru rassistiese hou-dings van gewone wit burgers sou die kwessie dan op 'n verantwoordelike wyse in belang van Suid-Afrika takel. Smuts wou tot elke prys 'n unie hê en hy het erken dat die totstandkoming van 'n unie vir hom belangriker as die kwessie van swart politieke regte was.

'n Reeks vergaderings is tussen Oktober 1908 en Mei 1909 in Durban, Bloemfontein en Kaapstad gehou met afgevaardigdes van al vier die kolonies. Gedurende die Nasionale Konvensie, soos hierdie vergaderings genoem is, moes 'n grondwet vir die beoogde Unie van Suid-Afrika opgestel word en is die kwessie van die Afrikaner-Engelse-verhouding bespreek. Die grootste prestasie vir Afrikanerafgevaardigdes was die erkenning van taalgelykheid tussen Nederlands en Engels. Dit was egter duidelik dat die sukses van die unifikasieproses ten volle afhanklik was van besluite oor die kiesstelsel- en stemregvraagstuk. Die afgevaardigdes het gou besef dat die uiteenlopende houdings en die kolonies se onderskeie wette oor swart politieke regte die stemregvraagstuk uiters omstrede maak.

Die krisis is ontlont toe besluit is dat die bestaande stemstelsels van die verskillende kolonies behou word. Daar is ooreengekom dat geen gekleurde persoon 'n parlementslid in die nuwe eenheidstaat kon word nie. Op aandrang van die Kaapse afgevaardigdes is bepaal dat geen wysiging aan die Kaapse stemstelsel aangebring sou word sonder 'n tweederdemeerderheidstem by 'n gesamentlike sitting van albei huise van die sentrale parlement nie.

Die twee wit taalgroepe, die Afrikaners en Engelssprekendes, het nie juis verskil oor rassebeleid nie. Die Engelse joernalis en skrywer J.A. Hobson het al in 1900 tot die slotsom gekom dat albei groepe "sterk gekant was teen die bevryding en opheffing van die naturel". Dat Engelssprekendes net so hardvogtig in hul houding teenoor ander rasse was, het geblyk uit hul houding teenoor inheemse groepe in Natal, waar sowat 85% van die wit bevolking Engelssprekend was. Die Natallers het 'n segregasiebeleid toegepas wat later in die Unie van Suid-Afrika weerklank sou vind. Gedurende die Nasionale Konvensie was die Natalse verteenwoordigers gekant teen enige uitbreiding van swart stemreg. In Transvaal het Engelssprekende leiers van die Arbeiderspary ook segregasie voorgestaan. Hulle het geëis dat wit arbeid beskerm word en daarom gemaklik met Botha se politieke party, Het Volk, saamgewerk.

Die wesenlike eenstemmigheid onder die wit bevolking oor swart mense se politieke regte en die rassebeleid in die algemeen blyk uit die oorvloedige getuienis wat verskeie kommissies ingewin het, waaronder die Suid-Afrikaanse Interkoloniale Naturellesake-kommissie. Daar was natuurlik nie volkome eenstemmigheid nie, maar wit mense het ongetwyfeld saamgestem dat hulle die politieke en ekonomiese mag in Suid-Afrika moet behou. Hoewel die sogenaamde "naturelleprobleem" reeds in samesprekings voor Uniewording ter sprake gekom het, is daar algemeen geglo dat swart mense se belange op 'n nasionale grondslag gehanteer moet word.

In die lig van dié oortuiging het die Suid-Afrikaanse Interkoloniale Naturellesake-kommissie van 1903 tot 1905 omvattend ondersoek ingestel. Die kommissie, beter bekend as die Lagden-kommissie, was die geesteskind van lord Milner en die meeste van sy lede was Engelssprekend. Die kommissie het omvattend verslag gedoen oor hoe die voormalige Boererepublieke weer opgebou kon word en oor die verskaffing van swart arbeid aan die myne. Ingrypende aanbevelings is gedoen oor grondafbakening volgens wit en swart gebiede wat uiteindelik in die Wet op Naturellegrondgebied van 1913 verskans is. Die Lagden-kommissie se verslag het in vele opsigte 'n bloudruk vir latere segregasiebeleidsrigtings in Suid-Afrika geword.

Een van die kommissie se uitgangspunte was dat swart mense se stemkrag nie toegelaat moet word om die ewewig tussen die twee wit bevolkingsgroepe in Suid-Afrika te versteur nie. Die kommissie het gewaarsku dat politieke partye maklik die stemkrag van die Kaapkolonie se swart mense in 'n hewige verkiesingstryd teen wit kiesers kon misbruik. Swart mense se stemme sou dan die bepalende faktor word in twispunte tussen politieke partye. Volgens die kommissie sou swart kiesers naderhand die wit stem op sekere plekke in die land kon oortref en dit sou 'n "onhoudbare situasie skep wat onwys en gevaarlik is".

Die totstandkoming van die Unie

Die finale sitting van die Nasionale Konvensie het tussen 3 en 11 Mei 1909 in Bloemfontein plaasgevind. Die konsepgrondwet vir 'n eenheidstaat, of unie, is die volgende maand deur die parlemente van die Kaapkolonie, Transvaal en Oranjerivierkolonie goedgekeur. In Natal is die konsepgrondwet deur middel van 'n referendum aanvaar.

Op 20 September 1909 het die Westminster-parlement die Suid-Afrikawet uitgevaardig wat daartoe gelei het dat die Unie van Suid-Afrika amptelik op 31 Mei 1910 tot stand kon kom. Daardeur is die aspirasies van swart mense geïgnoreer. Hoewel wit mense die Suid-Afrika-wet oorweldigend gesteun het, het baie polities bewuste swart, bruin en Indiërmense beswaar aangeteken teen sekere bepalings van die konsepgrondwet soos vervat in die Suid-Afrika-wet.

In *Vukani Bantu! The beginnings of black protest politics in South Africa to 1912* skryf André Odendaal hoe swart mense ná die Anglo-Boereoorlog bepaalde verwagtings gekoester het weens die Britse owerheid se beloftes aan hulle. Niks het egter daarvan gekom nie. Hul teleurstelling het gelei tot groter politieke bewustheid onder swart mense in al vier kolonies. Hulle het met al groter dringendheid gereageer op die wit groepe se toenemende steun vir segregasie. Talle koerante het verskyn en talle organisasies is in dié tyd gestig.

Swart leiers se benadering was egter steeds om hul lojaliteit aan die Britse kroon te toon en daarom het hulle 'n versigtige en gematigde strategie vir grondwetlike verandering gehad. Hoewel latere swart leiers hierdie vroeë agitasies as uiters konserwatief, bedees en naïef beskou het, het baie van die destydse leiers stemreg in die Kaapkolonie gehad. Volgens Odendaal was dit dus te verwagte dat hulle eers alle konvensionele kanale sou benut om hul griewe te lug voordat hulle 'n meer konfronterende houding sou inneem.

Daar was uiteindelik 'n magdom besware uit swart geledere teen die bepalings van die konsepgrondwet van die Nasionale Konvensie. Op 24 Maart 1909 is swart afgevaardigdes van al vier kolonies genooi om 'n South African Native Convention in die Waaihoek-woongebied van Bloemfontein by te woon. Die Cape Coloured Association en die African Political (later People's) Organisation het op 5 Maart ook 'n protesvergadering in die Kaapstadse stadsaal gehou wat opgevolg is deur 'n konferensie in April in dieselfde stad. Die swart en bruin groepe se onderskeie kongresse het besluit om hulle op die Britse regering te beroep om die stemregbeperkings van die konsepgrondwet te wysig.

William Schreiner, eertydse premier van die Kaapkolonie en invloedryke liberalis, het die afvaardiging van leiers uit die swart en bruin gemeenskappe na Londen gelei. Mohandas (Mahatma) Gandhi, latere staatsman in Indië, het namens die Indiërs van Suid-Afrika na Londen gegaan. Verskeie wit politici het heftig beswaar gemaak teen die Schreiner-afvaardiging. Volgens Merriman was Schreiner se boodskap een van die onvriendelikste gebare teenoor die swart mense van Suid-Afrika. Generaal Louis Botha, wat kort daarna die eerste premier van die Unie van Suid-Afrika sou word, het daarop aangedring dat die kwessie van politieke regte vir swart, bruin en Indiërmense plaaslik opgelos word. Hy het geglo die meeste Suid-Afrikaners het in die verlede nog altyd 'n sin vir regverdigheid en billikheid teenoor swart mense geopenbaar. Volgens hom sou hulle ook in die toekoms met dié saak vertrou kon word.

Hoewel sommige Britse parlementslede die etniese beperkings in die wetsontwerp gekritiseer het en die Britse premier, Herbert H. Asquith, versoek het dat wit Suid-Afrikaanse politici die beperkende stemregkwalifikasies verander, het die Westminster-parlement geen wysigings aan die wetsontwerp aangebring nie. Die stelsel van eksklusiewe politieke mag vir wit mense is met die totstandkoming van die Unie in 1910 gevestig. Hierdie situasie het voortgeduur tot 1984, toe die Suid-Afrikaanse Grondwet gewysig is om bruin mense en Indiërs parlementêre verteenwoordiging in afsonderlike kamers van die parlement te gee. In die jare ná Uniewording is talle wysigings aan die Suid-Afrikaanse Grondwet aangebring wat swart en bruin kiesers in die Kaapprovinsie en Natal finaal van hul stemreg en verteenwoordiging in die sentrale parlement ontneem het.

Volgens die historikus en unifikasiekenner Leonard Thompson is die verwydering van die imperiale gesag in Suid-Afrika as geregverdig beskou omdat daar verwag is dat dit konflik tussen Afrikaners en Engelssprekendes sou beëindig. Daar is voorts gehoop dat wit mense toenemend welwillend teenoor gekleurde Suid-Afrikaners sou optree en dat die Unie 'n liberale demokrasie in die Britse tradisie sou word. Dit het egter nie gebeur nie. Hieroor sê Thompson: "Consequently, besides being a striking example of the operation of political forces in a multi-racial society, the story of the unification of South Africa provides a salutary reminder of the limitations of human foresight."

Groter onafhanklikheid vir die Unie

Die grondwetlike status van die Unie van Suid-Afrika en sy verhouding met Groot-Brittanje was tot die 1920's voorop in wit politici se gedagtes. Botha en Smuts het voorsien dat die Unie lid sou word van 'n Gemenebes van Nasies ('n benaming wat Smuts in 1917 vir die eerste keer gebruik het) waarin die Unie gelyke status met ander lidlande sou hê. Vir Hertzog en volgelinge van die Nasionale Party was die republikeinse verlede en die onafhanklike diplomasie van die ou Boererepublieke egter nog vars in die geheue. Hul einddoel was daarom 'n republiek.

Smuts se filosofie van holisme het hom laat glo Suid-Afrika moet nie net soewerein en onafhanklik wees nie, maar ook deel van 'n groter vereniging, die Britse Gemenebes van Nasies (later die Britse Statebond). As eerste minister het Smuts in 1921 en 1923 die Rykskonferensies in Londen bygewoon. Dié konferensies is gehou met die doel om die grondwetlike verhouding tussen Brittanje en die dominiums uit te klaar omdat daar verwarring was oor die dominiums se juridiese status en hul grondwetlike posisie as selfregerende state. Die dominiums het in die praktyk 'n groot mate van gelykheid met Brittanje gehad, maar die vraag was of hul posisie wetlik verskans is. Volgens Smuts was die dominiums ten spyte van heelwat vryhede steeds "ondergeskikte provinsies" van Brittanje.

In 1924 het die Pakt-regering van die NP en die Arbeidersparty met Hertzog as eerste minister aan die bewind gekom. Hertzog het in die verkiesingstyd 'n ooreenkoms met kolonel Fred Creswell van die Arbeidersparty gesluit waarin hy onderneem het om nie die bestaande grondwetlike verhouding tussen die Unie en die Britse kroon te wysig nie. Dit het hom egter nie gekeer om die onsekerheid oor die wetlike en konstitusionele verhouding tussen die dominiums en Brittanje te probeer opklaar nie. Hertzog wou hê dat die Unie se posisie duidelik in regsterme uiteengesit moet word, insluitend die Unie se reg om af te skei van die Gemenebes as hy wou.

Hertzog het die Rykskonferensie van 1926 in Londen bygewoon en met groot deursettingsvermoë die weg gebaan vir die uitvaardiging van die Balfour-verklaring. Lord Alfred Balfour, voorsitter van die sitting, het toegegee aan Hertzog se versoek en 'n amptelike verklaring oor die dominiums se status uitgereik:

> Die dominiums is outonome gemeenskappe in die Britse Ryk. Hulle is gelyk in status, in geen opsig ondergeskik aan mekaar in enige aspek van hul binnelandse of buitelandse beleid nie, maar verenig in 'n gemeenskaplike lojaliteit aan die Kroon en vrylik aan mekaar verbonde as lede van die Britse Gemenebes van Nasies.

Die Balfour-verklaring en die Rykskonferensie van 1926 is beskou as 'n groot diplomatieke prestasie. Brittanje, wat geen geskrewe grondwet het nie, was aanvanklik onwillig om die verhouding tussen Brittanje en die dominiums op skrif te stel. Hertzog, wat sterk deur sy Ierse en Kanadese ampsgenote ondersteun is, wou egter nie toegee nie en het aangedring op 'n geskrewe verklaring. By Hertzog se terugkeer het hy gesê die Balfour-verklaring laat die eeue oue stryd om nasionale vryheid vir Suid-Afrika op 'n gelukkige wyse eindig. Toekomstige gebeure sou egter nog wys dat dit nie noodwendig so eenvoudig was nie.

Min ander kwessies aangaande die land se soewereiniteit het mense waarskynlik so verdeel soos die besluit oor 'n landsvlag. Dr. D.F. Malan het in 1926 as minister van binnelandse sake 'n wetsontwerp ingedien wat vir 'n landsvlag voorsiening gemaak het. 'n Bittere twis oor hoe die vlag moet lyk het onmiddellik ontstaan. Die imperiale ondersteuners was vasberade om die Union Jack as vlag te behou. Die pro-imperiale groepe in Natal het gedreig om dié provinsie aan die Unie van Suid-Afrika te onttrek as die Union Jack verwerp sou word. Aan die ander kant van die politieke spektrum was die vurige republikeinsgesinde lede van die NP. Malan het 'n "skoon vlag" gesteun, dit wil sê 'n vlag met geen Britse simbole daarop nie. Nie een van die groepe wou 'n kompromis aanvaar nie.

Die kwessie het ook gedreig om die Pakt-regering te verdeel. Op aandrang van Creswell, leier van die Arbeidersparty, en adv. Tielman Roos, leier van die NP in Transvaal, het Hertzog ingestem om die vlagwetsontwerp te vertraag.

Smuts, as leier van die opposisie, het voorgestel dat die toekomstige vlag van die Unie saamgestel word uit 'n samevoeging van die Union Jack, die Transvaalse Vierkleur en die Vrystaatse republikeinse vlag. Dié konsep is as so verregaande beskou dat selfs lede van Smuts se eie party geweier het om dit te steun. Nogtans het die senaat, waarin Smuts se Suid-Afrikaanse Party (SAP) die meerderheidsteun gehad het, sy voorstel goedgekeur. Op Roos se versoek het die goewerneur-generaal die buitengewone stap gedoen om Hertzog en Smuts te vra om 'n kompromis aan te gaan. Ná 'n krisis in die kabinet waartydens Malan gedreig het om te bedank, is 'n kompromis toe wel aangegaan.

Die uiteindelike oplossing was dat die Unie twee amptelike vlae sou hê. Op die landsvlag sou die Union Jack én die vlae van die twee voormalige Boererepublieke in die middel saamgevoeg word teen 'n agtergrond van drie horisontale bane in oranje, wit en blou. Die Union Jack was die tweede amptelike vlag en sou altyd saam met die landsvlag vertoon word. Hierdie vlae moes op voorgeskrewe plekke, soos by die parlementsgebou en ander staatsgeboue, wapper. Die nuwe landsvlag is op 31 Mei 1928 amptelik in gebruik geneem. Hierdie vlagreëling sou tot 1957 geld toe finaal afstand gedoen is van die Union Jack. Daarna het Suid-Afrika net een amptelike vlag gehad, soos die internasionale gebruik is.

Terwyl die vlagstryd nog in Suid-Afrika gewoed het, is pogings aangewend om die wetlike teenstrydighede in die Balfour-verklaring uit te klaar. Hoewel die dominiums se gelyke status met Brittanje nou wetlik erken is, kon hulle nie wette uitvaardig wat strydig is met Britse wetgewing of 'n eie, onafhanklike buitelandse beleid ontwikkel nie. Die dominiums was ook nog wetlik ondergeskik aan die Britse Geheime Raad (Privy Council), en die goewerneurs-generaal – wat die koning verteenwoordig het, maar deur die Britse regering geadviseer is – kon parlementêre wetgewing verwerp.

Hierdie wetlike teenstrydighede kon slegs deur wetgewing in die Britse parlement verwyder word. Dit het uiteindelik gebeur. In 1930 is die status van die goewerneur-generaal as verteenwoordiger van die Britse koning in Suid-Afrika verander. Daarna het hy net die koning verteenwoordig, nie meer die Britse regering nie. Die Britse regering sou voortaan in Pretoria verteenwoordig word deur 'n hoë kommissaris met dieselfde status as die Hoë Kommissaris in Suid-Afrika-Huis op Trafalgarplein in Londen. Die goewerneur-generaal sou voortaan ook aangestel word op uitsluitlike advies van die Unie se ministers. Dit het in 1937 vir die eerste keer gebeur toe Patrick Duncan as goewerneur-generaal aangestel is.

Die Unie-parlement het die nuwe Unieburgerskapwet uitgevaardig wat Suid-Afrikaners 'n eie nasionaliteit gegee het, bykomend tot hul status as Britse onderdane. Ná nog 'n Rykskonferensie in 1930 het die Britse regering, op aandrang van die dominiums, wetlike gesag aan die Balfour-verklaring verleen met die aanvaarding van die Statuut van Westminster (1931). Met dié statuut is die bron van Suid-Afrika se soewereiniteit van die Westminster-parlement in Londen na die Unie-parlement in Kaapstad oorgeplaas. Die politieke en grondwetlike status van die dominiums is daarmee uiteindelik uitgeklaar, grotendeels danksy Smuts en veral Hertzog se bydraes.

Segregasie in die wetboeke

In die twee dekades ná Uniewording was daar groot eenstemmigheid onder wit politieke partye oor die rassevraagstuk en hulle het ook toenemend beperkende wetgewing daaroor gesteun. Premier Louis Botha het reeds in 1910 gevra dat die rassevraagstuk bo partypolitiek gestel word. Sowel die Unioniste as die Arbeidersparty was ten gunste van segregasie en dit is ook ondersteun deur die Nasionale Party (NP), wat in 1914 gestig is. Wat die sogenaamde Indiërvraagstuk betref, het wit politieke partye ook saamgestem oor die beginsel van beperkte Indiërimmigrasie, die bevordering van Indiërrepatriasie en die handhawing van afsonderlike woongebiede.

Die konsensus onder wit partye en die kieserskorps blyk duidelik uit die wyse waarop diskriminerende wetgewing in die parlement ontvang is. In 1911 is die Wetsontwerp op Naturelle-arbeidsbepalings en die Wetsontwerp op Mynbou en Industrieë feitlik sonder teenkanting in die Volksraad aanvaar. In 1913 is die Wet op Naturellegrondgebied, wat ingedien is deur Jacobus W. Sauer, 'n bekende Kaapse liberale politikus en minister van naturellesake, deurgevoer. Sauer het in die parlementêre debat lof daarvoor uitgespreek dat 99% van die Volksraadslede en selfs "vriende van die naturelle" die beginsels van die wetsontwerp aanvaar het.

Die Wet op Naturellegrondgebied (No. 27 van 1913) het in werklikheid die grondslag vir die latere tuislandbeleid gelê. Ingevolge daarvan is bestaande reservate, sendingreservate (in Natal), tradisionele stamgebiede en sommige plase wat in private of stambesit was vir swart mense se eksklusiewe besit aangewys. Geen swart mense is egter toegelaat om grond buite dié gebiede te koop nie tensy toestemming van die goewerneur-generaal verkry is. 'n Belangrike klousule in die wet was dat daar nie ingemeng sou word in swart mense se reg om stemgeregtig te word nie. (Dit was 'n verwysing na die gemeenskaplike kieserslys in die Kaapprovinsie.) Die goewerneur-generaal kon voorts bykomende grondgebied aan swart mense toeken as die behoefte ontstaan. Dit is in die daaropvolgende jare taamlik algemeen gedoen.

Die Wet op Naturellegrondgebied (1913) was nie van toepassing op swart mense in stede nie en daarom is die Wet op Stedelike Gebiede van 1923 aanvaar. Dié wet is voorafgegaan deur die ondersoek van die Transvaalse Kommissie vir Plaaslike Regering, of Stallard-kommissie, in 1922. Dié kommissie het van die standpunt uitgegaan dat wit mense die alleenreg op verblyf in dorpe het en dat swart mense net daar is om in wit inwoners "se behoeftes te voorsien". Dié uitgangspunt is in die Wet op Stedelike Gebiede van 1923 opgeneem wat die grondslag gelê het vir die segregasie van woonbuurte en die idee versterk het dat swart mense nie permanente verblyfreg in dorpe het nie.

Die Wet op Naturellegrondgebied en die Wet op Stedelike Gebiede het die steunpilare gevorm van die segregasiebeleid. Dié wette is aangevul deur die Wet op Nywerheidsversoening van 1924 wat swart mense uitgesluit het van erkende vakbonde. Die hele wetgewende proses is in die parlement deurgevoer sonder noemenswaardige beeware deur enige van die partye.

Voor die algemene verkiesing van 1929 het die rassekwessie nie juis 'n groot rol in verkiesingsveldtogte gespeel nie, maar dit het nie beteken dat die kwessie nooit kop uitgesteek het nie. Gedurende die Eerste Wêreldoorlog het NP-ondersteuners beswaar daarteen gemaak dat swart mense vir ondersteunende krygsdiens en ander hulpdienste na Europa gestuur is. Volgens hulle was dit 'n onding dat swart mense in oorloë tussen wit mense betrek word en sou dit die natuurlike orde van rasseverhoudings in Suid-Afrika versteur. Premier Louis Botha het hierdie vrese probeer besweer deur parlementslede te verseker dat die swart mense oorsee in kampongs gehuisves sou word en gevolglik geensins aan enige moontlike ongewenste beïnvloeding blootgestel sou wees nie.

Die bruin stem

Die Suid-Afrika-wet van 1909 het bruin mense in wese van enige hoop op politieke mag ontneem. In 1910 het slegs 2,5% van die totale bruin bevolking stemreg gehad (teenoor 21% van die wit bevolking) en hulle kon ook nie tot die parlement verkies word nie.

In reaksie hierop het dr. Abdullah Abdurahman, president van die oorwegend bruin African People's Organisation (APO), na politieke eenheid tussen bruin en swart mense gestreef. Hoewel bruin en swart leiers soos Abdurahman en die skrywer John Tengu Jabavu, stigter van die koerant *Imvo Zabantsundu*, saam protes aangeteken het teen onderdrukking, was die politieke band tussen hul volgelinge nie juis sterk nie. Geografiese isolasie, verskille in taal en ras, uiteenlopende gebruike, ekonomiese onderskeid en ongelykhede in status het verhinder dat hulle in 'n enkele politieke organisasie kon saamsmelt.

Die APO se bestuur, wat hoofsaaklik uit intellektuele en kleinsakemanne bestaan het, het enige vorm van massa-aksie vermy en eerder versoekskrifte en afvaardigings gestuur of verkiesingsveldtogte begin om besware te lug. Die Unie-regering het die APO se verteenwoordigers dikwels positief ontvang, in teenstelling met die leiers van die African National Congress (ANC), wat in 1912 gestig is.

Hoewel die aantal bruin en swart stemgeregtigdes beperk was, was hulle 'n belangrike faktor in verskeie kiesafdelings van Kaapland. In 1909 was hulle byna 14,8% van die kieserskorps in Kaapland en teen 1929 byna 20%. As die bruin kiesers as 'n blok gestem het, kon hulle 'n beslissende rol speel in 'n stryd tussen wit politieke party. In die 1920's het bruin kiesers die deurslag gegee in sowat agt tot twaalf kiesafdelings in die Kaapprovinsie.

In die vroeë jare van die Unie het die meeste bruin en swart kiesers die imperialistiesgesinde Unioniste Party gesteun. Toe dié party in die Suid-Afrikaanse Party (SAP) opgeneem is, het baie bruin kiesers ook die SAP gesteun. In die algemene verkiesing van 1924 het die ANC geweifel tussen openlike steun aan die SAP en om die verkiesing te boikot. Clements Kadalie se Industrial and Commercial Workers' Union (ICU) het weer op die voorgrond getree as ondersteuners van die Pakt-partye. Hoewel die Cape Native Voters' Association die SAP nog in 1924 gesteun het, het hierdie vereniging in die algemene verkiesing van 1929 amptelik geen politieke party meer ondersteun nie. Hy het sy lede aangeraai om slegs te stem vir kandidate wat ten gunste van die behoud van die gekwalifiseerde stemregstelsel vir swart mense van die Kaapprovinsie was.

Die NP het, tot sy latere verleentheid, ook swart kiesers probeer werf (Hertzog het in 1921 selfs 'n skenking aan Kadalie se ICU gemaak). In die 1920's het Hertzog hom egter op bruin kiesers begin toespits. Die NP se beleid teenoor onderskeidelik swart mense en Indiërs is duidelik in sy Program van Beginsels uiteengesit wat in 1914 en 1921 uitgereik is, maar dit het geen spesifieke beleid ten opsigte van die Kaapse bruin mense bevat nie. Hertzog se eerste openbare verklaring oor bruin mense in sy hoedanigheid as NP-leier is in 1918 uitgereik en daarin het hy gesê bruin mense moet dieselfde politieke en ekonomiese regte as wit mense hê. Hy het dié standpunt op die kongres van die Vrystaatse afdeling van die NP in 1919 herhaal en bygevoeg: "Ze voelen zich geen naturellen. Ze zijn geboren en opgevoed in het midden van de beschaving van blanken en voornamelijk tussen Hollandssprekende Afrikaners en ze voelen dat de belangen van de Hollandssprekende Afrikaners hun belangen zijn."

Sommige bruin kiesers het die NP wel gesteun. Ná die algemene verkiesing van 1924 het 'n groep bruin ondersteuners W. Bruckner de Villiers as verteenwoordiger van die kiesafdeling Stellenbosch die parlementsgebou ingedra. Hoewel daar relatief min steun vir die Nasionaliste onder bruin mense was, het Hertzog voortgegaan om hul stemme te probeer werf. Nadat die Paktregering in 1924 aan die bewind gekom het, het hy beperkte politieke regte vir bruin mense na die noordelike provinsies probeer uitbrei. Sy belangrikste uitsprake oor bruin mense is vervat in 'n toespraak wat hy in 1925 in sy kiesafdeling, Smithfield, gelewer het:

> Nou mag nie uit die oog verloor word nie dat in die geval van die Kaapse Kleurling ons te doen het met 'n klas van ons bevolking wat in vele opsigte na aan die Europeaan staan; en in haast elke opsig, behalwe kleur, grondig van die naturel verskil . . .
>
> Ekonomies, industrieel en politiek moet hy by ons opgeneem word. Maatskappelik is dit sy begeerte, net so seer as die van ons, dat hy by sigself sal staan, en geen gemeenskap met die blanke sal soek nie . . . Wat betref die stemreg staan hy in die Kaap op dieselfde voet as die Europeaan en is hy dus daar reeds opgeneem naas die blanke man.

Die frase "moet hy by ons opgeneem word" was dubbelsinnig. Dit was nie duidelik wat Hertzog presies bedoel het nie. Moes bruin mense in alle opsigte op gelyke voet met wit mense geplaas word? Of moes hulle soos in die

Kaapprovinsie 'n posisie inneem tussen wit en swart mense? En as hulle in alle ander opsigte gelyk was aan wit mense, waarom moes hulle dan sosiaal gesegregeer word?

Hertzog was nie 'n baie goeie openbare spreker nie en sy stellings was meermale dubbelsinnig en oop vir verskillende vertolkings. Hy het wel twee pogings aangewend, in 1926 en 1929, om stemreg uit te brei na bruin mans in die ander provinsies wat aan sekere opvoedkundige en ekonomiese vereistes voldoen het. Hulle sou dan een wit verteenwoordiger tot die Volksraad (laerhuis) kon verkies. Hertzog se motivering was moontlik om 'n wig tussen bruin en swart mense in te dryf om te keer dat 'n verenigde swart opposisie ontstaan en om steun vir die Nasionaliste onder bruin Kaapse kiesers te werf. Sy voorstelle is in elk geval nie gunstig in die noordelike provinsies ontvang nie en daar was selfs sprake van ontevredenheid onder sommige Kaapse Nasionaliste oor die bruin stem. Hertzog wou 'n moontlike breekspul in die NP voorkom en het die saak laat vaar.

Hoewel Hertzog in 1928 bereid was om stemreg vir "beskaafde" bruin vroue te oorweeg, het hy min steun daarvoor ontvang. Sommige lede van die NP het daarop aangedring dat stemreg eerder aan wit vroue gegee moet word om gekleurdes se stemkrag te verswak. Dit het in 1930 gebeur toe parlementslede met 'n groot meerderheid ten gunste van stemreg vir wit vroue gestem het.

Die bruin en swart stem in die spervuur

Ná 1929 het die Nasionale Party se beleid oor bruin mense verander. Waarom het dit gebeur?

Gedurende sy eerste termyn (1924-1929) het die NP se beleid oor bruin mense hoofsaaklik op drie beginsels berus: Eerstens moes bruin mense van swart mense geskei word, hulle moes tweedens nie polities en ekonomies gesegregeer word nie en derdens moes bruin mense se ekonomiese en politieke status tot op dieselfde peil as dié van wit mense gebring word. Baie NP-ondersteuners het geglo dat bruin mense oortuig kon word om hulle van hul verbintenis met Engelssprekendes en die Suid-Afrikaanse Party los te maak en vir die NP te stem.

Die NP was in elk geval bereid om dié moontlikheid 'n kans te gee en daar was geldige redes waarom die party dié verwagting gekoester het. Die NP het byvoorbeeld ten nouste saamgewerk met sy bruin susterliggaam, die Afrikaanse Nasionale Bond, wat 'n hele aantal bruin mense van statuur aangetrek het. Die algemene verkiesing van 1929 het egter nie die verwagte swaai van bruin kiesers weg van Smuts se SAP na die NP gebring nie. Die NP het dr. Abdurahman en die APO se invloed onderskat en ook nie bruin mense se lojaliteit aan die Britse Ryk en simbole soos die Union Jack behoorlik in ag geneem nie. Abdurahman het groot gewag gemaak van lojaliteit aan die Britte, wat slawerny beëindig het, en die NP beskuldig van ontrouheid aan die Union Jack.

Dit is belangrik om in gedagte te hou dat die NP eers in 1929 'n volstrekte meerderheid setels in die Volksraad gekry het. In die voorafgaande jare moes die party soveel steun moontlik van enige groep van die kieserskorps probeer verkry om sy posisie in die parlement te konsolideer. Nadat stemreg in 1930 na wit vroue uitgebrei is, het die proporsie bruin stemgeregtigdes in die Kaapprovinsie aansienlik gedaal. Dit het sommige lede van die NP aangespoor om bruin mans van die gemeenskaplike kieserslys in die Kaapprovinsie te verwyder. In 1932 het die NP se Kaaplandse provinsiale kongres voorgestel dat bruin kiesers van die gemeenskaplike kieserslys verwyder word en 'n stelsel van aparte verteenwoordiging in die parlement (deur wit verteenwoordigers) vir hulle geskep word. Hertzog wou die voorstel nie aanvaar nie voordat daar in die volgende verkiesing, wat in 1934 gehou sou word, 'n "beroep op die volk" gedoen is. Dié verkiesing en die "beroep op die volk" het egter nooit plaasgevind nie weens die veranderinge in die Suid-Afrikaanse politiek in die volgende twee jaar.

Vroeg in 1933 het Hertzog en Smuts besluit om 'n koalisie te vorm en saam geregeer tot Desember 1934, toe die NP en die SAP saamgesmelt het en die Verenigde Party gevorm is. Hertzog het aangebly as eerste minister en Smuts het sy adjunk geword. In reaksie op dié samesmelting het die radikaler NP-lede onder Malan se leiding weggebreek en die nuwe Gesuiwerde Nasionale Party gevorm. Hierdie ontwrigting en herposisionering van die hoofpartye het die kwessie van bruin mense se ontkiesering op die agtergrond geskuif tot die 1950's, toe Malan se Nasionaliste die land geregeer het en die saak maklik kon deurvoer.

Die samesmelting het Hertzog wel opnuut 'n geleentheid gebied om die sogenaamde "naturellevraagstuk" te probeer oplos deur swart mense van die gemeenskaplike kieserslys in die Kaapprovinsie te verwyder en hulle wit verteenwoordigers in die Volksraad en die Senaat te gee. Hertzog het geglo dit sou die rassekwessie uit partypolitiek laat verdwyn en harmonie tussen Afrikaners en Engelssprekendes bevorder.

Om swart mense van die gemeenskaplike kieserslys te verwyder, het Hertzog 'n tweederdemeerderheidstem in albei huise van die parlement benodig. Dit was hoofsaaklik die SAP wat swart stemreg ondersteun het, maar aan die begin van die 1930's het selfs Smuts toegegee dat stemreg vir swart mense van die Kaapprovinsie 'n verlore saak is. Toenemende meningsverskille oor hierdie saak het tot spanning in die SAP gelei. Die oorgrote meerderheid Natalse en Transvaalse lede van die SAP was ten gunste daarvan dat swart kiesers van die gemeenskaplike kieserslys verwyder word. Hertzog was bewus van hierdie tweespalt in die SAP en het dit tot sy eie voordeel gebruik.

Nadat die NP en die SAP saamgesmelt het, het Hertzog sy standpunt oor die Britse imperiale verbintenis, verpligte tweetaligheid in die staatsdiens en die status van provinsies versag. Hy het gehoop om die Engelssprekende Natalse SAP-heethoofde se guns sodoende te wen en dat hulle hom uiteindelik sou help om sy rassebeleid in te stel.

Hy het dit in 1936 reggekry toe die Wet op Naturelleverteenwoordiging aanvaar is. Ingevolge dié wet is die 10 628 geregistreerde swart kiesers in die Kaapprovinsie op 'n afsonderlike kieserslys geplaas en hulle kon drie wit verteenwoordigers tot die Volksraad verkies. Alle stemgeregtigde swart Suid-Afrikaners kon ook vier wit senators deur middel van 'n kieskollege aanwys. Dié wet het ook voorsiening gemaak vir 'n Verteenwoordigende Naturelleraad wat as raadgewende liggaam sou optree. Die Wet op Naturelletrusts en -grond is terselfdertyd aanvaar. Dit het voorsiening gemaak vir 'n trustfonds wat nog 7,2 miljoen morg kon koop wat by die bestaande swart reservate gevoeg kon word. Die reservate het nou 13,7% van die landsoppervlak beslaan.

Hoewel die jare 1934-1939 soms bestempel word as die hoogtepunt van samewerking tussen Afrikaners en Engelssprekendes, was daar steeds verskille tussen die twee taalgroepe. Die regerende Verenigde Party onder Hertzog het 'n reeks uiteenlopende en dikwels opponerende groepe ingesluit, van liberaliste soos Jan Hendrik (Kleinjan) Hofmeyr tot segregasie-aanhangers soos dr. Oswald Pirow. Dit het die Verenigde Party polities uiters kwesbaar gemaak vir aanvalle deur sy teenstanders, soos die Gesuiwerde NP, wat die verskillende faksies in die Verenigde Party teen mekaar begin afspeel het.

Die belangrikste twee sake waarop die Gesuiwerde NP gefokus het, was die rassekwessie en die Unie se verhouding met Brittanje. Op 'n NP-kongres in 1938 in Bloemfontein het Malan uitgevaar teen diegene wat net imperiale belange nastreef en net besorg is oor die band met Brittanje. Hy het voorts gesê: "Dis daardie belange wat van die aanvang af aan die naturel en kleurling die stemreg toegeken het gelykop met die wit man. Nie op meriete of uit beginsel nie – want nêrens elders in die Britse Ryk het so iets ooit gebeur nie – maar [hier] met die bepaalde doel om dit te gebruik as teenwig teen die nasieskapstrewende Boerevolk."

Rassekwessies het die kern uitgemaak van die Gesuiwerde NP se aanvalle op die regering. Die algemene verkiesing van 1938 is byvoorbeeld gekenmerk deur die sogenaamde "Baster-plakkaat". Dit was 'n voorstelling van 'n gemengde gesin bestaande uit swart en wit mense. Met hierdie geïllustreerde advertensie wou die NP die Verenigde Party se onverskilligheid oor strenger wetlike beperkings op gemengde huwelike uitbeeld. Die party se anti-swart- en anti-Semitiese propaganda ná die opkoms van Adolf Hitler ná 1933 in Duitsland het byval gevind by wit Suid-Afrikaners.

As leier van die opposisie het Malan in 1939 'n versoekskrif aan die parlement voorgelê wat deur 230 619 mense onderteken is. Baie ondersteuners van die Verenigde Party het dit waarskynlik ook onderteken. In dié petisie is eerstens versoek dat aparte woongebiede volgens rasseverdeling ingestel word. Tweedens moes alle gemengde huwelike wetlik verbied word. Derdens moes bloedvermenging 'n strafbare oortreding wees. Laastens moes politieke en ekonomiese segregasie tussen wit en gekleurde mense toegepas word.

Hertzog het nie aan enige van die eise toegegee nie. Hy het volgehou dat bruin mense se stemreg nie verminder sou word nie.

Die uitbreek van die Tweede Wêreldoorlog in 1939 het tot hernude polarisasie tussen Afrikaners en Engelssprekendes gelei en het ook bitterheid en spanning onder Afrikaners meegebring oor die nasionalistiese saak. Smuts is in daardie jaar as eerste minister aangewys.

Tot groot ontevredenheid van die NP het die Smuts-regering ook bruin en swart mense gewerf om hulpdienste in die oorlog te lewer. Swart vrywilligers is nie met vuurwapens toegerus nie, maar is as semi-militêre helpers aan die front beskou.

Vanuit opposisiegeledere het Frans Erasmus opgemerk dat baie van die bruin soldate voorheen 'n bestaan as "skollies" gevoer het en dat hulle nou deel uitgemaak het van die regering se "kiesersfabriek". Die NP was ook ontsteld oor die wetsontwerp oor aktiewe militêre diens wat ná 1941 voor die parlement gedien het. Dit het bepaal dat afwesige kiesers wat besig is met militêre diens ook kon stem.

Die Smuts-regering het in die oorlogsjare en daarna besef dat groot hervormings in die rassebeleid nodig is. Min is egter gedoen om die struktuur van die Suid-Afrikaanse samelewing te verander. Hoewel Smuts verklaar het dat segregasie "had fallen on evil days", het sy regering hoogstens kleiner hervormings aangebring, en groter strukturele veranderings wat wit mag kon verminder, is nie oorweeg nie.

Hoewel die Kommissie van Ondersoek na die Bruin Bevolking van die Unie (die Wilcocks-kommissie) in 1937 aanbeveel het dat die Kaaplandse kiesstelsel na die ander provinsies uitgebrei moet word, het nóg Hertzog nóg Smuts wetgewing in dié verband ingedien. Die Smuts-regering het wel besef dat die bruin gemeenskap 'n beter kanaal benodig om hul menings en griewe te lug en gevolglik is die Kleurlingadviesraad in 1943 geskep. Die raad se hoofdoel was om die regering te adviseer oor bruin mense se ekonomiese, politieke en maatskaplike belange. Die raad moes die Smuts-regering ook help om die Wilcocks-kommissie se aanbevelings sover moontlik uit te voer.

Die Kleurlingadviesraad het tot groot politieke verdeeldheid onder bruin mense gelei. Teenstanders van die raad het aangevoer dat dit niks anders verteenwoordig nie as 'n verdere verdeling volgens rassegroepe in 'n grondwetlike raamwerk. Volgens hulle het dit 'n presedent geskep wat ondersteuners van segregasie kon gebruik om nog druk uit te oefen dat bruin kiesers byvoorbeeld van 'n gemeenskaplike kieserslys verwyder moet word en dat aparte woongebiede vir wit en bruin afgebaken moet word. Hierdie vrese is in die volgende dekade bewaarheid.

In dié tydperk het die bruin politiek 'n baie meer besliste, maar ook meer gefrustreerde karakter aangeneem. Die onderwyskenner prof. Richard van der Ross het in sy memoires geskryf: "Vir minstens die volgende twintig jaar was die politiek 'n politiek van protes. Hulle kon immers nie meer as protes aanteken nie – hulle het nooit oorgegaan tot aksie nie. Daar was ook verdeeldheid in die Kleurlinge se geledere – daar was diegene wat tot aksie wou oorgaan, terwyl 'n ander deel teruggedeins het. Die gematigde groepe het hulle ook georganiseer en gesoek na 'n konstruktiewe benadering."

Die sterk rasgevoelens van die 1940's kan nie maklik oordryf word nie. Die NP se eise om toenemende segregasie en die aandrang op die verwydering van bruin kiesers van die gemeenskaplike kieserslys het toenemend spanning veroorsaak. Toe die Verenigde Party die kiesafdeling Kaapstad-Kasteel in 'n tussenverkiesing wen, het die NP se amptelike publikasie, *Die Kruithoring*, dit beskryf as "'n triomf" vir bruin mense. Die NP was veral krities oor die Verenigde Party se veronderstelde miskenning van ras- en kleurverskille.

Die felle twis tussen die NP (in opposisie) en die Verenigde Party (die regering) oor rasse-aangeleenthede blyk duidelik uit die volgende parlementêre debat van Januarie 1947. Uit die opposisiebanke het dr. T.E. Dönges die VP-lid vir Soutpansberg, S.A. Cilliers, onderbreek deur te vra of hy daarmee genoeë sou neem as bruin mense langs hom in die trein kom sit. Cilliers se eerlike antwoord was dat hy nie saam met hulle sou wou ry nie. Hy het bygevoeg dat hulle op hul plek gehou moet word, maar dat daar dan duidelik aan hulle gesê moet word wat die bedoeling daarmee is.

In die debat het E.R. Strauss, opposisielid van Harrismith, op sy beurt vir Cilliers gevra of hy en sy vrou saam met bruin mense en die "vuilste" swart mense in 'n bus sou wou ry. Daarop het Cilliers hom verweer met die stelling dat Strauss bereid is om swart mense toe te laat om vir hom brood te bak. Strauss het gereageer dat hy dit net toelaat as sy bakker skoon is, maar dat hy hom nie in sy bed of motor sou toelaat as hy dit kan verhelp nie.

Cilliers het op die teenstrydigheid in sy antwoord gewys. Hoe kan iemand sy brood bak, maar nie toegelaat word om saam met hom in 'n bus te ry nie? Strauss se verweer was dat wanneer hy as lid van die regerende party segregasie bespreek, hulle nie gekant is teen die huishulp wat die ketel in die kombuis kook nie. Maar hulle wou weliswaar nie hê dat wit mense bedags of snags saam met gekleurde mense in dieselfde treinwa ry nie.

In die lig van die Nasionaliste se onverbiddelike standpunte oor ras en die Verenigde Party-regering se dubbelsinnige reaksie, is dit te verstane dat baie bruin en swart mense die ergste verwag het toe die politieke bondgenootskap van die NP, onder leiding van dr. D.F. Malan, en die Afrikanerparty, onder leiding van N.C. (Klasie) Havenga, die algemene verkiesing op 26 Mei 1948 gewen het.

Historici verskil oor die mate waarin rassepolitiek 'n rol in die NP-oorwinning gespeel het. Ek is geneig om saam te stem met dr. Bernard Friedman, wat in sy boek *Smuts: A reappraisal* aanvoer dat Malan op 'n strategie besluit het wat sou verseker die rassevraagstuk tree as die oorheersende kwessie in die verkiesing na vore. Die Nasionaliste het die kwessie van republikanisme op die agtergrond geskuif en vervang deur 'n strategie teen die "swart gevaar". In 'n belangrike toespraak op 20 April 1948 in die Paarl het Malan die kiesers trouens gevra of die Europese ras in die toekoms sy rassesuiwerheid sou kon en wou bewaar en of dit maar sou aanhou dryf totdat dit in die swart see van die nie-Europese bevolking verdwyn.

14

Afrikanernasionalisme, 1902–1924

Hermann Giliomee

In die Anglo-Boereoorlog (1899-1902) het Brittanje die republieke militêr verpletter, maar op die lange duur het dié oorlog nasionalisme onder Afrikaners aangevuur. Afrikaners oor die hele land heen was diep geskok oor die Britse krygstaktiek van "verskroeide aarde", die dood van 26 000 Boerevroue en -kinders in konsentrasiekampe en die teregstelling van verskeie Kaapse rebelle.

Hulle het die bittereinders bewonder wat in uiters moeilike omstandighede die stryd twee jaar nadat Pretoria en Bloemfontein ingeneem is, voortgesit het. In sy *Memoirs of the Boer War* het generaal Jan Smuts oor die betekenis van die bittereinders se stryd geskryf: "Dit sal elke kind gebore in Suid-Afrika 'n trotse selfrespek gee en hulle help om regop te staan voor die nasies van die wêreld." Hierdie Afrikanernasionaliste sou die bittereinders later as die eerste vryheidsvegters van die 20ste eeu bestempel.

Die planne van lord Milner, Britse Hoë Kommissaris in Suid-Afrika, vir die heropbou van die verslane republieke was ook baie omstrede. Hy het Engels die status van enigste amptelike taal gegee. Skole moes Engels as enigste voertaal gebruik en die geskiedenis van die Britse Ryk en die hele wêreld is aan kinders geleer. Sy beleid het die nasionaliste aangevuur, in so 'n mate dat Milner reeds in 1905 geskryf het dat predikante, dokters, prokureurs, wetsagente en joernaliste "die boodskap van die Afrikanerdom" in die verslane republieke uitdra.

Nasionalisme kan egter eers werklik floreer wanneer organisasies gestig word wat oor distriks- en provinsiale grense strek. In 1904 is die Afrikaanse Christelike Vrouevereniging in Kaapstad gestig om onderwys en die Afrikaanse taal te bevorder. Die Suid-Afrikaanse Onderwysunie wat in 1905 gestig is, het ook dwarsoor die land lede gehad. Ná die oorlog is die Het Volk-party in Transvaal gestig en die Orangia Unie in die Oranjerivierkolonie (Vrystaat).

In reaksie op Milner se onderwysbeleid het die verslane Boereleiers met behulp van bydraes uit Nederland private skole vir Christelik-Nasionale Onderwys (CNO) in die Vrystaat en Transvaal gestig. Die skole het 'n nasionalistiese en 'n Christelike boodskap uitgedra. In 1903 was daar 228 sulke skole met meer as 9 000 leerlinge in Transvaal. In die Oranjerivierkolonie was daar effens minder.

Generaals Louis Botha en Jan Smuts, die twee belangrikste Afrikanerleiers in Transvaal, het die CNO-skole aanvanklik sterk gesteun, maar hul steun onttrek nadat die Britse regering in 1906 besluit het om selfregering aan die voormalige republieke te gee. Afrikaners het net die helfte van die getal kiesers in Transvaal uitgemaak en Botha en Smuts het versoening tussen die twee wit (taal)groepe bepleit. Hulle wou net simboliese gelykheid tussen Hollands en Engels hê. In die praktyk sou Milner se taalbeleid daarop neerkom dat Engels die hooftaal en later die enigste amptelike taal word.

Botha en Smuts se ander groot prioriteit was om ekonomiese groei te bevorder om werk te verskaf aan die groot aantal werklose Afrikaners. Vir ekonomiese groei moes Britse beleggers Suid-Afrika as 'n aantreklike moontlikheid beskou en 'n sterk nasionalistiese beweging sou hulle afskrik.

In Transvaal was die teologiese kollege van die Gereformeerde Kerk in Potchefstroom die hart van die verset teen die sluiting van die CNO-skole. Dié kollege was destyds die enigste instelling vir hoër onderwys in die land wat Hollands as voertaal gebruik het. Weens 'n geldtekort was die Gereformeerdes, of "Doppers", soos hulle ook genoem is, verplig om die private CNO-skole te sluit. Hulle sou egter die boodskap bly verkondig dat die Afrikaners se krag daarin lê om hulle as 'n aparte gemeenskap te organiseer.

Waar Smuts as minister van onderwys in Transvaal net tot die vyfde skooljaar vir moedertaalonderwys voorsiening gemaak het, het generaal J.B.M. Hertzog as minister van onderwys in die Oranjerivierkolonie bepaal dat Hollands en Engels tot die hoogste standerd die voertale sal wees. Drie vakke moes in Hollands geneem word en drie in Engels. Hertzog het vas geglo dat taalgelykheid en moedertaalonderwys albei gesonde beginsels is.

DIE LEEU EN DIE LAM

In antwoord op die pleidooi dat Afrikaans en Engels ter wille van "versoening" saam in dieselfde skool gebruik moet word, het die Afrikaanse skrywer C.J. Langenhoven 'n satiriese brief aan sy Engelse landgenote gerig. (Dit is geskryf in die Afrikaans wat vroeg in die 20ste eeu gebruik is): "Vriende, laat ons vrede maak en vrede hou. Laat die leo en die lam saam wei: die lam op die gras en die leo op die lam. Julle kan die leo wees en ik sal die lam wees. Dan sal ik weldra ook deel van die leo uitmaak. Dit sal die lam tot eer strek en die leo tot genot."

Vereniging om 'n taal

Ná die oorlog was die groot vraag vir watter taal Afrikaners hul taalregte moes opeis: Vir Hollands? Vir vereenvoudigde Hollands of vir Afrikaans?

Die twee mees senior Afrikanerleiers in die Kaap, J.H. ("Onze Jan") Hofmeyr en F.S. Malan, het 'n vereenvoudigde vorm van Hollands verkies. In 1905 het Hofmeyr 'n belangrike toespraak gehou met die titel: "Is 't ons ernst?" Hy het gesê die onderrig wat die kinders in die Kaapse skole in Hollands kry so gebrekkig is dat hulle nie 'n korrekte brief in die taal kan skryf nie. Hy het die "Hollands-Afrikaanse" mense gevra of hulle ernstig is in hul strewe om Hollands as taal te handhaaf.

Gustav Preller, 'n joernalis by *De Volkstem* in Pretoria, het die geleentheid aangegryp om op te kom vir Afrikaans. Onder die opskrif "Laat 't toch ons ernst wezen" het hy in 'n artikel aangevoer dat daar eerder met Afrikaans erns gemaak moet word. Sy standpunt was dat Afrikaans die enigste taal is wat langs Engels staande sou kon bly. Dit is ingeburger onder Afrikaners en het die "grootste en beste kans op voortbestaan". Die Afrikaners moet dit hul spreek- en skryftaal maak.

Preller het verwys na Eugène Marais se gedig "Winternag", wat in 1905 verskyn het. Dit het vir die eerste keer die beeldende seggingskrag en skeppende vermoë van Afrikaans duidelik ten toon gestel. Die eerste reëls lui:

> O koud is die windjie
> en skraal.
> En blink in die dof-lig
> en kaal . . .

Preller het voorspel dat as net 'n paar reëls van Afrikaans ná 'n eeu of meer oorleef, dié gedig onder hulle sal wees. Hy het Afrikaans gebruik vir 'n reeks artikels in sy koerant oor die Voortrekkerleier Piet Retief, wat later as 'n boek gepubliseer is. Dit het teen 1913 reeds tien drukke beleef. Dit het getoon watter groot behoefte daar aan 'n nasionalistiese geskiedenis was.

'n Kernfiguur in die nuwe nasionale beweging was dr. D.F. Malan. In 1904, toe hy nog 'n student in Utrecht, Nederland, was, het hy geskryf dat Afrikaners eers sterk sou word as hulle verenig. Die beste verdediging teen verengelsing was die besef dat hulle 'n eie erfenis het wat in 'n "eie nasionaliteit, taal, godsdiens en karakter" gegrond is. Malan het, soos Smuts, grootgeword in die tradisie van die Afrikanerbond. Waar Smuts aangetrek is deur die eenheid en interafhanklikheid van die mensdom en die natuurlewe, het Malan die kleiner eenheid van die volk met sy bepaalde roeping en eindbestemming as die belangrikste verskynsel beskou.

In 1908 het Malan die volgende oproep gedoen: "Verhef di Afrikaansche taal tot skrijftaal, maak haar di draagster van onze kultuur, van onze geskiedenis, onze nasionale ideale, en u verhef daarmee ook di volk, wat haar praat. Hou egter di volkstaal op di voet van 'n halfbeskaafde provinsiaal dialekt, en u hou daarmee ook di volk op di peil van 'n halfbeskaafde, ongeletterde volksklasse."

Reeds teen 1907 was daar in Pretoria, Kaapstad en Bloemfontein taalverenigings wat Afrikaans bevorder het.

Aanvanklik het die voorstanders van vereenvoudigde Hollands die beweging vir Afrikaans teengestaan omdat hulle gemeen het dat dit die stryd teen die oorheersing van Engels net sou verswak. Geleidelik het die pro-Afrikaanse en pro-Hollandse groepe egter nader aan mekaar beweeg. Die pro-Hollandse groep het begin aanvaar dat Hollands 'n verlore saak is. Die pleitbesorgers vir Afrikaans het die noodsaaklikheid van strategiese optrede besef. Voordat Afrikaans die plek van Hollands kon inneem, moes dit eers gestandaardiseer word (eenvormige spelling en sinstruktuur) en moes 'n stewige literatuur daarin gepubliseer wees.

Albei groepe het in 1909 deelgeneem aan die stigting van die Zuid-Afrikaanse Akademie voor Taal, Letteren en Kunst, wat sowel Hollands as Afrikaans erken het en ten doel gehad het om Afrikaans te bevorder. In 1917 het die Akademie die eerste Afrikaanse spelreëls gepubliseer.

Die taalstryd kon nie deur vergaderings, debatte of emosionele oproepe gewen word nie. Goeie gedigte en romans moes in Afrikaans geskryf word.

C. Louis Leipoldt, wat vlot in Hollands, Engels en Duits was, het gedigte begin skryf in die taal wat mense in die omgang gepraat het. In die gedig "In die Konsentrasiekamp" beeld hy die lot van 'n moeder só uit:

> Hier sit jy en koes teen die wind wat daar suie
> Yskoud deur die tentseil, geskeur deur die hael –
> Jou enigste skuil in die nag teen die buie …

Die eerste twee reëls van "Generaal De Wet" deur Jan F.E. Celliers lui so:

> Stil, broers,
> daar gaan 'n man verby …

Totius (J.D. du Toit) het eenvoudiger, maar nogtans treffende gedigte gelewer. Hy het 'n gedig aangewend teen die politieke slagspreuk "vergewe en vergeet" wat Afrikaners aangeraai het om die oorlog so gou moontlik uit hul koppe te kry en die land dadelik te begin opbou. In "Vergewe en vergeet" (1908) word die beeld van 'n vertrapte doringboompie gebruik om die Boere se verpletterende nederlaag teen Brittanje in die oorlog uit te beeld. Die gedig suggereer egter dat die Afrikaners – soos die boompie – van die wrede terugslag sal herstel en net al hoe sterker sal word.

C.J. Langenhoven het na vore getree as die gewildste skrywer in Afrikaans. Hy het Afrikaanse mense op groot skaal boeke laat lees met sy *Die hoop van Suid-Afrika* (1913), *Sonde met die bure* (1921) en *Mof en sy mense* (1926). Populêre tydskrifte soos *Die Brandwag* (1910) en later *Die Huisgenoot* (1916) en *Die Boerevrou* (1918) het ook 'n belangrike plek in Afrikaners se lewe begin inneem. Hul doel was om mense in hul eie taal van hul omgewing en die wyer wêreld bewus te maak. Daarom het hulle mense aangemoedig om hulself as Afrikaners te beskou.

Taalgelykheid in die Unie

Op die Nasionale Konvensie (1908-1909) – waar 'n grondwet vir die beoogde Unie van Suid-Afrika opgestel is – het die twee Vrystaatse leiers, Hertzog en oudpresident M.T. Steyn, daarop aangedring dat Hollands en Engels in die praktyk gelyke status as ampstale moet hê. Dit moes die grondslag vorm van die toekomstige eenheid van die twee wit gemeenskappe.

Die mees dramatiese oomblik op die Bloemfonteinse konvensie van 1909

was toe Steyn tot die debat toegetree het. Hy het groot aansien by die af-
gevaardigdes gehad omdat hy in die Anglo-Boereoorlog ondanks sy slegte
gesondheid tot die bitter einde saam met sy burgers in die veld was. In sy
toespraak het hy, soos die gewoonte destyds was, na die Boere en Britte as
verskillende "rasse" verwys. Hy het die afgevaardigdes gevra om "die duiwel
van rassehaat", wat die land al so lank teister, uit te wis. Die manier om dit te
doen, is "om die twee tale op 'n volkome gelyke voet te plaas – in die parle-
ment, die howe, die skole, die staatsdiens, oral". In sy dagboek meld die
Kapenaar F.S. Malan, wat tot op daardie tydstip nie ten gunste van twee ge-
lyke ampstale was nie, dat die toespraak hom tot trane geroer het.

Art. 137 van die Unie-grondwet het aan Steyn se eis voldoen: Die twee
tale sou nie net simbolies nie, maar ook in die praktyk gelyke behandeling
geniet. Alle regeringspublikasies, insluitend wette, moes in albei landstale ge-
publiseer word en die verwagting het bestaan dat staatsamptenare die publiek
nou ook in Hollands of Afrikaans moes kon bedien. Nasionaliste het hierdie
taalklousule aangegryp om Hollandse (later Afrikaanse) skole en universiteite
op te rig en werkgeleenthede vir Afrikaners in die staatsdiens te bevorder.

Hierdie taalgelykheid het groot ontsteltenis onder talle Engelssprekendes
veroorsaak. Hulle was oortuig daarvan dat Engels uiteindelik die enigste amps-
taal sou word en dat dit dus nie nodig was om kinders in Hollands te onder-
rig nie. Sommige redakteurs het Hertzog daarvan beskuldig dat sy aandrang
op gelykheid vir Hollands 'n vorm van rassisme is wat teen Engelssprekendes
gerig is. 'n Ander argument was dat Engelse onderrig kinders die beste sou
baat aangesien Engels die taal van die ekonomie is.

Die Nasionale Party word gestig

In die eerste jaar ná Uniewording het 'n politieke stryd ontwikkel tussen
ondersteuners van die Britse Ryk en Afrikanernasionaliste. Veral Louis Botha,
eerste minister en leier van die Suid-Afrikaanse Party (SAP), en sy groot bond-
genoot Jan Smuts was begeester deur die gedagte dat Suid-Afrika 'n lojale
lid van die Britse Ryk, later die Britse Statebond, moes wees. Al die lidlande
sou 'n groot mate van vryheid en handelsvoordele hê, maar hulle moes ook
die verpligtinge van lidmaatskap van die Ryk nakom. Die lede moes saam
oorlog maak en kon nie van die Britse Ryk afskei nie. Smuts het die "Britse
konneksie" as noodsaaklik beskou vir versoening tussen die twee wit gemeen-
skappe en die ekonomiese vooruitgang van Suid-Afrika.

Afrikanernasionaliste, daarenteen, het 'n beleid van "Suid-Afrika Eerste" ondersteun waarvolgens Suid-Afrika sy eie belange eerste moes stel, bo dié van die Britse Ryk.

Die kwessie is op die spits gedryf deur die naderende oorlog in Europa. Kenners het gemeen dat Suid-Afrika verplig sou wees om aan Britse kant aan die Eerste Wêreldoorlog deel te neem. In 1912 het Brittanje as deel van sy voorbereidings vir 'n moontlike oorlog die Suid-Afrikaanse regering gevra om sy vloot uit te brei sodat sy skepe die Britse vloot kon bystaan.

Hertzog was daarteen gekant en het geglo "imperialisme is alleen goed solank dit Suid-Afrika van nut kan wees". Hy het gevra wat die nut van self-regering is as 'n land nie self kan besluit of hy oorlog wil verklaar of nie. Hertzog het sy standpunt in tipies nasionalistiese taal gestel: "In Suid-Afrika is die Afrikaner die 'baas' en sal die 'baas' speel." Met "Afrikaner" het hy be-doel mense wie se hoogste lojaliteit by Suid-Afrika lê, maar sy uitlating het veral onder Engelssprekendes groot ontsteltenis veroorsaak.

Daar was toenemende spanning tussen Hertzog en Botha oor die aard van die samewerking tussen Suid-Afrika en Brittanje, asook tussen die twee wit gemeenskappe. Albei leiers was voorstanders van "Suid-Afrika Eerste", maar Botha het sy oortuiging meer diplomaties uitgespreek. Hy wou niks doen of sê wat verwydering tussen die twee wit gemeenskappe kon veroorsaak nie.

Hertzog het weer geglo dat leiers reguit moet praat omdat daar mense in die Suid-Afrikaanse Party was wat nog vasgeklou het aan Brittanje en Britse belange. Hy wou 'n party hê wat bestaan uit mense wat Hollands en Engels op gelyke voet stel en wie se grootste lojaliteit by Suid-Afrika lê. Hertzog se toesprake het toenemend minder versoenbaar geword met sy lidmaatskap van die Botha-kabinet. Botha het hom gevolglik in Desember 1912 uit sy kabinet gelaat omdat hy geglo het dat Hertzog se uitsprake die SAP groot skade sou berokken.

Toe Hertzog nog lid van die kabinet was, wou hy nie te veel daarop hamer dat die regering nie werklik die Grondwet se opdrag uitvoer om Engels en Hollands gelyk te behandel nie. Engelssprekendes het omtrent al die senior poste in die staatsdiens beklee en baie van hulle kon Afrikaanse mense nie in hul taal te woord staan nie. Nadat Hertzog uit die kabinet gelaat is, het niks hom meer teruggehou nie. Op 'n taalfees wat studente in 1913 op Stellen-bosch gehou het, het hy die volgende telegram van M.T. Steyn voorgelees: "De taal van de veroveraar is in de mond van de veroverde de taal van slaven." Volgens die skrywer M.E.R. (M.E. Rothmann) het dit 'n dramatiese ommekeer onder Afrikaanssprekendes veroorsaak. Tot op daardie tydstip was dit "opdraand" om "ons taal en identiteit" te behou. "En toe in 'n kritieke tyd word 'n woord gesê. Dit het soos 'n veldvuur onder ons getrek." Volgens een bron het sommige Afrikaanssprekendes summier opgehou om Engels in die openbaar te praat.

Op 'n Volkskongres wat van 7 tot 9 Januarie 1914 in Bloemfontein gehou en deur 450 afgevaardigdes bygewoon is, is die Nasionale Party (NP) van die Vrystaat gestig. Hertzog is tot leier verkies. Volgens die party se Program van Beginsels het die NP die nasionale oortuiging en aspirasies van die Suid-Afrikaanse volk verteenwoordig (die woord "Afrikaner" verskyn nie in die program nie). Uit die staanspoor sou "Suid-Afrika Eerste" en die taalkwessie voorrang in die party kry.

Hertzog se eerste ondersteuners was jong predikante, veral van die Gere-formeerde Kerk (Doppers), en onderwysers. Hulle wou Botha en Smuts nie daarvoor vergewe dat hulle die Christelik-Nasionale skole in die steek gelaat het nie en hul kreet van "in isolement lê ons krag" het direk gebots met die SAP se poging om die twee wit gemeenskappe te versoen.

Dit het meer as agttien maande geduur voordat nasionaliste in die ander provinsies 'n party op die been gebring het wat op die beginsels van die Vry-staatse party gegrond is. Die Transvaalse NP is op 26 Augustus 1914 in Pre-toria gestig, die Natalse NP op 17 Junie 1915 en die Kaapprovinsie se NP op 15 September 1915. Dr. D.F. Malan het leier van die Kaapse party geword. Hy was terselfdertyd ook redakteur van *De Burger*, waarvan die eerste uitgawe op 26 Julie 1915 verskyn het.

Die NP-leiers het geglo dat versoening tussen die twee wit gemeenskappe net kan plaasvind as Engelssprekendes die Afrikaners respekteer. Die beste manier waarop hulle dit kon bewys, was om Afrikaners se taal en kultuur te respekteer.

In 1917 het Malan verklaar dat Afrikaners oral soos minderwaardiges be-handel word, veral in die wyse waarop hul taal afgeskeep word: "in die staats-diens, in die skool, op elke kennisgewingbord". Die gevolg was dat Afrika-ners hulself ook as minderwaardig beskou het. Die NP het sy volgelinge aangemoedig om op hul regte te staan. Hertzog het gesê dat die Afrikaners "'n taalstryd moet veg sodat hulle hulself nie langer as agterryers beskou nie".

Tale gun mekaar selde lewensruimte as hulle in dieselfde land saam moet bestaan en die stryd is besonder fel wanneer 'n kleiner taal teen 'n wêreldtaal moet meeding. Hoewel Engelssprekendes die minderheid onder wit kiesers was, het hul leiers Engels probeer uitbeeld as die taal van mense wat "progressief" en "beskaaf" is. Hulle het gehoop dat die rykheid van die Engelse literatuur en die sukses van die groot Engelse maatskappye, soos Anglo American Corporation en South African Breweries, so aantreklik was dat mense aangetrokke sou voel tot die Engelse kultuur.

Engelstalige koerante was geneig om die nasionaliste se aandrang op Afrikaans as "rassisme" te bestempel. Hulle het dikwels na die twee wit gemeenskappe as "rasse" verwys en pogings om skole of verenigings soos die Voortrekker-beweging op die grondslag van Afrikaans te organiseer as 'n vorm van rassisme beskou. Hulle het egter geen beswaar teen aparte Engelstalige private skole of die Boy Scouts, 'n Engelse jeugvereniging, gehad nie. Dit het C.J. Langenhoven laat vra: "Waarom is my politiek altyd rassisme en jou rassisme altyd politiek?"

Waar die Engelstalige koerante Hollands nog as amptelike taal gerespekteer het, het baie van hulle geen tyd gehad nie vir Afrikaans, wat besig was om Hollands se plek in te neem. (Afrikaans het Hollands vroeg in die 1920's in die openbare lewe begin vervang.) *The Star* en die *Cape Times* het die taal as "aaklig", "onnosel" en 'n "bastertaal" beskryf. In reaksie hierop het Langenhoven in 1914 in 'n toespraak gesê dat Afrikaans nie iets is om oor skaam te voel nie, maar trots: "Afrikaans plaas ons hoër as die Engelsman op die nasionale en patriotiese gebied, ja, hoër as enige ander blanke inwoner van ons land, want hy is ons enigste witmanstaal wat nie onmiddellik oor die see kom nie."

Deur Afrikaans 'n "witmanstaal" te noem in plaas daarvan om te erken dat wit, bruin en swart mense Afrikaans saam geskep het, het Langenhoven 'n groot fout begaan, net soos S.J. du Toit, die vader van die Eerste Afrikaanse Taalbeweging, veertig jaar vantevore. Albei het dit gedoen teen die agtergrond van sekere Engelssprekendes, en ook sekere Afrikaners van die middelklas, wat Afrikaans as iets minderwaardigs afgemaak het, terwyl hulle wou hê dat Afrikaners trots op hul taal moet wees. Talle bruin mense sou hierdie poging om Afrikaans as 'n wit "skepping" of "besitting" voor te hou later teen die Afrikanernasionaliste hou.

'n Eie koerant en universiteit

In Desember 1914 het 'n groep toonaangewende Afrikaners op Stellenbosch besluit om 'n persmaatskappy, De Nationale Pers, te stig wat 'n nasionalistiese boodskap kon uitdra. Die kernfiguur was Jannie Marais, wat op die plaas

Coetzenburg net buite Stellenbosch geboer het. Die koerant sou moes mee-
ding met *Ons Land*, die vernaamste Hollandse koerant in Kaapstad, wat die
kabinet se besluit om Duitswes-Afrika in te val, ondersteun het.

Hendrik Bergh, bestuurder van die Stellenbosche Distriksbank, en Bruck-
ner de Villiers, 'n sakeman en private sekretaris vir sy swaer Marais, het die
voortou geneem in die plan om 'n Hollandse koerant in Kaapstad te stig.
Hulle het Marais oorreed om 'n kwart van die eerste 20 000 aandele van £1
elk te koop. Nou was dit moontlik om met die groot waagstuk voort te gaan.
In Julie 1915 het die eerste uitgawe van *De Burger* in Kaapstad verskyn.

Dr. D.F. Malan, die eerste redakteur, het sy eerste hoofartikel in die tyd
van 'n wêreldoorlog, 'n mislukte rebellie, Afrikanerverdeeldheid en 'n ern-
stige armblanke-probleem geskryf. Die eerste paragraaf het gelui: "*De Burger*
is die kind van smarte en van die hoop . . . Dit is donker in die wêreld. Die
volkere het in die dal van die skaduwee van die dood gekom. Ook vir ons eie
volk is dit die donkerste ure . . . [Ons] harte is geskeur en ons drink die waters
van Mara."

Maar *De Burger* was ook "die kind van hoop". Ten spyte van die party-
verdelings was daar iets wat Afrikaners aan mekaar gebind het. Daar was
tekens "dat die nasionale hart weer begin klop". Daar "ruis deur die ganse
land die wil om 'n nuwe stroom wat steeds sterker word. Dit is die vaste wil
om volk te wees."

Binne enkele jare het Nasionale Pers se koerante (*De Burger* in Kaapstad
en *Het Volksblad* in Bloemfontein), sy tydskrifte (*Die Huisgenoot* en *Land-
bouweekblad*) en sy uitgewerye mense in hul eie taal van hul land en die wêreld
laat lees.

'n Skenking deur Marais was ook deurslaggewend in die stigting van die
Universiteit van Stellenbosch in 1918. Aanvanklik was die Botha-regering
van plan om net een universiteit te stig, 'n Engelstalige een in Kaapstad. Na-
dat die kabinet 'n afvaardiging van die Victoria Kollege op Stellenbosch ont-
moet het, het hy sy steun vir 'n enkele universiteit laat vaar. Daar sou wel 'n
universiteit in Kaapstad kom, maar Victoria Kollege kon ook 'n universiteit
word as £100 000 ingesamel kon word.

Net voor sy dood in 1915 het Jannie Marais £100 000 aan Victoria Kollege
op Stellenbosch nagelaat. Sy vereiste was dat Hollands of Afrikaans nie 'n
mindere plek as Engels by die instelling moes inneem nie. 'n Deel van die
geld is gebruik om doseerposte te skep en van die dosente is verwag om min-
stens die helfte van hul lesings in Hollands of Afrikaans te gee. Teen 1930 is

feitlik geen lesings meer in Engels aangebied nie. In 1926 is daar ook begin om aan die *Woordeboek van die Afrikaanse Taal* te werk.

Net vier tale het in die loop van die 20ste eeu daarin geslaag om van 'n blote spreektaal te ontwikkel tot een wat op alle vlakke van die lewe gebruik word: Afrikaans, Hebreeus, Maleis-Indonesies en Hindi.

Wit en bruin Afrikaanssprekendes: saam of apart?

Die Afrikanernasionaliste kon nooit werklik 'n bevredigende manier kry om die bruin mense by hul stryd in te skakel nie. Die groot politieke stryd in Suid-Afrika was in die eerste dekades van die 20ste eeu tussen die twee wit gemeenskappe. Die onderskeie politieke partye het in werklikheid nie soveel oor die rassevraagstuk verskil nie. Omtrent almal wou beter onderwys vir wit kinders, die beskerming van wit werkers en die oplossing van die sogenaamde armblankevraagstuk hê. Bruin mense moes wag totdat hierdie sake bevredigend opgelos is.

Bruin ouers in die Boland het wel groot klem op onderwys en opleiding vir hul kinders gelê. Tussen 1890 en 1905 was daar 'n "enorme toename" in bruin en swart skoolkinders in die Kaapkolonie. Daarteenoor het die meeste Afrikanerouers teen 1910 nie die waarde van goeie onderwys vir hul kinders besef nie. In 1905 het die Kaapse regering onderwys vir wit kinders verpligtend gemaak, maar nie vir bruin kinders nie. Die aantal wit leerlinge het vinnig toegeneem.

Tussen die vroeë 1890's en die vroeë 1920's het bruin mense se posisie verswak weens faktore buite hul beheer. Ongeveer 400 000 wit immigrante het hulle tussen 1875 en 1904 in die land gevestig, meer as die totale wit bevolking van Suid-Afrika in 1875. Talle van dié immigrante het in Kaapstad en omgewing kom woon. Dit was veral hulle wat druk uitgeoefen het dat wit mense voorrang moet kry in die opleiding van ambagslui en in werkgeleenthede.

Wit werkers het in die 1890's die eerste vakbonde gestig. Baie van die vakbonde is gelei deur Britse immigrante wat diskriminasie teen bruin en swart werkers voorgestaan het. In 1900 is bruin klipmesselaars in die Kaapkolonie byvoorbeeld verbied om aan openbare geboue te werk en in die volgende jaar het die vakbond vir pleisteraars sy lede gelas om nie saam met 'n bruin man of Maleier op die steierwerk te werk nie. Terselfdertyd het werkgewers in die Kaapse dokke swart werkers van die Oos-Kaap bo bruin werkers begin verkies. Die wit vakbonde het ook op ander plekke bruin mense se toegang tot die ambagte belemmer.

In 1922 het die regering die bruin gemeenskap 'n kwaai slag toegedien deur 'n wet deur te voer wat vakleerlingskappe vir ambagte slegs oopgestel het vir mense jonger as 26 jaar wat minstens st. 6 (gr. 8) geslaag het. Die blad *APO*, mondstuk van die bruin beweging African People's Organisation, het geskryf dat die wet bedoel is om die wit seun bo die bruin seun te bevoordeel. Die meeste wit seuns het st. 6 voltooi omdat onderwys tot hierdie standerd vir wit kinders verpligtend was. Daarteenoor het betreklik min bruin seuns hierdie standerd geslaag.

Nog twee wette het bruin werkers se bedingingsposisie nadelig geraak. Die Nywerheidsversoeningswet van 1925 het nywerheidsrade bestaande uit werkgewers en vakbonde gemagtig om ooreenkomste oor lone en werkomstandighede te sluit. Omtrent al die werkgewers en vakbondleiers in hierdie rade was wit. Die wit werkers se belange het omtrent altyd die swaarste geweeg. So byvoorbeeld was baie bruin werkers gewillig om vir laer lone as wit werkers te werk, maar die wet het gou 'n stokkie daarvoor gesteek deur minimum lone verpligtend te maak.

Tussen 1915 en 1929 was daar in die Kaapse kiesafdelings 'n hewige stryd tussen die partye om die bruin stem te wen. Die Kaapstadse bruin mense was geneig om Engelsgesind te wees en het die Unioniste Party of die SAP bo die Nasionale Party verkies. In kiesafdelings soos die Paarl en Stellenbosch, waar tussen 'n kwart en 'n vyfde van die kiesers bruin was, het die NP beter gevaar, maar die party het waarskynlik nooit die meeste bruin stemme gewen nie.

Nietemin was daar vooraanstaande Nasionaliste, soos J.H.H. de Waal, wat in die 1910's en 1920's gepleit het dat wit en bruin Afrikaanssprekendes moet saamstaan. In 1919 het De Waal die politieke stryd beskryf as 'n stryd tussen Britse imperialiste, mynmagnate en selfsugtige fortuinsoekers aan die een kant en, aan die ander kant, die "permanente bevolking", waarvan wit en bruin Afrikaanssprekendes die belangrike bestanddele is. Hy het wit Afrikaners en hul bruin mede-Afrikaners beskou as mense "wat dieselfde taal praat, dieselfde liefde vir Suid-Afrika het, meestal dieselfde geskiedenis en belange het en wat deur dieselfde vriende om die bos gelei word". Hul gemeenskaplike vyand was die "imperialiste" wat immigrasie bepleit het. Dit sou die brood uit die mond van bruin en wit Afrikaners neem.

Die bruin leier dr. Abdullah Abdurahman van Kaapstad was een van die sterkste teenstanders van die poging om bruin mense by die Afrikanernasionaliste en die NP te laat aansluit. Hy is in 'n gesiene Moslemfamilie gebore en is in Brittanje as dokter opgelei. In 1905 het hy leier geword van die eerste beweging vir bruin mense, die African Political (later People's) Organisation (APO). Dit is gestig om gelyke regte met wit mense na te streef. Hy het die bruin politiek in die eerste veertig jaar van die eeu oorheers.

Abdurahman het sy volgelinge aangemoedig om vlot in Engels, "the most universal of all languages", te word en om op te hou om die "barbarous Cape Dutch" (Afrikaans) te praat. Nietemin het sy organisasie se koerant, *APO*, Afrikaans en Hollands op die agterblad gebruik omdat dit die gemeenskaplike taal van Kaapse bruin mense was. In 1912 het die APO 'n voorstel aanvaar dat "Kaapse Afrikaners" 'n geskikter term vir die gemeenskap is as "kleurlinge", maar daarvan het niks gekom nie.

In die ongeveer twee dekades ná sy stigting in 1914 het die NP merkwaardig dubbelsinnig oor bruin mense gebly. Aanvanklik het die party gespeel met die idee om 'n veelrassige party te stig wat die uitbuiting van wit en bruin werkers kon teenstaan. In 'n pamflet getiteld "Die Groot Vlug" het D.F. Malan, die Kaapse NP-leier, die wydverspreide armoede onder bruin en wit mense as dieselfde probleem beskryf. Wit en bruin moes saam teen mededinging uit swart geledere beskerm word. Kort daarna het Malan egter aparte kieserslyste vir wit en bruin begin bepleit.

Hertzog was nie ten gunste van aparte kieserslyste nie. Hy het bruin mense beskou as mense wat midde-in 'n wit samelewing gebore en getoë is en nie net 'n taal nie, maar ook ander belange met Afrikaners deel. Hy wou egter hê dat bruin mense hulle op sosiale en maatskaplike gebied apart van wit mense hou. Soos hy dit gestel het: "Die plek van die opgevoede kleurling is onder sy eie mense. Hy moet sy eie mense dien."

Die rebellie van 1914-1915

In Augustus 1914 het die Afrikanerrebellie uitgebreek nadat die Botha-regering besluit het dat Suid-Afrika aan Britse kant tot die oorlog teen Duitsland en sy bondgenote moet toetree. Die stryd het later die benaming Eerste Wêreldoorlog gekry. Op sy eie sou dié besluit van die Botha-regering min kritiek uitgelok het, maar die regering het toe boonop ingestem tot die Britse versoek om die Duitse kolonie Duitswes-Afrika (die huidige Namibië) aan te val en te annekseer.

Vir die Afrikanernasionaliste was dit onaanvaarbaar dat die regering bereid was om so ver te gaan om aan Britse versoeke te voldoen. Oudpresident Steyn het die stap sterk veroordeel en verklaar dat hy nooit sou kon dink nie dat 'n regering Afrikaners, "die kinders van konsentrasiekampe", oorlog sou laat maak teen die Duitse volk, wat simpatiek teenoor die Boererepublieke gestaan het.

Die rebelle was swak georganiseerd en het min ammunisie en voedsel gehad. Waar hulle gekom het, het hulle lewende hawe opgekommandeer. Op sommige dorpe het die rebellemagte winkels geplunder. Die rebellie was beperk tot ses of sewe distrikte in die Noord-Vrystaat, 'n paar distrikte in Noordwes-Transvaal en een of twee distrikte in die Noord-Kaap. Dit was in werklikheid 'n geveg tussen Afrikaners. Die meeste van die polisiemanne en regeringsoldate was Afrikaners en al die rebelle was Afrikaners. Daar was ongeveer 11 000 van wie net meer as 7 000 van die Oranje-Vrystaat, net onder 3 000 van Transvaal en iets oor die duisend van die Kaapprovinsie gekom het. Van die rebelle het 190 gesneuwel terwyl 132 regeringstroepe gesterf het.

Die regering wou nie hê dat die rebelle die doodstraf kry nie omdat hy besef het hoe ongewild hy reeds was ná die inval in Duitswes en die uitroep van krygswet. Daar was wel een uitsondering: Jopie Fourie, 'n burgermagoffisier, het 'n rebellegroep in aanvalle op soldate gelei sonder dat hy eers bedank het. Talle soldate het gesneuwel en Fourie is ter dood veroordeel. 'n Afvaardiging, wat D.F. Malan ingesluit het, het Smuts probeer spreek om te pleit vir begenadiging vir Fourie, maar hulle was onsuksesvol. Hy is toe op 'n Sondag, 20 Desember 1914, tereggestel.

Twee rebelleleiers is tronk toe gestuur: Jan Kemp is tot ses jaar tronkstraf gevonnis en met £1 000 beboet en die Boeregeneraal Christiaan de Wet tot vyf jaar en dieselfde boete. Tussen 4 000 en 5 000 rebelle is beboet en tot tronkstraf gevonnis, maar die meeste van die gewone manskappe is teen die einde van 1915 vrygelaat. Aan die einde van die volgende jaar was al die leiers vry.

Die Helpmekaar

Die rebellie het veroorsaak dat die SAP-regering 'n groot deel van sy steun onder Afrikaners verloor het. In die 1915-verkiesing het Hertzog se NP 27 setels verower, wat al die Vrystaatse setels behalwe een ingesluit het. Die NP het vinnig gegroei vanweë sy pogings om die rebelle uit hul benarde posisie te red.

Ná die rebellie was baie rebelle op die rand van bankrotskap as gevolg van eise om skadevergoeding van boere en winkeliers wat deur die rebelle geplunder is. In 1916 is die Helpmekaar Vereniging gestig met takke in al vier provinsies om geld bymekaar te kry om die rebelle se boetes en die eise vir skadevergoeding te betaal. Die bydraes het stadig ingekom totdat *De Burger* ingegryp het. Die koerant het veral welvarende Afrikaners gevra om te help. J.E. de Villiers van die Paarl het beloof om £500 te skenk as 500 ander mense elkeen £100 sou bydra.

Weldra het die Helpmekaar-geldinsameling momentum begin kry. Om geld in te samel het vroue basaars, konserte en dinees op talle dorpe gereël. *De Burger* se Middelburg-korrespondent het geskryf: "Ek ken geen magtiger middel tot die saamsnoer van die Afrikanervolk as hierdie basaars nie. Deur die nood gedrewe kom ons nader aan mekaar. Tussen dié wat help, kom 'n band wat nie lig verbreek sal word nie. Dit is die groot betekenis van die Helpmekaar-basaars."

In 1917 het dit duidelik geword dat die verskillende Helpmekaar-verenigings in staat sou wees om al die boetes en eise te betaal. Meer as £250 000 is uitbetaal aan rebelle in die noordelike Vrystaat en ongeveer £500 000 is betaal vir eise afkomstig van ander dele van die land. £92 000 het oorgebly. Die bedrag word vandag nog vir studiebeurse gebruik. Die groot sukses van die Helpmekaar-beweging het in 1918 ook gelei tot die stigting van die versekeringsmaatskappye Santam en Sanlam.

Die Helpmekaar-poging het die amperse fiasko van die rebellie omskep in 'n groot prestasie vir die nasionale beweging, wat toe maar nog in sy kinderskoene was. By die stembus sou die NP groot voordeel hieruit trek, want die SAP se leiers en ondersteuners was geneig om afsydig te staan.

'N GENADELOSE SPOTPRENTTEKENAAR

D.C. Boonzaier het op 'n Karooplaas grootgeword en het later na Kaapstad verhuis. Hy het 'n vurige haat ontwikkel vir die mynmagnate wat die ekonomie oorheers het en gedink Louis Botha en Jan Smuts kruip voor hulle. Sy spotprente beeld verwilderde wit werkers of wit armes uit wat deur gewetenlose kapitaliste uitgebuit en uitgelag word.

Sy vernaamste skepping is die kapitalis Hoggenheimer, wat hy geskets het as 'n ryk, vet mens wat dit telkens regkry om Botha en Smuts na sy pype te laat dans. Die spotprente verteenwoordig die taamlik algemene afkeer onder Afrikaners van 'n denkwyse wat die materiële ophemel.

Die staking van 1922

Suid-Afrika het 'n donker ekonomiese tyd beleef in die ses jaar ná die einde van die Eerste Wêreldoorlog in 1918. Dit is gekenmerk deur toenemende werkloosheid. Die meeste myners wat gevaarlike werk ondergronds gedoen het, was Afrikaners. Hulle was erg gegrief oor die slegte omstandighede waarin hulle moes werk.

Die kloof tussen die wit myners en die SAP-regering het vergroot toe die SAP en die Unioniste Party, wat altyd die mynmagnate se steun gehad het, nader aan mekaar beweeg het. Die myners het die regering nou beskou as kop in een mus met die mynbase. Kort ná die 1920-verkiesing het die Unioniste Party ontbind en sy volgelinge is gevra om die SAP te ondersteun. Dit was 'n desperate poging om te verhinder dat die NP die bewind oorneem.

In 1920 het die goudprys skerp begin daal en vir baie myne was dit nie meer voordelig om goud te ontgin nie. Die Kamer van Mynwese het halsoorkop en selfs roekeloos opgetree, want ten spyte van die bestaande ooreenkomste is al hoe meer wit werkers ontslaan. Hulle het bekommerd geraak dat mynbase hulle wou vervang met swart werkers wat nog laer lone as hulle gekry het.

In Januarie 1922 het wit mynwerkers begin staak. Minister Deneys Reitz het geskat dat 90% van die stakers Afrikaners was. Die meeste van die 2 000 polisiemanne en die kommando's wat na die Rand gestuur is om die stakings te onderdruk, was ook Afrikaners.

Verskillende gedagterigtings kan onder die stakende werkers onderskei word. Aan die een kant was daar Engelssprekende sosialiste en kommuniste wat die kapitalisme omver wou werp. Aan die ander kant wou baie Afrikanerstakers die Boererepublieke herstel. Leiers van die staking het die Union Jack-vlag 'n "vuil doek" genoem en beloof dat die Transvaalse Vierkleur weer oor Transvaal sou wapper.

Dan was daar ook diegene wat die staking as 'n wit-swart-stryd gesien het. 'n Leier het 'n massavergadering opgeroep om saam te staan, soos toe die Voortrekkers in 1838 oor Dingane geseëvier het, om hulle teen die base en die laagbesoldigde swart werkers te verdedig.

Al was die meeste stakers Afrikaners, het die kommuniste die staking probeer oorneem. Kommunistiese vlae en rooi rosette was opvallend in die optogte en die "Rooi vlag", die kommunistiese lied, is dikwels gesing. Sommige kommunistiese leiers het nie gehuiwer om kommunistiese en rassistiese propaganda saam te gebruik nie. Op een van die baniere was die woorde "White workers of the world unite", in plaas van die kenmerkende kommunistiese slagspreuk "Workers of the world unite".

Die begrip "beskaafde arbeid" is waarskynlik in hierdie staking gebore. Dit het daaroor gegaan dat sogenaamde beskaafde arbeid beskaafde lone moes kry. Dit het gou die betekenis gekry van werk wat uitgehou is vir wit werkers en waarvoor die loon of salaris hoog genoeg is dat 'n wit werker daarvan kan leef. Die Arbeidersparty het dit as leuse in die aanloop tot die 1924-verkiesing gebruik en die NP het dit gou oorgeneem.

Op 10 Maart 1922, nadat die staking twee maande lank gesmeul het, het 10 000 wit myners polisiekantore, spoorlyne en myngeboue en -installasies in Johannesburg aangeval. Die aanvalle het na ander plekke aan die Rand uitgekring. Dit was 'n kleinskaalse burgeroorlog in een van die rykste stede ter wêreld.

Smuts het die kommuniste se teenwoordigheid aangegryp om die staking voor te hou as 'n "rooi revolusie" met die doel om 'n Sowjetrepubliek te stig. Hy het krygswet afgekondig en soldate Johannesburg toe gestuur. Hulle is met vliegtuie, artillerie, masjiengewere en tenks ondersteun. Die stakers se posisies in Benoni is met masjiengewere uit die lug bestook en die myners se gebou is gebombardeer. Die stakende werkers het oorgegee nadat swaargeskut hul vestings verwoes het. In die skermutselings oor vyf dae is 250 mense dood.

Die Smuts-regering se bloedige onderdrukking van dié staking het talle werkers teen die regering laat draai. Baie van hulle sou nog lank die Arbeidersparty en die wit vakbondbeweging steun, maar algaande het hierdie organisasies Afrikanersteun verloor omdat hulle so sterk Britsgesind en so onsimpatiek was teenoor die Afrikaners se strewe om onafhanklik van die Britse kroon te wees.

Die Pakt se sege

Reeds voor die verkiesing van 1924 was dit duidelik dat die Smuts-regering in die moeilikheid was. Die NP en die Arbeiders het die "Pakt", 'n bondgenootskap, gesluit waarin die partye beloof het om ná die verkiesing saam te regeer as hulle saam die meeste setels verower. Die NP kon taamlik seker wees daarvan dat hy die meeste Afrikaners se steun het.

Tog was talle uitmuntende Afrikaners lid van die Suid-Afrikaanse Party. Daar was Jan Smuts self en die opvoedkundiges E.G. Malherbe en Leo Marquard, die skrywers C. Louis Leipoldt en Gustav Preller, asook die politici

F.S. Malan, Deneys Reitz en Jan Hofmeyr. Smuts en sy party se grootste aanwins was die briljante jong Hofmeyr, broerskind van J.H. ("Onze Jan") Hofmeyr, wat later minister van finansies sou word.

Die Afrikaners wat in die SAP was, het egter toenemend besef dat die party nie kon kers vashou by die NP wat die bevordering van Afrikaans en die Afrikaanse kultuur betref nie. Leipoldt, wat in 1924 'n SAP-kandidaat was, het erken dat sy party nagelaat het om sy beginsels op so 'n manier toe te pas dat dit 'n outentieke nasionalisme bevorder. Hy het ná die verkiesing gesê die SAP het niks gedoen om Afrikaans te bevorder terwyl hy aan die bewind was nie en dat dit die rede vir sy nederlaag is.

Die SAP-regering se bloedige onderdrukking van die staking van 1922 het soveel afkeer gewek dat sommige swart leiers selfs na die Pakt-bondgenootskap gekyk het as 'n manier om die SAP te beveg. Die ANC-leiers het 'n telegram aan swart en bruin kiesers gestuur om hul stem teen die SAP uit te bring. Dit kan vertolk word as 'n wenk om vir die Pakt te stem. Volgens *Die Burger* het die meeste bruin mense in 1924 vir die partye van die Pakt gestem. In die wit gemeenskap was daar ook onverwagte steun. *The Star* het berig dat sommige kommuniste besluit het om die Pakt te ondersteun.

Swart mense kon net in die Kaapprovinsie stem, maar die leiers van die Nasionale Party, Hertzog en Malan, het na hulle uitgereik. Hertzog het 'n telegram gestuur aan Clements Kadalie, stigter van die swart vakbond die Industrial and Commercial Workers' Union (ICU), waarvan die leuse "Africa for the Africans" was. Hy het aan Kadalie gesê om wedersydse simpatie tussen "wit en swart Afrikaners" te kweek, is noodsaaklik vir die voorspoed van die Suid-Afrikaanse nasie. Malan het as Kaapse NP-leier in 'n boodskap aan swart kiesers gepleit dat die wit en swart nasionalis skouer aan skouer moet staan.

Die Pakt het geseëvier in die verkiesing van 1924. Van die 135 setels het die NP 63 en die Arbeiders 18 verower. Die SAP het 52 gewen. Smuts is in sy eie kiesafdeling verslaan. Die NP onder leiding van Hertzog sou in die nuwe regering die toon aangee.

15

'n "Gesuiwerde" nasionalisme, 1924-1948

Hermann Giliomee

Met die Nasionale Party se oorwinning in 1924 en die totstandkoming van die Pakt-regering het die nasionaliste vir die eerste keer politieke mag gesmaak. Vir die eerste minister, generaal J.B.M. Hertzog, was dit 'n prioriteit om Suid-Afrika se grondwetlike posisie in die Britse Ryk te omskryf. Hy wou nie hê dat die land in enige opsig aan Brittanje onderdanig moes wees nie.

Op 'n Rykskonferensie in 1926 in Londen het Hertzog met die hulp van die Kanadese eerste minister daarin geslaag om 'n duidelike verklaring uit die Britse regering te kry. Dit is die Balfour-verklaring genoem. Daarvolgens het Brittanje en die dominiums (die lidstate van die Gemenebes van Nasies) gelyke status gehad en was hulle in geen opsig ondergeskik aan mekaar nie.

Die Balfour-verklaring is bevestig deur die Statuut van Westminster (1931) en die Statuswet (1934) wat Suid-Afrika, soos die ander dominiums, as 'n soewerein onafhanklike staat erken het. Vir Hertzog en sy volgelinge het dié verklarings die gevoelens van ondergeskiktheid en minderwaardigheid teenoor Brittanje verwyder. Daar was steeds meningsverskil oor of Suid-Afrika die reg het om neutraal te bly as Brittanje in 'n oorlog betrokke sou raak. Dié kwessie sou laat in die 1930's op die spits gedryf word.

In die volgende amper 25 jaar sou Afrikanernasionalisme dramaties toeneem en ook meer geïnstitusionaliseerd raak. Dit het duidelik geblyk uit onder meer die toename in Afrikanerorganisasies, die verskynsel van ekonomiese nasionalisme en die vestiging van Afrikaans as amptelike taal.

Afrikaans as ampstaal

In 1925 het dr. D.F. Malan as 'n minister in die Pakt-regering wetgewing ingedien wat Afrikaans naas Engels en Nederlands tot amptelike taal verhef het. Almal het geweet dat dit uiteindelik daartoe sou lei dat Afrikaans Nederlands as amptelike taal vervang. Aanvanklik was mense bang dat die tyd daarvoor nog nie ryp was nie.

As geskrewe taal was Afrikaans nog in sy kinderskoene en die onderneming om Afrikaans in 'n volwaardige taal te omskep wat sy sprekers op alle vlakke kan bedien, kon maklik skeefloop. In daardie jare het Jan Jordaan, skoolhoof van Jan van Riebeeck, die eerste Afrikaanse hoërskool in Kaapstad, nog geskryf: "Ek het genoeg wêreldkennis om te besef hoe klein en nietig en betekenisloos ons volkie eintlik is . . . nog geen miljoen Afrikaners nie en feitlik almal van hulle ongeskoolde landbouers, met 'n taal wat nog geen vaste vorm het nie en 'n letterkunde wat nog maar in die aanvangstadium is, arm aan wêreldlike en geestelike rykdom – wie en wat is ons om op ons agterpote te gaan staan teenoor die hele wêreld?"

'n Groot deurbraak was die suksesvolle vertaling van die Bybel in Afrikaans. In die vroeë 1920's het Afrikaanssprekendes nog ontsteld gereageer toe die eerste pogings om die Bybel in Afrikaans te vertaal, verskyn het. Hulle het die taal bestempel as "stompstert Hollands", iets wat nóg vis nóg vlees is.

Die vertaling wat in 1933 verskyn het, is daarenteen wyd verwelkom. Malan het dit beskryf as die grootste gebeurtenis in die lewe van die Afrikaanse volk op die gebied van kultuur en godsdiens. Hy het bygevoeg: "Dit was 'n valse idee dat die volkstaal die Bybel sou verlaag. Ons sal nou die teenoorgestelde ondervind, nl. dat die Bybel die volkstaal sal verhoog." Bestellings vir die Afrikaanse Bybel het ingestroom. Sommige gemeentes het 'n kopie vir elke kind bestel en skares het na die stasie gestroom toe die trein met die bestellings opdaag.

Afrikaans het gou die simbool van Afrikaners se kollektiewe identiteit geword. Aan die begin van die 1930's het die spelling en struktuur van die Afrikaanse sin en die grootste deel van die woordeskat reeds grootliks soos die Afrikaans van vandag gelyk. Verskeie uitmuntende digters, met N.P. van Wyk Louw, Dirk Opperman en Elisabeth Eybers aan die voorpunt, het help bou aan 'n letterkundige skat. Al hoe meer goeie gedigte, dramas, romans en kortverhale het verskyn wat respek vir Afrikaans as taal afgedwing het.

As skrywer van essays oor die kultuurpolitiek het Van Wyk Louw vandag

nog geen gelyke nie. Sy gedigte het 'n wye reeks verwysings na die wêreldlitera-
tuur bevat en hy was ook 'n dramaturg van formaat. In sy drama *Die dieper
reg* (1938), wat tydens die eeufees van die Groot Trek opgevoer is, staan die
Voortrekkers in die Saal van Ewige Geregtigheid om die oordeel oor hul dade
te verneem. Die krag van hul dade en hul "suiwer wil" gee die deurslag in hul
guns. Die idee van 'n "suiwer nasionalisme" het ook onder politieke leiers
posgevat. Daarmee is bedoel 'n aandrang op beginsels en "konsekwentheid"
in beleid.

Louw het gewaarsku teen die houding dat skryf- en digwerk wat van
Europa of Brittanje kom altyd as beter beskou word. Hy het gevra dat Afri-
kaanse skrywers op hul eie, besondere manier oor die groot kwessies van die
lewe skryf: "'n Groep word *volk* en waardevol, en kry reg om te bestaan, alleen
in soverre hy geestelike lewe voortbring . . . As ons nie in Afrikaans so 'n letter-
kunde kan skep dat ons vir elke mens, selfs vir die beste geeste wat by ons
gebore sal word, sy diepste verlange kan bevredig nie, en as ons hom nie iets
kan gee wat hy in geen ander taal kan kry nie, dan moet ons in alle eerlikheid
ons stryd om die behoud van ons taal staak, want dan sal dit die Afrikaanse
mens in sy geestelike ontwikkeling knel."

Die bundels *Berigte te velde* en *Lojale verset* (albei 1939) en die latere
Liberale nasionalisme (1958) het 'n groot invloed uitgeoefen. Hy het belang-
rike begrippe in die Afrikanerpolitiek ingevoer waarmee hy 'n misbruik van
die nasionalistiese idee wou teenwerk. Een was die "oop gesprek", nog een
"lojale verset" en nog een "voortbestaan in geregtigheid". Volgens Louw moet
die nasionalis hom altyd afvra of sy party se nasionalisme nie bots met die
Christelike morele gebod of met "voortbestaan in geregtigheid" nie. As dit ná
indringende debat (die oop gesprek) blyk dat die nasionale beweging oneer-
lik is of ander mense skade aandoen, moet die lojale Afrikaner skerp kritiek
lewer, maar altyd uit 'n gevoel van vereenselwiging met die wel en wee van
die Afrikanervolk (lojale verset).

Die rol van Afrikanerorganisasies

Teen die 1930's het Afrikanernasionaliste organisasiemense geword. Op poli-
tieke gebied was die belangrikste organisasie die Gesuiwerde Nasionale Party,
wat in 1934 gestig is, terwyl daar op kultuurgebied die Afrikaner Broeder-
bond, die Federasie van Afrikaanse Kultuurverenigings (FAK) en die Afri-
kaanse Taal- en Kultuurvereniging (ATKV) was.

Die Afrikaner Broederbond (AB) is in 1918 in Johannesburg gestig nadat soldate 'n NP-vergadering in die stad uiteen probeer jaag het. In 1929 het dit 'n geheime organisasie geword en die FAK, wat in dieselfde jaar gestig is, het as sy openbare vleuel opgetree. Teen 1934 het die AB 1 000 lede gehad in ongeveer 53 takke, omtrent almal in Transvaal en die Vrystaat.

Die organisasie het gestry teen Afrikaans se minderwaardige plek in die staatsdiens en druk uitgeoefen om die tweetalige universiteitskolleges in Pretoria en Bloemfontein in Afrikaanse enkelmedium-instellings te omskep. Die hoofkantoor het elke maand omsendbriewe na elke tak in die land gestuur waarin leiding oor verskeie sake gegee is. Die takke het hul kommentaar daarop teruggestuur en ook verslag gedoen oor optrede wat hulle onderneem het.

Teen 1934 het die AB 'n republiek met 'n "Afrikanerkarakter" bepleit. In 'n omsendbrief is die volgende stelling gemaak: "Broers, ons oplossing vir Suid-Afrika se kwale is nie dat dié of dié persoon of dat dié of dié party die oorhand sal verkry nie, maar dat die AB Suid-Afrika sal regeer."

Later jare het die AB se kritici en vyande die stelling aangehaal om te probeer bewys dat die organisasie mettertyd aan alle instellings in die nasionale beweging en ná 1948 selfs aan die NP-kabinet voorgeskryf het. Dit is egter nie korrek nie. NP-leiers het die AB gebruik as instrument om vas te stel hoe Afrikaners dink en dié organisasie het hom altyd aan die kabinetsbesluite onderwerp.

Die FAK het die voortou geneem met wat hy "taalhandhawing" genoem het. Reeds in 1931 het die organisasie 'n brief gestuur wat verduidelik het hoe mense op Afrikaans moet aandring wanneer hulle met amptenare in die staatsdiens of klerke in winkels te doen het. Die stryders het die taal ook probeer moderniseer om dit in alle moderne behoeftes te laat voorsien. Hulle het woordelyste oor motors, sport en die ambagte gepubliseer.

Om Afrikaners sover te kry om in hul eie taal te sing, het die FAK in 1937 sy *Volksangbundel* gepubliseer. Dit het Duitse liedere met Afrikaanse vertalings en ook liedjies wat plaaslik ontstaan het, bevat. 'n Paar het 'n Maleise oorsprong gehad. Hierdie sangbundel is in die eerste twee of drie dekades ná die Tweede Wêreldoorlog nog gebruik. Die FAK het ook Afrikaanse boekweke en jaarlikse vierings van kultuurdae gereël.

Die FAK het 'n kompetisie geborg vir die skryf van 'n volkslied, wat saam met "God Save the King" gesing kon word. In 1938 het die regering 'n toonsetting van M.L. de Villiers van Langenhoven se "Die Stem van Suid-Afrika" as volkslied gekies. Die FAK en die AB het stemming gemaak vir 'n Afrikaanse radiodiens, wat in 1938 ingestel is nadat die regering staatsbeheer oor die radio verkry het.

Die ATKV is in 1930 in Kaapstad gestig in antwoord op die oproep van Afrikaner-spoorwegwerkers vir 'n eie organisasie. In 1936 het die organisasie meer as 11 000 lede en 46 takke gehad. 'n Veldtog is begin om Afrikaans as kommunikasiemedium in die spoorwegdiens te bevorder. Dit was die ATKV wat die baie suksesvolle Ossewatrek as deel van die 1938-viering van die Groot Trek gereël het.

Ekonomiese nasionalisme

Op ekonomiese gebied het Afrikanerleiers reeds in die 1880's tekens van verset teen die vryhandelsbeleid getoon. Die beleid het behels dat Brittanje as moederland die reg gehad het om sy vervaardigde goedere na Suid-Afrika te stuur sonder dat 'n beperkende invoerheffing daarop geplaas word. In die Kaapkolonie het die boere sterk beswaar gemaak omdat wyn en koring ingevoer is teen laer pryse as wat hulle kon bekostig om te vra.

Nadat Paul Kruger president van die Zuid-Afrikaansche Republiek (Transvaal) geword het, het hy invoerregte gehef sodat eie nywerhede ontwikkel kon word en die republiek ekonomies so onafhanklik moontlik kon wees. Kruger se poging om Transvaal sy eie nywerhede te laat opbou, was uniek. Dit was nie die geval in enige van die ander kolonies in die Britse Ryk in die 19de eeu nie.

Toe Suid-Afrika in 1910 'n unie geword het, het die regering besef dat Brittanje wou voortgaan met die vryhandelsbeleid. Vryhandel het nie net die "moederland" (Brittanje) goed gepas nie, maar ook die mynhuise in Suid-Afrika omdat dit vir hulle finansieel voordeliger was om produkte in te voer eerder as wat die goedere wat hulle benodig plaaslik vervaardig word.

Die Afrikanernasionaliste was op hul beurt gretig dat Suid-Afrika sy eie sekondêre nywerhede ontwikkel vir groter ekonomiese onafhanklikheid. Hul mikpunt was 'n eie yster- en staalnywerheid vir Suid-Afrika wat die totstandkoming van plaaslike nywerhede moontlik sou maak. Brittanje was nie tevrede hiermee nie, want die ontwikkeling sou ten koste van sy eie yster- en staaluitvoer wees. Die mynbase en die Engelse koerante het die plan beveg en dit as 'n vorm van sosialisme uitgemaak.

Ten spyte van die teenstand het die regering in 1928 die Suid-Afrikaanse Yster en Staal Industriële Korporasie Beperk (Yskor) opgerig waarin die regering die beherende aandeel gehad het. Yskor en Evkom, die staatsbe-heerde elektrisiteitsverskaffer, het as groot aansporing gedien vir die ontwik-keling van 'n vervaardigingsektor wat in die meeste van Suid-Afrika se be-hoeftes, behalwe produkte soos swaar masjinerie, kon voorsien.

'n Sterk nywerheidsektor is opgebou wat reeds teen 1945 meer as die myn-wese tot die nasionale ekonomie bygedra het. Teen 1965 was dié sektor se bydrae meer as die gesamentlike bydrae van die landbou en die mynwese. Dit was die sektor wat die meeste werk aan mense verskaf het.

Die armblanke-probleem

Wit mense wat werkloos was of ongeskoolde werk gedoen het, sou die meeste baat vind by die opbou van 'n nywerheidsektor. Onder hulle was daar 'n groot groep sogenaamde armblankes. Van die 1890's af was daar groot kommer onder wit leiers oor dié groep.

In 1929 het die Carnegie-korporasie van New York ingewillig om 'n stu-die oor dié verskynsel te finansier. Die Nederduitse Gereformeerde Kerk (NG Kerk) het die vernaamste rol gespeel in die plaaslike beheerraad van die Carnegie-ondersoek en feitlik al die navorsers wat aangewys is, was Afrikaans-sprekend. Die kommissie het in 1932 vyf omvattende verslae gepubliseer. Daarin is onder meer bevind dat daar ongeveer 300 000 armblankes was. Dit het beteken dat een uit elke ses wit mense armlastig was. Na skatting was daar 250 000 armblankes onder die Afrikaners, wat beteken het dat een uit elke vier Afrikaners armlastig was.

Vir die Kaapse NG Kerk was 'n armblanke iemand wat sy finansiële self-standigheid kwyt was en nie in staat was om vir hom en sy gesin te sorg nie. E.G. Malherbe, een van die skrywers van die Carnegie-verslag, het 'n arm-blanke beskryf as 'n wit mens wat gesink het tot "onderkant die ekonomiese lewenspeil wat . . . deur die blanke, aangesien hy 'n wit vel het, gehandhaaf moet word teenoor die naturel, sy veronderstelde of ware mededinger".

Die kommissie se verslag het die weg gebaan vir 'n nuwe begrip van die krisis wat grootskaalse armoede meegebring het. Mense het nou besef dat armoede nie 'n probleem is waarvoor die armes self verantwoordelik is nie, maar die gevolg van maatskaplike en ekonomiese omstandighede waaroor hulle min beheer gehad het.

Daar was baie oorsake van die omvangryke armoede onder Afrikaners. Die belangrikste was waarskynlik dat baie mense sedert die 1880's op plase ver-arm het. In die algemeen het die boere groot gesinne gehad en boere het hul plase onderverdeel sodat hul kinders 'n deel van die plaas kon erf. In die moderne Suid-Afrikaanse ekonomie was daar nie meer plek vir bestaansboere wat net 'n klein deeltjie van hul opbrengs mark toe geneem het nie.

Min boere het vaardighede gehad wat hulle in die dorp of stad kon gebruik nadat hulle uitgeboer het. Baie kon nie behoorlik lees of skryf nie. Die skrywer M.E. Rothmann, een van die navorsers wat die probleem ondersoek het, het 'n eenvoudige, maar deeglike ontleding van die probleem gegee:

> Hoe langer hoe meer lyk dit vir my die hele verarmingsproses was die natuurlikste en onvermydelikste ding in die wêreld: ons het as handjievol witmense kans gesien om met die hele tamaai Suid-Afrika te boer . . . Maar ons het nooit rekening gehou met die reaksie van die veld, die eensaamheid, die afgeslotenheid, op onsself nie.
>
> Veral het ons nooit rekening gehou met die uitwerking van daardie invloede op die huisgesin nie. Begryp jou, geen opvoedende invloede van verkeer, lees, omgang met mense, kennis van wêreldontwikkeling nie, baie min van die Kerk, al opvoedingsmiddel vir daardie boerevolk was die huisgesin, d.w.s was die moeder . . .
>
> En daardie moeder moes ook die helfte van die boerdery dra, ag tot vyftien swangerskappe deurmaak, geboorte gee met min of geen hulp . . . Te veel! Agteruitgang, behalwe van uitsonderings, was onvermydelik . . .

Nog 'n rede was dat omtrent 'n kwart van die wit kinders die skool verlaat het sonder dat hulle behoorlik onderrig of opgelei is. Die kommissie se belangrikste aanbeveling was dat die armblanke-probleem opgelos moet word deur beter voorligting op skool, geskikter onderwys en beter tegniese opleiding.

Die armblanke-probleem is tussen 1933 en 1950 grootliks opgelos. Dit was hoofsaaklik moontlik danksy snelle ekonomiese groei, wat aangewakker is deur 'n skerp styging in die goudprys in 1933. Die volgende veertig jaar het die Suid-Afrikaanse ekonomie teen 'n koers van net onder 5% per jaar gegroei, wat op groot skaal nuwe werkgeleenthede geskep het. Die staat het arm wit mense ongeskoolde werk gegee en hulle opgelei.

Die opkoms van 'n radikale nasionalisme

In 1929 het die NP weer die verkiesing gewen, maar dié keer 'n regering sonder die Arbeidersparty gevorm. In die volgende tien jaar sou 'n radikale nasionale beweging onder die politieke leiding van D.F. Malan ontwikkel wat die land se politieke landskap ingrypend sou verander.

Die oorsaak hiervan was die ekonomiese krisis wat die wêreld, en ook Suid-Afrika, getref het: die Groot Depressie, wat tot 1933 geduur het. Suid-Afrika is ook deur een van die grootste droogtes ooit getref. Die uitwerking daarvan was verwoestend. Teen 1933 het die produksie van die vervaardigingsektor met ongeveer 'n vyfde gedaal teenoor die syfer van 1929, en 22% van alle bruin en wit mans is as werkloos geregistreer. Die inkomste uit landbou het met die helfte gedaal. Talle boere het bankrot gespeel.

Die krisis is vererger deur die Hertzog-regering se weiering om, soos Brittanje, van die goudstandaard af te stap. Daarmee word bedoel die terugtrek van die onderneming wat regerings destyds gegee het om die waarde van enige geldnoot in goud uit te betaal. Die krisis het so erg geword dat Hertzog en generaal Smuts in 1932 besluit het om hul partye te laat saamsmelt.

Die Verenigde Party (VP) het in 1933 tot stand gekom. Hertzog was die partyleier en eerste minister en Smuts was adjunk- eerste minister en onderleier. Verskeie vooraanstaande Afrikaners met nasionalistiese oortuigings wat geglo het die tyd is ryp dat die twee wit gemeenskappe hul kragte saamsnoer, is saam met Hertzog na die VP. Onder hulle was H.A. Fagan, Oswald Pirow, Attie Fourie en generaal Jan Kemp, wat almal in die kabinet opgeneem is. Fagan het 'n republiek bepleit, Fourie het as minister van arbeid probeer om die armblankes op te hef en onder Kemp, die minister van landbou, het die staat baie gedoen om wit boere weer op die been te kry.

Malan, as leier van die Kaapse NP, het in reaksie op die samesmelting besluit om sy eie party, die Gesuiwerde Nasionale Party, te stig. Die nasionaliste onder Malan was gekant teen vereniging met Smuts en sy volgelinge. Hulle het aangevoer dat dit onwys is dat Afrikanernasionaliste 'n party met die Engelssprekendes vorm terwyl die Afrikaners nog nie op 'n gelyke vlak met die Engelse gemeenskap is nie.

In die stede was Afrikaners in veel laer poste as hul Engelssprekende landgenote. Teen die middel-1930's het Afrikaners slegs 3% van al die ingenieurs uitgemaak, 4% van die boekhouers, 11% van die prokureurs en advokate, 15% van die dokters en 21% van die joernaliste. Afrikaners se per capita-inkomste was die helfte van Engelssprekendes s'n.

Die Afrikaners se opvoedkundige peil was ook steeds baie laag. In 'n studie van 1933 is genoem dat 44 uit 'n klas van 100 wat saam begin skoolgaan het die skool verlaat het sonder om st. 6 (gr. 8) te slaag, dat net 17 st. 8 geslaag het en net agt matriek. Minder as drie het universiteit toe gegaan. In 1939 was net 'n derde van alle wit studente aan universiteite Afrikaners terwyl hulle 56% van die wit bevolking uitgemaak het.

Baie stedelike Afrikaners het 'n slegte selfbeeld gehad. "Kerk en stad", 'n studie deur drie NG predikante wat in 1947 gepubliseer is, skets die volgende prentjie van die behoeftige Afrikaner wat hom pas in die stad gevestig het: "Onder die indruk dat hy onwelkom is, is sy houding dan ook teen hom; hy doen hom swak voor, hy is sku, kom met die hoed in die hand en mis die selfvertroue van die Engelse werksoeker. Hy geniet geen invloed en voorspraak van beter-gesteldes nie; sy volk is arm en ondergeskik aan die wêreldmag wat die Engelse arbeider steun. Hy word deur ander nasies gering geskat en verag."

"Selfbehoud vir 'n volk"

Teen die einde van die 1920's het die Pakt-regering onder Hertzog twee besluite oor stemreg geneem: Wit vroue moes stemreg kry en swart mense in die Kaapprovinsie moes van die gemeenskaplike kieserslys afgehaal word. Die plan om wit vroue stemreg te gee, het die vraag laat ontstaan: Waarom nie ook bruin vroue nie?

Hertzog het vas geglo dat die bruin gemeenskap by die wit gemeenskap hoort, maar hy was bekommerd oor die vermenging van bruin en swart mense in die Kaapprovinsie. Hy het gesê bruin mense kan net regte gegee word as 'n mens weet wie 'n "ware kleurling" is. Die regering het in 1929 selfs 'n wetsontwerp ingedien wat daarvoor voorsiening maak dat bruin mense geklassifiseer en op 'n aparte kieserslys geplaas word. Die bruin mense het die klassifikasie sterk teengestaan, want dit sou baie families verdeel.

Min bruin mense het in die 1929-verkiesing vir die NP gestem. Ná dié verkiesing het Malan erken dat die poging om die bruin mense te klassifiseer hulle afgeskrik het. Bruin mense, het hy verklaar, moet na die stembus gaan as burgers van Suid-Afrika. Kort daarna het die SAP en die NP saamgesmelt en was dit gou duidelik dat die Verenigde Party die NP se bruin steun sou kry.

Intussen het wit vroue in 1930 stemreg gekry, maar bruin vroue nie. Die gevolg was dat bruin mense se deel van die stemme in die Kaapprovinsie daarna van 11% tot net 6% gedaal het. Die NP het gevolglik besluit om nie meer die bruin stem te probeer wen nie.

In 1936 het die regerende party 'n wetsontwerp ingedien wat die stemreg van die swart mense in die Kaapprovinsie weggeneem het en die grondgebied van swart reservate van ongeveer 7% van die land se oppervlakte tot 13% uitgebrei het. Op die beskuldiging dat die wet onbillik en teen die Christelike beginsels is, het Hertzog geantwoord dat dit nie al is wat tel nie. Selfbehoud is net so belangrik, het hy gesê. "Daar is 'n beginsel van selfbehoud vir 'n volk, die beginsel wat elkeen sy lewe laat opoffer in tyd van oorlog . . . dit is die enige beginsel, dié van selfbehoud, van selfverdediging waardeur die mensdom self, en die Christendom self hom sal kan beskerm."

J.H. Hofmeyr, 'n Afrikaner wat as 'n liberaal geglo het dat almal ongeag kleur moet kan stem, het hierop geantwoord dat die wetsontwerp vrees as uitgangspunt neem. Wit mense kan hul selfbehoud nie op dié manier verseker nie. "Ek glo nie dat ons die toekoms van die blanke beskawing in Suid-Afrika kan verseker as dit nie geskied met die toestemming en welwillendheid van die nie-blanke bevolking nie. Wanneer ek hoor dat die Christelike beginsel van selfbehoud ingeroep word in verband met hierdie wetsontwerp, dan dink ek aan die ewige paradoks dat die persoon wat homself wil behou, sy lewe sal verloor." Dit was 'n sterk morele beroep, maar baie min wit kiesers sou daaraan gehoor gee.

Wat harde politieke werklikhede betref, was die meningswisseling tussen twee ander Afrikanerpolitici, die twee Malans van die Wes-Kaap, meer ter sake. Die liberaal F.S. Malan het 'n beroep gedoen op die Afrikanerbondtradisie wat deur sy leier Onze Jan Hofmeyr geformuleer is. Volgens hom het Onze Jan dié beginsel al in 1887 neergelê. "Hou een standaard vir die kieser, maak die toets so hoog soos jy wil, maar as die man daardie standaard bereik, moenie 'n onderskeid maak nie; behandel hom soos 'n regmatige burger van die land. Gee hom as 'n kieser die verantwoordelikheid van burgerskap sonder om blootgestel te wees aan enige groepswetgewing." Hy het voorgestel dat die Kaapse gekwalifiseerde stemreg na die res van die land uitgebrei word.

Volgens die nasionalis D.F. Malan moes die Kaapse stelsel nie ernstig opgeneem word nie. Dit het 'n groot deel van die swart mense van Transkei van stemreg uitgesluit en toe daar in 1892 stappe gedoen is om die stemregkwalifikasie te verhoog, het niemand die rede daarvoor probeer wegsteek nie. Soos Malan opgemerk het: "Daar is ronduit gesê dat dit aangeneem is om die blankes te beskerm teen die stemreg van die gekleurdes."

Die eeufeesviering van die Groot Trek

As deel van die eeufeesviering van die Groot Trek het nege ossewaens in 1938 'n trek van Kaapstad na die noorde van die land onderneem. Een roete het na Pretoria gegaan, waar die hoeksteen van die groot nuwe monument ter ere van die Voortrekkers op 16 Desember gelê sou word. Die ander roete het na die toneel van die geveg by Bloedrivier in die noorde van Natal gelei.

Die vierings het 'n golf van geesdrif ontlok wat saam met die waens van die een plek na die ander gespoel het. Mans en vroue, dikwels gekleed in Voortrekkerklere, het die waens oral op die roete ontmoet. Die lied "Die Stem van Suid-Afrika" (later die volkslied) het in hierdie tyd landwyd bekend geword. Baie ander volksliedere uit die FAK-bundel het nou ook deel van die Afrikaners se kultuur geword en is op allerlei geleenthede gesing. Mense het braaivleis gehou in nabootsing van die Voortrekkers se maaltye in die veld en dit het deel van die algemene Afrikanerkultuur geword.

Die hoogtepunt van die viering was die byeenkoms op 16 Desember in Pretoria wat deur 'n skare van meer as 100 000 bygewoon is. Dertig jaar ná die gebeurtenis het die koerantman Schalk Pienaar, wat die waens van Kaapstad tot Pretoria vergesel het, die vraag gestel: "Wat het met die feesvierings gebeur?" Hy het geantwoord: "Die waentjies het, soos Vader Kestell, die groot kerkman van daardie jare, dit ingeklee het, die volk van sy bestaan magtig bewus gemaak ... Die hele volk is in die hart gegryp."

"'n Volk red homself"

In 1938 het Afrikaners net 1% van die maatskappye in die mynwese besit en beheer. Hul aandeel in die fabriekswese was 3% en in die geval van banke en versekeringsmaatskappye en die handel was dit onderskeidelik 5% en 8%. Die stigting van Volkskas in 1937, 'n bank vir en deur die Afrikaner, het wel baie gehelp om dié groep te bemagtig, maar hoe kon die Afrikaners hul posisie in die ekonomie andersins verbeter?

Gedurende die eeufeesviering van die Groot Trek het veral een toespraak baie aandag getrek. Dit was deur die Vrystaatse kerkleier J.D. ("Vader") Kestell, wat op Februarie 1938 die kwessie van ekonomiese bemagtiging in tipies nasionalistiese taal geopper het. Onder die armes is daar ook die nageslagte van die Voortrekkers, het hy gesê. "Ons bring vandag hulde aan 'n voorgeslag en daar is 300 000 van ons eie vlees en bloed wat in hopelose armoede versink het – stoflik, maar ook sedelik. Die reddingshand moet uitgesteek word."

As armoede nie gestuit word nie, "sal die hele volk ondergaan", het Kestell gesê. Later daardie jaar het hy voor 'n skare van 20 000 in Bloemfontein 'n "aanhoudende reddingsdaad" bepleit. Die Afrikaners moes hul armes help. "'n Volk red homself," het Kestell gesê. Hierna het die oproep dat die Afrikanervolk homself moet red een van die sentrale idees van Afrikanernasionalisme geword.

Die Afrikaner Broederbond het teen 'n "liefdadigheidsplan" besluit. In plaas daarvan moes dit 'n skema word "om die koopkrag en kapitaalkrag van [die] volk produktief in belang van sy ekonomiese selfstandigwording aan te wend". In Kaapstad het Sanlam se senior bestuurslede tot 'n soortgelyke gevolgtrekking gekom. Die AB en Sanlam het toe besluit om Afrikaners se ekonomiese agterstand saam te pak. Die eerste stap was om hul mede-Afrikaners daarvan te oortuig dat kapitalisme ook in diens van die Afrikanervolk aangewend kan word. Die armes moes gered word deur Afrikaners wat werkgeleenthede aan hulle bied.

Die AB-Sanlam-vennootskap se eerste stap was om in 1939 'n "volkskongres" oor die ekonomie te hou. Dit is bygewoon deur politici, sakelui en akademici. 'n Beleggingshuis, Federale Volksbeleggings (FVB), wat deur Sanlam beheer is, het hieruit voortgevloei. Teen die einde van die Tweede Wêreldoorlog het FVB groot beleggings in die visbedryf, hout, staal, chemikalieë en landbougereedskap gehad. Een van FVB se eerste lenings is toegestaan aan die maatskappy van die jong Afrikaanse entrepreneur Anton Rupert, wat later die Rembrandt-groep sou stig.

Die groot uitdaging was om Afrikaners te oorreed om hul spaargeld te belê in maatskappye wat Sanlam of ander Afrikaanse maatskappye sou stig of sou help om op die been te bring. Wanneer hierdie aandele op die Johannesburgse Aandelemark genoteer word, moes Afrikaners dit op die aandelebeurs koop. In 1948 is twee Afrikaanse maatskappye vir die eerste keer op die beurs genoteer. Hulle was Distillers Korporasie, een van die Rembrandt-groep se maatskappye, en Bonuskor, een van Sanlam se maatskappye.

T.E. Dönges, later 'n minister, het in die parlement gesê die Afrikaners is vasbeslote om hul ekonomiese aandeel op 'n billike en vreedsame wyse te vergroot, maar dat hulle nie van plan is om boikotte van Engelse ondernemings van stapel te stuur nie. Hy het bygevoeg dat die Afrikaners te trots is om ander te vra om hul ekonomiese redding te help bewerkstellig. Al wat hulle van Engelssprekendes vra, is om welwillend neutraal te bly terwyl die Afrikaners ekonomies op die been kom.

Oorlog – 'n waterskeiding

Die Verenigde Party het in 1934 tot stand gekom sonder dat die twee leiers, Hertzog en Smuts, uitgeklaar het hoe Suid-Afrika sou optree as Brittanje oorlog teen 'n ander moondheid sou verklaar. Nadat die Tweede Wêreldoorlog in 1939 in Europa uitgebreek het, het Hertzog aan die kabinet voorgestel dat Suid-Afrika neutraal bly.

In enige stemming oor die oorlog sou die stemme waarskynlik gelykop verdeel wees. Hertzog het geglo dit sou die vertroue tussen die twee wit taalgroepe erg skaad as daar met net 'n klein meerderheid besluit word om Brittanje te steun. Indien Suid-Afrika aan die oorlog deelneem, sou dit volgens Hertzog "'n ramp" wees en 'n "toestand van ellende" skep. Dit sou "iets wees wat ons vir vyftig jaar, so nie vir honderd jaar, sal affekteer in ons onderlinge verhoudinge". Hierin is Hertzog sterk deur Malan gesteun. Sy argument was dat Suid-Afrika nooit in 'n oorlog weens 'n konflik in verre Pole betrokke sou raak as hy nie bande met Brittanje gehad het nie.

Smuts het ook 'n baie sterk mening oor die saak gehad. Hy was oortuig daarvan dat Hitler die wêreld wou oorheers. Wat op die spel was, was volgens hom "die lotsbestemming van die mensdom en die toekoms van die beskawing".

Hertzog se mosie is met 80 stemme teenoor 67 verwerp. Die stemme het hoofsaaklik die taalverskille onder die parlementslede weerspieël. Die goewerneur-generaal het geweier om die parlement te ontbind en 'n algemene verkiesing uit te roep. *Round Table*, 'n gesaghebbende tydskrif, het geglo dit was baie waarskynlik dat 'n anti-oorlogparty so 'n verkiesing sou wen. In plaas daarvan het die goewerneur-generaal Smuts gevra om 'n kabinet saam te stel en hy het Suid-Afrika in die Tweede Wêreldoorlog ingelei.

Die oorlogsbesluit het 'n radikale uitwerking op die nasionaliste gehad. N.P. van Wyk Louw het na die stemming in die parlement verwys as "'n groot nederlaag" en hom voorgeneem om "'n kompromislose geestelike Afrikanerskap" te probeer opbou. Die Engelssprekendes het die oorlogspoging deur die bank gesteun en wou hê dat daar opgetree word teen Suid-Afrikaners wat die oorlog teenstaan. Hoewel die helfte van die vegtende troepe Afrikaners was, het die persepsie bestaan dat Afrikaners as groep teen die oorlog gekant was.

'n Onderlinge stryd oor demokrasie

Ná sy nederlaag is Hertzog deur Smuts as eerste minister vervang. Dertien van Hertzog se volgelinge in die parlement het daarna die Afrikanerparty onder leiding van N.C. (Klasie) Havenga, Hertzog se lojaalste bondgenoot, gevorm.

Twee ander organisasies het ook in dié tyd tot stand gekom: die Ossewa-brandwag (OB) en die Nuwe Orde, wat in 1940 gestig is met Oswald Pirow, 'n lid van Hertzog se kabinet voor die 1939-skeuring, as leier. Die Nuwe Orde het 'n Afrikaanse vorm van nasionaal-sosialisme bepleit. Die paramilitêre OB was die belangrikste anti-oorlogsbeweging en is gestig om die "ossewagees" van die 1938-viering voort te sit. In 1941 het J.F.J. (Hans) van Rensburg, vroeër administrateur van die Vrystaat, as leier oorgeneem. Hy was 'n vurige ondersteuner van Nazi-Duitsland en het homself eerder as 'n man van aksie as 'n "kulturele vuurvreter" beskou.

As leier van die OB het Van Rensburg 'n veldtog begin vir 'n "vrye Afri-kaner republiek gegrondves op Nasionale Sosialistiese fondamente". Hy het 'n parlementêre vorm van demokrasie verwerp en daarop aangedring dat die OB as massabeweging alle Afrikaners verteenwoordig. Die beweging het sy hoop gevestig op 'n oorwinning vir Duitsland en hulp van dié land in die vestiging van 'n republiek. Die OB het 'n afdeling genaamd die Stormjaers gehad wat die oorlogspoging deur sabotasie en enkele sluipmoorde in die wiele probeer ry het.

As 'n kwasimilitêre organisasie het die OB sterk gegroei as gevolg van Afri-kaners se groot ontnugtering deur die parlementêre vorm van demokrasie wat Suid-Afrika sonder 'n besliste meerderheid in 'n oorlog laat beland het. Sommige het die OB se ledetal selfs op 100 000 geskat. Die organisasie het egter gou die onderwerp van spot geword weens sy pogings om geesdrif te wek deur militêre oefeninge en die toekenning van militêre range.

Die NP het die parlementêre politiek en die stembus beskou as die enigste aanvaarbare metode om die Afrikanernasionaliste se strewe na 'n republiek te verwesenlik. Gewelddadige verset teen die oorlogspoging is afgekeur, maar Malan het ook verklaar dat Suid-Afrika hom aan die oorlog moet onttrek.

'n Oorlogsmaatreël wat groot ontsteltenis in die anti-oorlogskamp gewek het, was die bevel dat alle burgerlikes, ook boere, hul wapens en ammunisie moes indien. Malan het sterk hierteen beswaar gemaak. Daar was ook ont-steltenis oor die regeringsbevel dat staatsamptenare en onderwysers uit die OB moet bedank en van 1944 af ook uit die Broederbond. Die mees gehate maatreël was internering sonder 'n voorafgaande verhoor, wat op 'n groot skaal gebruik is. John Vorster, 'n jong regsgeleerde wat later eerste minister sou word, was onder die geïnterneerdes.

Die staatsdiens het gepolitiseerd geraak en die onderskeid tussen die regerende party en die staatsdiens het vervaag. Dit word bewys deur die optrede van die direkteur van militêre intelligensie, wat sy verslae oor NP-leiers aan die VP se sekretaris beskikbaar gestel het.

Vroeg in 1942 het Malan en die ander NP-leiers 'n diktatuur onvoorwaardelik verwerp as 'n vreemde produk wat van buite in Suid-Afrika ingevoer is. Hulle het 'n parlementêre demokrasie onderskryf. Malan het dikwels gesê die party is die moeder en die gebruik van die stem die enigste regte politieke weg om die mag te verower en uiteindelik 'n republiek te verkry. Die party het sy lede gelas om uit die OB te bedank. Steun vir die OB en die Nuwe Orde het nou vinnig afgeneem. In die 1943-verkiesing het die NP genoeg vertroue gehad om 'n verkiesingspakt met hierdie organisasies van die hand te wys.

Die VP het 89 en die NP 43 setels in daardie verkiesing gewen. Baie Afrikanerkiesers het buite stemming gebly. *Die Burger*, die NP se invloedrykste ondersteuner, het die betekenis van dié verkiesing in 'n enkele sin saamgevat: "Daar is geen ander model as die stembus vir ons aspirasies nie." Die stryd onder die Afrikanernasionaliste in die oorlogtyd het dus uitgeloop op 'n beslissende oorwinning vir die NP, wat 'n parlementêre demokrasie verkies het.

Die 1948-verkiesing

Dit was nie apartheid nie, maar eerder die omstrede oorlogsverklaring in 1939 en die ontwrigting wat die oorlog meegebring het wat in 1948 deurslaggewend in die Afrikanernasionaliste se oorwinning by die stembus was. Oor die algemeen is gevoel dat die NP die wit mense se politieke heerskappy sterker sou afdwing.

Die NP het nou wyd steun onder die verskillende Afrikanergroeperings geniet. Van sy sterkste ondersteuners was dosente, onderwysers, predikante en kultuurmense, soms die intelligentsia genoem. Hy het ook groot steun gehad onder boere, sakelui en werkers. Die intelligentsia het gestrewe na 'n republiek en gelyke status vir die twee tale. By boere en werkers het stoflike oorwegings meer getel.

Die apartheidsbeleid het 'n betreklik klein rol in die NP se verkiesingsveldtog gespeel. In sy finale beroep op die kieserskorps het Malan net in 'n enkele dubbelsinnige opmerking na apartheid verwys. Hy het gesê die kwessie is of daar terselfdertyd apartheid en ook geregtigheid, vrede en samewerking tussen wit, bruin en swart kan wees.

In *Op die vooraand van apartheid* het J.P. Brits die briewe ontleed wat in die ses maande voor die verkiesing in *Die Burger* en *Die Transvaler* verskyn het. Hy het bevind dat ander kwessies as die rassekwessie vir die briefskrywers belangrik was. Die persepsie dat die VP-regering in die voorafgaande agt jaar teen die Afrikaners gediskrimineer het, was veral van belang. Die voedseltekort en -rantsoenering, asook die behandeling van oudsoldate, het ook ter sprake gekom. Hoewel die koerante se hoofartikels op die rassekwessie gehamer het, het net een uit elke tien briewe hierdie saak aangeroer.

Op 26 Mei 1948 het die Nasionale Party, in bondgenootskap met die Afrikanerparty, die verkiesing onverwags gewen. Die koalisie se meerderheid was 'n skrale vyf setels en hulle het saam net 40% van die kiesers getrek. Net ná die verkiesing het Malan gesê: "Vandag behoort Suid-Afrika weer aan ons. Suid-Afrika is ons eie vir die eerste keer sedert die Unie van Suid-Afrika. Mag God gee dat dit altyd ons eie bly."

Met sy opmerking dat Suid-Afrika weer aan die Afrikaners "behoort" het hy nie die wit-swart-stryd in gedagte gehad nie, maar die politieke konflik tussen Afrikanernasionaliste en die Engelse gemeenskap wat in oorlogstyd ongekende afmetings aangeneem het. Afrikanernasionaliste het lank daarvan gedroom om heeltemal vry te wees. Vir hulle het vryheid behels dat Suid-Afrika nie meer onderhorig aan Brittanje moet wees nie en dat die Afrikaners nie langer 'n minderwaardige posisie ten opsigte van die Engelssprekende gemeenskap moet beklee nie. Suid-Afrika se toetrede aan Britse kant in twee wêreldoorloë het groot gegriefdheid onder hulle veroorsaak. In werklikheid was Suid-Afrika reeds in 1926 met die Balfour-verklaring vir alle praktiese doeleindes vry.

Op sakegebied was die vordering aansienlik. Waar Afrikaners teen 1938 nog maar net 'n geringe aandeel in ekonomiese ondernemings gehad het, het hul aandeel in 1948 tot 'n tiende van die totaal toegeneem en teen 1975 tot 'n vyfde. In die Afrikaanse sakewêreld was daar 'n sterk geloof dat die individu nie net vir hom- of haarself leef nie, maar ook vir die gemeenskap. Anton Rupert, die grootste Afrikanernyweraar, het in 1949 gesê die doelwit van die Afrikaanse sakesektor is "om die vrymaking van ons volk te bevorder en die Afrikaner te help om sy regmatige plek in die nywerheid in te neem as toekomstige werkgewer en werknemer".

Die Afrikaanse taal het vinnig ontwikkel. Dit het die simbool van die Afrikaners se kollektiewe identiteit geword. Die manier waarop sommige Afrikanerleiers die taal as eksklusiewe Afrikaner-"besit" toegeëien het, het egter 'n kloof tussen hulle en bruin en swart sprekers van die taal geskep.

In die eerste twee dekades van die 20ste eeu het die nasionaliste gedroom om 'n plek in die land in te neem waar die Afrikaners hulself kon wees en waar hulle trots kon wees op hul taal, kultuur en geskiedenis. Daardie ideaal is teen 1948 grootliks verwesenlik. Die groot vraag was: Hoe sou hulle met die politieke mag in die hande hul verantwoordelikheid teenoor al die mense in die land nakom?

16

Swart politieke ontwaking, 1875–1949

Jackie Grobler

S wart politieke verset teen onderdrukking en wit oorheersing het sowat 120 jaar geduur voordat dit in 1994 uitgeloop het op die eerste parlementêre verkiesing waaraan swart mense ("swart" word in die hoofstuk meestal inklusief bedoel en sluit bruin mense en Indiërs in) op gelyke voet kon deelneem. Historici stem in die algemeen saam dat die versetbeweging in die Oos-Kaap begin en van daar oor die land versprei het. Dié beweging het die plek ingeneem van swart stamverset wat teen die einde van die 19de eeu ten einde geloop het.

In die loop van dié 120 jaar het die versetbeweging voortdurend van aard verander, maar drie breë fases kan geïdentifiseer word. In die eerste fase is aanspraak gemaak op menswaardige behandeling, in die tweede op gelyke politieke regte en in die derde was daar 'n aandrang op politieke mag. Die eerste twee fases word in dié hoofstuk behandel.

Die aanspraak op menswaardige behandeling

Oor die eeue was daar twee oorkoepelende fases in swart Suid-Afrikaners se verset. In die eerste het swart stamgemeenskappe, soos Khoekhoengemeenskappe, Xhosagemeenskappe, die Zulu, die Pedi en die Venda, in opstand gekom teen koloniale beheer en wit oorheersing. Die tweede fase – ware politieke ontwaking – het hierop gevolg.

Swart mense se politieke ontwaking het in die oostelike distrikte van die destydse Kaapkolonie begin, waarskynlik om die volgende redes: Eerstens was die swart mense in daardie gebiede van al die Bantusprekende gemeenskappe in Suid-Afrika al die langste met wit mense in aanraking. Tweedens was groot groepe van daardie swart mense teen die tweede helfte van die

19de eeu (d.w.s. 1850-1900) nie meer stamgebonde nie en derdens het die Kaapse stemregstelsel hulle aangemoedig om by die politiek betrokke te raak.

'n Wesenlike teenstrydigheid in die Kaapse politieke en kulturele stelsel het 'n groot impak op vroeë swart politieke denke gehad. Hoewel geen rasse-onderskeid voor die wet, in die kerk, in skole en in die politiek gegeld het nie, was rassediskriminasie in die praktyk aan die orde van die dag. Die swart politieke ontwaking in die Oos-Kaap is deur hierdie verskil tussen die teorie en die praktyk aangemoedig. Ontstamde swart mense het verontreg gevoel en daarteen gerebelleer, maar gewapende verset was buite die kwessie. Die alternatief was politieke verset en swart mense het veral in die laaste kwart van die 19de eeu toenemend daarin betrokke geraak.

Dit was veral swart mense wat by sendinginstellings soos die Lovedale Institution buite Alice in die Oos-Kaap opleiding ontvang het wat as lede van 'n nuwe swart elite (in teenstelling met die stamleiers) bepaalde verwagtinge gekoester het. Dié geskoolde swart mense het mettertyd leidende posisies in hul gemeenskappe begin inneem. Sommige het selfs aan teologiese seminariums en universiteite oorsee gaan studeer. Onder hulle was die joernalis John Tengu Jabavu, die kerkman Walter Rubusana en die opvoedkundige John Dube, wat onder meer in die VSA gestudeer het. 'n Opvallende kenmerk van die vroeë swart politieke leiers en meningsvormers was hul veelsydigheid. Sowel Rubusana as Dube, asook die prominente musikant John Knox Bokwe, was benewens al hul ander bedrywighede ook koerantuitgewers en -redakteurs.

Die vroeë swart politieke leiers was nie aktiviste in die moderne sin van die woord nie. Hulle het bloot onregverdighede uitgewys en op billike, menswaardige behandeling aangedring. Daar was wel swart kerkleiers soos Isaiah Shembe en Mangena Mokone wat relatief radikale uitsprake gemaak en op swart bevryding (en die volwaardige beëindiging van wit oorheersing) aangedring het. Die prominentste swart leiers het egter na die voorbeeld van gematigde swart Amerikaanse leiers soos Booker T. Washington bloot gelyke geleenthede vir swart mense gevra.

Die uitbreek van die Anglo-Boereoorlog in Oktober 1899 het 'n nuwe era in die swart politieke versetbeweging ingelui. Historici en swart politici is dit eens dat polities bewuste swart mense oorwegend die Britte in hul stryd teen die Boererepublieke gesteun het. Een uitsondering was John Tengu Jabavu, wat hom as uitgewer en redakteur van die koerant *Imvo Zabantsundu* in hoofartikels eerder teen die oorlog in sy geheel uitgespreek het as vir een van die twee strydende partye. Pro-Britse swart mense het gehoop dat 'n Britse oorwinning tot die uitbreiding van die kleurblinde Kaapse stemregstelsel noordwaarts sou lei. Hierdie kwessie is egter, tot hul groot ontnugtering, op die lange baan geskuif ingevolge die vredesooreenkoms tussen die Boere en die Britte. Die Anglo-Boereoorlog het op kort termyn geen wesenlike verandering in die politieke lot van die swart mense teweeg gebring nie.

In die eerste tien jaar ná die ondertekening van die Vrede van Vereeniging in 1902 is 'n hele aantal swart politieke organisasies egter dwarsoor die land gestig. Die belangrikste swart organisasie in die Kaapkolonie was die South African Native Congress, waarvan daar selfs enkele takke in die ander kolonies was en wat hom beywer het vir die belange van swart mense van oor die hele Suider-Afrika. In die Oranjerivierkolonie was die ORC Native Congress die belangrikste swart organisasie en in Natal die Natal Native Congress. In Transvaal was daar 'n hele aantal swart politieke organisasies, waaronder die Transvaal Native Organisation. Die totstandkoming van al hierdie swart politieke bewegings dui op 'n merkbare toename in die politieke bewussyn van swart mense aan die vooraand van unifikasie in 1910.

Toe die Selborne-memorandum, wat as riglyn vir unifikasie gedien het, in 1906 gepubliseer is, het dit nie noemenswaardige reaksie uit swart politieke kringe ontlok nie. Die byeenroeping van die Nasionale Konvensie in 1908 wat uitsluitlik uit wit afgevaardigdes bestaan het, was egter 'n ander saak. Swart leiers het nie die idee van unifikasie verwerp nie, maar daar is gevrees dat die politieke belange van swart mense buite die Kaapkolonie nie in die nuwe grondwet in ag geneem sou word nie. Met die bekendmaking van die Nasionale Konvensie se ontwerpgrondwet vroeg in 1909 het dit geblyk dat hul vrese gegrond was.

Soos reeds in 'n vorige hoofstuk genoem, het swart verset teen die ontwerpgrondwet vir die te stigte Unie van Suid-Afrika in Maart 1909 op die South African Native Convention, of sogenaamde Naturellekonvensie, in Bloemfontein uitgeloop. Dit is deur swart mense van al die destydse Britse kolonies in Suid-Afrika bygewoon en talle resolusies is aanvaar waarin daar teen die beoogde grondwet beswaar gemaak is. Die verreikendste resolusie was dat indien die Nasionale Konvensie swart mense se besware sou verwerp, die South African Native Convention 'n afvaardiging na Brittanje sou stuur om die Britse parlement te probeer oorreed om die ontwerpgrondwet te wysig. Die Naturellekonvensie se resolusies is toe wel deur die Nasionale Konvensie geïgnoreer, waarop 'n swart afvaardiging byeengebring is.

In Brittanje het die afvaardiging van die Naturellekonvensie onderhoude met parlementslede, koerantmanne en organisasies soos die Aborigines Protection Society gevoer, maar kon geen steun vir hul verset teen die Unie-grondwet kry nie. Die grondwet is met groot meerderhede deur al twee huise van die Britse parlement aanvaar.

Stigting en vroeë bedrywighede van die SANNC (ANC)

Die Naturellekonvensie van 1909 was nie bedoel om as organisasie voort te bestaan nie. Dit het egter die idee laat posvat dat swart mense op 'n meer permanente grondslag landwyd polities moet saamwerk. In 1911 is die grondslag vir die stigting van 'n oorkoepelende organisasie gelê.

Die projek is gedryf deur Pixley Seme, 'n regsgeleerde wat opleiding in die VSA en in Brittanje gekry het en 'n praktyk in Johannesburg gehad het. Seme het dwarsoor die land steun gewerf onder vooraanstaande swart mense, wat die opgeleide swart middelklas en stamkapteins ingesluit het. Vroeg in 1912 het hy 'n vergadering in Bloemfontein belê waar 'n nasionale organisasie gestig sou word. Sowat sestig afgevaardigdes het op 8 Januarie in die Vrystaatse hoofstad saamgetrek en twee dae later besluit om die South African Native National Congress (SANNC) te stig. Die eerste president was John L. Dube en die eerste sekretaris Sol T. Plaatje. Seme sou as tesourier dien.

Die SANNC se doelwitte was in pas met die gematigdheid wat tot in daardie stadium kenmerkend van die swart politieke versetbeweging was. Die organisasie wou: swart mense in Suid-Afrika polities verenig; die algemene publiek inlig oor die aspirasies van swart mense; namens alle swart mense gelyke regte en geregtigheid bepleit; die spreekbuis van sowel gewone swart mense as van die stamkapteins wees; en Suid-Afrikaanse swart mense selfs tot in die parlement verteenwoordig.

Een van die eerste kwessies waarby die SANNC in 1912 betrokke geraak het, was grondgebiedskeiding tussen wit en swart. Grondbesit was ook een van die eerste kwessies waaraan die nuwe Unie-regering aandag gegee het. 'n Wetsontwerp om uitvoering te gee aan die tradisionele wit beleid van gebiedskeiding is al in 1911 opgestel, maar het heftige kritiek uit swart geledere ontlok. In 1913 is dié wetsontwerp, ten spyte van verset in die parlement, as die Wet op Naturellegrondgebied aanvaar. Die wet het onder meer meegebring dat tienduisende swart mense wat veral in die Oranje-Vrystaat as plakkers op wit boere se plase gewoon het, van die plase afgesit is. Dit het groot ontbering en eiendomsverlies meegebring.

Die SANNC het beswaar aangeteken teen die wet, maar sy vertoë aan die minister van naturellesake en die Britse Hoë Kommissaris was vergeefs. 'n Afvaardiging wat na Brittanje gestuur is om die Britse koning persoonlik oor die negatiewe uitwerking van die wet te gaan inlig, was ook nie suksesvol nie, al het dit in perskringe simpatie gewek. Die SANNC se 1914-afvaardiging was nog in Brittanje toe die Eerste Wêreldoorlog uitgebreek het. Polities bewuste swart mense se reaksie op dié verwikkeling was om hul lojaliteit teenoor die Britse koning te betoon. Duisende swart mense het as vrywilligers by die Suid-Afrikaanse magte aangesluit. Hulle is net in 'n nie-vegtende hoedanigheid aangewend. Dit het hulle gekwets, veral nadat hulle aan die front opgemerk het dat swart mense van ander lande as volwaardige soldate kon dien.

Op die jaarvergadering van die SANNC in 1917 het afgevaardigdes erg verskil oor die beginsel van gebiedskeiding. Die gevolg was dat Sefako Makgatho van Pretoria in John Dube se plek tot president-generaal verkies is.

Hoewel die grondkwessie die swart politieke toneel in die eerste tien jaar ná Uniewording oorheers het, was daar ook ander sake wat 'n groot uitwerking gehad en sowel 'n emosionele reaksie as politieke optrede by swart mense ontlok het. In die Oranje-Vrystaat was daar veral ontevredenheid oor die instelling van passe vir swart vroue. Hulle het telkens geweier om passe te dra en talle is vervolg. Enkele vroue is in hul vervolging gemolesteer en die voorvalle is deur die swart leierskorps gebruik om nog teenstand teen die passtelsel aan te moedig. Die minister van justisie was naderhand genoodsaak om aan die polisie opdrag te gee om die vervolging van swart vroue weens die oortreding van die pasregulasie te staak.

Versetaksies tussen die twee wêreldoorloë

Aan die einde van die Eerste Wêreldoorlog was daar in Transvaal en die Kaapkolonie 'n oplewing in swart politieke bedrywighede. In Transvaal was die kwessies van sosiaal-ekonomiese aard en het Makgatho as president-generaal van die SANNC 'n belangrike rol gespeel om griewe te opper en verset te reël. In April 1919 het swart munisipale werkers in Johannesburg om hoër lone gestaak. Die feit dat dit met 'n passieweverset-veldtog teen die passtelsel saamgeval het, het die staking 'n politieke kleur gegee. 'n Groot aantal swart mense is gearresteer en vervolg.

'n Tweede en veel groter staking het minder as 'n jaar later aan die Witwatersrand plaasgevind. Dit was die mynwerkerstaking van Februarie 1920 waaraan daar in 'n stadium 42 000 werkers deelgeneem het. Dit het weer eens om hoër lone gegaan. Daar was onluste en die polisie was genoodsaak om vuurwapens te gebruik. Nadat 'n aantal swart mense dood of gewond is, het die stakers mettertyd weer begin werk. Die militante gees wat in die eerste twee jaar ná die wêreldoorlog onder swart werkers vaardig was, het egter toe reeds 'n gevoel van lotsverbondenheid by hulle aangewakker en bygedra tot die uiteindelike radikalisering van die swart versetbeweging.

Die politieke oplewing onder die klein swart bevolking in die Kaapse Skiereiland het onder aanvoering van Clements Kadalie plaasgevind. Hy het hom in 1918 uit die destydse Njassaland (nou Malawi) in Kaapstad gevestig en as klerk in die Tafelbaai-hawe gewerk. Hy het die dokwerkers gou in 'n vakbond begin organiseer wat die Industrial and Commercial Workers' Union (ICU) genoem is. Dié vakbond het aan die einde van 1919 drie weke lank gestaak oor lae lone en die uitvoer van voedsel terwyl daar binnelands skaarstes was.

Nadat enkele struikelblokke in die vroeë 1920's uit die weg geruim is, het die ICU in 1923 'n landwye organisasie geword met sy eie spreekbuis, *The Workers' Herald*. Terwyl die ledetal astronomies gestyg het – teen 1928 het die vakbond nagenoeg 250 000 lede gehad – het die hoofkantoor na Johannesburg verskuif van waar Kadalie as voltydse sekretaris sy ondersteuners se belange behartig het. Die ICU was in wese 'n vakbond, maar in die Suid-Afrikaanse konteks kan swart arbeidskwessies moeilik van politieke kwessies onderskei word, met die gevolg dat 'n swart vakbond in verskeie opsigte as 'n politieke organisasie gereken kan word. Die ICU kan gevolglik as die grootste swart politieke organisasie in Suid-Afrika gereken word, minstens tot die 1980's. Die ICU se invloed het egter vinnig begin afneem nadat Kadalie in 1929 uit die organisasie bedank het.

Die SANNC het in die jare tussen die twee wêreldoorloë 'n sukkelbestaan gevoer. Die organisasie het telkens beswaar aangeteken teen wat hy as onderdrukkende regeringswetgewing beskou het, maar dit het die wit owerheid geensins van stryk gebring nie. Op die jaarkongres in 1923 is 'n resolusie aanvaar waarin verklaar is dat die Unie-parlement beplan om die swart mense permanent te verslaaf en dat die goewerneur-generaal versoek moet word om nie die Wet op Stedelike Gebiede van 1923, wat vir rasseskeiding in stede voorsiening gemaak het, te onderteken nie. Op dieselfde kongres is besluit dat die SANNC voortaan as die African National Congress (ANC) bekend sou staan.

Makgatho, wat sedert 1917 president-generaal van die ANC was, is in 1924 deur eerw. Z.R. Mahabane vervang. Mahabane was, soos sy voorgangers, gematig en het hom dit ten doel gestel om niks meer as die erkenning van swart regte in die bestaande samelewingsorde te verwerf nie. Ná 'n termyn van drie jaar het Mahabane in 1927 vir Josiah Gumede plek gemaak. Gumede het kort ná sy verkiesing tot president-generaal danksy 'n borgskap na die Sowjetunie gereis. Hy is dadelik as 'n kommunis gebrandmerk, maar hy het ontken dat hy 'n kommunis is.

Hy is in 1930 deur Pixley Seme opgevolg. Seme was baie ondernemend en polities bedrewe in die jare toe hy die vernaamste persoonlikheid in die stigting van die SANNC was, maar toe hy in 1930 die leiding van die ANC oorneem, kon hy nie daarin slaag om nuwe lewe in die kwynende organisasie te blaas nie. Seme het 'n groot projek vir ekonomiese ontwikkeling van stapel gestuur wat behels het dat swart mense hulself moet ophef, maar dit het platgeval. Al het hy telkens onder kritiek deurgeloop, is hy tog telkens as president-generaal herkies totdat hy in 1937 deur Mahabane vervang is.

Dié ervare politikus kon ook geen positiewe leiding gee nie, met die gevolg dat die ANC teen die einde van die 1930's feitlik geen invloed gehad het nie.

'n Aanspraak op gelyke regte

Die ANC het in die 1930's feitlik ophou bestaan, maar met die hulp van 'n groep amptenare onder leiding van die sekretaris-generaal, James Calata, het dié organisasie in die volgende dekade herleef. Die verkiesing van Alfred Xuma tot president-generaal in Desember 1940 het 'n groot rol in dié herlewing gespeel. Hy het hom dit ten doel gestel om die ANC weer 'n doeltreffende organisasie te maak. Om dit te doen, het hy 'n stokkie gesteek voor provinsiale takke se neiging om hul eie koers in te slaan. Hy het in 1942 voorts die miljoenlede-veldtog van stapel gestuur. Al kon soveel lede nie gewerf word nie, het die veldtog die organisasie heelwat publisiteit besorg.

In 1943 het die ANC 'n nuwe grondwet aanvaar ingevolge waarvan mense van alle rasse lid van die organisasie kon word. In die praktyk het dit egter steeds eksklusief 'n organisasie van swart mense gebly. Die nuwe grondwet het ook vir goeie beheer oor die organisasie se geldsake voorsiening gemaak en 'n werkkomitee is ingestel wat die voorloper van die latere nasionale uitvoerende komitee (NUK) was. Dié komitee, met Xuma as voorsitter, het feitlik wekliks in Johannesburg vergader. Danksy Xuma se hervormings kon die ANC 'n permanente kantoor in die Goudstad vestig.

In Xuma se termyn as president-generaal is vroue gemobiliseer om by die organisasie betrokke te raak en sy vrou, Madie, is tot hoof van die ANC Women's League verkies. Xuma, 'n mediese dokter, was 'n bekwame organiseerder met waardevolle buitelandse kontakte. Hy was egter nie 'n voorstander van magsvertoon deur massaoptrede nie.

Die veranderde sosiaal-ekonomiese en politieke omstandighede in Suid-Afrika tydens die Tweede Wêreldoorlog het die ANC bevoordeel. Die toenemende verstedeliking van swart mense het tot 'n groot behuisingstekort gelei en 'n gevolg daarvan was sewe groot plakkersbewegings aan die Witwatersrand. James Mpanza, leier van die Sofasonke-groep, was een van die bekendste plakkerleiers. Mpanza en sy volgelinge het huise van die Johannesburgse stadsraad geëis, maar owerheidshulp vir enigiets anders geweier. Hulle het gereeld daarin geslaag om nog grond vir swart bewoning te verkry. Mpanza het geglo hy lei sy volgelinge soos Moses oor die Jordaanrivier na 'n beloofde land. Daar was net ongemaklike, informele bande tussen hom en die ANC. Wanneer die plakkers uit een gebied verdryf is, het hulle bloot elders gaan plak. Hul gedurige verhuising het egter met bitterheid gepaardgegaan en in 1947 was daar selfs onluste daaroor in Orlando en Moroka, twee voorstede van Soweto.

Tydens die Tweede Wêreldoorlog is die swart werkersklas aan die Witwatersrand blootgestel aan gedurige prysstygings. Hulle reaksie was versetveldtogte soos die busboikotte. Stygende busgeld, wat busry vir talle pendelaars onbekostigbaar gemaak het, het in 1940, 1942 en 1943 op kortstondige boikotte uitgeloop. In 1944 het die inwoners van Alexandra 'n busboikot sewe weke lank volgehou. Dit het beteken dat hulle elke dag werk toe en terug moes stap. Die uiteinde was dat die stadsraad van Johannesburg besluit het om hul busgeld deels te subsidieer. Die busboikotte het op die lang duur bygedra tot die politisering van swart mense.

Verklarings deur bekende wêreldleiers tydens die Tweede Wêreldoorlog het ook in die ANC weerklink. In 1941 het president Franklin D. Roosevelt van die VSA en eerste minister Winston Churchill van Brittanje die Atlantiese Handves uitgereik waarin hul oogmerke met die oorlog saamgevat is. Xuma het 'n komitee van dertig mense benoem om die handves te bestudeer. Dié komitee het 'n reeks eise geformuleer in 'n dokument wat hulle genoem het die "Atlantiese Handves uit die Swart Oogpunt". Hulle het ook 'n Handves van Regte opgestel waarin algemene stemreg vir volwassenes, 'n billike aandeel vir swart mense in die welvaart van die land en die gelyke verdeling van die grond geëis is. Die dokument was in wese 'n verklaring van doelstellings en het nie 'n program voorgestel om dit te bereik nie.

Die stigting van die ANC-jeugliga

Die totstandkoming van die African National Congress Youth League (ANCYL) het ook tot die herlewing van die ANC in die 1940's bygedra. Die ANC-jaarkongres het reeds in 1942 die stigting van 'n jeugvleuel goedgekeur. In April 1944 is 'n Transvaalse tak in Johannesburg gestig. Dit is in September 1944 opgevolg met die stigting van 'n nasionale jeugbond.

Die stigterslede was oorwegend jong, professionele swart mans. Die bekendstes was Anton Lembede, Jordan Ngubane, Oliver Tambo, A.P. Mda, Nelson Mandela en Walter Sisulu. Later het Robert Sobukwe, Duma Nokwe, Joe Matthews en Congress Mbata bygekom. Hulle het hulself as 'n drukgroep in die ANC beskou en was ten gunste van samewerking met die swart massa eerder as met simpatiekgesinde wit mense.

In sy beginjare het die ANCYL 'n radikale, Afrikanistiese filosofie voorgestaan. Lembede was die grondlegger van dié ideologie van Afrikanisme. Die historiese grondslag was dat die heldedade van die verlede as die hoeksteen van die toekoms beskou is. Die ekonomiese grondslag was dat daar teruggekeer moet word na die fundamentele sosialistiese struktuur van die ou "Bantugemeenskap" waarin daar byvoorbeeld nie sprake van individuele grondbesit was nie. Sosialisme was volgens die Afrikaniste die waardevolle nalatenskap van die voorvaders. Die nuwe geslag se taak was om daardie antieke sosialisme te versterk met die invoer van nuwe, moderne sosialistiese opvattings.

Die ANCYL het geglo dat die ideologie van Afrikanisme die enigste manier is om swart mense te red. Hulle was daarom aanvanklik anti-kommunisties en teen samewerking met wit mense gekant. Lembede het reguit gesê "geen buitelander kan ooit 'n ware en egte leier van die Afrikamense wees nie, want geen buitelander kan waarlik die Afrikagees wat uniek en eie aan die Afrikamense is, interpreteer nie. Sommige Asiate (Indiërs) en Europeërs wat voorgee dat hulle Afrikaleiers is, moet kategories veroordeel en verwerp word".

A.P. Mda het bygevoeg dat swart mense weens nasionale onderdrukking ly en dat hulle daarom 'n nasionale bevrydingstryd moet begin. Tot in 1947 was die ANCYL-leiers uiters dogmaties in hul denke. Lembede is egter in daardie jaar oorlede en van toe af was daar in die ANCYL, soos in die ANC, ruimte vir 'n verskeidenheid oortuigings.

Soos vir die ANCYL was die kwessie van samewerking met simpatieke lede van ander rassegroepe ook vir die ANC 'n groot probleem. Ná die presidentstermyn van Josiah Gumede was die ANC-leierskorps anti-kommunisties en teen samewerking met wit mense gekant. Hulle het eksklusiewe Afrikanasionalisme en swart eenheid voorgestaan. Tog was hulle beïndruk deur die boikottaktiek van die Non-European Unity Movement (NEUM), wat in wese 'n Kaapse beweging van bruin mense was, asook deur die passieweverset-veldtogte van die Suid-Afrikaanse Indiërs. In 1948 het die ANC 'n basiese beleid aanvaar waarin samewerking met die nasionale organisasies van bruin en Indiër-Suid-Afrikaners onderskryf is.

Die ANCYL het intussen aan 'n strategie gewerk om die ANC te probeer dwing om uitdagender op te tree. Die jong leiers het gemeen dat petisies om besware te lug en afvaardigings na die regering swart mense se lot geensins sou verander nie. Daarom het hulle 'n aksieprogram opgestel waarin hulle vryheid van wit oorheersing en die reg op swart selfbeskikking geëis het. Boikotte, stakings en nie-samewerkingsveldtogte is aanbeveel as maniere om dié doelwitte te bereik. Die program het ook 'n fonds in die vooruitsig gestel om die bevrydingstryd te finansier, asook die vestiging van 'n nasionale spreekbuis en die instelling van 'n aksieraad. Laastens het die aksieprogram die ekonomiese, opvoedkundige en kulturele opheffing van swart mense beoog.

Die ANCYL het sy aksieprogram in 1948 aan die ANC se jaarvergadering voorgelê. Xuma was daarteen gekant omdat hy gedink het die program is nie uitvoerbaar nie. Die vergadering het besluit om dit vir verdere oorweging na die jeugleiers en die ANC-takke terug te verwys. In 1949 het die ANC-jaarvergadering die aksieprogram egter ondanks Xuma se voorbehoude aanvaar. Boonop het die vergadering James Moroka op oorhaastige wyse in Xuma se plek tot president-generaal verkies en Walter Sisulu van die ANCYL tot sekretaris-generaal. Sodoende het die ANC sy vroeëre gematigdheid laat vaar.

Ander swart rolspelers in die 1940's

In die 1930's was die Kommunistiese Party van Suid-Afrika (KPSA), wat in 1921 gestig en aanvanklik 'n wit organisasie was, 'n klein, ondoeltreffende en verdeelde organisasie. In een stadium het dit net 250 lede gehad. In navolging van die Unie van Sosialistiese Sowjetrepublieke (USSR) was dié party aanvanklik gekant teen deelname aan die Tweede Wêreldoorlog, maar nadat die USSR ook in Junie 1941 tot die stryd toegetree het, het die KPSA sy standpunt verander en aktiewer as ooit tevore geword. Die KPSA het voordeel getrek uit die onstabiele oorlogsjare: Sy lidmaatskap het skielik begin groei en so ook die sirkulasie van sy koerante.

In die 1940's het die band tussen die KPSA en die ANC toenemend sterker geword. Teen 1945 was drie lede van die KPSA in die ANC se nasionale uitvoerende komitee: Moses Kotane, J.B. Marks en Dan Tloome. Die KPSA het destyds geglo dat die sosialistiese revolusie verhaas kon word deur Afrikanasionalisme aan te moedig. Die party het voorts geglo dat swart mense as 'n klas eerder as 'n ras onderdruk word. Die KPSA het 'n aktiewer rol in die vakbondwese begin speel en groter werkersklassteun begin kry. Die party het nagskole vir swart werkers ingestel en so groot invloed in swart woonbuurtes begin uitoefen. Daar was selfs enkele Afrikanerlede. Dit was destyds die enigste ware nie-rassige party in Suid-Afrika. Die KPSA wou absoluut revolusionêr wees, maar het aan verkiesings deelgeneem. Die 1940's was vir die KPSA 'n hoogtepunt, maar die party het sy geleenthede nie ten volle benut nie.

Wat die vakbondwese betref, het swart vakbondleiers in die 1930's die African Federation of Trade Unions gestig. In 1941 is dit ingeskakel by 'n nuwe swart vakbondfederasie, die Council of Non-European Trade Unions (CNETU). Teen 1945 het 119 vakbonde, wat 158 000 werkers verteenwoordig het, tot die CNETU behoort. Van dié vakbonde was 60% in Transvaal en 'n groot aantal in die Oos-Kaap bedrywig. Die CNETU kon egter nie op kragdadige wyse die belange van swart werkers beskerm nie, want die Smutsregering het in 1942 Oorlogsmaatreël 145 aanvaar wat stakings verbied het. Nogtans was daar enkele stakings in onder meer steenkoolmyne, die melkbedryf en baksteen- en lekkergoedfabrieke.

Die regering het 'n gematigde houding hieroor ingeneem omdat daar so 'n groot vraag na arbeid was om oorlogsvoorraad vir sowel die Suid-Afrikaanse as die Geallieerde Magte te vervaardig. In November 1942 het die regering besluit op loonvasstelling, wat in Desember 1942 tot 'n staking deur swart munisipale werkers in Johannesburg en onluste in Pretoria gelei het. Daar was militêre ingryping om die staking te beëindig en dit het op sterftes uitgeloop.

Teen 1939 was daar meer as 400 000 swart mynwerkers, maar hulle was swak georganiseerd. Gevolglik was daar voor die Tweede Wêreldoorlog min bedrywighede deur swart vakbonde in die goudmynbedryf. Dit beteken nie dat swart mynwerkers tevrede was met hulle werkomstandighede nie. Hulle was veral ontevrede oor hul loon van net twee sjielings per skof en oor beperkings op hul werkersregte. Die African Mineworkers' Union (Amwu) is in dié omstandighede in 1941 gestig. Die swart kommunis J.B. Marks het 'n groot rol daarin gespeel. Amwu het 'n aktiewe werwingsveldtog begin en kon teen 1944 aanspraak maak op 25 000 lede.

Teen 1945 het die swart mynwerkers se ontevredenheid 'n hoogtepunt bereik. Ingevolge oorlogsmaatreëls is hul reg om vergaderings te hou aansienlik ingekort. Die einde van die oorlog het boonop met 'n voedselskaarste en die inkorting van myners se rantsoene saamgeval. Onluste het by die Modderfontein-Oos-mynkampong uitgebreek hieroor. Daar was in daardie stadium egter geen meganisme om mynbesture oor swart griewe in te lig nie. Nóg die mynmaatskappye nóg die regering wou samesprekings met Amwu voer.

Marks is in 1945 nie net as president van Amwu aangewys nie, maar ook as voorsitter van die CNETU. Die volgende jaar het Amwu 'n aansienlike loonsverhoging en die herroeping van oorlogsmaatreëls geëis. Dié eise het op dowe ore geval omdat die Kamer van Mynwese Amwu nie erken het nie. Hierop het stakings in enkele myne gevolg, maar steeds was daar geen verbetering in swart mynwerkers se werkomstandighede nie. Vroeg in Augustus het Amwu 'n openbare konferensie in Johannesburg gehou waar die meer as duisend afgevaardigdes eenparig besluit het om te staak. Marks het op die vergadering gewaarsku dat 'n staking op 'n aanslag op die laekoste-arbeidstelsel in Suid-Afrika neergekom het en dat hulle bereid sou moes wees om opofferings te maak. 'n Mynwerker het hierop uitgeroep: "Ons in die myne is reeds dood!"

Die staking het op 12 Augustus begin en meer as 70 000 van die 308 000 swart mynwerkers het daaraan deelgeneem. Die polisie het van meet af aan ingemeng in die staking, met die gevolg dat geweld uitgebreek het waarin minstens twaalf stakers dood en sowat 1 200 beseer is. Ná vier dae was die staking verby. Dit was die grootste arbeidstaking in Suid-Afrika tot op daardie tydstip.

Eerste minister Jan Smuts het geglo agitasie was die oorsaak van die staking, nie geldige griewe nie. Kommunistiese leiers soos Bill Andrews, Moses Kotane en Marks is gevolglik summier gearresteer. Dit was duidelik dat die staking swak georganiseer was en oorhaastig begin het. Daar was byvoorbeeld geen voorbereidings om kos aan stakers te verskaf nie. Die langtermyngevolg was dat swart myners nie gou weer bereid was om hul griewe deur middel van 'n staking te lug nie. Die staking het egter die vlak van swart militantheid onder vakbondlede verhoog.

In 1938 het radikale leiers van die bruin en Indiërgemeenskappe die Non-European United Front (NEUF) gestig met Cissie Gool as nasionale president en Yusuf Dadoo as Transvaalse leier. Die KPSA het ook 'n prominente rol in die totstandkoming van die NEUF gespeel omdat die party 'n breër ondersteuningsbasis wou hê. Die NEUF was enkele jare lank baie invloedryk onder bruin mense van die huidige Wes-Kaap.

Van Junie 1941 – toe Duitsland die USSR binnegeval het – was die NEUF ten gunste van Suid-Afrika se deelname aan die Tweede Wêreldoorlog, maar met die hulp van gewapende swart soldate. In Desember 1941 het dié organisasie die Non-European Conference in Transvaal gehou waar die Non-European People's Manifesto aanvaar is. Daarin is onder meer die volgende oproep gedoen: "This Conference issues a call . . . for the freedom of the non-European and the sweeping aside of all unjust colour bar laws which prevent the unity of all South Africans on an equal basis . . ."

In die 1940's het talle mense en instellings bewerings oor die indringing van Indiërs in wit gebiede gemaak. Smuts se reaksie was om die Broome-kommissie aan te stel om die saak te ondersoek, maar die kommissie het gerugte oor die hoë voorkoms van indringing in sy verslag van 1940 verwerp. Drie jaar later, in 1943, het die kommissie egter weer verslag gedoen en dié keer bevind dit vind wel plaas. In reaksie daarop het die regering beperkende wetgewing op Indiërs in die parlement ingedien. Koerante het na hierdie wetgewing verwys as die Pegging Act. Sowel die Natal Indian Congress as die Indiese regering het skerp daarop gereageer. As gevolg van kritiek van oral oor het die regering besluit om die Pegging Act op te skort. Die Natalse Provinsiale Raad, wat konserwatiewe wit belange verteenwoordig het, het op sy beurt skerp op die opskorting gereageer.

In 1944 het die spanning tussen die radikales en die gematigdes in die Indiërpolitiek breekpunt bereik. Militante Indiërs het 'n "nasionalistiese blok" in die Transvaal Indian Congress en 'n anti-segregasieraad in die Natal Indian Congress gevorm. In 1945 het die militantes sowel die Natal Indian Congress as die Transvaal Indian Congress oorgeneem. Monty Naicker het president van die Natal Indian Congress geword en Yusuf Dadoo president van die Transvaal Indian Congress. Meer gematigde Indiërs het die Natal Indian Organisation gestig.

Die parlement het in 1946 wetgewing aanvaar wat verdere beperkings op Indiërs in Suid-Afrika geplaas het, maar terselfdertyd beperkte politieke verteenwoordiging aan hulle gebied het. Die Natal Indian Congress het dit verwerp. Radikale Indiërleiers het 'n dag van rou (*hartal*) afgekondig oor wat hulle die "ghetto act" genoem het. Op die dag van rou het 'n massaver-gadering van 15 000 Indiërs besluit om 'n passieweverset-veldtog te begin soortgelyk aan die veldtog teen Britse beheer wat Mohandas Gandhi in dieselfde jaar in Indië begin het. Dié veldtog het twee jaar voortgeduur. Sowat 2 000 Indiërs het in die tronk beland weens plakkery in beheerde gebiede. Die regering het egter nie die beperkende wetgewing opgeskort nie. 'n Positiewe gevolg van die veldtog vir die Indiërs was dat die NIC se steun uitgebrei het tot ongeveer 35 000 lede.

Indiërleiers was teen dié tyd toenemend bereid om hulle tot veelrassige samewerking te verbind. In 1947 het Naicker van die Natal Indian Congress, Dadoo van die Transvaal Indian Congress en Xuma van die ANC – al drie mediese dokters – 'n gesamentlike verklaring uitgereik waarin hulle die grootste moontlike samewerking gevra het. Hulle het ook sekere doelwitte geïdentifiseer, waaronder volle stemreg vir almal in Suid-Afrika en die ver-wydering van alle diskriminerende en onderdrukkende wetgewing uit die land se wetboeke. Ten spyte van die sogenaamde Doctors' Pact het die ANC die Indiërs nie direk gesteun in hul veldtogte van passiewe verset nie.

In Januarie 1949 het geweld tussen swart mense en Indiërs in Durban uitgebreek. Dit het met intense bitterheid, bloeddorstige aanvalle en die dood van meer as 100 mense gepaardgegaan. Ten spyte van sterk regeringsoptrede het die onluste wyd voorgekom. Nadat dit uiteindelik tot bedaring gekom het, het die ANC en die South African Indian Congress (SAIC) 'n gesamentlike komitee gevorm om die verhouding tussen die twee groepe te verbeter.

Teen die middel van die 20ste eeu was die swart politieke versetbeweging ná 'n driekwarteeu van sporadiese bedrywighede en hortende groei landwyd stewig gevestig. Die gees van die versetbeweging het in die loop van 75 jaar boonop toenemend radikaler geword. Die aandrang op menswaardige behandeling was duidelik besig om 'n aandrang op politieke mag te word.

17

Die vestiging van die apartheidstaat, 1948-1966

David M. Scher

M in gebeurtenisse in die Suid-Afrikaanse geskiedenis is belangwekkender as die bewindsoorname op 26 Mei 1948 deur die Nasionale Party (NP). Die nuwe NP-regering wou sy voorganger se rassebeleid vervang en het geglo die oplossing vir die land se rassevraagstukke lê in 'n apartheidsbeleid. Die NP het hom dus, in samewerking met die Afrikanerparty van N.C. (Klasie) Havenga, beywer vir wat die skrywer Alan Paton 'n "nuwe hemel en aarde" genoem het wat eendag bewondering by die hele wêreld moes afdwing.

Ná die uitmergelende broedertwis en groot vernederings van die voorafgaande jare was die oorwinning van 1948 'n triomf vir Afrikanernasionalisme. Die politikus en diplomaat Wennie du Plessis het later verklaar dat die Afrikaners hulself voorheen as "vreemdelinge in hul eie land" beskou het. Die NP-regering was vasbeslote om die Afrikaners te red uit hierdie ongelukkige situasie wat volgens hulle geskep is deur 'n onheilige bondgenootskap tussen Engelse, swart mense, Indiërs en bruin mense onder leiding van die pro-Britse leier generaal Jan Smuts. Vir dié regering was die apartheidsbeleid, die aftakeling van bruin mense se politieke regte en die verheffing van Afrikaans in die daaropvolgende jare dus in 'n groot mate 'n regstelling van verliese wat Afrikaners gely het en vernederings wat hulle verduur het.

Wat was apartheid?

Die eerste keer dat die term apartheid in druk voorkom, is waarskynlik in 'n pamflet van 'n konferensie oor die sendingwerk van die NG Kerk in Kroonstad in 1929. Dit is in die toespraak van ds. J.C. du Plessis van Bethlehem gebruik. In *Die Burger* kom dit vir die eerste keer in 1943 in 'n hoofartikel voor. Dr. D.F. Malan, leier van die NP, het die term in daardie tyd in die parlement gebruik om te onderskei tussen sy party se beleid en die regerende Verenigde Party se segregasieplan.

In die regeringstydperke van generaals J.B.M. Hertzog en Smuts was Suid-Afrika 'n gesegregeerde samelewing. Swart mense het uiters beperkte politieke regte gehad, skole en woonbuurte was gesegregeer, die paswet is toegepas om swart mense uit die stede te hou en afsonderlike sport- en ontspanningsgeriewe is gebruik. Aan die ander kant was daar in die Smuts-bewindstyd (1939-1948) 'n toename in die verskeidenheid en 'n verbetering in die vlak van sosiale dienste wat aan swart mense gebied is. Boonop het byna elke regeringsverslag, veral dié van die Fagan-kommissie in 1948, aanbeveel dat swart mense se permanente verblyfreg in die stede amptelik erken moet word. Die NP was vasbeslote om hierdie denkrigting om te keer en die skei-ding tussen wit en swart mense uit te brei.

Hoewel die vernuftige gebruik van die apartheid-slagspreuk 'n rol gespeel het in die NP se oorwinning by die stembus in 1948 was daar nie eenstemmig-heid oor die betekenis en implikasies daarvan nie. Uiteindelik het Malan as eerste minister op 2 September 1948 in die parlement verduidelik wat dié nuwe beleid sou inhou. Hy het gesê hoewel algehele gebiedskeiding, of ter-ritoriale apartheid, die ideaal is, was dit in daardie stadium nie prakties uitvoerbaar nie weens talle Suid-Afrikaanse bedryfsektore se afhanklikheid van swart arbeid. Nogtans moes afsonderlike sfere vasgestel word, wat nie noodwendig absolute gebiedskeiding sou meebring nie. In hierdie sfere moes elke bevolkingsgroep sy eie ideale en unieke vermoëns optimaal kon ontwikkel.

Die NP-regering was daarvan oortuig dat sosiale apartheid noodsaaklik is vir die behoud van die wit bevolking se identiteit en welsyn. Die eerste maatreël om sosiale apartheid toe te pas, was die Wet op die Verbod op Gemengde Huwelike van 1949. Dit het alle huwelike tussen wit mense en ander rasse onwettig gemaak.

In 1950 is dié wet aangevul met 'n wysiging van die Ontugwet van 1927. Die oorspronklike wet het seksuele omgang tussen wit en swart mense ver-bied, maar die wysiging het dit uitgebrei na alle gekleurdes. Adv. C.R. Swart, die minister van justisie, het openlik in die parlement verklaar dat die hoof-doel van die wetgewing nie is om immoraliteit aan bande te lê nie, maar om te verhoed dat verdere bloedvermenging tussen wit mense en ander rasse plaasvind.

Om die administrasie van sosiale apartheidswette te vergemaklik, is die Bevolkingsregistrasiewet in 1950 aanvaar. Dit het bepaal dat die bevolking op grond van rassekategorieë geklassifiseer word. 'n Mens se rasindeling is bepaal deur fisieke voorkoms (velkleur), algemene sosiale aanvaarding en aansien. In ooreenstemming met dié wet is rasgegronde identiteitsdokumente uitgereik. Die NP-regering het waarskuwings geïgnoreer dat dié klassifikasie-stelsel tot ontbering en smart onder bruin, swart en Indiër-Suid-Afrikaners sou lei. Hy het aangevoer dat dit maar 'n klein nadeel sou wees in vergelyking met die voordele wat 'n duidelik afgebakende samelewing sou inhou.

SANDRA LAING

Min mense verpersoonlik die lyding wat die Bevolkingsregistrasiewet veroorsaak het beter as Sandra Laing. Hoewel al twee haar ouers wit was, is Sandra in 1966 op tienjarige ouderdom uit haar skool in Piet Retief gehaal en as bruin herklassifiseer vanweë haar donker gelaats-kleur en krullerige hare.

Toe sy tien jaar later met 'n swart man trou, het haar familie haar verstoot. Haar pa is dood sonder om ooit weer met haar te praat en haar twee broers het haar vermy. Ná sowat dertig jaar is sy uiteindelik met haar ma herenig. In 2000 is sy soos volg in die *Sunday Times* aangehaal in 'n artikel oor haar lewe: "In 1966, when I was 10, the police came to take me away from the school (Deborah Retief boarding school). Mr. van Tonder, the principal, said I was not White and could not stay. I was taken to the hostel and told to pack my things. Two policemen drove me to my father's shop in Panbult. They said I was being ex-pelled because I looked different . . . My father cried. I stayed at home for two years.

"In 1976, when there were uprisings against apartheid and the edu-cation system, I turned 21 and I thought things would change. I applied for an identity document then, but it took six years before I finally got my first ID as a Coloured. Until then I could not prove who I was or find work or open an account or do whatever a person has to do.

"Through those years I longed for my family, just to hear from them. I wrote several letters but they remained unanswered . . . Apartheid has ended, and I would like to shake Mr. Mandela's hand for that, but it is too late for me."

Die Groepsgebiedewet van 1950 was volgens dr. T.E. Dönges, die destydse minister van binnelandse sake, die hoeksteen van apartheid. Die doel van die wet was om afsonderlike woongebiede vir die verskillende rasse verpligtend te maak. Dit het beteken dat die Unie van Suid-Afrika in duisende woongebiede verdeel sou word sodat die verskillende rasse heeltemal afsonderlik kon woon.

Ondanks Dönges se voorneme dat dié wet billik en sonder diskriminasie toegepas sou word, het dit nie in die praktyk so gewerk nie. Dit het later geblyk dat dit een van die wreedste wette was wat ooit ingestel is. Dit het groot weersin gewek omdat dit alle tradisionele eiendomsreg misken het en daartoe gelei het dat duisende swart en bruin mense, asook Indiërs, uit hul woonplekke gesit is. 'n Voorbeeld hiervan was Distrik Ses in Kaapstad waar sowat 55 000 inwoners sedert 1966 verplig is om daarvandaan na die afgeleë en winderige Kaapse Vlakte te verhuis.

Die NP-regering wou ook afsonderlike openbare geriewe vir wit mense en dié van ander rasse hê. Die uiteinde van die Wet op Afsonderlike Geriewe van 1953 en daaropvolgende wysigings was die toepassing van sogenaamde "klein apartheid" (teenoor sogenaamde "groot apartheid"). Kennisgewings in openbare plekke soos sale, poskantore en kleedkamers het tipies gelui: "Toonbank vir nie-blankes", "Ingang vir afleweringsbodes", "Tou vir nie-blanke bediendes" of "Slegs vir blankes". Deur middel van dié wette is sosiale en kulturele apartheid toenemend in Suid-Afrika toegepas.

Die toepassing van apartheid in openbare teaters het ook gereeld tot absurde situasies gelei en in die meeste gevalle die dwingende motiewe van apartheidsideoloë blootgelê. Toe die eerste inryteater (veldfliek) vir bruin mense in 1961 in Wetton naby Kaapstad geopen is, is die parkeerterrein in twee gebiede verdeel: een vir bruin rolprentgangers en een vir wit mense. Dít terwyl almal dieselfde rolprent sou sien.

In 1966 moes die minister van gemeenskapsontwikkeling eers toestemming gee voordat die konsertpianis Jan Volkwyn, 'n bruin man wat kort tevore van Londen na Suid-Afrika teruggekeer het, saam met die Johannesburgse Simfonie-orkes voor 'n bruin gehoor in die bruin voorstad Coronationville kon optree. Die permit het bepaal dat Volkwyn nie as lid van die orkes kon optree nie, maar net deur die orkes begelei sou word. Daar is ook ooreengekom dat hy nie toegelaat sou word om sosiaal met orkeslede te meng nie en dat hy nie dieselfde kleedkamers as hulle of hul ander geriewe sou gebruik nie.

Nog 'n voorbeeld was toe Shakespeare se drama *Othello* in 1968 in die Maynardville-buitelugteater in Kaapstad opgevoer is. Die titelrol is 'n swart karakter, maar dit moes deur 'n wit akteur vertolk word.

Die NP-regering het apartheid ook op arbeidsgebied bevorder. Die Wet op Naturelle-bouwerkers van 1951 het die beleid van sogenaamde beskaafde arbeid van die 1920's herbevestig. Dit moes wit en bruin werkers beskerm teen die bedreiging wat 'n oorvloed goedkoop swart arbeiders ingehou het. Onderafdelings van die wet het wit werkgewers verbied om swart mense in diens te neem vir geskoolde werk, soos om stene en matte te lê, as hulle nie vooraf spesiale vrystelling gekry het nie. Die Wet op Naturelle-arbeid (vir die oplossing van geskille) van 1953 het swart werkers ook verbied om te staak. Hoewel die wet swart vakbonde nie uitdruklik verbied het nie, het dit sulke arbeidersorganisasies ook nie wetlik erken nie.

In die arbeidsektor was die hoogtepunt van apartheid die Wet op Nywerheidsversoening van 1956. Dit het sekere werkkategorieë gereserveer om die ekonomiese welsyn van werknemers van enige ras in enige onderneming, nywerheid, handelsaak of beroep te beskerm. Dié maatreël is in werklikheid ingestel om die belange van wit arbeiders te beskerm deur mededinging van swart arbeiders uit te skakel. Swart werkers is beperk tot die laagste ekonomiese vlak. 'n Gevolg van dié wet was byvoorbeeld dat alle swart hysbakoperateurs in Johannesburg ontslaan en deur wit werkers vervang is.

Een van die mees omstrede wette van die NP-regering was die Wet op Bantoe-onderwys van 1953[1]. Voor 1948 het swart kinders hoofsaaklik onderrig by kerke of sendinginstellings ontvang, terwyl swart onderwysers uitsluitlik deur hierdie instellings opgelei is. Die meeste NP-ondersteuners het dit as 'n uiters gevaarlike situasie beskou omdat kwaadwillige buitestanders volgens hulle maklik liberale en "volksvreemde" idees in die ontvanklike en ongekunstelde swart kinders se gemoedere kon plant. Hulle was vasbeslote om swart onderwys in 'n apartheidsraamwerk te herstruktureer.

Die onderwyswet van 1953 het staatsbeheer oor alle swart onderwys gevestig en die staat het dus ook die beheer van bestaande sendingskole oorgeneem. Dit is opvallend dat die departement van nasionale onderwys nie met die verantwoordelikheid vir swart onderwys belas is nie, maar die departement van naturellesake, onder dr. H.F. Verwoerd. In die Senaat se bespreking van die wetsontwerp het Verwoerd verklaar dat swart leerlinge toegerus moet word om aan die toekomstige ekonomiese eise te voldoen. Volgens hom was daar in die wit samelewing nie plek vir swart mense bo sekere arbeidsvlakke nie. In hul eie gemeenskappe sou hulle egter onbeperkte ekonomiese geleenthede hê.

---

1 By die benaming van wetgewing is die destydse spelwyse van die woord "Bantu" behou.

Verwoerd het ook aangevoer dat swart mense tot op daardie tydstip altyd onderwerp is aan 'n skoolstelsel wat hulle van hul tradisionele sosiale agtergrond vervreem het. Dit het hulle mislei om die spreekwoordelike "groen weivelde van die blankes" te betree, al was dit nie vir hulle toeganklik nie. Dit sou volgens hom geen nut hê om 'n swart kind aan 'n kurrikulum te onderwerp wat tradisioneel slegs Wes-Europees gefundeer was nie. Volgens hom sou dit onnodig en absurd wees om swart kinders in gevorderde wiskunde te onderrig as hulle dit nooit in die praktyk sou gebruik nie. Swart kinders moes opgevoed en toegerus word in ooreenstemming met die geleenthede en vooruitsigte wat die lewe hulle bied.

Die Wet op Bantoe-onderwys het heelwat kritiek ontlok, maar Verwoerd het voet by stuk gehou. 'n Onmiddellike gevolg van die wet was 'n afname in die getal swart studente wat as onderwysers opgelei is: Die getal onderwysstudente het van 8 817 in 1954 gedaal tot 5 908 in 1961. Terselfdertyd het die getalsverhouding tussen leerlinge en onderwysers in swart skole vergroot van 40:1 in 1953 tot 50:1 in 1960. Die eksamenuitslae het in daardie jare ook versleg.

Die grootste kritiek teen Bantu-onderwys was egter moontlik dat terwyl die getal swart leerlinge tussen 1954 en 1965 verdubbel het, daar geen ooreenstemmende toename in staatsbesteding aan swart onderwys was nie. Die besteding aan elke swart leerling het in daardie tydperk inderwaarheid aansienlik afgeneem.

Bruin stemgeregtigdes verloor hul stem

Die NP-regering het in 1948 met 'n klein minderheid van stemme en 'n klein meerderheid van vyf setels aan die bewind gekom. Plattelandse kiesafdelings is sedert Uniewording belaai met stemme en stedelike kiesafdelings ontlaai sodat 'n plattelandse stem swaarder as 'n stedelike stem geweeg het. Die nuwe regering het in 1948 'n historiese vrees gehad dat Engelssprekende wit Suid-Afrikaners hul getalsminderheid sou probeer oorkom deur 'n ooreenkoms te sluit met gekleurde Suid-Afrikaners om 'n politieke meerderheid te verkry.

Die feit dat die NP aan die bewind gekom het met 'n duidelike mandaat van kiesers om apartheid toe te pas, het meegebring dat die regering 'n afsonderlike politieke struktuur vir bruin mense wou skep. Bruin stemgeregtigdes se posisie op die Kaaplandse gemeenskaplike kieserslys is sedert 1910 in die grondwet van die Unie van Suid-Afrika verskans. Dit kon slegs met 'n tweederdemeerderheidstem in albei huise van die parlement gewysig word.

Die uitslae van die provinsiale tussenverkiesings van 1949 het die NP-regering selfs nog meer vasbeslote gemaak om ontslae te raak van die gemeenskaplike kieserslys in Kaapland. Anders as in die algemene verkiesing die vorige jaar het die Verenigde Party in die provinsiale tussenverkiesings in Bredasdorp en die Paarl oorwinnings behaal. Die NP-regering het hierdie terugslag toegeskryf aan bruin kiesers wat 'n "onheilige alliansie" met die pro-Britse ondersteuners van die VP-opposisie gesluit het.

In April 1951 het die regering die Wetsontwerp op die Afsonderlike Verteenwoordiging van Kiesers ingedien waarvolgens bruin mense van die gemeenskaplike kieserslys verwyder sou word. Aangesien die Suid-Afrika-wet van 1909 bruin mense se stemreg verskans het, moes die NP-regering oordeelkundig te werk gaan. 'n Gesamentlike sitting van albei huise van die parlement is aanvanklik vermy en die wetsontwerp is met 'n meerderheid tydens afsonderlike sittings van die Volksraad en die Senaat aanvaar. Op 18 Junie 1951 is die wetsontwerp in 'n *Buitengewone Staatskoerant* as die Wet op die Afsonderlike Verteenwoordiging van Kiesers gepubliseer nadat die goewerneur-generaal dit onderteken het. Hierdie wet is te midde van ongekende protes en betogings uitgevaardig.

Meer as 100 000 kiesers het 'n petisie onderteken wat beswaar teen die regering se onregmatige optrede aangeteken het. Onder leiding van Sailor Malan, die bekende en gewilde Suid-Afrikaanse vegvliëenier in die Britse lugmag wat in die Tweede Wêreldoorlog roem verwerf het, het duisende oud-gediendes en vroue as lede van die Torch Commando in konvooie Kaapstad toe gery om vertoë aan die parlement te rig. Malan het die Torch Commando in 1951 gestig om onder meer die misbruik van staatsmag, sensuur en die verwydering van bruin kiesers van die kieserslys teen te staan. Dit het die regering duidelik ontstel, maar nie van standpunt laat verander nie.

Dit was geen geheim nie dat die Verenigde Party dié wet se geldigheid in die hof sou toets. Dit het uitgeloop op drie hofsake. Die sogenaamde grondwetlike krisis wat daardeur veroorsaak is, was 'n uitgerekte en hewige stryd. Die appèlhof in Bloemfontein het die wetgewing verskeie kere uitgegooi, maar dit uiteindelik in 1956 aanvaar.

Dié uitspraak van die appèlhof was 'n keerpunt en het 'n nuwe politieke era vir Suid-Afrika ingelui. Daardeur is die bruin kiesers van die Kaapprovinsie, wat in die voorafgaande 103 jaar saam met wit mense gestem het, voortaan tot 'n aparte kieserslys beperk en het hulle aparte verteenwoordiging (deur wit mense) in die Volksraad, Senaat en Provinsiale Raad gekry. Volgens Richard van der Ross, oudrektor van die Universiteit van Wes-Kaapland, was dit die grootste politieke verlies wat die bruin mense tot op daardie tydstip ervaar het.

Die NP het egter baie gewen deur die verwydering van 48 000 bruin kiesers van die gemeenskaplike kieserslys. Dit het beteken dat sekere stedelike setels, waar die grootste konsentrasie bruin kiesers was, na die platteland oorgedra is waar die NP tradisioneel 'n sterk basis gehad het. Die politieke en grondwetlike stryd om die afsonderlike verteenwoordiging van kiesers was gevolglik 'n groot oorwinning vir Afrikanernasionalisme.

Swart mense se status as inwoners van Suid-Afrika

Die rassebeleid in Suid-Afrika sedert Unieswording in 1910 was gebaseer op die veronderstelling dat stedelike swart mense slegs tydelike inwoners is en dat hulle aangemoedig moet word om op hul eie te ontwikkel, verkieslik in aangewese reservate. Gedurende die Tweede Wêreldoorlog het dit duidelik geword dat hierdie veronderstelling twyfelagtig is.

Die Naturelle-regskommissie, ook bekend as die Fagan-kommissie, het tussen 1946 en 1948 swart mense se posisie ondersoek. Die kommissie het bevind die idee van die algehele segregasie van swart mense is heeltemal onprakties. Die uitvloei van swart mense uit die reservate na die stedelike gebiede kon nie gekeer word nie, maar dit was wel reguleerbaar. Daar moes aanvaar word dat die stedelike gebiede altyd permanent gevestigde swart inwoners sou hê.

Met die bewindsoorname van die NP in 1948 is die meer liberale en pragmatiese benadering van die Fagan-kommissie verwerp. NP-beleid was daarop ingestel om die aantal ontstamde swart mense in stedelike gebiede te beperk. Die verdere migrasie van swart trekarbeiders se gesinne na stedelike gebiede moes verhoed word en oortollige swart arbeiders moes teruggestuur word na die reservate.

Aanvanklik was daar min veranderings ten opsigte van swart aangeleenthede. Adv. E.G. Jansen, die minister belas met naturellesake, was ten gunste van die ou bedeling se meer gematigde segregasiebeleid en het geweier om drastiese apartheidsmaatreëls toe te pas. Dié toedrag van sake het verander toe dr. Hendrik Verwoerd in 1950 as minister van naturellesake aangestel is. Sy aanstelling en dié van dr. Werner Eiselen as sekretaris van naturellesake het die apartheidsideoloë in die regering oor die pragmatiste laat seëvier.

Verwoerd het aan volkome rasseskeiding geglo. Hy het beklemtoon dat swart mense in hul eie gebiede mag ontwikkel tot op die hoogste vlak van selfregering, hoewel hy bygevoeg het dat dit slegs plaaslike selfregering beteken. Hy het in 1951 in die Volksraad verklaar dat al die swart gebiede selfregerend kon word, wat beteken het dat hulle oor hul eie lot sou kon beslis. Al die swart gebiede sou deel van die geografiese en ekonomiese eenheid van die Unie wees en afhanklik daarvan wees. Volgens Verwoerd was dit vanselfsprekend dat die sentrale regering van die Unie die trusteeskap en oppergesag oor al die gebiede sou hê. Hoewel wit mense altyd die regeringsmag sou behou, was die NP, volgens Verwoerd, ten gunste van plaaslike selfregering vir swart mense in hul eie gebiede.

Met volgehoue ywer en vasberadenheid het Verwoerd begin om die hele politieke struktuur betreffende swart mense se posisie te hervorm. In 1951 het hy die Wetsontwerp op Bantoe-owerhede ingedien wat gelei het tot die afskaffing van die Verteenwoordigende Naturelleraad. Volgens hom was dié raad 'n mislukking omdat dit swart politieke ontwikkeling op 'n Westerse patroon probeer bevorder het. Voortdurende agitasie deur die raad het samewerking boonop bemoeilik.

Die nuwe Wet op Bantoe-owerhede (1951) het groter erkenning verleen aan tradisionele stamregerings. Opperhoofde en stamkapteins het groter magte in hul gebiede gekry, maar was uiteindelik verantwoordbaar aan die wit owerheid, wat weerbarstige leiers enige tyd kon afdank. 'n Voorbeeld hiervan was toe Albert Luthuli in 1952 onthef is van sy stamhoofskap in die uMvotisendingreservaat in Zululand omdat hy geweier het om afstand te doen van sy leierspos in die African National Congress (ANC).

In Verwoerd se stelsel van Bantu-owerhede was daar geen plek vir swart mense in die Unie se wit politieke strukture nie. Swart mense moes hul toekoms nie in die wit tuisgebied sien nie, maar in hul eie onderskeie tuislande. Verwoerd het nooit afgewyk van sy standpunt nie dat swart mense in die stedelike gebiede net tydelike besoekers is, selfs ook wanneer hulle daar gebore is en lank daar gewoon het. Sy beleid is versterk deur die streng toepassing van instromingsbeheer ingevolge die Naturellewet (vir die Afskaffing van Passe en Koördinering van Dokumente) van 1952. Dié wet het 'n enkele identiteitsboek ingestel om al die inligting te konsolideer wat voorheen in verskillende dokumente vervat is. Dit het swart vroue ook vir die eerste keer verplig om 'n bewysboek te hê. Dié vereiste het wyd protes ontlok. 'n Wysiging aan die Wet op Stedelike Gebiede van 1923 is in 1956 aanvaar wat bepaal het dat alle dorpe en stede in die Unie outomaties instromingsbeheer moes toepas.

Van al die apartheidsmaatreëls was die paswet en aandklokreël seker vir swart mense die vernederendste. Johan de Wet, destydse redakteur van *Rapport*, het in 2000 in dié koerant soos volg oor sy herinneringe aan die aandklokreël geskryf: "Dis raar, maar dis waar, dat in daardie tyd ook 'n aandklokreël in dorpe gegeld het. Om 21:15 in die dorp waar ek grootgeword het, het 'n sirene geloei. Jy kon dit oral in die dorp hoor. Dit het beteken dat swart mense wat later as 21:15 nog op straat was 'n oortreding begaan . . . Mense wat beswaar maak teen beweringe dat swart mense in die apartheidsjare minder regte gehad het as byvoorbeeld wit boemelaars vergeet dat sulke omstandighede geheers het. So nie probeer hulle die geskiedenis ontken."

Verwoerd het veral gefokus op die opruiming van sogenaamde swart kolle in stedelike gebiede. Die regering was vasbeslote oor die verskuiwing van dié swart gebiede in apartheidsbelang. Die mees opspraakwekkende opruiming was in die westelike swart woongebiede van Johannesburg, naamlik Sophiatown, Martindale en Newclare. Onder die voorwendsel dat dit oor die opruiming van plakkerskampe gaan, is swart mense ingevolge die Wet op die Hervestiging van Naturelle van 1954 uit hierdie buurte verwyder en dikwels na gebiede geneem wat grootliks nog oop stukke veld was. Die vernedering is vererger toe die ontruimde woongebied omskep is in 'n wit buurt wat Triomf genoem is.

Die verslag van die Tomlinson-kommissie, die regeringskommissie vir die sosiaal-ekonomiese ontwikkeling van die Bantugebiede, het een van die mees omstrede debatte in die 1950's ontlok. Die kommissie, onder voorsitterskap van die landbou-ekonoom prof. F.R. Tomlinson, moes 'n verslag opstel oor 'n omvattende skema vir die rehabilitasie van die Bantugebiede in die Unie. Die doel was om hierdie gebiede doeltreffend te kon ontwikkel in die sosiale struktuur van elke kultuurgroep.

Luidens die Tomlinson-kommissie se verslag van 1956 was die afsonderlike ontwikkeling van die wit en swart bevolkings die enigste uitweg om rassekonflik in die toekoms te voorkom. Daar is aanbeveel dat die staat in die volgende tien jaar sowat £104 miljoen bestee om die swart reservate in selfonderhoudende tuislande te omskep. Dit sou ook help om die toestroming van swart trekarbeiders na die wit gebiede om te keer. As die kommissie se aanbevole program doelgerig toegepas sou word, is beraam dat die swart bevolking in die wit gebiede teen die einde van die 20ste eeu net ses miljoen sou wees.

Uiteindelik het Verwoerd egter die kernelemente van die Tomlinson-verslag verwerp. Hy het die voorgestelde uitgawes as spandabelrige afhanklikheidshulp bestempel wat swart ondernemingsgees en selfsorg-inisiatiewe net aan bande sou lê. Volgens Verwoerd sou direkte finansiële beleggings deur wit mense in die tuislande net die integrasie van verskillende rasse bevorder en gevolglik swart mense se eie, tradisionele erfenisse vernietig. Die enigste toegewing wat Verwoerd wou maak, was om grensnywerhede op wit grond naby die swart gebiede toe te laat. Swart werkers sou bedags daarheen kon pendel, maar permanente inwoners van hul eie tuislande bly.

Verwoerd was in daardie stadium nog altyd in die openbaar 'n vurige voorstander van wit oppergesag, of baasskap, in Suid-Afrika. Daar was blykbaar toe nog geen plan om uiteindelik volle onafhanklikheid aan die swart gebiede toe te staan nie. In Maart 1959 het Eiselen as sekretaris van naturellesake nog ontken dat die swart gebiede toegelaat sou word om volkome onafhanklik te word. Soos sy voorgangers het Verwoerd steeds geglo aan een Suid-Afrika waarin wit mense die ekonomie sou beheer.

Afsonderlike ontwikkeling

Toe Verwoerd in 1958 eerste minister word, was swart nasionalisme oral in Afrika aan die toeneem. In 1957 het die Britse Goudkus-kolonie die eerste na-oorlogse Afrikastaat geword wat soewereine onafhanklikheid verwerf het. Die antieke benaming Ghana is aanvaar. Daarna het talle ander Afrikalande die koloniale juk afgewerp. Die strydkreet "uhuru" (vryheid) is oral oor die vasteland heen gebruik.

Verwoerd se reaksie op hierdie wekroep en die opkoms van Afrikanasionalisme was om te beklemtoon dat wit oppergesag en baasskap vervang moet word deur 'n beleid van afsonderlike ontwikkeling en vryhede vir almal in Suid-Afrika. Die Unie-regering het onderneem om die beginsel te aanvaar dat swart mense ook die reg het om selfstandig besluite te neem en hul onafhanklikheid te verwerf, terwyl die versekering terselfdertyd gegee is dat wit mense nie deur ander rasse in Suid-Afrika oorheers sou word nie.

In Mei 1959 het Verwoerd die hele land verras deur 'n meesterplan in te dien vir die toekomstige verdeling van Suid-Afrika in swart en wit gebiede. Volgens die Wetsontwerp op die Bevordering van Bantoe-selfbestuur moes agt tuislande geskep word wat dit vir swart mense moontlik sou maak om hulle ten volle as onafhanklike gemeenskappe te ontwikkel. Daarvolgens is stedelike swart mense aan hul onderskeie gebiedsowerhede gekoppel deur middel van stamverteenwoordigers wat deur die nuwe politieke eenhede aangestel sou word. Geen permanente verblyfreg sou aan stedelike swart mense in wit gebiede toegestaan word nie, selfs al is hulle daar gebore en het hulle hul hele lewe daar deurgebring. Daar is aanvaar dat dié verstedelikte swart mense uiteindelik sou terugkeer na hul tuislande.

Die administrasie van die swart tuislande sou gegrond word op die tradisionele stamstelsel. Die regering sou streng beheer uitoefen oor alle aanstellings en hom die reg voorbehou om enige optrede van 'n stamowerheid te veto wat in stryd met regeringsbeleid is. 'n Kommissaris-generaal sou die NP-regering in elke tuisland verteenwoordig en dit sou sy taak wees om regeringsbeleid te verduidelik en die ontwikkeling van daardie gebied te bevorder.

'n Kernaspek van die wetsontwerp was die afskaffing van die bestaande stelsel van swart verteenwoordiging deur wit mense in die sentrale parlement. Verwoerd het aangevoer swart mense kan nie aanspraak maak op verteenwoordiging in die wit parlement nie aangesien die twee stelsels onversoenbaar is. Boonop sou die teenwoordigheid van swart verteenwoordigers in die parlement volgens Verwoerd net die integrasioniste se idees bevorder.

In parlementêre debatte het Verwoerd beklemtoon dat die regering se skema uiteindelik sou lei tot 'n wit Suid-Afrika met afsonderlike swart eenhede wat polities onafhanklik sou wees, maar deur ekonomiese samewerking tog onderling verbonde aan mekaar sou wees. As die regering se plan nie aanvaar word nie, sou Suid-Afrika volgens hom uiteindelik 'n veelrassige land word waarin die wit bevolking weens getalsterkte deur swart mense verswelg sou word. Verwoerd het ooglopend 'n kleiner wit staat verkies in plaas van 'n groot staat wat uiteindelik deur swart mense beheer sou word.

Die uiteindelike onafhanklikheid van die swart tuislande en die gepaardgaande verdeling van Suid-Afrikaanse grondgebied het ongetwyfeld 'n ingrypende verandering in die NP se tradisionele beleid verteenwoordig. Verwoerd se beleid van afsonderlike ontwikkeling is egter wyd gekritiseer, ook uit buitelandse geledere. Kritici het die groot ongelykheid in die verdeling van grond beklemtoon. Die swart tuislande, wat oor die hele Suid-Afrika versprei was, het net 13,7% van die land se oppervlakte beslaan, terwyl die mineraalryke, industriële en vrugbare landbougebiede in wit besit gebly het.

Kritici het ook verwys na die voortgesette onderdrukking van swart nasionalistiese organisasies en die daaglikse vernedering waaraan swart mense onderwerp is weens "klein apartheid"-regulasies. Die sogenaamde Bantoestanbeleid, soos kritici dit genoem het, is beskou as 'n manier om swart mense te verdeel en oor hulle te heers. Dit het ooreengestem met wat koloniale moondhede elders in Afrika gedoen het eerder as wat dit, soos Verwoerd te kenne gegee het, 'n anti-kolonialistiese maatreël was wat die swart volkere van Suid-Afrika sou bevry.

Niks het die kloof tussen die internasionale gemeenskap en die Unie van Suid-Afrika so goed geïllustreer soos die toespraak van die destydse Britse eerste minister, Harold Macmillan, op 3 Februarie 1960 in die parlement in Kaapstad nie. Die Britse premier het apartheid en afsonderlike ontwikkeling verwerp. Hy het gesê die Suid-Afrikaanse regering besef nog nie werklik wat die volle implikasies is van die "winde van verandering" wat ná die Tweede Wêreldoorlog oor ontwakende nasionalismes waai nie. Dit het veral op Afrika betrekking gehad.

Suid-Afrika onttrek hom aan die Statebond

Afrikanernasionaliste het lank die ideaal gekoester om die Unie van Suid-Afrika in 'n republiek te omskep. Hulle het in die 1930's en vroeë 1940's 'n republiek voorgestaan wat outoritêr, Christelik-nasionaal en Afrikaans sou wees. Ná die Tweede Wêreldoorlog het die NP egter die gedagte van 'n outoritêre republiek verwerp ten gunste van 'n demokratiese republiek waarin Engelssprekende wit Suid-Afrikaners ook volle burgerregte sou hê.

Hoewel verskeie monargistiese staatsimbole mettertyd deur eiesoortige simbole vervang is, het min van die republikeinse ideaal tereggekom voordat Verwoerd aangewys is as eerste minister. Hy was vasbeslote om die ideaal van 'n republiek in sy termyn te verwesenlik. Hy het geglo dat 'n republiek Suid-Afrika se onafhanklikheid sou waarborg, wit eenheid sou bevorder en die raamwerk sou verskaf vir 'n bevredigende oplossing van die rassevraagstuk.

Op 20 Januarie 1960 het Verwoerd in die parlement aangekondig dat wit kiesers gevra sou word om in 'n referendum aan te dui of hulle ten gunste van 'n republiek is of nie. 'n Gewone meerderheidstem sou deurslaggewend wees. Die republiek moes volgens Verwoerd demokraties en Christelik wees, terwyl die gelyke behandeling van die twee amptelike tale (Afrikaans en Engels) gewaarborg is en die parlementêre vorm van regering behou sou word. Die amp van goewerneur-generaal sou vervang word deur dié van 'n staatspresident wat deur die parlement verkies sou word. Die staatspresident moes bo party-politiek verhewe wees en dien as 'n samebindende simbool van nasionale eenheid. Die republiek sou vriendskaplike betrekkinge met Brittanje en ander Statebondslande behou. Suid-Afrika se lidmaatskap van die Statebond is as 'n aparte saak beskou.

Verwoerd se besluit om 'n referendum te hou was 'n politieke waagstuk. Hy was nie verseker van 'n oorwinning nie. Hoewel die NP 'n groot meerderheid setels in die algemene verkiesing van 1958 behaal het, het die opposisiepartye in werklikheid gesamentlik meer individuele stemme as die NP gekry.

'n Aantal faktore het egter in Verwoerd se guns getel, soos die feit dat swart en bruin mense, asook Indiërs, nie aan die referendum kon deelneem nie, maar wit kiesers in Suidwes-Afrika (die huidige Namibië) wel. Nog 'n faktor was dat nie alle opposisie-ondersteuners noodwendig teen die voorgestelde republiek gekant was nie. Baie Engelssprekendes was ontsteld oor Macmillan se "Winde van verandering"-toespraak. By implikasie het Brittanje hom gedistansieer van Suid-Afrikaanse beleidsrigtings en hom vereenselwig met opkomende Afrikanasionalisme. Dié persepsie van Macmillan se sogenaamde "verraad" het ongetwyfeld bykomende stemme uit opposisiegeledere vir die republikeinse saak gewen.

In 1960 was daar voorts erge onluste in swart woongebiede oor die land heen, onder meer in Sharpeville, Langa, Mbekweni, Soweto en KwaMashu. Die noodtoestand het etlike maande voortgeduur. Al is die NP-regering vanuit die buiteland veroordeel oor sy optrede in dié verband, het Verwoerd se ondersteuning binnelands toegeneem. Hy is toenemend deur Afrikaners en Engelssprekendes as 'n " bastion teen chaos" beskou. Baie kiesers het eerder 'n ordelike republiek met Verwoerd aan die stuur verkies as om deel te bly van 'n monargie en 'n Statebond wat deur verdeeldheid oorheers word.

Op 9 April 1960 was daar op die Randse Paasskou 'n mislukte aanslag op Verwoerd se lewe. Die eerste minister se kantoor is oorval met boodskappe van bemoediging en meegevoel. Die mislukte aanslag op sy lewe het bepaalde emosionele en politieke voordele ingehou.

Verwoerd se invloed is verder versterk nadat geweld in die Kongo uitgebreek het toe dié kolonie op 30 Junie 1960 onafhanklik geword het. Die skrikwekkende verhale van moord en doodslag is deur die NP-regering uitgebuit. Volgens die regering kon net afsonderlike ontwikkeling soortgelyke chaos in Suid-Afrika verhoed.

Uiteindelik het Verwoerd se dobbelspel met die referendum op 5 Oktober 1960 geslaag toe 'n klein, maar besliste meerderheid van 74 580 stemme ten gunste van 'n republiek behaal is. Van die rekordgetal kiesers (90,5%) wat gestem het, was 850 450 ten gunste van 'n republiek en 775 870 daarteen.

In een opsig was Verwoerd se berekening foutief. Volgens Fred Barnard, sy sekretaris, het hy geensins getwyfel oor Suid-Afrika se voortgesette lidmaatskap van die Statebond nie en het hy die land se aansoek as 'n blote formaliteit beskou. Hy het glad nie voorsien hoe heftig die Suid-Afrikaanse apartheids-beleid deur 'n hele aantal Statebondsleiers, onder andere Jahawarlal Nehru van Indië, Kwame Nkrumah van Ghana en John Diefenbaker van Kanada, ver-werp sou word nie. Dit was duidelik dat voortgesette lidmaatskap toenemend ondraaglik vir die Suid-Afrikaanse regering sou wees.

Op 15 Maart 1961 het Verwoerd onverwags op die Statebondskonferensie aangekondig dat hy die aansoek om voortgesette lidmaatskap van die State-bond terugtrek. Dit het plaaslik en oorsee groot opspraak gewek. Wat 'n ver-nederende verwerping kon wees, het in 'n nasionale triomf verander. Groot skares het op die lughawens van Johannesburg en Kaapstad byeengekom om die eerste minister terug te verwelkom. Ondanks heftige swart opposisie teen die proklamering van 'n republiek, het die beplande wegblyaksie van swart werkers grootliks misluk en massabetogings het nie plaasgevind nie.

Op 31 Mei 1961 het die Republiek van Suid-Afrika amptelik tot stand ge-kom en C.R. Swart is op Kerkplein in Pretoria as eerste staatspresident inge-huldig. 'n Nuwe, maar eensame pad het vir die republiek voorgelê.

Die stryd teen apartheid neem toe

Selfs nog voor die NP-regering se bewindsaanvaarding in 1948 was daar toe-nemende weerstand onder swart mense teen die onderdrukkende landswette. Hul woede was veral gerig op die sogenaamde paswet en die Wet op Stede-like Gebiede.

Die African National Congress (ANC) het die leiding geneem in dié verset. Dr. James S. Moroka en Walter Sisulu van die ANC het in Januarie 1952 'n ultimatum onderteken waarin hulle die regering gevra het om ses "onregver-dige" wette te herroep waaronder die paswet, die Groepsgebiedewet, die Wet op die Afsonderlike Verteenwoordiging van Kiesers en die Wet op die Onder-drukking van Kommunisme. Die ultimatum is verwerp en daar is gewaarsku dat die regering streng sou optree teen diegene wat die landswette oortree.

Dit het swart nasionaliste nie gekeer om 'n versetveldtog, die sogenaamde Defiance Campaign, op 26 Junie 1952 te begin nie. Op daardie dag het on-geveer 250 leiers van die ANC doelbewus die regulasies oor swart mense oor-tree en die polisie uitgedaag om hulle in hegtenis te neem. Teen die einde van daardie jaar het meer as 8 000 vrywilligers tronkstraf uitgedien weens hul deel-name aan die versetveldtog.

Die ANC het ná die versetoptrede saam met die Indian National Congress, die Coloured People's Organisation en die Congress of Democrats ('n linkse wit groep) planne beraam vir 'n nuwe nasionale konvensie wat 'n nuwe grondwet vir die Unie van Suid-Afrika moes opstel. Afgevaardigdes van oor die land heen het op 26 Junie 1955 in Kliptown, naby Johannesburg, bymekaargekom. Binne twee dae het hulle die Vryheidsmanifes (Freedom Charter) aanvaar. Die manifes het uit die staanspoor bevestig dat Suid-Afrika 'n veelrassige land is wat aan al sy inwoners, swart én wit, behoort.

Die protesaksies van die 1950's is deur die groot bydrae van swart vroue gekenmerk. Die uitbreiding van die paswet in 1952 om swart vroue ook in te sluit, het heftige teenkanting ontlok. Sowat 20 000 swart vroue het op 9 Augustus 1956 in 'n protesoptog by die Uniegebou in Pretoria teen die paswet betoog.

In Desember 1956 het die regering op dramatiese wyse 156 leiers van die ANC en verwante organisasies laat arresteer en hulle van hoogverraad aangekla. Onder die beskuldigdes was Albert Luthuli (president van die ANC), Oliver Tambo, Nelson Mandela, dr. Z.K. Matthews (waarnemende hoof van Fort Hare-kollege) en Len Lee-Warden (Naturelleverteenwoordiger van Kaapland). Die meeste van die beskuldigdes het nie-gewelddadige motiewe gehad en dit was duidelik dat politieke oorwegings 'n belangrike faktor in die regeringsoptrede was. Die hoogverraadsaak het met talle onderbrekings voortgesleep tot 1961, toe al die beskuldigdes onskuldig bevind is.

Die druk op apartheid het toegeneem en 'n nuwe generasie woedende jongmense het aangedring op radikale optrede. Teen hierdie agtergrond het 'n nuwe groepering in die ANC die beleid van samewerking met ander rassegroepe, veral wit mense, begin bevraagteken. Die idee van 'n veelrassige samelewing is verwerp en daar is aangedring op "Afrika vir die Afrikane!" Dié groep het uiteindelik weggebreek van die ANC en die Pan-Africanist Congress (PAC) in April 1958 onder leiding van Robert Sobukwe gestig.

Die PAC het 'n besliste en finale veldtog teen onderdrukking verkondig. Hul strategie was dat alle lede van die organisasie hul pasboeke op 'n bepaalde datum tuis moet los en hulle by die naaste polisiekantoor moet aanmeld vir arrestasie. Op 18 Maart 1960 het Sobukwe aangekondig dat die PAC op Maandag 21 Maart met 'n veldtog teen die paswet sou begin. Steun vir die PAC se oproep was egter grootliks beperk tot Vereeniging en die Kaapse Skiereiland. Dit was duidelik dat die polisiekontingent in die woongebied Sharpeville, naby Vereeniging, verras is deur die omvang van die oproerige skare wat daar saamgedrom het. Van die polisiekonstabels was onervare en paniekerig. Hulle het blindelings op die dreigende skare losgebrand. Dit het gelei tot 'n slagting waarin 69 mense dood is, insluitend agt vroue en tien kinders, en 180 mense gewond is.

Die Sharpeville-voorval het die veldtogte teen die passtelsel in Transvaal beëindig, maar in Kaapland het die PAC met nuwe vasberadenheid met 'n optog voortgegaan waartydens 30 000 swart mense van Langa na die Kaapse middestad gestap het. 'n Noodtoestand is einde Maart afgekondig wat eers op 31 Augustus 1960 opgehef is. In hierdie tydperk is sowat 23 000 mense van alle rasse in hegtenis geneem. Die ANC en PAC is op 8 April daardie jaar tot verbode organisasies verklaar.

Die Sharpeville- en Langa-gebeure, asook die verbod op die ANC en PAC, was 'n keerpunt in die Suid-Afrikaanse geskiedenis. Hierdie twee swart nasionalistiese organisasies se bedrywighede is binnelands ondergronds gedwing en hulle het hul hoofkantore in die buiteland gevestig. Hul ideaal was nou om vryheid deur militêre optrede te verkry. Dié beleidsverandering het die PAC se gewapende vleuel, bekend as Poqo ("suiwer, alleen" in Xhosa), tot geweld aangespoor. Umkhonto we Sizwe ("assegaai van die nasie") is onder Nelson Mandela se leiding gestig as nuwe militante vleuel van die ANC omdat verandering en geregtigheid volgens dié organisasie nie deur vreedsame metodes bewerkstellig kon word nie.

Die Sharpeville-tragedie het verdoemende kritiek en afkeer oor die wêreld heen ontlok. Buitelandse beleggers het hul vertroue in die land verloor, kapitaal is op groot skaal uit die land onttrek en emigrasie het toegeneem.

Die NP verstewig sy greep

Ná Macmillan se "Winde van verandering"-toespraak, die Sharpeville-krisis, die oproer in die Kongo en die verwagte onttrekking van koloniale moondhede aan Afrika het 'n toenemende aantal wit mense die regerende party in Suid-Afrika as enigste alternatief vir die opkomende swart nasionalisme beskou. Gevolglik is die NP se posisie aansienlik versterk in die tydperk 1961-1966, die laaste vyf jaar van Verwoerd se termyn as eerste minister.

Dié tydperk het ook saamgeval met een van die grootste ekonomiese bloeitydperke in die Suid-Afrikaanse geskiedenis. Buitelandse kapitaal het weer ingestroom en 'n rekordgetal immigrante het in Suid-Afrika aangekom. Dit het gelyk of die land aanslae van buite maklik sou kon afweer en binnelandse onrus is kragdadig onderdruk. Dit was waarskynlik te verwagte dat Verwoerd die NP in Maart 1966 tot sy grootste verkiesingsoorwinning sou lei. Die uitslag was: Nasionale Party 126 setels, Verenigde Party 39 setels en die Progressiewe Party een setel.

Ná die onderdrukking van swart nasionalistiese organisasies soos die ANC en die PAC het Verwoerd 'n beleid van beloning en straf toegepas. Die beloning was die vooruitsig van 'n blink toekoms in die tuislande, wat onbeperkte moontlikhede vir swart entrepreneurs ingehou het. Dit is in die praktyk verwesenlik toe Transkei in 1976 selfregering gekry het. Die straf was die volgehoue toepassing van instromingsbeheer, veiligheidswetgewing en ander kragdadige metodes. Verwoerd het dit duidelik gemaak dat indien die stedelike swart mense nie die tuislandbeleid aanvaar en afstand doen van hul aanspraak op deelname aan wit Suid-Afrika nie, hulle alles sou verloor.

Wat bruin mense se posisie betref, het Verwoerd die idee verwerp dat hulle sitting in die parlement moes hê. Hulle is bestempel as 'n "nasie in wording" en die beste wat hulle kon verwag, was die reg op selfregering in hul eie woongebiede. Gelyke behandeling met wit mense was nie 'n opsie nie.

Die regeringsbeleid het wel verander ten opsigte van die land se Indiërbevolking. Aanvanklik wou die NP nie permanente burgerskap aan Suid-Afrikaanse Indiërs toestaan nie en streng maatreëls is getref om 'n beleid van repatriasie na Indië toe te pas. Net 'n klein aantal Indiërs het van dié aanbod gebruik gemaak. Uiteindelik het die regering in 1961 permanente burgerskap aan Indiërs toegestaan. 'n Departement van Indiërsake is tot stand gebring, maar soos in die geval van die bruin mense is hulle ook aan talle apartheidsmaatreëls onderwerp, byvoorbeeld die Groepsgebiedewet.

Intussen is die ondergrondse bewegings in 1963 'n swaar slag toegedien toe die polisie op die hoewe Liliesleaf in Rivonia, noord van Johannesburg, toegeslaan het. 'n Groot aantal ANC-leiers is gearresteer. In die daaropvolgende Rivonia-hofsaak het Nelson Mandela, bevelvoerder van Umkhonto (MK), wat in Augustus 1962 aangekeer is, 'n merkwaardige betoog gelewer. Nadat hy verduidelik het waarom MK tot geweld aangespoor is deur die regering se onversetlike houding, het hy opnuut verklaar dat hy bereid is om sy lewe op te offer vir die ideaal van 'n demokratiese, nie-rassige Suid-Afrikaanse samelewing. Hy het onder meer soos volg getuig (vry vertaal in Afrikaans):

In my lewe het ek my gewy aan swart mense se stryd. Ek het geveg teen wit oorheersing en ek het geveg teen swart oorheersing. Ek het die ideaal gekoester van 'n demokratiese samelewing waarin alle mense

in harmonie met mekaar kan saamleef en waarin almal gelyke geleent-
hede kan hê. Dit is 'n ideaal waarvoor ek leef en waarna ek strewe en
wat ek hoop om te verwesenlik. Maar as dit nodig is, is dit 'n ideaal
waarvoor ek ook bereid is om te sterf.

Op 12 Junie 1964 is Mandela, Sisulu, Govan Mbeki en ander skuldig bevind
aan die beplanning en uitvoering van sabotasie om die regering omver te
werp. Hulle is tot lewenslange tronkstraf gevonnis.

Die NP-regering het die hoogtepunt van sy mag teen 1966 bereik. Die
veldtog van geweld teen apartheid is onderdruk en byna al die leiers van die
bevrydingsbewegings was in die tronk, verban of het uitgewyk. Die land het
die grootste ekonomiese bloeitydperk in sy geskiedenis beleef. 'n Sterk eko-
nomie het 'n sterk militêre en veiligheidsmag moontlik gemaak. Wit mense
het 'n besonder hoë lewenstandaard gehandhaaf.

Die meeste swart mense het egter swaargekry in moeilike omstandighede
en in groot onsekerheid geleef. Die historikus Robin Hallett het geskryf dat
min gemeenskappe in die geskiedenis van die verstedelikte mensdom só ont-
neem is van basiese menseregte as die inwoners van swart woongebiede in die
apartheidsjare. "To live in Soweto or any other black township seems to an
outsider like living in a barbed wire entanglement, so many are the regula-
tions which residents are required to observe."

In hierdie doolhof van burokratiese regulasies was die lewe van miljoene
mense onder geweldige druk. Die land sou later die bittere vrugte pluk van
die NP-regering se beheptheid met die apartheidsideologie en die onwillig-
heid om enige betekenisvolle toegewings in die daaropvolgende jare te maak.

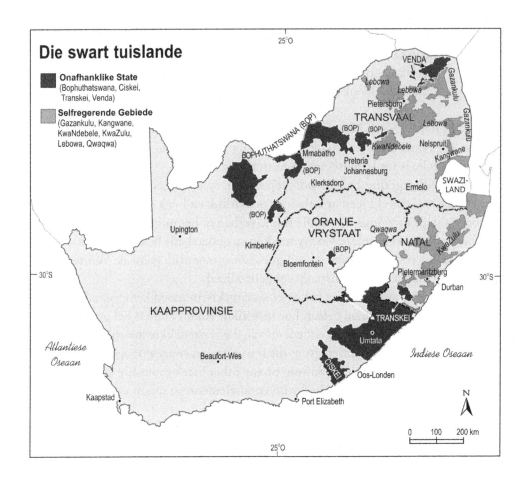

Die swart tuislande

Onafhanklike State
(Bophuthatswana, Ciskei,
Transkei, Venda)

Selfregerende Gebiede
(Gazankulu, Kangwane,
KwaNdebele, KwaZulu,
Lebowa, Qwaqwa)

25°O

VENDA

Lebowa
Lebowa
Gazankulu

Pietersburg

TRANSVAAL
(BOP) (BOP)

Lebowa

KwaNdebele Nelspruit

Kangwane

BOPHUTHATSWANA (BOP)

Mmabatho

Pretoria
(BOP) Johannesburg

SWAZI-
LAND

Klerksdorp

Ermelo

(BOP)

ORANJE-
VRYSTAAT

Qwaqwa

NATAL

KwaZulu

Upington

Kimberley (BOP)

Bloemfontein

Pietermaritzburg

Durban

30°S 30°S

KAAPPROVINSIE

TRANSKEI

Umtata

Atlantiese
Oseaan

Beaufort-Wes

Indiese Oseaan

CISKEI

Oos-Londen

Kaapstad

Port Elizabeth

N

0 100 200 km

25°O

18

B.J. Vorster en afsonderlike ontwikkeling

Kobus du Pisani

Op 13 September 1966, 'n week nadat dr. H.F. Verwoerd in die Volksraad in Kaapstad met 'n dolk doodgesteek is, het die koukus van die regerende Nasionale Party (NP) eenparig vir B.J. (John) Vorster as hoofleier van die party en eerste minister aangewys. As minister van justisie sedert 1961 het Vorster die beeld gehad van die sterk leier wat die revolusionêre aanslag van die kommuniste en swart nasionaliste teen Suid-Afrika afgeweer het. Vorster het onderneem om in Verwoerd se voetspore te volg en die beleid van afsonderlike ontwikkeling (apartheid) toe te pas. Dit was gou duidelik dat hy 'n baie meer prakties ingestelde leier as Verwoerd sou wees.

Wat binnelandse beleid betref, was een van Vorster se eerste take om die tuislandbeleid uit te voer. Verwoerd het begin met die idee dat die verskillende swart etniese groepe in Suid-Afrika – die Xhosa, die Zulu, die Tswana en ander – hul eie tuislande moet hê wat uiteindelik onafhanklike state kon word. Die Wet op Bantoe-owerhede (1951)[2] en die Wet op die Bevordering van Bantoe-selfbestuur (1959) is aanvaar om die tuislandbeleid deur te voer. Swart owerhede is in die landelike gebiede geskep. Teen 1966 was Transkei die enigste selfregerende tuisland met 'n eie hoofminister, kabinet en wetgewende vergadering.

Aan die begin van Vorster se bewind het regeringskomitees daaraan gewerk om die tuislandbeleid vinniger toe te pas. Meer funksies is aan die tuislande se eie owerhede oorgedra, eie regeringsdepartemente is vir hulle op die been gebring en swart amptenare is opgelei om wit amptenare te vervang. Die ander tuislande is op dieselfde pad van selfregering as Transkei geplaas. M.C. Botha, die minister van Bantoe-administrasie en -ontwikkeling, en ander be-

---

2 By die benaming van wetgewing is die destydse spelwyse van die woord "Bantu" behou.

leidmakers het van "veelvolkige ontwikkeling" gepraat. Hulle het geredeneer dat die Suid-Afrikaanse bevolking bestaan uit 'n verskeidenheid "volkere" op verskillende vlakke van ontwikkeling. Die ideaal was dat die verskillende swart groepe in hul eie gebiede selfstandige volke met hul eie regerings, administrasies en geriewe moes word.

Swart mense in Suid-Afrika sou uiteindelik burgerskap van die tuislande ontvang en hul Suid-Afrikaanse burgerskap en permanente verblyf- en eiendomsreg in die afgebakende wit gebied verloor. Elke swart mens sou politieke regte, soos stemreg en parlementêre verteenwoordiging, in die tuisland van sy spesifieke groep kon uitoefen, maar sou geen politieke regte in die wit Suid-Afrika hê nie.

Wat buitelandse betrekkinge betref, het Vorster aan die bewind gekom in 'n stadium toe internasionale druk op apartheid, wat wyd as 'n rassistiese en onmenswaardige beleid beskou is, in felheid toegeneem het. Anti-apartheidsorganisasies in verskeie lande, die bevrydingskomitee van die Organisasie vir Afrika-eenheid (OAE) en die Verenigde Nasies (VN) se spesiale komitee oor apartheid het hulle daarvoor beywer om Suid-Afrika op alle terreine te isoleer.

In 1969 het die OAE die Lusaka-manifes aanvaar waarin die aftakeling van apartheid en 'n verbintenis tot 'n meerderheidsregering as voorwaarde gestel is vir onderhandelinge deur Afrikastate met Suid-Afrika. Die OAE het die African National Congress (ANC) en die Pan-Africanist Congress (PAC) se gewapende stryd teen apartheid onderskryf.

Teen die agtergrond van toenemende internasionale druk het Vorster sy uitwaartse beleid van stapel gestuur deur aan te kondig dat hy beoog om Suid-Afrika na volle internasionale deelname te lei. Hy het egter besef dat sy regering goeie betrekkinge met swart Afrikastate sou moes bewerkstellig om isolasie teen te werk en hom bereid verklaar om op gelyke voet met Afrikaleiers samesprekings te voer.

Vorster se eerste deurbraak was om in September 1967 amptelike betrekkinge met Malawi aan te gaan wat in 1971 tot ambassadeursvlak verhoog is. Vorster se besoek aan Malawi in 1970 was die eerste ampsbesoek van 'n Suid-Afrikaanse eerste minister aan 'n onafhanklike Afrikastaat. Die volgende jaar het president Hastings Banda van Malawi die eerste swart staatshoof geword wat 'n ampsbesoek aan Suid-Afrika gebring het.

Vorster se eerste termyn as eerste minister het in die teken van die verlig-verkramp-stryd gestaan. Onder Afrikaners het twee opponerende faksies met verskillende sienings oor die aard van Afrikaners se verhouding met ander groepe (soos Engelssprekendes en swart mense) ontstaan. Vroeër het die konserwatiewe laertrekmentaliteit – die oortuiging dat die Afrikaner se krag in isolasie lê – die toon in die Afrikanersamelewing aangegee. In die 1960's het die stemme van minder konserwatiewe Afrikaanse kerkleiers, akademici, skrywers en joernaliste begin opklink vir groter openheid en skakeling met ander groepe. Die stryd tussen die verkramptes en die verligtes, die name wat die akademikus en latere koerantredakteur Willem de Klerk aan dié twee faksies gegee het, het na verskillende Afrikaanse organisasies en die NP versprei.

Eers is die stryd hoofsaaklik in die Afrikaanse koerante gevoer. Die verkramptes het besware teen Vorster se beleidsrigtings oor sport, swart diplomate, samewerking tussen Afrikaans- en Engelssprekendes en immigrasie begin opper. Hulle was bang dat klein toegewings die dun end van die wig sou wees wat kon lei tot die versaking van die NP se tradisionele beleid. Vorster se reaksie was dat aanpassing by veranderde omstandighede noodsaaklik is, maar dat hy nie sou afwyk van NP-beginsels nie. In 1967 het hy gewaarsku dat die "liberaliste-jagters" end moet kry met hul verdagmakery van mede-Afrikaners. In 1968 het Vorster in die NP-koukus te kenne gegee dat dr. Albert Hertzog, 'n kabinetsminister wat beskou is as die verkramptes se leier in die NP, die bron van verdagmakery teen hom was. Later daardie jaar het hy Hertzog uit sy kabinet weggelaat. In Augustus het hy 'n ultimatum aan die verkramptes gerig om hul lojaliteit aan hom toe te sê of 'n ander politieke tuiste te soek.

Uiteindelik is die twis in die party in September 1969 op die Transvaalse NP-kongres op die spits gedryf oor die toegewings in die sportbeleid. Vorster het 'n vervroegde algemene verkiesing uitgeroep, waarop Albert Hertzog, saam met drie NP-Volksraadslede, Jaap Marais, Willie Marais en Louis Stofberg, in Oktober 1969 die Herstigte Nasionale Party (HNP) gestig het. 'n Bittere broedertwis tussen die twee Afrikaansgeoriënteerde partye was die hoofkenmerk van dié verkiesingsveldtog.

In die verkiesing van 1970 kon die nuwe party nie 'n enkele setel wen nie, maar die Verenigde Party- (VP-)opposisie het baat gevind by die Afrikanertwis. Vir die eerste keer sedert 1948 het die NP-regering se getal setels afgeneem, terwyl die VP s'n toegeneem het. Vorster was baie teleurgesteld oor die verkiesingsuitslae. Hy het byna obsessief geword om Afrikanereenheid te handhaaf en nog skeurings in die NP tot elke prys te vermy. Sy beheptheid met NP-eenheid sou beleidshervorming rem.

'n Tweede termyn, 1970-1974

In sy tweede termyn as eerste minister het Vorster hom as 'n knap partypolitikus onderskei. Hy het daarin geslaag om die Nasionale Party agter sy leierskap verenig te hou ná die HNP-wegbrekery. Die verligtes het gehou van die pragmatiese wyse waarop hy beleidsaanpassings gemaak het, terwyl sy besliste houding oor staatsveiligheid en die handhawing van reg en orde by die verkramptes byval gevind het.

Vorster se statuur as simboliese leier van die Afrikanervolk het toegeneem. Hy het die behoud van Afrikaner-identiteit vooropgestel en 'n fyn aanvoeling vir die gemiddelde Afrikaner se aspirasies gehad. As regeringsleier kon hy egter nie net Afrikanerbelange bevorder nie en hy het ook samewerking tussen Afrikaans- en Engelssprekendes bepleit.

Teen 1972 is die swaai na die VP gestuit. Interne verdeeldheid tussen die sogenaamde Jong Turke en die Ou Garde het die VP op 'n glybaan laat beland. Daar was ook onenigheid oor die VP se rassefederasiebeleid en oor die party se deelname aan die Schlebusch-kommissie, wat linksgesinde organisasies ondersoek het. Sekere Engelse koerante het sir De Villiers Graaff se bedanking as partyleier geëis.

In teenstelling met die sukkelende VP het die NP onder Vorster, met sy kombinasie van pragmatisme en konserwatisme, van krag tot krag gegaan. Sy populêre steun onder Afrikaners en konserwatiewe Engelssprekendes het 'n sterk opwaartse kurwe getoon. Vorster het wel met die liberaalgesinde Engelstalige koerante, kerke en universiteite gebots oor sy streng toepassing van veiligheidswetgewing en sy beweerde skending van die regte en vryhede van mense deur arrestasies, aanhouding sonder verhoor en inperkings.

Een van Vorster se beleidsprioriteite was om, ondanks die wêreldwye teenkanting teen apartheid, Suid-Afrika se buitelandse betrekkinge te bestendig en uit te brei. In sy tweede bewindstermyn het hy deurbrake op die terrein van buitelandse betrekkinge gemaak. Dit was vir die Afrikaners belangrik om as deel van die "Christelike Westerse beskawing" en as 'n bondgenoot teen die "kommunistiese bedreiging" aanvaar te word. Die apartheidstaat se belangrikste bande was met die Weste, veral Brittanje, die VSA en Wes-Europa. Brittanje het hegte politieke en ekonomiese bande met Suid-Afrika gehad en dié bande is gehandhaaf ondanks spanning tussen die Vorster-regering en Harold Wilson se Arbeidersregering. Suid-Afrika het ook stewige bande met die Caetano-regering in Portugal gehad en die twee lande het saamgewerk aan ontwikkelingsprojekte in Mosambiek en Angola om wit beheer in Suider-Afrika te konsolideer.

Frankryk was die grootste verskaffer van militêre wapens aan Suid-Afrika en het kerntegnologie en toerusting vir die oprigting van die Koeberg-kernkragsentrale in ruil vir Suid-Afrikaanse uraan verskaf. Voortgesette goeie betrekkinge met die magtige VSA, die leier van die Weste, was vir Vorster 'n prioriteit. In die Koue Oorlog was Suid-Afrika se minerale rykdom en strategiese ligging aan die Kaapse seeroete vir die VSA van belang. Tydens die presidentskap van Richard Nixon (1969-1974) is aanvaar dat die wit bewind in Suid-Afrika nog lank sou duur en dat dit in die VSA se belang was om met die NP-regering saam te werk.

Omdat Vorster besef het dat Suid-Afrika se pad na goeie betrekkinge met die res van die wêreld deur Afrika loop, het hy gehoop dat dialoog met Afrikaleiers by wyse van persoonlike samesprekings vir hom deure in Afrika kon oopmaak. Nadat Vorster in 1970 'n aanbod van 'n nie-aanvalsverdrag aan Afrikastate gemaak het, het president Felix Houphouét-Boigny van die Ivoorkus hom ten gunste van dialoog met Suid-Afrika uitgespreek. Nie alle Afrikastate het hom egter hierin gesteun nie en die kwessie het 'n groot debat ontlok. Op die OAE-spitsberaad van Junie 1971 in Addis Abeba is dialoog met Suid-Afrika verwerp en het die OAE sy steun aan die bevrydingsbewegings se gewapende stryd herbevestig. Die Ivoorkus het egter sy kontak met Suid-Afrika voortgesit. Vorster en sy raadgewers het daaraan bly werk om dialoog met Afrika uit te brei.

Sedert 1960 het die verbod op die ANC en PAC en die aanhouding van hul leiers binnelandse swart verset verlam. Aan die begin van die 1970's het verset deur die swartbewussynsbeweging onder leiding van Steve Biko by swart universiteite begin kop uitsteek. In 1973 was daar ook 'n reeks stakings deur swart werkers in Durban vir beter lone en werkomstandighede wat na ander dele van die land uitgekring het. Dit het uitgeloop op die stigting van onafhanklike swart vakbonde. Die staat het egter geweier om die vakbonde as liggame vir kollektiewe bedinging te erken. Die populêre steun onder die meeste swart mense vir die swartbewussynsbeweging en die stakings het die gevaarligte laat flikker dat die land gereed moes maak vir wydverspreide massaverset.

Vorster het die algemene verkiesing, wat in 1975 moes plaasvind, tot April 1974 vervroeg omdat hy verwag het dat Suid-Afrika se buitelandse betrekkinge en ekonomie kon versleg en omdat hy die verdeelde VP-opposisie 'n uitklophou wou gee. Die NP se verkiesingsveldtog is om Vorster gebou. Sowel sy pragmatiese buigsaamheid as sy kragdadigheid is beklemtoon om die steun van sowel verligte as behoudende kiesers te behou. Vorster kon die verdeeldheid in die opposisie in sy verkiesingstoesprake uitbuit. Ekonomiese faktore het in die regering se guns getel, want hoewel inflasie begin kop uitsteek het, was daar sterk ekonomiese groei in die land. Salarisse en pensioene was in 'n stygfase en die werkloosheidsyfer was laag.

Een van die grootste prestasies van die Vorster-regering in hierdie fase van ekonomiese groei was die grootskaalse skepping van infrastruktuur in die land. 'n Paar voorbeelde van strategiese infrastruktuur wat in Vorster se bewindstyd voltooi is en nog lank 'n bydrae tot die Suid-Afrikaanse ekonomie sou lewer, is die Verwoerddam (nou die Gariepdam) en die Oranje-Vistonnel, die aluminiumsmeltery en steenkooluitvoerterminaal by Richardsbaai, die uraanverrykingsaanleg by Pelindaba, die Koeberg-kernkragsentrale, die Atlas-vliegtuigkorporasie, 'n derde Yskor-staalaanleg, 'n tweede Sasol-brandstofaanleg en die Natref-raffinadery, die Saldanha-staalfabriek en die Sishen-Saldanhaspoorlyn, die ondersese telefoonkabel na Europa, die ruimtewaarnemingstasie op Sutherland en die Hartebeesthoek-satellietaardstasie.

In die 1974-verkiesing het die NP se aantal parlementêre setels van 118 tot 123 toegeneem en die Progressiewe Party (PP) s'n van een tot sewe, terwyl die VP se seteltal van 47 tot 41 gedaal het. Vir die wankelende VP, wat setels aan sowel die NP as die PP afgestaan het, was die verkiesing 'n ramp.

In die vier jaar tussen die algemene verkiesings van 1970 en 1974 het Vorster se statuur as leier in die regering en die NP toegeneem en het hy die Suid-Afrikaanse politieke toneel oorheers. Terwyl die VP-opposisie deur interne verdeeldheid afgetakel is, het Vorster daarin geslaag om die NP se agteruitgang te stuit en om te keer. Hy het konserwatiewe en gematigde wit mense rondom sy leierskap verenig en sy onbetwiste leierskap is deur die uitslag van die 1974-verkiesing bevestig.

Die tuislandstelsel onder druk

Die doel van die Wet op Burgerskap van Bantoetuislande van 1970 was dat elke swart mens in Suid-Afrika uiteindelik 'n burger van een van die tien tuislande (aanvanklik was daar slegs agt) sou word. Deur die Grondwet van die Bantoetuislande (1971) is die ander tuislande op dieselfde pad van selfregering as Transkei geplaas deur voorsiening te maak dat wetgewende, uitvoerende en regterlike gesag aan hulle oorgedra word. Bophuthatswana, Venda, Ciskei,

Gazankulu, Lebowa, Qwaqwa en KwaZulu het in die jare daarna almal self-regering gekry.

Sommige tuislande se hoofministers was uitgesproke in hul kritiek op aspekte van die Suid-Afrikaanse regeringsbeleid, wat 'n mate van geloofwaardigheid aan die tuislandstelsel verleen het. Vorster se regering het meer samesprekings met die tuislandleiers as enige van sy voorgangers gevoer. Van 1973 het Vorster 'n reeks konferensies met die hoofministers gehou waar swart aspirasies en griewe onder sy aandag gebring is. Hy het daarna sekere toegewings gemaak.

'n Moeilike aspek van die tuislandbeleid was die konsolidasie van die versplinterde grondgebied in swart besit in groter geografiese eenhede sodat die tuislande polities en ekonomies meer lewensvatbaar gemaak kon word. Bophuthatswana het byvoorbeeld uit 19 aparte stukke grond bestaan en KwaZulu uit 29 groot stukke en 41 kleiner stukkies grond. Voorstelle is in die parlement goedgekeur waardeur die tien tuislande in 24 blokke gekonsolideer sou word. Hoewel baie meer grond nodig was om die tuislande lewensvatbaar te maak, het Vorster geweier om die ou wette van 1913 en 1936 as die basis vir toekenning van grond aan die tuislande te laat vaar. Hierdie twee wette het bepaal dat net 13% van Suid-Afrika se totale grondoppervlakte deur swart mense besit kon word. 'n Omvattende program vir die aankoop en oordrag van grond aan die tuislande het meegebring dat die hoeveelheid grond in swart besit in Vorster se bewindstyd toegeneem het met ongeveer 15%, of 2 miljoen hektaar.

Seker die grootste mislukking van die tuislandbeleid was dat geen tuisland ekonomies selfstandig gemaak kon word nie. Baie is gedoen om die ekonomiese ontwikkeling van die tuislande te stimuleer, maar daar kon nooit genoeg werkgeleenthede geskep word nie. Luidens statistieke het die tuislande grootliks van hul inkomste van die sentrale regering afhanklik gebly.

Die ontworteling van hele gemeenskappe weens die tuislandbeleid het baie ontwrigting en swaarkry veroorsaak. Kragtens regeringsbeleid moes alle "oortollige" swart mense, dus mense wat nie produktiewe arbeid verrig het nie, na die tuislande verskuif word. Daar is druk op gemeenskappe uitgeoefen om hierdie hervestiging te aanvaar. Na raming is tussen 1,5 en 2 miljoen swart mense in Vorster se bewindstyd in die tuislande hervestig. Nogtans het meer as dubbel soveel swart as wit mense teen die einde van die Vorster-era in "wit" Suid-Afrika gewoon.

Die gedwonge verskuiwings het nie die gewenste uitwerking gehad nie. 'n

Groot aantal ekonomies onaktiewe mense is op die sukkelende ekonomieë van die tuislande afgelaai, waar armoede, werkloosheid en behuisingsnood aan die orde van die dag was. Teenstanders van apartheid het beweer dat die tuislande gedien het as reservoirs van goedkoop swart arbeid vir die apartheidsekonomie en stortingsterreine vir die swart surplusbevolking.

Die groeiende aantal stedelike swart mense het toenemend 'n struikelblok in die pad van afsonderlike ontwikkeling geword. Swart mense is beskou as tydelike gasarbeiders in die wit gebied en was onderhewig aan streng maatreëls wat hul beweging, indiensneming en vestiging beheer het. Duisende swart mense is weens oortredings van die paswet vervolg. Soveel kritiek daaroor het op die regering neergereën dat maniere oorweeg is om instromingsbeheer te probeer stroomlyn.

Stedelike swart mense was veronderstel om hul politieke regte in die tuislande uit te oefen deur te stem in die verkiesings vir die tuislande se wetgewende vergaderings. Hulle het 'n baie geringe aandeel in die plaaslike bestuur van hul woongebiede in "wit" Suid-Afrika gehad. Plaaslike liggame waarin hulle verteenwoordig is, het baie min magte gehad. Daar was 'n al hoe groter aandrang op betekenisvolle inspraak vir swart mense in besluitneming oor die stedelike gebiede waar hulle gewoon het. Met die inwerkingstelling van Bantusake-administrasierade het die sentrale regering die beheer van stedelike swart woongebiede by plaaslike owerhede oorgeneem en alle aspekte van swart mense se lewe in die wit gebied gereguleer. Dié administrasierade is egter as agente van die regeringsbeleid beskou en was vir die meeste stedelike swart mense onaanvaarbaar.

Hulle is onderwerp aan sogenaamde "klein apartheid" om sosiale vermenging tussen wit en swart tot 'n minimum te beperk. Swart en wit is nie toegelaat om geriewe soos hotelle, restaurante, sportterreine en strande te deel nie. Hulle kon nie op dieselfde banke in parke sit of in dieselfde treinwaens ry nie. Swart mense moes aparte ingange van staats- en ander geboue gebruik.

Swart werkers, wat meer as 70% van die totale Suid-Afrikaanse arbeidsmag verteenwoordig het, is ook streng gereguleer. Geskoolde werk is vir wit werkers gereserveer en swart mense kon nie gesagsposisies oor wit werkers beklee nie. Swart werkers het laer lone verdien en omdat hul vakbonde nie amptelik erken is nie, was hulle aangewese op tandelose werkerskomitees om hul belange in die werkplek te verteenwoordig.

Minderheidsgroepe in die Vorster-bewindstyd

Die Vorster-regering het nie altyd mooi geweet wat die beste manier is om vir bruin mense en Indiërs voorsiening te maak nie. Hulle het nie hul eie tuislande gehad nie en is op 'n baan van parallelle ontwikkeling in dieselfde geografiese gebied geplaas, maar afsonderlik van wit mense.

In die 1950's is bruin mense deur die Bevolkingsregistrasiewet, die Groepsgebiedewet, die Wet op die Verbod op Gemengde Huwelike, die Wet op Afsonderlike Geriewe en die Wet op die Afsonderlike Verteenwoordiging van Kiesers doelbewus van die wit bevolking geskei. Hulle moes tevrede wees met indirekte verteenwoordiging in die parlement, die Kaapse Provinsiale Raad en 'n ondoeltreffende, benoemde Raad vir Kleurlingsake. In 1968 het die regering die aanbevelings van die Louwrens Muller-kommissie aanvaar en die indirekte verteenwoordiging vir bruin mense in die parlement en Kaapse Provinsiale Raad, asook die Raad vir Kleurlingsake, afgeskaf.

Wetgewing is deurgevoer waardeur 'n Verteenwoordigende Kleurlingraad (VKR) met beperkte wetgewende en uitvoerende gesag in die lewe geroep is. Die eerste verkiesing vir die VKR het in September 1969 plaasgevind. Toe die Arbeidersparty (AP) die meerderheid verkose setels wen, het die regering al die benoemde setels aan die Federale Party (FP) gegee om dié meer regeringsgesinde party die meerderheid in die VKR te besorg. Hierdie blatante manipulasie van die stelsel het die VKR se geloofwaardigheid ondermyn. Die VKR het 'n ontoereikende liggaam gebly omdat hy nie die meerderheid bruin mense se steun gehad het nie. VKR-sittings het vasgeval in 'n voortdurende gekibbel tussen die AP en die FP. Die meeste bruin mense het verkies om nie aan VKR-verkiesings deel te neem nie.

'n Militante gees van verset teen apartheid het onder die jonger geslag bruin mense begin posvat. Onrus by die Universiteit van Wes-Kaapland in 1972 en 1973 het die aandag op die frustrasie onder die bruin bevolking gevestig. 'n Toenemende deel van die bruin elite het radikaler geword in hul politieke uitkyk en nader aan die swartbewussynsbeweging begin kom.

Voor 1961 was dit NP-beleid dat Indiërs in Suid-Afrika na Indië gerepatrieer moet word. Ná republiekwording is hulle as permanente inwoners van Suid-Afrika aanvaar en is 'n departement van Indiërsake in die lewe geroep. Deur die Wet op die Suid-Afrikaanse Indiërraad (1968) is voorsiening gemaak vir 'n benoemde raad, wat mettertyd 'n ten volle verkose raad sou word om die Indiërs selfbestuur oor al hoe meer aangeleenthede te gee. Soos by die bruin mense was daar onder die Indiërs ook meningsverskil oor die beste strategie om betekenisvolle politieke verandering teweeg te bring: deur deel te neem aan regeringstrukture soos die Indiërraad of deur dit te boikot.

Die era van détente, 1974-1976

Ná die 1974-verkiesing het die omstandighede vir die Vorster-regering moeiliker geraak. Aandrang op binnelandse hervorming het die druk op apartheid laat oplaai. Die wêreldwye ekonomiese resessie van die middel-1970's het Suid-Afrika nadelig getref en gelei tot inflasie en betalingsbalanstekorte.

Die regering het stadig begin wegbeweeg van rassediskriminasie gegrond op velkleur. 'n Interdepartementele kabinetskomitee het aandag gegee aan die uitskakeling van "onnodige" diskriminasie en aanbevelings aan die kabinet voorgelê. Daar is begin om sekere geriewe, soos hotelle, restaurante en teaters, vir alle rassegroepe oop te stel. Meningsverskille in die NP tussen konserwatiewes en die hervormingsgesindes het gelei tot polemieke oor byvoorbeeld die oopstelling van die Nico Malan-teater in Kaapstad, die veranderende sportbeleid en die sogenaamde Kleurlingbeleid.

In reaksie op druk vir verandering het Vorster hom opnuut verbind tot die deurvoering van afsonderlike ontwikkeling. In berade met die tuislande se hoofministers en die uitvoerende komitees van die Verteenwoordigende Kleurlingraad en die Suid-Afrikaanse Indiërraad het hy benadruk dat verandering in die raamwerk van afsonderlike ontwikkeling sou plaasvind. Hy het dit duidelik gestel dat hy nie magsdeling of direkte parlementêre verteenwoordiging vir gekleurde en swart mense oorweeg nie. Die regering sou met die ontplooiing van die tuislandbeleid vir swart mense en parallelle ontwikkeling vir bruin mense en Indiërs volhard.

Teen die middel-1970's het die tyd aangebreek vir die tuislande om te besluit of hulle onafhanklike state wou word. Die Mills-verslag, 'n bloudruk vir die staatkundige ontwikkeling van die tuislande, is aanvaar. Sommige tuislande se hoofministers was daarteen gekant om staatkundig van Suid-Afrika af te skei en het die skepping van 'n Suid-Afrikaanse federasie voorgestaan, maar Vorster het 'n federasie verwerp. Hy was ten gunste van 'n "konstellasie" van Suider-Afrikaanse state waarin polities onafhanklike state met mekaar sou saamwerk.

Onafhanklikheidsmosies is in Transkei en Bophuthatswana se wetgewende vergaderings aanvaar. Hul regerings het samesprekings oor onafhanklikwording met die sentrale regering begin voer. Deur status- en grondwette is soewereiniteit oor die twee tuislande van die Suid-Afrikaanse regering na hul eie regerings oorgedra. Amptelike ooreenkomste is onderteken om toekomstige betrekkinge tussen Suid-Afrika, Transkei en Bophuthatswana te reël. Verkiesings vir lede van die twee tuislande se nasionale vergaderings is gehou. Transkei het op 26 Oktober 1976 en Bophuthatswana op 6 Desember 1977 met luisterryke vierings in Umtata (Mthatha) en Mmabatho onafhanklik geword.

Tuislandonafhanklikheid moes die kroon span op die beleid van afsonderlike ontwikkeling, maar die meeste Suid-Afrikaners het dit nie gesteun nie omdat dit die land versplinter het en swart mense van hul geboortereg as Suid-Afrikaners ontneem het. Die grootste terugslag vir die tuislandbeleid was dat geen land behalwe Suid-Afrika bereid was om die tuislande as soewerein onafhanklike state te erken nie. Hulle sou in die internasionale arena nooit onafhanklik van Suid-Afrika kon funksioneer nie. Die regering moes aanvaar dat al die tuislande nie onafhanklik sou word nie en dat die beoogde konstellasie van state nie werklikheid sou word nie.

Die Vorster-regering kon die meeste bruin mense en Indiërs ook nie oorreed om die konsep van parallelle ontwikkeling te aanvaar nie. In die tweede VKR-verkiesing in 1975 het die Arbeidersparty (AP) die beheer van die VKR oorgeneem. Dié party was ten gunste van direkte parlementêre verteenwoordiging vir bruin mense en wou die VKR van binne deur 'n strategie van ontwrigting en boikotte vernietig. Nadat Sonny Leon, leier van die Arbeidersparty en voorsitter van die VKR se uitvoerende bestuur, deur die regering van sy amp onthef is, het VKR-sittings in 'n klug ontaard. Elke jaar is die begroting deur die AP-meerderheid verwerp en die sitting verdaag voordat die werksaamhede afgehandel is. Die AP het samesprekings gevoer met wit opposisiepartye en swart tuislandleiers wat daarop aangedring het dat 'n veelrassige nasionale konvensie byeengeroep word om 'n demokratiese grondwet vir die land op te stel.

Die Erika Theron-kommissie se verslag oor bruin mense is in 1976 in die parlement ter tafel gelê. Daarin is direkte politieke verteenwoordiging vir bruin mense op alle regeringsvlakke aanbeveel, maar die regering het dit verwerp. Onder bruin mense wat gevoel het dat hulle saam met swart mense onderdruk word, het swartbewussyn toenemend inslag vind. Hulle het hulle eerder met die swart bevrydingstryd vereenselwig as om met die regering saam te werk. Toe oproer in 1976 van Soweto oor die land heen versprei, het baie bruin mense saamgespan en aan stakings, wegblyaksies en massabetogings deelgeneem.

Vorster het voet by stuk gehou dat hy nie van voorneme was om die VKR af te skaf en direkte parlementêre verteenwoordiging aan bruin mense te gee nie. Hy het aangekondig dat die VKR 'n ten volle verkose liggaam sou word en meer magte en geld sou kry. 'n Kabinetsraad is ingestel vir skakeling tussen die parlement, die VKR en die Suid-Afrikaanse Indiërraad oor die gemeenskaplike belange van wit en bruin mense en Indiërs. Van September 1976 het vergaderings van die kabinetsraad onder voorsitterskap van die eerste minister plaasgevind, maar die AP-leiers het geweier om daaraan deel te neem.

In November 1974 is die eerste verkiesing vir die Indiërraad gehou. Net soos die VKR het die Indiërraad nie oor werklike politieke mag beskik nie en kon nie legitimiteit in die Indiërgemeenskap verwerf nie. Vorster het aangekondig dat die Indiërraad 'n oorwegend verkose liggaam sou word en meer magte en funksies sou kry. In radikale kringe is die Indiërraad egter gebrandmerk as 'n strooipop van die apartheidsregering. Die landwye onrus sedert 1976 het die polities radikaler element onder die Indiërs versterk en die Natal Indian Congress is herstig. Ondersteuners van die strategie van nie-samewerking met die regering het deelname aan die Indiërraad beveg.

Teen die middel-1970's was Suider-Afrika 'n politieke brandpunt. Voor April 1974 was Suid-Afrika omring deur witbeheerde state. Suidwes-Afrika, 'n voormalige mandaatgebied van die Volkebond, is deur Suid-Afrika geadministreer asof dit 'n vyfde provinsie van Suid-Afrika was. Rhodesië, 'n voormalige Britse kolonie, is in 1965 deur die wit regering van Ian Smith eensydig onafhanklik verklaar. Die Suid-Afrikaanse regering was Smith se grootste bondgenoot teen internasionale druk om die beheer van Rhodesië aan 'n verkose swart meerderheidsregering af te staan. Mosambiek en Angola was onder Portugese koloniale beheer.

In April 1974 is die Caetano-bewind in Portugal in 'n militêre staatsgreep omvergewerp en kort daarna is die Portugese koloniale beheer van Mosambiek en Angola beëindig. Met die magsoorname van swart regerings in dié twee buurstate het die beskermende gordel van wit bewinde rondom Suid-Afrika verkrummel. Die sogenaamde Frontliniestate, 'n nuwe streekgroepering wat Tanzanië, Zambië, Botswana, Mosambiek en Angola ingesluit het, het tot stand gekom met die uitdruklike doel om Suider-Afrika van wit oorheersing te bevry. Die swart nasionalistiese bevrydingstryd het tot by Suid-Afrika se drumpel gevorder en 'n groot bedreiging vir die land se binnelandse veiligheid ingehou.

In 'n poging om by die nuwe omstandighede aan te pas, het Vorster sy détente-inisiatief begin om konflik in Suider-Afrika, veral in Rhodesië en Suidwes-Afrika, te ontlont. Vorster se oogmerke met détente, of ontspannings-politiek, was enersyds om betrekkinge met gematigde Afrikastate te probeer aanknoop om 'n ekonomiese blok van Suider-Afrikaanse state te skep en ander-syds om lidmaatskap van die OAE te probeer kry. In ruil hiervoor het Vorster aangebied om sy invloed te gebruik om vreedsame skikkings in Rhodesië en Suidwes-Afrika te probeer bewerkstellig.

Vorster en president Kenneth Kaunda van Zambië het 'n gesamentlike détente-inisiatief begin om die Rhodesiese geskil te probeer oplos. Dit was die eerste keer dat 'n Suid-Afrikaanse regeringshoof met 'n swart Afrikastaatshoof saamgewerk het om 'n Suider-Afrikaanse konflik op te los. Vroeër kon on-derhandelings tussen die Smith- en die Britse regering die Rhodesiese geskil niks nader aan 'n oplossing bring nie terwyl die militêre konflik tussen die Rhodesiese veiligheidsmagte en die guerrillavegters van die swart bevrydings-bewegings in felheid toegeneem het. Vorster het met Smith onderhandel en Kaunda met die Rhodesiese swart nasionalistiese leiers om hulle na die on-derhandelingstafel te probeer bring. Hoewel die Vorster-regering ekonomiese en militêre steun aan die Smith-regering verleen het, het Vorster vir Smith aangemoedig om 'n skikking aan te gaan wat magsdeling tussen wit en swart tot stand sou bring.

In Augustus 1975 het Vorster en Kaunda se ingryping uitgeloop op 'n beraad tussen Smith en die Rhodesiese swart nasionalistiese leiers by die Victoria-watervalbrug. Hoewel die brugberaad misluk het en geen ooreen-koms aangegaan is nie, was dit 'n hoogtepunt van Vorster se bewind en hy het groot lof ingeoes vir sy aandeel daarin. Die feit dat Vorster vir Smith oorreed het om die swart nasionalistiese leiers te ontmoet, het Suid-Afrika se beeld as 'n eerlike onderhandelingsvennoot in die buiteland verbeter.

In 1976 het dr. Henry Kissinger, Amerikaanse minister van buitelandse sake, met die Vorster-regering saamgewerk aan 'n nuwe inisiatief om die Rhodesiese geskil te probeer oplos. Vorster se vergaderings met Kissinger in Europa en Suid-Afrika was die eerste hoëvlaksamesprekings tussen Suid-Afrika en die VSA sedert die Tweede Wêreldoorlog. 'n Skikkingsplan is ge-formuleer en Vorster het Smith oorreed om 'n meerderheidsregering te aan-vaar, 'n toegewing wat die weg vir 'n latere skikking gebaan het. Kissinger en Smith het op 'n skikkingspakket ooreengekom, maar die Frontliniestate wou dit nie aanvaar nie. Vorster het betrokke gebly by Anglo-Amerikaanse skik-kingsinisiatiewe, maar 'n skikking kon nie bereik word nie.

Détente het internasionaal bygedra tot 'n positiewer gesindheid teenoor Suid-Afrika en dit het Vorster se aansien laat toeneem. Sy samesprekings oor die Rhodesiese geskil met topleiers van die VSA en Brittanje was ongekend in die apartheidstyd. Daardeur het die Suid-Afrikaanse regering erkenning gekry as 'n belangrike rolspeler in Suider-Afrikaanse vraagstukke.

Vorster het ook in die Suidwes-Afrika-kwessie 'n kernrol gespeel. Die internasionale geskil oor Suid-Afrika se weiering om die Verenigde Nasies (VN) se jurisdiksie oor die gebied te erken, het al dekades lank geduur. Die VN kon nie daarin slaag om Suid-Afrika se administratiewe beheer van Suidwes-Afrika te beëindig nie. Die Vorster-regering het ook daar begin om afsonderlike tuislande vir die verskillende etniese groepe te skep. Onder leiding van Sam Nujoma het die South West Africa People's Organisation (Swapo) se People's Liberation Army of Namibia (PLAN) 'n guerrillastryd in Suidwes-Afrika begin voer met die militêre steun van die Sowjetunie.

Dr. Kurt Waldheim, sekretaris-generaal van die VN, en sy persoonlike verteenwoordiger, dr. Alfred Escher, het Suider-Afrika aan die begin van die 1970's besoek vir samesprekings met Suid-Afrika oor Suidwes-Afrika. 'n Skikking was nog nie ter sprake nie aangesien die VN se aandrang op 'n eenheidstaat met gelyke stemreg vir almal nie vir die Vorster-regering aanvaarbaar was nie. Ná Portugal se onttrekking aan Angola het Vorster die ideaal laat vaar om Suidwes-Afrika by Suid-Afrika in te lyf en hom eerder daarop toegespits dat onafhanklikheid – op Suid-Afrika se voorwaardes – aan die gebied toegestaan word. Daar is gehoop dat goedgesinde swart politieke partye aan die bewind sou kom en dat Swapo se mag geneutraliseer kon word.

Tussen 1975 en 1977 het 'n staatkundige beraad met verteenwoordigers van die verskillende bevolkingsgroepe in Suidwes-Afrika plaasgevind. Swapo is egter uitgesluit van dié beraad, wat as die Turnhalle-beraad bekend was. 'n Konsepgrondwet vir die gebied is aanvaar en 31 Desember 1978 is as teikendatum vir onafhanklikwording gestel. Die VN se raad vir Namibië, Swapo, Afrikastate, Brittanje, die VSA en die Europese Gemeenskap het die Turnhalle-plan egter verwerp.

Nadat Kissinger se sewepunt-skikkingsplan vir Suidwes-Afrika ook deur Swapo verwerp is, het verteenwoordigers van die VN-Veiligheidsraad se vyf Westerse lede 'n nuwe diplomatieke inisiatief begin. Daardeur is die Suid-Afrikaanse regering en Swapo by onderhandelings betrek om 'n internasionaal erkende formule vir verkiesings op die grondslag van een mens, een stem onder die gesamentlike toesig van Suid-Afrika en die VN te probeer vind. Vorster het ingestem dat Swapo ook aan 'n verkiesing kon deelneem. Regter M.T. Steyn is as administrateur-generaal van Suidwes-Afrika aangestel. Ondanks verskille oor die toesighouding oor die beplande verkiesing en die onttrekking van die Suid-Afrikaanse Weermag (SAW) aan Suidwes-Afrika het die Vorster-regering en Swapo nader aan 'n kompromis beweeg. In 1978 is 'n Westerse skikkingsvoorstel geformuleer en deur sowel Vorster se kabinet as Swapo aanvaar.

'n Finse diplomaat, Martti Ahtisaari, is aangestel as die Veiligheidsraad se buitengewone verteenwoordiger om toesig oor die verkiesing in Suidwes-Afrika te hou. Toe Waldheim in sy verslag aan die Veiligheidsraad oor die uit-voering van die skikkingsplan afwyk van die goedgekeurde skikkingsvoorstelle, het die Suid-Afrikaanse kabinet die uitvoeringsplan verwerp. Die Westerse skikkingsplan was van die baan en 'n internasionaal aanvaarbare skikking vir die Suidwes-Afrika-vraagstuk sou Vorster nie beskore wees nie.

Deur sy leidende rol in Suider-Afrikaanse détente het Vorster die beeld van 'n ware staatsman en diplomaat verwerf. Die Afrikaanse koerante het sy lof besing. Hy het daarin geslaag om die verligtes en die verkramptes in die NP bymekaar te hou, soms deur besluite oor sensitiewe kwessies uit te stel. Hy het 'n mate van buigsaamheid in die toepassing van apartheid suksesvol met 'n onverbiddelike houding oor landsverdediging en binnelandse veilig-heid gekombineer. Hoewel verligte Nasionaliste détente en die verslapping van rassediskriminasie in Suid-Afrika aangemoedig het, het dr. Andries Treurnicht en sy regsgesinde geesgenote sulke beleidstoegewings gekritiseer.

Vorster was in murg en been 'n Afrikanernasionalis. Die handhawing van Afrikaneridentiteit was vir hom 'n prioriteit, maar hy het ook samewerking tussen wit Afrikaans- en Engelssprekendes en 'n inklusiewe Suid-Afrikaanse patriotisme voorgestaan. By die inwyding van die Afrikaanse Taalmonument in die Paarl in Oktober 1975 het hy gesê dat Afrikaans aan die hele Suid-Afrika behoort. Hy het beklemtoon dat die Afrikaner 'n reg het om in Afrika te wees en dat die Afrikaanse taal uit Afrikabodem kom: "Ons kaart en trans-port om hier te wees, is in Afrikaans geskryf."

Teen 1975 het Vorster weens die sukses van sy détente-inisiatief die top-punt van sy gewildheid onder wit Suid-Afrikaners bereik. Meningsopnames het aangetoon dat byna 80% van die respondente détente gesteun het. Onder wit Suid-Afrikaners was Vorster in daardie stadium gewilder as wat Verwoerd op sy kruin was. Dit was waarskynlik net Hertzog wat in die Smelter-era van die 1930's 'n groter persentasie wit kiesers se steun gehad het.

Terwyl die NP agter Vorster se leiding verenig was, het die aftakeling van die VP deur die interne vete tussen die liberale en konserwatiewe faksies in die party voortgeduur. Swak uitslae in tussenverkiesings, bedankings en skorsings uit die VP het 'n gereelde verskynsel geword. Die NP se oorheersing van parlementsittings het 'n gevoel van magteloosheid in opposisiekringe veroorsaak en gelei tot oproepe dat alle liberaalgesindes hulle in 'n verenigde opposisieparty moes hergroepeer.

Terugslae vir die apartheidstaat

Die politieke veranderinge in die twee Portugese kolonies in Suider-Afrika het nuwe uitdagings vir Vorster meegebring. In die geval van Mosambiek het die Vorster-regering die beginsel van nie-inmenging in ander state se interne aangeleenthede streng toegepas. Daar was dus geen inmenging van Suid-Afrika se kant toe die Marxistiese bevrydingsbeweging Frelimo in 1975 die Mosambiekse regering oorgeneem het nie. Ondanks ideologiese verskille het die twee lande aangehou om op ekonomiese gebied saam te werk.

In Angola het sake 'n heel ander wending geneem. Beroepe deur die OAE vir 'n regering van nasionale eenheid in Angola is geïgnoreer en gevegte tussen die drie bevrydingsbewegings – die MPLA, FNLA en Unita – het op 'n volskaalse burgeroorlog uitgeloop. Die Vorster-regering wou verhinder dat die MPLA, wat militêre steun van die Sowjetunie en Kuba ontvang het, in Angola aan die bewind kom omdat 'n MPLA-bewind Swapo-basisse in Angola sou toelaat. Daarom het die Suid-Afrikaanse Weermag (SAW) begin om 'n militêre veldtog ter ondersteuning van Unita en die FNLA te voer. SAW-taakmagte het Angola tydens Operasie Savannah binnegeval en tot naby die hoofstad Luanda gevorder, maar kon nie daarin slaag om Luanda te verower nie.

Nadat Portugese amptenare en soldate Angola op 11 November 1975 verlaat het, het die militêre stryd hewiger geword. Sowjetwapens en Kubaanse soldate het Angola binnegestroom en Operasie Carlota – 'n offensief deur Fapla, die MPLA se militêre vleuel – het op dreef gekom. Vorster se adviseurs het gehoop dat die VSA bereid sou wees om die anti-MPLA-magte te steun, maar die Weste was uiteindelik nie bereid om soveel militêre hulp te verleen dat dit 'n doeltreffende teenvoeter vir die Russies-Kubaanse hulp aan die MPLA sou kon wees nie.

Nadat die militêre situasie in die MPLA se guns geswaai het, het die OAE die MPLA in 1976 as amptelike regering erken. Die Suid-Afrikaanse troepe het Angola verlaat. Dit was egter nie die einde van die Angolese burgeroorlog nie, want Unita sou met Suid-Afrikaanse hulp nog jare lank 'n uitgerekte guerrillastryd teen die MPLA volhou.

Kritiek het op die Suid-Afrikaanse regering neergereën oor die inval in Angola. Teenstanders van die regering het dit as 'n buitelandsebeleid-fiasko beskou. In reaksie op beskuldigings van Suid-Afrikaanse aggressie en ekspansionistiese oogmerke het Vorster en sy kollegas die SAW-operasie in Angola geregverdig deur te sê dat Suid-Afrika betrokke geraak het om die Swapo-bedreiging vir Suidwes-Afrika teë te werk. Volgens die Vorster-regering wou hy die kommunistiese bedreiging in die streek die hoof bied en 'n demokratiese politieke skikking in Angola probeer verseker.

Suid-Afrika se inmenging in Angola was 'n fout. Op militêre gebied was die SAW-operasie 'n mislukking en op diplomatieke gebied het dit die land net verder geïsoleer. Op ekonomiese gebied het Operasie Savannah Suid-Afrika ook geknou omdat dit owerheidsbesteding aan verdedigingsuitgawes drasties verhoog het in 'n stadium toe die Suid-Afrikaanse ekonomie in 'n resessie verkeer het. Hoewel Suid-Afrika se betrokkenheid by die Angolese oorlog as 'n oordeelsfout aan Vorster se kant beskou kan word, het dit op kort termyn nie Vorster of die NP-regering se aansien onder wit kiesers verminder nie.

In die 1970's het die politieke toneel in Suider-Afrika 'n transformasie ondergaan. Angola en Mosambiek was nou onafhanklike state onder Marxistiesgesinde swart regerings, die wit regering in Rhodesië was op die punt om die mag aan 'n swart meerderheidsregering oor te gee en moontlike skikkingsooreenkomste met die oog op Suidwes-Afrika se onafhanklikwording was ver gevorder. Waar die Vorster-regering voorheen ingestel was op die behoud van wit beheer op die subkontinent, moes hy nou rekening hou met die moontlikheid van toenemende insypeling en guerrilla-aanvalle vanuit buurstate deur die militêre vleuels van die bevrydingsbewegings.

Partypolities het Vorster baat gevind by die verslegtende veiligheidsituasie. Om sy steun onder konserwatiewe Nasionaliste te behou, het hy volgehou met kragdadige optrede in belang van reg en orde, asook militêre paraatheid. Hy het ook die meningsverskille oor veiligheidskwessies tussen die konserwatiewe en liberale faksies in die VP uitgebuit om die wig al hoe verder tussen die strydende partye in te dryf.

Die sukses van die swart bevrydingsbewegings in die voormalige Portugese kolonies het nuwe lewe in die bevrydingstryd in Suid-Afrika geblaas. Die hoop het opgevlam dat binnelandse weerstand moontlik tog wit oorheersing en apartheid kon aftakel. Nadat binnelandse swart verset langer as 'n dekade in 'n groot mate deur die verbod op die ANC, PAC en SAKP en deur die toepassing van streng binnelandse veiligheidswette aan bande gelê is, het die swartbewussynsbeweging binnelands die kanaal vir swart protes geword.

Ontevredenheid met die onderdrukkende apartheidstelsel het in Junie 1976 oorgekook toe 'n protesoptog deur skoliere in Soweto met polisiegeweld begroet is en talle kinders, waaronder die 13-jarige Hector Pietersen, doodgeskiet is. Daarna het duisende betogende swart jeugdiges die strate ingevaar en vergestaltings van apartheidsregering – administrasieraadsgeboue, biersale, skole, klinieke en biblioteke – aan die brand gesteek. In die daaropvolgende weke het gewelddadige verset in die vorm van betogings, oproer, brandstigting, werkstakings en wegblyaksies, asook skool- en huurboikotte, landwyd uitgebrei en meer as 600 mense se lewe geëis. Omdat die oproer 'n massabasis gehad het, kon die polisie dit nie gou in bedwang bring nie.

Talle swart jeugdiges het landuit gevlug en by Umkhonto we Sizwe (MK), die ANC se militêre vleuel, aangesluit. In September 1977 is die swartbewussynsleier Steve Biko in aanhouding dood nadat hy aangerand is en nie behoorlike mediese behandeling ontvang het nie. Die volgende maand is 'n klomp swartbewussynsorganisasies verbied en die leidende swart koerant, *The World*, gesluit. Eers daarna het die oproer, wat Suid-Afrika 'n jaar lank geruk het, begin bedaar.

Die afkeer van Suid-Afrika se apartheidsbeleid het wêreldwyd verskerp. In die VN, waar oor die jare reeds talle resolusies teen apartheid aanvaar is, het die aandrang op sanksies teen Suid-Afrika sterker geword. Die Veiligheidsraad het in 1977 'n verpligte wapenboikot teen Suid-Afrika ingestel wat vir die eerste keer nie deur sy Westerse lede geveto is nie. Ten opsigte van die internasionale anti-apartheidsveldtog was druk deur die VN en OAE maar net die oortjies van die seekoei. Talle anti-apartheidsgroepe het wêreldwye netwerke gevorm om openbare teenkanting teen apartheid te mobiliseer en besluitnemers te beïnvloed om aktief teen apartheid op te tree.

Die boikotte teen Suid-Afrika het toegeneem en die land is uit internasionale liggame geskors. Hoewel volskaalse disinvestering nog nie begin het nie, het banke en korporatiewe beleggers opgehou om nuwe lenings aan en beleggings in apartheidsinstellings goed te keur. Voorheen goedgesinde regerings, maatskappye en organisasies het stille samewerking met Suid-Afrika laat vaar. Die negatiewe uitwerking van hierdie isolasie het op politieke, ekonomiese en sosiale terreine in Suid-Afrika voelbaar geword.

Die departement van buitelandse sake en die departement van inligting het die anti-apartheidsveldtog met propaganda probeer teenwerk. Die Angolese inval, die Soweto-opstande, Biko se dood en die verbod op swartbewussyns-organisasies het egter soveel negatiewe publisiteit meegebring dat die Suid-Afrikaanse regering weinig kon doen om Suid-Afrika se internasionale aansien te herstel.

Selfs die houding van Suid-Afrika se tradisionele bondgenote in die Weste het verander. Ná Jimmy Carter se inhuldiging as president van die VSA in Januarie 1977 het Amerikaanse topamptenare se houding oor apartheid verhard omdat goeie betrekkinge met onafhanklike Afrikastate vir hulle belangriker as goeie betrekkinge met Suid-Afrika was. In samesprekings tussen Vorster en Walter Mondale, die Amerikaanse visepresident, in Mei 1977 het Mondale aangedring op meerderheidsregering in 'n een-mens-een-stem-bestel. Vorster het dit as onbillike inmenging in Suid-Afrika se huishoudelike sake beskou. Sy houding dat Suid-Afrika hom nie deur die magtige VSA sou laat voorsê nie, was baie gewild onder sy NP-ondersteuners.

Suid-Afrika het stewige bande met Brittanje, Wes-Duitsland en Frankryk gehandhaaf, maar dié lande het weens hul voortgesette bande met Suid-Afrika die teikens van OAE- en VN-resolusies geword. Nadat Harold Wilson se Arbeidersparty weer in 1974 in Brittanje aan die bewind gekom het, is die Britse wapenverbod teen Suid-Afrika heringestel en die Simonstad-ooreenkoms oor vlootsamewerking tussen Brittanje en Suid-Afrika beëindig. Ondanks politieke verskille is handel tussen Suid-Afrika en Wes-Europa ongehinderd voortgesit.

Namate Suid-Afrika internasionaal geïsoleer geraak het, het die Vorster-regering buite die kring van die land se tradisionele Westerse bondgenote begin soek na langtermynbondgenote wat hom in tye van nood kon bystaan. Hierdie lande – Paraguay, Israel, Iran en Taiwan – was pro-Westerse middel-slagmoondhede en was ook, soos Suid-Afrika, geïsoleerd en gefrustreerd oor die Weste se houding teenoor hulle. Betrekkinge met dié lande was van strategiese belang: Israel het met Suid-Afrika saamgewerk aan die ontwikkeling van wapenstelsels en 'n belangrike rol gespeel in die vestiging van die Suid-Afrikaanse wapenbedryf. Iran was weer Suid-Afrika se belangrikste olieverskaffer, terwyl handel tussen Suid-Afrika en Taiwan binne 'n dekade tienvoudig toegeneem het.

Vorster het deur sy buitelandse reise en persoonlike samesprekings met leiers in verskeie lande 'n groot aandeel in die handhawing van Suid-Afrika se buitelandse betrekkinge gehad. Sy onvermoeide pogings kon egter nie die verskerpte anti-apartheidsveldtogte en Suid-Afrika se toenemende internasionale isolasie stuit nie. Ondanks die toenemende druk op die Suid-Afrikaanse regering, of miskien juis as gevolg daarvan, het die steun vir Vorster en die NP onder wit kiesers bly groei. Dit was asof die onsekerheid oor Suider-Afrika se toekoms, vrese oor die land se veiligheidsituasie, aandrang op binnelandse hervorming, die groeiende momentum van anti-apartheidsveldtogte, die toenemende internasionale isolasie van die apartheidstaat en die uitbarsting van swart protes konserwatiewe en gematigde wit mense almal in een kraal gejaag het.

Ná die 1974-verkiesing het die VP se agteruitgang voortgeduur. Dié party het vroeg in 1975 geskeur toe Harry Schwarz en sy ondersteuners uit die VP se parlementêre koukus gesit is en die Reformisteparty (RP) gestig het. Baie VP-lede het na die nuwe party oorgeloop en die hoop dat die VP as 'n lewensvatbare opposisie kon voortbestaan, het vervaag.

Samesprekings tussen die Progressiewe Party (PP), die Reformisteparty en Theo Gerdener se Demokratiese Party (DP) oor samewerking het in 1975 uitgeloop op die samesmelting van die PP en die RP om die Progressiewe Reformisteparty (PRP) te vorm. Die PRP het die PP-beleid van 'n geografiese federasie en gekwalifiseerde stemreg vir alle rasse oorgeneem en 'n veelrassige nasionale konvensie voorgestel wat 'n nuwe grondwet vir Suid-Afrika moes opstel. Die PRP het ten koste van die VP gegroei.

In Junie 1977 het die VP ontbind en voormalige lede van die VP en DP het die Nuwe Republiekparty (NRP) gestig. Die liberale faksie van die ontbinde VP het saamgesmelt met die PRP om die Progressiewe Federale Party (PFP) te vorm. Tussen 1974 en 1977 het die parlementêre opposisiepartye dus 'n totale hergroepering ondergaan.

Afsluiting van 'n era, 1977-1978

Hervormingsgesinde Afrikaners was teleurgesteld omdat Vorster nie sy oorweldigende steun onder wit kiesers benut het om in 'n verligte rigting te beweeg en apartheid grondig te hervorm nie. Vorster het egter besef dat dit juis sy konserwatiewe beleidsrigtings was wat hom so gewild onder die meeste wit kiesers gemaak het. Hy was wel bewus daarvan dat hervorming noodsaaklik was om 'n nog erger uitbarsting as die Soweto-opstande te voorkom en het tentatiewe stappe in die rigting van beleidshervorming geneem.

Arbeid was die een terrein waar inisiatiewe deur die Vorster-regering tot wesenlike hervorming sou lei. Die nywerheidsversoeningswetgewing het swart werkers van doeltreffende kollektiewe bedinging uitgesluit. Hul ontevredenheid hieroor het in die stakings van 1972 en 1973 aan die lig gekom. Werkgewers het die regering daarna versoek om die insluiting van swart vakbonde in die nywerheidsversoeningsproses te oorweeg. Hulle was deeglik bewus van onwettige stakings se potensiële negatiewe uitwerking op produktiwiteit en wins. Vorster het prof. Nic Wiehahn toe as voorsitter van 'n kommissie van ondersoek na arbeidsverhoudings aangestel. Die Wiehahn-kommissie se aanbevelings het uiteindelik gelei tot 'n heel nuwe bedeling vir swart werkers en hul vakbonde.

Omdat die VKR en die Indiërraad in 'n doodloopstraat beland het, moes herbesin word oor hoe polities vir bruin mense en Indiërs voorsiening gemaak kon word. In 1976 het die kabinet besluit dat 'n kabinetskomitee onder die voorsitterskap van P.W. Botha bruin mense en Indiërs se posisie in die Suid-Afrikaanse staatkundige bedeling moet ondersoek. 'n Jaar later het die kabinet die komitee se grondwetlike voorstelle goedgekeur. Die 1977-voorstelle het voorsiening gemaak vir afsonderlike parlemente, eerste ministers en kabinette vir wit mense, bruin mense en Indiërs, wat die aangeleenthede van dié drie groepe afsonderlik sou hanteer. 'n Raad van Kabinette onder voorsitterskap van die staatspresident sou sake van gemeenskaplike belang hanteer. 'n Deskundige Presidentsraad sou die staatspresident en Raad van Kabinette adviseer. Die drie bevolkingsgroepe sou afsonderlike provinsiale en plaaslike owerhede hê.

In die NP was daar opgewondenheid oor die 1977-voorstelle wat 'n vorm van magsdeling behels het, maar die selfbeskikkingsreg van wit mense verskans het. Op die vier provinsiale NP-kongresse is die grondwetplan geesdriftig aanvaar. Bruin, Indiër- en swart leiers het die 1977-voorstelle egter verwerp omdat dit wit oorheersing verskans het, bruin mense en Indiërs as junior vennote wou koöpteer en swart mense uitgesluit het.

Vorster se aankondiging dat 'n vervroegde algemene verkiesing op 30 November 1977 sou plaasvind, was onverwags. Dit was die derde agtereenvolgende keer dat Vorster dit gedoen het. Hy wou die kiesers se reaksie op die nuwe grondwetlike voorstelle toets, aan die buiteland toon dat hy oor oorweldigende wit steun beskik en ook munt slaan uit die verdeeldheid in opposisiegeledere. As deel van sy verkiesingsplan het die NP 'n oordeelsdagklimaat geskep. Wit oorlewing en om saam te staan teen die aanslae van buite het die kern van die regerende party se veldtog uitgemaak. Vorster is uitgebeeld as die standvastige leier wat vertrou kan word.

Die hopeloos verdeelde opposisiepartye het 'n verpletterende nederlaag in die gesig gestaar. Feitlik al die Engelstalige koerante het hul gewig agter die PFP ingegooi. In die verkiesing het die NP 18 opposisiesetels gebuit en 135 setels in die Volksraad verower, teenoor die 30 setels van al die opposisiepartye saam. Met 17 setels het die PFP die nuwe amptelike opposisie geword. Sodoende het die NP die grootste oorwinning in Suid-Afrika se parlementêre geskiedenis behaal. Vir Vorster was die verkiesing 'n persoonlike triomf omdat hy die meeste stemme ooit in 'n Volksraadsverkiesing op hom verenig en met 'n rekordmeerderheid in Nigel gewen het. Hy het hom bewys as een van die suksesvolste Afrikanerpolitici van alle tye. Die verkiesing is vertolk as 'n oorweldigende mosie van vertroue in sy regering.

In die agttien maande ná die hoogtepunt van die 1977-verkiesing het die gordyn egter oor die Vorster-era gesak. Die Inligtingskandaal het 'n donker skaduwee oor Vorster se politieke loopbaan gegooi. Vorster het reeds in die 1960's 'n uitgebreide inligtingsprogram oorweeg as teenvoeter vir onkunde in die buiteland oor die ware situasie in Suid-Afrika. Nadat dr. Connie Mulder in 1968 minister van inligting geword het, is begin om die departement van inligting as 'n propagandamasjien uit te bou. Mulder het die ambisieuse dr. Eschel Rhoodie as sekretaris van inligting laat aanstel en saam het hulle 'n dinamiese span uitgemaak. Hulle het 'n geheime propagandaoorlog wat die anti-apartheidsveldtog moes teëwerk met die goedkeuring van die Vorster-kabinet van stapel gestuur. Mulder en Rhoodie wou daarmee buitelandse meningsvormers en besluitnemers beïnvloed. Volgens hulle was onkonvensionele metodes geregverdig omdat Suid-Afrika geveg het om sy voortbestaan. Byna 200 geheime inligtingsprojekte van miljoene rande wat uit geheime fondse gefinansier is, is onderneem.

In 1977 het hierdie geheime projekte op die lappe begin kom. Die ouditeur-generaal het in 'n vertroulike verslag bevind dat die departement van inligting staatsgeld verkwis het. Inligting oor ongerymdhede het na die pers uitgelek. Daar was onthullings oor duur vakansies op staatskoste, ongerymdhede met publikasies, buitelandse frontorganisasies en die staat se finansiering van 'n Engelstalige koerant, *The Citizen*. Vorster het Mulder en Rhoodie gekonfronteer, maar sy kabinet nie volledig daaroor ingelig nie.

Aan die begin van 1978 het hy die parlement se gekose komitee oor openbare rekeninge versoek om die bewerings oor ongemagtigde uitgawes deur die departement van inligting te ondersoek. Die komitee het bevind dat finansiële beheer in die departement veel te wense oorgelaat het. In 'n persverklaring in Mei 1978 het Rhoodie die geheime projekte verdedig en verklaar dat dit deur 'n kabinetskomitee gemonitor is. Vorster het verantwoordelikheid aanvaar vir die toekenning van geheime geld aan die departement van inligting, maar nie vir die wyse waarop dit aangewend is nie. Hy het onderneem om op te tree teen mense wat staatsgeld vir persoonlike gewin misbruik het. In Junie 1978 is die departement van inligting ontbind.

Weens die spanning waaronder Vorster was, het sy gesondheid agteruitgegaan. In Augustus 1978 het hy 'n ligte hartaanval gekry en op 20 September het hy sy uittrede op 'n perskonferensie aangekondig. Agt dae later het die NP-koukus P.W. Botha as sy opvolger aangewys en Vorster benoem as NP-kandidaat vir die staatspresidentskap. Vorster is deur die parlementêre kieskollege tot staatspresident verkies en ingehuldig.

Die stof oor die Inligtingskandaal wou egter nie gaan lê nie. P.W. Botha het die Erasmus-kommissie aangestel om die bewerings van onreëlmatighede en wanbesteding in die voormalige departement van inligting te ondersoek. In dié kommissie se eerste verslag is die meeste skuld op Mulder, Rhoodie en generaal Hendrik van den Bergh (hoof van die Buro vir Staatsveiligheid) gepak en Vorster van alle blaam onthef. Aangesien die eerste verslag met groot haas voor 'n keerdatum afgehandel moes word, het die regering regter Erasmus toegelaat om sy ondersoek voort te sit. Intussen het 'n voortdurende stroom onthullings in koerante oor die voormalige departement van inligting twyfel laat ontstaan of Vorster werklik onskuldig was. Die Erasmus-kommissie het in sy derde en laaste verslag bevind dat Vorster wel in 'n vroeë stadium kennis gedra het van die geheime projekte en hoe dit gefinansier is. Hy moes volgens die kommissie dus saam met Mulder die verantwoordelikheid vir die onreëlmatighede dra.

'n Ontnugterde Vorster het regsadvies ingewin, maar was verplig om op 4 Junie 1979 as staatspresident te bedank en uit die politiek te tree. Sy reputasie was geskaad. Hy is op 10 September 1983 oorlede.

Vorster was 'n uitmuntende spreker, debatteerder, partypolitikus en onderhandelaar. Op die kruin van sy loopbaan was hy een van die gewildste Afrikanerleiers van alle tye en het hy sy party tot groot sukses by die stembus gelei. Afsonderlike ontwikkeling is dramaties uitgebou onder hom, maar het reeds tekens van die uiteindelike mislukking daarvan begin toon.

Vorster het in die postkoloniale tyd in Afrika geregeer. Hy het altyd ontken dat die Afrikaners kolonialiste was. Tog het hy bly vashou aan die idee van sy voorgangers van die koloniale tyd dat Suid-Afrika 'n witmansland is. Dit was ironies dat hy die wit leiers in Rhodesië en Suidwes-Afrika oorreed het om meerderheidsregering te aanvaar en sodoende daardie gebiede tot op die drum-pel van politieke skikkings help bring het, maar self geensins wit beheer in Suid-Afrika wou prysgee nie. Hy het dit as sy roeping beskou om vir wit mense tyd te wen om selfbeskikking op 'n oorwegend swart kontinent te verseker.

19

Swart verset teen apartheid, 1950's-1980's

Jackie Grobler

In die tweede helfte van die 20ste eeu het die swart politieke versetbeweging 'n derde fase betree. 'n Swart nasionalisme was aan die ontwaak. In dié fase sou op politieke mag aangedring word. Dit het plaasgevind in die tyd toe die wêreldwye anti-koloniale beweging momentum begin kry het en Afrikaner-nasionalisme nuwe hoogtes bereik het. Die apartheidsbeleid sou nie sonder weerstand toegepas word nie.

'n Veelrassige alliansie teen apartheid

Kort ná sy bewindsoorname in 1948 het die nuwe NP-regering 'n komitee aangestel om kommunisme te ondersoek en daar is bevind dat dit 'n "nasionale gevaar" vir Suid-Afrika inhou. Die gevolg was 'n wetsontwerp wat op die onderdrukking van kommunisme gemik was en wat onder meer optrede gewettig het teen organisasies en mense wat kommunisme bevorder. Boonop sou die Kommunistiese Party van Suid-Afrika (KPSA) onwettig verklaar word.

Die wetsontwerp is destyds in die parlement en in die media gekritiseer omdat dit sekere regsbeginsels en basiese vryhede verontagsaam het. Die regering het egter deurgedruk daarmee. Net voordat die parlement vir die laaste keer oor die wetsontwerp moes stem, het die KPSA homself in Junie 1950 ontbind om optrede teen sy lede te voorkom.

Die Wet op die Onderdrukking van Kommunisme was maar net die begin van strawwer regeringsoptrede. In 1952 is die laaste kommuniste wat as "naturelleverteenwoordigers" in die parlement gedien het hul setels ontneem. Kommunistiese publikasies, waaronder *New Age,* is een vir een verbied. Regeringsoptrede teen veelrassige vakbonde het laasgenoemde verlam. Alle vakbonde is in 1957 beveel om hul lidmaatskap op rassegrondslag te verdeel. Ten spyte hiervan was daar 'n al hoe sterker kommunistiese teenwoordigheid in die African National Congress (ANC) en wit kommuniste het in 1953 in die geheim die Suid-Afrikaanse Kommunistiese Party (SAKP) gestig. Dié party se openbare vleuel is die South African Congress of Democrats (Sacod) genoem.

In 1950 het verskeie voorvalle van onluste en geweld aan veral die Witwatersrand voorgekom. Dit het telkens met botsings tussen die polisie en swart mense gepaardgegaan. Dié botsings was 'n simptoom van groot frustrasie in die swart gemeenskap. Die 1950-onluste het die weg gebaan vir toenemende samewerking tussen die ANC en die kommuniste.

Enkele maande voor sy ontbinding het die KPSA op 26 Maart 1950 'n konvensie oor spraakvryheid in Johannesburg gehou. James Moroka, die ANC se president-generaal, het as voorsitter opgetree, maar sowel die nasionale as die Transvaalse ANC het hulle daarvan gedistansieer. Hulle was nie oortuig van die wenslikheid daarvan om met wit kommuniste saam te werk nie. Die konvensie het besluit om Meidag (1 Mei) 1950 as vryheidsdag te vier. Op daardie dag het duisende werkers deelgeneem aan stakings wat teen die aand op geweld uitgeloop het waarin 18 mense dood is. Die ANC het daarna voorgestel dat 'n nasionale protesdag gehou moet word. Dié dag van rou, soos dit genoem is, sou 26 Junie wees. Dit het gepaardgegaan met 'n tuisblystaking wat plek-plek suksesvol was.

Sommige Afrikanistiese ANC-lede was steeds ontevrede oor die samewerking met kommuniste. Onder leiding van Selope Thema het dié groep aan die einde van 1950 die sogenaamde National-Minded Bloc gestig. Dit het beteken dat die ANC nie meer toegang tot *Bantu World*, sy nie-amptelike spreekbuis, gehad het nie aangesien Thema die redakteur daarvan was. Die organisasie het hierna toenemend van die SAKP afhanklik geword vir mediapublisiteit.

In die bruin gemeenskap het verset teen die regering se voorneme om bruin kiesers van die gesamentlike kieserslys te verwyder vroeg in die 1950's tot die stigting van protesbewegings gelei. Een van die belangrikstes was die Franchise Action Council (FRAC), wat in Februarie 1951 in Kaapstad gestig is en tuisblyaksies en 'n skoolboikot gereël het. In Julie 1951 het die nasionale uitvoerende komitees van die ANC en die South African Indian Congress (SAIC) saam met waarnemers van die FRAC byeengekom om oor gesamentlike optrede te besin.

Hulle het besluit om 'n beplanningsraad te stig en 'n veldtog te begin teen ses apartheidsmaatreëls, naamlik die paswet, groepsgebiede, die afsonderlike verteenwoordiging van kiesers, die stelsel van Bantu-owerhede, die onder-drukking van kommunisme en veevermindering. Die beplanningsraad het 'n brief aan die regering gerig waarin die herroeping van dié maatreëls gevra is en gedreig is met 'n passieweverset-veldtog soos dié van Gandhi in Indië as dit nie gebeur nie. Die regering het die versoek geweier. Die beplanningsraad het gevolglik massabyeenkomste gereël vir 6 April, wat as Van Riebeeckdag gevier is, waar daar oor verdere verset besin sou word.

Die Defiance Campaign, die landwye veldtog van passiewe verset, het op 26 Junie begin. Die idee was dat deelnemers – wat vrywilligers genoem is – wette doelbewus in groepe moes oortree. Hulle moes met opset lokasieregu-lasies, aandklokreëls en apartheidswette soos die reservering van wagkamers op spoorwegstasies vir wit mense verontagsaam. Die doel was om gearresteer te word. Die organiseerders het daarop gereken dat daar naderhand soveel oortreders sou wees dat die polisie nie in staat sou wees om die situasie te hanteer nie.

In die loop van die veldtog, wat tot die einde van die jaar voortgeduur het, is 8 326 vrywilligers gearresteer. Die grootste bedrywighede was in die Oos-Kaap, wat dui op 'n hoë vlak van politisering van die werkersklas in daardie deel van die land. Die veldtog het soms in geweld ontaard. Altesaam 26 swart mense en ses wit mense is in dié geweld dood. Die meeste vrywilligers was swart mense en Indiërs. Net enkele wit mense het aan die veldtog deelgeneem.

Die vrywilligers wat in howe aangekla is, is aanvanklik lig gestraf, maar die strawwe het mettertyd swaarder geword en strenger wetgewing is teen doel-bewuste wetsoortreding ingestel. Dit sluit die Wet op Openbare Veiligheid en die Strafreg-wysigingswet in. Die swaarder strawwe het mense ontmoe-dig om aan die optrede deel te neem en die veldtog is vroeg in 1953 amptelik gestaak.

Die Defiance Campaign van 1952 het nie in sy spesifieke doel geslaag nie aangesien al die diskriminerende wette steeds van krag was. Tog het die veld-tog belangrike gevolge gehad. Dit was 'n simbool van verset teen 'n onge-naakbare minderheidsregering. As sodanig het dit die solidariteit tussen die onderskeie swart gemeenskappe versterk, die vlak van binnelandse massa-politisering verhoog en tot 'n toename in steun vir versetoptrede gelei. Buite-lands het dit tot internasionale publisiteit vir die teenstanders van apartheid gelei en bygedra tot die vestiging van bande tussen buitelandse en Suid-Afri-kaanse anti-apartheidsbewegings. Dit het 'n negatiewe beeld van apartheid na die buiteland uitgedra en selfs die Verenigde Nasies (VN) se aandag op Suid-

Afrika gevestig. Laastens het dit gelei tot Moroka se politieke ondergang en Albert Luthuli se opkoms as ANC-president-generaal.

In die tydperk net ná die Defiance Campaign het Nelson Mandela 'n plan uitgewerk om die ANC organisatories te sentraliseer. Dit is die M-plan genoem. Daarvolgens sou woongebiede in eenhede verdeel word. Die kleinste eenheid was 'n sel. 'n Aantal selle saam sou 'n sone vorm, 'n aantal sones saam 'n wyk en 'n aantal wyke saam 'n tak. Die plan het heelwat steun gekry, maar is nooit in werking gestel nie, hoofsaaklik weens 'n geldtekort, maar ook as gevolg van teenstand teen vernuwing in die organisasie. Boonop het die regering se inperking van ANC-leiers die organisasie toenemend verlam.

Die volkskongres van 1955 en die Vryheidsmanifes

In die 1950's het plattelandse verset teen apartheid 'n landwye verskynsel geword. Dit was veral op die regering se landelike beheermaatreëls gemik. In Witsieshoek in die Vrystaat was daar byvoorbeeld in 1950 opstande teen 'n owerheidsgedrewe veeverminderingskema en in die Wolkberg in Noord-Transvaal (nou Limpopo) het die Mamatholastam hulle in 1956 en 1957 teen hervestiging verset. In die Marico (Zeerust) in Wes-Transvaal (nou Noordwes) was daar in 1957-1959 versetoptrede teen sowel die paswet as Bantu-owerhede. In Pondoland in Transkei (nou die Oos-Kaap) was daar in 1957-1960 'n opstand teen Bantu-owerhede en landbouverbeteringskemas. Plattelandse verset en onluste in die algemeen het noodwendig die politisering van swart mense gestimuleer.

Toe die NP die verkiesing in 1953 weer wen, het teenstanders van apartheid na alternatiewe gesmag. In Augustus 1953 het Z.K. Matthews, president van die Kaaplandse tak van die ANC, 'n volkskongres voorgestel. Sy voorstel is daardie jaar op die ANC se nasionale jaarkongres bespreek en die kongres het die nasionale uitvoerende komitee opdrag gegee om met ander organisasies daaroor te praat. Luthuli het gevolglik in Maart 1954 'n byeenkoms van die ANC, die SAIC, die South African Coloured People's Organisation (Sacpo) en Sacod belê.

Op dié byeenkoms is 'n nasionale aksieraad op die been gebring om so 'n byeenkoms te reël. Dit sou as die Congress of the People (COP) bekend word. Die aksieraad het 'n gereelde nuusbrief, *Speaking Together*, versprei en plaaslike sowel as streekkonferensies gehou om die kongres te bespreek. In oproepe om die kongres by te woon is belangstellendes ook genooi om insette tot 'n vryheidsmanifes te lewer. 'n Komitee van die nasionale aksieraad het die finale dokument opgestel, maar die Vryheidsmanifes (Freedom Charter) is nie vooraf aan takke van deelnemende organisasies versprei nie. Nóg Luthuli nóg Matthews het dit voor die kongres gesien. Dit was ook reeds gedruk toe die ANC se nasionale werkkomitee dit vir die eerste keer gesien het, maar geen veranderinge is deur dié komitee of deur die kongres aangebring nie.

Die Congress of the People is op 25 en 26 Junie 1955 in Kliptown, suid van Johannesburg, gehou. Dit is deur byna 3 000 afgevaardigdes bygewoon en was 'n veelrassige byeenkoms. Die Liberale Party is genooi, maar het nie amptelik deelgeneem nie. Geen verteenwoordiger van die regering was daar nie. Talle internasionale boodskappe is aan die organiseerders gestuur, wat 'n aanduiding was van die wêreldwye publisiteit wat die stryd teen apartheid destyds al gekry het. Op die kongres is die afdelings van die Vryheidsmanifes een vir een voorgelees, in toesprake verduidelik en daarna in stemmings goedgekeur. Geen voorgestelde klousule is verander of verwerp nie. Die polisie, wat deurentyd teenwoordig was, maar op die agtergrond gebly het, het die tweede middag ingegryp en talle dokumente gekonfiskeer. Teen daardie tyd was die belangrikste bedrywighede al afgehandel.

Die Congress of the People verteenwoordig 'n belangrike fase in die geskiedenis van die stryd teen apartheid. Daar is nou vir die eerste keer proaktief opgetree om 'n alternatief vir apartheid daar te stel. Die Congress of the People was 'n vroeë hoogtepunt van die sogenaamde Kongres-alliansie, wat destyds tot stand gekom het tussen die ANC, die SAIC, Sacpo, Sacod en die oorkoepelende vakbondbeweging, die South African Congress of Trade Unions (Sactu), wat in 1955 gestig is.

Die eerste en belangrikste bepaling van die manifes is in die eerste sin vervat: Suid-Afrika behoort aan al sy inwoners, wit en swart. Die manifes het verklaar dat die land se rykdom alle Suid-Afrikaners se erfenis is en aan hulle terugbesorg moet word. Daarom moet die eienaarskap van die ondergrondse minerale, die banke en monopolistiese nywerhede ook aan die inwoners van die land oorgedra word. Die manifes eis voorts 'n nie-rassige, demokratiese regeringstelsel, gelykheid voor die wet en gelyke werk- en opvoedkundige geleenthede vir alle Suid-Afrikaners. Dit stel die opheffing van beperkings op die huis- en gesinslewe in die vooruitsig.

Dit bevat geen klassestryd-terminologie nie en is nie 'n Marxistiese meesterplan nie. Die eise om nasionalisering en herverdeling wat daarin vervat is, kan hoogstens as sosialisties beskryf word. Die manifes is uitgesproke antirassisties en bevat geen verwysing na etniese groepe nie. Tog is daar verwysings na nasionale groepe en die belofte dat hulle beskerm sal word teen enige belediging van hul ras en nasionale trots.

'n Belangrike vraag wat telkens in verband met die manifes gevra is, is of dit 'n revolusionêre dokument is. Hieroor is daar botsende interpretasies en baie retoriek, wat 'n ewewigtige oordeel moeilik maak. 'n Mens kan volstaan deur daarop te wys dat die gelyktydige bevrediging van al die eise en doelwitte wat die manifes in die vooruitsig stel op 'n grootskaalse – selfs revolusionêre – verandering van die destydse bedeling in Suid-Afrika sou neerkom. Die Vryheidsmanifes het spoedig die hoeksteen van die ANC se beleid geword.

Heelwat vroue het die Congress of the People bygewoon. In 1954 is 'n veelrassige vroue-organisasie, die Federation of South African Women (FSAW), gestig wat in die Kongres-alliansie 'n koördinerende rol met betrekking tot vrouebedrywighede gespeel het. In 1955 het die regering aangekondig dat swart vroue van die volgende jaar af ook aan die paswet onderhewig sou wees. Vroue het in opstand gekom daarteen en reeds in 1955 'n protesoptog daaroor na die Uniegebou gehou wat die volgende jaar op 9 Augustus 1956 herhaal is toe duisende vroue aan die optog deelgeneem het. 'n Nalatenskap hiervan is Vrouedag, wat sedert 1994 'n openbare vakansiedag in Suid-Afrika is. Tienduisende vroue op ander plekke in die land is ook deur hierdie gebeure gepolitiseer. Pasverbrandingseremonies deur vroue is op verskeie plekke, veral in die Vrystaat, gehou.

Die ANC het in die 1950's ook betrokke geraak by veldtogte teen die instelling van Bantu-onderwys en die gebruik van gevonniste misdadigers as plaaswerkers. Die regering was ontevrede oor dié opwellings van verset en het daarteen opgetree. In Desember 1956 is 156 mense, insluitend die meeste van die Kongres-alliansie se leiers, gearresteer en van hoogverraad aangekla. Die hoogverraadsaak sou tot Maart 1961 duur, maar al die aangeklaagdes is uiteindelik vrygespreek.

Die militêre stryd

Die Sharpeville-tragedie

Die Afrikaniste in die ANC was dwarsdeur die 1950's ontevrede oor die wyse waarop die organisasie se aksieprogram van 1949 uitgevoer is. Hulle was gekant teen samewerking met wit organisasies en heftig anti-kommunisties. Boonop was hulle skepties oor die SAIC se veldtogte van passiewe verset en gekant teen samewerking met Indiërs. Hulle het gemeen swart mense se belange is tydens die Defiance Campaign van 1952 ter wille van ander groepe opgeoffer.

Dit was veral die Orlando-Afrikaniste onder leiding van P.K. Leballo wat dié gevoelens verwoord het. Hulle het 'n afgerolde nuusbrief, *The Africanist*, versprei waarin hulle die Vryheidsmanifes se openingstelling – dat Suid-Afrika aan al sy inwoners, wit en swart, behoort – betwis het. Na hul mening was alle wit mense diewe wat Afrikane se grond gesteel het. Hulle het die Kongres-alliansie ook gekritiseer omdat wit mense en Indiërs volgens hulle nie te vertroue was nie. Hulle het wit mense vir die hopelose posisie van swart mense geblameer en hul afkeer van wit mense het telkens uit hul uitsprake geblyk.

Die Afrikaniste se kritiek op die ANC-leierskorps het in November, op die Transvaalse jaarkongres van dié beweging, tot 'n skeuring gelei. Die Afrikaniste het weggebreek en hul eie organisasie, die Pan-Africanist Congress (PAC), in April 1959 in Johannesburg gestig met Robert Sobukwe as president. Die vernaamste verskil tussen die ANC en die PAC was dat laasgenoemde eksklusief swart was, terwyl die ANC veelrassig was. Die PAC se mikpunt was om so gou moontlik 100 000 lede te hê, maar teen Augustus 1959 het hy nog net 25 000 gehad. Die organisasie het nogtans 'n veldtog begin om swart mense daarvan bewus te maak dat hulle 'n hoër status in die samelewing verdien. Dit was 'n vroeë uiting van swartbewussyn in Suid-Afrika.

Aan die einde van 1959 het die PAC besluit om 'n landwye veldtog teen die dra van pasboeke te begin as eerste stap om swart mense teen 1963 totaal van wit oorheersing te bevry. Swart mense het die passtelsel deur die bank verafsku omdat die polisie dit hardhandig toegepas het en dit vernederend was. Aangesien die ANC 'n soortgelyke veldtog beplan het, was dit vir die PAC van groot belang om eerste met sy veldtog te begin. Die PAC was egter oorhaastig. Die aankondiging dat die veldtog op 21 Maart 1960 sou begin, is eers op 18 Maart gedoen. Die reëlings moes dus in 'n naweek afgehandel word. Die veldtog sou die aard van 'n tuisblystaking aanneem. Deelnemers moes hul pasboeke tuis los en hulself vir inhegtenisneming by polisiekantore gaan aanmeld.

Die PAC se veldtog is net op sommige plekke goed ondersteun. In die Vaaldriehoek was die vernaamste steunpunte Bophelong en Sharpeville. In laasgenoemde woonbuurt het sowat 10 000 mense op 21 Maart by die polisiekantoor saamgedrom en aangedring op die afskaffing van die passtelsel. Teen die middag het spanning begin oplaai. Dit het breekpunt bereik toe die polisie op die skare geskiet het, onder meer met outomatiese gewere. In die bloedbad wat gevolg het, is 69 mense dood en sowat 180 gewond. In 'n latere kommissie-ondersoek is bevind dat die meeste slagoffers in die rug geskiet is omdat die polisie paniekerig geraak het.

Die polisie het daardie dag ook in die Kaapse Skiereiland op swart skares geskiet en twee mense is in die township Langa dood. In Soweto is Sobukwe en ander PAC-leiers op hul aandrang by die Orlando-polisiekantoor in hegtenis geneem omdat hulle die paswet oortree het. 'n Geskokte stilte het die aanvanklik landwyd op die gebeure van 21 Maart gevolg. Op Maandag 28 Maart is 'n massabegrafnis in Sharpeville vir die slagoffers van die tragedie gehou. In antwoord op 'n versoek van Albert Luthuli, president-generaal van die ANC, het talle swart mense die dag as 'n dag van rou deurgebring. Daar was ook stakings en pasverbrandingseremonies – Luthuli het ook syne verbrand – en baie mense het van die werk af weggebly.

Twee dae later, op 30 Maart, het 'n spontane protesoptog van sowat 30 000 swart mense van Langa tot by die Caledonplein-polisiekantoor in die Kaapstadse middestad plaasgevind. Philip Kgosana, 'n jeugleier van die PAC, het die optog gelei. Die optoggangers is eers uiteen nadat Kgosana belowe is dat hy die minister van justisie later die middag kon spreek. Toe Kgosana egter later die middag by die Caledonplein-polisiekantoor kom vir sy afspraak met die minister, is hy in hegtenis geneem.

Die situasie was so ernstig dat die regering op 31 Maart 'n noodtoestand afgekondig het wat mettertyd feitlik landwyd gegeld het. In hierdie omstandighede het die parlement die Wet op Onwettige Organisasies aanvaar wat die regering in staat gestel het om die ANC en die PAC op 8 April te verbied.

Die Suid-Afrikaanse regering is wêreldwyd gekritiseer oor die Sharpevillebloedbad. Internasionaal is die valse beeld geskep dat die land op die punt van 'n ineenstorting was. Gevolglik het talle internasionale beleggers hulle aan Suid-Afrika onttrek. Dié sogenaamde kapitaalvlug was egter net tydelik. Tog het die Sharpeville-gebeure ongetwyfeld 'n groot rol in Suid-Afrika se toenemende isolasie gespeel. Eerste minister Verwoerd het egter geen toegewings aan kritici gemaak nie en die gebeure het sy magsposisie in werklikheid verstewig.

Die ANC en die PAC het hierna hul bedrywighede ondergronds voortgesit. In Desember 1960 is die twee organisasies nie-amptelik verteenwoordig op 'n konferensie in Orlando, suid van Johannesburg, wat deur swart lede van die Liberale Party en oudlede van die twee verbode partye belê is. Dié konferensie het hom ten gunste van 'n nie-rassige demokrasie en nie-gewelddadige druk op die regering uitgespreek. Op 25 en 26 Maart 1961 het 'n soortgelyke konferensie in Pietermaritzburg plaasgevind. Dit was onder meer gemik op die beoogde republiekwording van Suid-Afrika op 31 Mei en teen swak rasseverhoudinge. Nelson Mandela was een van die hoofsprekers. Die konferensie het 'n nuwe grondwet vir die land geëis en daarop aangedring dat 'n verteenwoordigende nasionale konvensie gehou word om oor republiekwording te besin. Die eis was dat dit voor 31 Mei moes plaasvind, anders sou daar landwyd betogings en wegblyaksies wees. Die konferensie het selfs 'n nasionale aksieraad onder Mandela se leiding aangewys wat bedrywighede moes reël en 'n brief met die raad se besluite aan die regering moes rig.

Die regering het die eise geïgnoreer en die nasionale aksieraad het voortgegaan om 'n staking te reël. Dit het plek-plek beduidende steun gekry, maar Suid-Afrika het nogtans 'n republiek onder wit beheer geword.

Die totstandkoming van Umkhonto we Sizwe (MK)

Ná republiekwording en die Sharpeville-tragedie het talle teenstanders van apartheid begin meen dat gewelddadige verset hul enigste uitweg is. In 1961 het die ANC 'n gewapende vleuel, Umkhonto we Sizwe (MK), op die been gebring. Mandela is as bevelvoerder aangewys. Die hoofkwartier was op die hoewe Liliesleaf in Rivonia, aan die noordelike buitewyke van Johannesburg. MK het dadelik begin om 'n sabotasieveldtog te beplan. Dit moes op 16 Desember 1961 begin waartydens MK en sy manifes bekend gestel moes word. Hierdie planne is suksesvol tot uitvoer gebring.

MK het beoog om 'n guerrillaoorlog teen die regering te begin, maar daarvoor sou opleiding noodsaaklik wees. Mandela het vroeg in 1962 op 'n geheime sending vertrek om bondgenote in Afrika te gaan soek. Hy het 'n konferensie van Afrikaleiers in Ethiopië bygewoon en daarna onder meer in Algerië militêre opleiding ontvang en Brittanje besoek voordat hy in die geheim teruggekeer het.

Teen middel-1962 was die polisie verbete op soek na Mandela. In Augustus is hy in hegtenis geneem, voor die hof gedaag en tot vyf jaar tronkstraf gevonnis weens onwettige optrede. Intussen het die ANC rekrute vir militêre opleiding gewerf. Op 'n ANC-konferensie in Oktober 1962 in Lobatse, Betsjoeanaland (die huidige Botswana), is MK aanvaar as die "leër van die bevrydingsbeweging". MK se sabotasieveldtog het ook ondanks Mandela se tronkstraf voortgeduur. In Mei 1963 het MK daarop aanspraak gemaak dat sy lede reeds meer as sewentig sabotasiedade gepleeg het. Die regering se reaksie was om wetgewing strenger te maak. Die parlement het byvoorbeeld die Algemene Regswysigingswet aanvaar ingevolge waarvan mense vir negentig dae aangehou kon word sonder dat hulle aangekla word. MK het terselfdertyd begin beplan aan 'n volskaalse guerrillaveldtog wat Operasie Mayibuye (Operasie Teruggee) genoem is, maar nooit uitgevoer is nie.

Op 11 Julie 1963 het die polisie 'n klopjag op MK se hoofkwartier in Rivonia uitgevoer en verskeie leiersfigure, waaronder Walter Sisulu en Govan Mbeki, in hegtenis geneem. Saam met Mandela en enkele ander MK-leiers is hulle daarna in die bekende Rivonia-hofsaak van hoogverraad aangekla. Die staat het die doodstraf gevra en verskeie bewysstukke voorgelê waarin hy probeer bewys het dat die aangeklaagdes hoogverraad gepleeg het. Hieronder was 'n dokument met die opskrif "How to be a good communist" in Mandela se handskrif. Op 12 Junie 1964 is agt beskuldigdes, insluitend Mandela, Sisulu en Mbeki, tot lewenslange tronkstraf gevonnis. Albert Luthuli het sy skok oor die swaar tronkstraf uitgespreek en die vonnisse is internasionaal ook verdoem. MK-lede wat die polisie ontwyk het, het die sabotasieveldtog probeer voortsit, maar het weinig sukses behaal en talle is gearresteer. Hierna was die ANC se lot in die hande van sy buitelandse sending.

Die PAC en Poqo

Die PAC is, net soos die ANC, aanvanklik verlam deur die verbod op die organisasie in 1960 en die feit dat sy leier, Robert Sobukwe, opgesluit is. In Augustus 1962 het die situasie verbeter toe die PAC se sekretaris-generaal, P.K. Leballo, vrygelaat is en hy hom in Maseru, hoofstad van Basotholand (nou Lesotho), gevestig het van waar hy bedrywighede kon koördineer. In daardie stadium het 'n ondergrondse militêre vleuel met die naam Poqo reeds ontstaan, blykbaar sonder Sobukwe se instemming of selfs medewete. Poqo se doelwit was om wit heerskappy in Suid-Afrika deur middel van 'n skrikbewind omver te werp.

Die organisasie het heelwat steun onder veral Xhosasprekende trekarbeiders in Wes-Kaapland gehad. In November 1962 het Poqo-leiers in die Mbekweniwoonbuurt naby die Paarl besluit om 'n aanslag op die wit gemeenskap uit te voer. Sowat 250 Poqo-lede, van wie sommige met pangas en byle gewapen was, het diep in die nag na die dorp opgeruk met die doel om die tronk en die polisiekantoor te beset. Die polisie het hul aanval laat skipbreuk ly voordat hulle hul teikens kon bereik, maar toe was twee wit burgerlikes en vyf Poqo-lede reeds dood en 19 mense gewond.

Ondanks hul mislukking in Mbekweni het Poqo (en die PAC) 1963 as die jaar van die finale aanslag beskou. In die voormalige tuisland Transkei het Poqo-lede drie hoofmanne vermoor en 'n aanval op hoofman Matanzima probeer uitvoer, maar dit het misluk. In Februarie 1963 het hulle op 'n padwerkerskamp by die Basheebrug toegeslaan en 'n aantal niksvermoedende burgerlikes vermoor. Die regering het daarna 'n noodtoestand afgekondig en tientalle Poqo- en PAC-lede gearresteer.

Leballo het vanuit Maseru probeer om Poqo in die Pretoria-Witwatersrand-Vereeniging-gebied te aktiveer, maar as gevolg van sy amateuragtige optrede het die polisie duisende PAC-omsendbriewe onderskep, wat tot die arrestasie van honderde PAC-selleiers gelei het. Die PAC se beplande aanslae op Pretoria en Johannesburg het gevolglik nooit plaasgevind nie.

In Mei 1963 het Sobukwe die vonnis wat in 1960 aan hom opgelê is, klaar uitgedien, maar die minister van justisie, John Vorster, wou hom nie vrylaat nie. Hy is langer aangehou ingevolge 'n klousule van die Algemene Regswysigingswet. Leballo het in 1964 van Maseru na Tanzanië verhuis en was gevolglik te ver van Suid-Afrika om veldtogte te reël. Die PAC was teen daardie tyd binnelands grotendeels 'n uitgediende mag en sy lot is aan sy buitelandse sending oorgelaat.

Binnelandse verset teen apartheid is intussen deur die ekstremistiese African Resistance Movement (ARM) voortgesit. 'n ARM-lid, John Harris, het in Julie 1964 'n bom op Parkstasie in Johannesburg laat ontplof. Een mens is dood en sowat twintig beseer. Harris is later ter dood veroordeel en tereggestel. Ná dié aanval was die ARM daarmee heen.

Die NP-regering het ook sy veldtog teen die ondergrondse SAKP verskerp en dit het uitgeloop op die arrestasie en verhoor van die advokaat en aktivis Bram Fischer, wat uiteindelik tot lewenslange tronkstraf gevonnis is. Hierna was die SAKP se toekoms in die hande van sy uitgeweke leiers en ondersteuners. Fischer is in 1975 vrygelaat kort voordat hy aan kanker gesterf het.

Die swartbewussynsbeweging

Nadat die ANC en die PAC in 1960 verbied is, was swart mense in Suid-Afrika sonder 'n spreekbuis. Die tuislandpolitici kon nie die leemte vul nie omdat hulle beskou is as kop in een mus met die apartheidsregering en dus as kollaborateurs afgemaak is. Teen 1970 het 'n nuwe denkrigting ontstaan wat swartbewussyn ("black consciousness") genoem is. Die wortels van dié beweging kan na die VSA en Algerië (die geskrifte van Franz Fanon) terug-gevoer word. Die opvattings van die sogenaamde Swart Teologie en Swart Mag het 'n groot rol in die vorming van swartbewussyn in Suid-Afrika gespeel.

Steve Biko, 'n mediese student aan die Universiteit van Natal, was 'n sleu-telfiguur in die opkoms van die swartbewussynsbeweging in Suid-Afrika. Hy het geglo swart mense moet sielkundig bevry word van 'n onderdanige mentaliteit en van wit liberale paternalisme wat swart mense kultureel onder-druk het. In sy terminologie was alle swart mense slagoffers van rasse-onder-drukking in Suid-Afrika. Hy het die tuislandstelsel as 'n skepping van die onderdrukker veroordeel.

Onder Biko se leiding het swart studente in 1968 van die National Union of South African Students (Nusas) weggebreek en die volgende jaar die South African Student Organisation (Saso) gestig. In 1972, toe hy nie meer 'n student was nie, was hy betrokke by die stigting van die Black People's Con-vention (BPC), 'n politieke front wat swartbewussyn sou bevorder.

Enkele woordvoerders in regeringskringe het die swart studente se weg-breking van Nusas aanvanklik verwelkom. Hulle het dit beskou as 'n aanvaar-ding deur swart studente dat hulle afsonderlik moet ontwikkel. In Maart 1973 het die regering egter verskeie leiers, waaronder Biko, ingeperk. In September 1974 het die regering Saso en die BPC veroordeel toe hulle Frelimo se poli-tieke oorname in Mosambiek gevier het. Nege swartbewussynsleiers is in-gevolge die Wet op Terrorisme aangekla weens die aanhitsing van studente. Hulle is skuldig bevind, tot tronkstraf gevonnis en Robbeneiland toe gestuur.

Biko is as ingeperkte persoon in King William's Town in huisarres geplaas. Toe hy sy huisarres in September 1977 verontagsaam en Kaapstad besoek het, is hy gearresteer. Ná enkele dae se hardhandige behandeling is hy in polisie-aanhouding dood.

Die swartbewussynsbeweging het die vlaag inperkings in 1977 oorleef, soos onder meer blyk uit die stigting van die Azanian People's Organisation (Azapo), 'n streng Afrikanistiese organisasie, in 1978. In 1983 het Azapo al die aanhangers van die swartbewussynsideologie, wat skepties teenoor Marx-isme gestaan het, probeer verenig in 'n sambreelorganisasie wat die Nasionale Forumkomitee genoem is.

Verbode organisasies in die buiteland

Enkele dae voordat die ANC in April 1960 verbied is, het Albert Luthuli sy visepresident, Oliver Tambo, uit Suid-Afrika gestuur met 'n tweeledige sending. Hy moes eerstens internasionale steun vir die ANC werf en tweedens 'n veroordeling en die isolasie van die apartheidsregering bewerkstellig. In die internasionale omgewing is destyds sterk standpunt ingeneem teen rassisme en kolonialisme. Teen 1960 was daar boonop reeds 'n dekade oue tradisie van die internasionale veroordeling van apartheid. Die ANC sou in die lig van die Koue Oorlog ook maklik bondgenote in die teenstanders van kapitalisme kon vind.

Die ANC het mettertyd kantore in onder meer Londen in Brittanje, Washington in die VSA, Parys in Frankryk en in Afrikastate soos Tanzanië en Zambië gevestig van waar hulle propaganda- en ander veldtogte begin het. Die ANC het gehoop dat Suid-Afrika se toenemende isolasie wit kiesers teen apartheid sou laat draai. Hulle wou die hele internasionale gemeenskap vir 'n totale aanslag op Suid-Afrika werf. Voorbeelde van vroeë suksesse was die steun wat die ANC van die Africa Bureau, die Anti-Apartheid Movement en die International Defence and Aid Fund gekry het. Hulle het ook die vinger gewys na verskeie multinasionale maatskappye wat vir steunpilare van apartheid uitgekryt is.

In 1960 het die ANC, PAC, SAIC en die South West Africa National Union in Brittanje 'n alliansie van bevrydingsbewegings gevorm. Dit is die Southern African United Front (SAUF) genoem. Vroeg in 1961 het die SAUF teen Suid-Afrika se voortgesette Statebondslidmaatskap ná republiekwording geagiteer. Dit het heelwat steun in Brittanje en ook van Statebondslande gehad. Toe Suid-Afrika besluit het om vrywillig uit die Statebond te tree, het die SAUF dit as 'n triomf beskou. Dié alliansie het egter ná 18 maande as gevolg van twis tussen die ANC en die PAC verbrokkel.

Teen die middel van die 1960's het die ANC oor opgeleide guerrillavegters beskik en moes 'n deurgangsroete van Zambië na Suid-Afrika vir hulle gevind word. Die mees geskikte roete sou deur Suid-Afrika se noordelike buurland Rhodesië (nou Zimbabwe) wees. Rhodesië was destyds onder 'n wit bewind wat onder meer deur die Zimbabwe African People's Union (Zapu) onder leiding van Joshua Nkomo beveg is. In 1967 het die ANC die Freedom Alliance met Nkomo gesluit en kort daarna guerrillas deur die weste van Rhodesië na Suid-Afrika gestuur. Dié guerrillas is egter deur Rhodesiese magte verstrooi en net enkelinge het Botswana bereik, maar nie Suid-Afrika nie.

ANC-guerrillas het die volgende jaar ook in gevegte in die ooste van Rhodesië betrokke geraak, maar kon steeds nie na Suid-Afrika deurdring nie. Die ANC het bondgenootskappe soos dié en met ander bevrydingsbewegings elders in Afrika baie waardevol geag.

Die ANC en die PAC het spoedig ook die Verenigde Nasies (VN) as stoere bondgenoot gewerf. Die VN het selfs 'n spesiale komitee teen apartheid en 'n eenheid oor apartheid gestig waarin die Suid-Afrikaanse regering gereeld onder kritiek deurgeloop het. Ander bondgenote van die uitgeweke Suid-Afrikaanse organisasies het die Wêreldraad van Kerke, die Organisasie vir Afrika-eenheid en die Wêreldvredesraad ingesluit. Hierdie bondgenote het die ANC die nodige ondersteuning gebied om spreekbuise soos *Sechaba, Mayibuye* en *Voice of Women* uit te gee en propaganda oor Radio Freedom uit te saai.

In 1969 het die ANC 'n konsulterende konferensie by Morogoro in Tanzanië gehou. Dit was 'n veelrassige byeenkoms, maar al die lede van die nuwe nasionale uitvoerende komitee wat verkies is, was swart Afrikane. Tambo is tot president-generaal verkies. 'n Nuwe liggaam, die Revolusionêre Raad, is hier tot stand gebring. Dit was veelrassig en Joe Slovo, Reginald September en Yusuf Dadoo het vooraanstaande lede daarvan geword.

Terwyl die ANC in ballingskap was, het hy sy bande met die SAKP en die Sowjetunie toenemend versterk. Die SAKP was in 1961 betrokke by die stigting van Umkhonto we Sizwe (MK). Die party het in 1962 sy sesde konferensie gehou, waarna 'n program met die naam Road to South African Freedom aangekondig is. Joe Slovo, 'n vooraanstaande SAKP-leier, het die land in 1963 verlaat en die organisasie in ballingskap gevestig. Die noue bande wat tussen die SAKP (en die ANC) en die Sowjetunie ontwikkel het, was waarskynlik aan hom te danke. Dit het in 1975 tot 'n beperkte skeuring in die ANC gelei toe Tennyson Makiwane en die sogenaamde "Gang of 8" weggebreek het uit protes teen wat hulle die kommunistiese oorheersing van die ANC genoem het.

Die ANC is verras deur die uitbreek van die Soweto-onluste in 1976 omdat die organisasie geen rol daarin gehad het nie. Dit het die ANC egter bevoordeel omdat die intensiteit en uitgerektheid van die onluste onder meer 'n permanente stroom jong, nuwe rekrute uit Suid-Afrika vir die organisasie gewaarborg het. Dit, tesame met die val van die Portugese koloniale ryk, het die organisasie in staat gestel om sy aanslag op die Suid-Afrikaanse regering te hervat. Die gevolg was dat talle nuwe opleidingskampe in lande soos Angola en Mosambiek opgerig is en dat al hoe meer guerrillavegters Suid-Afrika binnegesypel het. Die ANC se volgende buitelandse konferensie, wat in 1985 by Kabwe in Zambië gehou is, het dan ook die aard van 'n krygsraadvergadering aangeneem.

Die PAC se eerste amptelike buitelandse verteenwoordigers is in 1960 aangewys en hulle was Nana Mahomo en Peter Molotsi. Toe Leballo in Augustus 1964 na Dar es Salaam in Tanzanië uitgewyk het, het hy hom gou as die vernaamste PAC-leier en president van die organisasie gevestig. Sy termyn was nie vrugbaar nie en hy het van tyd tot tyd ander leiersfigure uit die PAC geskors. Die Revolusionêre Bevel, wat regstreeks onder sy beheer was, het ten spyte van mildelike finansiële steun van die Organisasie vir Afrika-eenheid weinig vermag. Die moreel van sy guerrillas was sleg en talle het die organisasie verlaat. Die grootste terugslag was toe die PAC uit Zambië geskop is.

Leballo het daarin geslaag om hom te handhaaf, maar het selfs ná die Sowetoonluste misluk in sy pogings om 'n merkbare aanslag op die Suid-Afrikaanse regering uit te voer. Ná sy skorsing uit die PAC in 1979 het sake nie juis verbeter nie en die PAC het toenemend 'n randbeweging geword.

Die Soweto-opstande

Op 16 Junie 1976 het gewelddadige onluste in Soweto uitgebreek toe die polisie losgebrand het op swart leerlinge wat aan 'n protesoptog deelgeneem het en twee kinders doodgeskiet het. Die onluste, waarin talle mense dood is, het gou oor die land heen versprei.

Die oorsaak van die onluste was ongelukkigheid oor die regering se besluit om Afrikaans af te dwing as onderrigtaal in sommige vakke in swart hoërskole. Daar was groot frustrasies hieroor en soos 'n koerant destyds geskryf het, was dit "onluste wat 'n plek gesoek het om uit te breek". Die opmars het egter oor meer as net Afrikaans as onderrigtaal gegaan. Dit was 'n opstand van die swart jeug teen Bantu-onderwys, wat hulle as minderwaardig geag het. Die groeiende behuisingstekort weens tuislandontwikkeling het stedelike swart mense ook gegrief en die onsimpatieke behandeling wat hulle van Bantu-administrasierade ontvang het, het hulle desperaat gemaak.

Die leiers van die skoliere se opmars van 16 Junie 1976 wat nie gearresteer is nie, het hulle spoedig aan die gemeenskap onttrek om vervolging te ontduik. Daarna het 'n "naamlose" leierskorps die onluste verder aangeblaas. Hulle het die swart werkersklas betrek deur in Augustus en November 1976 stakings te reël. Die onluste het telkens gepaardgegaan met geweld wat gewoonlik op

owerheidstrukture soos Bantu-administrasieraadskantore gemik was, maar
leerlinge het soms ook drankwinkels en sjebeens aangeval omdat dit plekke
was waar hul ouers hul lone verkwis het. In Soweto het 'n organisasie van
gemeenskapsleiers, die Groep van Tien onder leiding van Ntatho Motlana,
mettertyd na vore getree om 'n mate van beheer oor die onluste uit te oefen.
Intussen het die onluste landwyd versprei na onder meer die kampusse van
swart, bruin en Indiëruniversiteite. Talle skole en ander geboue, waaronder
die biblioteek van die Universiteit van Zululand, is in dié tyd afgebrand. In
sommige gebiede het die onluste eers ná 'n jaar bedaar.

Eerste minister Vorster het destyds geglo dat die polisie onluste met die
nodige geweld moet beëindig. Die regering het feitlik alle vorms van same-
komste in swart gebiede verbied en die polisie het nie gehuiwer nie om on-
wettige byeenkomste hardhandig te beëindig. Dit het dikwels gelei tot sterftes
onder die opstandiges. Feitlik elke begrafnis van so 'n slagoffer van polisie-
geweld het in 'n politieke byeenkoms ontaard. Die polisie het naderhand selfs
by begrafnisse op oproerige begrafnisgangers geskiet, wat tot nog begrafnisse
gelei het.

Die dodetal in die onluste het uiteindelik op ongeveer 600 te staan gekom.
'n Groot persentasie van die oorledenes is in polisieoptrede dood. Talle jeug-
diges en ander opstandelinge is in hegtenis geneem en in sommige gevalle
gevonnis. Op 19 Oktober 1977 het die regering tot selfs kragdadiger optrede
oorgegaan deur alle swartbewussynsorganisasies onwettig te verklaar. Dit het
Saso en die BPC ingesluit. Terselfdertyd is die koerant *The World*, wat hoof-
saaklik 'n swart leserspubliek gehad het, en die Christelike Instituut ook
verbied.

Die troebel 1980's

Ná die Soweto-onluste het die ANC duisende vlugtelinge van Suid-Afrika by
sy bedrywighede betrek. Dit het die organisasie nuwe lewenskrag gegee. Tot
in 1979 het die organisasie deeglik voorbereidingswerk vir die hervatting van
die guerrillastryd teen die Suid-Afrikaanse regering gedoen. Van 1980 af het
die ANC strategiese teikens soos Sasol en Koeberg en van 1983 af ook "sag-
te teikens" (burgerlikes) aangeval. Van die aanvalle op burgerlikes sluit in die
bomme wat in Kerkstraat, Pretoria, en by Ellispark in Johannesburg deur
ANC-insypelaars geplant is en tot lewensverlies gelei het.

Die P.W. Botha-regering se Nkomati-akkoord met die Mosambiekse regering in 1984 en die New York-akkoord met Kuba en die Sowjetunie in 1988 het egter terugslae vir die ANC verteenwoordig. Eersgenoemde ooreenkoms het onder meer bepaal dat Mosambiek nie langer basisse aan die ANC sou bied van waar Suid-Afrika binnegesypel kon word nie. Laasgenoemde het behels dat Kuba en die Sowjetunie geen hulp meer aan die ANC in Angola sou verleen nie. Gevolglik was die ANC daarna toenemend van massapolitisering in Suid-Afrika afhanklik.

Die stigting van die United Democratic Front (UDF), 'n landwye federasie van gemeenskapsorganisasies, in Augustus 1983 was 'n belangrike moment in die stryd teen apartheid. Die predikant Allan Boesak het met die idee van só 'n verenigde front teen apartheid vorendag gekom. Die UDF het die Vryheidsmanifes van 1955 as riglyn aanvaar en alle apartheidstrukture verwerp. Die organisasie kon nie daarin geslaag om die wit referendum in November 1983 oor die voorgestelde driekamer-parlement, wat (beperkte) parlementêre verteenwoordiging aan bruin mense en Indiërs sou gee, te ontwrig nie. In 1984 het die UDF wel in groot mate daarin geslaag om die verkiesing van bruin en Indiërverteenwoordigers in die driekamer-parlement te ondermyn.

Teen die middel van die 1980's het die UDF hom daarop begin toespits om Suid-Afrika onregeerbaar vir P.W. Botha se NP-regering te maak. Straat- en wykskomitees is oral in swart woonbuurte gestig. Hele gemeenskappe is oorreed, soms met dwang, om aan optrede soos verbruikers-, bus- en huurgeldboikotte deel te neem. Swart raadslede is ook geïntimideer om uit hulle poste te bedank. Grootskaalse wegblyaksies is ook van tyd tot tyd onderneem.

Die feit dat die UDF daarin kon slaag om miljoene Suid-Afrikaners van veral die swart, bruin en Indiërgemeenskappe te oorreed om aan die onderskeie veldtogte deel te neem, dui op die diepliggende weersin teen apartheid in die swart gemeenskap. Die UDF kon wel nie daarin slaag om die land heeltemal onregeerbaar te maak nie, maar was so suksesvol met sy veldtogte dat die regering 'n noodtoestand oor die hele land afgekondig het.

In die laat 1970's en vroeë 1980's het vier van die grootste swart tuislande – Transkei in 1976, Bophuthatswana in 1977, Venda in 1979 en Ciskei in 1981 – amptelik hul "onafhanklikheid" van die Suid-Afrikaanse regering gekry. Die inwoners van hierdie "republieke" het selfs hul Suid-Afrikaanse burgerskap verloor. Dié tuislandregerings is egter nie internasionaal aanvaar nie. In al vier die "onafhanklike" tuislande was daar nie veel sprake van politieke stabiliteit nie en hulle was van groot subsidies van die Suid-Afrikaanse regering afhanklik.

In die tuisland KwaZulu in die destydse provinsie Natal het sake op 'n unieke wyse verloop. Mangosuthu Buthelezi was die hoofminister en het "onafhanklikheid" geweier. Hy was in 1975 ook die stigter van Inkatha (die voorloper van die Inkatha-Vryheidsparty). In 1980 het hy saam met 'n aantal wit politici selfregering vir Natal én vir KwaZulu ondersoek. In 1982 het die Buthelezi-kommissie in 'n verslag sodanige selfregering aanbeveel, maar die Suid-Afrikaanse regering het dit verwerp. Die tuislandregering van KwaZulu en Natalse wit politici het nogtans hul samesprekings voortgesit en dit in April 1986 amptelik tot 'n indaba verklaar. Die regering het die indaba se voorstelle oor selfbestuur verwerp, maar 'n gesamentlike uitvoerende bestuur vir KwaZulu-Natal ingestel. Dit was die einde van die tuislandbeleid in daardie provinsie.

Inkatha was op die oog af 'n Zulu-kultuurbeweging, maar het mettertyd 'n sterk politieke rol gespeel. In die praktyk was Inkatha 'n direkte teenstander van verskeie organisasies wat die ANC ondersteun het en Buthelezi het 'n uitgesproke kritikus van die ANC geword.

Swart gemeenskappe oral in Suid-Afrika, veral in die huidige Gauteng en Kwazulu-Natal, het intens by die politieke wedywering tussen die UDF en Inkatha betrokke geraak. Dit het gelei tot grootskaalse swart-teen-swart-geweld, wat met groter lewensverlies gepaardgegaan het as wat die stryd teen apartheid veroorsaak het. In sommige townships het straatkomitees vir alle praktiese doeleindes die beheer oorgeneem en hulle eie orde deur middel van volkshowe afgedwing. Mense wat daarvan verdink is dat hulle kop in een mus is met politieke opponente, is gewoonlik ter dood veroordeel. In etlike honderde gevalle is die "skuldiges" volgens die sogenaamde halssnoermetode "tereggestel". Dit het behels dat 'n motor se buiteband vol petrol gegooi en om die veroordeelde se nek gehang is voordat dit aan die brand gesteek is.

Die UDF-gesinde straatkomitees en volkshowe se neiging om die beheer van die townships te probeer oorneem, het vanselfsprekend weerstand in die gemeenskap ontlok. Hierin het vigilantes die voortou geneem. Hul soms wrede vergeldingsaanvalle het ook wesenlik tot swart-teen-swart-geweld bygedra. Die polisie het die vigilantes soms gesteun om die UDF se alternatiewe gesagstrukture te probeer ondermyn.

Al het die regering enkele onderwyshervormings ingestel, was daar van 1980 af hernieude onrus in swart skole. Dit het begin uit protes teen die regering se gebruik van dienspligtiges as onderwysers, maar ander griewe soos minderwaardige geriewe is ook opgehaal. Die onrus het feitlik die hele jaar voortgeduur.

In 1984 het 'n nuwe vlaag skoolboikotte gevolg. In die Vaaldriehoek het dié boikotte aangesluit by algemene gemeenskapskwessies. In Cradock in die Oos-Kaap het dit gegaan oor die afdanking van 'n gewilde onderwyser, Matthew Goniwe, wat ook die voorsitter was van Cradoya (die Cradock Youth Association, 'n frontorganisasie van die UDF). Goniwe en nog drie lede van Cradoya, die sogenaamde Cradock-vier, is kort daarna vermoor. Die Waarheids-en-versoeningskommissie het in die 1990's vasgestel dat die veiligheidsmagte vir die moorde verantwoordelik was. Die vier se begrafnis was die eerste van 'n reeks gepolitiseerde massabegrafnisse wat selfs deur buitelandse diplomate in Suid-Afrika bygewoon is en waar die vlae van die ANC en die SAKP, wat destyds verbode organisasies was, openlik vertoon is.

Die Cradock-vier was nie die enigste slagoffers van die politieke onderdrukking deur die regering se veiligheidsmagte nie. Politieke versetleiers, of soms bloot deelnemers aan versetaksies, is in talle gevalle geskiet of in hegtenis geneem. Talle monumente is in woonbuurte soos Guguletu en Athlone in Kaapstad, Mamelodi in Pretoria en selfs in dorpies soos Sterkstroom, Molteno, Barkly-Oos en Middelburg in die Oos-Kaap opgerig vir anti-apartheidstryders wat in die 1980's met hul lewe geboet het.

Skoolboikotte het teen 1985 byna 'n voortdurende verskynsel in Suid-Afrika geword. Dit is in baie gevalle deur die Congress of South African Students (Cosas), 'n frontorganisasie van die UDF, gekoördineer onder die slagspreuk "No education before liberation". Op swart universiteitskampusse is biblioteke en administrasiegeboue afgebrand uit protes teen die uitsluiting van swart mense uit tradisioneel wit universiteite.

Die regering se verslapping van die streng beperkings op die swart vakbondwese teen die einde van die 1970's het gou tot die opkoms van gepolitiseerde swart vakbonde gelei. In 1979 is die Federation of South African Trade Unions (Fosatu) as 'n sambreelorganisasie vir swart vakbonde gestig. Die swart vakbonde het talle stakings teen slegte werkomstandighede in veral die motor-, vervoer- en voedselbedryf gereël en dit het soms gewelddadig geword. Van groot belang was die vinnige groei van die National Union of Mineworkers (NUM) onder leiding van Cyril Ramaphosa aangesien die mynbousektor een van die steunpilare van die Suid-Afrikaanse ekonomie is en die ontwrigting daarvan deur stakings die ekonomie maklik kon verlam.

Nog 'n belangrike gebeurtenis was die stigting van die Congress of South African Trade Unions (Cosatu) in 1985. Dié vakverbond het die grootste swart vakbonde, waaronder Fosatu, die NUM en die UDF-gesinde vakbonde, saamgebind in een organisasie. Cosatu het telkens as bondgenoot van die UDF in konfrontasies met die staat getree. So is die grondslag gelê vir die drieparty-alliansie van die ANC, die SAKP en Cosatu wat ná 1994 die Suid-Afrikaanse politieke toneel oorheers het.

Die ANC in ballingskap het van die middel van die 1980's af herhaaldelik 'n beroep gedoen op die UDF en alle ander organisasies in Suid-Afrika wat hom goedgesind was om die land onregeerbaar te maak. In swart woongebiede is groot sukses met hierdie beleid behaal. Die regering het gereageer deur nood-toestande af te kondig en organisasies in te perk, maar kon nie die golf van weerstand teen sy onderdrukkende beleide keer nie. Swart plaaslike owerhede het een ná die ander ophou funksioneer en is boonop finansieel verlam deur huurboikotte. Informele straatkomitees het die de facto-gesag oorgeneem en al het die regering sy gesag deur middel van die veiligheidsmagte bly afdwing, was daardie pogings nie deurgaans geslaagd nie.

Waarnemers het voorspel dat Suid-Afrika besig was om te verander in 'n tydbom wat enige oomblik kon ontplof. Vir talle Suid-Afrikaners het 'n ver-nietigende bloedbad toenemend onafwendbaar gelyk. Die mening is selfs ge-lug dat net 'n wonderwerk die land sou kon red.

20

"Aanpas of sterf",
1978-1984

Hermann Giliomee

Op 28 September 1978 het Pieter Willem (P.W.) Botha die agtste eerste
minister van Suid-Afrika geword. In die laaste jare van sy voorganger,
B.J. Vorster, se termyn is grotendeels vasgeklou aan die ou apartheidsmodel en
daar was verskerpte druk vanuit die buiteland dat die regering afstand moes
doen van apartheid. Etlike duisende swart jeugdiges het ná die Soweto-op-
stande van 1976 uit die land padgegee om by bevrydingsbewegings aan te sluit.

Die jare 1977-1978 is deur die sogenaamde Inligtingskandaal oorheers. Die
voormalige departement van inligting het op onwettige wyse 'n geheime pro-
pagandastryd gevoer om die regering se beeld in die buiteland te verbeter en
geheime fondse daarvoor aangewend. Hulle het onder meer ook staatsgeld ge-
bruik om 'n plaaslike koerant, *The Citizen*, uit te gee wat die Nasionale Party
ondersteun het. Vorster het aanvanklik ontken dat hy iets van dié propaganda-
projekte en die wanbesteding van fondse geweet het, maar ná die Erasmus-
kommissie se ondersoek het dit duidelik geword dat hy wel ingelig was daaroor.
Nadat die skandaal in die pers oopgevlek is, het hy as eerste minister bedank.

Die uitdaging van hervorming

Kort nadat hy eerste minister geword het, het P.W. Botha gesê: "Ons is deel
van Afrika en ons moet daardie rol speel of ons sal sterf." Die pers het hierdie
woorde effens aangepas en toe die uitdrukking "aanpas of sterf" gebruik om
Botha se politieke benadering te beskryf. Dit vat die eerste stadium van Botha
se termyn goed saam. Daar was 'n dringendheid en 'n vasberadenheid aan sy
leierskap wat in skerp kontras was met Vorster se weifelende laaste jare.

Botha was 'n vasberade, energieke en doelgerigte leier, maar ook voortvarend, ongeduldig en oormoedig. Hy was 'n leier wat bereid was om aan te pas, maar ook gereed was om te veg. Hy kon mense soos min ander leiers intimideer en hulle in hul spoor laat trap. Dr. Javier Perez de Cuellar, destydse sekretaris-generaal van die Verenigde Nasies, het ná 'n besoek aan Suid-Afrika in 1983 gesê: "Twee leiers in die wêreld het 'n groot indruk op my gemaak: China se Deng Xiaoping en Suid-Afrika se P.W. Botha. Hulle verstaan mag."

In Botha se eerste jare in die amp het dit gelyk of die idee van hervorming geseëvier het en of verreikende veranderings onderweg is. Hy het swart mense "mede-Suid-Afrikaners" genoem, Soweto met "'n boodskap van hoop" besoek en deur al die tuislande gereis. Hy het Afrikaners gevra om hul eie geskiedenis te lees en te besef dat almal politieke regte moet hê. "As mense onderdruk word, veg hulle terug. Ons moet ander mense se regte respekteer en onsself bevry deur aan ander in die gees van geregtigheid te gee wat ons Afrikaners vir onsself gevra het."

Ná sy eerste jaar as eerste minister het die invloedryke Amerikaanse koerant *The Washington Post* geskryf dat swart mense stomgeslaan is deur Botha en sy ministers se uitsprake en dat dit by hulle die hoop wek dat 'n alternatief vir geweld en wanhoop gevind kan word.

Teen die einde van die 1970's het Afrikaners die meeste senior betrekkings in die sentrale regering, die veiligheidsmagte, provinsiale administrasies (met uitsondering van Natal) en openbare korporasies beklee. Dit was egter nooit 'n uitsluitlik Afrikaner- of 'n wit staatsdiens nie. Selfs in die 1950's is meer swart as wit mense in die staatsdiens aangestel, aangesien dienste aan die swart bevolking deur swart mense verskaf is – as polisiemanne, onderwysers, verpleegsters en dies meer. 'n Groot getal ongeskoolde swart werkers het ook in die staatsdiens gewerk. Teen die vroeë 1980's het ongeveer twee miljoen mense in die openbare sektor, insluitend die tuislande se administrasies, gewerk en net 'n derde van hulle was wit.

'n Mens kan amper sê twee state het langs mekaar bestaan. Daar was die "binnestaat", wat onder die beheer van Afrikanerpolitici en senior staatsamptenare gestaan het. Hier het Afrikanerdrukgroepe soos die NP-koukus, die Afrikaner Broederbond, die Afrikaanse kerke en die Afrikaanse Handelsinstituut die meeste invloed uitgeoefen. Langs hierdie kernstaat was daar ook 'n veelrassige "buitestaat", waarin die hoofde van die veiligheidsmagte, sakeleiers en die tuislandleiers met hul vernaamste amptenare 'n belangrike rol gespeel het.

Sedert die middel-1970's het die NP-regering verklaar dat die hervorming van apartheid sy vernaamste doelstelling is. Dit was egter nie heeltemal korrek nie. Hoewel Botha hom duidelik daarteen uitgespreek het dat bruin of swart mense op grond van hul kleur gekwets en verneder word, wou hy die hoekstene van apartheid, soos bevolkingsregistrasie en die groepsgebiede, behou. Die kern van sy politieke uitkyk was dat Suid-Afrika nie 'n rasseprobleem het nie, maar wel 'n probleem met "minderhede". Volgens dié siening is daar wit mense, bruin mense, Indiërs en swart mense wat minderhede is, en ook "minderhede binne minderhede" (byvoorbeeld Moslems in die bruin groep) wat almal bekommerd is oor hul politieke toekoms en die voortbestaan van hul kultuur.

Die probleem met hierdie beskouing was dat geboorte die lidmaatskap bepaal het van die rassegroepe wat Botha as sogenaamde minderhede beskou het. Vir die meeste mense in die land sou hervorming slegs moontlik gewees het as mense vrylik lid van 'n groep kon word of hul lidmaatskap kon opsê. Dit wou Botha nie toelaat nie. Hy wou ook nie groepsgebiede afskaf nie, want volgens sy siening het elke minderheid sy eie woongebiede gehad en die reg om in daardie gebied (byvoorbeeld Transkei) of woonbuurt (byvoorbeeld Mamelodi) sy eie regering of stadsraad te hê.

Botha was gretig om die bruin mense en Indiërs in die regering en die parlement te betrek, maar as aparte groepe en sonder dat dit wit mense se gesagsposisie sou raak. Hy was gekant teen enige planne om swart mense verteenwoordiging in die sentrale regering te gee en dit het hom met die vernaamste tuislandleier, Gatsha (later is hy Mangosuthu genoem) Buthelezi, laat bots.

Buthelezi, as leier van die Inkatha-beweging en hoofminister van die tuisland KwaZulu, was die enigste swart leier in Suid-Afrika met massasteun. In 1979 het hy sy bande met die leiers van die African National Congress (ANC) in ballingskap verbreek omdat hy dié organisasie se sanksieveldtog en gewapende stryd verwerp het. Volgens hom sou dit die hoop op vreedsame verandering verydel. Die ANC-Inkatha-verhouding het daarna vinnig in 'n bittere vyandskap ontaard.

Die Botha-regering het Buthelezi nie vertrou nie. Hy het hom skerp uitgespreek teen onafhanklikheid vir die Zuluvolk, wat meer as 20% van die bevolking uitgemaak het. Dit was hy, meer as enige ander groepering, insluitend die ANC, wat die regering se hoop verydel het om alle swart mense burgers van tuislande te maak met die oog op 'n statebond of konstellasie van state bestaande uit die republiek se regering en 'n klomp tuislandregerings. In

1981 het 'n kommissie van die KwaZulu-regering voorgestel dat die provinsie Natal en KwaZulu saamsmelt. 'n Wetgewende vergadering moes op grond van universele stemreg verkies word en 'n veelrassige uitvoerende komitee moes besluite op die grondslag van magsdeling neem.

Indien so 'n stelsel sou slaag, kon ander streke dit navolg en sodoende sou sterk en geloofwaardige swart leiers na vore kon kom, het Buthelezi geglo. Uiteindelik sou dit tot die totstandkoming van 'n federale stelsel kon lei waarin mag versprei word eerder as in die sentrale regering gekonsentreer word. Dit sou help om die internasionale druk op die Suid-Afrikaanse regering te verlig en kon ook keer dat verreweg die meeste swart mense hul steun aan die ANC toesê.

Botha se reaksie hierop was in die ou apartheidstyl. Hy het gesê hoewel Buthelezi welkom is om sake te ondersoek wat KwaZulu raak, het hy geen reg om hom te bemoei met sake wat onder die sentrale regering se beheer is nie.

Die ANC se nuwe uitdaging

Die ANC het teen die einde van die 1970's die regerings van verskeie lande oorreed om nie normale betrekkinge met Suid-Afrika op diplomatieke en sportgebied te hê nie en beperkte sanksies in te stel. Talle groot buitelandse maatskappye het hul beleggings aan Suid-Afrika begin onttrek.

Die ANC het in dié tyd ook sy gewapende stryd teen die regering en openbare instellings verskerp. In 1979 het 'n ANC-afvaardiging Noord-Viëtnam besoek om kers op te steek by die Viëtkong-guerrillavegters oor hul taktiek en strategie in hul oorlog teen die Amerikaanse magte. Die afvaardiging het teruggekeer met die oortuiging dat die beste manier om die bevrydingstryd te voer 'n sogenaamde volksoorlog is. Dit het ten doel gehad om die swart woonbuurte onregeerbaar te maak. In hierdie stryd is gewapende aanvalle deur opgeleide eenhede afgewissel met massaprotes oor diensgeld, gebrekkige dienslewering en openbare vervoer. Skoolboikotte het skerp toegeneem.

Tussen 1976 en 1983 was die ANC ook verantwoordelik vir 362 sabotasie- en gewelddade. Prominente teikens is getref, insluitend 'n Sasol-aanleg in 1980, die Voortrekkerhoogte-militêre basis in Pretoria in 1981 en die Koeberg-kernkragsentrale naby Kaapstad in 1982. 'n Motorbom wat in 1983 by die lugmaghoofkwartier in Kerkstraat, Pretoria, ontplof het, het die lewe van negentien burgerlikes geëis.

Wit oorheersing onder druk

Een van die vernaamste redes waarom Botha haastig was om te hervorm, was die krimpende getal wit mense in verhouding tot die bevolking as geheel. Tussen 1910 en 1960 het die wit bevolking ongeveer 20% van die bevolking verteenwoordig, maar ná 1960 het die wit deel gedaal tot 17% in 1976 en 12% in 2000. Die krimpende getal wit mense in die land was uiteindelik een van die belangrikste redes waarom die regering teen die middel van die 1990's die mag prysgegee het.

Sedert die 1930's het die stedelike arbeidsmag uit 'n groeiende proporsie swart mense bestaan. Hulle het ook 'n rol gespeel in die vervaardigingsektor, waar groter vaardighede as in die myne en op plase vereis is. In 1935 was daar ongeveer 100 000 wit en 100 000 swart werkers in die vervaardigingsektor. Teen 1975 het die syfer vir swart mense tot 726 000 toegeneem en was daar twee keer soveel swart as wit mense in dié sektor.

Dit was nie die getalle op sigself nie, maar die vaardigheidsvlakke wat van groot belang was. Die wit vakbonde het probeer om al die geskoolde werk vir wit werkers uit te hou, maar daar was later nie meer genoeg wit werkers vir al die poste nie. Gevolglik was net 'n kwart van die geskoolde werkers in die 1970's wit. Die veranderings in die arbeidsmark het ook verder gestrek. Tussen 1965 en 1980 het wit werkers se aandeel in die poste op die middelvlak van die arbeidsleer gedaal van vier vyfdes tot twee derdes en dit sou spoedig selfs verder daal.

Die ekonomie het al hoe meer staatgemaak op die vaardighede van bruin en swart mense in die myne, fabrieke, winkels en in die staatsdiens. Hulle was soldate, polisiemanne, verpleegsters en onderwysers wat ordentlike huise en skole vir hul kinders wou hê. Hulle wou ook as volwaardige burgers van die land behandel word en stemreg hê.

Van die begin van die 1970's het swart en bruin werkers aan al hoe meer stakings deelgeneem. In 1973 het die regering swart mense toegelaat om – met die verlof van die wit vakbonde – geskoolde werk te doen. Kort daarna is dié vereiste egter tersyde gestel en ook verskeie regulasies wat werk vir wit mense gereserveer het. In 1979 het die regering toegelaat dat swart werkers wettige vakbonde stig en saam met wit of veelrassige vakbonde hoër lone beding. Swart mense het nou arbeidsregte gehad, maar steeds geen politieke regte nie.

Van 1970 af het die staat ook baie meer aan swart onderwys bestee. Die getal swart kinders wat na die hoër standerds deurgevloei het, het in die volgende twintig jaar sterk toegeneem. Dit het bepaalde politieke gevolge gehad. Daar is bevind hoe verder swart kinders op skool gevorder het, hoe meer polities bewus het hulle geraak en hoe minder was hulle bereid om apartheid te aanvaar.

Swart mense in hoëronderwysinstellings

Jaar	Sekondêre skool	Bereik hoogste standerd	Universiteit
1960	54 598	717	1 871
1970	122 489	2 938	4 578
1985	1 192 932	34 733	49 164

Van die middel-1970's af was daar 'n groot en groeiende groep swart werksoekers wat nie 'n vaste of aanvaarbare werk kon kry nie. Swart kinders het gevorder tot standerds waarvan hul ouers slegs kon droom, maar tog het hulle 'n veel geringer kans as hul ouers gehad om 'n vaste werk te kry. In die Sowetoopstande van 1976 was die meeste deelnemers skoolkinders en werkloses.

Om 'n stabiele swart middelklas te skep, het die regering swart mense in 1977 toegelaat om huurpag van 99 jaar op hul huise te neem. Hulle en hul nasate kon nou permanent in die dorpe en stede bly. Die regering het egter steeds geweier om die passtelsel af te skaf wat as die simbool van swart mense se onderdrukking beskou is. Die staat het geglo dié wet is nodig om swart mense te beheer en verstedeliking aan bande te lê. Die paswet is eers in 1986 afgeskaf. Die vorige jaar is die Wet op Gemengde Huwelike afgeskaf.

Die ekonomie kwyn

In die eerste vyftig jaar van die Unie van Suid-Afrika se bestaan het segregasie en apartheid nie 'n negatiewe uitwerking op die ekonomie gehad nie. Werkgewers het op 'n kwistige manier 'n groot aantal laagbesoldigde, ongeskoolde of halfgeskoolde arbeiders benut en min aandag aan hul produktiwiteit gegee. Die paswet en ander beperkings op swart politieke organisasies en vakbonde het swart mense se vermoë om hoër lone te beding sterk aan bande gelê. Die regering het min bestee aan die ontwikkeling van swart reservate of die opheffing van die heel armste gemeenskappe.

Dié situasie het in die 1960's drasties verander. Die belangrikste rede was die onverwagse hoë ekonomiese groeikoers. Daar was nie meer genoeg wit mense om al die werk op die middel- en hoë vlak van die arbeidsleer te doen nie. Die tekort aan geskoolde werkers het die ekonomie al hoe meer begin knel. Die swakker onderwys wat swart en bruin werkers gekry het, het dit vir hulle dikwels onmoontlik gemaak om behoorlik geskool te raak. Boonop het wetgewing swart en bruin werkers verhinder om geskoolde werk te verrig. Die koste van segregasie en apartheid het al hoe duideliker geword. Die armste werkers moes dikwels ook ver ry om by hul werk uit te kom omdat die Groepsgebiedewet veroorsaak het dat swart en bruin buurte gewoonlik aan die buitewyke van dorpe en stede was. Die meeste swart en bruin mense was boonop arm en sonder enige betekenisvolle koopkrag.

Van 1973 het die groeikoers begin daal. Dit het geval van gemiddeld 4,5% tussen 1948 en 1976 tot gemiddeld net 1,65% tussen 1976 en 1994. Laasgenoemde groeikoers was ver onder die 3%- jaarlikse bevolkingsaanwas en het werkloosheid laat toeneem. Die redes vir die ekonomiese agteruitgang was ingewikkeld en sommige faktore was buite die staat se beheer, soos die skerp styging in die petrolprys ná 1974, die laer pryse vir uitgevoerde Suid-Afrikaanse minerale en die verlangsaming in die groei wat Suid-Afrika se vernaamste handelsvennote beleef het. Een van die belangrikste redes vir die laer groeikoers was die vervaardigingsektor se onvermoë om genoeg uit te voer om te vergoed vir die afname in die waarde van mineraaluitvoer. Dit was egter nie net Suid-Afrika wat deur dié verswakking in die ekonomie getref is nie. Die groeikoers van ander lande met ekonomieë van soortgelyke grootte het ook gedaal.

Plaaslike en buitelandse beleggers het boonop traag geword om in Suid-Afrika te belê deur byvoorbeeld nuwe myne of fabrieke te begin. Die beëindiging van Portugese koloniale beheer in Angola en Mosambiek, die guerrilla-oorlog in Rhodesië, die groot stakings van 1973 in Durban en die Soweto-opstande van 1976 het beleggers oor Suid-Afrika se stabiliteit laat wonder.

Van die middel-1970's af het die regering salarisgapings tussen wit en swart mense en tussen wit en bruin mense kleiner begin maak. Werkgewers in die private sektor het die loongaping ook vernou. In die 1970's en 1980's het die verhouding van wit tot swart lone in die mynbedryf geval van 21:1 tot 6:1 en in die vervaardigingsektor van 6:1 tot 4:1. Om winsgewend te bly, het werkgewers hul arbeidsmag verklein en hoër produktiwiteit van die oorblywende werkers vereis.

Wit werkers het steeds 'n groot voorsprong gehad omdat die staat baie meer aan wit onderwys bestee het. Een van die vernaamste redes hiervoor was dat wit kinders baie langer op skool was as swart kinders en tot hoër standerds gevorder het. In 1970 het 79% van stedelike swart mense en 93% van landelike swart mense nie st. 6 (deesdae gr. 8) gehaal nie, in vergelyking met net 4% van wit mense in die arbeidsmag.

Nadat die regering alle werkers in 1979 toegelaat het om by vakbonde aan te sluit, het dit vir werkgewers moeiliker geword om werkers te ontslaan. Hulle was ook onder groter druk om hoër lone te betaal. Hulle het nou minder werkers in diens geneem of hul fabrieke gemeganiseer. Dit het die werkloosheidsprobleem vererger. Teen die einde van die 1970's was Suid-Afrika se arbeidskoste hoër as dié van sy mededingers. Suid-Afrika kon moeilik in die uitvoermark vir vervaardigde goedere meeding. Die ekonomie het gekwyn en sy kop net opgelig wanneer die pryse van uitvoermetale en -minerale gestyg het.

Verdeelde Afrikaners

Die NP-regering wat in 1948 aan die bewind gekom het, was 'n party van Afrikaners van wie die oorgrote meerderheid as laermiddelklas-mense (onder andere boere en staatsamptenare) en handearbeiders geklassifiseer kan word. Teen die einde van die 1970's was Afrikaners vanuit 'n klasse-oogpunt nie meer so 'n homogene groep nie. Hulle het polities van mekaar begin verskil omdat die uiteenlopende klasse Afrikaners – sakelui, werkers, professionele mense en boere – verskillende belange gehad het.

Soos in die tabel hieronder gesien kan word, het die proporsie Afrikaners wat geboer het van die middel-1930's skerp afgeneem. Die meeste mense het na stede en dorpe getrek. Die proporsie kantoorwerkers (staatsamptenare, klerke, sakelui en professionele mense soos prokureurs) het tussen 1936 en 1980 meer as verdubbel. Dit verteenwoordig 'n skerp toename in wat gewoonlik die middelklas genoem word.

Met 'n vinnig groeiende ekonomie was dit vir die NP moontlik om die verskillende Afrikanerbelangegroepe tevrede te hou en terselfdertyd ook die besteding aan onderwys, gesondheidsorg en pensioene vir swart en bruin mense te vergroot. In die 1970's het die voorafgaande veertig jaar se hoë ekonomiese groeikoers ten einde geloop. Om sy begroting te laat klop, het die regering sy steun aan boere begin onttrek en wit werkers vervreem deur swart en bruin mense toe te laat om ook geskoolde werk te doen. Die NP-regering het ook die gaping tussen die salarisse en pensioene van wit mense en die ander rassegroepe begin vernou. Die groot mate van eensgesindheid onder Afrikaners was aan die verdwyn.

Die samestelling van die Afrikanerarbeidsmag

	1936	1946	1960	1980	1990
Boere	41%	30%	16%	7%	5%
Handearbeiders	31%	41%	40%	32%	29%
Kantoorwerkers	28%	29%	44%	62%	66%

Konserwatiewe NP-ondersteuners het grootliks gemeen die regering het hulle in die steek gelaat. Onder hulle was werkers wat steeds aangedring het op wit bevoorregting, minder voorspoedige boere wat die regering se inkorting van subsidies teengestaan het en staatsamptenare op die lae vlakke wie se salarisverhogings nie tred gehou het met stygende lewenskoste nie. Al drie dié groepe het swaargekry weens 'n hoë inflasiekoers en belastings.

Die hervormingsgesindes in die NP was sakelui, professionele mense en akademici wat hulle al hoe meer met universele waardes soos vryheid en gelykheid ongeag kleur geïdentifiseer het. Hulle was bewus daarvan dat 'n bruin en swart middelstand na vore getree het wat diskriminasie nie langer sou verduur nie. Vir die hervormingsgesindes het ekonomiese en maatskaplike apartheid 'n verleentheid geword.

Net een faktor het Afrikanernasionaliste nog bymekaargehou: die oortuiging dat politieke mag 'n voorvereiste vir hul oorlewing as volk en vir Afrikaans as openbare taal is.

Botha was minder afhanklik van Afrikanersteun as sy voorgangers. 'n Nuwe vloeibaarheid het in die wit politiek ontstaan nadat die Verenigde Party, wat langer as twintig jaar deur sir De Villiers Graaff gelei is, in 1977 verbrokkel het. Talle Engelssprekende kiesers het simpatiek teenoor die NP se versigtige hervormingsbenadering gestaan. Die ou Afrikaner-Engelse-wrywing het grootliks verdwyn as gevolg van die toenemende politieke druk wat van swart mense en die buitewêreld gekom het. In die 1980's het tussen 'n kwart en 'n derde van wit Engelssprekendes vir die NP gestem.

Die grondwet word hervorm

In die John Vorster-era is die laaste vorms van politieke verteenwoordiging vir swart, bruin en Indiërmense afgeskaf. Net wit mense het daarna in die parlement en in die provinsiale en stadsrade gesit. Terselfdertyd het talle swart en bruin mense opgeskuif uit die vlak van ongeskoolde werk na die vlakke van halfgeskoolde en geskoolde werk waar hulle skouer aan skouer met wit mense gewerk het. Toenemende ekonomiese integrasie het al meer met die beleid van apartheid gebots.

Botha het daarop aangedring dat die hele proses van grondwetlike hervorming onder die NP-regering se leiding en beheer staan. Soos Buthelezi gesê het, was Botha die man wat hervorming aangevoer het en ook die een wat geskille wou besleg. Hy wou speler én skeidsregter wees. Die belangrike vraag was of die konstitusionele veranderings aanvanklik slegs die bruin en Indiërgemeenskappe moes betrek en of dit swart mense van die begin af moes insluit.

In 1977 het die regering 'n plan aanvaar om bruin mense en Indiërs saam met wit mense in 'n gemeenskaplike stelsel van verteenwoordiging te betrek. Eers was die idee afsonderlike parlemente, maar later is besluit op een parlement met drie kamers. Die NP het vae beloftes gemaak dat swart mense ook later betrek sou word. Dit sou egter nie by wyse van verteenwoordiging in die parlement wees nie.

Aan die meer hervormingsgesinde kiesers het die party se leierskorps verduidelik dat die simboliek van wit heerskappy en eksklusiwiteit in die parlement eers afgebreek moet word en dat die inskakeling van swart mense moet wag totdat kiesers daaraan gewoond geraak het. Aan sy meer konserwatiewe volgelinge het die party gesê wit mense, bruin mense en Indiërs moet saamstaan teen swart mense en dus saam in die parlement sit. Andries Treurnicht, leier van die konserwatiewe vleuel in die party, was daarteen gekant dat daar, soos hy dit gestel het, "Kleurling- en Indiërministers sal [wees] wat oor my en alle blankes sal mede-regeer." Botha het egter volgehou dat daar net een regering in een land kan wees.

Vroeg in 1982 het die spanning tussen Botha en Treurnicht se ondersteuners in die NP tot uitbarsting gekom. Op 24 Februarie 1982 het Treurnicht en nog 21 NP-parlementslede uit die NP-koukus gestap en die Konserwatiewe Party (KP) gestig. Dit was die einde van Afrikanereenheid wat oor soveel dekades bepleit, gekoester en beskerm is.

In 1983 is 'n referendum oor die nuwe grondwet onder wit kiesers gehou. Sowel die Progressiewe Federale Party, wat gekant was teen apartheid, en die KP, wat apartheid wou behou, het gevra dat mense "nee" sê vir 'n nuwe grondwet. Twee derdes van die kiesers wat gestem het, het uiteindelik ten gunste van die voorgestelde grondwet gestem. Chris Heunis, die vindingryke en intelligente, maar dominerende minister van konstitusionele ontwikkeling, het die Arbeidersparty, die sterkste bruin party wat in die apartheidsbestel gewerk het, oorreed om met die stelsel saam te gaan. Hiermee is die bal aan die rol gesit vir die nuwe stelsel van 'n driekamer-parlement. Klein Indiërpartye het ook daaraan deelgeneem.

Die driekamer-parlement

Die driekamer-parlement het in September 1984 tot stand gekom. Dit het bestaan uit 'n wit kamer, 'n bruin kamer en 'n Indiërkamer wat met afsonderlike kieserslyste volgens 'n 4:2:1-verhouding verkies is. Dit het ooreengestem met die getalsverhouding tussen die drie groepe. Die meerderheidsparty in die wit kamer kon nie uitgestem word (en dus die mag verloor) nie, omdat die opposisiepartye in die wit huis nie met partye in die bruin en die Indiërhuis kon saamspan nie.

Elke kamer het sy eie kabinet gehad en 'n begroting waarmee hy moes omsien na sy gemeenskap se "eie sake". Dit het veral onderwys, behuising en maatskaplike dienste behels. Daar was ook "algemene sake", wat ingesluit het verdediging, wet en orde en ekonomiese beleid. Wetsontwerpe is afsonderlik deur elke kamer bespreek en goed- of afgekeur. Die enigste magsdeling was geleë in die bepaling dat al drie kamers 'n wetsontwerp moes goedkeur en die feit dat bruin en Indiërverteenwoordigers in die kabinet vir algemene sake opgeneem is. Botha het die leiers van die bruin en die Indiërkamer in sy kabinet aangestel.

Die pos van eerste minister is afgeskaf en daar sou nou slegs 'n staatspresident wees wat sowel die simboliese staatshoof as die hoof van die uitvoerende mag sou wees. Hy het ook voorgesit op kabinetsvergaderings. 'n Kieskollege wat saamgestel is uit al drie kamers het 'n staatspresident gekies wat uitvoerende funksies gehad het. Ook hier sou die meerderheidsparty in die wit huis die deurslaggewende stem hê.

Die staatspresident kon gebruik maak van die Presidentsraad, 'n veelrassige adviesraad van kenners wat die NP feitlik almal goedgesind was, om 'n konstitusionele skaakmatsituasie te oorkom as een van die kamers sou weier om 'n wetsontwerp goed te keur. Hierdie grondwet was, soos 'n gesegde van die tyd gelui het, "magsdeling sonder magsverlies".

Swart reaksie op die driekamer-parlement

Swart mense het hul uitsluiting uit die driekamer-parlement as 'n verwerping van hul aandrang op volle burgerskap van die land saam met die wit en bruin mense en die Indiërs beskou. Hulle is selfs nog meer vervreem toe regeringswoordvoerders die swart tuislande, saam met 'n nuwe stelsel van swart plaaslike owerhede, as regverdiging vir die uitsluiting van swart mense voorgehou het.

Hoewel die regering van die middel-1970's af op groot skaal geld in die tuislande ingepomp het, het dit al hoe duideliker geword dat die gebiede glad nie ekonomies lewensvatbaar sou kon word nie. Selfs Transkei, die tuisland met die beste vooruitsigte, kon in net 10% van sy eie voedselbehoeftes voorsien en net 20% van sy begrote uitgawes uit eie bronne finansier.

Die oorgrote meerderheid tuislandinwoners was afhanklik van pensioene en geld wat trekarbeiders na hul families gestuur het. Omtrent al hierdie geld het teruggevloei na winkels in wit besit in "wit" Suid-Afrika. Die trekarbeidstelsel het daartoe gelei dat die landbou in die tuislande agteruitgegaan en die inwoners verarm het. Van die vroeë 1970's af was daar 'n toestroming van mense uit die tuislande na dorpe en stede, waar hulle hul aan die buitewyke van wit gebiede gevestig het. Die regering kon niks doen om die stroom werksoekers te stuit nie. Die paswetstelsel het in duie gestort en is in 1986 afgeskaf.

In 1976 het die Suid-Afrikaanse regering onafhanklikheid aan Transkei toegeken, hoewel dit die enigste regering ter wêreld was wat dié land as 'n onafhanklike staat erken het. Bophuthatswana het in 1977 op dieselfde manier onafhanklik geword. Ciskei het in 1979 gevolg en Venda in 1980. Ná onafhanklikwording het die burgers van dié "state" hul Suid-Afrikaanse burgerskap verloor, selfs al het hulle feitlik permanent in Soweto of ander dorpe of stede in Suid-Afrika gebly.

Connie Mulder, wat in 1978 minister van plurale betrekkinge (voorheen Bantu-administrasie en -ontwikkeling) geword het, het verklaar dat daar nie meer swart Suid-Afrikaners sou wees nadat alle tuislande onafhanklik geword het nie. In 1981 is Xhosas wat in plakkerskampe in Kaapstad gebly het na Transkei "gedeporteer" ingevolge wetgewing wat buitelandse burgers beheer. Die regering het geld vir die tuislande selfs as "buitelandse hulp" geklassifiseer.

Die verskillende tuislandregerings, elk met sy eie hoofminister, kabinet, wetgewende vergadering en staatsdiens, het swart mense wat in die tuislande gewoon het 'n vorm van selfbestuur gegee wat wit mense nie bedreig het nie. Dié regerings het hulle hoofsaaklik met die tuisland se sake bemoei en nie betekenisvolle toegewings van die Suid-Afrikaanse regering probeer kry nie.

Mag in die weegskaal

In 1984 – ses jaar nadat Botha die politieke leierskap oorgeneem het – was dit moeilik om te bepaal of die hervormings daarin geslaag het om 'n erge opstand te voorkom en of Suid-Afrika in 'n al hoe groter politieke krisis verval het.

In sekere opsigte het die prentjie donker gelyk. Die ekonomie het stadig gegroei. Die aantal swart en bruin werkloses en verarmde swart mense wat van die tuislande na die dorpe en stede gestroom het, het al hoe groter geword. Die swart vakbonde het hul spiere begin bult en nie net hoër lone geëis nie, maar ook politieke eise gestel. Hulle wou hê die gaping tussen wit en swart mense se lone moes vinniger kleiner word en dat wit mense moes ophou om in die werkplek rassisties teenoor hulle op te tree. Die getal wit mense as proporsie van die totale bevolking het gedaal van net onder 20% in die middel-1950's tot onder 15% in die middel-1980's. Wit mense het bondgenote dringend nodig gehad, maar min swart en bruin leiers was bereid om hulle by die regering te skaar.

Aan die ander kant het die Botha-regering merkwaardige steun van buitelandse leiers ontvang ná die instelling van die driekamer-parlement. Hulle het geglo 'n parlement waarin wit mense, bruin mense en Indiërs saam sit, is die begin van die proses om apartheid af te takel en dat die regering spoedig betekenisvolle regte aan swart mense sou toeken.

Dit het gelyk of die staat die uitdaging wat die ANC op veiligheidsvlak gebied het, oorkom het. Die weermag het met sy operasies oorkant die landsgrense verhoed dat 'n groot aantal ANC-vegters die land binnesypel. In Maart 1984 moes die ANC sy basisse in Mosambiek sluit nadat Suid-Afrika die Nkomati-akkoord met die Mosambiekse regering gesluit het waarvolgens die twee lande nie sou toelaat dat aanvalle op die ander land van binne hul eie grense uitgevoer word nie.

Om hul steun aan Botha as leier en hervormer te toon, het die regeringsleiers van Brittanje, Duitsland, Switserland en Portugal hom genooi vir amptelike besoeke. In Julie 1984 was Botha op ampsbesoeke in dié lande. Dit het 'n oomblik lank gelyk of Suid-Afrika besig was om 'n groot diplomatieke deurbraak te maak.

Onder Treurnicht het die KP probeer om die geesdrif van die Afrikaner-nasionalistiese beweging weer in die lewe te roep deur die horlosie te probeer terugdraai na die middel-1960's, toe dit gelyk het of die Afrikaners vir altyd sou regeer. Maar dit was nie meer moontlik om die dryfkrag en oortuiging van die ou volksbeweging weer op te roep nie. Die oplossings wat die KP aangebied het, was klaar gediskrediteer. Die NP het dit reeds onsuksesvol probeer toepas. Dit was nie moontlik om 'n wit tuisland te skep nie en die swart tuislande was ook nie die ware oplossing nie.

Hervormingsgesinde wit mense het toenemend aanvaar dat daar swart mense in die regering moet wees. Hulle wou 'n stabiele regering, doeltreffende staatsamptenare, 'n onafhanklike regbank en 'n sterk ekonomie hê. In plaas van meerderheidsregering wou hulle 'n stelsel hê wat 'n balans skep tussen die swart meerderheid aan die een kant en ander minderheidsgroepe, insluitend wit mense, aan die ander kant. Baie min wit mense was ten gunste van 'n regering waarin swart mense die hef in die hand het. Veral Afrikaners was pessimisties oor 'n swart regering. Meer as vier vyfdes van die Afrikaners wat in die middel-1980's aan meningspeilings deelgeneem het, het geglo dat omgekeerde diskriminasie onder 'n swart meerderheidsregering sou plaasvind en dat die Afrikaanse taal en kultuur bedreig sal word. Meer as 80% het voorts geglo dat wit mense se fisieke veiligheid bedreig sal word en dat hul besittings en eiendom nie veilig sal wees nie.

Sedert die middel-1980's het die regering se eie geheime meningspeilings getoon dat die ANC meer as 60% van die stemme in 'n vrye verkiesing sou kry en die NP 19% tot 23%. Die ANC het sterk aangedring op wat hy 'n "gewone demokrasie" genoem het. Daarmee is bedoel meerderheidsregering in 'n unitêre staat. "Die meerderheid vat alles" is die term waarmee hierdie stelsel gewoonlik beskryf word. In só 'n stelsel is meganismes wat minderhede beskerm, soos 'n regering van nasionale eenheid, groepsregte, federalisme en die afwenteling van mag na die provinsies, grootliks afwesig.

Vir Botha en sy kieserskorps was dit heeltemal onaanvaarbaar. In 'n peiling van 1987 is bevind dat slegs 3% Afrikaners 'n politieke bedeling sou aanvaar waarin die meerderheidsparty alleen beheer uitoefen terwyl 11% Engelssprekendes dit sou aanvaar. Slegs 1% Afrikaners en 3% Engelssprekendes wou Nelson Mandela as staatspresident hê teenoor onderskeidelik 12% en 39%

wat Buthelezi wou hê. Wit mense was bekommerd dat daar talle kommu-
niste in die ANC-leierskorps was en dat hulle sekere groot maatskappye onder
staatsbeheer sou wou plaas. 'n Politieke skikking tussen die NP en die ANC
het uiters onwaarskynlik gelyk.

21

Opstand, oorlog en oorgang, 1984-1994

Hermann Giliomee

Nadat die driekamer-parlement ingestel is, was die vraag: Wat van swart mense se politieke regte? Die apartheidsbestel se grootste swak plek was inderdaad die gebrek aan verteenwoordiging vir veral stedelike swart mense, vir wie daar nie eens doeltreffende swart plaaslike besture was nie.

In die vroeë 1980's het die regering die rampspoedigste model van almal ingevoer. Vir die eerste keer in die geskiedenis het swart plaaslike besture 'n groot mate van selfstandigheid gekry met feitlik dieselfde magte as wit stadsrade. Hulle was egter sonder 'n voldoende belastingbasis en het dus nie genoeg geld gehad om behoorlike dienste te lewer nie. Baie min inwoners van swart woongebiede het eiendom besit, met die gevolg dat die inkomste uit belasting uiters beperk was.

Voorheen was die biersale 'n groot bron van inkomste, maar die meeste is in die opstande van 1976-1977 en die daaropvolgende onluste afgebrand. Daar was ook geen formule om inkomste van wit stadsrade na swart plaaslike besture te kanaliseer nie.

Die regering het vergeefs probeer om die nuwe vorm van swart plaaslike bestuur voor te hou as regverdiging vir die uitsluiting van swart mense uit die driekamer-parlement, waarin wit mense, bruin mense en Indiërs verteenwoordig is. Intussen is swart stadsrade op 'n landwye basis verkies, maar met lae stempersentasies.

Baie inwoners het opgehou om hul huurgeld en water- en elektrisiteitsrekeninge te betaal. Van die nuwe rade het die huurgeld en tariewe boonop taamlik roekeloos opgestoot.

"Maak Suid-Afrika onregeerbaar"

In September 1984 het die driekamer-parlement vir die eerste keer vergader. In dieselfde maand het onluste wat met erge geweld gepaardgegaan het in die swart woongebiede van die Vaaldriehoek, suidoos van Johannesburg, uitgebreek. Die plaaslike burgemeester en adjunkburgemeester was van die eerste mense wat in Sebokeng doodgemaak is. Hiermee het die laaste fase van die stryd teen apartheid begin.

Die protes in die Vaaldriehoekse woongebiede het in die laaste kwartaal van 1984 en die eerste kwartaal van 1985 na ander dele van Transvaal, Natal en die Oos-Kaap versprei. In Natal en KwaZulu het 'n kleinskaalse burgeroorlog uitgebreek tussen Inkatha, wat 'n sterk steunbasis in die landelike gebiede gehad het, en die United Democratic Front (UDF), wat die septer in die groter dorpe en stede geswaai het.

Daar was ook talle wegblyaksies, stakings, verbruikersboikotte en protesoptogte, en stedelike swart mense het geweier om huur- en diensgeld te betaal. Die protesoptogte is in baie gevalle deur kerkleiers gelei en is deur baie mense, veral skoliere en studente, ondersteun. Geweld het dikwels uitgebreek. In baie swart woongebiede het oproerige skares die huise van swart stadsraadslede aangeval en hulle gedwing om te bedank. Die doel was om die hele stelsel van plaaslike regering in duie te laat stort. Skares het ook regeringsgeboue, winkels en drankwinkels afgebrand.

Aktiviste het die huise van swart polisiemanne ook aangeval en baie van hulle verplig om buite die dorpsgebiede te bly. Talle vermeende informante en spioene is doodgemaak, sommige volgens die berugte halssnoermetode. Die halssnoermoorde het die polisie se inligtingsbronne gou laat opdroog. Emosies was gaande by die begrafnisse van mense wat in botsings met die polisie dood is. Dikwels is die kis in 'n ANC-vlag gehul.

Nadat die polisie in Maart 1985 op 'n vreedsame skare in Uitenhage geskiet het, het die protesoptredes van die Oos-Kaap na Kaapstad en ander dele van die Kaapprovinsie versprei. Op 16 Junie 1985, die dag waarop die Soweto-opstande herdenk is, het bomme in Durban en Johannesburg ontplof. Op 20 Julie 1985 het die regering 'n noodtoestand afgekondig wat tot sekere landdrosdistrikte beperk was.

Twee dae later het die ANC by monde van sy leier, Oliver Tambo, in 'n radioboodskap 'n beroep op sy volgelinge gedoen om Suid-Afrika onregeerbaar te maak. Dit het gelyk of Suid-Afrika huiwer tussen 'n volskaalse burger-

oorlog en 'n dramatiese stap wat tot 'n onderhandelingsproses met die be-
vrydingsbewegings sou kon lei. Daar is algemeen aanvaar dat Nelson Mandela
se vrylating uit die tronk 'n vereiste vir onderhandelings was.

Die Rubicon-toespraak

Dit het teen die middel van 1985 duidelik geword dat slegs radikale hervor-
mings 'n golf van buitelandse sanksies sou kon afweer en moontlik die weg
vir onderhandelings kon baan. Groot verwagtinge het ontstaan oor president
P.W. Botha se toespraak wat vir 15 Augustus 1985 beplan was. Op kabinets-
vergaderings het Chris Heunis, minister van konstitusionele ontwikkeling,
voorgestel dat swart leiers in die kabinet opgeneem word. Hy was onder die
indruk dat die president saamgestem het, maar Botha was nie van plan om
betekenisvolle mag aan swart mense in die sentrale regering te gee nie. Al
waartoe hy bereid was om in te stem, was 'n konfederasie van state waarin die
regerings van die tuislande en die Republiek van Suid-Afrika van tyd tot tyd
saam beraadslaag.

Toe hy die aand met sy toespraak begin, het miljoene mense plaaslik en oor-
see dit met groot afwagting op televisie gevolg. Maar Botha was onversetlik.
Hy het soos 'n weerbarstige voorstander van wit baasskap voorgekom. Hy het
gesê hy is nie bereid om wit Suid-Afrika op 'n pad van abdikasie en selfmoord
te lei nie. Volgens hom sou die land sonder wit Suid-Afrikaners en hul invloed
in struweling, chaos en armoede verval. Hy het bygevoeg dat hy geen respek
het vir revolusionêres wat Afrika in 'n "sterwende kontinent" omskep het nie.
"Mandela en sy vriende" is in die tronk omdat hulle 'n revolusie beplan het en
hulle sou net vrygelaat word as hulle geweld afsweer, het Botha gesê.

Hoewel Botha aangekondig het dat sy regering die spreekwoordelike Ru-
bicon oorgesteek het, het die toespraak geensins voldoen aan verwagtinge vir
daadwerklike hervormings nie. (Die Rubicon is 'n klein rivier in Italië wat
Julius Caesar meer as 2 000 jaar gelede oorgesteek het toe hy met sy opstand
teen die staat begin het.) Daar was groot ontevredenheid, veral in die buiteland,
oor Botha se Rubicon-toespraak en kort daarna is 'n nuwe golf sanksies in-
gestel en nóg beleggings onttrek.

Sy toespraak is so ongunstig ontvang dat min waarnemers opgelet het dat
hy tog 'n belangrike deel van apartheid se "meesterplan" geskrap het. Hy het
aangekondig dat inwoners van die ses tuislande wat nie onafhanklikheid wou
aanvaar nie, erken sou word as Suid-Afrikaanse burgers wat in 'n gemeenskap-
like politieke stelsel verteenwoordiging moet kry. Dit was die einde van die

idee dat alle swart mense in 'n "blanke Suid-Afrika" alle seggenskap ontsê moet word.

Nóg opstande en 'n nasionale noodtoestand

Teen November 1985 was ongeveer 8 000 ampsdraers van die United Democratic Front (UDF) in aanhouding. Baie leiers was in die tronk of het uit die land gevlug. In Maart 1986 het Botha vir 'n kort rukkie die gedeeltelike noodtoestand opgehef, maar op 12 Junie 1986 het hy 'n nasionale noodtoestand afgekondig wat tot 1990 sou geld.

Die regeringsmagte het die landwye opstande ferm en hardhandig probeer onderdruk. Teen die einde van 1986 was meer as 20 000 mense in aanhouding. Die Staatsveiligheidsraad, waarin sekere ministers en senior generaals van die polisie en die weermag saam gesit het, het gereeld oor staatsveiligheidsaangeleenthede vergader. 'n Groot deel van die kabinet het egter geen rol in die vernaamste besluite gehad nie.

Die regering het voortgegaan met hervormings in 'n poging om beleggers se vertroue te herwin. "Klein apartheid" is afgeskaf, maar "groot apartheid", soos die Bevolkingsregistrasiewet, is behou omdat die NP-leierskorps dit noodsaaklik geag het vir wit beheer. Stedelike swart mense dwarsoor die land het volle verblyfreg in wit dorpe en stede gekry en die verbod op gemengde huwelike en seksuele omgang tussen wit en gekleurde mense is afgeskaf. Die paswet is laat vaar en swart mense is toegelaat om eiendom in wit Suid-Afrika te besit. Openbare geriewe is oopgestel. Amptelike diskriminasie in die arbeidsmark was iets van die verlede. Daar was steeds 'n groot gaping in die besteding per kop aan leerlinge van verskillende rasse, maar dit het gedaal van 1:10 in die 1960's tot 1:3,5 in die 1990's.

Dié hervormings het egter nie die buitelandse druk verlig nie. Buitelandse banke het daarop aangedring dat Suid-Afrika sy lenings terugbetaal en wou geen nuwe lenings toestaan nie. Die VSA het alle nuwe Amerikaanse beleggings in Suid-Afrika en lenings aan die regering verbied. In Brittanje het Margaret Thatcher se Tory-regering die bande nog in stand probeer hou, maar die Statebond het 'n verbod op die invoer van alle landbouprodukte en vervaardigde goedere van Suid-Afrika aanvaar, asook 'n verbod op alle nuwe lenings en beleggings. Thatcher het Botha laat weet dat sy hom nie veel langer sou kon ondersteun as Nelson Mandela nie vrygelaat word nie. Ongeveer 'n vyfde van die Britse maatskappye het hulle aan die land onttrek en direkte Britse investering het in die loop van die 1980's met die helfte gedaal.

Sanksies kon die Suid-Afrikaanse staat nie tot 'n val bring nie en dit het die middelklas nie juis finansieel seergemaak nie. Dikwels het buitelandse maatskappye wat onttrek het hul plaaslike belange goedkoop aan 'n Suid-Afrikaanse maatskappy verkoop. Handelsbande met die Weste het wel as gevolg van sanksies verswak, maar terselfdertyd het dié met Asië verbeter. Die totale buitelandse handel het gegroei. Teen die einde van 1986 het die land 'n handelsoorskot van R15 miljard gehad. Die verbod op nuwe buitelandse lenings en beleggings het sakevertroue egter wel kwaai geskaad. Suid-Afrika se ekonomiese groeikoers het al hoe laer gedaal, wat nog groter werkloosheid meegebring het.

Destabilisasie

In die vroeë 1980's wou Suid-Afrika se buurstate hul ekonomiese afhanklikheid van Suid-Afrika verminder en hul steun aan ANC-guerrillas vergroot. Die idee was dat hierdie guerrillas Suid-Afrika deur sy buurlande, veral Mosambiek, Lesotho, Swaziland en Botswana, kon binnesypel. In 1982 het William Casey, hoof van die Amerikaanse Central Intelligence Agency (CIA), in Pretoria met Botha en sy veiligheidsadviseurs vergader. Hulle het saamgestem dat dit moontlik is om 'n veiligheidsone te skep deur buurlande te dwing om ANC-guerrillas te verdryf.

Suid-Afrika se ontwrigting van vyandiggesinde buurlande, of destabilisasie, soos dit genoem is, was veral erg in Mosambiek, wat die vernaamste roete van ANC-insypelaars geword het. Die Frelimo-regering onder Samora Machel was 'n maklike teiken. Die Suid-Afrikaanse veiligheidsmagte het die versetbeweging Renamo as instrument teen die Mosambiekse regering gebruik. Anders as Unita was Renamo nie hoofsaaklik 'n etniese groep nie en het ook nie 'n charismatiese leier gehad nie. Renamo was teen die Frelimo-regering se Marxistiese beleid gekant en het verwoesting gesaai met wapens wat deur Suid-Afrika verskaf is. Sy lede het spoorlyne opgeblaas, landmyne op paaie gelê en petroldepots en graanskure vernietig.

Teen 1984 was die druk op die Machel-regering so erg dat die Frelimo-regering die Nkomati-akkoord met Suid-Afrika gesluit het. Albei kante het hulle daartoe verbind om nie guerrillamagte te steun nie. Die Machel-regering het 800 ANC aktiviste uit die land gesit en Suid-Afrika het op sy beurt 1 000 Renamo-guerrillas na Mosambiek teruggestuur. Albei regerings het egter in die geheim hul steun aan die onderskeie partye voortgesit.

Aan Suid-Afrika se grense was 'n hele paar state wat weens die destabilisasiestrategie huiwerig was om die ANC te help. Vir die ANC was die Nkomati-akkoord ongetwyfeld 'n terugslag, maar nie vernietigend nie. Vir baie swart mense in Suid-Afrika was enige teken van die ANC se gewapende stryd 'n bron van hoop. Die wete dat die ANC 'n militêre organisasie het wat kon terug-slaan, was genoeg om baie jong mense te laat terugveg, al was dit met klippe.

Die NP slaan 'n nuwe rigting in

In die laaste jare van die 1980's het die meeste regeringsleiers hul wil verloor om wit beheer met geweld af te dwing en die land op 'n apartheidsgrondslag te regeer. In die groter samelewing en die private sektor het 'n soortgelyke ge-dagteverandering plaasgevind.

Die Afrikaanse kerke, wat apartheid lank aangehang het, het besluit om dit te verwerp. In 1986 het die Nederduitse Gereformeerde (NG) Kerk ver-klaar dat dié kerk oop is vir enigiemand ongeag sy kleur. Die kerk het amptelik besluit om sy rassebeleid te grond op die Nuwe Testament, waarin die idee van ras geen rol gespeel het nie. Die kerk het ook verklaar dat die grootste deel van die bevolking apartheid as 'n onderdrukkende stelsel ervaar en dat diskriminasie hul menswaardigheid skend. So 'n stelsel is sondig en 'n groot fout.

Sakeleiers het gemeen dat die koste van apartheid te groot geraak het. Hulle het voorgestel dat dié beleid geskrap word en dat onderhandelings, ook met die verbode organisasies, plaasvind. 'n Groep Engelssprekende sakeleiers het die ANC-hoofkantoor in Lusaka besoek en 'n gesprek met Oliver Tambo, die ANC-leier, gevoer.

Anton Rupert, doyen van die Afrikaanse sakeleiers, het 'n reguit brief aan P.W. Botha geskryf waarin hy die volgende vraag gestel het: "Is [apartheid] die hoeksteen van ons voortbestaan? Gewis nie. Ek glo die oortuiging dat apartheid die belange van die blanke se voortbestaan bevorder 'n mite is. Dit is trouens 'n gevaar vir sy voortbestaan. Apartheid word deur te veel beskou as 'n sonde teen die mensheid – die neo-Nazisme van 'n Herrenvolk." Hy het afgesluit met 'n somber waarskuwing dat "ons eendag met 'n Neurenberg [sal eindig]" as die regering apartheid nie afskaf nie. Met dié opmerking het hy verwys na die verhoor en teregstelling van sekere leiers van Nazi-Duitsland ná die Tweede Wêreldoorlog.

Waar verdeeldheid in swart geledere dit lank makliker gemaak het om die land te regeer, het swart leiers oor 'n breë spektrum nou begin saamstaan.

Hulle wou nie met die regering praat voordat Mandela en sy makkers bevry is en die regering verklaar het dat hy van apartheid sou afstand doen nie.

Senior lede van die Nasionale Intelligensiediens het tot die gevolgtrekking gekom dat die staat sonder 'n onderhandelde skikking verder sou verswak. Mike Louw, onderbevelvoerder van Nasionale Intelligensie, het die toestand in die laat 1980's terugskouend soos volg geskets: "Nêrens het die situasie hand-uit geruk nie, maar dit was duidelik dat ons polities en moreel besig was om ons houvas te verloor. Oral in die swart woongebiede het ons intimidasie en 'n sterk politieke bewustheid teëgekom. Die politieke stelsel het uitgedien geraak en 'n lang, bloedige stryd het voorgelê. Dit was duidelik dat hoe gouer ons 'n nuwe stelsel beding, hoe beter sal dit wees."

Chester Crocker, Amerikaanse assistentminister van buitelandse sake belas met Afrika, het die situasie soos volg opgesom: "Die regering en sy teenstanders het mekaar in 'n skaakmatposisie geplaas. Nie een kon op sy eie voortbeweeg nie. Die swart weerstandsbeweging het nie die vermoë gehad om die regering te dwing om oor te gee nie, maar die regering kon ook nie weer sy aansien herstel nie."

Die Grensoorlog

Toe Botha die mag in 1978 oorgeneem het, was daar ongeveer 13 000 Kubaanse soldate in Angola en hierdie getal sou gou verdubbel. Die Suid-Afrikaanse regering het hul teenwoordigheid as 'n bedreiging vir sy beheer van Suidwes-Afrika (die huidige Namibië) beskou. Die South West African People's Organisation (Swapo), onder die leierskap van Sam Nujoma, het reggestaan om die politieke mag in Suidwes-Afrika met die ondersteuning van die Verenigde Nasies (VN) te gryp. Die mening in regeringskringe was dat Swapo nie sou huiwer om van Kubaanse hulp gebruik te maak nie. Die bevelvoerders van die Suid-Afrikaanse Weermag was egter gretig om Suid-Afrika se militêre gesag ver anderkant sy grense af te dwing en so te verhoed dat guerrillas oor die grens sypel.

In Februarie 1978 het die Vorster-regering Suid-Afrika daartoe verbind om Suidwes-Afrika met die VN se samewerking teen die einde van daardie jaar tot internasionaal erkende onafhanklikheid te lei. Die Botha-regering het hom egter onttrek van die plan om 'n demokratiese verkiesing onder internasionale toesig in Suidwes-Afrika te hou en het aangekondig dat daar in Desember 1978 'n verkiesing onder die toesig van die Suid-Afrikaanse regering sou plaasvind. Soos verwag kon word, het Swapo geweier om aan die verkiesing deel te neem. Die regering se plan was om 'n interne blok op te bou wat Swapo kon teenstaan.

In die verkiesing het die Demokratiese Turnhalle Alliansie, 'n veelrassige, gematigde alliansie, as oorwinnaar uit die stryd getree. Soos in die geval van die verkiesing in 1979 in Rhodesië het die internasionale gemeenskap geweier om die verkiesing te erken omdat Swapo nie daaraan deelgeneem het nie.

Die Amerikaanse president Ronald Reagan se administrasie het met Suid-Afrika saamgestem dat dit onmoontlik sou wees om 'n verkiesing in Suid-wes-Afrika te hou terwyl daar soveel buitelandse troepe in Angola was. As deel van 'n plan om Swapo te verswak en druk op die Kubane in Angola te plaas om die gebied te verlaat, het Suid-Afrika besluit om Unita, 'n anti-kommunistiese beweging in die suide van Angola, op groot skaal te steun. Met Suid-Afrikaanse hulp het Unita 'n doeltreffende mag geword wat groot dele van die suide van Angola beheer het.

Hoewel die magte van Suid-Afrika en Unita teen 'n groot getalsoorwig geveg het, het hulle die Kubaans-Angolese magte, wat deur Russiese militêre adviseurs bygestaan is, in September 1987 in 'n groot geveg by die Lombarivier 'n verpletterende nederlaag toegedien. Die Kubaans-Angolese mag het tot by Cuito Cuanavale teruggetrek. Die magte van Suid-Afrika en Unita wou hulle verder verdryf, maar die teenstand was sterk en die poging is laat vaar. Die Kubane en Swapo het dit as 'n Suid-Afrikaanse nederlaag probeer uitbeeld, maar senior amptenare in die Reagan-administrasie het hierdie siening verwerp.

CUITO CUANAVALE[3]

Nog selde in die Suid-Afrikaanse geskiedenis is 'n historiese gebeurtenis só in die hede vir opponerende politieke belange aangewend soos die sogenaamde Slag van Cuito Cuanavale.

Aan die een kant beweer die ANC/SAKP, Swapo, Kuba en Angola (saam met sekere akademici) vandag dat die magte van die Suid-Afrikaanse Weermag (SAW) nie alleen verpletterend verslaan is nie, maar dat Suid-Afrika daarmee na die onderhandelingstafel gedwing is, waar hy uit 'n posisie van swakheid moes onderhandel. Dit was trouens die eerste knak van die apartheidsregering wat die weg vir die nederlaag van 1990-1994 gebaan het, word gesê.

Aan die ander kant beweer politici van die destydse Suid-Afrikaanse regering en 'n aantal gewese SAW-generaals dat hulle 'n skitterende

---

3 Hierdie subafdeling is bygedra deur Leopold Scholtz.

oorwinning behaal het en dat dit juis die Kubane en Angolese was wat toegewings aan die onderhandelingstafel moes maak.

Vir die historikus wat die verlede vir homself laat spreek, lê die waarheid êrens tussen dié twee uiterstes.

Die Slag van Cuito Cuanavale was eintlik 'n reeks veldslae wat van Augustus 1987 tot April 1988 (of, afhangende van hoe jy dit bekyk, einde Junie) geduur het.

Dié gevegte het aan die Lombarivier begin, daarna noordwaarts uitgebrei tot aan die Chambinga, en ten slotte by Tumpo langs die Cuito amper op klipgooi-afstand van Cuito Cuanavale oorkant laasgenoemde rivier geëindig. Daar was nog 'n slotepisode weswaarts in die omgewing van Techipa en Calueque. In die laaste fase het die SAW-leierskorps sy mobiele benadering vir 'n uitputtingslag verruil wat op drie mislukte aanvalle by Tumpo uitgeloop het.

Die uiteinde was 'n dooiepunt wat in die uitkoms van die onderhandelings gereflekteer is. Kuba moes uit Angola padgee, Swapo kon nie die alleenmag in Namibië deur die loop van 'n geweer gryp nie, en Suid-Afrika moes aanvaar dat Swapo 'n onafhanklike Namibië regeer.

Die uitkoms is vergemaklik deur die ineenstorting van die kommunisme as globale magsfaktor, wat beteken het dat 'n Swapo-regering in Windhoek nie meer die soort eksistensiële bedreiging vir Suid-Afrika ingehou het soos wat gevrees is nie. 'n Sterk saak kan daarvoor uitgemaak word dat álmal dié oorlog gewen het.

Vroeg in 1988 het die Reagan-administrasie van die Sowjetunie verneem dat dié gretig is om hom aan Suider-Afrika te onttrek. Ook Suid-Afrika en Kuba was nou gretig om die oorlog te beëindig. Die oorlog het nie net groot finansiële koste en menseverlies vir Suid-Afrika meegebring nie, maar die vrugte van dié stryd is ook bevraagteken. Uit die Botha-bewind se oogpunt kon 'n onafhanklike Namibië nou gebore word sonder dat dit gelyk het of die regering die wit mense in die gebied uitgelewer het.

Die Kubane is gedwing om hulle te onttrek. In 1989 het die verkiesing vir 'n grondwetgewende vergadering vreedsaam in Namibië plaasgevind en Swapo het as wenner na vore getree.

Die gesprekke begin

In 1988 het president Botha vir Niel Barnard en Mike Louw, die twee mees senior amptenare in Nasionale Intelligensie, saam met ander amptenare toegelaat om in die geheim gesprekke met Nelson Mandela in die tronk te voer. Hulle het dadelik sy statuur as leier raakgesien en ook sy integriteit en gebrek aan bitterheid opgelet ten spyte daarvan dat hy toe reeds 25 jaar in die tronk was.

Volgens Mandela was 'n meerderheidsregering ononderhandelbaar, maar 'n stelsel moes geskep word wat sou verseker dat wit oorheersing nie deur swart oorheersing vervang word nie. Sy doelwit met die gewapende stryd was nie om die staat omver te werp nie, maar om wit mense te dwing om gehoor te gee aan die swart gemeenskap se regmatige eise.

Teen 1989 was omstandighede vir onderhandelings met die ANC heelwat gunstiger as in 1985 of 1986. Die oorlog in Angola was verby, Suidwes-Afrika sou binnekort 'n internasionaal erkende verkiesing hou, die Sowjetunie was begerig om uit Afrika te onttrek en die Afrikastate in die streek het na 'n skikking in Suid-Afrika uitgesien sodat stabiliteit en vrede in die streek kon heers. In Suid-Afrika was daar 'n skaakmatsituasie tussen die veiligheidsmagte en die versetbeweging. In ANC-leiersgeledere in die buiteland was daar 'n faksie onder leiding van Thabo Mbeki wat duidelik kon sien dat 'n oorwinning deur die "gewapende stryd" nog ver in die verskiet was. Hy het baie invloed op Oliver Tambo, ANC-leier, uitgeoefen.

In Januarie 1989 het Botha 'n beroerte gekry. Die volgende maand het hy as NP-leier bedank, maar as staatspresident aangebly. F.W. de Klerk is met 'n naelskraapse oorwinning tot NP-leier verkies.

Soos verwag is, het wrywing gou ontstaan tussen Botha en De Klerk, wat elk hul eie magsbasis gehad het. Botha het toe op 14 Augustus 1989 as president bedank en ná 'n algemene verkiesing is De Klerk op 14 September 1989 tot staatspresident verkies.

Botha word wyd verdoem as 'n politikus wat sy loopbaan goed begin het, maar uiteindelik nie daarin kon slaag om sy eie Rubicon oor te steek nie. Botha wou bruin mense in die regering inbring, maar het swart meerderheidsregering verwerp. Ná 1984 was sy prioriteit om die wydversreide binnelandse onluste van 1984-1986 te onderdruk. Sommige kenners voer aan dat dat onderhandelings nie moontlik is sonder stabiliteit nie.

Onder hom was daar ook 'n betekenisvolle herverdeling van inkomste van wit na swart. Om dit te kon doen, moes belastings styg. Tog het die NP onder Botha se leiding die 1987-verkiesing maklik gewen. Toe Botha in 1989 bedank, was stabiliteit in 'n groot mate herstel. Dit is gedoen sonder die groot aantal sterftes wat dikwels voorkom in konflikte in lande waar daar verskeie rasse of etniese groepe is. Botha het inderwaarheid die tafel vir die onderhandelings met die swart bevrydingsbewegings gedek.

Die val van die Berlynse Muur in November 1989 het die begin van die einde van die kommunisme aangekondig. Dit was vir president De Klerk wat hy later sou noem "'n Godgegewe" geleentheid. Die NP kon nou aan sy kiesers sê dat die ANC en sy bondgenoot, die Suid-Afrikaanse Kommunistiese Party, sonder Sowjet-ondersteuning nie langer 'n wesenlike bedreiging vir stabiliteit en eiendomsregte in Suid-Afrika inhou nie.

Teen die einde van 1989 het De Klerk sy groot sprong gemaak. In Desember 1989 het hy sy kabinet oorreed om die verbod op die ANC, die PAC en ander bevrydingsbewegings op te hef, politieke gevangenes vry te laat en sonder enige voorvereistes met veelparty-onderhandelings oor 'n nuwe grondwet te begin. Op 2 Februarie 1990 het De Klerk hierdie besluit in die parlement aangekondig. Net voor sy toespraak het De Klerk aan sy vrou, wat nie geweet het wat kom nie, gesê: "Suid-Afrika sal nooit weer dieselfde wees nie."

Mandela: 'n legende in sy eie tyd

Nelson Mandela is op 11 Februarie 1990 ná 27 jaar uit die tronk vrygelaat. Hy het onmiddellik weer die politieke lewe betree.

Mandela het as jong man van die Transkei na Johannesburg gegaan en as prokureur gekwalifiseer. Hy was een van die vooraanstaande ANC-leiers in die protespolitiek van die 1950's. Die polisie en hofsake het sy lewe erg ontwrig, maar danksy sy sterk wil en oortuigings het hy die stryd voortgesit in 'n tyd toe die kans op sukses skraal gelyk het.

Mandela het besonderse eienskappe gehad wat uitstekend in die situasie gepas het. Hy het 'n sterk teenwoordigheid gehad, iemand wat lewenserns en charisma met 'n sin vir humor en nederigheid kon kombineer. Selfs voordat hy tronk toe is, was hy 'n besonderse figuur. Sy weiering om enige kompromieë in die tronk aan te gaan sodat hy vrygelaat kan word, het sy statuur oneindig versterk. Hy het 'n outokratiese trek gehad – 'n samevoeging van die style van 'n stamkaptein en 'n demokratiese leier – maar sy optrede het altyd gepaardgegaan met hoflikheid en goeie maniere.

In sy poging om Afrikaners te oorreed om hul mag prys te gee, het hy hul geskiedenis erken en respek daarvoor getoon. Hy het apartheid verdoem as 'n erge misdaad teen die mensdom, maar hy het Afrikanernasionalisme as 'n legitieme inheemse beweging beskou wat, soos die swart mense, teen Britse imperialisme geveg het. Toe die ANC in 1961 besluit om van burgerlike ongehoorsaamheid na die gewapende stryd oor te gaan, was dit Mandela wat Umkhonto we Sizwe, die ANC se gewapende vleuel, gestig en die eerste bevelvoerder daarvan geword het.

Om die ooreenkomste tussen Afrikaner- en Afrikanasionalisme te beklemtoon, het Mandela besluit dat die ANC se eerste sabotasiedade op 16 Desember 1961 sou plaasvind, die dag van die Voortrekker-oorwinning oor Dingane in 1838. Toe 'n kabinetsminister in die laat 1970's beloof het om hom vry te laat op voorwaarde dat hy in Transkei aftree, het Mandela verwys na die voorbeeld van generaal Christiaan de Wet, wat in die rebellie van 1914-1915 die wapen teen die staat opgeneem het, maar gou onvoorwaardelik vrygelaat is. ANC-leiers in die tronk was op dieselfde behandeling geregtig, het hy gesê. Op Robbeneiland het hy Afrikaans leer verstaan sodat hy die gees en uitkyk van die bevelvoerder aan die oorkant van die onderhandelingstafel kon verstaan. Dit was ook 'n tasbare demonstrasie van die Vryheidsmanifes (Freedom Charter) se erkenning van kulturele diversiteit.

Mandela het in die tronk met die owerheid begin gesprekke voer sonder dat hy sy mede-ANC-leiers in die tronk of Tambo, leier van die ANC in ballingskap, geraadpleeg het. Sommige ANC-leiers in ballingskap wou hê dat die gewapende stryd moet voortgaan totdat die staat die mag noodgedwonge sou moes oordra. Mandela het egter geweet dat onderhandelings die enigste opsie is en dat die tyd daarvoor aangebreek het.

Die ANC is aanvanklik onverhoeds betrap deur De Klerk se aankondiging, maar het gou begin reëlings tref. In bondgenootskap met Cosatu is massa-optogte, stakings, wegblyaksies en verbruikersboikotte gereël. Die ANC het die gewapende stryd opgeskort, maar nie heeltemal afgesweer nie.

'n Bloedige stryd om heerskappy het tussen die ANC en Inkatha in KwaZulu en in Natal uitgebreek. Teen Augustus 1990 het dié stryd ook aan die Witwatersrand opgevlam. Die dodetal het vinnig gegroei namate die stryd al hoe feller geword het. Tussen September 1984 en Desember 1993 het 20 500 swart mense in politieke geweld gesterf. Die meerderheid van dié sterftes was weens die stryd tussen die ANC en Inkatha.

"'n Daad wat opklink oor die aarde"

De Klerk wou graag 'n skikking bereik wat die swart meerderheidsparty aan bande sou lê. Die NP-verkiesingsmanifes van 1989 het beloof om 'n inklusiewe demokrasie in te stel waarin groepe as die basiese komponente van die stelsel erken word. Daar sou magsdeling wees en geen rassegroep sou die ander kon oorheers nie. Elke groep sou selfbeskikking oor sy "eie sake" hê. De Klerk het die idee van 'n roterende presidentskap soos dié van Switserland geopper.

Die ANC wou daarenteen 'n "gewone meerderheidsregering" hê, soos Mandela dit gestel het, waarin die party wat die meeste stemme kry die deurslaggewende sê het. Dié organisasie wou ook nie 'n federasie hê nie, maar 'n sterk gesentraliseerde regering.

Die NP se onderhandelaars het onder dr. Gerrit Viljoen se leiding gestaan en NP-spanne het aan die verskillende werkgroepe van die onderhandelingsproses deelgeneem. Die NP het op grond van meningspeilings, waarvan die uitslae geheim gehou is, geweet dat die ANC ten minste 60% in die eerste verkiesing sou kry. Die NP het sy hoop daarop gevestig om 'n samewerkende regering te kry waarin die kabinet saamgestel is uit die drie of vier van die partye wat die grootste steun in die verkiesing behaal het eerder as om op 'n wit veto of omvattende groepsregte aan te dring. Die kabinet moes besluite op 'n konsensusgrondslag probeer neem. Die NP wou ook die grondwet, wat 'n Handves van Menseregte bevat, die hoogste gesag maak. Mense of organisasies moes dit kon aanwend teen die skending van individuele en minderheidsregte.

De Klerk het een belangrike kaart gehad wat hy in sy strewe na 'n stelsel van magsdeling kon speel. Hy kon aan die ANC en Westerse leiers sê dat hy wit mense nie in 'n stelsel wat hulle teenstaan, kan inlei nie. Daar was in daardie stadium sterk teenstand van die regtervleuel teen die politieke veranderinge. Die Konserwatiewe Party (KP), met dr. Andries Treurnicht as leier, en ander regse organisasies het De Klerk se toespraak van 2 Februarie 1990 as die begin van die Afrikaners se Derde Vryheidsoorlog bestempel. Paramilitêres soos die Afrikaner-Weerstandsbeweging het openlik met opstand en terreur gedreig.

Die KP het tussenverkiesings gebruik om die onderhandelings verdag te maak. In dié verkiesings het die NP 'n hele reeks terugslae gehad. Vroeg in 1992 het die KP 'n groot oorwinning in die "veilige" NP-setel Potchefstroom behaal. Die regering het twee opsies gehad as hy wou wys dat hy nog die meerderheid se steun het: 'n algemene verkiesing of 'n referendum. In die 1989-verkiesing het die NP-leierskorps belowe dat enige skikking wat wesenlik van die NP se verkiesingsmandaat afwyk aan 'n referendum onderwerp sou word. De Klerk sou dié belofte op 30 Maart 1990 en in Januarie 1992 herhaal.

Die groot vraag was: Op watter tydstip van die onderhandelingsproses moes dié referendum gehou word? As dit te vroeg gehou sou word, sou dit hom sonder enige werklike hefboom laat om die ANC se eise teen te staan. As dit gehou sou word wanneer die besonderhede van die grondwet al bekend was, sou dit die ANC baie ontstel, want dit sou lyk of hy die wit kiesers 'n kans wou gee om 'n veto uit te oefen. De Klerk het egter 'n spesifieke belofte aan sy kiesers gemaak om 'n referendum aan die einde van die proses te hou.

Die nederlaag in Potchefstroom het De Klerk laat besluit om die referendum te gebruik om die idee van 'n onderhandelde grondwet te toets. Hy wou ook die KP, wat die onderhandelings verwerp het, verslaan. Die belofte van 'n tweede referendum het gou in die vergetelheid verdwyn. Die ANC sou dit waarskynlik met massa-aksie teengestaan het.

Meer as 87% wit kiesers het in Maart 1992 aan die referendum deelgeneem en 69% van hulle het 'n ja-stem uitgebring. Veral vir Afrikaners was die ja-stem egter taamlik dubbelsinnig. Sommige het aangeneem dat hulle gevra word om die oordrag van mag aan die swart meerderheid goed te keur. Ander het weer geglo dat die NP niks anders as magsdeling sou aanvaar nie. Een NP-plakkaat het gelui: "Staan meerderheidsregering teen: Stem Ja". Daar was ook diegene wat geglo het dat die NP 'n verskuilde agenda gehad het en besig was om die ANC te ondergrawe en kragteloos te maak.

Nietemin het omtrent al die mense wat ja gestem het, aanvaar dat dit die einde van apartheid en die einde van eksklusiewe wit mag sou beteken. Onder die middelklas was daar miskien minder illusies. In 'n meningspeiling wat laat in 1991 gehou is, is bevind dat slegs 15% wit mense geglo het hulle sal beter vaar in die nuwe Suid-Afrika. Nietemin het die uitslag van die referendum beteken dat, soos Mandela opgemerk het, wit mense nou verstaan het die dae van wit bevoorregting is verby.

Die internasionale reaksie was baie gunstig. Afrikaners het met 'n mate van grasie afstand gedoen van die mag. Hulle het hul alleenheerskappy prysgegee voordat hulle verslaan is. Wat hulle nie geweet het nie, was of magsdeling in Suid-Afrika kon werk. Dit was op magsdeling dat die De Klerk-regering nou al sy hoop gevestig het.

De Klerk het 'n deurslaggewende rol gespeel om die ja-meerderheid te verseker. In sy oorwinningstoespraak ná die referendum het hy verklaar dat min volke die kans kry om bo hulself uit te styg en dat die meeste wit kiesers juis dit gedoen het. Hy het na N.P. van Wyk Louw verwys en toe in dié digter se idioom gesê: "Vandag het daar 'n daad geskied in Suid-Afrika wat opklink oor

die aarde en wat 'n magtige boodskap van versoening dra, wat 'n magtige uit-
reiking tot ware geregtigheid daarstel." Die passasie in Van Wyk Louw se gedig
waarna hier verwys word, kan gelees word as 'n terugblik op die Afrikaner-
volk se geskiedenis. Dit lui soos volg:

> O wye en droewe land, alleen
> Onder die groot suidersterre.
> Sal nooit 'n hoë blydskap kom
> deur jou stil droefenis? . . .
>
> Sal nooit 'n magtige skoonheid kom
> oor jou soos die haelwit somerwolk
> wat uitbloei oor jou donker berge,
> en nooit in jou 'n daad geskied
> wat opklink oor die aarde en
> die jare in hul onmag terge . . .

Van referendum tot grondwet

In die referendum van 1992 is die vraag gestel of die regering met die her-
vormingsproses en die onderhandelings vir 'n nuwe grondwet moet voort-
gaan. Die NP sou in die 1994-verkiesing 'n onoortuigende poging aanwend
om te probeer bewys dat die grondwet ooreenstem met die beloftes wat dié
party in 1989 aan die kiesers gemaak het. Sonder die moontlikheid van nog
'n referendum of nog 'n wit verkiesing is die noue band verbreek wat so lank
tussen Afrikanerkiesers en hul politieke leiers bestaan het.

Die ANC het die onderhandelings wat ná die referendum hervat is met die
volgende doelstellings aangepak: Sy ondersteuners moes verenig bly; 'n breuk
moes tussen die NP en sy swart bondgenote bewerkstellig word; die veilig-
heidsmagte, die vernaamste stut van die regering se gesag, moes gediskrediteer
word; en enige grondwetlike beperkings op die meerderheidsparty se mag
moes verhoed word.

Wat die regering se posisie bemoeilik het, was die politieke geweld wat die
oorgangstyd gekenmerk het. Tussen 1984 en 1994 het 20 500 mense in poli-
tieke geweld gesterf, 9 500 van hulle tussen die begin van 1990 en April
1994. Die oorgrote meerderheid het gesterf in geweld tussen swart faksies.
Die ANC en ANC-gesinde joernaliste het beweer 'n sogenaamde derde mag

wat met die regering verbind kon word, het dié geweld aangehits, maar dit is nooit bewys nie. Die Waarheids-en-versoeningskommissie sou later bevind dat daar min getuienis oor 'n sentraal beheerde derde mag is en dat dit eerder 'n informele netwerk met sy eie bevelstrukture was wat by onwettige bedrywighede betrokke was.

Om die kwessie te probeer ontlont, het De Klerk regter Richard Goldstone aangestel om politieke geweld wat in dié tyd uitgebreek het, te ondersoek. De Klerk het nooit ingemeng in nadoodse ondersoeke of verhore waarin polisiemanne tereggestaan het nie.

Die skaal swaai

Op 15 Mei 1992 het die onderhandelingsproses 'n skaakmatposisie bereik oor die kwessie van watter persentasie steun nodig sou wees om besluite in die grondwetgewende vergadering te neem. Die NP wou dit op 75% vasstel en die ANC op 66%.

Die ANC het die onderhandelings aangepak onder die leierskap van Cyril Ramaphosa, 'n ervare vakbondleier. Hy het goed geweet dat dit van die uiterste belang is om 'n bepaalde kwessie te vind waaromheen druk in onderhandelings uitgeoefen kan word. So 'n kwessie het gou opgeduik toe 38 inwoners van Boipatong, 'n swart township 150 km suidoos van Johannesburg, op 17 Julie vermoor is. Die moorde is gepleeg deur inwoners van 'n hostel aan die buitewyke van die township wat Inkatha gesteun het. Die inwoners van Boipatong was feitlik deur die bank ANC-ondersteuners.

Die ANC het onmiddellik beweer dat die polisie medepligtig was en sy deelname aan die onderhandelings onbepaald opgeskort. Soos dit later sou blyk, was daar nie sterk getuienis oor die polisie se aandadigheid nie. Net ná die moorde het die ANC egter die raamwerk waarin die pers oor die gebeure berig het so sterk bepaal dat daar wyd aangeneem is dat die polisie, die staat en moontlik selfs De Klerk te blameer is.

Die ANC se onttrekking aan die onderhandelings en sy program van opeenvolgende golwe van massaoptrede het 'n uiters gevaarlike oomblik vir die land geskep. Dit was moontlik dat die ekonomie 'n onherstelbare knou sou kry indien beleggers alle vertroue verloor het. Die regering wou nie 'n uitgerekte kragmeting tussen die staat en die bevrydingsbewegings hê nie, maar die onderhandelings so gou moontlik afhandel sodat die ekonomie weer sy kop kon oplig en werk geskep word.

Hoe langer die onderhandelings aangehou het, hoe meer het die regering se hoop vervaag om 'n skikking te kry waarin die mag en belange van die meerderheid teenoor minderhede bevredigend gebalanseer is. Viljoen, wat as sy vernaamste onderhandelaar goed in die onderhandelings ingegrawe was, moes om gesondheidsredes uittree. Roelf Meyer, wat hom vervang het as hoofonderhandelaar (en bygestaan is deur Leon Wessels en Dawie de Villiers), het nie dieselfde gesag en statuur gehad nie. Die regering het egter in Augustus 1992 'n belangrike doelwit bereik toe Derek Keys as minister van finansies sleutelfigure in die ekonomiese afdeling van die ANC oorreed het om die regering se konserwatiewe finansiële beleid voort te sit, met 'n premie op groei en 'n gebalanseerde begroting.

Om die onderhandelings weer aan die gang te kry, het die regering sekere sleuteltoegewings aan die ANC gemaak in 'n Notule van Verstandhouding wat die partye op 26 September 1992 uitgereik het. Onder meer sou amnestie toegestaan word aan verskeie ANC-lede wat minder ernstige misdade gepleeg het sonder inagneming van die beginsels wat die regering voorheen gebruik het, en sekere hostelle waar Inkatha-ondersteuners gebly het, sou omhein word.

Die openbare mening was dat die regering 'n nederlaag gely het. Dié indruk is nie deur enige spesifieke toegewing gewek nie, maar die persepsie is gevestig dat die ANC finaal die hef in die hand het. Dit het beteken dat alle mag taamlik gou aan die meerderheid oorgedra sou word.

Toe die ANC kort daarna 'n regering van nasionale eenheid vir 'n vyf jaar lange tydperk ná die eerste verkiesing aanbied, het De Klerk dit onmiddellik as die basis vir 'n skikking aanvaar. Die koalisie van wit en swart partye onder die NP wat aan die onderhandelings deelgeneem het, het daarna verbrokkel. 'n Woedende Mangosuthu Buthelezi, leier van Inkatha, het alle steun aan die De Klerk-regering onttrek.

Ingevolge die tussentydse grondwet sou elke party wat meer as tagtig setels in 'n Nasionale Vergadering van 400 lede kry daarop geregtig wees om een van die twee uitvoerende adjunkpresidente te benoem. Dit het ook bepaal dat 'n party geregtig was op 'n kabinetspos vir elke twintig lede wat die party verkies kry. Mandela het dit duidelik gestel dat die meerderheid die besluite op kabinetsvlak sou neem.

Die grondwet het ook voorsiening gemaak vir verkose regerings vir die nege provinsies wat afgebaken is. "Federalisme met vyeblare" is hoe hierdie swak vorm van federalisme beskryf is. Daar sou geen afwenteling van gesag na die rasse- of etniese gemeenskappe wees of enige selfbeskikking vir wit mense oor sake soos onderwys of woonbuurte nie.

'n Proporsionele kiesstelsel met 'n geslote lys is aanvaar. Dit het beteken dat kiesers nie vir kandidate stem nie, maar vir 'n partylys wat die leiers saamgestel het.

Wonderwerke en dubbelsinnige kompromieë

Dat die verskillende partye oor 'n grondwet ooreen kon kom, is wyd geloof as 'n wonderwerk, maar die waarheid is meer alledaags. Die ANC en die NP het "voldoende konsensus" met mekaar bereik deur botsende eise in die voorlopige grondwet op te neem en die beslegting van konflikte daaroor aan 'n toekomstige regering oor te laat.

Die kwessie van die arbeidsmark is byvoorbeeld in die tussentydse grondwet gehanteer deur twee verskillende beginsels in dieselfde klousule op te neem. Dit is enersyds die beginsel van regstellende aksie, wat die wanbalanse van die verlede moet regstel, en andersyds van meriete. Ná 1994 het die regering min van meriete gepraat en net op regstellende aksie gefokus. Teen 1998 het die ANC 'n selfs radikaler eis as regstellende aksie begin stel, naamlik dat die arbeidsmark op alle vlakke die bevolkingsamestelling (demografiese profiel) moet weerspieël.

Dieselfde het gebeur met taalregte, wat beskou kan word as die sleutel tot Afrikaners se kulturele oorlewing onder 'n swart regering. In die grondwet is sowel die reg op onderrig in een van die amptelike tale (waar prakties moontlik) as die verpligting om die diskriminasie van die verlede reg te stel as beginsels opgeneem. Later is laasgenoemde beginsel herformuleer as "die reg op toegang tot onderwys", waarmee bedoel is toegang deur middel van Engels. Die opstellers van die grondwet het geen poging aangewend om uit te stippel wat moes gebeur indien dié twee beginsels in 'n bepaalde skool teen mekaar te staan kom nie. Ná 1994 het die regering klem gelê op toegang in die voertaal wat kinders verkies, wat gewoonlik Engels is.

Die nuwe regering sou ook druk uitoefen op Afrikaanse skole om, in gevalle waar getalle dit moontlik maak, 'n stroom Engelsmedium-klasse aan te bied wat parallel loop met die Afrikaanse stroom. Die meeste universiteite wat voorheen net Afrikaanstalig was, het vrywillig Engelstalige strome ingestel. Dit is voldoende bewys dat parallelmedium-instellings die groot risiko inhou dat Engels met verloop van tyd Afrikaans sal uitdryf.

In die finale ronde van die onderhandelings is daar haastig 'n klousule in die ooreenkoms opgeneem wat mense wat menseregte in die apartheidstyd geskend het, verplig om om amnestie aansoek te doen om vervolging vry te spring.

Die ANC as die toekomstige meerderheidsparty sou klaarblyklik die meeste sê hê in die samestelling van die kommissie wat met die amnestiekwessie belas sou word en die wyse waarop dit sou funksioneer. Die veiligheidsmagte van die NP-regering het gemeen hulle is vir die wolwe gegooi.

Die NP se swart ondersteuning het gou verdwyn namate dit duidelik geword het dat die regering nie langer die hef in die hand het nie. Vroeg in 1992 het ongeveer 9% van die swart mense in 'n meningspeiling aangedui dat hulle die NP steun, terwyl 14% gesê het hulle sal De Klerk as leier ondersteun. Maar namate die regering tweede viool in die onderhandelings moes speel, het die party se swart steunbasis gou gekrimp en net voor die verkiesing op 3% tot 4% gestaan.

Met uitsondering van Buthelezi, wat die Inkatha-Vryheidsparty gestig het, het nie een van die tuislandleiers daarin geslaag om 'n sterk party op te bou nie. Mandela het die tradisionele leiers in die tuislande verseker dat hulle hul regte en magte sou behou. Die swart inwoners van die voormalige tuislande het die ANC se sterkste ondersteunersbasis geword.

'n Laaste geveg

Van middel-1992 af het die magsbalans teen die regering gedraai. Hy het nou baie van sy energie daaraan gewy om die simboliek van 'n nederlaag te vermy. Daar moes geen oorwinningsoptogte deur ANC-vegters in die strate wees of standbeelde wat van hul voetstukke afgetrek word nie. Die veiligheidsmagte sou tot en tydens die verkiesing onder die NP-regering se bevel wees. Die grondwet wat onderhandel is, sou ook geen wetlike krag hê totdat die driekamer-parlement dit as wet aanvaar het nie. Die hoofregter moes die nuwe president inhuldig en al die wit regters moes hul poste behou.

Die ANC was gereed om die NP tegemoet te kom oor die kwessie van die simboliek en rituele van mag terwyl hy gekonsentreer het op die inhoud van mag. Die meeste wit mense en ongeveer die helfte van die Afrikaners was hervormingsgesind. Mandela het gou respek by hulle afgedwing en selfs hul goedgesindheid gewen. Hulle was bereid om hul oordeel oor die tussentydse grondwet op te skort totdat die nuwe regering die bewind oorgeneem en hom kon bewys het.

'n Opstand deur die regtervleuel met die steun van elemente in die weermag en aktiewe burgermag het 'n wesenlike gevaar ingehou. 'n Miljoen wit mense en omtrent die helfte van Afrikaners het nee gestem in die referendum van 1992. Hulle het die grondwet verwerp wat nou vorm aangeneem het.

Hulle het egter geen ander plan gehad nie en nie eens verteenwoordigers in die laaste stadium van die onderhandelings gehad nie.

In baie lande sou die weermag 'n belangrike faktor wees in 'n situasie soos dié waarin Suid-Afrika hom aan die begin van 1994 bevind het. Die Suid-Afrikaanse Weermag was egter betreklik klein. Daar was minder as 70 000 voltydse soldate, van wie net die helfte wit was. Hulle het 'n tradisie van respek vir en gehoorsaamheid aan die politieke leierskorps gehad. Die aktiewe burgermag het uit 'n groot getal lede bestaan, maar was gedesentraliseerd en het die politieke en etniese verskille van die wit gemeenskap weerspieël.

Die vernaamste onbekende faktor was generaal Constand Viljoen, wat in 1985 as hoof van die weermag afgetree en daarna in Noord-Transvaal gaan boer het. Viljoen het by die Afrikaner Volksfront, 'n koalisie van regse partye, organisasies en bewegings, aangesluit. Hulle het 'n Afrikanervolkstaat geëis. Die Volksfront het 'n "Vryheidsalliansie" gevorm met Buthelezi van die Inkatha-Vryheidsparty, asook met Lucas Mangope en Oupa Gqozo, wat onderskeidelik die regeringshoofde van Bophuthatswana en Ciskei was.

De Klerk het die idee van 'n volkstaat verwerp omdat dit Afrikaners se posisie in die res van die land sou ondermyn. Viljoen en sy volgelinge het self geen vaste plan gehad nie. Hy het later erken: "Ons kon nooit konsensus kry onder ons mense oor waar ons volkstaat moet wees nie." Die meeste wou 'n staat hê met Pretoria as hoofstad, wat ook dele van Wes-Transvaal, Oos-Transvaal en die noordelike Vrystaat sou insluit. Maar hoewel ongeveer twee derdes van die Afrikaners in hierdie gebied gebly het, was die meeste mense in dié gebiede nie Afrikaners nie. 'n Meningspeiling van 1993 het gewys dat net 'n vyfde van die Afrikaners sterk genoeg oor 'n volkstaat gevoel het dat hulle bereid was om daarheen te trek. Meer as die helfte het die idee van 'n volkstaat óf teengestaan óf was onseker daaroor.

Met soveel onderlinge verskille het Viljoen eerder daarop gefokus om die eerste demokratiese verkiesing te ontwrig. Daarna wou hy De Klerk as leier verwyder en opnuut met die onderhandelings begin. Skattings oor die manskappe wat hy bymekaar sou kon bring, het van 50 000 tot 100 000 gewissel. Daar was ook sprake daarvan dat eenhede in die burgermag en in die weermag by hom sou aansluit. Generaal Georg Meiring, hoof van die weermag, het die regering en die ANC gewaarsku dat die gevolge bloedig kon wees as Viljoen sy planne in werking sou stel om die verkiesing teen te staan.

Viljoen se grootste dilemma was sekere elemente in die regtervleuel, veral die Afrikaner-Weerstandsbeweging (AWB), 'n swak gedissiplineerde paramilitêre organisasie onder leiding van Eugène Terre'Blanche. As beroepsoldaat wou Viljoen nie graag saam met Terre'Blanche en sy "troepe" veg nie. Viljoen se oomblik van waarheid het aangebreek toe die ANC 'n rebellie in Bophuthatswana aangestook het wat gedreig het om Mangope en sy regering in Mafikeng (nou Mahikeng) omver te werp. Mangope het dringend hulp gevra van Viljoen, wat hom daarheen gehaas het, maar hy was in 'n onmoontlike situasie. Hy het nie die slagveld gekies nie (om 'n tuislandregering te verdedig) en ook nie sekere van sy bondgenote nie (AWB-veglustiges wat hulle na Mafikeng gehaas het met die doel om swart mense te skiet). Op 9 Maart 1994 het skote wild geklap en dramatiese beeldmateriaal is die wêreld ingestuur van 'n swart soldaat se "teregstelling" van vier AWB-lede.

Dit was nie 'n geveg vir gedissiplineerde soldate nie en Viljoen en sy manne het Mafikeng verlaat. Kort daarna het hy bekend gemaak dat hy aan die verkiesing gaan deelneem. Die ANC het hom beloof dat 'n nuwe regering 'n raad van sy volgelinge sou aanstel om die vooruitsig van 'n Afrikanervolkstaat te ondersoek. Viljoen was die eerste kandidaat op die lys van die Vryheidsfront, 'n party wat hy gestig het. Die Inkatha-Vryheidsparty (IVP) onder Buthelezi, wat in 'n stadium van die onderhandelings na 'n onafhanklike Zulustaat gestrewe het, het ook op die nippertjie besluit om aan die verkiesing deel te neem.

'n Vrye verkiesing

Die verkiesing het op 27 en 28 April 1994 plaasgevind. In groot dele van die land was daar nie werklik sprake van normale verkiesingsveldtogte nie. Die ANC en ander swart partye kon moeilik onder plaaswerkers stemme werf, terwyl die NP en die Demokratiese Party (DA) gesukkel het om stemme in swart townships en onder swart mense in die tuislande te werf. Daar was klaarblyklik baie onreëlmatighede in die wyse waarop die stemme uitgebring en getel is. Daar was sterk agterdog dat die uitslag eerder bepaal is deur die voorafgaande meningspeilings as deur die stemme wat getel is.

Westerse waarnemers het die verkiesingsproses geesdriftig vry en regverdig verklaar. Die Suid-Afrikaner David Welsh, 'n gerespekteerde liberale ontleder, het dit egter as skynheiligheid bestempel. Dieselfde waarnemers sou hoegenaamd nie in hul eie lande 'n verkiesing met soveel gebreke vry en regverdig verklaar het nie, het hy gesê. Die werklikheid was dat dit onmoontlik was om die verkiesing gebrekkig te verklaar en daarop aan te dring dat daar opnuut gestem word. Dit sou waarskynlik grootskaalse geweld ontlok het.

Die verkiesing het vreedsaam verloop. Die toesighoudende beampte het verklaar dat die ANC 62,7% van die stemme gekry het, die NP 20,4%, Buthelezi se IVP 10,5%, Viljoen se Vryheidsfront 2,2%, die DP 1,7% en die Pan-Africanist Congress 1,2%. Meer as 94% van die ANC se stemme het van swart mense gekom. Die NP het helfte van sy stemme gekry van mense wat nie wit is nie.

NP- en ANC-aandeel in die etniese stem in 1994

	Swart (%)	Bruin (%)	Asiaat (%)	Wit (%)
ANC	81	27	25	3
NP	3	67	50	60

Die Afrikaners wat gestem het, het omtrent reg in die middel tussen die NP en die konserwatiewes geskeur. Die NP het teen die verwagting in die beheer van die nuwe Wes-Kaap-provinsie gewen waar 60% van die bevolking bruin was, 22% Xhosa en 24% wit, en waar 60% van die kiesers Afrikaans in die huis gepraat het. Die pers het bruin mense en Indiërs se steun vir die NP hoofsaaklik aan vrese vir 'n swart regering toegeskryf. Die groot vooruitgang wat bruin mense en Indiërs op onderwys- en welsynsgebied in die tyd van die driekamer-parlement gemaak het, is 'n faktor wat heeltemal onderskat of selfs verswyg is.

Mandela en De Klerk was die twee leiers wat die Suid-Afrikaners agter die proses verenig het. Maar die verkiesing kon maklik in 'n ramp ontaard het sonder Buthelezi en Viljoen en hul volgelinge se deelname en die professionele optrede van die weermag en die polisie onder die bevel van onderskeidelik generaals Meiring en Johan van der Merwe.

Die nuwe bedeling in Suid-Afrika het amptelik begin toe Mandela op 10 Mei 1994 as president van die Republiek van Suid-Afrika ingehuldig is. Die ANC het die regering van nasionale eenheid oorheers met 18 ministers. Die NP het ses ministers gehad en De Klerk was een van die twee adjunkpresidente. Buthelezi en nog twee IVP-lede was ook in die kabinet.

'n Gees van versoening het die aanvangsjare van die nuwe era gekenmerk, met Mandela as 'n voortreflike simbool van die nuwe demokrasie en wit-swart-versoening. Hy het nie baie tyd aan kabinetsvergaderings, die toenemende werkloosheid of die agteruitgang in die strafregstelsel bestee nie. Sy leiding was dié van 'n wyse staatsman, waardige vredemaker, vernuftige politikus en verbeeldingryke versoener van mense oor die rasseskeidslyn heen. Hy het onder meer saam met mev. Betsie Verwoerd en ander weduwees van NP-leiers tee gedrink. Hy het geen bitterheid oor sy 27 jaar in die tronk gewys nie.

Van die vroeë 1990's af het die wêreld vir Suid-Afrikaners begin oopgaan en ná die verkiesing van 1994 was dit heeltemal oop. Die boikotte is afgelas en normale akademiese, kulturele en sportbande is met 'n groot aantal lande aangeknoop. Suid-Afrikaanse paspoorte was nou oral aanvaarbaar. Suid-Afrika het weer lid van die Statebond geword, wat jong Suid-Afrikaners in staat gestel het om in lande soos Brittanje te gaan werk. Toerisme na Suid-Afrika het 'n bloeitydperk beleef, maar min vaste beleggings het na Suid-Afrika gevloei.

Veral die jonger geslag was verheug omdat hulle van apartheid bevry is. In die algemeen was mense in al die gemeenskappe trots om in 'n inklusiewe demokrasie te leef en hulle het die land se nuwe vlag en volkslied aangegryp.

22

Apartheid:
'n ander blik

Hermann Giliomee

Apartheid word deesdae deur sommige politici en kommentators beskou as 'n ideologie wat uniek boos en veel meer verdrukkend was as die segregasiebeleid van voor 1948. Die indruk word verkeerdelik gewek dat rasseverhoudings vroeër harmonieus was en dat die instelling van apartheid die groot keerpunt was. Volgens hierdie siening was die land daarna op die afdraande pad, polities, ekonomies en maatskaplik, en hierdie agteruitgang is eers in 1990 gestuit.

Hierdie hoofstuk verskil van hierdie siening. Dit ondersoek die sogenaamde "uniekheid" van apartheid en dit wat soms die politieke ekonomie – die wisselwerking tussen die politiek en die ekonomie van 'n land – genoem word. Dit gaan oorkoepelend twee vrae probeer beantwoord: Eerstens, in watter opsigte was apartheid anders as die segregasiebeleid wat voor 1948 toegepas is? Tweedens, hoe sou die land nou anders gewees het as 'n meer liberale beleid as apartheid tussen 1948 en 1994 gegeld het?

Om apartheid te verstaan, moet dit oorweeg word in die lig van hoe mense dit beskou het in die jare 1948 tot 1958, toe dié beleid ingestel is. Die Britse historikus Herbert Butterfield waarsku tereg dat as ons 'n oordeel oor die geskiedenis probeer vel ooreenkomstig hedendaagse morele oortuigings ons niks anders as 'n reuse- optiese illusie skep nie. Dit is heeltemal verkeerd om gebeure uit hul historiese verband te haal en los van hul tydvak te beoordeel.

Dit is egter nie wat die meeste politieke leiers en kommentators ná 1994 gedoen het nie. Mense het apartheid daarna begin beoordeel volgens die liberale waardes wat eers in die 1990's op 'n breë grondslag ingang gevind het. Hierdie waardes – individuele vryheid en regte en die regstelling van die onregte van die verlede – word weerspieël in die Grondwet van 1996.

In uiterste gevalle word apartheid deesdae beskryf as 'n beleid wat uniek boos was deur dit te vergelyk met die uitwissing van Joodse gemeenskappe in Europa deur Nazi-Duitsland in die Tweede Wêreldoorlog. Die model wat politici van die Nasionale Party (NP) gebruik het, was egter nie gebaseer op dié van Nazi-Duitsland, soos soms beweer word nie, maar op die beleid van suidelike Amerikaanse deelstate, soos Virginië en Alabama, waar segregasie teen die 1950's nog sterk toegepas is. Volgens 'n peiling wat in 1956 gedoen is, was net 'n kwart van die wit mense in die suidelike deelstate ten gunste daarvan dat wit en swart kinders na dieselfde skool kan gaan en net 14% het dit goedgekeur dat wit en swart saam skoolgaan.

In 1961, toe die latere Amerikaanse president Barack Obama se ma met 'n swart man van Kenia in die huwelik wou tree, het 30 van die VSA se 52 deelstate sulke "gemengde huwelike" verbied. Selfs nog in 1971 het Louisiana 'n wet deurgevoer wat bepaal het dat 'n mens met net een swart voorouer uit 32 as swart geklassifiseer moet word.

Daar word ook na apartheid verwys as 'n beleid wat die Verenigde Nasies (VN) in 1973 tot "'n misdaad teen die mensdom" verklaar het. 'n Mens moet egter die raamwerk van die VN-resolusie wat aanvaar is, in ag neem. Die twintig lande wat die voorstel ingedien het, was almal diktature in die blok van lande wat gereeld saam met die Sowjetunie gestem het. Nie een van die vernaamste Westerse lande het die resolusie gesteun nie. Die Amerikaanse afgevaardigde het gesê die klag van 'n misdaad teen die mensdom moet beperk word tot uiters ernstige gevalle en dat apartheid nie as 'n misdaad teen die mensdom beskou kan word nie.

Waar kritici van apartheid gefouteer het deur dit met die rassebeleid van Nazi-Duitsland te vergelyk, het die leiers van die NP 'n ander fout begaan. Hulle het probeer aantoon dat swart Suid-Afrikaners beter daaraan toe was as swart mense in baie ander Afrikalande, maar dié argument hou nie water nie. Dit is wel moontlik om te kyk na materiële of fisieke aanwysers, soos lewensverwagting en die sterftesyfers van suigelinge, en aan te voer dat swart Suid-Afrikaners beter gevaar het as swart mense in ander Afrikalande. Swart Suid-Afrikaners het hul posisie egter altyd met dié van die wit mense in die land vergelyk, nooit met mense in die res van Afrika nie. Daarby kan niemand ooit meet watter lyding, ontbering, vernedering en veronregting 'n beleid soos apartheid vir sy slagoffers meegebring het nie. In Suid-Afrika is swart en bruin mense veel langer as in enige land in 'n staat van verdrukking gehou.

Dit is baie belangrik om apartheid te verstaan, want dit vorm 'n belangrike deel van ons onlangse geskiedenis. Ons kan die onderwerp aan die hand van die volgende vrae benader:

- Was apartheid anders as die segregasiebeleid wat van 1902 tot 1948 gevolg is?
- Kon Suid-Afrika ekonomies beter gevaar het sonder apartheid?
- Kon Suid-Afrika polities stabieler gewees het sonder apartheid?
- Kan 'n postapartheid Suid-Afrika groei tot 'n suksesvolle staat?

Apartheid en segregasie

Hierdie hoofstuk neem die standpunt in dat apartheid 'n uitloper van segregasie was eerder as 'n radikaal nuwe beleid. As hy vandag geleef het, sou Alfred Hoernlé, 'n voortreflike liberale denker van die 1930's en vroeë 1940's, verstom gewees het dat mense kon dink rasseverhoudings was soveel beter voor die 1948-verkiesing as daarna. Hy het reeds in 1936 – in die era van die segregasiebeleid – geskryf dat 'n besoeker van Mars onmiddellik getref sou word deur die omvattende manier waarop swart mense uitgesluit word en daar teen hulle gediskrimineer word. So 'n besoeker, skryf hy, sou net tot een gevolgtrekking kon kom: "[There] was a dominant urge towards segregation, which has moulded the structure of South African society and made it what it now is."

Tog het die mite ontwikkel dat rasseverhoudings in die jare voor 1948 veel beter was as daarna. Piet Cillié, redakteur van *Die Burger* van 1954 tot 1977, het in 'n artikel wat in 1985 gepubliseer is die draak gesteek met hierdie valse opvatting:

> Uit 'n tydperk van goeie en gemaklike rasseverhoudinge voor 1948 is Suid-Afrika skielik deur 'n bewindsverandering gedompel in byna vier sinlose dekades van toenemende spanning en rassehaat. 'n Bose etniese ideologie is stelselmatig aan 'n dikwels niksvermoedende land opgedwing. Die eens mooi saamlewende, veelrassige gemeenskap is deur 'n seksionele diktatoriale bewind verdeel en gefragmenteer en ontwortel, en deur die fragmentasie en verdrukking verhinder om die vriendskaplike betrekkinge te ontwikkel waarheen hy op pad was.

Cillié wou hierdeur uitwys watter verwronge beeld van rasseverhoudings voor 1948 teen die 1980's vaardig geraak het. Dié soort beeld word vandag nog gereeld in koerante en op televisie aangetref.

Vandag probeer mense vrede met die verlede maak deur hulle te verbeel dat rasseverhoudings in die land, afgesien van die apartheidstyd, wesenlik goed was. Dan blameer hulle apartheid vir elke ding wat verkeerd of onvolmaak is. Só het 'n rolprentresensent in die *Cape Times* van 14 Junie 2001 byvoorbeeld geskryf apartheid het die droom vernietig dat Suid-Afrika 'n land kon wees sonder rassevooroordeel en rassehaat. Dít terwyl daar geen sprake daarvan is dat so 'n werklikheid op enige tydstip in ons verlede of in die geskiedenis van ander veelrassige samelewings bestaan het nie.

Die apartheidsbeleid het wel in bepaalde opsigte van die segregasiebeleid verskil: In die eerste plek het die regerings van voor 1948 die swart "reservate" as 'n bykomende deel van die landsadministrasie beskou. Swart mense se reg op 'n (baie beperkte) vorm van verteenwoordiging is ook erken. Vir die NP-regering wat die bewind ná 1948 oorgeneem het, moes die toekenning van politieke regte aan swart mense in die "tuislande" egter dien as 'n soort vergoeding vir die feit dat hul regte en verteenwoordiging in die sogenaamde "wit" land, wat 87% van die grondgebied beslaan het, weggeneem is.

In die tweede plek het die NP-regering sekere vorms van skeiding en diskriminasie wat tussen wit en swart gegeld het ná 1948 ook op die sosiale verkeer tussen wit en bruin, asook wit en Indiër, van toepassing gemaak. Die vernaamste was die afskaffing van die bruin stemreg, die afdwing van aparte woonbuurte (groepsgebiede) en die klassifikasie deur die staat van mense in bepaalde groepe. Voor die apartheidstyd kon bruin mense in die Kaapprovinsie grond koop, daar was geen wette teen seksuele omgang met wit mense nie en daar was geen rasseklassifikasie nie.

Die paswet, wat vir swart mense gegeld het, is ná 1948 ook veel strenger toegepas. Swart mense se onderwys is baie uitgebrei, maar aanvanklik was dit hoofsaaklik tot primêre onderwys beperk. Soos voor 1948 het die staat veel meer geld aan 'n wit kind as aan 'n swart of bruin kind bestee. Voor 1948 was die swart leiers, en dit sluit mense soos Z.K. Matthews en die jong Nelson Mandela en Oliver Tambo in, reeds vervreem van die politieke stelsel. Hulle het nie net teen apartheid in opstand gekom nie, maar teen enige vorm van wit oorheersing.

In die NP-bewindstyd was die oorheersing van ander bevolkingsgroepe dus strawwer en meer stelselmatig, maar nie wesenlik anders as voor 1948 nie. In 'n land soos Brasilië was wit oorheersing veel meer subtiel nadat slawerny in 1888 afgeskaf is. Deesdae maak wit mense die helfte van die Brasiliaanse bevolking uit en swart en bruin mense saam die ander helfte. Hoewel daar nooit enige rassewette in daardie land was nie, is wit mense se inkomste twee keer hoër as dié van swart en bruin mense. Net 7% van die inwoners van die ryker stadsbuurte is swart en net 6% van die swart mense tussen 18 en 24 was op kollege of universiteit. Waar die VSA, waar 12% van die bevolking swart is, in 2012 'n swart president gehad het, was net een mens in die Brasiliaanse kabinet in daardie jaar swart. Nietemin is die land se amptelike beleid dat daar geen rassediskriminasie is nie.

Die Britse tydskrif *The Economist* haal op 28 Januarie 2012 in 'n artikel getiteld "Race in Brazil" die woorde van 'n swart Brasiliaanse aktivis aan wat sê swart mense word in sy land deur 'n "onsigbare vyand" gekonfronteer. Wit mense in Brasilië beskou hulself nie as rassisties nie, "maar wanneer 'n swart man met 'n wit vrou begin uitgaan, is daar moeilikheid". Daar word toenemend besef dat rassisme nie 'n enkelvoudige verskynsel is nie. Aan die een kant is daar blatante rassisme (waarvan apartheid 'n voorbeeld was), maar aan die ander kant ook weggesteekte rassisme, waarvan die situasie in Brasilië 'n voorbeeld is. In dié opsig lê segregasie nader aan apartheid as die "vrome" vorm van rassisme in Brasilië.

Kon Suid-Afrika ekonomies beter gevaar het sonder apartheid?

Tussen 1948 en 1981 het die Suid-Afrikaanse ekonomie teen 'n koers van 4,5% gegroei. Dit was omtrent die gemiddelde groei van 'n groep van twintig vergelykbare middelvlak- ontwikkelende ekonomieë in daardie jare, wat lande soos Oostenryk, Venezuela, Argentinië, Spanje en Chili insluit.

Die aanspraak word soms gemaak dat 'n Suid-Afrika sonder apartheid selfs nog vinniger sou kon gegroei het, moontlik soos Japan of Suid-Korea, en dat dit groot armoedeverligting sou kon bewerkstellig. Dié siening kan nie sommer dadelik verwerp word nie. Teoreties kon Suid-Afrika vinniger gegroei het, maar groei in ontwikkelende lande soos Suid-Afrika is net moontlik as beleggers, binnelands en buitelands, daarvan oortuig is dat 'n land stabiel sal bly, die arbeidskoste laag, die ekonomiese beleid bestendig en voorspelbaar, die regstelsel betroubaar, private besit onskendbaar en korrupsie onder beheer.

In die apartheidstyd het baie beleggers gemeen die NP se beleidsraamwerk is voordelig vir groei. Hulle het dieselfde geglo toe 'n land soos Botswana onafhanklik geword het met 'n regering met 'n konserwatiewe ekonomiese en maatskaplike beleid.

Dit is dus te betwyfel of Suid-Afrika ná die Tweede Wêreldoorlog veel beleggings sou gelok het as daar 'n regering was wat simpatiek teenoor die sosialisme gestaan het. Nelson Mandela het in sy lewensverhaal wat in 1994 verskyn het, geskryf dat die Vryheidsmanifes (Freedom Charter), een van die ANC se sleuteldokumente, 'n "revolusionêre dokument" was wat nie sonder "radikale veranderinge aan die ekonomiese en politieke strukture" ingestel sou kon word nie. Dit sou waarskynlik 'n groot uittog van beleggings veroorsaak het.

Apartheid het die deksel op die drukkoker gehou tot ongeveer die middel-1970's. Tot die vroeë 1970's is 'n gemiddelde groeikoers van net onder 5% gehandhaaf. Toe het die koste van apartheid vir beleggers groter geraak as die voordele. Werkers het vaardighede gekort, hul koopkrag was beperk en hul huise was dikwels ver van hul werkplekke.

Dit is belangrik om in ag te neem dat 'n hoë ekonomiese groeikoers nie alle lande beskore is nie. In lande met swak en korrupte regerings kan die groeikoers selfs negatief wees. Die land boer met ander woorde agteruit. In 'n land soos Argentinië was die inkomste per kop tot die 1950's byvoorbeeld gelyk aan die gemiddelde van 'n groep van agt Wes-Europese lande. Daarna het 'n tydperk van politieke onstabiliteit, grootskaalse korrupsie en wisselvalligheid in ekonomiese beleid egter gevolg en teen 2001 was die inkomste per kop net die helfte van die gemiddelde van dieselfde groep van agt Wes-Europese lande. Dieselfde kon met Suid-Afrika gebeur het as daar politieke onstabiliteit en 'n onbestendige ekonomiese beleid was.

'n Land se politieke stelsel en ekonomiese beleid gaan hand aan hand om welvaart te bevorder of tot agteruitgang te lei. Twee bekende skrywers, Samuel Huntington en Joan Nelson, hou in die boek *No Easy Choice: Political Participation in Developing Countries* (1976) drie modelle voor om die verband tussen die politiek en die ekonomie uit te beeld. Hulle onderskei tussen die tegnokratiese model, die populistiese model en die liberale model.

Hoewel die skrywers nie Suid-Afrika in gedagte gehad het toe die boek geskryf is nie, kan veral hul eerste model op ons land van toepassing gemaak word. Die tegnokratiese model gee 'n goeie verduideliking van wat tussen 1948 en 1976 in Suid-Afrika gebeur het. In hierdie model oefen diegene wat die beste opgelei is en die meeste ervaring het die beheer uit. Volgens Huntington en Nelson behels "die bose kringloop van die tegnokratiese model":

- minder politieke deelname (die beperking van stemreg, die inperking van opposisieleiers en -koerante en 'n verbod op betogings)
- wat lei tot groter sosiaal-ekonomiese ontwikkeling as gevolg van

die onderdrukking van die werkersklas (beperkings op of die onder-
drukking van vakbonde met gevolglike lae lone);

- minder sosiaal-ekonomiese gelykheid (veral ongeskoolde en halfge-
skoolde arbeiders word swaar getref);
- minder politieke stabiliteit (verset bou op teen die verdrukking en
opstand breek van tyd tot tyd uit)
- wat weer eindig in 'n "deelname-ontploffing" ('n massa-opstand waar-
in radikale demokratiese eise gestel word).

Die deelname-ontploffing was stedelike swart mense se opstande van 1976
tot 1977. Daarna het die regering apartheid probeer hervorm deur meer so-
siaal-ekonomiese gelykheid teweeg te bring. Die gaping in die besteding aan
die onderwys, pensioene en salarisse van staatsamptenare vir die verskillende
rasse is kleiner gemaak. Teen die vroeë 1990's het Suid-Afrika 'n groter per-
sentasie van sy bruto binnelandse produk (BBP) aan maatskaplike bystand in
die vorm van nie-bydraende skemas bestee as baie ontwikkelde lande, en meer
as enige ander land in die ontwikkelende Suide. In 1993 is die gaping tussen
die rasse wat ouderdomspensioene betref, uitgewis. Dit kon egter nie verhoed
dat die NP die mag moes afstaan nie.

Huntington en Nelson noem hul tweede model "die bose kringloop van die
populisme". In hierdie model probeer die regering die massa tevrede stel en
word die rykes swaar belas. Die model behels:

- meer politieke deelname (die uitbreiding van stemreg, politici wat die
"massa" verteenwoordig en onverantwoordelike beloftes in verkiesings
maak en 'n toename in die eise vir die herverspreiding van rykdom)
- wat lei tot groter sosiaal-ekonomiese gelykheid (dit word bewerkstellig
deur swaar belastings op die meer gegoede klasse en die afdwing van
regstellende aksie in die arbeidsmark);
- minder sosiaal-ekonomiese ontwikkeling (maatskappye word toe-
nemend onwillig om te belê omdat hoë lone wins afdruk);
- minder politieke stabiliteit en die uitvloei van kapitaal ('n hoë
inflasiekoers en die daling van die geldeenheid se waarde teenoor
dié van ander lande)
- en 'n "deelname-inploffing" ('n noodtoestand word afgekondig wat
die demokrasie tydelik opskort).

Dié model sou moontlik op Suid-Afrika van toepassing gewees het as universele stemreg reeds in 1948 ingestel is. Die regering sou waarskynlik eers gekwalifiseerde stemreg ingestel het en dit sou spoedig tot die snelle uitbreiding van stemreg gelei het. Dit kon weer aanleiding gegee het tot die toepassing van 'n beleidsdokument soos die Vryheidsmanifes en die gevolglike nasionalisering van verskeie sektore. As gevolg van 'n uitvloei van beleggingskapitaal sou daar minder sosiaal-ekonomiese ontwikkeling wees, gevolg deur minder politieke stabiliteit (wit weerstand en stedelike oproer), wat sou eindig in 'n "deelname-inploffing" (die opskorting van die parlement en die oppergesag van die reg).

Huntington en Nelson noem hul derde model die "heilsame liberale model". Die meeste konvensionele liberales in Suid-Afrika hang dié model aan. Hulle glo dat sterk ekonomiese groei sedert 1948 sou gelei het tot groter sosiaal-ekonomiese gelykheid, wat op sy beurt politieke stabiliteit in die hand sou werk en mettertyd 'n liberale demokrasie teweeg sou bring. In meer besonderhede lyk die model soos volg:

- Hoe meer mense, ongeag hul kleur of herkoms, ná 1945 op 'n gelyke grondslag in die mark en in skole ingebring is (aanvanklike gekwalifiseerde stemreg wat gou sou uitloop op algemene stemreg),
- des te meer sou die ekonomie geblom en hoe vryer sou die arbeidsmark geraak het,
- des te meer sou die ekonomie gegroei het,
- des te meer sou politieke vryhede toegeneem het,
- des te stabieler sou die politieke stelsel geword het,
- des te meer sou rasse- en etniese spanning verslap het, en
- des te meer sou al die mense welvaart en geluk ervaar het.

Die gedagte dat Suid-Afrika baie beter kon gevaar het, spruit uit die opvatting dat "alle goeie dinge saamwerk" wat soms in liberale kringe verkondig word. Dit berus op die gedagte dat 'n vrye arbeidsmark (waar niemand se vordering deur hul ras, kleur of geslag beïnvloed word nie) en 'n vrye politieke stelsel (waar alle volwassenes kan stem) mekaar wedersyds versterk en saamwerk om 'n hoë ekonomiese groeikoers, politieke vryheid en die oplossing van konflikte te bewerkstellig.

'n Vergelykende studie toon dat dié model in die 20ste eeu in ontwikkelde lande soos die VSA en die Wes-Europese lande gewerk het. Hier gaan liberale kapitalisme (die gelykheid van geleenthede in 'n vrye arbeidsmark) en 'n liberale demokrasie (algemene stemreg, individuele regte en 'n definitiewe onderskeid tussen die regerende party en die staat) hand aan hand. Die model werk egter selde in ontwikkelende lande, waar die gemiddelde inkomste veel laer as dié in ontwikkelde lande is en waar daar 'n geskiedenis van konflik tussen rassegroepe of "volke" is. (Gewoonlik het die welvarendste groep se voorsprong reeds in die koloniale tydperk begin.)

Die groot probleem is dat mense in dié lande en ook in ander lande wat op die grondslag van ras en kleur verdeel is nie as individue meeding en stem nie, maar as lede van 'n gemeenskap. Die groep wat voorheen benadeel of uitgesluit is, eis regstelling en vergoeding wanneer hy die mag oorneem.

In Amy Chua se boek *World on fire: How exporting free market democracy breeds ethnic hatred and global instability* (2004) toon sy aan die hand van voorbeelde in Afrika en Suidoos-Asië aan dat die vrye mark, wat neig om sekere etniese minderhede die binnebaan te gee, spanning tussen rasse en etniese groepe vererger. Die minderheid gebruik sy mag om die ekonomie te oorheers en vaar in die algemeen goed. Die regering neem die minderheid se behoeftes ook eerste in ag (soos in Suid-Afrika tot die vroeë 1970's).

Wanneer die arm meerderheid egter in beheer kom, begin die nuwe regering die meerderheid begunstig en die minderhede deur wetgewing aan bande lê. Hulle nasionaliseer nywerhede en lê beslag op of onteien minderhede se besittings. Regstellende aksie ter wille van "transformasie" vind plaas. Die afgelope 75 jaar het dié patroon in die een land ná die ander ontvou. In Westerse lande het liberales egter bly glo dat gelyke geleenthede in die arbeidsmark (geen regstellende aksie nie) en 'n liberale demokrasie (stemreg vir almal) saamgaan.

Maar, soos Chua verduidelik, ontstaan groot spanning gereeld wanneer diegene wat tot die meerderheidsparty behoort, verplig word om mee te ding met mense uit minderheidsgroepe wat meer vaardighede of geld het. Die konflik is besonder hewig wanneer die minderheidsgroep van 'n ander ras of volksgroep is. Regerings gryp dikwels in om ongelykhede reg te stel en hul kiesers te bevoordeel. Soms het dit rampspoedige beleid tot gevolg, insluitend die nasionalisering van grond, banke, myne en nywerhede, en die uitsetting van minderhede. Dit lei dikwels tot 'n sterk afname in ekonomiese groei terwyl die demokrasie in duie stort of soms net 'n leë dop word.

Kon Suid-Afrika polities stabieler gewees het sonder apartheid?

Die groot vraag is wat sou gebeur het as die Verenigde Party (VP) aan die bewind gebly het. Die feit is dat die VP-regering teen 1948 'n politieke dooie punt met sy beleid bereik het. Die stedelike swart elite se geduld het opgeraak, maar die wit kieserskorps was glad nie van plan om stemreg uit te brei nie.

Teen 1948, toe die NP aan die bewind gekom het, het liberale akademici in Suid-Afrika nie algemene stemreg bepleit nie. Twee belowende jong liberale historici van daardie tyd, Arthur Keppel-Jones en Leonard Thompson, het verklaar dat 'n beleid van algemene stemreg in die veelrassige Suid-Afrika nie sou werk nie. Die liberale politikus Jan Hofmeyr het besef dat die wit kieserskorps nie die soort hervormings sou aanvaar waarop die leiers van die stedelike swart mense aangedring het nie.

Liberales het gehoop die instelling van 'n nie-rassige, gekwalifiseerde stem (byvoorbeeld almal wat 'n sekere standerd op skool gehaal het en eiendom van 'n sekere waarde besit of huur) sou daartoe lei dat kiesers meer gematig raak en mettertyd al hoe meer deur hul belange eerder as hul rasse- of etniese identiteit gelei sal word wanneer hulle stem. Dit het egter nog nooit in enige veelrassige land gebeur nie.

In Suid-Afrika sou gekwalifiseerde stemreg waarskynlik nie stabiliteit teweeg gebring het nie. Die vlak waarop mense vir stemreg kwalifiseer, sou waarskynlik hoogs omstrede gewees het en ook spanning tussen die wit gemeenskappe meegebring het. Indien die vlak waarop mense vir stemreg kwalifiseer vinnig verlaag is, sou daar heel waarskynlik gou 'n regering aan die bewind gekom het wat "staatskapitalisme" of sosialisme sou probeer instel.

Eksperimentering met die sosialistiese model sou Suid-Afrika moontlik 'n nekslag toegedien het. Selfs die toepassing van die ANC se Vryheidsmanifes kon moontlik ernstige ekonomiese ontwrigting veroorsaak het. Daarin word die nasionalisering van die myne, swaar nywerhede en die banke en die herverdeling van grond bepleit. In sy outobiografie erken Mandela dat die Vryheidsmanifes 'n "revolusionêre dokument" is en dat die inwerkingstelling daarvan nie kon geskied sonder om "die ekonomiese en politieke strukture radikaal te verander" nie.

Wat Suid-Afrika ná 1948 gekry het, was nie sosialisme of 'n liberale demokrasie nie, maar apartheid. Die NP-regering het ná sy oorwinning in 1948 'n konserwatiewe ekonomiese beleid gehandhaaf wat die grondslag gelê het vir bestendige ekonomiese groei. Hy het begrotingsoorskotte gebruik om skuld af te betaal en buitensporige looneise van wit werkers verwerp. Hoewel Verwoerd se Bantu-onderwys tereg gekritiseer is omdat die besteding aan wit en swart so lank ongelyk gebly het, het die massa se geletterdheid aansienlik verbeter.

In die eerste helfte van die 1960's het die Suid-Afrikaanse ekonomie teen gemiddeld 6% per jaar gegroei, met 'n inflasiekoers van net 2%. Grootskaalse beleggings het ingestroom: Die land was stabiel, arbeid was goedkoop, die geldeenheid is deur goud gewaarborg en maatskappye het groot wins gemaak. Produksie, verbruik en die vraag na arbeid het die hoogte ingeskiet. In sy hoofartikel van Augustus 1966 het die tydskrif *Time* geskryf: "South Africa is in the middle of a massive boom." Die artikel het Verwoerd bestempel as "one of the ablest white leaders Africa has ever produced".

Die liberale *Rand Daily Mail* het geskryf dat die land 'n "oormaat van voorspoed" ondervind. Die *Financial Mail*, die vernaamste finansiële tydskrif, het in 1967 'n spesiale bylae oor die tydperk 1961 tot 1966 gepubliseer waarin dit die "Fabulous Years" genoem is. In dié tydperk het Suid-Afrika se bruto nasionale produk in reële terme met 30% gegroei.

Apartheid het die land ekonomies duur te staan gekom, veral in die vorm van gebrekkige onderwys vir swart en bruin kinders, 'n onproduktiewe arbeidsmag, 'n gebrek aan vaardighede en 'n groot omset van werkers as gevolg van die reuse-omvang van trekarbeid. Dit het die ekonomie in die 1950's en 1960's egter nog nie soveel geskaad nie omdat die vervaardigingsektor nog so klein en ongekompliseerd was. Die prys wat die land vir apartheid betaal het, sou eers in die vroeë 1970's begin opval toe die vervaardigingsektor sterk begin uitbrei het.

Verwoerd word deesdae gebrandmerk as 'n "bose genie" wat apartheid so te sê eiehandig uitgedink en toegepas het. Stephen Mulholland, voormalige redakteur van die *Financial Mail*, het hom "one of history's monsters" genoem en hom saam met Saddam Hoesein in dieselfde kategorie as die massamoordenaars Josef Stalin, Adolf Hitler, Mao Zedong en Pol Pot geplaas. Maar toe hy nog geleef het, het toonaangewende historici wat nie voorstanders van apartheid was nie Verwoerd anders beoordeel. C.W. de Kiewiet, 'n gerespekteerde liberale historikus, het in 1963 op 'n besoek aan Suid-Afrika die volgende opmerking gemaak: "Verwoerd is addressing the country's grave problems with boldness, shrewdness and even imagination. It was by no means absurd to suggest a comparison between Verwoerd and Charles de Gaulle, the stern, headstrong but deeply imaginative leader of France."

Daar is mense wat aanvoer dat die ekonomiese groei in die apartheidstyd swart mense niks in die sak gebring het nie. Hoewel die gaping in die inkomste en welvaart van wit en swart baie groot gebly het en swart mense onderhewig was aan omvattende beperkings wat hul vooruitgang aan bande gelê het, het die besteebare inkomste van swart en bruin mense, asook Indiërs, in die 1960's en 1970's vinniger gegroei as dié van wit mense, hoewel dit van 'n baie lae basis af was.

Die sakemagnaat Harry Oppenheimer het in 1964 in die jaarverslag van die Anglo American Corporation geskryf dat die gemiddelde lone van "nie-blanke" werkers in die sekondêre sektor (vervaardiging en konstruksie) in die voorafgaande vyf jaar met 5,4% per jaar gestyg het teenoor 3,7% vir wit werkers. Dit het vir Oppenheimer 'n verklaring gebied van waarom die land soveel stabieler was as wat baie mense gedink het.

Besteebare persoonlike inkomste (1990-pryse)

	1960 (Rand)	1970 (Rand)	1980 (Rand)
Wit mense	12 114	17 260	17 878
Indiërs	2 171	3 674	5 655
Bruin mense	2 000	3 033	3 933
Swart mense	1 033	1 439	1 903

Dit was natuurlik skrale troos vir mense met wie dit broekskeur in die reser-vate gegaan het. Vir hulle was daar egter steeds hoop op werk, al was dit vir 'n baie lae loon. J.L. Sadie het bereken dat 73,6% van die nuwe toetreders tot die arbeidsmark in 1965 in die formele sektor werk gekry het. Dit was 'n koers wat nog nie voorheen bereik is nie. Dit sou in 1970 tot 76,6% styg, maar daar-na val tot 43,4% in 1998. Dit is nou nog laer.

Kan 'n postapartheid Suid-Afrika groei tot 'n suksesvolle staat?

Die persepsie bestaan onder hedendaagse politieke leiers dat Suid-Afrika eers die erfenis van kolonialisme en apartheid moet oorkom en dekades van wan-administrasie moet regstel voordat die land as 'n sukses beskou kan word. Hoewel kolonialisme wreed en onregverdig was, het dit egter ook die poten-siaal vir 'n suksesvolle staat geskep. Teen 1976 was Suid-Afrika goed op pad om 'n suksesvolle staat te word. Op die wêreldranglys het dit die 18de grootste ekonomie gehad en was dit die 15de grootste handelsland. In 2010 het Suid-Afrika egter na onderskeidelik 28ste en 37ste op dié lys gesak. Daar kan lank geargumenteer word oor wat skeefgeloop het, maar dit is 'n debat vir 'n ander dag.

Om die ondenkbare te dink

Mense wat geskiedenis bestudeer, staan onder die verpligting om die "ondenkbare te dink", soos die Yale-universiteit vroeër in 'n verklaring geskryf het. As die ondenkbare oor apartheid gedink moet word, sou van hierdie stellings moontlik oorweeg kon word:

- Ná die Tweede Wêreldoorlog kon Suid-Afrika 'n liberale demokrasie geword het, of die land kon 25 jaar lank 'n jaarlikse ekonomiese groeikoers van byna 5% per jaar gehad het. Al twee hierdie dinge sou egter nie kon gebeur nie.
- Snelle rasse-integrasie kon plaasgevind het, of die land kon die grootste deel van 25 jaar 'n redelike mate van stabiliteit beleef het. Al twee hierdie dinge sou egter nie kon gebeur nie.
- Daar kon ná 1945 voortgegaan word om die laegraadse goudmyne met goedkoop swart arbeid te benut en deur belasting groot bydraes tot die staatskas te maak en dividende aan die aandeelhouers uit te betaal, of swart vakverbonde kon toegelaat word. Al twee hierdie dinge sou egter nie kon gebeur nie.

Nie een van hierdie "ondenkbare" of omstrede stellings in hierdie hoofstuk kan bewys word nie. Maar hulle moet beslis oorweeg word in enige onpartydige ontleding van apartheid.

23

Die Afrikaanse kerke in die 20ste eeu

J.W. (Hoffie) Hofmeyr

Die verhaal van die Afrikaanse kerke in die 20ste eeu is dié van Afrikaner-gelowiges se worsteling met 'n komplekse werklikheid. Een van die belangrikste kwessies wat dié breër gemeenskap in die gesig gestaar het, was die verhouding tussen wit en swart.

Die geskiedenis het drie groot uitdagings aan Afrikaanssprekendes en hul kerke – spesifiek dié met 'n gereformeerde agtergrond – gebied. Eerstens moes 'n middeweg gevind word tussen diegene wat vanuit Nederland betrokke was by die vestiging van Europeërs in Suid-Afrika en diegene wat hier gevestig geraak het en groter onafhanklikheid van die moederland wou hê. Tweedens moes 'n uitweg gesoek word toe die volks- en kultuurbelange van Afrikaanssprekendes in konflik met Britse imperiale belange gekom het. Derdens moes die kerk ook 'n manier vind om die onafhanklikheidstrewe van die swart bevolking in veral die tweede helfte van die 20ste eeu te hanteer.

Vroeë geskiedenis

Hoewel die Afrikaanssprekende kerke wat uit 'n gereformeerde agtergrond kom 'n gemeenskaplike Nederlandse wortel en vroeë Suid-Afrikaanse stam het, het hulle in die loop van veral die 19de eeu in verskillende rigtings vertak. Sommige lede van die (gereformeerde) kerk aan die Kaap, naamlik die Nederduitse Gereformeerde Kerk (NGK), het teen die middel van die 19de eeu begin glo dié instelling het te veel van 'n liberale, Engelse rigting ingeslaan. Gevolglik het die Nederduitsch Hervormde Kerk van Afrika in 1853 tot stand gekom. Op grond van die oortuiging dat die NGK te metodisties georiënteer geraak het en toe boonop die sogenaamde Evangeliese Gesange ingevoer het, is die Gereformeerde Kerke in Suid-Afrika weer in 1859 gestig.

Die Anglo-Boereoorlog het gelei tot 'n groter eenheidsgevoel onder Afrikaners en hulle het hul belange begin konsolideer. Dit het onder meer op die sogenaamde Raad van (NG) Kerke uitgeloop wat in 1907 in die lewe geroep is. Daar is enersyds pogings aangewend om die NGK, wat in 1862 in verskillende afgeskeie provinsies (sinodes) verdeel het, weer bymekaar te bring, en andersyds na ander Afrikaanse kerke uitgereik om die saak van 'n platgeslane volk se gemeenskaplike belange te bevorder.

Die realiteit van Uniewording in 1910, die Afrikanerrebellie van 1914, die Eerste Wêreldoorlog van 1914-1918 en die ekonomiese agteruitgang van die Afrikaner in die 1920's en 1930's het besondere visie en leierskap van Afrikanerleiers en die Afrikaanse kerke geverg. Benewens 'n verswakte selfbeeld weens hul nederlaag in die Anglo-Boereoorlog moes die armblankevraagstuk onder Afrikaners ook aangespreek word. Die Afrikaanssprekende kerke het hul lidmate egter met raad en daad bygestaan en tydens verdere krisisse soos droogtes, 'n ekonomiese depressie en die gepaardgaande verstedeliking begelei. Kampvegters soos Vader (ds. J.D.) Kestell en andere het die Afrikaners hul uitdagings te bowe help kom deur hulle opnuut te motiveer.

Van kritieke belang was Christene se reaksie op die sogenaamde Carnegieverslag, wat ondersoek ingestel het na verstedeliking onder Afrikaners en die gepaardgaande armblanke-vraagstuk. Die Carnegie-kommissie het sy verslag in 1932 in vyf omvattende dele uitgebring. Die kerk het onder meer gereageer deur die Volkskongres oor die Armblankevraagstuk in 1934 in Kimberley te organiseer. Hieruit het 'n verskeidenheid aksies en heropbouprosesse gevloei.

Die kerk het verdere bydraes gelewer om Afrikaanssprekendes te probeer ophef, veral deur lidmate se betrokkenheid as ouers in onderwys-beheerliggame, en in verskillende bestuursliggame van maatskaplike sorg. Die kerk het ook 'n amptelike Afrikaanse vertaling van die Bybel in 1933 uitgegee, en in 1944 het die Afrikaanse psalms en gesange gevolg. Dié twee vertalings verteenwoordig ook belangrike momente in die groeiende selfbewussyn van die Afrikaner oor sy taal en kultuur.

In 1939 het nog 'n belangrike projek in die opbou van die Afrikaner die lig gesien toe die Reddingsdaadbond as 'n voortvloeisel van die Eerste Ekonomiese Volkskongres van 1939 tot stand gekom het. Dít verteenwoordig een van drie opbouaksies wat uit hierdie kongres gebore is. Waar die ander meer gefokus was op die oprigting van 'n finansieringshuis (Federale Volksbeleggings) en 'n sakekamer (die Afrikaanse Handelsinstituut), was die doel van die Reddingsdaadbond om aandag te gee aan die Afrikaner se kultuur, die ekonomie, die boeregemeenskap, vrouesake en wit arbeid. Hoewel die kerk nie direk hierby betrokke was nie, het hy tog 'n sterk motiveringsrol gespeel.

Soos dit ook die geval was tot later in die 20ste eeu, het van die Afrikaanssprekende kerke se knapste studente destyds in die buiteland hul doktorale studies gaan doen, veral in Nederland (by die universiteite van Amsterdam, Utrecht, Leiden en Kampen) en die VSA (by die Universiteit van Princeton). In Nederland het die studente die latere proff. E.P. Groenewald en A.B. du Preez sowel as D.F. Malan (later eerste minister) ingesluit, en in Amerika figure soos die latere prof. B.J. Marais en dr. William Nicol. Dáár het hulle goeie opleiding gekry, maar is terselfdertyd deur verskillende internasionale sosiopolitieke, ideologiese en teologiese strominge beïnvloed.

Aan die een kant het hulle nog te doene gekry met die "ou vyand" uit die Anglo-Boereoorlog, naamlik die Britse imperiale magte. (Die Suid-Afrikaanse regering se steun vir Brittanje in die twee wêreldoorloë het tot baie spanning in Afrikanergeledere gelei.) Aan die ander kant het sommige jong teoloë en van hul landgenote in die 1930's en 1940's aanklank gevind by die opkomende Duitse Romantisisme en is hulle ook deur die Nasionaal-sosialisme beïnvloed. Verder het hulle hulself al meer met Duitsland vereenselwig as gevolg van twee gemeenskaplike vyande – Brittanje en die kommunisme.

'n Boere-Calvinisme

Intussen het sekere teologiese strydpunte in die Afrikaanssprekende kerke kop uitgesteek. In die Gereformeerde Kerke in Suid-Afrika (GKSA), en in mindere mate ook in die Nederduitse Gereformeerde Kerk (NGK), het die Nederlandse teoloog en politikus Abraham Kuyper en die Calvinisme 'n sterk invloed uitgeoefen.

Die Nederduitsch Hervormde Kerk van Afrika (NHKA) het hom intussen steeds duidelik in die volkskerkstroom bevind. Dit beteken dat daar 'n redelik noue band tussen volk en kerk bestaan het sonder dat die twee absoluut met mekaar saamgeval het. Die GKSA, maar ook die NGK, het egter na neo-Calvinisme (of Boere-Calvinisme, soos sommiges dit noem) begin neig. Dit het beteken dat die eens suiwer Calvinisme nou elemente van Afrikanernasionalisme begin vertoon het.

Hierdie neo-Calvinisme het daartoe gelei dat apartheid se grondslag in die Bybel gesoek is. Die eerste teoloog om dit op skrif te stel, was die Potchefstroomse hoogleraar prof. J.D. du Toit (Totius) van die GKSA. Die neo-Calvinisme is gebou op Kuyper se standpunt dat die ordening van volke en nasies teruggevoer kan word na die Bybelse gebeure by die Toring van Babel, toe mense verdeeld geraak het as gevolg van 'n verwarring van tale.

Sedert 1928 het die sogenaamde Du Plessis-stryd in die NGK na vore getree. Prof. J. du Plessis, hoogleraar aan die Teologiese Kweekskool van Stellenbosch, was 'n besonder begaafde persoon wat op baie verskillende terreine bydraes gelewer het. Die Du Plessis-stryd het basies gehandel oor die spanning in die NGK oor die ontwikkeling van twee duidelike strominge in sy geledere.

Die een groep, onder leiding van dr. Dwight Snyman en prof. E.E. van Rooyen, was meer konserwatief en het veral die belydenisbenadering van die kerk benadruk en die vertolking van die Skrif probeer vrywaar van die negatiewe en ekstreme invloede van die rasionalisme (waarvolgens die menslike rede die grondslag van alle betroubare kennis vorm). Die ander groep, onder leiding van Du Plessis, het 'n gesonde debat oor die verstaan van die Skrif asook 'n kritiese teologiese benadering voorgestaan, hoewel hulle goed daarvan bewus was dat dit steeds gebalanseerd sou moes wees. Met die skorsing van Du Plessis in 1932 het hierdie debat egter lank tot stilstand gekom.

Intussen het daar nog 'n evangeliesgesinde teologie binne die NGK ontwikkel wat die klem op sowel die geloof as die praktiese en vroom lewe van die gelowige wou plaas. Dié teologie het sy grondslag in die Nederlandse Nadere Reformasie van die 17de eeu en die Reveil-beweging van die 19de eeu gehad. In die NGK is die 20ste eeuse evangeliese inslag wel deur hierdie ontwikkelinge beïnvloed, maar dit is in die 19de en vroeë 20ste eeu ook deur dr. Andrew Murray se sterk leiersrol en sy vele publikasies oor 'n vroom lewe gevoed. Vanweë 'n verskeidenheid faktore was hierdie invloede egter nooit buitengewoon sterk nie en het hulle nie 'n bepalende invloed op die NGK gehad nie.

Die verband tussen kerk, volk en kultuur het in die loop van die 20ste eeu 'n groot rol in die Afrikaanse kerke gespeel. Dit was nie net in die Anglo-Boereoorlog wat die Afrikaner 'n groot behoefte aan vertroosting, pastorale versorging en leiding gehad het nie, maar veral ook tydens die rebellie van 1914 en gedurende die twee wêreldoorloë.

Gedurende hierdie tye was daar baie verdelende magte en verskillende lojaliteite, veral wat Afrikanernasionalisme, Britse imperialisme en die Nazi-ideologie betref. Die kerk moes probeer om bo hierdie politieke en ideologiese verskille uit te styg en die nodige begeleiding aan sy lidmate te gee. In dié onderlinge konflik moes die kerk ter wille van die Evangelie egter soms ook ingryp om die spanning te ontlont.

Die kerk en apartheid

Die té hegte verhouding tussen die kerk en die Afrikanervolk het talle probleme veroorsaak, onder meer dat kerk en volk se rolle met mekaar vervloei het. Hierdie probleme, wat veral uit Afrikanernasionalistiese gevoelens gespruit het, het sterker deurgeslaan tydens die Eeufeesviering van die Groot Trek in 1938, die Ossewabrandwag se duidelike assosiasie met die Duitse saak in die 1940's en die Nasionale Party se oorwinning in 1948 waarna afsonderlike ontwikkeling (apartheid) op die wetboek geplaas is.

Redelik vroeg in die 20ste eeu het daar 'n al duideliker verskil in teologiese standpunte binne die drie gereformeerde kerke begin ontwikkel oor die Bybelse grondslag van apartheid. Voorlopers in dié verband was proff. J. du Plessis, B.B. Keet, B.J. Marais en A. van Selms. Du Plessis het byvoorbeeld in die 1920's reeds by onder meer die Raad van (NG) Kerke gepleit vir groter meelewing met die nood van ander. Hy het destyds al voorspraak gemaak dat die kwessie van swart grondbesit dringend aangespreek moet word.

Wat wel in die 1930's en 1940's duidelik was, was dat sowel die sending as die wit samelewing 'n voogdyskap-benadering teenoor die swart bevolking gevolg het. Daarvolgens is swart mense nie as gelykes aanvaar nie, maar as ondergeskiktes in die sorg van wit mense. In die dekades daarna kom daar egter name van ander voorlopers uit die geledere van die Afrikaanssprekende gereformeerde kerke by, soos dr. Beyers Naudé en proff. Albert Geyser, Lourens du Plessis, Nico Smith, David Bosch, Amie van Wyk en Johan Heyns. Hulle het elkeen in verskillende verbande unieke bydraes gelewer tot die bevraagtekening van die Bybelse grondslag van apartheid. Hulle het ook aanvoorwerk gedoen vir die finale afskeid van dié diskriminerende rassebeleid.

Die drie Afrikaanssprekende gereformeerde kerke – en veral die NGK – het 'n byna goddelike sanksie en terselfdertyd 'n Bybelse grondslag vir die beleid van apartheid verskaf. Ná die Sharpeville-tragedie en die Langa-opstand waarin daar talle sterftes was, het verteenwoordigers van die Wêreldraad van Kerke en sy Suid-Afrikaanse lidkerke in 1960 die Cottesloe-beraad belê. By dié beraad is die probleem van rasseverhoudinge vanuit 'n kerklike oogpunt ondersoek. Die Cottesloe-verklaring wat ná die beraad uitgereik is, het besonder verligte standpunte oor rasseverhoudinge ingeneem en 'n oop sosiale en kerklike samelewing sonder apartheid voorgestaan.

Die Afrikaanse kerke het baie negatief daarop gereageer, wat die groeiende kloof tussen die Afrikaans- en Engelssprekende kerke in Suid-Afrika net vererger het. Die NGK en die NHKA het kort daarna ook uit die Wêreldraad van Kerke bedank.

Intussen het die Christelike Instituut in 1963 tot stand gekom as 'n reaksie uit eie geledere op die Afrikaanse kerke se verwerping van Cottesloe. Dit sou in 'n organisasie ontwikkel wat saam met die Suid-Afrikaanse Raad van Kerke sterk standpunt teen apartheid ingeneem het.

Intussen het kerkleiers soos prof. A.B. du Preez en drs. A.P. Treurnicht en Koot Vorster (die broer van John Vorster, die eerste minister van Suid-Afrika tussen 1966 en 1978) steeds die byna goddelike regverdiging en sanksionering van apartheid ook buite die kerk verkondig.

Weerstand teen apartheid

Die weerstand teen apartheid het veral ná die Soweto-opstande van 1976 onder sowel die wit Afrikaanse kerke as hul swart en bruin dogterkerke toegeneem en 'n hoogtepunt in die 1980's bereik. Dit was veral die NG Sendingkerk (die NGK vir bruin mense) wat hul posisie as "verstotelinge" sterker begin aanvoel het.

In 1982 het die Algemene Sinode van die NG Sendingkerk, met dr. Allan Boesak as moderator, 'n staat van belydenis teen die apartheidsbeleid afgekondig. Dit het die weg gebaan vir hul formulering en aanvaarding van die Belydenis van Belhar in 1986. Die Belydenis van Belhar beklemtoon die kwessies van geregtigheid, versoening en eenheid – aspekte waarmee die meeste regdenkende gelowiges hulle behoort te kan vereenselwig. Die Belydenis van Belhar is egter in die loop van die volgende dekades sterk onder verdenking geplaas en het 'n politieke en kerklike speelbal geword.

Naas die vele individuele stemme teen apartheid wat uit die wit kerke opgegaan het, was 'n belangrike waterskeiding die NGK se Algemene Sinode van 1986, waar die kerk duidelik begin afskeid neem het van apartheid en die weg help baan het vir die demokratiseringsproses van die 1990's. Hierdie deurbraak het plaasgevind met die aanvaarding van die studiestuk "Kerk en samelewing". Die Algemene Sinode het onder meer besluit dat die NGK se lidmaatskap ondubbelsinnig "oop" is vir alle bevolkingsgroepe.

Hierdie en ander besluite van die Algemene Sinode van 1986 het tot die hoofsaaklik polities gemotiveerde afsplitsing en stigting van die Afrikaanse Protestantse Kerk (APK) in 1987 gelei. Die APK, met sy lidmaatskap van ongeveer 30 000 gelowiges teen 2011, bepaal steeds dat slegs wit Afrikaners as lidmate toegelaat mag word. Hoewel die APK 'n invloed op verdere ontwikkelinge in die NGK gehad het, was daardie invloed nooit buitengewoon groot nie.

Ná die historiese toespraak van staatspresident F.W. de Klerk op 2 Februarie 1990 is die verbod op politieke organisasies soos die ANC en die PAC opgehef en is politieke gevangenes vrygelaat. Die ideologie van apartheid en sy aanspraak dat dié stelsel vir almal vrede, voorspoed en vooruitgang sou bring, is as vals bewys. Die belangrike les wat hieruit te leer was, was dat dit nooit goed is as die kerk te veel mag het nie. Die kerk het sy taak nou veel eerder gesien as om na noodlydendes om te sien en mense op 'n liefdevolle en ondersteunende manier by te staan.

Deur president De Klerk en 'n aantal kerkleiers se toedoen het die veelbesproke Rustenburg-kerkeberaad in November 1990 plaasgevind – die mees verteenwoordigende kerklike vergadering in die geskiedenis van Suid-Afrika tot in daardie stadium. Benewens baie van die swart en Engelse kerke, het ook die Pinkster- en charismatiese kerke die beraad bygewoon. By hierdie geleentheid het die invloedryke prof. W.D. Jonker van Stellenbosch eksplisiet die NGK se skuld aan apartheid bely. Hierop het aartsbiskop Desmond Tutu van die Anglikaanse Kerk in 'n versoenende gebaar verklaar dat die betrokke kerkvergadering die skuldbelydenis met dankbaarheid aanvaar. Die besluite van hierdie beraad is in die Rustenburg-verklaring van 1990 opgeneem.

Die rol van die kerk ná 1994

Die jare hierna was tegelyk opwindend en inspirerend, maar ook pynlik vir kerk en samelewing. Ook die Afrikaanssprekende kerke het binne en buite kerkverband 'n oorwegend positiewe rol in die oorgang na 'n nuwe, demokratiese Suid-Afrika gespeel. Die bereidwilligheid van die NGK om voor die Waarheids-en-versoeningskommissie (WVK) van 1995-1998 te getuig, is gesien as 'n belangrike positiewe gebaar van selfondersoek en versoening. Lidmate is begelei op die nuwe pad wat die kerk ingeslaan het en die eise wat die nuwe bedeling vir Christene sou bring, soos groter sorgsaamheid vir hul medemens, is uitgestippel.

Aan die einde van die 1990's het daar nog heelwat ander geleenthede vir die Afrikaanssprekende kerke opgeduik. In dié tyd het die NGK byvoorbeeld nouer bande met ander kerke in die wêreld gesmee toe hy weer tot sowel die Wêreldbond van Gereformeerde Kerke as die Wêreldraad van Kerke toegelaat is.

Ná die Nelson Mandela-era het die Afrikaanssprekende kerke tot 'n sekere mate weer in onsekerheid verval en was daar 'n gebrek aan 'n duidelike visie. Die eerste dekade van die nuwe millennium het in baie opsigte 'n era van ontnugtering en binnegevegte geword. Baie kwessies het na vore getree wat groot kommer vir die Afrikaanssprekende kerke ingehou het. Die groter invloed van sekularisasie (die groeiende verwêreldliking van die samelewing), asook dié van die postmodernisme (wat van die standpunt uitgaan dat daar min vaste waarhede in ons tyd is), was besig om ook hul tol van die kerk te eis.

Hoewel hierdie era deur groter vrydenkendheid gekenmerk is, was daar ook ekstreme stominge soos die teologiese liberalisme en relativisme wat talle kernaspekte van die teologie bevraagteken het, onder meer deur die gesag van die Bybel te probeer afwater. Dit het al meer op verskillende terreine sigbaar geraak en op die lange duur gelei tot 'n vervlakking van die teologie en die kerklewe. Aan die ander kant was daar ook groeiende weerstand teen die gevestigde kerke met hul verouderende lidmaatskap, hul relatief vaste patrone van aanbidding en hul sterker klem op die organisasie en strukture van die kerklike instelling.

Verder het die rassewerklikheid in 'n nuwe politieke bestel vir sommige Afrikaanssprekende kerke 'n probleem gebly. 'n Pinksterkerk soos die Apostoliese Geloofsending (AGS) is byvoorbeeld grootliks geïntegreerd, met 'n veelrassige leierskap. Die GKSA, en veral sy leierskap en meerdere vergaderings, het reeds in die 1970's oor die rasse-Rubicon getree, maar in die praktyk was dié kerk teen 2011 nog redelik gesegregeerd, hoewel daar reeds oral gesamentlike sinodale en ringsvergaderings plaasgevind het.

Die NGK het teen 1986 verklaar dat hy in beginsel 'n oop kerk is, maar die proses van gesamentlike aanbidding en hereniging met sy rasgeskeide dogterkerke het teen 2011 steeds pynlik stadig verloop. Met die Algemene Sinode van die NGK in 2011 is daar wel sterk standpunt ingeneem ten gunste van die aanvaarding van die Belydenis van Belhar. Daar is ook besluit dat die gesprekke oor die hereniging van die verskillende lede van die NGK-familie nuwe stukrag moet kry. In die praktyk sal hierdie proses egter waarskynlik moeisaam verloop, juis omdat die saak so verpolitiseer geraak het.

Die NHKA het eers in die eerste dekade van die 21ste eeu verklaar dat hy nie net 'n kerk vir die Afrikanervolk is nie, maar hierdie standpuntinname het teen 2011 steeds op heelwat weerstand uit eie geledere gestuit.

Intussen moet ook die Afrikaanssprekende kerke 'n rol in die verligting van die groot armoedeprobleem in Suid-Afrika speel. Net soos die Afrikaanse kerke ná die Anglo-Boereoorlog voor die armblankevraagstuk te staan gekom het, kry die kerk nou weer die geleentheid om sy kundigheid en ervaring in te span om 'n belangrike bydrae te lewer tot die oplossing van 'n probleem wat hierdie keer geen kleur meer ken nie. Van die dringendste probleme waardeur die kerk in die gesig gestaar word, is swak onderwys, MIV/vigs en ander gesondheidskrisisse, die omvangryke misdaadprobleem en die ernstige kwessie van morele waardes (en die korrupsie wat daarmee saamhang).

As daar ten slotte na die bydraes van die Afrikaanssprekende gereformeerde kerke in die 20ste eeu gekyk word, kan 'n hele paar lig- en skadupunte uitgewys word. Wat ligpunte betref, het hierdie kerke 'n reuserol gespeel in die verspreiding van die Evangelie deur Woordverkondiging, pastorale betrokkenheid, evangelisasie en sending – selfs ver buite die landsgrense. Ook die bydrae wat veral in die 1930's en 1990's met barmhartigheidswerk (maatskaplike sorg en die opheffing van mense) gelewer is, is besonder noemenswaardig. Dit sluit ook die onderwysstelsel in die algemeen in.

Die verskillende Afrikaanssprekende kerke se bydrae tot jeugwerk en -bediening is net so belangrik. Dié kerke het 'n sterk bewussyn van die geestelike behoeftes van die jeug ontwikkel en heelwat aanpassings is in die kerklike praktyk aangebring om jongmense te akkommodeer.

Aan die skadukant was hierdie kerke nóú betrokke by die grondlegging en uitbouing van apartheid. Sommige van die Afrikaanssprekende kerke het ook dikwels totaal onbetrokke by maatskaplike probleme gebly. Die kerke se onvermoë om vroeër in hul geskiedenis 'n eie, inheemse karakter te ontwikkel, was 'n groot belemmering vir hul vermoë om versoening in die samelewing te help bewerkstellig. Die gepaardgaande rasse-eksklusiwiteit van hierdie kerke bly verder baie opvallend.

Ten spyte van moeilike omstandighede en baie onsekerhede wat daarmee saamhang, het die Afrikaanssprekende gereformeerde kerke teen 2011 oorwegend getrou gebly aan hul roeping om die boodskap van troos en hoop in Suid-Afrika uit te dra. Die toekoms van die kerk én die samelewing op kort en lang termyn vra sterk, duidelike visie en aksie, ook met die oog daarop om 'n rol op die kontinent te speel.

24

Suid-Afrika se ekonomie in die 20ste eeu

Grietjie Verhoef

S uid-Afrika se ekonomiese ontwikkeling is die produk van die wissel-werking enersyds tussen die burgers van die land en andersyds tussen die plaaslike gemeenskap en die internasionale ekonomie.

In die 19de eeu is die internasionale vloei van goedere, dienste, kapitaal en arbeid vergemaklik deur Brittanje se aanvaarding van 'n vryhandelsbeleid in die 1840's. Al het proteksionisme (die beskerming van 'n land se markte teen goedkoper ingevoerde produkte) weer in die 1880's kop uitgesteek, het inter-nasionale handel en kapitaalvloei in die 20ste eeu meer vryelik plaasgevind. Suid-Afrika het geleidelik by die internasionale ekonomie ingeskakel vanweë Britse kolonialisasie en daarom het gebeure op die internasionale front 'n direkte invloed op die land se ekonomie gehad.

In die 20ste eeu het twee wêreldoorloë plaasgevind wat die internasionale wêreld in twee blokke verdeel het, die sogenaamde kommunistiese en die vrye ekonomiese blok. Dit het 'n groot uitwerking op die ontwikkeling van die internasionale ekonomie en daardeur ook Suid-Afrika s'n gehad.

Suid-Afrika se landsoppervlakte beslaan 1 121 942 km², wat so groot is soos Duitsland, Frankryk en Nederland saam. Teen 1910 was die amptelike bevol-kingsyfer 5,878 miljoen en teen 1950 het dit verdubbel tot 12,671 miljoen. Die grootte van en die toename in die bevolking dui op die beskikbaarheid van arbeid in hierdie tydperk. In die eerste helfte van die 20ste eeu het die wit be-volking ongeveer 20% van die totale bevolking uitgemaak, swart mense 68%, Indiërs 8% en bruin mense sowat 3%. In dié tydperk het die bevolking met gemiddeld 3% per jaar toeneem.

Gedurende die jare 1870 en 1913 – ná die ontdekking van diamante en

goud en kort voor die uitbreek van die Eerste Wêreldoorlog – het die eko-
nomie geweldig gegroei en verander. Van 1860 tot 1865 het uitvoere hoof-
saaklik uit wol, vrugte en grondstowwe bestaan. Die waarde van Suid-Afrika
se uitvoer was egter slegs £4,3 miljoen, veel minder as dié van ander Britse
gebiede soos Kanada met uitvoere van gemiddeld £8 miljoen per jaar. Teen
1870 het omtrent 'n miljoen immigrante vrywillig uit Brittanje na Australië
verhuis en ongeveer 500 000 na Kanada, maar net sowat 100 000 het na Suid-
Afrika gekom.

Teen 1913 het Suid-Afrika se per capita- bruto binnelandse produk (BBP)
die twaalfde plek onder 'n vergelykbare groep van 28 lande ingeneem. "Per
capita-BBP" beteken dat die totale produksie van 'n land (die bruto binne-
landse produk) gedeel word deur die totale bevolking om die totale produksie
per persoon van daardie land te kry. Uit die groep lande met vergelykbare
mark-ekonomieë het Australië die hoogste per capita-BBP gehad, gevolg deur
Nieu-Seeland en Kanada.

Ekonomiese uitbreiding en vooruitgang het tussen 1870 en 1913 wêreldwyd
plaasgevind. Dit was die eerste tydperk van globalisering weens die uitbrei-
ding van internasionale kommunikasie deur middel van spoorweë, skeepvaart
en die internasionale telegraaftegnologie. Suid-Afrika is weens die ontdek-
king van diamante en goud volledig by die internasionale globaliseringskragte
ingeskakel. Die ekonomie het voordeel getrek uit sterk groei, verhoogde han-
del, die invloei van kapitaal en die bevolkingstoename weens immigrasie.

Samestelling van Suid-Afrika se bruto binnelandse produk, 1912-1951

	BBP £ M.	Landbou	Mynbou	Vervaar-diging	Handel
1912	£132,9	17,4%	27,1%	6,7%	13,5%
1951	£1 248,4	16,3%	10,1%	21,4%	15,7%

Teen die eerste dekade van die 20ste eeu het die Suid-Afrikaanse ekonomie
ontwikkel van 'n suiwer landbou-ekonomie tot 'n nywerheidsekonomie waar
landbou en mynbou die grootste bydrae tot die BBP gelewer het. In 1912 was
die BBP £132,9 miljoen en die per capita-BBP £21,8 miljoen. Teen 1951 het
die BBP tot £1 248,4 miljoen gestyg en die per capita-BBP tot £98,2 miljoen.
Dit is 'n gemiddelde toename van 1,3% in per capita-BBP per jaar.

Vanuit die grond, 1900-1949

Landbou

Ná die vernietiging van die Anglo-Boereoorlog het landbouproduksie stadig in Transvaal en die Oranje-Vrystaat herstel, terwyl landbou sonder veel ontwrigting in die Kaap en Natal voortgegaan het. Die totale waarde van landbouproduksie het van 1911 tot 1951 met gemiddeld 18,4% per jaar toegeneem. In wat vandag die Wes-Kaap is, is vrugte en koring verbou, terwyl die somerreënvalstreek verder oos hoofsaaklik op veeteelt, mielies en vrugte gekonsentreer het. In Natal is suiker en subtropiese vrugte verbou en daar is ook met vee geboer. Die sogenaamde "mieliedriehoek" was in die sentrale gedeelte van die land, en vrugte en suiker is in die Laeveld verbou.

Hierdie afdeling van die landbou is allerweë as die kommersiëlelandbousektor beskou, wat grotendeels, maar nie uitsluitlik nie, deur wit boere opgebou is. Dit was oorwegend Afrikaanssprekende boere. Die ander segment van die boerderybevolking was die tradisionele swart bestaansboere. Daar was egter 'n groeiende persentasie swart boere wat, nes die kommersiëlelandbou-sektor, surplus- of oorskotproduksie aan groeiende stedelike markte gelewer het – soms tot groot verontwaardiging van wit boere. Nadat reservate en trustgronde vir swart mense deur wetgewing in 1913 en 1936 vasgestel is, is swart boere toenemend tot swart reservate beperk.

Die landbousektor is uiters belangrik vir ekonomiese ontwikkeling. Landbou lewer op verskillende wyses 'n bydrae tot modernisering. Die vernaamste funksie van landbou is voedselvoorsiening, maar teen 1880 het die land reeds begin om kos in te voer. Daarvan kan afgelei word dat voedselproduksie ontoereikend was, want boerderymetodes was nog ouderwets en ondoeltreffend. Gevolglik het boere 'n afhanklikheid van staatshulp ontwikkel, wat tot laat in die 20ste eeu 'n kenmerk van die Suid-Afrikaanse landbou was. Hierdie afhanklikheid van staatshulp was ongehoord in Engeland, maar wel opvallend in die VSA en Wes-Europa.

Daar was verskillende soorte staatshulp aan die landbou: In die vorm van onderwys en navorsing, wetlike beskerming en finansiële subsidiëring of ondersteuning van pryse en bemarking. In 1898 is die Elsenburg-landboukollege in die Kaap gestig en in 1926 is dit onder die toesig van die Universiteit van Stellenbosch gebring. In 1908 is die Veeartseny-navorsingsinstituut by Onderstepoort naby Pretoria gestig en in 1919 is dit by die Universiteit van Pretoria se fakulteit veeartsenywetenskappe ingelyf. Naas hierdie twee vooraanstaande navorsings- en opleidingsinstansies is verskeie landboukolleges regoor die land opgerig om wetenskaplike landbou te bevorder.

In 1912 is die Landbank gestig om lenings aan boere te verskaf. Verskeie landboukoöperasies is daarna gestig om boere met beplanning, kapitaaltoerusting, finansiering en inligting te help. Teen 1950 was daar ongeveer 300 landboukoöperasies met meer as 280 000 lede en 'n omset van meer as £580 miljoen. In 1918 is die Koöperatiewe Wijnbouersvereniging (KWV) gestig. Veral ná die bewindsoorname van die Pakt-regering in 1924 is beheerrade gestig om spesifieke sektore in die landbou met bemarking en prysbeheer te help. In 1925 is die Vrugte-uitvoerraad gestig en die Bederfbareprodukteraad (vir suiwelprodukte) die daaropvolgende jaar. Teen 1933 is dit vervang met die Suiwelbeheerraad wat pryse vasgestel en produksie- en invoerkwotas bepaal het om die binnelandse bedryf teen mededinging uit die buiteland te beskerm.

Die groot getal wit boere in die Nasionale Party het hierdie simbiotiese antimarkverwantskap beskerm. Staatsbeskerming van die landbou is veral bewerkstellig deur die Bemarkingswet van 1937. Ingevolge dié wet is die bemarking van alle landbouprodukte gesentraliseer in rade soos die Suiwelraad, die Eierraad en die Vleisraad. So is plaaslike landbouprodukte deur tariewe beskerm en is staatsubsidies vir die modernisering van die landbou verseker. ('n Tarief is 'n "belasting" of heffing op 'n produk wat aan die owerheid betaal moet word. Binnelandse produkte word deur tariewe "beskerm" omdat ingevoerde produkte duurder is – bo en behalwe die kosprys sluit hul pryse ook die tarief in.) Hierdie rade het pryse vasgestel en 'n monopolie op die bemarking van landbouprodukte uitgeoefen. Teen 1960 was daar reeds 17 sulke rade en teen 1939 het staatsubsidies aan die landbou reeds £15 miljoen oorskry.

Die ineenstorting van die Amerikaanse aandelebeurs in Wall Street in New York op 29 Oktober 1929 het een van die grootste wêrelddepressies in die geskiedenis ingelui. Die depressie het 'n baie groot rol gespeel in die Suid-Afrikaanse regering se besluit om die landbousektor steeds te beskerm. Die Kommissie van Ondersoek na die Ekonomie en Lone het reeds in 1925 bevind dat die per capita-landbouproduksie in Suid-Afrika slegs £80 was, teenoor £420 in Australië en £320 in Kanada. Dit is aan onwetenskaplike landboumetodes toegeskryf. Die regering was oortuig dat verbeterde landbouproduksie die grondslag vir latere nywerheidsontwikkeling moes wees.

Die depressie het veroorsaak dat die pryse van landbouprodukte wêreldwyd in duie gestort het. Dit het gebeur omdat die waarde van alle geldeenhede wat aan goud gekoppel was, getuimel het. In die Suid-Afrikaanse landbou-sektor het die waarde van landbouproduksie van £31,8 miljoen in 1928 tot £12,8 miljoen in 1931 gedaal, al het die volume met 20% toegeneem. Brittanje het in September 1931 besluit om die goudstandaard te verlaat en die meeste ander Statebondslande het sy voorbeeld gevolg.

Die goudstandaard het behels dat die waarde van geldeenhede ooreen-komstig 'n vaste verhouding van 'n fyn ons goud tot 'n individuele geldeenheid bepaal is. Lande met 'n groot goudvoorraad kon dus meer geld in omloop plaas en daarom was hul geld nie "skaars" en daarom "duur" nie. Lande met 'n beperkte goudvoorraad het "duur" geld gehad. Wanneer geld "duur" was, was die produkte van daardie lande ook duur en is minder van daardie lande in-gevoer.

Die Suid-Afrikaanse regering wou sy "onafhanklikheid" van Brittanje toon, asook sy "vertroue in goud", en het aanvanklik op die goudstandaard gebly. Dit het die ekonomie ernstig benadeel. Terwyl die geldeenhede wat die goud-standaard verlaat het, gedepresieer het (die waarde daarvan het verminder en die pryse van goedere in daardie geldeenhede het goedkoper geword), het Suid-Afrika se pond 'n duur geldeenheid gebly. Dit het veroorsaak dat Suid-Afrika se produkte veel duurder was as soortgelyke produkte van lande wat die goudstandaard reeds verlaat het. Op 28 Desember 1932 het Suid-Afrika ook die goudstandaard laat vaar en die vraag na plaaslike goedere het dadelik toe-geneem.

Die omvattende regeringshulp aan die landbousektor in die vorm van prys-regulering, bemarkingsrade en finansiële ondersteuning vir modernisering het teen 1950 die grondslag vir die transformasie van die landbousektor gelê. In 1946 het die eerste Wet op Grondbewaring boere verplig om sekere grond-bewaringsvoorskrifte na te kom. Die Tweede Wêreldoorlog was 'n kragtige aansporing vir verhoogde landbouproduksie dwarsoor die Engelssprekende wêreld. In Suid-Afrika het landboumeganisasie sterk toegeneem en produksie onder besproeiing het tussen 1933 en 1960 sesvoudig toegeneem.

Die voorsiening van water aan die landbou was ook belangrik en daarom het die staat met 'n damhouprogram begin. Tussen 1920 en 1956 is minstens elf groot damme gebou om besproeiingswater aan die landbou te lewer. Een van die belangrikstes was die Hartbeespoortdam in die Krokodilrivier, wat in 1925 voltooi is. Die ander was die Vaaldam wat in die Vaalrivier gebou en in 1938 voltooi is. Water is uit die Vaaldam na die Vaalharts-studam gelei om besproeiingswater aan die nedersetting van arm wit boere op die Vaalhartsskema te voorsien. In 1938 is die Loskopdam in die Groot-Olifantsrivier voltooi, terwyl die Boegoebergdam in die Oranjerivier halfpad tussen Prieska en Upington en die Clanwilliamdam in die Olifantsrivier net buite Clanwilliam ook in die 1930's gebou is.

Suid-Afrika se grootste dam is die Gariepdam, voorheen bekend as die Hendrik Verwoerddam, wat 'n totale bergingskapasiteit van 5,5 miljoen m³ water het en in die 1970's in die Oranjerivier gebou is. Dit vorm deel van die geïntegreerde Oranjerivierstelsel wat water aan dele van die Vaal-, Vis- en Sondagsrivieropvanggebiede deur die Oranje-Visriviertonnel voorsien. Dié tonnel is 82 km lank en is die langste aaneenlopende watervervoertonnel in die wêreld. Die laaste groot besproeiingsdam is die Pongolapoortdam, of die Jozinidam, wat in 1970 in die noordooste van Natal in die Pongolarivier gebou is. Hierdie dambouprogram dui op langtermynbeplanning vir 'n suksesvolle kommersiële landbousektor.

In sy strewe om te bewys dat die land onafhanklik is, het die Nasionale Party-regering 'n ekonomiese beleid gevolg om die binnelandse ekonomie te beskerm en te versterk. Hierdie proteksionisme het binnelandse groei stadig maar seker gestimuleer, maar op lang termyn ook onmededingende produksie- en onproduktiewe arbeidspraktyke bevorder. Die negatiewe gevolge daarvan sou blyk toe die land aan die einde van die 20ste eeu internasionaal vryelik begin meeding het.

Mynbou

Die ontwikkeling van die mynbousektor in Suid-Afrika het 'n stabiliserende rol in die ekonomie gespeel. Wanneer droogte, peste of oorlog die landbou ontwrig het, kon diamante, goud, steenkool en ander minerale steeds gemyn en uitgevoer word. Diamante is aanvanklik in Kimberley ontgin, maar ná 1903 ook by Cullinan naby Pretoria en sedert 1908 in Suidwes-Afrika (Namibië). De Beers Consolidated Mines het ná die Eerste Wêreldoorlog aandeelhouding in die Suidwes-diamante verkry. Ander alluviale diamantneerslae in die Oranje- en Vaalriviere (1860's), Lichtenburg (1926) en Namakwaland (Alexanderbaai, 1928) het veroorsaak dat die mark goed van diamante voorsien is, maar dat pryse laag en onstabiel was.

De Beers het toe in 1930 'n sentrale bemarkingsagentskap gestig wat diamante opgekoop het om die prys te beheer. Die depressie van 1929 het pryse skerp laat daal, maar in die laat 1930's het De Beers 'n internasionale monopolie op die bemarking van diamante gevestig deur die Sentrale Verkoopsorganisasie te stig. De Beers het vrye mededinging gesmoor en teen die 1950's groot winste op opgepotte voorraad behaal.

Die goudmynbedryf het die indrukwekkendste bydrae gelewer. Goudproduksie het van £32 miljoen in 1910 tot £144,8 miljoen in 1950 toegeneem. Die hoeveelheid ontginde erts het gestyg van 19,7 metrieke ton in 1910 tot 56,5 t in 1950. Teen 1910 het goud 60,9% van totale uitvoere uitgemaak, maar teen 1950 het dit afgeneem tot 42,5%. Die diepte van die erts en die lae graad daarvan het die winsgewendheid van die Suid-Afrikaanse goudmyne in gedrang gebring. Teen die vroeë 1930's het die Laegraadse Erts-kommissie tot die gevolgtrekking gekom dat die hoë ontginningskoste voortgesette ontginning van diepgroef-goudmyne onwinsgewend sou maak. Boonop was die goudprys sedert 1917 op 84 sjielings (£4.4.0) per fyn ons vasgestel.

Nadat Brittanje die goudstandaard in 1931 verlaat het, het die Britse pond se waarde verminder, wat Britse en ander Statebondslande se produkte aansienlik goedkoper as Suid-Afrika s'n gemaak het. Suid-Afrika moes die goudstandaard ook die volgende jaar verlaat, waarna die Britse sterlingprys van goud onmiddellik gestyg het. Die goudprys het aangehou styg totdat dit in Januarie 1934 op $35 (142 sjielings oftewel £7.2.0) per fyn ons vasgestel is. Danksy hierdie styging het Suid-Afrika welkome buitelandse valuta verdien, wat voorkom het dat die depressie so 'n vernietigende impak op die Suid-Afrikaanse ekonomie as op ander Statebondslande gehad het. Dit het ook benadruk hoe verweef die Suid-Afrikaanse ekonomie met die internasionale ekonomie was.

Goudproduksie het tussen 1932 en 1941 feitlik verdubbel, maar daarna het die Tweede Wêreldoorlog produksie ontwrig weens tekorte aan arbeid en toerusting. Die goudprys is tydens die oorlog weer vasgepen en eers in September 1949, toe die Britse pond sterling en die Suid-Afrikaanse pond gedevalueer het, het die goudprys weer tot 248 (£12.8.0) sjielings per fyn ons gestyg. Daar is in die laat 1950's nuwe lewe in die goudmynbedryf geblaas toe goudneerslae aan die verre Wes-Rand en in die Oranje-Vrystaat gevind is.

Die ontginning van steenkool het 'n hupstoot gekry met die uitbreiding van die spoornetwerk ná 1900. Steenkool is in Noord-Natal en Transvaal (in die hedendaagse Gauteng, Limpopo en Mpumalanga) ontgin en is hoofsaaklik vir die opwekking van elektrisiteit en die produksie van yster en staal gebruik. Steenkoolproduksie het van 7,6 metrieke ton in 1910 tot 29,3 t in 1950 toegeneem. Suid-Afrikaanse steenkool was betreklik goedkoop en het bygedra tot winsgewende goudontginning en die ontwikkeling van plaaslike nywerhede.

Teen die 1950's het steenkool diamante verbygesteek as die vernaamste ontginde mineraal. In 1950 het steenkoolproduksie £14,79 miljoen ingebring teenoor die waarde van diamantverkope wat £14,3 miljoen in dieselfde jaar was. Die regering het die steenkoolprys deur prysbeheer laag gehou om binnelandse ontwikkeling te stimuleer, maar dit het groot verkwisting meegebring.

Vroeë nywerhede

Naas goud, steenkool en diamante is platinum en 'n groot aantal basismetale ook ontgin, waaronder yster, mangaan, asbes, chroom en koper. Hierdie minerale en metale is hoofsaaklik in binnelandse nywerhede verwerk en het dus nie in die eerste helfte van die 20ste eeu 'n groot bydrae gelewer om buitelandse valuta te verdien nie.

Die belangrikste aspek van Suid-Afrika se ekonomiese ontwikkeling is die diversifikasie van ekonomiese aktiwiteit van primêre produksie (landbou en mynbou) na sekondêre produksie (nywerhede). Die eerste klein vervaardigingsbedrywe van die 19de eeu was aan die landbou gekoppel – wamakers, meubelfabrieke, steenmakerye, visverwerking, ensovoorts. In die Kaapkolonie is invoerheffings ingestel wat plaaslike produksie dus bevoordeel het. Brittanje het vryhandel beoefen en die Kaap toegelaat om met enige land in die wêreld handel te dryf. Voorkeurbehandeling deur Britse kolonies onderling het Kaapse nywerhede inderwaarheid aan die Britse mark gekoppel. Die vervaardigingsektor was egter baie elementêr en klein.

Met die minerale revolusie het dieselfde in die omgewing van die myne gebeur: Vervaardiging het rondom die mynwese ontwikkel in die vorm van fabrieke vir onder meer voedsel, klere, gereedskap en boumateriaal. Ná die totstandkoming van die Doeane-unie in 1889 tussen die Kaapkolonie en die Oranje-Vrystaat is tariewe op goedereverkeer tussen die twee gebiede verlaag. In 1908 is die Doeane-unie uitgebrei en hersien. Dit het binnelandse tariewe in ooreenstemming met mekaar gebring, onderlinge handel gestimuleer en ook fabrieksproduksie aangemoedig.

Ná 1910 is al die tariewe op binnelandse goedereverkeer afgeskaf en is nywerheidsproduksie verder aangemoedig. In 1910 is die Cullinan-kommissie aangestel om die lewensvatbaarheid van die ontwikkeling van plaaslike nywerhede te ondersoek. Luidens die verslag wat in 1912 in die parlement ter tafel gelê is, sou die beskerming van verdienstelike binnelandse nywerhede tot nywerheidsdiversifikasie en groter selfversorgendheid in die Suid-Afrikaanse ekonomie kon lei. Teen 1912 het nywerheidsproduksie egter nog net 6,7% tot die BBP bygedra. Die regering het toe stelselmatig begin met 'n beleid van tariefbeskerming en invoervervanging as 'n strategie om binnelandse nywerheidsontwikkeling te stimuleer. (Invoervervanging beteken dat produkte wat ingevoer is, met soortgelyke produkte vervang word wat deur plaaslike nywerhede vervaardig is. Om 'n beleid van invoervervanging toe te pas, is hoë tariewe dikwels op ingevoerde produkte gehef. Dit het verbruikers dan ontmoedig om die duurder ingevoerde produkte te koop en aangespoor om eerder die plaaslike produkte te koop.)

Die stelselmatige beskerming van Suid-Afrikaanse nywerhede het begin met die Wet op Doeanetariewe van 1914. Presies twee maande nadat die minister van finansies voorstelle vir tariefbeskerming in die parlement ter tafel gelê het, het die Eerste Wêreldoorlog uitgebreek. Dit op sigself het Suid-Afrikaanse nywerhede gestimuleer deur die groter vraag na oorlogsprodukte (voedsel, klerasie en ammunisie) terwyl Suid-Afrika ver buite die konflikgebiede geleë was. Tussen 1915 en 1919 (die tydperk van die oorlog) het nywerheidsproduksie met 65% toegeneem. Ná die oorlog het binnelandse nywerhede weer in binnelandse verbruiksvraag begin voorsien en teen die laat 1920's het produksie met meer as 200% toegeneem.

Die depressie en die goudstandaardkrisis het weer afplatting veroorsaak, maar die regering het ná 1924 verdere wetlike beskerming aan nywerhede verleen sodat 'n geweldig sterk oplewing in produksie plaasgevind het. Die Tweede Wêreldoorlog het binnelandse nywerheidsproduksie weer eens bevorder sodat nywerheidsproduksie teen 1950 die meeste tot die BBP bygedra het.

Die regering het binnelandse nywerheidsontwikkeling deur middel van wetgewing gestimuleer en terselfdertyd indiensneming van wit mense in bedrywe bewerkstellig. Hierdie twee oogmerke het op verskeie maniere aandag gekry.

In 1921 is die Raad van Handel en Nywerheid gestig om ondersoek in te stel na hoe nywerheidsontwikkeling bevorder kan word. In 1924 is 'n nuwe permanente Raad van Handel en Nywerheid gestig om die Pakt-regering raad te gee oor die bevordering van binnelandse nywerhede. Op dié raad se aanbeveling is verhoogde tariewe aangekondig deur die Wet op Doeanetariewe van 1925. Die wet het byvoorbeeld vir 'n heffing van tussen 20% en 25% op die waarde van ingevoerde motors voorsiening gemaak, wat die plaaslike montering van motors aangemoedig het. In 1926 het General Motors die eerste motormonteringsaanleg in Port Elizabeth geopen.

In 1924 is die Nywerheidsversoeningswet aanvaar wat sekere kategorieë werk vir geskoolde wit mense gereserveer en vakbonde vir swart werkers verbied het. In 1925 is die Loonwet uitgevaardig wat voorsiening gemaak het vir die instelling van die Loonraad. Dié raad het lone vasgestel vir sekere soorte werk waar werkers nie in vakbonde georganiseer was nie. Dit het veral vir ongeskoolde wit arbeid beskermde hoë lone verseker. Die Wet op Myne en Bedrywe van 1926, die sogenaamde Kleurslagboomwet, het bepaal dat bevoegdheidsertifikate vir geskoolde vakmanne net aan wit en bruin mense uitgereik kon word. Hierdie vorm van werkreservering het wit en bruin mense bevoorregte toegang tot sekere kategorieë werk gegee. Dit was 'n flagrante inmenging in die arbeidsmark wat die oordrag van vaardighede op die lange duur verwring en veral wit mense beskerm en produktiwiteit ondermyn het. Dit het wel in 'n tyd van vinnige industriële ontwikkeling gesorg dat daar genoeg geskoolde arbeid was.

In 1928 het die regering die Yster en Staal Industriële Korporasie (Yskor) gestig wat uiteindelik in 1934 in produksie gegaan het. Die staat het die meerderheid aandele in Yskor besit en die prys van yster en staal is streng beheer, totdat dit in 1989 geprivatiseer is. Deur betreklik goedkoop yster en staal aan binnelandse nywerhede te voorsien, is plaaslike nywerheidsproduksie aangemoedig. Teen 1950 het Yskor reeds altesaam 600 000 ton staal vervaardig en in die helfte van die land se staalbehoeftes voorsien.

Die regering het die Elektrisiteitsvoorsieningskommissie (Evkom) in 1923 gestig om elektrisiteitsvoorsiening sentraal te reguleer. In 1940 is die Nywerheidsontwikkelingskorporasie (NOK) gestig, waardeur kundige advies, bestuurshulp en finansiering aan nuwe nywerhede verleen is. Die NOK het 'n sleutelrol gespeel om plaaslike ondernemerskap te bevorder. Die NOK het veral vir nywerhede tegniese en finansiële hulp gegee om Suid-Afrika meer selfvoorsienend ten opsigte van verbruiksgoedere, voedsel en klerasie te maak. Hoewel die NOK baie vermag het om binnelandse nywerhede te help vestig en uit te brei, het dit tot 'n voorkeur vir die vervaardiging van verbruiksgoedere gelei. Minder aandag is dus aan die binnelandse verwerking en veredeling van plaaslik ontginde minerale en metale gegee. Eers aan die begin van 2000 het die regering aansporingsmaatreëls ingestel om die plaaslike verwerking van minerale en metale te bevorder.

In 1950 is die Suid-Afrikaanse Steenkool-, Olie- en Gaskorporasie (Sasol) gestig. Sasol moes brandstof uit steenkool vervaardig. Dit het in 1955 met produksie begin. Sasol het uiteindelik die wêreldleier in die vervaardiging van brandstof uit steenkool geword en het naas African Explosives and Chemical Industries (AECI) die grootste chemiese korporasie in die land geword. Die vestiging van die petrochemiese bedryf deur Sasol het 'n geweldige bydrae gelewer om vir Suid-Afrika 'n leiersposisie op die Afrikakontinent te gee.

Teen 1950 was die Suid-Afrikaanse regering 'n dominante rolspeler in die ekonomie. Vervoer (die Suid-Afrikaanse Spoorweë en Hawens, of SAS&H), elektrisiteitsvoorsiening en yster- en staalproduksie is deur die owerheid beheer. Arbeid en lone is streng gereguleer en gesegregeer tot korttermyn-voordeel van veral arm wit mense, maar op lang termyn het dit baie nadelige gevolge vir arbeidsproduktiwiteit en die gehalte van nywerheidsproduksie gehad. Die beleid van tariefbeskerming en invoervervanging het gehelp om nuwe nywerheidsektore te vestig en uit te bou. Daar was veral in die ingenieursbedrywe, motorvervaardiging, die chemiese bedryf en metallurgiese ondernemings groot groei. Die beskerming van die binnelandse mark het dit ook meer voordelig vir multinasionale ondernemings gemaak om filiale in Suid-Afrika te vestig en hul produkte hier te vervaardig. Voorbeelde hiervan is farmaseutiese produkte vervaardig deur International Chemical Industries (ICI) van Brittanje, elektriese toebehore van AEG (Wes-Duitsland), Philips (Nederland) en GEC (die VSA), asook Steward and Lloyds (Brittanje) wat staalpype vervaardig het, sowel as die binnelandse vervaardiging van motors (Ford, Chevrolet, Volkswagen, ens.).

Die groot probleem met nywerheidsbeskerming in Suid-Afrika was dat produksie nie internasionaal mededingend was nie. Deur tariefbeskerming is meer grondstowwe vir verwerking in die plaaslike nywerhede ingevoer as waarvoor buitelandse valuta deur die uitvoer van nywerheidsprodukte verdien is. Dit was die uitvoer van landbou- en mynbouprodukte wat vir die groot hoeveelhede nywerheidsinvoere betaal het. Aangesien Suid-Afrikaanse nywerheidsproduksie bedoel was om in die Suid-Afrikaanse vraag te voorsien en om die land meer selfversorgend te maak, het produksie onmededingend gebly – betreklik hoë pryse en betreklik swak gehalte. Eers teen die laaste helfte van die 1980's het die regering besef dat globalisering voortgesette handelsbeskerming oudmodies en teenproduktief maak.

Afrikaners in die ekonomie

In die eerste helfte van die 20ste eeu het Afrikaners as 'n segment van die wit bevolking doelbewus strategieë ontwikkel om 'n betekenisvolle aandeel in die ekonomie van die land te kon hê. Ná die vernietiging van die Boererepublieke was Afrikaanssprekendes in die noorde baie verarm. In die Kaap was invloedryke Afrikaners soos dr. J.H. Hofmeyr en W.A. Hofmeyr suksesvol in die landbou en sakelewe bedrywig. Hulle en ander welvarendes het hulle vir die ekonomiese en opvoedkundige bevordering van mede-Afrikaners beywer.

Ná die sukses met die stigting van *De Burger* in 1915 en die groot fondswerwingspoging van die nasionale Helpmekaar Vereniging in 1916, het Afrikanerleiers in 1918 die Suid-Afrikaanse Nasionale Trust- en Lewensassuransiemaatskappy (Santam) gestig. Skaars twee maande daarna, in Junie 1918, het die afsonderlike lewensversekeringsafdeling as die Suid-Afrikaanse Nasionale Lewensassuransiemaatskappy (Sanlam) tot stand gekom. Die oogmerk was om 'n Suid-Afrikaanse versekeringsmaatskappy te stig en om by uitstek Afrikaners se spaargeld daarvoor te mobiliseer. Tussen 1918 en 1935 het Sanlam en Santam swaar gekry, maar daarna saam met die algemene ekonomiese vooruitgang van Suid-Afrika sterk gegroei.

Danksy die leierskap van Sanlam se bestuurslede het dié maatskappy 'n groot bydrae gelewer om Afrikaners op te hef. Mense soos W.A. Hofmeyr (die eerste voorsitter en besturende direkteur) en dr. M.S. Louw (die eerste Afrikaanse aktuaris) het Sanlam se rol binne 'n groter perspektief gesien. Dié maatskappy sou die voertuig wees om vir Afrikaners 'n groter aandeel in die hoofstroom-ekonomie te bewerkstellig. Dit kon net bereik word deur geld van Afrikaners te belê en ondernemerskap onder Afrikaners te bevorder.

Sanlam het spaargeld deur versekeringspremies bymekaargemaak en opgehoopte geld in nuwe ondernemings belê. As 'n prominente rolspeler by die Ekonomiese Volkskongres van 1939 het M.S. Louw voorgestel dat 'n finansieringshuis gestig word om Afrikanerondernemings by te staan. Gevolglik is Federale Volksbeleggings (FVB) in 1942 gestig, deels met Sanlam-kapitaal en deels met kapitaal van gewone aandeelhouers. FVB het uiteindelik ook, naas beleggings in nywerhede, in die mynbousektor belê.

In 1948 het dr. Anton Rupert met 'n FVB-lening die Voortrekker Tabakmaatskappy in die Paarl gestig. Binne 15 jaar het dit gegroei tot die Rembrandt Tabakmaatskappye-groep met verteenwoordigers in 16 lande oor die wêreld heen en 'n omset van meer as £250 miljoen per jaar. Deur FVB en Rembrandt kon Afrikaners aan die hoofstroom-ekonomie begin deelneem. In 1951 het FVB en Bonuskor Federale Mynbou Beperk (Fedmyn) gestig. Bonuskor was 'n beleggingsmaatskappy wat bonusse wat polishouers op hul polisse verdien het, namens hulle belê het. Federale Mynbou is as een so 'n goeie belegging beskou. Sanlam het later ook aandele in Fedmyn gekoop. Teen 1963 het Fedmyn beheer oor die derde grootste goudmynhuis in Suid-Afrika, General Mining Corporation, verkry en sodoende Afrikanerbelange in die mynbedryf verseker. FVB het ontwikkel in 'n hoogs gediversifiseerde industriële konglomeraat met beleggings in feitlik al die nywerheidsektore.

In die bankwese het die Britse imperiale banke, naamlik Standard Bank en Barclays Bank DCO, die toneel heeltemal oorheers. In 1934 is Volkskas gestig deur die inisiatief van die Afrikaner Broederbond en die persoonlike entoesiasme van J.D. ("Oom Bossie") Bosman. Volkskas het stadig gegroei, want nie alle Afrikaners het hul verbintenisse met hul bestaande banke onmiddellik verbreek nie. In 1956 het dr. Jan Marais Trustbank gestig, ook met die hulp van FVB. Trustbank het die Amerikaanse banktradisie na Suid-Afrika gebring en met korttermyn- persoonlike lenings nuwe ondernemers ondersteun. In die 1920's is die Saambou-bouvereniging gestig en teen die einde van die Tweede Wêreldoorlog het Afrikaners al 'n stewige vastrapplek in die ekonomie gehad.

Die rol wat Afrikaners in die ekonomie gespeel het, is aansienlik vergroot deur die leidende rol wat hulle in staatsondernemings gespeel het. Hier word verwys na die rol van dr. H.J. van der Bijl in Yskor, dr. H.J. van Eck in die NOK, dr. J.H. Laubser in die SAS&H en dr. P.E. Rousseau in Sasol. Hoewel dié posisies nie verteenwoordigend van Afrikanerondernemerskap en -kapitaal was nie, het Afrikaners leidende rolle in die sakewêreld begin vertolk. As die sakebedrywighede van die landboukoöperasies ook in ag geneem word, het Afrikaners teen 1950 'n betekenisvolle rol in die ekonomie gespeel.

In 1951 is die Tweede Ekonomiese Volkskongres gehou en 'n bestekopname gedoen van die vordering wat sedert 1939 gemaak is om Afrikaners ekonomies te vestig. Vordering is wel gemaak, al was dit nie in alle opsigte dramaties nie. Tussen 1939 en 1950 het die aandeel van Afrikaners in mynbou van geen tot 1% gestyg; in die finansiële sektor van 5% tot 6%; in die vervaardigings- en konstruksiebedryf van 3% tot 5%; en in handel en sakeondernemings van 8% tot 25%. Ná 1950 het 'n ekonomiese opswaai grootliks tot 'n verstewiging van hierdie posisie bygedra.

Die staat help én verhinder, 1950-2000

Toe die meeste lande wat die Britse pond sterling as betaalmiddel gebruik het se geldeenhede in 1949 gedevalueer het, het Suid-Afrika gevolg en is die Suid-Afrikaanse pond ook gedevalueer. Dit het onmiddellik 'n verligting in die betalingsbalans teweeggebring ná 'n skerp styging in invoere tydens die onmiddellike naoorlogse groeifase. ('n Betalingsbalans is die verskil tussen totale betalings aan die buiteland en totale verdienste vanuit die buiteland. Wanneer 'n geldeenheid devalueer, word die waarde daarvan minder en die produkte van daardie land goedkoper. Devaluasie beteken dus dat buitelanders heel waarskynlik sal begin om meer van die land waar die devaluasie plaasgevind het, in te voer. Dan vloei geld in so 'n land in en verbeter die betalingsbalans.)

Tussen 1950 en 1970 was daar ongekende ekonomiese groei in Suid-Afrika. Die toename in die BBP teen konstante pryse (pryse waar die skommeling van inflasie in berekening gebring word) tussen 1950 en 2000 word hieronder aangedui.

Bruto binnelandse produk (teen konstante pryse)

	BBP (R Miljoen)	% Groei	
1950	119 857		
1960	186 174	4,5	(1951-1960)
1970	324 466	5,7	(1961-1970)
1980	451 983	3,4	(1971-1980)
1990	525 066	1,6	(1981-1990)
2000	618 666	1,7	(1991-2000)

Hieruit is dit duidelik dat die 1960's 'n dekade van ongekende groei was. In 1963 is groei van 7,4% behaal en in 1964 van 7,9%, maar daarna het groei afgeplat tot 4,2% in 1968. Hierdie uitstekende prestasie van die Suid-Afrikaanse ekonomie het baie goed met ander Statebondslande (Australië, Nieu-Seeland en Kanada) vergelyk, maar was nie naastenby op die vlak van Japan, Suid-Korea of Taiwan nie. Hoewel Suid-Afrika in die 1960's nog goed met ander Statebondslande vergelyk het, het die land sedert 1970 konstant swakker presteer. Daar is twee hoofredes hiervoor: Baie vinnige bevolkingsgroei en oormatige regeringsinmenging in die ekonomie.

Die Suid-Afrikaanse bevolking het in die 1960's met 3% per jaar gegroei (teenoor 1,2% in ontwikkelde lande) en tussen 1980 en 1996 met 2,4% per jaar, terwyl die BBP in dieselfde tydperk met minder as 2% toegeneem het. Die per capita-BBP het wel in die 1970's en 1980's wêreldwyd gedaal, maar Suid-Afrika het veel swakker presteer as lande waarmee dit in die 1960's goed vergelyk het.

Samestelling van BBP, 1960 – 2000

	% Landbou	% Mynbou	%Vervaar-diging	% Handel	% Finansies
1960	12,4	13,4	19,3	12,7	3,8
1970	8,3	10,3	25,2	15,1	11,1
1980	6,4	13,9	24,4	13,3	12,3
1990	5,9	12,7	24,5	12,7	13,2
2000	2,9	6,5	21,9	22,7	22,7

Wanneer die struktuur van die Suid-Afrikaanse ekonomie ondersoek word, is dit duidelik dat nywerheidsproduksie (die vervaardigingsektor) relatief tot ander sektore gegroei het, maar swak presteer het. Tussen 1960 en 1970 het die vervaardigingsektor met 14,7% gegroei, maar daarna het groei afgeplat tot net 2,2% in die 1980's en 4,5% in die 1990's. Om die verloop van sake te verduidelik, word die ontwikkeling in die verskillende sektore om praktiese redes hierna afsonderlik bespreek.

Landbou

Die dramatiese verbetering in landbouproduktiwiteit was beperk tot wit landbou, maar dit het teen die middel van die 1980's negatief geswaai. Die produksie van mielies het van 5,2 metrieke ton in 1961 tot 8,7 t in 1982 gestyg en daarna afgeneem. Koringproduksie het van 1,4 t tot 1,98 t aan die einde van die 1980's toegeneem en in mielieproduksie was daar feitlik 'n verdubbeling in opbrengs per hektaar. Koringproduksie het tussen 1960 en 1990 viervoudig toegeneem en die opbrengs per hektaar drievoudig. Die produksie van ander graansoorte, soos byvoorbeeld rog en gort, het sedert die 1960's geleidelik afgeneem. Die groei in die vraag na bier sedert die middel-1970's het veroorsaak dat daar teen 1990 elf maal meer gars verbou is as in 1960.

Gedurende die 1970's het katoenproduksie sterk toegeneem, maar wolproduksie het 'n hoogtepunt bereik en daarna afgeplat. Die produksie van suiker het tussen 1960 en 1990 drievoudig toegeneem, so ook dié van sonneblomsaad en vrugte. Die groei in vrugteproduksie was hoofsaaklik te danke aan uitvoere. Met die meeste ander voedselsoorte kon produksie redelik in die binnelandse vraag voorsien. Teen die 1970's het Suid-Afrika se wynproduksie egter veel swakker gevaar as die sterk groeiende bedryf in Kalifornië (VSA) en Australië. Behalwe pluimveeproduksie, wat deur meganisasie in die vorm van batteryhoenders gestimuleer is, het die produksie van diereprodukte nie tred gehou met die bevolkingsgroei nie.

Die sterk toename in landbouproduksie in die algemeen kan, soos reeds genoem, toegeskryf word aan regeringsubsidies en regulering van pryse, bemarking en insette deur middel van die bemarkingsrade. Daar is bereken dat tot 20% van boerdery-inkome (*inkome* is verdienste in die makro-ekonomiese omgewing, teenoor *inkomste* wat op persoonlike verdienste dui) in die 1960's direk van die regering afkomstig was. Binnelands is pryse kunsmatig hoog gehou om die groot boerderybevolking, onder wie die Nasionale Party-regering groot ondersteuning geniet het, tevrede te hou. Dit het egter veroorsaak dat surplusproduksie wat uitgevoer is dikwels teen laer pryse op internasionale markte verkoop moes word. Dit was veral die geval met suiker en mielies, waar plaaslike produsente nie met produsente in die VSA of die Wes-Indiese Eilande kon meeding nie omdat hoë vlakke van staatsubsidies daar bestaan het. In 1960 was 36,8% van die goedere wat Suid-Afrika uitgevoer het landbouprodukte, maar in die middel-1980's het dit tot 20% afgeneem. Die vernaamste landbouprodukte wat uitgevoer is, was suiker, mielies, wol en vrugte.

In die swart tuislandgebiede was die landbouproduksie hoofsaaklik bestaansboerdery. Meganisasie het kommersiële landbou vir die wit boere bevorder, maar swart boere het nie dieselfde subsidie gekry waarmee hulle dieselfde prestasie kon behaal nie. Al het die tuisland-ontwikkelingskorporasies groot ontwikkelingsprojekte in die swart tuislande onderneem om swart boere se "gebrek aan ondernemerskap en bestuursvermoë" tegemoet te kom, het dit beperkte sukses behaal. Die redes wat daarvoor aangevoer is, was 'n gebrek aan konsultasie met die gemeenskap en betrokkenheid van die gemeenskap by sulke projekte.

Teen die middel van die 1980's het die internasionale neiging tot minder regeringsinmenging en vryer markte ook in die Suid-Afrikaanse landbou posgevat. Die De Kock-kommissie het in hul verslag oor monetêre beleid (1985) voorgestel dat finansiële markte, eerder as die Reserwebank, die prys van geld moet bepaal. Dit het beteken dat rentekoerse op finansiële markte bepaal moes word en dus ook wisselkoerse. Die waarde van die Suid-Afrikaanse rand het onmiddellik begin daal terwyl rentekoerse gestyg het. Die Landbank kon nie voortgaan om die rentekoerse op boere se lenings te subsidieer nie.

In die gees van die vryemarkstelsel is arbeid ook meer geredelik toegelaat om vryer te beweeg en 'n groot aantal mense het uit die tuislande na stedelike gebiede gemigreer. 'n Groot informele sektor het gou ontstaan waardeur landbouproduksie en bemarking buite-om bestaande gereguleerde markte ontwikkel het. In 1982 was daar 'n rekord-mielie-oes en dit sou die regering R500 miljoen kos om surplusproduksie teen laer pryse uit te voer. Daarna het die vernietigende droogte van 1982-1983 gevolg en die skrif was aan die muur vir regeringsubsidiëring van die landbou. Sedert 1987 is verhoogde regeringsubsidies gestaak en die mark in landbouprodukte geleidelik gedereguleer. Produksiekwotas is afgeskaf, asook die regulering van bemarking. In 1992 het die ondersoekkomitee na die Bemarkingswet in sy verslag aanbeveel dat landbou gedereguleer moet word. In 1996 is die Wet op die Bemarking van Landbouprodukte aangeneem wat die Landboubemarkingsraad die bevoegdheid gegee het om bestaande belangegroepe by bemarkingsregulering uit te faseer. Wetgewing is ook aanvaar om grond te herverdeel en toegang tot water te bevorder.

'n Sterker markgerigte benadering tot die ekonomie het ook in die landbou posgevat. Teen 2000 was die gevolge van die herstrukturering van landboubeleid, -beheer en -markte nog onstabiel. Dit het nie gelyk of nuwe provinsiale departemente van landbou die nodige ondersteuning aan nuwe boere kon bied nie. Gewasproduksie het meer ekstensief geword en gevolglik het indiensneming in die landbou afgeneem. (Weens die minder intensiewe produksie was daar 'n laer behoefte aan arbeid.) Minder voedsel is dus geproduseer, waardeur voedselsekuriteit in gedrang gekom het. Die opheffing van tariefbeskerming vir landbouprodukte sedert die middel-1990's, behalwe vir suiker, het 'n sterk uitvoer van veral vrugte meegebring. Suid-Afrika het veel meer uit die uitvoer van landbouprodukte verdien, maar landbouproduksie het tekort geskiet teen internasionale standaarde en baie van Suid-Afrika se beste grond word tans nie optimaal benut nie.

Mynbou

Die mynbedryf se relatiewe bydrae tot die BBP het sedert 1950 stelselmatig verklein. Goud het tot omstreeks 1990 'n oorheersende rol gespeel. Goud was altyd die groot stabiliseerder van die Suid-Afrikaanse ekonomie en het daaraan 'n veel groter rol in die internasionale ekonomie besorg as wat eintlik geregverdig was. Sedert die 1990's was goud nie meer die enjin van groei in die ekonomie nie, maar ander minerale het 'n meer prominente rol begin speel. Teen 1990 het die produksie en uitvoer van platinum 'n meer dominante rol begin speel. Die mynbedryf het nietemin 'n belangrike verdiener van buitelandse valuta gebly en gehelp om ewewig in die betalingsbalans te bewerkstellig.

Die prys van goud het in 1971 begin styg nadat die VSA die vaste wisselkoersbedeling waarop by Bretton Woods in 1945 ooreengekom is, opgeskort het. (Ná die Tweede Wêreldoorlog het die Geallieerdes by die Bretton Woods-konferensie besluit hoe die internasionale monetêre en finansiële orde gereguleer sou word.) In 1971 was die prys van goud R28,64 per fyn ons. In 1973, met die eerste styging in die olieprys, het die goudprys tot meer as R100 per fyn ons gestyg. Die internasionale prys van goud het in Januarie 1980 'n rekordvlak van $850 gehaal ('n reusestyging van 2 217% tussen 1970 en 1980), waarna die prys teen 1990 weer met meer as 40% gedaal het. In 1987 is nog 16 goudmyne geopen en ses platinummyne is in produksie gestel, wat kapitaalinvestering van meer as R6 biljoen beteken het.

Al het mynbou teen die einde van die 20ste eeu 'n betreklik kleiner rol in die Suid-Afrikaanse ekonomie begin speel, het die mynbedryf indirek egter 'n veel groter invloed weens die vermenigvuldiger-effek (of sneeubal-effek) daarvan. Wanneer mynwerkers in myne afgaan om ystererts te ontgin, is daar 'n vraag na masjinerie om hulle veilig in die myn te laat afsak; na beskermende klere; na kos; na brandstof om vragmotors en ander masjiene te laat loop, ensovoorts. Dit beteken dus dat die vraag na een kommoditeit ook vraag na aanverwante kommoditeite skep. Daar is ook 'n bykomende sosiale wins deur die ontwikkeling van menslike hulpbronne en infrastruktuur, soos behuising, skole en klinieke. Daar is ook die primêre-inkomstevermenigvuldiger omdat lone wat verdien is deur huishoudings bestee word. Daar is ook die indiensnemingsvermenigvuldiger omdat werk geskep word deurdat vraag in die mynbedryf self ontwikkel. Daar is die inkomste-ruilvoet-vermenigvuldiger weens die impak van buitelandse valutaverdienste (wanneer goud of ander grondstowwe uitgevoer word) op die betalingsbalans, monetêre beleid en algemene sakebedrywighede in die land. In die laaste geval is die kapitaalvormingsvermenigvuldiger belangrik omdat die mynbedryf buitelandse investering lok deur beleggings op die Johannesburgse Effektebeurs en binnelandse kapitaalvorming. (Kapitaalvorming is die besteding aan masjinerie en toerusting wat noodsaaklik is om goedere fisiek mee te vervaardig.) Die ontdekking van waardevolle ysتererts-neerslae op die Orex-lyn by Sishen (in die huidige Noord-Kaap) in die 1970's het tot die bou van die wêreldklas-ysteruitvoerhawe by Saldanhabaai gelei. Die staat het wêreldklastegnologie by die Saldanha- en Richardsbaai-hawens geïnstalleer om die geweldige ystererts- en steenkooluitvoere te fasiliteer. Hierdie ontwikkeling van vragverkeersinfrastruktuur het Suid-Afrika op die voorpunt van grondstofuitvoer-tegnologie en koste vir die gebruiker van daardie fasiliteite geplaas. Hierdie momentum met infrastruktuurontwikkeling is nie ná 1994 volgehou nie. Die afname in hawevraghantering in al die Suid-Afrikaanse hawens sedert die 1990's is bewys van die geleidelike stagnasie in die instandhouding en modernisering van infrastruktuur.

Infrastruktuur is die rat wat die masjiene van vervaardiging, landbou en mynbou laat draai. Paaie, spoorlyne en hawens, saam met damme en wateropgaarfasiliteite, is die verantwoordelikheid van die staat. Sedert die 1920's is damme, paaie, spoorlyne en lughawens gebou om die verkeer van goedere en mense te vergemaklik. Die bou van die Richardsbaai- en Saldanha-hawens het gelei tot die bou van spoorverbindings en paaie om die verkeer te ondersteun. Suid-Afrikaanse ingenieurs het wêreldleierskap vertoon in die ontwerp en bou van daardie strukture. In 1976 was die jaarlikse besteding aan infrastruktuur as 'n persentasie van die BBP 8,1%. Daarna het die staat hierdie verantwoordelikheid verwaarloos en teen 2002 was daardie verhouding net 2,6%.

Die mynbedryf het in die 20ste eeu 'n ander rol in die ekonomie gespeel as in die 19de eeu. Dit het veral weens die depresiasie van die rand baie duidelik geword. In 1985 kon Suid-Afrika nie alle uitstaande lenings terugbetaal nie en 'n "skuldstilstand" is verklaar. Dit beteken dat skuldterugbetaling heronderhandel is en daar op 'n nuwe, langer terugbetalingstermyn ooreengekom is. Tussen die skuldstilstand van 1985 en 1997 het die rand met 67% gedepresieer.

Die depresiasie van die Suid-Afrikaanse geldeenheid was voordelig vir Suid-Afrikaanse uitvoer (uitvoere was betreklik goedkoop) en dit het die waarde van goud- en ander minerale uitvoer sterk laat toeneem. Die waarde van goudproduksie het gestyg weens die hoër goudprys en swakker rand, maar die fisieke volume van goudproduksie het gedaal. Die beter internasionale goudprys het eksplorasie in ander dele van die wêreld aantreklik gemaak. Goudontginning in die VSA, Brasilië, Kanada en Australië het so toegeneem dat die Suid-Afrikaanse goudproduksie van 70% van die wêreldproduksie in 1980 tot 40% in 1990 en 18% in 2000 gedaal het.

Die hoë produksiekoste van goud en veral die koste aan arbeid het tot kleiner volumes goudontginning bygedra. Steenkool het in die 1980's sterker in die mynbedryf na vore getree en platinum in die 1990's. Steenkoolproduksie het in 1969 'n geweldige hupstoot gekry toe Japan 'n kontrak gesluit het vir die koop van 25 miljoen ton kookssteenkool oor 'n tydperk van tien jaar. Dit was nadat navorsers in die steenkoolafdeling van Anglo American Corporation (AAC) 'n nuwe metode ontwikkel het om steenkool te was om 'n beter gehalte kookssteenkool te lewer. Die kontrak met Japan en die verwagting van nuwe markte in Europa het aanleiding gegee tot die bou van 'n nuwe hawe by Richardsbaai met 'n grootmaatterminaal vir die uitvoer van steenkool.

Teen 1976 kon die eerste steenkool deur dié hawe uitgevoer word. In 1985 was die waarde van steenkooluitvoer reeds hoër as die waarde van binnelandse produksie. Nuwe tegnologie is ontwikkel om grootmaat-steenkool oor lang afstande te vervoer en dit het die vraag na steenkool in Europa en Suidoos-Asië verhoog. Dit was makliker om steenkool as ystererts oor lang afstande te vervoer, daarom het swaar yster- en staalnywerhede in Europa en Oos-Asië steenkool oor lang afstande begin invoer. Wes-Kanadese en Australiese steenkool was nader aan Oos-Asië en het daarom voorkeur geniet. Suid-Afrika se steenkool is sedert die 1980's veral na Europa uitgevoer. Algemene deregulering in die 1980's het ook gelei tot die skrapping van die regering se beheer oor die steenkoolprys. Die olieprysverhogings van 1973 en 1979 het die uitvoer van steenkool verder gestimuleer. Regoor die wêreld is toenemend na steenkool gedraai vir die opwekking van elektrisiteit as bron van energie in plaas van olie. Teen 2000 is 55,3% van steenkoolverkope in Suid-Afrika uitgevoer, hoofsaaklik na Europa. Die hawe van Richardsbaai is ook vergroot om die steenkoolhanteringskapasiteit vir uitvoer tot 84 t te verhoog.

Die ontwikkeling van die outokatalisatorproses, waardeur koolstofdioksieduitlaatgasse van motors verminder kan word, asook 'n groter vraag na platinum in die juweliersbedryf en elektronika, het platinum op die voorgrond geplaas juis toe goud onder druk gekom het. Die jaar 2000 was gevolglik van historiese betekenis vir die Suid-Afrikaanse mynbedryf, toe die waarde van die verkoop van metale in die platinumgroep R27 miljoen oorskry het. Dit was vir die eerste keer hoër as die waarde van goudverkope van R25,2 miljoen. Die markgedrewe vraag na platinum het die samestelling van mynbou in Suid-Afrika vir die eerste keer sedert die ontdekking van goud verander.

Hoewel Suid-Afrika bekendheid verwerf het vir die grootte en suiwerheid van sy diamante, het diamantontginning tussen 1950 en 2000 slegs tussen 3% en 5% van totale mynbouproduksie uitgemaak. Die belang van Suid-Afrika by diamante het verder gestrek as produksie: De Beers Consolidated Mines het die Sentrale Verkoopsorganisasie beheer en op dié wyse dus beheer oor internasionale diamantpryse uitgeoefen. In 1973 het De Beers se geoloë 'n belangrike diamantpyp by Jwaneng in Botswana ontdek. Botswana het gevolglik, in terme van waarde, die wêreld se grootste diamantprodusent geword. Teen 2000 was Suid-Afrikaanse diamantproduksie net ongeveer 10% van die waarde van wêreldproduksie.

Suid-Afrika het ook 'n verskeidenheid ander minerale en metale ontgin en teen 2000 uitgevoer – silwer, chroomerts, koper, ystererts, loodkonsentraat, mangaanerts, nikkel, asbes en graniet.

Teen die einde van die 20ste eeu was die merkwaardigste verskynsel van die mynbousektor die skerp daling in indiensneming. Indiensneming by goud-myne het vinniger gedaal as wat arbeid in die meer gemeganiseerde steen-kool- of platinummyne opgeneem is. Dit was die gevolg van stygende lone en marginale goudneerslae. Teen 2000 was die koste van arbeid as 'n gedeelte van verkope verreweg die hoogste in goudmyne – 38,7% vir goudmyne, 21,6% vir steenkoolmyne, 16,1% vir platinummyne en 11,3% vir ystererts. Hierdie hoë koste, tesame met die vryer beweging van werkers, het daartoe gelei dat minder nie-Suid-Afrikaanse werkers en meer Suid-Afrikaners in diens van myne was.

Groei en stagnasie in die vervaardigingsektor

Danksy die grondslag wat sedert 1920 deur die beskerming van binnelandse nywerhede gelê is, het die vervaardigingsektor tussen 1950 en 1970 indruk-wekkend gegroei. Die 1950's en 1960's is allerweë as dekades van buitenge-wone nywerheidsprestasie beskou. Dit was egter ook die oorsaak van ernstige strukturele probleme wat daarna in die ekonomie ondervind is.

Die beleid van invoervervanging en die beskerming van plaaslike nywer-hede agter hoë tariefmure het teen 1970 sy doel gedien. Dit was 'n fout dat nywerhede nie uitvoergedrewe was nie. Die regering wou as gevolg van strategiese oorwegings voorkom dat 'n tekort aan ingevoerde materiaal Suid-Afrikaanse nywerhede sou kon verlam as die dreigement van sanksies uitgevoer word. Hierdie regeringsinmenging het egter daartoe gelei dat bronne wanaangewend is. Beperkings op die vrye beweging van arbeid, beheer oor die beweging van kapitaal en gebrekkige mededinging het geen aansporing gebied om arbeidsproduktiwiteit deur beter opleiding te verhoog nie. Die oliekrisisse van 1973 en 1979 het regeringsinmenging verhoog en verhoed dat beskerming geleidelik uitgefaseer word.

Die industrialisasie van die Suid-Afrikaanse ekonomie het tussen 1946 en 1971 met rasse skrede vooruitgegaan toe die waarde wat tot die vervaardigingsektor toegevoeg is, in reële terme met gemiddeld 7,1% per jaar toeneem het, terwyl die BBP-toename 5% per jaar was. Hierdie goeie prestasie is toe te skryf aan veral die groei in die motorbedryf, yster- en staalproduksie, ingenieursbedrywe en by uitstek die chemiese bedryf.

In die motorbedryf was die plaaslike inhoud teen 1960 maar ongeveer 18% en daarom het die Raad van Handel en Nywerheid aanbeveel dat tariefbeskerming, doeanetariewe en wetlike voorskrifte oor 'n hoër plaaslike inhoud geleidelik ingefaseer word. In opeenvolgende fases sou meer en meer plaaslik vervaardigde komponente vir motorvoertuie gebruik moes word sodat 75% van plaaslik vervaardigde voertuie teen 1997 uit plaaslik vervaardigde onderdele opgebou sou wees. Die NOK het ook hulp verleen met die oprigting van die Atlantis-dieselenjinfabriek aan die Weskus om die produksie van plaaslike inhoud te stimuleer. Die plaaslike-inhoudsprogram was suksesvol: Indiensneming het meer as verdubbel en vervaardigingskundigheid is opgebou, maar dit was duur. Die koste van plaaslike vervaardiging was veel hoër as ingevoerde onderdele, maar baie hoë invoertariewe het invoere geblokkeer. Teen 1973 was daar 420 motormodelle op die Suid-Afrikaanse mark. In die 1980's het Austin, Fiat, Renault, Peugeot en Chrysler hul aanlegte gesluit weens hul ondersteuning van die internasionale sanksieveldtog teen die Suid-Afrikaanse binnelandse beleid van afsonderlike ontwikkeling. Ander, waaronder Ford en Mazda, het hul werksaamhede gekonsolideer. Die suksesse met motorvervaardiging was gemeng: Hoogs tegnologies gevorderde komponente moes steeds ingevoer word en die uitvoer van Suid-Afrikaans vervaardigde voertuie het eers laat in die 1990's begin. Motorvervaardiging het dus steeds druk op die betalingsbalans geplaas.

Die yster- en staalvervaardigingsektor het grootliks baat gevind by die ontwikkeling in die motorsektor, en omgekeerd: Goedkoop yster en staal was beskikbaar. Die groot vraag na staal het tot die oprigting van Highveld Steel and Vanadium deur AAC by Witbank (nou eMalahleni) in 1968 gelei. Teen die einde van die 1980's het die aanleg reeds meer as een metrieke ton staal vervaardig en die wêreld se grootste vervaardiger van vanadium (wat gebruik word om staal te verhard) geword. Yskor het die produksie by sy aanlegte in Pretoria en Vanderbijlpark ook geweldig uitgebrei – tot vier miljoen ton per jaar teen 1973. 'n Nuwe hawe vir die uitvoer van ystererts is by Saldanhabaai gebou om ystererts van die oopgroefmyn by Sishen, 860 km daarvandaan, uit te voer. Uitvoer het in 1976 begin. Yskor het ook na Newcastle uitgebrei.

Die metaal- en ingenieursbedrywe het natuurlik hierby baat gevind en teen einde 1979 het hierdie sektor produksie van meer as R11 biljoen per jaar gelewer. Daaronder was die vervaardiging en herstel van wapentuig en ammunisie. Gevolglik is daar in 1967 besluit om die Krygstuigkorporasie van Suid-Afrika (Krygkor) te stig. Die uitbreiding van wapentuigvervaardiging het ook die elektroniese bedryf gestimuleer sodat Bill Venter Altron in 1965 gestig het om elektriese en elektroniese ingenieursproduksie te onderneem.

Die indrukwekkendste groei was in die chemiese bedryf rondom Sasol. Sasol het sedert 1961 geleidelik wins begin toon en weldra begin met die vervaardiging van rubber, plastiek, verf, sepe, kunsmis en ander chemiese byprodukte. AECI het veral op chemikalieë en verf gekonsentreer en Sentrachem op kunsmis en farmaseutiese produkte. Die oliekrisisse van 1973 en 1979 het Sasol aangespoor om nuwe tegnologie te ontwikkel om ook brandstof uit gas te vervaardig. Sasol het so vinnig uitgebrei dat Sasol 2 en Sasol 3 onderskeidelik in 1983 en 1985 by Secunda in produksie gegaan het. Sasol se omset het tussen 1960 en 1985 van R1,4 miljoen tot meer as R5 000 miljoen gestyg. Sasol het egter groot regeringsubsidies ontvang, al het die maatskappy in 1979 op die Johannesburgse Effektebeurs genoteer. Finale regeringsubsidies aan Sasol is eers teen 2005 volledig beëindig. Sasol het Suid-Afrika geweldige trots besorg deur internasionaal die leiding te neem met die ontwikkeling van tegnologie om natuurlike aardgas in brandstof te verander en deur in meer as 25% van die plaaslike vraag na brandstof te voorsien.

Die groei van vervaardiging het teen die 1970's begin afplat. Verskeie faktore was daarvoor verantwoordelik, waaronder arbeid en vakbonde, olie, binnelandse onrus, sanksies en skuld. Dit kry hieronder aandag.

Arbeid en vakbonde

In die tyd van sterk ekonomiese groei was daar 'n groot vraag na arbeid. Wit arbeid het gedurende die 1960's maar met 2% per jaar toegeneem, terwyl die ekonomie met gemiddeld 5% gegroei het. Daar was duidelik tekorte aan arbeid, veral geskoolde arbeid. Die gevolg was dat werkreservering ingevolge art. 77 van die Nywerheidsversoeningswet van 1956 toenemend geïgnoreer is. Nyweraars en sakelui het eenvoudig swart, bruin en Indiërwerkers aangestel in betrekkings wat eintlik vir wit mense gereserveer was omdat die vraag na wit arbeid nie versadig kon word nie.

Die South African Employers' Consultative Committee on Labour Affairs (Saccola) – die verteenwoordigende liggaam van tien groot werkgewers – het reeds in 1977 onderneem om hulle vir die uitwissing van alle rassediskriminasie in indiensneming te beywer. Voortgesette rassediskriminasie in die werkplek is toenemend gekritiseer omdat dit tot 'n nie-optimale toewysing van bronne gelei het. In werklikheid het die druk op apartheid deur ekonomiese realiteite breekpunt bereik. Die oliekrisisse het die hele wêreldekonomie in resessie geplaas en Suid-Afrika het dit ook ervaar.

Die regering het gevolglik in 1977 twee kommissies van ondersoek aangestel. Die Wiehahn-kommissie van ondersoek na arbeidswetgewing het ondersoek ingestel na die organisasie van arbeid in vakbonde, en die Riekert-kommissie het ondersoek ingestel na die aanwending van mannekrag. Die Wiehahn-kommissie het aanbeveel dat die definisie van 'n "werknemer" gewysig moet word om swart mense in te sluit en sodoende die weg te baan om aan swart mense volle reg te besorg om hulle in vakbonde te organiseer. Al het die regering nog probeer om wit en swart vakbonde afsonderlik te hou, is alle sodanige voorskrifte in 1984 afgeskaf om die vrye lidmaatskap van vakbonde wettig te maak. Tientalle nuwe vakbonde, veral swart vakbonde, het die lig gesien. Die optrede van die vakbonde was baie militant, maar dit kan toegeskryf word aan die feit dat swart mense geen politieke partye in Suid-Afrika gehad het om hul mening direk te verteenwoordig nie. Die Riekert-kommissie het bevind daar was geen samehangende regeringstrategie met betrekking tot arbeidsvoorsiening nie en daarom was die mark vir arbeid ernstig onstabiel en verwronge. Die kommissie het ook aanbeveel dat swart verstedeliking toegelaat moet word sodat vraag en aanbod die toewysing van arbeid kon reguleer.

Die implikasies van hierdie twee kommissies se voorstelle was dat owerheidsinmenging in die ekonomie, in hierdie geval met betrekking tot die arbeidsmark, beëindig moet word. Die gevolg was dat swart vakbonde in 1979 gewettig is en instromingsbeheer in 1986 afgeskaf is. Tussen 1979 en 1982 is feitlik alle werkreservering afgeskaf. Omdat hierdie vakbonde ook die uitlaatklep vir politieke aspirasies geword het, het swart vakbonde militant opgetree en groot ontwrigting in die ganse ekonomie meegebring – ook in nywerheidsproduksie.

Die wêreldresessie en binnelandse onrus

Die styging in oliepryse in 1973 en 1979 het inflasie wêreldwyd die hoogte laat inskiet en tot 'n wêreldwye resessie gelei. Suid-Afrika kon nie daaraan ontkom nie. Dit het juis gekom in 'n stadium toe die Suid-Afrikaanse regering begin het om weg te beweeg van invoervervanging, kwantitatiewe beperkings op invoer en tariefbeskerming.

In 1972 het die Reynders-kommissie van ondersoek na uitvoere aanbeveel dat industrialisasie eerder deur uitvoer as deur invoervervangingsmaatreëls bevorder moet word. Toe Suid-Afrika met 'n uitvoerstrategie begin het, was die wêreld kniediep in 'n resessie. In 1994 het die Wêreldbank in 'n studie oor die Suid-Afrikaanse ekonomie verklaar daar is twee groot probleme. Te veel klem is eerstens op kapitaalintensiewe vervaardiging (byvoorbeeld Krygkor en verdedigingsproduksie, asook Sasol en brandstofproduksie) geplaas en tweedens op verbruiksproduksie vir die binnelandse mark in plaas van vir internasionale markte.

In 1976 het onluste in Soweto begin en dwarsoor die land versprei. Teen 1986 is 'n noodtoestand afgekondig en internasionale druk op die regering, in die vorm van handelsanksies en investeringsonttrekking en -boikotte, het gevolg. In 1985 het Chase Manhattan Bank en ander Amerikaanse banke geweier om lenings van Suid-Afrikaanse banke "om te rol" (die terugbetalingstermyn te verleng) en in 1986 is 'n omvattende ooreenkoms vir die terugbetaling van totale uitstaande buitelandse skuld van Suid-Afrikaanse banke van $13,6 biljoen onderhandel. Al het president Ronald Reagan van die VSA en Margaret Thatcher, premier van Brittanje, lank teen sanksies gepleit, het die Verenigde Nasies handelsanksies goedgekeur. Buitelandse investering het sedert 1980 konstant gedaal en was sedert 1985 negatief teenoor Suid-Afrika. Groot internasionale ondernemings het hulle aan die Suid-Afrikaanse mark onttrek (byvoorbeeld IBM, Kodak en General Motors).

Hierdie internasionale reaksie het die land se nywerheidstrategie – wat op uitvoere wou fokus – min kans op sukses gebied. Die politieke veranderinge van 1994 en die ondertekening van internasionale handelsverdrae in 1995 het vervaardigingsuitvoer uiteindelik geleidelik begin stimuleer.

Die dienstesektor

Suid-Afrika het reeds sedert die laaste helfte van die 19de eeu 'n betreklik goed ontwikkelde bank- en finansiëledienstesektor gehad. Dit was grotendeels toe te skryf aan die stabiliserende rol wat die imperiale banke, naamlik Standard Bank en die African Banking Corporation (ABC), gespeel het. Ná 1926 is die ABC deur Barclays Bank oorgeneem en het dié bank saam met Standard Bank die banktoneel oorheers met hul kapitaalsterk Britse aandeelhouers en konserwatiewe benadering tot die bankwese.

Soos reeds genoem, is Volkskas in 1934 en Trustbank in 1956 met Afrikanerkapitaal as Suid-Afrikaanse banke gestig. Die Nederlandse Bank (later Nedbank) was ook reeds sedert 1888 op die toneel. Al hierdie banke het takke regoor die land oopgemaak om bankdienste aan sowel privaat individue as ondernemings te lewer.

In 1923 is die Suid-Afrikaanse Reserwebank (SARB) gestig wat toesig hou oor die werksaamhede van banke en algemene monetêre beleid bepaal. Die eerste bankwetgewing van 1942 het die funksies van banke uiteengesit en vereis dat daaroor aan die SARB verslag gedoen moet word. Met die sterk ekonomiese groei van die 1950's en 1960's het nuwe soorte banke ontstaan, byvoorbeeld huurkoopbanke, beleggings- of investeringsbanke en bouverenigings. In 1965 is die Bankwet aangepas om verskillende soorte banke verskillend te reguleer.

Teen die laat 1960's het 'n aktiewe geldmark ook ontwikkel en was daar 'n groeiende vraag na finansieringskapitaal. Die groot handelsbanke het geleidelik meer finansiële dienste onder een dak byeengebring as wat tradisioneel die funksie van handelsbanke was. So het Standard Bank, Barclays Bank, Volkskas en Nedbank elk hulle eie investeringsbank, industriële bank en huurkoopbank onder 'n oorkoepelende beheermaatskappy saamgevoeg met gewone handelsbanke. Tegnologiese ontwikkeling, veral rekenarisering, het banke in staat gestel om 'n groter verskeidenheid produkte aan te bied. Banke het teen die 1970's ook begin om verbande op eiendom toe te staan en om versekeringsagente te huisves.

Teen 1973 het die regering bepaal dat buitelandse aandeelhouers nie meer 'n meerderheidsaandeel in Suid-Afrikaanse banke mag hou nie. So het Barclays se Britse aandeelhouers hul belange in 1985 aan die Southern Life-versekeringsmaatskappy verkoop. Teen die 1990's het die drie groot versekeringsmaatskappye, naamlik Old Mutual (Nedbank), Liberty (Standard Bank) en Sanlam (Volkskas), elk 'n beherende aandeel in een van die groot bankgroepe gehad.

In 1985 het die president van die SARB, dr. Gerhard de Kock, in sy verslag oor monetêre beleid in Suid-Afrika aanbeveel dat die streng en direkte beheer oor banke gewysig moet word om by die internasionale tendens van markregulering aan te sluit. Die Bankwet is daarom in 1992 verander sodat bouverenigings bankfunksies kon kry en omgekeerd. Die vryemarkbeginsel sou geld en onder die toesig van die SARB is alle banke en finansiële instellings toegelaat om dieselfde soort sake te doen. Dit het gou daartoe gelei dat van die groot bankgroepe die kleiner bouverenigings oorgeneem het. Nedbank het byvoorbeeld die Permanente Bouvereniging oorgeneem en die United-bouvereniging het saam met Volkskas, Trustbank en die Allied-bouvereniging 'n nuwe groot bankgroep, Amalgamated Banks of South Africa (Absa), gevorm. Hierdie verwikkeling in die bankwese het groot kostebesparings meegebring.

Hierdie bankgroepe, wat deur die groot Suid-Afrikaanse versekerings-maatskappye beheer is, het hoofsaaklik in die binnelandse mark diens gedoen, omdat valutabeheer en SARB-toesighouding internasionale transaksies streng beheer het. (Valutabeheer verwys na beperkende maatreëls van die owerheid wat burgers verbied om sonder toestemming van die SARB meer as 'n sekere bedrag geld uit die land te neem.) Vir die regering was beheer oor die banke van strategiese belang – daarom moes die banke Suid-Afrikaanse maatskappye onder Suid-Afrikaanse beheer wees.

Nadat Barclays sy belange aan Southern Life verkoop het, het die bank sy naam in Suid-Afrika na Eerste Nasionale Bank (ENB) verander. In 1997 het Rand Aksepbank, wat deur die Afrikaners Laurie Dippenaar, G.T. Ferreira en Johann Rupert gestig is, 'n beherende aandeel in ENB gekoop om die First Rand Group te vorm. So het Afrikanerbelange teen 2000 'n redelik sterk rol in die finansiële sektor gespeel. Hoewel aandeelhouding nie uitsluitlik in Afrikaners se hande was nie, het Absa en die First Rand Group ontstaan uit versekeringsorganisasies en banke met 'n onmiskenbare Afrikaneroorsprong. Dit was grotendeels aan Afrikaners in die finansiële sektor te danke dat die aandeel van Afrikaners aan die privaatsektor- ekonomiese belange teen 1975 reeds 25% oorskry het. Dit is merkwaardig as in ag geneem word dat dié syfer teen 1948-1949 slegs 9,6% was.

Naas die geweldige uitbreiding van die finansiële sektor was daar ook die ontwikkeling van rekenaarondernemings, telekommunikasie en professionele ouditeursgroepe in die dienstesektor. Die bankwese met sy uitgebreide funksies, gesofistikeerde geldmark- en aksepbank-operasies het uitstekend met dié van ander Statebondslande vergelyk. Eers ná 1994 het hulle die internasionale markte geleidelik op redelik uitgebreide skaal betree. Die SARB het banke eers in 1993 toegelaat om nuwe buitelandse kantore te open en buitelandse banke toegelaat om in Suid-Afrika kantore te vestig. Suid-Afrikaanse maatskappye het buitelandse maatskappye geleidelik ná 1994 as filiale gevestig of oorgeneem.

Die globalisering van die Suid-Afrikaanse ekonomie het in werklikheid eers in 2000 begin. Die land het steeds 'n besonder oop ekonomie weens die betreklik groot rol van buitelandse handel in die BBP. Suid-Afrika het egter sy internasionale aantreklikheid verloor omdat goud gedemonetiseer is (wanneer 'n geldeenheid nie meer aan goud gekoppel word en sy waarde nie afhang van hoeveel goud 'n land het nie). Ander lande het Suid-Afrika gevolglik verbygesteek in algemene ekonomiese prestasie en die ontginning van goud en ander minerale. Die volle voordeel van die vryemark- ekonomiese stelsel word tans ook aan bande gelê deur beleid wat op die ekonomiese bemagtiging van bepaalde histories benadeelde groepe gerig is.

25

Die ontwikkeling van vakbonde en georganiseerde arbeid

Wessel Visser

Vakbonde het voortgespruit uit die haglike arbeidstoestande wat gedurende die Nywerheidsomwenteling in veral Brittanje geheers het. Die opkoms van kapitalisme – 'n stelsel waarvolgens enkele ryk individue geld vir die ontwikkeling van nywerhede kon voorskiet – het 'n klein eienaarsklas geskep. Hulle het alle produksiemiddele soos myne en fabrieke besit en beheer. Tydens die Nywerheidsomwenteling het die ontwikkeling van stoomgedrewe masjiene handearbeid op groot skaal vervang. Die gevolglike ooraanbod van werkers in hierdie oorversadigde arbeidsmark het veroorsaak dat hulle lang ure, dikwels in ongesonde en haglike toestande, en gewoonlik teen baie lae lone, moes werk. Aanvanklik was daar geen wetgewing om werkers te beskerm nie en hulle is uitgebuit.

Werkers het begin besef hulle kon vir beter werktoestande en lone onderhandel as hulle kon verenig deur unies of vakbonde te vorm. Gesamentlike optrede het hul onderhandelingsposisie aansienlik versterk. Vakbonde het gesorg dat mededinging om werk beperk word sodat loonvlakke gehandhaaf en verhoog kon word en ook om loononderkruiping te verhoed. (In die Suid-Afrikaanse konteks het dit beteken dat geskoolde wit werkers meestal deur swart werkers vervang is wat dieselfde werk teen laer lone verrig het.) As kollektiewe onderhandeling misluk het, kon werkers hul arbeid deur middel van stakings weerhou. Om doeltreffend te kon optree, moes vakbonde dus daartoe in staat wees om die aanbod van arbeid op die arbeidsmark te beheer.

Die eerste soort vakbonde wat ontstaan het, was ambagsvakbonde. Werkers is aanvanklik as vakleerlinge in 'n sekere ambag soos skrynwerk, ystergietery, drukwerk, messelwerk of masjienboorwerk opgelei. Sodra hulle as ambagsmanne gekwalifiseer het, kon hulle lede van ambagsvakbonde word.

Die eerste vakbonde in Suid-Afrika

Die eerste ambagsvakbonde in Suid-Afrika het in die drukkersbedryf in Kaapstad ontstaan. Die Cape of Good Hope Printers' Protection Society is reeds in 1841 gestig, terwyl die Cape of Good Hope Printers' and Bookbinders' Society in 1857 tot stand gekom het. In die vroeë 1880's het verskillende drukkersvakbonde in die groot stede ontstaan. Hulle sou uiteindelik in 1898 amalgameer in die South African Typographical Union wat in 'n stadium die doeltreffendste en bes georganiseerde vakbond in Suid-Afrika was. Skrynwerkers het in 1881 die Amalgamated Society of Carpenters and Joiners in Kaapstad gestig.

Die grootste aansporing vir die ontwikkeling van vakbonde en georganiseerde arbeid het egter ná die ontdekking van minerale in die laaste kwart van die 19de eeu ontstaan. Vir die ontginning van dié minerale, veral goud, wat van 'n lae ertsdraende gehalte was, was 'n hoogs gemeganiseerde en geïndustrialiseerde tegnologie nodig. Ingenieurs, tegnici, wetenskaplikes en verskeie ander ambagsmanne was dus noodsaaklik vir die Suid-Afrikaanse mynbedryf.

Aanvanklik kon Suid-Afrika nie self opgeleide werkers en tegniese kundiges vir die diamant- en goudmynbedrywe verskaf nie. Duisende tegnici en geskoolde ambagsmanne is dus ingevoer, veral vanuit ander lande in die Britse Ryk, die VSA en Europa. Uiteindelik was dit oorsese immigrante wat die Suid-Afrikaanse vakbondwese begin het. Die eerste generasie goudmynwerkers het hoofsaaklik van Cornwall, Northumberland en Suid-Wallis in Brittanje, asook Wes-Australië, Kalifornië in die VSA, Kanada, Italië en Griekeland gekom. Daar was ook Portugese, Duitsers, Russe, Jode, Pole, Franse en Nederlanders. Die Witwatersrand het dus 'n kosmopolitiese myngemeenskap geword, met Britse werkers in die meerderheid.

Die Witwatersrand Mine Employees' and Mechanics' Union, beter bekend as die Labour Union, is in 1892 as 'n sambreel-arbeidersorganisasie gestig, onder andere vir Britse mynwerkers en ambagsmanne. Die doelwit was om al die wit werkers aan die Witwatersrand te verenig. Tussen 1866 en 1893 is takke van die Britse vakbond die Amalgamated Society of Engineers (ASE) – 'n vakbond vir die ingenieursbedryf – in Kaapstad, Durban, Kimberley en Johannesburg gestig. 'n Ander vroeë prominente vakbond was die South African Engine Drivers' and Firemen's Association wat in 1894 vir masjiniste aan die Witwatersrand gestig is.

Ná die Anglo-Boereoorlog van 1899-1902 is die Suid-Afrikaanse arbeids-
mag aangevul deur gedemobiliseerde soldate van die Britse leër vanuit Brit-
tanje, Australië, Nieu-Seeland en Kanada. In 1902 is die Transvaal Miners'
Association vir mynwerkers gestig. Dit sou in 1913 tot die Suid-Afrikaanse
Mynwerkersunie, alombekend as die MWU, herdoop word. Die MWU sou
een van die invloedrykste en suksesvolste arbeidsorganisasies in die geskiede-
nis van die Suid-Afrikaanse vakbondwese word.

J.T. BAIN

James Thompson Bain was een van die merkwaardigste figure van die
vroeë Suid-Afrikaanse arbeidsbeweging. Bain is in 1860 in Dundee,
Skotland, gebore in 'n omgewing en omstandighede waar werkers deur
kapitaliste uitgebuit is. Tydens die Anglo-Zulu-oorlog van 1879 in Natal
was hy 'n soldaat in die Britse leër.

In 1888 het hy permanent na Suid-Afrika geïmmigreer en as am-
bagsman spoedig by vakbondbedrywighede aan die Witwatersrand be-
trokke geraak. Hy het 'n genaturaliseerde burger van die Zuid-Afri-
kaansche Republiek geword en was tydens die Anglo-Boereoorlog 'n
agent vir die Boererepubliek se geheime diens onder Jan Smuts – die
enigste Brits-gebore Suid-Afrikaanse arbeidsleier wat aan Boerekant
geveg het.

Bain was tydens verskeie arbeidsdispute aan die voorpunt. Tydens
die mynstaking van 1913 was hy 'n lid van die stakerskomitee met wie
Louis Botha en Smuts noodgedwonge om 'n skietstilstand moes onder-
handel. Met die algemene staking van 1914 is Bain as een van nege
stakerleiers tydelik na Brittanje gedeporteer. Tydens 'n munisipale sta-
king in Johannesburg in 1919 het die stakerskomitee onder sy leiding
'n ruk lank die funksies van die stadsraad oorgeneem deur die stigting
van die sogenaamde Provisional Joint Board of Control, wat ook die
"Johannesburgse Sowjet" genoem is.

Bain was 'n selfgeleerde oortuigde sosialis en bekende arbeidsak-
tivis wat 'n afkeer van die kapitalisme in die Randse goudmynbedryf ge-
had het. Hy is in 1919 in Johannesburg oorlede.

Die vroeë Suid-Afrikaanse arbeidersbeweging het 'n aantal opvallende ken-
merke gehad. Eerstens het die arbeidsmag op die myne 'n oorheersend Britse
karakter gehad omdat veral die Britte die tegniese vaardighede en kundigheid
vir diepvlakmynbou en harderots-ontginning gehad het. Die tradisies van die
Britse werkwinkel en vakbonde is daarom aan die Witwatersrand gevestig en
immigrantwerkers het die eerste vakbonde in Suid-Afrika dus op die lees van

soortgelyke bewegings in Brittanje geskoei. Party van hierdie vakbonde was inderdaad takke van Britse moederorganisasies.

'n Tweede kenmerk van die vroeë vakbond-en-arbeidersbeweging was die groot mate van verdeeldheid wat geheers het. Om die nodige skaars vaardighede van (wit) oorsese ambagsmanne na die Witwatersrand te lok en te behou, is hoë lone aan hulle betaal en het hulle 'n bevoorregte arbeidstatus geniet. In Suid-Afrika het hulle ambagsvakbonde gestig om die voorsiening van arbeid vir 'n spesifieke ambag deur middel van 'n stelsel van geslote geledere te beheer. Dit het dus vir ambagsvakbonde baie mag en invloed gegee om loonvlakke hoog te hou en die soort werk wat hul lede moes doen, te monitor.

Dit het beteken dat ongeskoolde en halfgeskoolde Afrikanerwerkers aanvanklik van vakbonde en dus lonende posisies in die myn- en aanverwante bedrywe uitgesluit is. Omdat dit so duur was om die goudmyne op diep vlakke te ontgin en die erts van lae gehalte was, kon dit net teen 'n wins geproduseer word deur massas ongeskoolde swart werkers teen baie lae lone in diens te neem. Hulle is met diskriminerende wetgewing soos die kleurslagboom en die kampong- en passtelsels beheer en nie toegelaat om hulself ook in vakbonde te organiseer nie. (Die begrip "kleurslagboom" verwys na 'n stel regulasies en ander wetgewing wat werkreservering vir wit werkers in sekere beroepe verskans het, maar toegang vir swart en bruin werkers tot daardie beroepe verhinder het.) Soos die getalle ongeskoolde swart werkers in die myne toeneem het, het die rol van wit toesighouers belangriker geword. Veral op dié manier sou Afrikanerwerkers uiteindelik toegang tot vakbonde soos die MWU kry.

Die konstante vrees dat hulle deur goedkoper ongeskoolde swart werkers vervang kon word, het die ontwikkeling van vakbonde onder wit werkers aangemoedig. Vakbonde het sodoende 'n groot rol gespeel om sekere werkgeleenthede in nywerhede vir wit werkers te verskans en om hul hoë lone teen onderkruiping deur goedkoper swart loonvlakke te beskerm. Die vroeë Suid-Afrikaanse arbeidersbeweging is gevolglik deur 'n rasgebaseerde struktuur gekenmerk – 'n kleiner wit arbeidsmag wat hoofsaaklik in vakbonde georganiseer was en 'n massiewe goedkoop en ongeorganiseerde swart proletariaat (die laagste klas van die samelewing wat 'n bestaan maak deur hul arbeid te verkoop).

'n Derde kenmerk van die vroeë vakbondwese en georganiseerde arbeid was die konfronterende aard van hul verhouding met werkgewers, net soos die geval in Brittanje was. Kwessies soos mynregulasies en -veiligheid, beroepsiektes soos myntering, werkerskompensasie in die geval van mynongelukke, 'n agt-uur-werkdag, 'n verbod op Sondagwerk, wit werkreservering en minimumloonskale was tipiese twispunte in onderhandelinge tussen vakbonde en werkgewersorganisasies soos die Kamer van Mynwese. In aanloop tot Uniewording in 1910 is daar ook gestreef na groter politieke mag sodat wit arbeid wetlik beskerm kon word. Gevolglik het verskeie vakbonde en ander arbeidsorganisasies in Oktober 1909 die Arbeidersparty (AP) met F.H.P. Creswell as leier in Johannesburg gestig.

Die konfronterende aard van die verhoudinge tussen vakbonde en werkgewersorganisasies het veral in die eerste kwart van die 20ste eeu op nywerheidsonrus tussen arbeid en kapitaal uitgeloop. Die nywerheidsonrus het sy hoogtepunt bereik in vier groot militante stakings – in 1907, 1913, 1914 en 1922. Die staat is ook betrek om die stakings met geweld te beëindig. Vakbonde soos die MWU en die ASE het aktief aan hierdie stakings deelgeneem.

Die eerste vakbond wat vir swart werkers gestig is, was waarskynlik die Industrial Workers of Africa (IWA). Dit het in 1917 tot stand gekom met behulp van linkse wit revolusionêre sosialiste soos S.P. Bunting en D.I. Jones wat in 1915 weens ideologiese geskille van die meer konserwatiewe AP weggebreek het.

Die IWA was, in teenstelling met ambagsvakbonde, 'n algemene nywerheidsvakbond vir swart werkers. Daar is verwag dat die IWA gou tot 'n groot vakbond vir ongeskoolde swart werkers sou ontwikkel. Die vakbond is egter onder meer weens polisie-infiltrasie in 1918 ontbind. In 1917 en 1918 het geskoolde Indiërwerkers in Natal vakbonde in die drukkers-, klere-, meubel-, tabak-, leer-, drank- en verversingsbedryf gestig.

Met die stigting van die Industrial and Commercial Workers' Union of Africa (ICU) in 1919 vir swart en bruin dokwerkers in Kaapstad het die swart vakbondbeweging 'n nuwe rigting ingeslaan. Die ICU, wat deur Clements Kadalie (oorspronklik van Malawi) en die wit sosialis A.F. Batty gestig is, sou die eerste nasionaal georganiseerde massavakbond en politieke beweging vir swart werkers in Suid-Afrika word. Die vakbond het uiteindelik swart mense vanoor 'n wye spektrum ingesluit – werklose plattelandse plaaswerkers, huiswerkers, fabriekswerkers, dokwerkers, onderwysers en kleinhandelaars.

Die ondeurdringbare kampong- en trekarbeidstelsels het egter gesorg dat swart mynwerkers hulself nie in vakbonde kon organiseer nie. Die ICU het 'n tradisie van militantheid onder swart werkers ontketen en was in die 1920's selfs gewilder as die African National Congress (ANC). Dit het spoedig landwyd na die Vrystaat, Transvaal en Natal versprei en in 1925 is die vakbond-hoofkantoor na Johannesburg verskuif.

Kommunistiese invloede het ook gou in die ICU begin deurskemer. James la Guma, die vakbond se assistent-hoofsekretaris, het aangesluit by die Kommunistiese Party van Suid-Afrika (KPSA), wat in Julie 1921 gestig is. Ander ICU-lede het sy voorbeeld gevolg. Teen 1926 het ses KPSA-lede in die nasionale raad van die ICU gedien. Hierdie samewerking het egter nie lank gehou nie. Toe die kommuniste die vakbondleierskap van interne korrupsie, 'n gebrek aan dissipline en finansiële wanbestuur beskuldig het, is die kommuniste in Desember 1926 voor 'n ultimatum gestel: Hulle moes tussen die ICU en die KPSA kies. Dié wat nie uit vrye wil uit die KPSA bedank het nie, is uit die ICU gedryf.

Teen die einde van 1927 het die ICU sy hoogtepunt met 'n ledetal van ongeveer 100 000 bereik. Terwyl Kadalie in dié jaar in Europa was, het die swaartepunt van die ICU onder leiding van A.W.G. Champion na Natal verskuif. Leierskapsgeskille tussen Kadalie en Champion het veroorsaak dat die vakbond gou agteruit begin gaan het. In Mei 1928 het Champion van die ICU weggebreek en sy eie organisasie, die ICU yase Natal, gestig. Dit was 'n ernstige terugslag vir die oorspronklike ICU, want Natalse lede was 'n belangrike bron van inkomste vir die vakbond.

In Julie 1928 is W.G. Ballinger, 'n Skotse vakbondleier, as finansiële adviseur van die ICU aangestel, maar hy het ook kort voor lank met Kadalie gebots oor die manier waarop die vakbond se chaotiese administrasie hervorm moes word. In 1929 het Kadalie 'n onafhanklike ICU met sy hoofkwartier in Oos-Londen gevorm, maar weens 'n gebrek aan geld en nasionale steun het dit gesukkel om te oorleef. Die ICU het teen 1934 vir alle praktiese doeleindes as vakbondorganisasie van die toneel verdwyn en tientalle van sy ontnugterde swart lede het na die ANC gedraai.

Die opkoms van vakbondfederasies

In 1922 het die grootste en gewelddadigste staking in die geskiedenis van die wit arbeidsbeweging, die sogenaamde Randse Opstand, uitgebreek. Die staking het in wese gegaan oor die ekonomiese bekostigbaarheid van wit werkers se verskanste posisie in die myn- en aanverwante nywerhede aan die Witwatersrand, die getalleverhouding tussen swart werkers en wit toesighouers op die myne en die onderhandelingsmag van die wit vakbonde teenoor dié van die Kamer van Mynwese. Sowat 22 000 wit werkers het aan die staking deel-geneem en dit het so handuit geruk dat die staat dit met geweld onderdruk het.

Baie werkers het ná die staking hul werk verloor en vakbonde se mag het 'n groot knou gekry. Dit was egter op politieke terrein waar die 1922-staking die mees verreikende gevolge, ook vir vakbondorganisering, ingehou het. Wit werkers het die Smuts-regering verantwoordelik gehou vir die bloedige onderdrukking van die staking en die grootskaalse werkloosheid wat daarop gevolg het. Die Nasionale Party (NP) van J.B.M. Hertzog en die AP van Creswell het gevolglik in 1923 'n verkiesingsooreenkoms aangegaan en die Smuts-regering in die algemene verkiesing van 1924 verslaan. Die Smuts-re-gering het reeds voor die verkiesing die Nywerheidsversoeningswet van 1924 uitgevaardig wat enersyds wit vakbondlede se werksposisies teen loononder-kruiping verskans het, maar terselfdertyd ook werkgewers ondersteun het deurdat wetlike hindernisse in die pad van ongemagtigde stakingsaksie ge-plaas is. Die wet het voorts verhoed dat swart werkers lede van erkende vak-bonde kon word, aangesien hulle ingevolge die wet nie as "werkers" geklassi-fiseer is nie.

Die nuwe koalisieregering, wat as die Pakt-regering bekend gestaan het, se pro-wit arbeidsbeleid sou die rasseverdeling in die vakbond-en-arbeiders-beweging verder verdiep. Die nuwe Wysigingswet op Myne en Bedrywe van 1926 – die sogenaamde Kleurslagboomwet – het gesorg dat militante optrede deur wit werkers grotendeels iets van die verlede geword het. Die wet het wit werkreservering bevorder en geskoolde en halfgeskoolde wit werkers beskerm deur bevoegdheidsertifikate in geskoolde ambagte vir wit en bruin werkers te reserveer. Swart mense en Asiërs is daarvan uitgesluit. Georganiseerde wit arbeid is veral in staatstrukture gekoöpteer. Voortaan sou vakbonde burokra-tiese onderhandelingsprosesse moes volg voordat hulle stakings kon uitroep, wat militante wit weerstand doeltreffend beëindig het.

Nadat versoeningspogings met die AP in die 1924-verkiesingsveldtog mis-luk het, sou die KPSA sy beleid daarop toespits om die swart proletariaat te organiseer met die doel om uiteindelik 'n swart meerderheidsregering in Suid-Afrika tot stand te bring.

Die Kleurslagboomwet het die ontwikkeling van vakbonde dus op 'n nuwe basis gereguleer en gestimuleer. Van 1924 sou vakbondontwikkeling veral deur die stigting van industriële vakbonde en die vorming van vakbondfede-rasies gekenmerk word. Anders as in die vorige era toe ambagsvakbonde die arbeidstoneel oorheers het, het die nuwe vakbondstruktuur groter toegang tot georganiseerde arbeid aan meer werkers gebied. Dit was deels ook aan die Pakt-regering se beleid van sogenaamde "beskaafde arbeid" te danke ingevolge waarvan werkgewers 'n doelbewuste "ontvaardigingsproses" (*deskilling*) begin toepas het om meer werkgeleenthede vir ongeskoolde wit werkers te skep. Daardeur is ongeskoolde handlangers as "vaardige werkers" gekategoriseer. So kon meer ongeskoolde en halfgeskoolde wit werkers by die arbeidsmark inkom. Dié twee groepe het geskoolde ambagsmanne stelselmatig teen laer loonvlakke in nywerhede soos die spoorweë vervang.

Die Spoorbond is in 1934 as 'n vakbond vir ongeskoolde en halfgeskoolde spoorwegwerkers gestig. In 1936 het die Suid-Afrikaanse Yster-en-Staalbedryfsvereniging vir staalwerkers tot stand gekom. Dit sou teen 1976 meer as 38 000 lede hê. In 1949 is die Blankewerkersbeskermingsbond onder leiding van Gert Beetge gestig, en in 1953 'n vakbond vir leerwerkers. Die Blankewerkersbeskermingsbond het industriële vakbonde vir wit werkers in die klere- en leerbedryf en in die handelswêreld georganiseer. Daar was ook die Suid-Afrikaanse Vereniging vir Munisipale Werkers.

'n Kenmerk van dié uitsluitlik wit vakbonde was dat feitlik almal in die staatsektor soos die spoorweë en munisipaliteite, of in semistaatsektore soos die yster- en staalnywerheid gesetel was. Die lede van hierdie vakbonde kon maklik deur goedkoper swart werkers vervang word. Daarom het die staat 'n belangrike rol in die beskerming van wit arbeid gespeel. Hierdie vakbonde was gevolglik ten gunste van werkreservering, die onderdrukking van swart vakbonde en die verbanning van "kommunistiese" vakbondleiers.

Vakbondfederasies het momentum begin kry toe die South African Trade Union Congress (Satuc) in 1924 met 30 000 lede tot stand gekom het. Satuc, met die kommunis Bill Andrews as sekretaris, het 'n linkse inslag gehad en swart vakbonde kon daarby affilieer. Met die ondersteuning van Satuc is die eerste swart industriële vakbonde in onder meer die droogskoonmaak-, meubel-, lekkergoed- en motorbedryf gestig onder leiding van onder andere kommuniste wat deur die ICU uitgeskop is.

In 1928 is hierdie vakbonde, tesame met suiwel-, vleis-, seil-, vervoer- en ingenieursvakbonde, geamalgameer in die Federation of Non-European Trade Unions (FNETU) met La Guma van die KPSA as hoofsekretaris. Teen 1928 het die FNETU 'n ledetal van 10 000 gehad. Faktore soos die Groot Depressie van 1929 tot 1934, sy noue bande met die KPSA en interne dispute het egter tot die ondergang van die FNETU gelei.

Satuc het die weg voorberei vir die totstandkoming van die South African Trades and Labour Council (SAT&LC) in 1930 wat in daardie stadium die invloedrykste en grootste vakbondfederasie in die land was. Swart vakbonde kon ook daarby aansluit. Teen 1946 het die SAT&LC uit 115 vakbonde met 'n gesamentlike ledetal van 93 337 werkers bestaan. Vyftig van hierdie vakbonde was veelrassig. Die federasie het dus die afskaffing van rasgebaseerde arbeidswetgewing voorgestaan. In 1941, tydens die Tweede Wêreldoorlog, is die African Mineworkers' Union (Amwu) gestig as teenvoeter vir lae lone en hardhandige behandeling van swart mynwerkers in die goudmyne. J.B. Marks, 'n kommunis, was Amwu se president.

In November 1942 het 29 swart vakbonde in Johannesburg vergader om die Council of Non-European Trade Unions (CNETU) te stig. Hierdie koördinerende liggaam met 29 vakbonde en 150 000 lede het hom ten doel gestel om volle wetlike erkenning van swart vakbonde te verkry. Die federasie sou die swart arbeidersbeweging vir die volgende dekade domineer. Weens na-oorlogse voedselskaarstes en lae lone het Amwu met die ondersteuning van die CNETU in 1946 'n algemene staking uitgeroep waaraan sowat 70 000 swart mynwerkers op twaalf goudmyne deelgeneem het. Die polisie het die staking egter onderdruk, met die gevolg dat die CNETU ernstig verswak is.

Teen 1948 het die SAT&LC verbrokkel weens die onttrekking van ses vakbonde die vorige jaar, waaronder die MWU en die staal- en spoorwegwerkers, uit protes teen die toelating van swart vakbonde. Dit het gelei tot die stigting van twee nuwe wit vakbondfederasies, naamlik die Suid-Afrikaanse Federasie van Vakbonde met 100 000 lede in 23 vakbonde, en die Koördinerende Raad van Suid-Afrikaanse Vakunies met 13 000 lede in sewe vakbonde. In 1957 het hierdie twee liggame saamgesmelt om die konserwatiewe Suid-Afrikaanse Konfederasie van Arbeid (Sakva) met dertig vakbonde en 155 000 lede te vorm.

Die Wet op die Onderdrukking van Kommunisme van 1950 het die SAT&LC 'n finale nekslag toegedien. Die vakbond moes daarna ontbind, aangesien soveel van sy ervare swart leiers as kommuniste gelys is en uit hul vakbondposte moes bedank. In 1954 is die South African Trade Union Council met 61 vakbonde en 147 000 werkers gestig. In 1962 is die naam verander na die Trade Union Council of South Africa (Tucsa). Tucsa het egter bly weifel oor die affiliasie van swart vakbonde. Dit het tot die onttrekking van 'n aansienlike aantal stigtersvakbonde aan die federasie gelei. In 1986 is Tucsa finaal ontbind.

Vakbonde wat voorheen by die SAT&LC en die CNETU (wat in 1953 ontbind is) geaffilieer was en nie met die rassebeleid van Tucsa saamgestem het nie, het in Maart 1955 die South African Congress of Trade Unions (Sactu) gestig. Die federasie het uit 19 hoofsaaklik swart vakbonde in die vervaardiging-, voedselprosessering- en dienstesektore bestaan met 'n ledetal van 30 000. Sactu het noue bande met bevrydingsbewegings soos die ANC gehad en die leierskap van die twee organisasies het gedeeltelik oorvleuel. Deur die toepassing van die Wet op die Onderdrukking van Kommunisme en die Sabotasiewet van 1962 het die staat egter al Sactu se leiers verban. Teen die middel van die 1960's het die federasie sy invloed in die Suid-Afrikaanse vakbondwese grootliks verloor.

Die Wiehahn-kommissie en die vakbondwese

Die vroeë 1970's is gekenmerk deur 'n gewelddadige stryd teen die NP-regering se beleid oor swart arbeid. Van Januarie tot Maart 1973 het sowat 61 000 swart werkers aan stakings in Durban deelgeneem. Dit het gedui op die mislukking van die Wet op Bantoe-arbeid van 1953 wat swart arbeidsverhoudinge gereguleer het en as alternatief vir swart vakbonde moes dien.

Teen hierdie agtergrond het die regering in 1977 die Kommissie van Ondersoek na Arbeidswetgewing, ook bekend as die Wiehahn-kommissie, aangestel. Dit moes ondersoek instel na arbeidswetgewing en aanbevelings doen in 'n poging om arbeidsvrede in die toekoms te verseker. Van die mees uitstaande aanbevelings van die kommissie, wat die regering dan ook aanvaar en in werking gestel het, was dat swart vakbonde kragtens wet erken moes word en dat (wit) werkreservering kragtens wet geskrap moes word.

Die stukrag wat die Wiehahn-aanbevelings aan die ontstaan van nuwe (wettige) swart vakbonde gegee het, het ook saamgeval met die toename in swart steun vir anti-apartheid-bevrydingsbewegings. So het die swart vakbond-en-arbeidersbeweging ook 'n wettige kanaal vir swart politieke protes teen apartheid in die afwesigheid van verbanne bevrydingsorganisasies soos die ANC en die PAC geword en groot invloed onder die swart massas verkry.

In 1979 is die Federation of South African Trade Unions (Fosatu) gestig. Dit was die eerste nie-rassige vakbondfederasie sedert Sactu, hoewel dit hoofsaaklik swart vakbonde verteenwoordig het. Fosatu het nege geaffilieerde vakbonde in die motor-, metaal-, voedsel-, vervoer-, tekstiel-, chemiese en papierbedrywe gehad. In 1980 is die Council of Unions of South Africa (Cusa) gestig wat veral met die swartbewussynsbeweging bande gehad het. Cusa het in 1986 met ander swart federasies saamgesmelt om die National Council of Trade Unions (Nactu) te vorm. Die invloedryke National Union of Mineworkers (NUM) vir swart mynwerkers, met Cyril Ramaphosa as hoofsekretaris, is in 1982 gestig.

Fosatu het die weg gebaan vir die grootste vakbondfederasie wat tot nog toe in Suid-Afrika tot stand gekom het. Ná vier jaar se beplanning is die Congress of South African Trade Unions (Cosatu) in November 1985 in Durban van stapel gestuur in 'n tyd van groot politieke onrus. Die stigting van Cosatu het 'n nuwe dinamiek na die politieke vakbondwese gebring. Aanvanklik het dit uit 33 vakbonde, ou Fosatu-geaffilieerdes en onafhanklike vakbonde soos die NUM, bestaan en 450 000 lede gehad.

Binne die swart arbeidersbeweging het Cosatu 'n leidende anti-apartheidsorganisasie geword. Dit het disinvestering en sanksies teen die NP-regering, die opskorting van die noodtoestand, die onvoorwaardelike vrylating van alle politieke gevangenes en 'n pro-sosialistiese beleid voorgestaan. Cosatu was ook baie prominent tydens massabetogings en stakings in die 1980's en vroeë 1990's.

Ná die ontbanning van bevrydingsorganisasies in 1990 het Cosatu onderhandelings gevoer met die ANC en die kommuniste, wat hulself in die 1950's as die Suid-Afrikaanse Kommunistiese Party (SAKP) hergroepeer het. Dit het gelei tot die vorming van 'n formele drieledige alliansie tussen die ANC, Cosatu en die SAKP. Die organisatoriese ondersteuning van Cosatu in die algemene verkiesing van 1994 was 'n sleutelfaktor in die ANC se verkiesingsoorwinning.

Sedertdien oefen Cosatu groot invloed op die ANC-regering se arbeids-, ekonomiese en sosiale beleid uit en verskeie Cosatu-lede is ook as ANC-parlementslede verkies. In 2009 was 21 vakbonde met 'n gesamentlike ledetal van 1,8 miljoen lede by Cosatu geaffilieer.

Vakbondorganisasies ná 1994

Ná die eerste demokratiese verkiesing, die aanvaarding van die Wet op Arbeidsverhoudinge van 1995 en die nuwe Suid-Afrikaanse grondwet was daar geen toekoms meer vir ras-eksklusiewe vakbonde nie. Die konserwatiewe vakbondfederasie Sakva, wat nog enkele uitsluitlik wit vakbonde verteenwoordig het, het uiteindelik weggekwyn.

Soos reeds genoem, is wit vakbonde reeds in 1924 ingevolge die Nywerheids-versoeningswet in staatstrukture gekoöpteer, waardeur alle vorme van militante weerstand deur wit werkers doeltreffend geneutraliseer is. Tog is daar 'n gesegde wat lui: "Wanneer die leeu sy tande verloor, brul hy dikwels steeds hard om sy onmag te verbloem." So het sekere wit vakbonde soos die MWU in die laat 1970's en die 1980's nog hardnekkig probeer om die afskaffing van werkreservering vir wit werkers, soos deur die Wiehahn-kommissie aanbeveel, teen te staan.

Teen 1997 het dié vakbond egter besef dat hy sy strategie, visie en doelstellings sou moes transformeer om te oorleef in 'n wêreld waar die arbeidsmark gekrimp en die arbeidstoneel totaal verander het. Die krimpende arbeidsmark was onder meer toe te skryf aan die revolusie in inligtingstegnologie en aan groter meganisasie, outomatisasie en tegnologiese spesialisasie in die nywerheidswese. Hierdie tendense het vakbondfederasies eerder as onafhanklike vakbonde gestimuleer.

Reeds sedert 1978 het die MWU sy reikwydte uitgebrei deur lede buite die mynbedryf te werf. Stelselmatig is werkers vanuit onder meer die staal-, chemiese en petrochemiese, hout-, voedsel- en kommunikasiebedrywe, asook staats- en semistaatsamptenare, vir die MWU gewerf. Onder die dinamiese leierskap van Flip Buys as uitvoerende hoofbeampte is die MWU teen 2002 omvorm tot Solidariteit, 'n omvattende arbeidsdiensorganisasie met federale kenmerke. Teen 2009 was Solidariteit se ledetal van 130 000 verteenwoordigend van feitlik alle sektore van die Suid-Afrikaanse ekonomie en selfs individue kon daarby aansluit. Meer as 20% van die lede was vroue en 15% nie-wit.

In April 1997 het die Federation of Unions of South Africa (Fedusa) met 556 000 lede in 23 vakbonde tot stand gekom. Fedusa verteenwoordig werkers in onder meer die lugvaart-, gesondheids-, verversings-, motor- en gasvryheidsbedryf, asook munisipale en staatsamptenare en werkers in die onderwys, mediese dienste en bankwese. Die United Association of South Africa (Uasa) met 75 000 lede het in 1998 tot stand gekom. Dit is ook by Fedusa geaffilieer. Uasa verteenwoordig 'n amalgamasie van vakbonde in sektore soos die mynbou, bosbou, chemie, juweliersware, motorvervaardiging, vervoer, lugvaart, spoorweë, media, medisyne, metaal, ingenieurswese, sekuriteit, suiker, atoomenergie, pos en telekommunikasie, asook staatsdiens-, semistaatsdiens-, munisipale en gesondheidswerkers.

'n Merkwaardige verskynsel op die arbeidstoneel was hoe vinnig die mag en invloed van veral staatsdiensvakbonde in die Suid-Afrikaanse samelewing in die 21ste eeu toegeneem het. Waar sowel wit as swart werkers in die 20ste eeu dikwels 'n verbete stryd om erkenning, verbeterde werkstoestande en finansiële voordele moes voer, blyk dit dat arbeidsomstandighede in die 21ste eeu omgekeer het. Dit kan toegeskryf word aan die vlaag van werkersvriendelike arbeidswetgewing wat sedert 1994 aanvaar is.

Staatsdiensvakbonde is tans van die invloedrykste belangegroepe in die Suid-Afrikaanse samelewing. In hierdie opsig het Suid-Afrika internasionale tendense gevolg. Groot en invloedryke staatsdiensvakbonde onder die Cosatu-sambreel, wat dikwels by ontwrigtende stakingsaksies betrokke raak, sluit onder meer die South African Democratic Teachers' Union (Sadtu), die National Health and Allied Workers' Union (Nehawu) en die South African Municipal Workers' Union (Samwu) in.

Die lone, pensioene en byvoordele van lede van staatsdiensvakbonde neig om hoër te wees as dié van lede van vakbonde in die privaatsektor en hul posisies is sekerder. Weens hul groot ledetalle kan munisipale vakbonde byvoorbeeld maklik 'n stad tydens 'n staking verlam. Lede van staatsdiensvakbonde is dikwels beter opgevoed en is meer onverskrokke om vir meer hulpbronne by die regering te beding, en weens onbuigsame arbeidswetgewing is dit baie moeilik om van swak werknemers ontslae te raak.

26

'n Omgewingsgeskiedenis van Suid-Afrika

Elize S. van Eeden et al.*

O mgewingsgeskiedenis is die studie van die invloed wat die mens en die natuur met verloop van tyd op mekaar uitoefen. Daar word ook soms na dié proses verwys as deel van die ekologie (die studie van organismes in hul verhouding tot die omgewing en met mekaar).

Omgewingsnavorsing in die vak geskiedenis is sedert die 1960's aange-moedig toe sosiopolitieke bewegings in die Verenigde State van Amerika (VSA) en Europa gereageer het op die frustrasies van ekologiese en diereregte-drukgroepe. Algaande het die groeiende bewustheid van 'n wêreldwye omgewingskrisis en die gevolglike Groen Revolusie-benadering 'n uitwerking op historici se denkwyses gehad. In bogenoemde wêrelddele het hulle dus begin aandag skenk aan omgewingskwessies en die "landskappe van die verlede" by hul geskiedskrywing begin insluit.

Omgewingsgeoriënteerde navorsing oor Suid-Afrika se verlede is egter nog maar 'n onlangse ontwikkeling. As gevolg van die land se intellektuele en politieke isolasie tydens apartheid het die wêreldwye Groen Revolusie betreklik min aandag onder plaaslike historici geniet. Hulle het hulle eerder daarop toegespits om apartheid teen te staan of te verdedig. Sedert 1994 het historici egter hul studies anders begin benader en ook op die mens se interaksie met die natuur begin fokus.

Die omgewingsgeskiedenis dek verskillende aspekte van die natuur, waaronder die litosfeer (die vaste aardkors), pedosfeer (byvoorbeeld grond), atmosfeer (lug), hidrosfeer (water in 'n verskeidenheid omgewings) en biosfeer (byvoorbeeld woude). Hierdie hoofstuk begin deur die omgewing in 'n breë konteks te plaas, met die geografie as die uitgangspunt. Die landskap en sy verskillende ekosisteme word eerste beskryf. Daarna word teruggetree in die verlede met 'n bespreking van hoe inheemse groepe soos die Khoekhoen en swart volkere, asook ander magtige, gesentraliseerde groeperinge uit Afrika, hulle by 'n gedurig veranderende omgewing aangepas het – en hoe hulle op hul beurt weer die omgewing verander het.

Dan volg 'n ontleding van die impak wat wit nedersetting en uitbreiding op die landskap gehad het. Van die middel van die 18de eeu tot die middel van die 20ste eeu was die hoofoorsaak van omgewingsveranderinge die uitbreiding van die landbousektor.

Die opkoms van "omgewingsbewustheid" (hoewel dit aanvanklik hoogs verpolitiseer was) en die gepaardgaande groei van nasionale parke word vervolgens ondersoek.

Die fokus verskuif dan na die apartheidsregering se bestuur van die natuur, gesien binne die konteks van die internasionale omgewing – veral teen die agtergrond van die internasionale omgewingskrisis van die 1960's. Die hoofstuk sluit af met 'n blik op omgewingsinisiatiewe sedert 1994 en die uitdaging van volhoubare ontwikkeling te midde van voortslepende omgewingskrisisse.

DIE WÊRELD RAAK OMGEWINGSBEWUS

In die buiteland het individue of groepe mense se omgewingsgerigte optredes gesorg dat beleid oor gesonde omgewingsbestuur mettertyd tot stand gekom het. Formele omgewingsbewustheid het egter eers van die 19de eeu af posgevat. In die 20ste eeu het progressiewe bewegings wat op omgewingsbewaring gerig was dié soort kwessies veral ná die Tweede Wêreldoorlog (1939-1945) verder gevoer. Dit het gepaardgegaan met die bydraes van omgewingsdenkers.

Internasionaal gedrewe omgewingsregulasies is veral sedert die 1970's ingestel. Daadwerklike openbare aksies en reaksies rakende negatiewe of onverskillige omgewingsbewaring het dus maar pas die vyftigjaar-kerf bereik. Lank voor hierdie aksies het individue egter dikwels staatsdepartemente voor die hof gedaag oor omgewingskwessies wat hulle in hul woon- en werksomgewings gehinder het. 'n Gekoördineerde stelsel van regulasies en beleid oor die omgewing is vanaf die 1960's neergelê. In baie opsigte het hierdie mylpaal spontaan tot politieke debatte en openbare optredes rakende die omgewing gelei, en het internasionale omgewingsooreenkomste tot stand gekom.

Die Verenigde Nasies se Brundtland-verslag van 1987, wat gerig was op die verhouding tussen die ekonomie en die omgewing, het byvoorbeeld voorstelle aan regerings gemaak oor omgewingsbeplanning en volhoubare ontwikkeling. In dieselfde jaar het die Montreal-protokol, wat die bydraes van wetenskaplike bevindinge en diplomasie beklemtoon het, gevolg. Veral welvarende lande het hierby gebaat, maar baie lande het van die ooreenkomste in die algemeen – en die Montreal-protokol spesifiek – geïgnoreer. Hieronder tel Japan en Noorweë met hul onwilligheid om beperkings op walvisjag in te stel, Saoedi-Arabië se negatiewe reaksie op die versoek dat hy koolstofuitstortings beperk en Brasilië se aandrang op sy reg om die Amasone te ontwikkel soos hy wil, al hou dit negatiewe implikasies vir die hele mensdom in.

Nog 'n belangrike struikelblok is Indië en China se weiering om deel te vorm van die Montreal-protokol, wat die gebruik van osoonvernietigende middels ontmoedig. Hierbenewens verskil lande met betrekking tot hoe streng hul wetgewing oor omgewingsbewustheid en -kontrole is. Met sy nuwe regulasies en wette is Suid-Afrika aan die begin van die 21ste eeu voorgehou as 'n model wat omgewingswetgewing betref.

Die afgelope jare het die gebrekkige, (soms bewustelik) ongekontroleerde houding van die regering oor die toepassing van omgewingsregulasies egter tot heelwat openbarebewustheidsoptredes deur nieregeringsorganisasies (NRO's) gelei. In 2007 het dit uitgeloop op die vorming van die Federasie vir 'n Volhoubare Omgewing (FVO). Binne regeringskringe – as die beleidmakers en -uitvoerders – het erns jeens die omgewing veral sedert 2005 toegeneem. Die onontbeerlike ekonomiese rol wat primêre bedrywe soos die mynbedryf speel om welvarendheid in Suid-Afrika te verseker, is dekades al die vernaamste rede waarom omgewingsbeleid nie streng deur die regering toegepas word nie – en hy daarom kritiek verduur.

Hard, veranderlik en kwesbaar

Suid-Afrika beslaan 'n oppervlakte van sowat 1 219 090 km² op die verste uithoek van die groot Ou Wêreld se landmassa, op 'n breedteligging van tussen 22° en 34° suid. Die land word begrens deur sowel die Atlantiese as die Indiese Oseaan.

In die algemeen is Suid-Afrika geologies oud en stabiel. Van die bekendste gesteentes op Aarde – 3 500 miljoen jaar oud – dagsoom op die grens van Mpumalanga en Swaziland, terwyl stukkies vlakte op die rand van die plato in Boesmanland tot 60 miljoen jaar oud kan wees. Dié lang blootstelling beteken miljoene jare van erosie, skoongeskraapte rotsdagsome en vlak grond. Ons lewe letterlik in 'n harde land.

Verder is alle kontinente langs die 30°-breedtelyn dor, en Suider-Afrika (die streek waarbinne Suid-Afrika val) is geen uitsondering nie. Suid-Afrika se gemiddelde jaarlikse reënval is 464 mm, terwyl die wêreldgemiddelde 857 mm is. Vyf sewendes van die land ontvang somerreën wat vanaf die Indiese Oseaan aangevoer word. Die ooskus kry meer as 1 000 mm per jaar, die sentrale deel van die binneland (waar die Vaalrivier en die Oranje- of Garieprivier by mekaar aansluit) 400 mm, en die weskus minder as 50 mm.

Daarteenoor is die winters droog. In die verre suidweste en suide toon klein, verspreide areas wat baie hoë reënval (bo 2 000 mm) kry 'n ander patroon. Hierdie suidelike "mosaïek" is die gevolg van winterreën uit die Atlantiese Oseaan wat weer van wes na oos verkry word. Tussen die somer- en winterreënstreke lê 'n smal strokie – min of meer vanaf George aan die Tuinroete tot by Lüderitz in Namibië – wat dwarsdeur die jaar reën kry.

In die algemeen is Suid-Afrika 'n droogtegeteisterde land. Die grootste risiko lê in gebiede met somerreën van tussen 600 mm en 200 mm, naamlik die sentrale en oostelike Karoo, die westelike Hoëveld, die Bosveld en die Noord-Kaapse Kalahari. Dít beloop vier sewendes van die land se oppervlakte.

Gebiede met 'n reënval van bo 600 mm per jaar kry selfs in ondergemiddelde jare nog 'n bietjie reën; onder 200 mm maak die boerderystelsel egter gewoonlik vir droogterisiko voorsiening. Droogtes kom ook in die winterreënvalstreek voor, maar winterreën is in die algemeen meer betroubaar.

Droogtes, hoe rampspoedig hulle ook al vir 'n boerderygemeenskap mag wees, is 'n korttermynverskynsel. Suider-Afrika bevind hom ongemaklik op twee klimaatsoorgange: Temperatuurgewys val die land op die oorgang tussen die tropiese en gematigde sones, en reënvalgewys op die oorgang tussen ariede (droë) en humiede (nat) streke.

'n Eenvoudige manier om Suid-Afrika ekologies uit te pluis, is om ondersoek in te stel na die biome wat daaroor verspreid lê. 'n Bioom is 'n gebied met 'n eenderse plant- en dierelewe wat gekenmerk word deur 'n spesifieke kombinasie van klimaat, reliëf (geografiese gesteldheid) en grond. Hierdie kombinasie van fisieke elemente skep die moontlikhede van 'n gebied se plant- en dierelewe, asook die beperkings daarop. Sewe biome of plantegroeistreke lê verspreid oor Suider-Afrika:

Kenmerke van Suid-Afrika se biome

Biome	Opper-vlakte (% van RSA)	Gemiddelde reënval p.j. (mm)	Plantegroei-struktuur*	Maksimum produk-tiwiteit (ton/ha/j.)
Fynbos	7	250 - 2 000	Geslote immergroen struike	4
Sukkulent-Karoo	10	100 – 200	Oop dwergstruike, jaarplante	2
Nama-Karoo	28	100 – 500	Oop dwerg- en lae struike, gras	3
Woestyn**		10 – 70	Jaarplante, rivier-oases	<0,35
Grasland	20	400 – 1 000	Geslote meerjarige grasse	6
Savanne	35	400 – 1 000	Gras met verspreide bome	7
Woud	<1	Bo 1 200	Geslote immergroen bome	15

* 'n Geslote plantegroeistruktuur beteken dat die blare van die struike of bome of die sooie van die gras by mekaar aansluit; 'n oop plantegroeistruktuur beteken dat hulle so ver van mekaar staan dat oop grond tussenin voorkom.
** Hoewel die Namib-woestyn streng gesproke nie binne Suid-Afrika se grense val nie, word dit ingesluit sodat die woestynbioom ook verteenwoordig is.

Wat rykdom aan spesies betref – 8 500 op 'n oppervlakte van slegs 71 000 km² – word fynbos op 'n wêreldskaal slegs deur die ekwatoriale woude geëwenaar. Die fynbosbioom huisves 1 320 van die subkontinent se 2 351 skaars en bedreigde spesies. Blomplante uit dié bioom, soos varklelies, gladioli, nerinas en malvas, versier tuine dwarsoor die wêreld. Die harde blare en stokkerigheid maak hierdie formasie ongeskik vir weiding, terwyl die bergsandgrond skraal, uitgewas en suur is. Die beste vir boerdery is die leemgrond aan die voet van die westelike plooiberge, maar selfs dít is bloot gemiddeld.

Sukkulente ("vetplante" in die volksmond) is aangepas om water in die blare, stam of wortels van die plant te berg. Meerjarige sukkulente wissel in groeivorm van die 4-5 m hoë Namakwalandse kokerboom tot plat bokkloutjies wat tussen die kwartsklippies van die Richtersveld wegraak.

Meer tipies is die vygieveld van die Knersvlakte en Klein-Karoo – uitgestrekte areas bedek met 50-70 cm hoë vetblaarbossies. Al kom daar min spesies in hierdie streek voor, bevat dit per hektaar nogtans dubbeld soveel as die Noord-Amerikaanse sukkulentwoestyne, wat dié bioom (soos in die geval van fynbos) dus een van die wêreld se 16 belangrikste bioverskeidenheidsgebiede maak. Produktiwiteit bly egter laag en eeue lange beweiding het tot die agteruitgang van die plantbedekking gelei.

Kenmerkend van die Nama-Karoo is die oop peperkorrelbossies – ankerbos, perdebos, driedoring en gannabos – wat verpot groei, met harde, fyn, vaal-groen blaartjies en dorings. Karoobossies bied nogtans bruikbare weiding vir kleinvee en word in goeie jare deur gras aangevul, wat in swak jare weer ver-skroei en droogtes aanhelp. Eetbare plantsoorte moes oor die jare vir smaak-loses plek maak en gronderosie het toegeslaan waar die gras permanent ver-dwyn het.

Die Karoo-omgewing is ook blootgestel aan ekologiese ontploffings – enorme toenames in die getalle van 'n spesie wat die ekologiese ewewig tydelik omverwerp en 'n ramp vir die boer beteken. Die groot sondaar is sprinkaan-swerms, maar in die 19de eeu is die hordes springboktroppe in hul aanskou-like, fassinerende uittog na die weste (Namakwaland) nog meer gevrees.

Ware woestyn is tot die duineseë en gruisvlaktes van die Namibiese kus be-perk en lê streng gesproke buite Suid-Afrika. Die plantegroei is óf jaarplante wat vinnig op die seldsame reënepisodes reageer, óf superaangepaste meer-jariges soos die *Welwitschia mirabilis*, wat eintlik 'n boom is wat diep onder die grond vertak. Langs die enkele riviere groei ook bome en struike wat deur korswater gevoed word.

Die meeste boomsoorte van Afrika is gevoelig vir koue, met die gevolg dat die Suid-Afrikaanse oostelike binneland bo 1 500 m feitlik suiwer grasland is. Dít beloop 20% van die land se oppervlakte. In die natter teraslande en voetheuwels oos van die Drakensberg groei die gras geil (40 tot 100 cm hoog) maar verloor sy voedsaamheid as die reënseisoen verby is: Die boere daar praat van suurveld.

Oor die vlaktes wes van Gauteng daal die reënval tot onder 600 mm per jaar en die kort gras bekend as soetveld (tussen 40 tot 60 cm hoog) bly voed-saam dwarsdeur die jaar. Graswortels is vlak en intensief, vorm sooie en verryk die organiese inhoud van die onderliggende grond. Hierdie bioom huisves die land se grootste oppervlakte van bewerkbare grond, en tienduisende hektaar van veral die Hoëveld staan vandag onder somergewasse. Dit is dan ook ver-al in hierdie dele waar mynbedrywighede en ander nywerheidsaktiwiteite plaasvind wat nie net groot druk plaas op die gehalte van die land se water-bronne nie, maar ook ander vorme van omgewingsbesoedeling veroorsaak.

Savannes vou in 'n halwe ring om die graslande. Savannegebiede het twee eienskappe gemeen: 'n subtropiese somerreënkarakter, en plantegroei van aan-eengeslote hoë gras en verspreide bome, tipies met stewige stamme en sam-breelvormige takke. Bepaalde omgewings het egter hul eie variasies: In die nat, ingekerfde valleie van die ooskus verstrengel die boomgroei tot kreupelhout, terwyl die kameeldorings van die halfdroë Kalahari ver uitmekaar geplaas is en kolle rooi sand tussen die polgras deurslaan.

Savanne-omgewings was besonder "verbruikersvriendelik" vir prekoloniale gemeenskappe. In gebiede met meer as 600 mm reën kon somergrane verbou word. Die lang gras was goeie weiding vir grootvee. Bome het bou- en vuur-maakhout verskaf en enkele soorte, soos die maroela, het veldkos bygedra. Van al die Suid-Afrikaanse biome het die savanne ook die meeste van sy diereryk-dom behou, van troppe grasvreter-bokke tot groot roofdiere.

Natuurlike woude kom slegs in die Suid-Kaap voor, afgesien van langs en-kele Oos-Kaapse en KwaZulu-Natalse berghange. Soos in enige woud is die biologiese produktiwiteit hoog en bestaan die woudstruktuur uit verskillende lae: 50 m hoë geelhoutbome is die uitskieters, ietwat kleiner bome van 20-25 m hoog sluit in 'n woudplafon saam, en slingerplante en varings gedy in hul skaduwee. Boomsoorte soos geelhout, stinkhout, ysterhout en assegaaihout is uitstekende konstruksie- en meubelhout, maar stadige groeiers. Gedurende die 19de eeu is hulle oorontgin, en die Kaapse regering se maatreëls om die afkap daarvan te beheer was die begin van natuurbewaring in Suid-Afrika. In 'n boom-arm land soos Suid-Afrika is hulle 'n toeriste-aantreklikheid en word hulle vandag as sodanig volhoubaar ontgin.

Ons oorsig oor biome toon dat die Suid-Afrikaanse omgewing oor 'n ryke verskeidenheid beskik en op sowel kort as lang termyn hoogs veranderlik is. Daarom is dit ook kwesbaar, soos die volgende drie voorbeelde bewys.

Ten eerste word fynbos al hoe meer deur verstedeliking en landbou opgeëis. Die plantegroeiformasie is goed by brand aangepas en herstel ná 15 jaar vol-kome. Soos wat die bevolkingsdigtheid van die Wes-Kaap egter toeneem, kom bergbrande al hoe vinniger opmekaar voor en skaars spesies – sommiges met 'n habitat (woongebied) van slegs enkele hektaar – verdwyn eenvoudig. Die-selfde brande maak ook die deur oop vir indringers soos die trosden, hakea en wattel, wat vinniger as die inheemse plantegroei herstel.

Ten tweede is sommige bioomgrense inherent onstabiel. Die grens tussen

Nama-Karoo en grasland skuif byvoorbeeld na gelang van die grasstand – weswaarts in goeie jare en ooswaarts tydens droogtes. Daar is ekoloë wat meen dat Nama-Karoo die grasland oor die afgelope 200 jaar as gevolg van oorbeweiding tot 250 km ver binnegedring het.

Ten slotte word Suider-Afrika reeds sowat 120 000 jaar deur die moderne mens, *Homo sapiens*, bewoon – langer as enige ander wêrelddeel behalwe moontlik Oos-Afrika. Oor dié tyd moes gemeenskappe noodwendig 'n impak op die omgewing gehad het. Só het jagters van die Middel-Steentyd, volgens sommige ekoloë, subtropiese bos gereeld afgebrand. Die resultaat was 'n plantegroei van verspreide bome en gras – die savanne van vandag.

In Suider-Afrika is beweiding en grondbewerking 2 000 jaar oud en het permanente grondbesit meer as 350 jaar gelede begin. Gedurende dié drie en 'n halwe eeue het al die oop plantegroeiformasies – fynbos, sukkulent-Karoo, Nama-Karoo en grasland – hul diereverskeidenheid verloor. Met allerlei aktiwiteite verander die mens sy omgewing, maar 'n veranderende omgewing kan mettertyd ook menslike gemeenskappe omvorm.

Die omgewing en inheemse bewoners voor en gedurende die VOC-tydperk

Jagter-versamelaars

Die eerste bewoners van die land wat vandag as Suid-Afrika bekend staan, was die San of Boesmans. Hulle was jagter-versamelaars en het nie vee aangehou of gewasse gesaai nie. Die grootste deel van hul dieet het bestaan uit plantkos wat hoofsaaklik deur die vroue in die veld versamel is – die vrugte, sade, blare en wortels van eetbare plante. Hulle het ook sprinkane en ander soorte insekte geëet. Om hierdie dieet aan te vul, het die mans 'n verskeidenheid wilde diere gejag, byvoorbeeld klein knaagdiertjies, reptiele soos skilpaaie en ook groot wildsbokke, insluitend elande.

Oor baie eeue heen het hul jagmetodes verbeter en is dit by die omgewing aangepas. Aanvanklik moes hulle hul prooi bekruip of inhardloop, en dan met stokke of klippe doodslaan. Later het hulle geleer om in groepe saam te werk – een groep het die wild in die rigting van 'n ander groep gedryf, of in die rigting van 'n gat wat hulle in die grond gegrawe het om die diere te vang. Hul jagtegnologie het 'n sprong vorentoe gegee toe hulle geleer het om boë en pyle met gifbestrykte punte te maak. Sodoende kon hulle hul prooi van 'n afstand af tref. Dit het egter steeds groot inspanning en veldvernuf geverg om 'n gekweste dier se spoor te volg tot waar hy gevrek het. Omdat dit soveel moeite was, het die Boesmans net genoeg wild gejag om in hul basiese kosbehoeftes te voorsien.

Daar word algemeen aanvaar dat jagter-versamelaars vanweë hul manier van lewe net 'n "ligte" impak op die omgewing gehad het. Hul getalle was beperk en hulle het in klein groepies rondgetrek. Hul woonplek het bestaan uit grotte of tydelike skuilings van takke, gras en velle. In die algemeen was hul leefstyl nomadies – met ander woorde, hulle het agter kos aan getrek. Wanneer die voedselbronne in 'n gebied minder raak, moes hulle versit na waar meer kos beskikbaar was.

Aangesien 'n groot verskeidenheid plant- en dierespesies as kos benut is, kan ons aflei dat die jagter-versamelaars nie spesifieke spesie in spesifieke gebiede heeltemal sou uitroei nie. Hoewel elke Boesmangroep in Suider-Afrika sy eie gebied beheer het, was so 'n gebied uitgestrek en het die groep soms oor afstande van meer as 100 km rondgetrek. Omdat hulle nooit een gebied totaal uitgeput het voordat hulle na 'n ander een verskuif het nie, kon die gebied wat agtergelaat is mettertyd weer herstel van die skade wat hul benutting aangerig het. Wanneer daar 'n langdurige droogte was, sou die ouer en swakker lede van jagter-versamelaar-gemeenskappe ook saam met die diere van honger doodgaan.

Hoewel jagter-versamelaars se getalle en tegnologiese peil te laag was om 'n dramatiese effek op die omgewing te kon uitoefen, moet daar nie uit die oog verloor word nie dat die Boesmans per slot van sake behoort tot *Homo sapiens* – die enigste spesie wat daarin kon slaag om hom by feitlik enige omgewing op die Aarde aan te pas.

Mense het dít reggekry met die hulp van tegnologiese ontwikkelinge: Met klipwerktuie kon hulle byvoorbeeld 'n groot verskeidenheid voedselbronne benut, klere maak en skuilings bou, wat hulle in staat gestel het om in gebiede te oorleef wat andersins ongeskik sou wees vir menslike bewoning. Gevolglik het mense die omgewing baie meer beïnvloed as wat diere gedoen het.

Al was hul tegnologiese ontwikkeling primitief, het die Boesmans planne bedink om mag oor die natuur te verkry. Uit die rituele wat in hul rotskuns uitgebeeld is, kan afgelei word dat hulle voor 'n jagtog onder leiding van hul tradisionele genesers sekere aksies uitgevoer het wat veronderstel was om hulle mag te gee oor die bokke wat hulle wou jag.

Sommige navorsers meen dat jagter-versamelaars se impak op die omgewing dalk groter was as wat vroeër geglo is. Veral deur hul vermoë om vuur te maak, het die Boesmans – soos jagter-versamelaar-gemeenskappe elders op die Aarde – bygedra tot ekologiese veranderinge. Die ontstaan van brande in Suider-Afrika was, net soos op ander plekke in die wêreld, 'n belangrike faktor in die verkleining van woude en die vergroting van grasvelde. Hierdie brande is dikwels deur mense veroorsaak.

Deur hul jagpatrone het die Boesmans ook 'n invloed op die dierelewe uitgeoefen. Hoewel hulle nie soos hul tydgenote in die Westelike Halfrond sekere grootwildspesies tot uitwissing toe gejag het nie, kon hul jagvermoëns tog die balans tussen verskillende wildsoorte in 'n mate versteur het. Ook die Boesmans se voorkeur vir sekere soorte eetbare plante moes die plantkundige samestelling van die sewe biome in Suider-Afrika deels verander het.

Hoewel die Boesmans dus wel die natuurlike omgewing beïnvloed het, was hul invloed weens hul betreklik klein getalle en yl verspreiding in die streek net tot sekere gebiede beperk. In vergelyking met latere boeregemeenskappe was hul omgewingsimpak minimaal.

Landbouers en veeboere

Beide die Khoekhoen en die verskillende Bantusprekende swart gemeenskappe wat Suid-Afrika uit die noorde binnegekom het, het vee besit. Hoewel hulle ook kleinvee aangehou het, het die sosio-ekonomiese bestaan van hierdie gemeenskappe rondom hul beeste gewentel. Die soeke na geskikte weiding, vry van plae soos die tsetsevlieg, was een van die redes vir die verspreiding van Bantusprekende groepe regoor die grasvlaktes op die Hoëveld in die Suid-Afrikaanse binneland.

Teen die tyd dat die voorhoede van die Bantusprekers Suider-Afrika bereik het, het hulle reeds geleer om graangewasse, soos byvoorbeeld sorghum, te verbou. Hulle het egter steeds, soos die jagter-versamelaars, veldkos versamel en wild gejag.

Verhoogde voedselproduksie deur vee- en saaiboergemeenskappe het 'n verbeterde dieet beteken, wat weer tot snelle bevolkingsgroei gelei het. Die Khoekhoen het hulle op 'n baie meer permanente basis in gebiede gevestig waar daar water, gras vir beweiding en grond vir bewerking beskikbaar was. Omdat hulle in meer permanente en groter woonplekke gewoon het, kon hulle meer persoonlike besittings versamel en het sosiale gelykheid onder lede van die gemeenskap verdwyn.

Groter materiële rykdom het tot groter aansien gelei en dus het die landbouers – in teenstelling met jagter-versamelaars – meer geproduseer as wat nodig was om in hul basiese daaglikse behoeftes te voorsien. Gevolglik het hulle ook meer natuurlike hulpbronne per kop gebruik. Hul impak op die fisieke omgewing was daarom aansienlik groter as dié van die jagter-versamelaars.

Die bewerking van grond vir landboudoeleindes en die beweiding van die veld deur groeiende getalle vee het noodwendig hierdie komponente van hul omgewing mettertyd dramaties verander. Gronderosie, byvoorbeeld, is deur die bewerking en beweiding van die grond vererger, terwyl voedingstowwe in die grond deur die verbouing van gewasse uitgeput is. Waar landerye uit riviere besproei is, het versouting van die grond plaasgevind.

Waar landerye aangelê is, is die grond "skoongemaak" deur ander plant-spesies uit te skoffel en daar te ploeg. Dan is een soort graangewas daar gesaai of geplant. Ons sê die ekosisteem op daardie bewerkte grond is vereenvoudig tot 'n monokultuur (net een soort plant in een saailand). Sodoende is ander plantspesies geleidelik verminder namate graanverbouing toegeneem het. Na hierdie proses word verwys as die vermindering van biodiversiteit (verskeiden-heid van lewe) in landbougebiede. Groot dele van Suid-Afrika wat te droog vir graanverbouing was, is egter nie hierdeur geraak nie.

Ook diere wat deur mense mak gemaak en aangehou is, soos beeste, skape, bokke, varke en perde, het oor baie eeue heen evolusionêre veranderinge on-dergaan. Van groter belang in Suider-Afrika was dat die vernietiging van wilde diere se natuurlike habitats as gevolg van landbou en veeteelt gelei het tot die migrasie van wilde diere na gebiede waar min of geen mense gewoon het nie. Die uitroei van "ongediertes" soos roofdiere wat 'n gevaar vir mense en hul vee ingehou het, het ook 'n invloed op die fauna (dierelewe) van Suider-Afrika uitgeoefen.

Metaalbewerking het die natuurlike omgewing in Suider-Afrika verder ver-ander. Ystersmeltery is waarskynlik baie lank gelede – dalk al omstreeks 300 n.C. – deur swart gemeenskappe in die oostelike dele van die subkontinent beoefen. Dit het die omgewing in veral twee opsigte beïnvloed: Eerstens is groot hoeveelhede hout vir die smeltproses in smeltoonde gebruik, en twee-dens het ystersmeltery baie rook en afvalstowwe geproduseer.

Samevattend kan gesê word dat die migrasie na Suider-Afrika en die be-volkingstoename onder die Bantusprekende gemeenskappe in dié streek tot verhoogde druk op die omgewing gelei het. Historici meen dat die uitputting van die omgewing 'n al groter rol begin speel het in die vestiging en verskuiwing van menslike gemeenskappe in hierdie streek, byvoorbeeld die ontruiming van

Groot-Zimbabwe. Ons weet nog nie vir seker waarom groot nedersettings gevestig en later weer ontruim is nie, maar omgewingsfaktore het sekerlik in die Ystertyd al 'n rol hierin gespeel.

Die Oosgrens

Vertolkings deur 'n omgewingsgeskiedenisbril

Die grootste deel van die 18de eeu – die laaste fase van VOC-bestuur – het die Kaapse setlaargrens uitgebrei soos jagvelde vergroot en nuwe weiveld nodig geraak het. In die algemeen het die trekboere gebiede met 'n reënval van minder as 250 mm per jaar vermy. Dit het beteken dat die meeste van die uitbreiding na die natter Oos-Kaap plaasgevind het, eerder as noord of noordoos van Kaapstad.

Vroeë setlaar- en Afrikanernasionalistiese geskiedskrywing teken die oorloë wat tussen die setlaars en Bantusprekende groepe sou volg meestal op as 'n konflik tussen die Westerse beskawing en die sogenaamde barbaarsheid van Afrika. Om swart mense te dwing om op setlaarsplase te werk, is dit as noodsaaklik beskou om hul onafhanklikheid en hul reg op toegang tot grond van hulle weg te neem.

Moderne historici is dit egter eens dat die konflik aan die Oosgrens sedert die 18de eeu veel eerder gegaan het oor wedywering wat betref toegang tot weiveld, geskikte waterbronne en jagvelde.

Die volgende bydraes uit van die jongste historiese studies in omgewingsgeskiedenis oor die Oosgrens is insiggewend:

Kylie van Zyl het in 2007 die rol van droogte en ander oorsake van omgewingstres in die bevordering van geweld aan die Oosgrens tussen 1828 en 1857 ondersoek. Sy argumenteer dat baie van die koloniale heersers se oorwinnings nie uit hul beter militêre vaardigheid voortgespruit het nie, maar uit die onvermoë van hul teenstanders om voort te veg as gevolg van krimpende hulpbronne. Sy doen ook aan die hand dat inheemse volkere oorloë begin het om hul oorblywende hulpbronne te probeer beskerm. Dít het weer gelei tot die tragiese teenstrydigheid van oorloë wat geveg is om hulpbronne te bewaar, maar verloor is weens die gebrek daaraan.

Wat die setlaars se impak op die omgewing betref, het Jill Payne ondersoek ingestel na die maniere waarop die Britse wêreldbeskouing teen die einde van die 18de eeu mensgemaakte omgewingsveranderinge in die Suurveld teweeggebring het. Pogings om in dié gebied 'n "tuiste te herskep" was nóú ge-koppel aan die koloniste se begeerte om beheer uit te oefen oor wat hulle as 'n "ongetemde wildernis" beskou het. 'n Grootskaalse skoonmaak van grond het plaasgevind en nuwe grondgebruikmetodes is toegepas. Wildspesies wat as 'n bedreiging vir produktiwiteit beskou is, is uitgeskakel.

Verlore habitat het baie spesies gedwing om na areas buite die vestigings-gebiede te beweeg, wat daarop uitgeloop het dat inheemse flora en fauna deur eksotiese spesies vervang is. Groter eise is gestel aan die dravermoë van grond deur die invoer van 'n kapitalistiese ekonomie, waar winsbejag die botoon ge-voer het. Bewaringswetgewing wat algaande ingevoer is om omgewingsag-teruitgang te beperk en kommersiële ondernemings te beskerm, het ook toe-nemend swart mense se toegang tot grond en die hulpbronne daarvan beperk. Beheer oor grond was noodwendig onafskeidbaar gekoppel aan beheer oor swart mense, en aan die gebruik van swart arbeid om die grond verder te be-werk en te onderwerp.

Die menings van omgewingshistorici het 'n groot impak op vertolkings van die groot Xhosa-beesuitwissingbeweging gedurende 1856-1857 gehad. Dié beweging wat die uitwissing van Xhosa-eindom (beeste en gewasse) behels het, is geaktiveer deur die Xhosaprofetes Nongquase, wat daarvan oortuig was dat Xhosa-voorvadergeeste haar by die Gxarharivier (naby vandag se Wildekus, Oos-Kaap) die opdrag van vernietiging gegee het wat sy aan die res van die Xhosa moes oordra. Hierdie "opofferingsdaad" sou volgens haar oortuiging daartoe lei dat die Xhosageeste die Britse setlaars die see sou injaag.

Vroeë setlaar-geskiedskrywing is geneig om hierdie voorval te beskou as 'n bewys van die rampspoedige uitwerking van Afrikabygeloof. Op 'n meer po-sitiewe trant interpreteer revisionistiese historici soos Jeff Peires dit egter as 'n "millenarian movement" wat probeer het om 'n volk te herbou wat verplet-ter is deur die mislukking van militêre weerstand in agt grensoorloë, asook deur die aanslag van Christelike sending en die setlaarsheerskappy en -kultuur in die algemeen.

Julian Cobbing argumenteer weer uit 'n meer kultureel-materialistiese en om-gewingsgebaseerde perspektief dat die oorsprong van die beesuitwissing na-gespoor moet word in die verspreiding van longsiekte onder beeste vanaf Mosselbaai ná 1853, die verskroeide aarde-beleid wat die Britse magte in die onteieningsoorloë gevolg het en die verlies van die Xhosa se vrugbaarste wei-veld en bewerkte lande gedurende dié oorloë, wat vererger is deur droogte en die gevolge van arbeidsuitbuiting.

C.B. Andreas en Adam Ashforth het soortgelyke temas ondersoek, en hoewel hulle tot dieselfde gevolgtrekkings kom, verskil hulle soms van Cobbing ten opsigte van die motivering agter die Xhosa-optrede, asook die rol wat Europese slawehandelaars en setlaars sou gespeel het in die "Nguni-reaksie" van die tyd. Uit 'n feministiese perspektief argumenteer Helen Bradford dat verduidelikings vir die omvang van die ramp gesoek moet word in die weiering van vroue om grond te bewerk, eerder as in die slagting van manlike prestige-items.

Hoe dié voorbeelde van vertolkings ook al mag verskil of ooreenstem, al die bogenoemde historici beklemtoon dat dit noodsaaklik is om kennis te neem van die rol van die omgewing in die geskiedenis van die mens om sodoende 'n veel omvattender begrip van gebeure te verkry.

Die Zuluryk

Insette uit omgewingsgeskiedenis het ook ons begrip van die opkoms van die Zuluryk totaal hervorm. In 'n baanbrekerstudie het Jeff Guy, 'n historikus, ondersoek ingestel na die onderliggende ekologiese oorsake vir staatsvorming in plaas daarvan om te fokus op veronderstelde sleutelfigure soos Dingiswayo, Zwide en Shaka. Guy argumenteer dat mondelinge tradisies en die verhale van gestrande soldate daarop dui dat die bevolking in die 17de en 18de eeu merkbaar toeneem het in die gebied wat later as KwaZulu-Natal bekend sou staan.

Dendroklimatologiese (die bepaling van historiese klimaat volgens bome se jaarringe) en argeologiese studies suggereer dat die snelle bevolkingsgroei 'n reaksie op 'n lang tydperk van oorvloedige reëns kon gewees het. Verhoogde reënval sou gelei het tot die bewerking van marginale grond en die verhoogde verbouing van mielies eerder as droogtebestande sorghum. Te midde van sulke oorvloed sou die menslike bevolking sowel as die vee eksponensieel aangegroei het.

MIELIES AS HULPBRON: HISTORIESE OORSPRONG EN BELANG

Mielies (ook "Indiaanse koring" genoem) as 'n graanproduk is inheems aan die sentrale dele van die Amerikaanse kontinent. Jagter-versamelaars het reeds 1 500 jaar v.C. mielies in vandag se Mexiko en Peru verbou. Destyds was die mense in hierdie gebiede as die Olmeke en die Chavín bekend.

Die Majagemeenskap (die inheemse bevolking van Meso-Amerika

omstreeks 683 n.C.) was bekend vir hul verbouing van mielies. Aller-
hande bloedige rituele is gereeld uitgevoer om die gode te paai sodat
hulle die mielie-aanplantings as die basis van hul landbou-aktiwiteite
sou seën.

Mielies as 'n produk het ook in Europa bekend geraak kort nadat
Amerika deur die Spaanse ontdekkingsreisigers verken is. As deel van
die Thanksgiving-ete word mieliebrood vandag in die Amerikaanse tra-
disie voorgesit.

Dit was die Portugese ontdekkingsreisigers wat mielies na die Goud-
kus (die hedendaagse Ghana) gebring het, en in Suid-Afrika het die groe-
pie werknemers van die V.O.C. ná 1652 waarskynlik die verbouing van
mielies (wat van die westelike dele van Afrika af gekom het) in die Kaap
gestimuleer. Vir die Hollanders was mielies toe bekend as "turchse tarwe"
en vir die Spanjaarde as "maise". Graansorghumkultivars was algemeen
onder die Portugese aan die Goudkus bekend as "mihlo". Daar word aan-
vaar dat die Afrikaanse woord "mielie" en die Engelse woord "maize"
onderskeidelik uit die gebruik van "milho" en "maise" ontwikkel het.

Die eerste trekke uit die latere Kaapkolonie, asook die verskuiwing
van etlike swart volkere na die noordelike dele van Suid-Afrika, het die
grense van die verbouing van mielies in Suid-Afrika versit. Veral die
swart volkere het die kultuur van mieliegebruik uitgebou.

Deur die eeue heen het die ontwikkeling van mielies baie verbeter.
Mielies is selfs gebruik as 'n gewilde versieringsproduk in die antieke
omgewings van Amerika. Teen die 1920's was mielies naas aartappels
die wêreld se voorste landbouproduk. Teen 1930 het mielies in Suid-
Afrika ongeveer 40% van die totale bewerkte oppervlakte in die land-
boubedryf beset.

Soos wat die menslike bevolking uitgebrei het en meer grond beset is, is die
balans tussen bevolking en hulpbronne ontwrig. Die hoeveelheid grond wat
vir die seisoenale migrasie van vee beskikbaar was, het toenemend beperk ge-
raak, en daar was al hoe meer tekens van oorbeweiding en die uitputting van
landbougrond. Solank as wat 'n oorvloedige reënval voortgeduur het, het die
situasie egter nie onseker geraak nie.

Aan die einde van die 18de eeu het die reënval egter dramaties afgeneem, wat
uitgeloop het op 'n uiterste droogte en die Madlathule-hongersnood van 1801-
1802 onder die noordelike Ngunigroepe in die hedendaagse KwaZulu-
Natal. Dít het 'n krisissituasie veroorsaak. Toenemende wedywering om toe-
gang tot die oorblywende waterbronne, weiveld en landbougrond het tot 'n
drastiese toename in spanning tussen groepe gelei. Deling het algaande 'n

onwaarskynlike opsie geword, en groter ingryping deur die staat het noodsaaklik geraak om beheer oor gebiede met die ideale kombinasie van water- en grondhulpbronne te handhaaf.

Gelyktydig hiermee het die skep van ouderdomsregimente gelei tot die versterking van die militêre mag van die groeiende swart state vir beskerming en vir beslaglegging op die grond, water en beeste van ander. Só het ouderdomsregimente nie net tot die vertraging van huwelike en die vestiging van nuwe huishoudelike eenhede gelei nie, maar 'n geleentheid aan regeerders gebied om die uitbuiting van die omgewing te reguleer.

Die Groot Trek

'n Ander bekende voorbeeld van migrasie en staatsvorming in die 19de eeu is die Groot Trek. Dit is een aspek van die Suid-Afrikaanse geskiedenis waaraan omgewingshistorici eerste aandag gegee het. 'n Bydrae waarin daar spesifiek na die rol van omgewingsfaktore in die Groot Trek as beweging gekyk is, was 'n kort opstel oor die invloed van die tsetsevlieg op die Suid-Afrikaanse geskiedenis, geskryf deur B.H. Dicke in 1932.

Wat hier ter sake is, is sy kommentaar oor die lot van die Trekkersgroep onder leiding van Hans Janse van Rensburg. As een van die eerste groepe wat die Kaapkolonie in 1835 verlaat het, het hierdie groep – net soos die Louis Tregardt-trek – noordwaarts die latere Transvaal in getrek op soek na 'n roete na Delagoabaai (die huidige Maputo). Sodoende het hulle weggebreek van die meerderheid van hul landgenote, wie se aanvanklike beweging van die Kaap na die Transgariepgebied (die huidige Vrystaat) deur 'n beweging na Natal gevolg is.

Teen die middel van 1836 is die hele Van Rensburg-trek deur die Tsonga-Sjangaanmense van die Makuleke- en Mahlangwestamme uitgewis. Volgens Dicke het historici die rol van die Tsonga-Sjangaan in die uitwissing van die Van Rensburg-trek oorbeklemtoon en kon dié vertolking verbreed word deur die interpretasie dat dit bloot die "genadeslag" aan hierdie trek toegedien het. Dicke het geglo dat die tsetsevlieg die primêre oorsaak van die verswakking van die Van Rensburg-trek was. Die Van Rensburg-trek het hul trekdiere verloor en moes noodgedwonge hul waens agterlaat weens blootstelling aan die tsetsevlieg. Dít het beteken dat hulle nie laer kon trek wanneer hulle in gevaar was nie. Sonder waens en met net tien vuurwapens vir beskerming het hulle geen kans op oorlewing gestaan tydens 'n aanval nie. Dicke se gevolgtrekking dat die tsetsevlieg die Van Rensburg-trek "doodgemaak" het lank voor die Tsongas dit gedoen het, was in 1932 egter 'n aanvegbare stelling gegewe die Afrikanersentimente oor die Groot Trek in daardie tyd.

As historiese geograaf het F.J. Potgieter in 1959 een van die eerste "omgewingsgeskiedenis-akademici" geword toe hy ondersoek ingestel het na die omgewingsfaktore wat die vestigingspatrone van Trekkers in die eertydse Transvaal beïnvloed het (aldus Phia Steyn). Potgieter het nie alleen gefokus op die ontginning van natuurlike hulpbronne soos inheemse woude, wild, minerale, waterbronne en grond nie, maar ook op omgewingsfaktore wat die seisoenale migrasie van boere tussen hul winter- en somerplase gemotiveer het.

Sy waarneming was dat die destydse Transvaalse regering (die Zuid-Afrikaansche Republiek – ZAR) geensins in 'n posisie was om te kies wanneer hulle oorlog teen inheemse swart groepe wou voer nie. Die regering moes eers omgewingsfaktore soos die tsetsevlieg (wat die protosoïese siekte tripanosomiase oordra en wat slaapsiekte onder mense en nagana onder trekdiere veroorsaak), perdesiekte en malaria, asook die bewegings van boere en jagekspedisies gedurende die winterseisoen, oorweeg. Met die meeste Transvaalse burgers buite aksie vir minstens drie maande van die jaar, was die vermoë van die eertydse Transvaal om homself gedurende sekere tydperke te beskerm uiters swak.

Isabel Hofmeyr het weer sterk geargumenteer dat die voorstelling van Voortrekkers as landbouers en die swart mense as jagters in baie van die "grensliteratuur" foutief was en die reg van wit boere op grond wou regverdig. Dít is veral duidelik in uitbeeldings van Schoemansdal, die Voortrekkernedersetting wat in 1848 in die noordelike gebiede gestig is.

In skerp kontras hiermee is ander omgewingshistorici soos Johann Tempelhoff van oordeel dat nie die landbou nie, maar die jagbedryf die grootste bron van inkomste vir die Soutpansbergers was. Omtrent 19 jaar lank was Schoemansdal die belangrikste handelsentrum in die ou Noord-Transvaal. Duisende ton wildsvleis, horings, swepe, hout en sout is daarvandaan na Mosambiek, die Kaapkolonie en Natal geneem.

Wit werkgewers het ook plaaslike swart mense met vuurwapens bewapen om olifante vir hulle te jag. Dié gebied het een van die hoofsentra vir ivoorhandel in die binneland van Suid-Afrika geword. Ivoor was die enkele grootste uitvoer-artikel van die ou Transvaal voor die ontdekking van goud, en die Soutpansbergse nedersetting het hierdie handel oorheers. In die 1850's is daar na raming sowat 45 000 kg ivoor per jaar vanaf Schoemansdal uitgevoer.

Twee plaaslike krygshere van Schoemansdal, João Albasini en Michael Buys, het aansienlike aanhang onder swart groepe geniet en 'n groot aantal swart jagters in hul diens gehad. Na bewering het Albasini se jagters omtrent 'n honderd olifantgewere besit. Deur spesiale vrystelling is hy toegelaat om wagte vir die beskerming van sy reisgeselskappe te bewapen, hoewel nie meer as vyf per geselskap nie. Net so, ingevolge die Jagwet van 1858, het Buys en sy skuts gejag "tot die voordeel van die ZAR-regering". Sommige van hierdie magte was dus ook wettig bewapen.

'n Gebrek aan ruimte verhoed soortgelyke ondersoeke van ander gebiede wat deur die Voortrekkers beset is, maar daar sou geargumenteer kon word dat hierdie tendense ewe van toepassing was op ander dele van die destydse Oranje-Vrystaat en die ZAR.

MICHAEL BUYS EN SY PIONIER-PA

Michael Buys se besondere band met swart mense as deel van jaggeselskappe is nie vreemd nie, aangesien hy feitlik onder hulle grootgeword het. Sy pa was die bekende Coenraad de Buys, wat tussen 1761 en 1821 'n aktiewe lewe as nomadiese trekker en omgewingskenner gelei het. Coenraad word beskryf as 'n baanbreker, avonturier en swerwer.

Van Coenraad word gesê dat hy as welsprekende persoon in sy "dorpenaarsjare" in die Oos-Kaap 'n proaktiewe republikein was, en gedurig in botsing met die Kaapse amptenary gekom het oor sy eiewillige optrede en weiering om belasting te betaal. Hy was ook 'n beweerde opsweper van swart mense teen staatsgesag. De Buys was onder andere 'n raadgewer van hoofmanne soos Ngqika (die Xhosaleier), Dingiswayo (die Zulu-opperhoof) en Mahura (leier van die Batlhaping) en het soms as bevelvoerder van hul impi's opgetree. Gedurende die tydperk 1813-1821 is hy met verskeie swart kapteins geassosieer.

Coenraad de Buys staan bekend as een van die eerste wit pioniers noord van die Vaalrivier, lank voordat die Voortrekkers in dié gebied aangekom het. Die oudste plaas in die eertydse Transvaal, Buisfontein, word aan hom verbind.

Die omgewing in die tydperk 1750-1948

Die landbou-omgewing

Die uitbreiding van veeboerdery en landbou was waarskynlik oor twee eeue heen – vanaf 1750 tot ongeveer 1948 – die aktiwiteit wat die grootste omgewingsveranderinge in Suid-Afrika teweeggebring het.

In die hande van die Khoekhoen en ander inheemse gemeenskappe was lewende hawe wydverspreid in Suider-Afrika voor die koms van die setlaars. Aanvanklik het die setlaars se inkomste uit lewende hawe maar stadig gegroei, en is ekonomiese groei in die algemeen bemoeilik deur 'n gebrek aan interne en eksterne markte. Dit was ook beperk weens 'n tekort aan politieke en omgewingsbeheer.

Beskikbare syfers dui daarop dat daar teen die begin van die 19de eeu minder as twee miljoen stuks lewende hawe in die hande van die setlaars was. Gedurende die volgende 130 jaar is dié situasie omgekeer. Veegetalle in die land het hul piek rondom die vroeë 1930's bereik toe die sensusse omtrent twaalf miljoen beeste aangeteken het, waarvan meer as die helfte in wit besit was, asook byna sestig miljoen kleinvee, waarvan ongeveer 90% aan wit eienaars behoort het.

Die getalle van merinoskape vir wolproduksie het die vinnigste uitgebrei, en Suid-Afrika het wêreldwyd die tweede plek ná Australië as 'n woluitvoerder ingeneem. Lewende hawe, veral skape, het die Suid-Afrikaanse platteland oorstroom. Hulle kon oorleef en floreer in die halfwoestyngebiede wat 55-60% van Suid-Afrika beslaan het, met die gevolg dat die Karoo en die suidelike en westelike Vrystaat in die produksie van lewende hawe gespesialiseer het. Watervoorsiening was belangrik, en die ontginning van natuurlike fonteine, die beheer van riviere en vleie en die konstruksie van gronddamme en boorgate (vanaf die laat 19de eeu) het die kapasiteit om water te beheer en te gebruik, hervorm. Hierdie ontwikkelings was veral belangrik vir wit eienaars van lewende hawe op private grond.

Beide wit en swart Suid-Afrikaanse eienaars van lewende hawe is getref deur 'n vernietigende reeks siektes wat veral beeste aangetas het. Longsiekte in die 1850's, brandsiekte en hartwater onder skape en runderpes in die 1890's, gevolg deur ooskuskoors in die vroeë 20ste eeu, het die getalle van lewende hawe tydelik verminder. Van daardie tydstip af was daar egter staatsveeartsenydienste beskikbaar, en maatreëls om die beweging van lewende hawe asook dippery te beheer, is geleidelik afgedwing.

Die toename in die getalle van lewende hawe in wit en swart besit het Suid-Afrika se omgewing vervorm. Grasse en eetbare struike is swaar bewei, wat die grond aan erosie blootgestel het. Waterbronne het opgedroog. Ingevoerde plante soos die boetebossie (*Xanthium spinosium*) en turksvy het groot indringers geword. Teen die tydperk tussen die twee wêreldoorloë het die Droogtekommissie (1922) en die Naturelle Ekonomiese Kommissie (1932) snelle omgewingsagteruitgang waargeneem – 'n waaistofstreek was besig om te vorm – en verreikende maatreëls is voorgeskryf.

Die ergste omgewingsagteruitgang is opgemerk in byvoorbeeld ou, gevestigde wingerde en koringlande wat die sensitiewe fynbosplantegroei van die valleie in die Wes-Kaap van vandag weggevreet het namate hulle in die 20ste eeu uitgebrei het. Gereelde brande om gras vir weiding te bevorder, het plante in die hooglandgebiede vernietig. Australiese bloekombome en akasias, asook Europese dennebome, is wyd ingevoer as 'n houtbron en vir bosaanplanting, en is steeds oral in die huidige Wes-Kaap te vinde.

Langs die ooskus van Suid-Afrika – die waardevolste grond, waar hoë reënval voorgekom het – het subtropiese gewasse die relatief klein gebiede waar inheemse woude gegroei het, begin inneem. Daarbenewens het die suikerplantasies vanaf die laat 19de eeu toenemend die landbou-ekonomie van die eertydse Natal ondersteun, en dié alleengewas het boslande wyd verdring. Ironies genoeg was bome ook verantwoordelik vir die ontbossing, omdat die natter dele in die noorde van die kolonie geskik was vir wattelbome en ander plantasiegewasse.

Ná die vestiging van stede in die binneland, die landbourevolusie gedurende die vroeë 20ste eeu en die invoer van meganiese trekkers ná die Tweede Wêreldoorlog het mielieproduksie die Hoëveld omvorm.

Snelle bevolkingsgroei het in veral die 20ste eeu plaasgevind. In die eerste paar dekades van daardie eeu het beide wit en swart bevolkingsgroepe sterk in getalle toegeneem. Suid-Afrika se segregasiebeleid het die sosiale en omgewingsuitkomste beduidend beïnvloed. Arm wit mense het na die stede beweeg en in 'n witbeheerde staat beskermde indiensneming geniet. Die wit bevolking op die platteland, hoofsaaklik op private plase, het teen die middel van die 20ste eeu gestabiliseer.

Baie swart mense het ook na die stede beweeg, maar hul vryheid is beperk deur paswette. Hulle is ook ander geleenthede ontsê as gevolg van die verskerping van rassewetgewing. Die landelike swart bevolking, veral dié in die reservate of sogenaamde tuislande, het in die 20ste eeu vinnig toegeneem – veral aangesien die swart bevolkingsgroeikoers reeds vanaf die 1840's die wit mense s'n oortref het.

Baie landelike gemeenskappe het probeer om 'n mate van inkomste uit die grond te handhaaf. Gevolglik is landerye tot in verweerbare heuwelhange uitgebrei en die reservate belaai met lewende hawe. Segregasie en apartheid het swart mense egter ook verhinder om grond in die wit plaasdistrikte te bekom.

Groeiende bevolkings was dus in die tuislande vasgekeer. Teen die middel van die 20ste eeu het sommige gebiede in die swart reservate van die ergste erosie in die land getoon. Gronderosie is verder aangemoedig deur kommunale vorme van eiendomsreg.

Kort ná die Tweede Wêreldoorlog het die Suid-Afrikaanse regering toenemend begin ingryp om omgewingsagteruitgang in landelike gebiede te probeer keer. Die Grondbewaringswet van 1946 en latere wetgewing het 'n institusionele raamwerk daargestel in 'n poging om grondgebruik, veegetalle en wit houdings te reguleer. Meer en meer plase is omhein en afwisselend bewei.

In die swart tuislande het die regering 'n meer dwingende beleid van rehabilitasie gevolg, wat dorpstigting op groot skaal ingesluit het in 'n poging om swart grondgebruik te rasionaliseer en dit aan konserwatiewe boerderystrategieë te onderwerp. Hieronder tel die oogmerke van amptenare om gronderosie te vertraag deur kontoerbewerking aan te moedig en die verkoop van lewende hawe af te dwing om vee-uitdunning te bevorder en só die gedwonge oorbeweiding van die grond te verlig. Die omheining van weivelde is ook vereis. Hierdie inmengings was van die verreikendste in die lewens van swart mense gedurende die 20ste eeu, en het 'n aantal klein landelike rebellies ontlok. Vestigingspatrone in swart gebiede is hervorm, hoewel die uitwerking daarvan op bewaring minder doeltreffend was.

Terselfdertyd het die opkoms van beskermde gebiede dwarsoor die land – namate nasionale, provinsiale en munisipale parke uitgebrei het en natuurreservate in private besit uit plaasgrond gekerf is – sommige van die sensitiefste gebiede van die impak van swaar landbou en beweiding gevrywaar. In 'n nasionale opname van grondagteruitgang in 1999 is daar tot die gevolgtrekking gekom dat staatsbeheermaatreëls en veranderende boerderymetodes en -houdings uitgeloop het op die stabilisering – en selfs verbetering – van die omgewing in sommige van die landelike distrikte wat die ergste aangetas was.

Alhoewel die regering met die aanvang van die 21ste eeu meer geneë was om omgewingsbestuur toe te pas, was dit juis die gebrek daaraan of die bewustelike vertraging of ignorering daarvan wat dele van die land onder groot druk geplaas het.

'n Eeu tevore, tydens die Anglo-Boereoorlog van 1899-1902, is sekere gedeeltes van die omgewing in die hedendaagse Suid-Afrika ook aan besondere stres blootgestel. 'n Interessante aspek wat hierby aansluit, is hoe die omgewing oorlogvoerendes kon bevoordeel of benadeel het.

Die invloed van omgewings op die verloop van die Anglo-Boereoorlog

Enige omgewing het noodwendig 'n beduidende uitwerking op die strategie van 'n oorlogstryd en op die taktiek wat in elke veldslag aangewend word. Voeg daarby die aanwending van die Britse verskroeide aarde-beleid in die oorlog van 1899-1902, en die verskriklike gevolge daarvan, dan is dit duidelik dat die landskap inderdaad 'n belangrike invloed op die Anglo-Boereoorlog uit-geoefen het.

Vroeg in Junie 1899 het die Britse opperbevel 'n aanvallende krygsplan op-gestel. Dit is merkwaardig dat die Boere-opperbevel teen die einde van Julie 1899 egter nog geen krygsplan gehad het nie. Toe die oorlog in Oktober 1899 uitbreek, het die Boere-opperbevel die fout gemaak om nie onmiddellik die spoorlyne in die Britse kolonies op strategiese plekke te beset nie. Die Britse deurbraak in Natal en die groot aanval oor die vlaktes van die Vrystaat het die hele wese van die oorlog verander. Toe Bloemfontein op 13 Maart en Pretoria op 5 Junie 1900 ingeneem word, was die tydperk van die stellingoorlog nood-wendig verby.

Dít was die teken vir 'n nuwe strategie deur die Boere en die aanvang van die guerrillafase van die oorlog. Generaals Christiaan de Wet en Louis Botha het die verskillende kommando's sover moontlik na hul tuisdistrikte gestuur. Daar het hulle met die Britte slaags geraak net wanneer die geleentheid hom voorgedoen het. As 'n Britse afdeling te sterk was, het 'n kommando eenvou-dig opsy gestaan vir die vyand om verby te kom.

Oor die breë vlaktes van die Vrystaat en in die berge van die Oos-Vrystaat en Oos-Transvaal, asook agter die doringbome van die Wes- en Noord-Transvaal, het die kommando's eenvoudig verdwyn. Hulle het in kleiner groepies verdeel om makliker te skuil. Wanneer 'n geïsoleerde Britse afdeling opgemerk is, is die kommando's blitssnel byeengebring vir 'n verrassingsaan-val. Beweeglikheid was die wagwoord. Dít het die waarde van perde na vore gebring.

Die uitgestrekte Vrystaat en die Oos-Transvaalse Hoëveld het uitstekende weiding vir perde gebied en in hierdie klimaat het dié diere gedy. Dit het egter moeiliker gegaan gedurende die somermaande in die Oos-Transvaalse Laeveld met sy gevaar van perdesiekte, wat tot gevolg gehad het dat daardie kommando's onaktief was. Lord Kitchener se dryfjagte wat hy in Januarie 1901 van stapel gestuur het om met groot troepe-veegbewegings die vyand aan te keer, gerugsteun deur die ontwikkeling van 'n netwerk van blokhuis-linies wat oor die oorlogsterrein opgerig is, het in 'n mate daarin geslaag om die Boere se krygsbewegings in te perk. 'n Kragdadige voortsetting van lord Roberts se verskroeide aarde-beleid het uiteindelik tot die Britse oorwinning gelei.

Tydens die oorlog het die omgewing ook die eetpatrone van die Boere-krygers bepaal. Op byvoorbeeld die Transvaalse Hoëveld is mielies verbou, en was beeste en skape die veestapels, terwyl die Vrystaat goeie skaapwêreld was en die Oos-Vrystaat bekend was vir koring. Hierdie produkte sou die belang-rikste lewensmiddele van die Boere op kommando wees. Die stapelvoedsel in die eerste maande van die oorlog was vleis en brood of beskuit.

Maar selfs in hierdie fase was daar periodieke tekorte, veral omdat die re-geringskommissariate sleg geadministreer is. Kommando's wat die naaste aan voedseldepots gelaer was, het dikwels die meeste voorrade gekry, terwyl die-gene wat swaar werk op die verste punte verrig het, afgeskeep is. Moeilik be-gaanbare landskap, soos aan die Tugela-linie, het veroorsaak dat daar 'n on-eweredige verspreiding van voorrade was.

Vleis het in die guerrillafase baie sterk as stapelvoedsel op die voorgrond getree. As voorste skaapwêreld het die Vrystaat in groot mate in die behoef-tes van sy eie kommando's en dié van Wes-Transvaal voorsien. Terselfdertyd het mieliepap in sowel die Vrystaat as die Oos- en Wes-Transvaal die plek van brood of beskuit as stapelvoedsel ingeneem. Hoewel die jag van wild in die eerste fase van die oorlog verbied is, het optrede in kleiner groepe tydens die guerrillafase dikwels beteken dat jag 'n oplossing was vir die skaarste aan slagvee.

Sout was in die eerste ses maande van die oorlog nog ruimskoots beskik-baar. Teen begin Mei 1900 het die kommissariaat in Pretoria egter slegs 'n klein voorraad oorgehad. Soos ander lewensmiddele, het sout met die Britse inname van Pretoria in Junie 1900 en die opbreek van die ZAR se krygskom-missariaat in September 1900 uiters skaars geword. Volgens generaal Ben Viljoen het die Boerekommando's ná Maart 1901 meestal sonder sout klaar-gekom. Die landskap met sy soutpanne by Bloemhof, Wolmaransstad, die Wes-Vrystaat en die Soutpansberg het wel van tyd tot tyd verligting vir die kommando's gebring, maar weens die teenwoordigheid van Britse kolonnes of swart groepe wat die Britte gesteun het, was hierdie bronne nie altyd toegank-lik nie.

Die omgewing was een van die hoofredes waarom die Boere-afgevaardig-des tydens die vredesonderhandelinge van 1902 die Britse voorwaardes aan-vaar het waarvolgens die Boere hul onafhanklikheid verloor het. Kitchener se verskroeide aarde-beleid het beteken dat die burgers met die winter van 1902 op hande 'n nypende gebrek aan lewensmiddele ervaar het. Volgens dié beleid is alle bekombare vee in die Boererepublieke afgemaai en die graan vernietig. Die vroue en kinders is na konsentrasiekampe weggevoer. Afgesien daarvan is 'n netwerk van blokhuislinies opgerig om die kommando's se bewegings te beperk.

In die Heilbrondistrik in die Vrystaat, en in sowat elf distrikte in die eertydse Oos- en suidoostelike Transvaal (dit wil sê die helfte van die ou Transvaalse Republiek), was die skaarste aan lewensmiddele 'n baie ernstige krisis. Waar ander streke nog lewensmiddele van beter bedeelde distrikte kon kry, was dit vanweë meer doeltreffende blokhuislinies hier nie moontlik nie.

Omgewingsbestuur onder apartheid

Behoorlike omgewingsbestuur was waarskynlik nie 'n prioriteit vir die Nasionale Party-regering wat in 1948 aan bewind gekom en tot 1994 regeer het nie. In 1948 het dié regering 'n omgewingsagenda geërf wat in baie opsigte in die konteks van Afrika as tipies koloniaal gekategoriseer kan word. In die internasionale konteks was dit 'n eerstegenerasie-agenda. (In die VSA verwys 'n eerstegenerasie-omgewingsagenda na 'n stelsel waar sentrale beheer oor omgewingskwessies deur die staat uitgeoefen is.)

In hierdie jare is daar oorwegend gefokus op die bewaring van natuurlike hulpbronne – veral grondbewaring – asook die beskerming van fauna- en floraspesies (diere- en plantspesies). Tot in die laat 1960's het die regering egter min aandag gegee aan die uitbuiting van die omgewing deur buitelandse en plaaslike bedrywe in verskeie dele van die land. Afgesien daarvan dat talle nywerhede 'n groter inkomste vir die regering ingebring het as wat omgewingsbewaring kon, was die landsleiers ook nog polities verswelg deur die implementering van diskriminerende wetgewing en die onderdrukking van anti-apartheidsbewegings.

Ander prioriteite was uitgebreide industrialisasie-inisiatiewe met die doel om die land se ekonomie verder te verstewig. Ironies genoeg het die bevordering van ekonomiese en nywerheidsontwikkeling die regering gedwing om aandag aan omgewingskwessies te gee. Veral waterkwessies is vanaf die 1950's aangespreek met die aanvaarding van die Waterwet nr. 54 van 1956. In die 1960's het besoedeling aan die beurt gekom met die aanvaarding van die Atmosferiese Besoedelingswet nr. 45 van 1965. Hoewel dit belangrike wette was,

was hul funksie nie soseer omgewingsbeskerming nie, maar eerder die regule-
ring van watergebruik en wedywering tussen die verskeie watergebruiksektore.

In dié stadium was die Wetenskaplike en Nywerheidsnavorsingsraad
(WNNR) in opdrag van die regering al 'n paar jaar lank aktief besig met om-
gewingsnavorsing in verskeie streke. Hierdie geslote verslae is gebruik soos
en wanneer dit die regering of 'n betrokke bedryf gepas het. Vandag weet ons
dat waardevolle navorsingsverslae wat al sedert die 1950's gedui het op om-
gewingsmisbruik en die moontlikheid van toekomstige omgewingskrisisse
geïgnoreer is tot voordeel van ekonomiese groei.

In die afwesigheid van televisie om mense bewus te maak van omgewings-
krisisse in die nywerheidslande, en as gevolg van toenemende internasionale
isolasie, het omgewingskrisisse in Suid-Afrika vanaf die 1960's grootliks by
landsburgers verbygegaan. In lande soos die VSA, Duitsland en Brittanje het
dit omgewingsaktivisme gestimuleer en gelei tot die stigting van nieregerings-
organisasies (NRO's) soos Greenpeace en Friends of the Earth, met verrei-
kende omgewingsagendas waarin die omgewing 'n politieke vraagstuk geword
het. Geen vergelykbare NRO's het egter in daardie stadium in Suid-Afrika
na vore getree nie.

Groter bewustheid rakende die stand van die omgewing het wel algaande
na Suid-Afrika deurgesyfer. Groter betrokkenheid is ook waargeneem onder
omgewingsverwante NRO's soos die Vereniging vir die Beskerming van die
Omgewing, die Nasionale Vereniging vir Skoon Lug en 'n ou gunsteling soos
die Natuurlewevereniging. Alle omgewings het egter met die aanvang van die
21ste eeu 'n prioriteit gebly vir omgewingsnavorsers, etlike NRO's (byvoor-
beeld die Federasie vir 'n Volhoubare Omgewing, gestig in 2007) en sommige
staatsdepartemente.

Ongeag toenemende internasionale isolasie tot so ver terug as die 1970's as
'n reaksie op sy beleid van apartheid, kon die Suid-Afrikaanse regering nie die
nuwe internasionale ontwikkelings in omgewingsbestuur deur die staat igno-
reer nie. Gevolglik het die land deelgeneem aan die Verenigde Nasies (VN)
se Konferensie oor die Menslike Omgewing wat in 1972 in Stockholm belê is,
en wat verseker het dat die omgewing 'n plek op internasionale en nasionale
politieke agendas gekry het.

Die nuut aangestelde sekretaris van beplanning en die omgewing, dr. P.S.
Rautenbach, was passievol oor die land se deelname aan internasionale om-
gewingsbeheer en het aktief betrokke geraak by alle VN-verwante omgewings-
aktiwiteite totdat die VN se Algemene Vergadering in 1974 Suid-Afrika

vanweë sy apartheidsbeleid uit dié liggaam geskors het. Hierdie stap het Suid-Afrika van baie internasionale inisiatiewe uitgesluit.

Wat spesifiek omgewingsgerigte besprekings betref, is Suid-Afrika slegs genooi om deel te neem in die geval van sake en vraagstukke wat die land direk geraak het, soos die bewaring van die natuurlewe en die beskerming van Antarktika. Die Suid-Afrikaanse regering, aan die ander kant, het op hierdie maatreëls gereageer deur hom te onttrek aan baie van die internasionale omgewingsinisiatiewe wat steeds vir die land oop was, veral dié wat beperkings op ekonomiese groei sou plaas.

Die Suid-Afrikaanse regering het tussen 1972 en 1994 'n taamlik dubbelsinnige houding oor omgewingskwessies gehandhaaf. Aan die een kant het die regering so vroeg as 1972 'n "tuiste" vir omgewingsake binne regeringstrukture gevestig, hoewel hy eers in 1984 vir die totstandkoming van 'n onafhanklike departement van omgewingsake voorsiening gemaak het. Heelwat omgewingsverwante wette is aangeneem, en die regering het ook in 1982 'n breë verklaring oor die omgewing gemaak en natuurbewaring aktief in die land begin bevorder.

Aan die ander kant het die regering geweier om omgewingsimpak-assesserings in te voer – selfs vir ontwikkelings in ekologies sensitiewe gebiede. Ná 1910 het daar 'n geneigdheid ontstaan om ontwikkeling toe te laat in ekologies sensitiewe gebiede (soos padontwikkeling op die Tuinroete, in die Nasionale Kruger-wildtuin en baie ander parke) en om aan nywerhede vrye teuels te gee om die lug, water- en grondhulpbronne te besoedel. Sedert 1973 het internasionale sanksies en boikotte verder sorgwekkende ekonomiese toestande geskep waarin die land toenemend gesukkel het om ekonomies te oorleef.

Apartheid het ook 'n rol gespeel in die vernietiging van die omgewing in swart tuislande en swart woongebiede. Oorbevolking, tesame met 'n gebrek aan geskikte behuising, sanitasie en water, het 'n gevaar vir sowel mense as die omgewing ingehou. Dit het ook 'n persepsie onder swart Suid-Afrikaners geskep dat wit mense leeus en renosters belangriker as swart mense geag het.

Op die keper beskou, het die gehalte van die natuurlike én mensgemaakte omgewings in Suid-Afrika gedurende die apartheidsera afgeneem omdat die regering nagelaat het om die oorvloed omgewingsprobleme aan te spreek wat uit ondeurdagte industrialisasieprosesse en sy omstrede beleid van afsonderlike ontwikkeling gespruit het. Gevolglik duur die nadelige omgewingsnalatenskap van die apartheidsera steeds voort – lank nadat apartheid opgehef is.

Suid-Afrika ná 1994

Soos op baie ander terreine, het die politieke verandering in Suid-Afrika in 1994 ook 'n groot invloed op die land se hantering van omgewingskwessies uitgeoefen. Die wegdoen met apartheid en die oorgang na demokrasie het Suid-Afrika weer as 'n lid van die internasionale gemeenskap aanvaarbaar gemaak. Die Verenigde Nasies het die land se volle lidmaatskapsregte herstel.

Dit het ook beteken dat die nuwe ANC-regering die geleentheid gekry het om volledig deel te neem aan besluitneming oor internasionale inisiatiewe om die omgewing te bestuur en te beskerm, sowel as die implementering daarvan. Só het Suid-Afrika byvoorbeeld 'n ondertekenaar geword van die belangrike omgewingskonvensies oor klimaatsverandering, verwoestyning en biodiversiteit wat kort voor die 21ste eeu ingestel is.

Ná 1994 was die ANC dus teoreties verbind tot die beskerming en bewaring van die fisieke omgewing. In klousule 24 van die nuwe Grondwet, wat deel is van die Handves van Regte (hoofstuk 2), is die reg van elke landsburger op 'n skoon en gesonde omgewing verskans. Verskillende staatsdepartemente – veral die departemente van omgewingsake, toerisme, waterwese, minerale hulpbronne en landbou, bosbou en visserye – sou 'n belangrike rol speel om van owerheidsweë die uitvoering van hierdie grondwetlike reg te help verseker.

In die Regering van Nasionale Eenheid wat ná die 1994-verkiesing tot stand gekom het, was 'n lid van die Nasionale Party, dr. Dawie de Villiers, aanvanklik die minister van die eertydse departement van omgewingsake en toerisme. Hy is in hierdie portefeulje opgevolg deur dr. Pallo Jordan (1996-1999), Valli Moosa (1999-2004) en Marthinus van Schalkwyk (sedert 2004).

Die nuwe departement van omgewingsake het nie die apartheidsregering se verbintenis tot 'n stelsel van geïntegreerde omgewingsbestuur wat in die Wet op Omgewingsbewaring van 1989 neerslag gevind het, summier van die tafel gevee nie, maar het tog met die interne transformasie van dié departement begin. 'n Raadplegende nasionale omgewingsbeleidsproses (algemeen bekend as Connepp) is geloods om 'n nuwe omgewingsbeleid te ontwikkel. In 1996 het 'n besprekingsdokument en in 1998 'n witskrif oor 'n nasionale omgewingsbestuursbeleid die lig gesien.

Onder die belangrikste wette met die implementering van die nuwe beleid was die Wet op Nasionale Omgewingsbestuur (Wet nr. 107 van 1998). 'n Strenger stelsel van omgewingsimpak-assessering is ingevoer, wat beteken dat daar nie met 'n groot ontwikkeling (byvoorbeeld 'n bouprojek) begin kan word voordat daar vasgestel is of dit nie dalk skadelik vir die omgewing sal wees nie.

'n Ander baie belangrike stuk wetgewing was die Nasionale Waterwet (Wet nr. 36 van 1998). Dit het bepaal dat die staat, en nie individue nie, die eienaar van al die water in die land is en dat private persone of instansies lisensies vir verskillende vorme van watergebruik moet uitneem. Verder ressorteer die bestuur van die land se waterbronne onder bestuursowerhede, bestaande uit 'n verskeidenheid rolspelers, in die verskillende opvanggebiede.

Die visie van die departement van omgewingsake is om 'n samelewing van welvaart en gelykheid in Suid-Afrika te skep wat in harmonie met sy natuurlike hulpbronne bestaan. Om hierdie visie te realiseer, is dit die missie van dié departement om 'n voorloper op die terrein van volhoubare ontwikkeling te wees, om die bewaring en volhoubare benutting van die natuurlike hulpbronne ten bate van ekonomiese groei te bevorder, om die gehalte en veiligheid van die omgewing te beskerm en te verbeter, en om te help met die globale bevordering van volhoubare ontwikkeling.

Van regeringskant is daar sedert die instelling van omvattende wetgewing in 1998 vordering met die hantering van etlike omgewingskwessies in Suid-Afrika gemaak. Bewaringsgebiede, insluitend nasionale parke, is uitgebrei en oorgrensparke wat oor landsgrense heen strek, het ook tot stand gekom. Verskeie terreine in Suid-Afrika – in die meeste gevalle natuurerfenisgebiede – is reeds tot Wêrelderfenisgebiede verklaar of is in die proses om as sodanig verklaar te word.

Tog is daar steeds talle kwessies wat deur die onderskeie departemente hanteer moet word, onder meer die doeltreffende bestuur en beperking van suurmynwater-stortings. Laasgenoemde het teen 2010-2011 drastiese afmetings aangeneem in veral Gauteng se mynomgewings, wat op die lange duur dorpe en nywerheidsomgewings sal aantas. Ander kwessies is wildstropery vir ivoor en renosterhoring, die sogenaamde geblikte jag van leeus, die uitwissing van maritieme bronne (soos perlemoen), water- en lugbesoedeling en deelname aan internasionale programme om aardverhitting, klimaatsverandering en verwoestyning teen te werk. Dan is daar nog die administratiewe hantering van duisende omgewingsimpakstudies jaarliks.

Dit is vir die regering 'n groot uitdaging om met sy beskikbare menslike hulpbronne behoorlike aandag aan al dié kwessies te gee.

Die private sektor het ook 'n invloed op omgewingsbewaring. Baie private plase se oorskakeling na wildboerdery vir die doeleindes van jag en ekotoerisme het veroorsaak dat wildgetalle weer begin toeneem, hoewel die oprigting van wildheinings ook sekere negatiewe gevolge het. 'n Groot probleem is die persepsie by talle besluitnemers dat omgewingsbewaring in die pad van sosio-ekonomiese ontwikkeling staan en nie die hoogste prioriteit behoort te geniet nie. Daar is nog nie 'n behoorlike besef dat ekonomiese, sosiale en ekologiese faktore saam in ag geneem moet word om volhoubare ontwikkeling te bewerkstellig nie.

Binne die regering beskik die onderskeie departemente wat betrokke is by omgewingskwessies voorts nie altyd oor voldoende statuur, mag en selfs kundigheid om mekaar te ondersteun in sake wat almal en die omgewing raak nie. Verder is dit dikwels plaaslike regerings wat die grootste sondaars is wat besoedeling betref omdat hulle nie oor voldoende kundigheid en kapasiteit beskik om die omgewings waarvoor hulle verantwoordelik is se rioolsuiweringswerke behoorlik in stand te hou nie. Hulle laat dus toe dat groot volumes rou riool in Suid-Afrika se rivierstelsels en grondwater beland.

Die omgewingsopvoeding van veral skoolkinders is van groot belang om omgewingsbewaring op lang termyn te bevorder. Suid-Afrika moet ook nog 'n behoorlike, omgewingsvriendelike struktuur skep vir die herwinning van afvalprodukte en só minder druk op hulpbronne plaas. Een van die hoogtepunte op Suid-Afrika se omgewingsagenda in die 21ste eeu was om as gasheer op te tree vir die Wêreldberaad oor Volhoubare Ontwikkeling in 2002. Daarmee het die land erkenning gekry vir die leiersrol in omgewingsbewaring wat hy op die kontinent van Afrika vervul.

* Die ander bydraers tot hierdie hoofstuk is W.S. Barnard, William Beinart, Kobus du Pisani, Alan Kirkaldy, Fransjohan Pretorius, Phia Steyn en Sandra Swart.

27

Engelssprekende Suid-Afrikaners: onseker van hul identiteit

John Lambert

Hoewel Suid-Afrikaanse historici al baie oor die Afrikaners, die Zulu en ander groepe geskryf het, is die geskiedenis en ondervinding van wit Engelssprekende Suid-Afrikaners grootliks verwaarloos. Een van die redes hiervoor is moontlik omdat dit moeilik is om wit Engelssprekende Suid-Afrikaners as 'n groep noukeurig te omskryf. Tot die middel van die 20ste eeu was die oorgrote meerderheid Engelssprekende Suid-Afrikaners van Britse herkoms, maar vandag sluit dié groep alle Suid-Afrikaners in wat Engels as hul moedertaal aanvaar het. Onder hierdie losse groep, wat bitter min behalwe 'n taal gemeen het, heers daar 'n bepaalde onsekerheid oor hul identiteit.

Die geskiedenis van die Engelssprekendes in Suid-Afrika begin met die Britse besettings van die Kaapkolonie in onderskeidelik 1795 en 1806. Aanvanklik het min Britte hulle permanent aan die Kaap kom vestig. Die Britse regering het in 1820 egter sowat 4 000 setlaars in hoofsaaklik die Oosgrensgebied van die kolonie gevestig, met verdere kleiner immigrasieskemas later daardie eeu. In 1849 is daar byvoorbeeld ingevolge die Byrne-skema sowat 4 800 setlaars in die aangrensende kolonie Natal gevestig. Ná die ontdekking van waardevolle minerale in die binneland in die 1870's het 'n toenemende aantal Britse immigrante na sowel die twee Britse kolonies as die twee Boererepublieke gestroom. Ná die Anglo-Boereoorlog is hulle ook aangemoedig om in veral die nuwe Britse kolonie Transvaal 'n heenkome te vind.

Die Britse setlaars se gewaarwording van hul eie besondere identiteit is toe te skryf aan die unieke omstandighede in Suid-Afrika. Sonder voldoende paaie en posdienste het die afgesonderde gemeenskappe in die Oosgrensgebied verskillende kenmerke ontwikkel. Veral in die beginjare het baie setlaars hegte bande met Afrikaners aangeknoop en selfs met hulle ondertrou. Vooraanstaande

Afrikanerfamilies soos die Murrays is afstammelinge van Skotse setlaars wat na die Kaapkolonie gekom het as onderwysers in Britse diens of as predikante. As die Groot Trek (1836-1838) nie plaasgevind het nie, sou 'n wit Anglo-Afrikaner-groep moontlik kon ontstaan het.

Binne die Kaapkolonie was daar 'n groot verskil tussen Britte wat 'n tipiese Kaapse Oosgrens-setlaarsbestaan gevoer het en dié wat in Kaapstad 'n stedelike leefwyse gehad en 'n meer liberale tradisie uitgeleef het. Die Britse setlaars in Natal het hulle sterk met hul nuwe tuiste geïdentifiseer en het selfs 'n eiesoortige benaming aanvaar, naamlik Natallers. Hulle het 'n Britse identiteit aggressief nagestreef. In die Republiek van die Oranje-Vrystaat is die Britte veral gedurende president J.H. Brand se bewind opgeneem in 'n elitegroep bekend as die Anglo-Afrikaners. Die meeste Britse setlaars het hulself as lede van die middelklas beskou, maar ná die ontdekking van goud in 1886 aan die Witwatersrand het talle mynwerkers en ambagslui uit die Britse werkersklas na die land gekom.

In vergelyking met Britse emigrasie na die destydse Kanadese en Australasiese kolonies het 'n relatief klein aantal Britte hulle in die 19de eeu in Suider-Afrika gevestig. Teen 1910 was daar minder as 500 000 Britse nedersetters in die Unie van Suid-Afrika, in teenstelling met meer as sewe miljoen Britse setlaars in Kanada, Australië en Nieu-Seeland. Die Britte wat na Suid-Afrika gekom het, was afkomstig uit die vier hoofgroepe binne die Verenigde Koninkryk, naamlik die Engelse, Skotte, Walliesers en Iere. Die Engelse was die grootste groep en die Skotte het ook 'n buitengewoon groot bydrae tot die ontwikkeling van wit Suid-Afrika gelewer.

Die meeste setlaars, ongeag of hulle tot die middel- of die werkersklas behoort het, was sterk Britsgesind. Hulle het na Suid-Afrika gekom toe Brittanje die belangrikste nywerheids-, vloot- en handelsmag in die wêreld was. Dit het 'n gevoel van trots onder die setlaargemeenskap van Suider-Afrika geskep wat hulle met Britse setlaars in ander dele van die Britse Ryk gedeel het.

Die benaming Engelssprekende Suid-Afrikaners is eers gedurende die begin van die 20ste eeu algemeen gebruik. Vroeër het die setlaars en hul nageslag na hulself as Britte of Engelse verwys, aangesien die meeste van hulle van Engeland afkomstig was. Hul Afrikanerbure het ook selde tussen hierdie twee benamings onderskei, want die Britte of Engelse het in alle gevalle die Engelse taal gepraat. In hierdie hoofstuk word die benaming "Engelse" dan ook gebruik vir die Britte in Suid-Afrika om hulle te onderskei van die inwoners van die Verenigde Koninkryk van Brittanje.

STEEDS BRITS

Die Engelse in Suid-Afrika het hul Britse identiteit gehandhaaf deur bande met hul familie in Brittanje te behou deur middel van korrespondensie en besoeke aan die Verenigde Koninkryk wat hulle geslagte lank as "home" beskryf het. Die Engelse taal het hulle natuurlik ook aan die Britte in die Verenigde Koninkryk en ander dele van die Britse Ryk gekoppel. Die meeste Engelssprekendes was lidmate van die Anglikaanse, Presbiteriaanse of Metodistekerk, wat noue bande met hul moederkerke in Brittanje gehandhaaf het. Baie van hul predikante was ook van Brittanje afkomstig.

Die Engelse se lewenswyse, gebruike en tradisies in Suider-Afrika het dus in wese Brits gebly. Aangesien die setlaars Suid-Afrikaanse omstandighede as vreemd en vyandig ervaar het, het hulle hul nuwe tuiste sover moontlik Brits probeer maak. Hulle het byvoorbeeld Britse struike en bome aangeplant en hul huise met meubels, prente, boeke en blomme van Brittanje gevul. Die eerste setlaars het hul plase, dorpe, strate en voorstede na Britse plekke vernoem.

Hoewel sommige setlaars steeds as boere in die Oos-Kaap en Natal aangebly het, het die meeste mettertyd na dorpe verhuis, waar hulle 'n dominante rol gespeel het. Die lewenskrag en vooruitgang van die talle Suid-Afrikaanse dorpe was aan hul Engelse inwoners te danke. Hulle het Suid-Afrika ekonomies en kommersieel help ontwikkel en het die landbou-, nywerheids- en mynboukapitalisme hier gevestig. Hulle het ook talle skole, biblioteke, museums en kulturele of filantropiese verenigings in Suider-Afrika tot stand gebring. Takke van Britse of imperiale liefdadigheidsorganisasies soos losies van Vrymesselaars, verskeie Caledoniese verenigings en die Sons of England is gestig. Dit het die Britse kulturele identiteit en waardes verder versterk en ook gedien as gemeenskaplike ontmoetingsplekke waar sakebande gesmee en sosiale netwerke opgebou is.

Instellings wat 'n Engelse identiteit help vorm het

Vanaf die 1820's het Skotse setlaars soos John Fairbairn en Thomas Pringle die veldtog vir 'n vrye pers in Suid-Afrika gelei. Toe dit uiteindelik bewerkstellig is, het die Engelse pers 'n groot rol gespeel om 'n Engelse identiteit te help skep. Die vrye pers het die Engelse se oorheersing van die politieke en kulturele toneel weerspieël en verskaf 'n blik op die ontwikkeling van Engelse Suid-Afrikaners oor die dekades heen.

Aangesien baie koerantredakteurs uit die Verenigde Koninkryk afkomstig was, was hul koerante op die Britse nuusblaaie geskoei. Hulle het die Britse Ryk gesteun en het die voordele van Britse instellings, veral die monargie (die Kroon), beklemtoon. Die voortdurende nuusberigte oor die koninklike familie het verseker dat die Engelse in Suid-Afrika steeds die monargie sou onder-steun. Die monargie was een van die belangrikste simbole van eenheid in die Engelse gemeenskap en het die bande met Brittanje versterk. Hierdie verbinte-nis is bevestig deur die besoeke van die Britse vloot aan Suid-Afrika, die sing van "God save the Queen/King" en die vertoon van die Britse vlag, die Union Jack.

Die Engelse pers het die veldtog vir 'n parlementêre regering in die Kaap-kolonie en Natal gesteun en koerantredakteurs het hulle later beywer vir die toekenning van selfregering aan die Britse kolonies in Suid-Afrika. Die Lon-dense nuusagentskap Reuters was tot so onlangs as die 1930's in beheer van nuusverspreiding in Suid-Afrika. Sodoende is die Engelse gemeenskap ingelig oor ontwikkelinge in Brittanje en die Britse Ryk, veral politieke hervormings in Brittanje en die kolonies van Kanada, Australië en Nieu-Seeland. Redakteurs het ook nie geskroom om Britse goewerneurs en genomineerde amptenare heftig te kritiseer nie.

Danksy hul vertoë is verteenwoordigende regering in 1853 in die Kaap-kolonie ingestel en in 1856 ook in Natal. Dít is gevolg deur die toekenning van verantwoordelike regering aan die Kaapkolonie in 1872 en aan Natal in 1893. Ingevolge laasgenoemde bestuurstelsel was die goewerneur verantwoordbaar aan die koloniale kabinet, wat natuurlik weer van meerderheidsteun in die koloniale parlement afhanklik was. Die Engelse pers het aanvaar dat Engelse koloniste die parlementêre instellings sou beheer en dat hulle sou verseker dat wit heerskappy in Suid-Afrika gehandhaaf word.

Onderwys is ook geesdriftig deur die Engelse koerante bevorder. Private en regeringskole is volgens die Britse model tot stand gebring. Skoolhoofde en se-nior onderwysers is uit die Verenigde Koninkryk ingevoer en hulle moes Britse leerplanne en standaarde toepas. Karakterbou is as 'n belangrike komponent van formele opvoeding beskou – die doel was om leerlinge toe te rus om opgevoede en gerespekteerde lede van die samelewing te wees. Die leerlinge moes leiers in hul eie gemeenskappe word en die veronderstelling was dat hulle ook oor swart mense sou regeer. Hierdie benadering het die ingesteldheid van Engelse seuns en dogters geslagte lank gevorm.

Engelse skole het die kadetkorpse ingestel wat gehoorsaamheid en respek vir gesag by toekomstige leiers moes inboesem. Hierdie korpse was gekoppel aan die vrywillige regimentstelsel. Dit was die stedelike ekwivalent van die Afrikaners se kommandostelsel, maar gebaseer op Britse militêre tradisie en lojaliteit aan die Kroon. Sport was ook belangrik vir die opleiding van toekomstige leiers en die vorming van 'n Engelse Suid-Afrikaanse identiteit in sowel die skool as die volwasse lewe.

Britse spansporte en die instelling van kompetisies tussen die kolonies en republieke in Suid-Afrika vanaf die einde van die 1880's het die Engelse identiteit op streeks- en landsvlak versterk. In hierdie opsig het die Curriebeker-kompetisies vir rugby en krieket, sowel as toetswedstryde tussen die spanne van Suid-Afrika, Brittanje, Australië en Nieu-Seeland, positief meegewerk. Mededinging tussen Engelse en Afrikaanse deelnemers het dikwels tot wrywing gelei, maar hul gesamentlike deelname as Springbokke aan rugbytoetswedstryde het hulle weer saamgesnoer.

Soos Afrikaners, het die meeste Engelse ook rasseverskille en wit oorheersing van swart en bruin mense en Indiërs as vanselfsprekend aanvaar. Dit het gepaardgegaan met 'n bewussyn van 'n gedeelde wit identiteit. Botsings tussen die 1820-setlaars en die Xhosa het die grondslag vir Engelse rassehoudings gelê. Swart mense is as 'n bedreiging vir die voortbestaan en veiligheid van die setlaars sowel as vir hul ekonomiese welvaart beskou. Sedert 1820 is maatreëls getref om swart mense deur middel van geweld of wetgewing van hul grondgebied te ontneem. Swart mense is ook op sosiale vlak van wit mense geskei en verlaag tot blote verskaffers van arbeid.

Hoewel stemreg in die Kaapkolonie wetlik kleurblind was, het die Engelse owerheid in Natal stemregkwalifikasies só verhoog dat swart mense in die praktyk nie kon stem nie. In 1896 is Indiërs in Natal ook ontkieser. Die Natalse sekretaris van naturellesake, sir Theophilus Shepstone, het 'n naturellebeleid ingestel wat die ontwikkeling van segregasie gedurende die 20ste eeu grootliks beïnvloed het. Daar was egter ook Engelse humaniste en liberaliste wat nie-rassigheid en die regte van swart mense gepropageer het. Hulle was veral uit die huidige Wes-Kaap afkomstig en sluit individue soos die politici John X. Merriman en William Schreiner in.

Die Engelse houding teenoor Afrikaners verander

Die Engelse gemeenskap het aanvanklik 'n ambivalente houding teenoor Afrikaners gehad. Hulle het enersyds aanvaar dat hulle as wit mense meer met Afrikaners gedeel het as met swart en bruin mense. Andersyds is onderlinge spanning veroorsaak deur die feit dat Afrikaners (wat die wit gemeenskap betref) oral in die meerderheid was, behalwe in Natal. In die Kaapkolonie en die Oranje-Vrystaat het Engelse wel goeie verhoudings met opgeleide leiers in die Afrikaanse gemeenskap aangeknoop. Elders was daar aanvanklik weinig anti-Afrikaner-gevoelens, maar die Engelse het hulself in die algemeen as Brits en verhewe bo die Afrikaners beskou.

Gedurende die 1870's het die houding teenoor Afrikaners begin verander. Die stigting van die Afrikanerbond in 1879 in die Kaapkolonie is gevolg deur die herstel van Transvaalse onafhanklikheid ná die Slag van Majuba in 1881. Afrikaners se selfvertroue en trots het toegeneem, wat die Engelse gemeenskap opnuut van hul netelige posisie as minderheidsgroep in die wit gemeenskap bewus gemaak het. Anti-Afrikaner-gevoelens het gevolglik toegeneem.

Die verhouding tussen die twee groepe het verder verswak ná die ontdekking van goud aan die Witwatersrand toe die ekonomiese magsbalans van die Kaapkolonie na die Zuid-Afrikaansche Republiek (ZAR) verskuif het. Die Engelse in die Kaapkolonie was bang dat dit hul posisie sou ondermyn. Die Britse mynwerkers uit die werkersklas en ander immigrantestedelinge, ook bekend as Uitlanders, het verhoudinge tussen die twee groepe in die ZAR verder vertroebel. Hierdie mynwerkers was baie meer jingoïsties, verwaand en minagtend teenoor Afrikaners as wat die vroeë setlaars ooit was. Die Uitlanders was baie krities oor die belastingheffings van die Boererepubliek en die weiering om dadelik stemreg aan hulle toe te staan. Hulle het getwyfel of die Britse regering die vermoë en die wil gehad het om hulle te beskerm. Hulle het dit selfs oorweeg om 'n hervormde Engelse republiek aan die Witwatersrand tot stand te bring waarin hulle die botoon sou voer.

Ander Uitlanders, insluitend die belangrike myngroep Corner House, het ingryping deur die Britse regering begeer. Hierdie groep het ook 'n monopolie oor nuusverskaffing gekry toe hulle die Argus-maatskappy oorgeneem het wat koerante in die Kaap en Transvaal gepubliseer het. Dit het 'n band tussen mynboukapitaal en die Engelse pers geskep wat tot in die tweede helfte van die 20ste eeu sou voortbestaan en gebruik sou word om Britse belange te bevorder. Die Reform League, 'n drukgroep, is in Johannesburg gestig met Lionel Phillips as voorsitter en Percy Fitzpatrick as sekretaris. Al twee was van Corner House. In 1895 het die Reform League en 'n ander Uitlanderorganisasie, die National Union, aangedring op hervormings.

Intussen was daar kommer onder Engelse in die Kaapkolonie dat hul belange sou skade ly indien die Uitlanders 'n hervormde republiek aan die Rand tot stand sou bring. Cecil John Rhodes, die eerste minister van die Kaapkolonie, wou dit verhoed en het 'n proses aan die gang gesit wat op die gewaagde Jameson-inval van Desember 1895 uitgeloop het. Hierdie mislukte onderneming het Engelse en Afrikaners gepolariseer en groot bitterheid veroorsaak. Dit het ook Rhodes se politieke magsbasis in die Kaapkolonie vernietig, aangesien hy sy bondgenootskap met die Afrikanerbond kwyt was en daarna verplig was om as premier te bedank.

Sommige Engelse Suid-Afrikaners, soos Merriman en Schreiner, asook die Natalse premier, sir John Robinson, het Rhodes se betrokkenheid by die Jameson-inval en die rigting wat Britse beleid ten opsigte van die ZAR ingeslaan het ten sterkste veroordeel. Nogtans was baie Engelse oortuig dat Brittanje meer betrokke moes raak sodat hul eie posisie beskerm kon word. Daarom het hulle in Maart 1896 die South African League gestig om Britse oppergesag in Suid-Afrika te bevorder. Versoekskrifte is regoor die land opgestel waarin geëis is dat Uitlandergriewe aangespreek moet word en dat Brittanje moet ingryp. Die aandrang op Britse inmenging het toegeneem nadat sir Alfred Milner in 1897 as Britse Hoë Kommissaris in Suid-Afrika aangestel is. Hy het Britse belange kragdadig bevorder, veral toe hy die Uitlanders se lot gelyk gestel het aan dié van die helote (slawe) in antieke Griekeland. Dit het die Engelse oortuig dat die Britse regering sy oppergesag in Suid-Afrika ten alle koste moes beskerm. Toe Milner eers die kwessie van Uitlanders se stemreg aan dié van imperiale oppergesag in Suid-Afrika gekoppel het, was dit moeilik om oorlog te voorkom. Die Engelse pers het sy veldtog ten gunste van Britse inmenging verskerp. Toe die Anglo-Boereoorlog in Oktober 1899 uitbreek, het die Uitlanders Transvaal in groot getalle verlaat. Talle het hulle by die koloniale vrywilliger-regimente soos die Imperial Light Horse aangesluit om teen die twee Boererepublieke te veg.

In die algemeen het Engelse Suid-Afrikaners, onder invloed van die Engelse pers, die Britse oorlogspoging onwrikbaar gesteun. Hulle het koloniale Afrikaners se steun vir die Boererepublieke verdoem en die anneksasie van die republieke bepleit. Die Britse leër se beleid van verskroeide aarde en die skepping van konsentrasiekampe is ook nie veroordeel nie. Talle Kaapse Engelse het Milner se vrugtelose pogings gesteun om die bestaande koloniale grondwet af te skaal en koloniale rebelle hul stemreg ná die Anglo-Boereoorlog te ontneem. Die Engelse gemeenskap se jingoïsme en anti-Afrikanerhoudings het grootliks verhoed dat wedersydse en standhoudende begrip tussen Engelse en Afrikaners ná die Anglo-Boereoorlog kon posvat.

Politieke verwikkelinge ná die Anglo-Boereoorlog

Aan die einde van Mei 1902 was die oorlog verby en kon die myne aan die Rand weer oopmaak en die Uitlanders terugkeer na die nuwe Britse kolonie van Transvaal. Britse imperiale heerskappy oor die hele land het vir die Engelse gemeenskap 'n gulde geleentheid gebied om hulself weer as die dominante wit groep in Suid-Afrika te vestig. Britse amptenare het die twee nuwe kroonkolonies in die binneland bestuur, Britse immigrasie is aangemoedig en die mynbedryf is herbou.

In die Kaapkolonie was die South African League, nou as die Progressiewe Party, verbind tot die handhawing van Britse oppergesag. In 1904 is dr. Leander Starr Jameson, berug vir sy inval in Transvaal, tot leier van die party verkies. In die 1904-verkiesing het die Progressiewes 'n skrale meerderheid van vyf setels oor die Suid-Afrikaanse Party behaal. Dit was grootliks toe te skryf aan die ontkiesering van Afrikanerrebelle. Die Suid-Afrikaanse Party is gevorm deur 'n alliansie tussen die Afrikanerbond en 'n klein groepie antiimperialistiese Britte onder leiding van Merriman. Jameson het 'n uitsluitlik Engelse kabinet saamgestel wat tot 1908 in die Kaapkolonie aan bewind gebly het.

Milner het besef dat Britse oorheersing op 'n breë imperiale Suid-Afrikanisme moes berus. Die twee wit groepe moes vennote in 'n verenigde Suid-Afrika word wat as 'n volwaardige dominium soos Kanada, Australië en Nieu-Seeland moes funksioneer. Milner se knap jong amptenare in Transvaal het bekendgestaan as die Kindergarten en het individue soos die koloniale sekretaris Patrick Duncan ingesluit. Dié amptenare het hulle vir die skepping van 'n verenigde Suid-Afrika beywer. Hierdie ideaal is ook deur die Boeregeneraals Louis Botha en Jan Smuts gesteun. Hulle het al twee die soewereiniteit van die Britse Kroon erken en Suid-Afrika se lidmaatskap van die Britse Ryk ondersteun. 'n Uitvloeisel van hierdie nuwe benadering was die toenemende neiging onder Engelse om hulself as Engelssprekende Suid-Afrikaners te beskryf.

Tog het verdeeldheid binne die Engelse gemeenskap veroorsaak dat die imperiale oorwinning nie ten volle benut kon word nie. In Transvaal was die Engelse in drie politieke partye verdeel. Die eerste was die Transvaalse Progressiewe Assosiasie onder George Farrar en sir Percy Fitzpatrick wat Milner se beleid ten volle gesteun het. Die tweede was die Nasionale Assosiasie onder leiding van E.P. Solomon wat hulself aan die Het Volk-party van Botha en

Smuts verbind en verantwoordelike bestuur vir Transvaal gesteun het. Die derde was die Arbeidersparty wat die belange van geskoolde werkers wou beskerm.

In 1906 is verantwoordelike bestuur aan Transvaal toegestaan en die jaar daarna aan die Oranjerivierkolonie. Die Het Volk-party het die meeste setels verower en in die Oranjerivierkolonie het generaal J.B.M. Hertzog se Orangia Unie ook 'n oorweldigende meerderheid behaal. In al twee kolonies het Afrikaner-regerings onder Afrikanerpremiers dus aan bewind gekom – Botha in Transvaal en Hertzog in die Oranjerivierkolonie.

Nadat die ontkiesering van rebelle in die Kaapkolonie opgehef is, het die Suid-Afrikaanse Party in die algemene verkiesing van 1908 'n oorweldigende meerderheid van 69 setels teenoor die Progressiewe Party se 33 setels behaal. Merriman het eerste minister geword, maar die werklike mag het by sy bondgenoot, die Afrikanerbond, berus. Daarna was Afrikaners die leiers of die meerderheid in die regeringsparty in drie van die vier Britse kolonies. Op hierdie tydstip was die meeste Engelssprekende Suid-Afrikaners oortuig dat alles wat Brittanje tydens die Anglo-Boereoorlog gewen het, verlore gegaan het en dat hul posisie ondermyn is. Hulle het die liberale regering in Brittanje verantwoordelik gehou daarvoor. Net 'n klein aantal Engelse was bereid om te erken dat die verwikkelinge op die politieke toneel die gevolg van hul eie dwaasheid en verdeeldheid was.

Afrikaners was oortuig dat die Engelse se belangrikste verbintenis steeds met Brittanje en nie met Suid-Afrika was nie. Na hul mening is dit deur vier dinge veroorsaak: Eerstens het die Engelse gemeenskap Rhodes se ambisies van Britse oorheersing en uitbreiding in Suid-Afrika gesteun. Tweedens het hulle Milner se aggressiewe imperialisme goedgekeur. Derdens het die Engelse geëis dat Afrikanerrebelle in die Kaapkolonie ontkieser moet word en vierdens het hulle die opskorting van die Kaapkolonie se grondwet (verantwoordelike bestuur) onderskryf.

Vanweë onderlinge verskille was die Engelse nie in staat om as eensgesinde groep deel te neem aan die Nasionale Konvensie (1908-1909) wat oor die toekomstige staatkundige bestel van Suid-Afrika moes beraadslaag nie. Afrikaners het gevolglik die nuwe Unie van Suid-Afrika, wat op 31 Mei 1910 tot stand gekom het, polities oorheers. Die Suid-Afrikaanse Party (SAP) is in 1910 gestig en daardeur is die ou SAP van die Kaapkolonie, die Afrikanerbond en Het Volk van Transvaal verenig. Afrikaners was in die meerderheid in dié party. Die eerste goewerneur-generaal van die Unie van Suid-Afrika, lord Gladstone, het toe ook besluit om Botha eerder as Merriman voorlopig as premier aan te stel. Dít het Engelse politieke ambisies die finale nekslag toegedien.

Onder Botha en Smuts se leiding het die SAP 'n Suid-Afrikaansgerigte beleid gepropageer. Dit het berus op die beginsels van gelykheid en samewerking tussen die twee wit gemeenskappe in Suid-Afrika as deel van die Britse Ryk. In die algemene verkiesing van 15 September 1910 het slegs 'n minderheid Engelse kiesers die SAP gesteun. Die Engelse Natallers het die onafhanklike kandidate gesteun onder die slagspreuk "We are British", aangesien hulle hul identiteit wou beskerm.

In die res van Suid-Afrika het die meeste Engelssprekendes hul stemme uitgebring ten gunste van die Unioniste onder Jameson. Dit was 'n oorwegend middelklas- en stedelike party wat alle progressiewes in die Kaapprovinsie en Transvaal ingesluit het. Die Unioniste het dus hoofsaaklik Britse kapitalisme verteenwoordig. Onder die slagspreuk "Vote British!" wou hulle die Britse invloed in die Unie versterk. Hulle is gesteun deur talle mynmagnate, veral dié van Corner House, en die Engelse pers.

Daarteenoor het Engelse werkers hul politieke tuiste in die Arbeidersparty gevind wat onder leiding van kolonel F.H.P. Creswell in wese 'n Britse politieke party was. Engelse werkers het reeds in die 1890's takke van Britse vakbonde aan die Witwatersrand gestig, maar die Arbeidersparty het hul politieke ideale verteenwoordig. Ten spyte van hul afkeer van die middelklas en die kapitalistiese waardes van die Unioniste, het hul sentimente egter meer ooreengestem met dié van die Engelse middelklas as met dié van hul Afrikaner-medearbeiders.

Die politieke eksklusiwiteit van die meeste Engelssprekendes blyk uit die feit dat so min van hulle ooit werklik Suid-Afrikaans in kultuur, gebruike en lewensuitkyk geword het. Dit het onder meer beteken dat hulle sosiaal eiesoortig gebly het. Hul klubs, verenigings, skole, kerke en regimente het 'n besonder Britse atmosfeer gehad en min Afrikaners het daar welkom gevoel. In die praktyk was die Engelse geneig om sosiaal slegs met geangliseerde Afrikaners te meng. Anti-Semitisme het ook algemeen voorgekom nadat groot getalle Oos-Europese Jode die land binnegekom het. Die Engelse het die Jode wat nie van Brittanje afkomstig of geangliseer was nie sosiaal uitgesluit.

Hoewel enkele Engelssprekende ministers in Louis Botha se kabinet opgeneem is, het die Engelse min politieke mag in die Unie van Suid-Afrika gehad. Hulle was getalsgewys in die minderheid, onderling verdeeld en hoofsaaklik stedelinge in 'n kiesstelsel wat volgens formule gelaai is ten gunste van plattelandse kiesafdelings. Die Engelse was diep verontrus toe Afrikaners in 1914 die Nasionale Party (NP) onder generaal Hertzog tot stand gebring het. Hertzog se slagspreuk was "Suid-Afrika Eerste!". Toe die NP in 1919 moontlike afskeiding (sesessie) van die Britse Ryk en republikanisme as amptelike beleidsbeginsels aanvaar het, is alles waarvoor die Engelse hulle as 'n groep beywer het, bedreig.

Die NP se beleid het die Engelse gemeenskap laat besef dat hulle op gematigde Afrikaners soos Botha en Smuts sal moet steun. 'n Toenemende aantal Engelse het hulle gevolglik aan die SAP verbind. Jameson het in 1912 uit die politiek getree en die Unioniste gelaat sonder 'n charismatiese leier wat Botha kon uitdaag. Die feit dat die Unioniste hulle met die belange van die mynboumagnate vereenselwig het, het dit moeilik gemaak om 'n breër magsbasis te vind. Smuts se besliste hantering van die algemene staking van arbeiders in 1913 het baie Unioniste oorgehaal om hulle by die regerende party (die SAP) aan te sluit. Hoewel hierdie staking onderdruk is, is die gevolge van georganiseerde arbeid in die praktyk ervaar. Die Arbeidersparty het wel daarby gebaat en ná die verkiesing van 1914 die beheer in die Transvaalse Provinsiale Raad oorgeneem.

Die Eerste Wêreldoorlog

In 1914 is die binnelandse politieke toneel deur Brittanje se oorlogsverklaring teen Duitsland oorheers. Dit het die hele Britse Ryk by die Eerste Wêreldoorlog betrek. Botha het die Arbeidersparty en die Unioniste se steun gehad toe hy onderneem het om oorlogshulp aan Brittanje te verleen. Hoewel 'n klein aantal ondersteuners daarna van die Arbeidersparty weggebreek het, het die oorgrote meerderheid Engelse werkers in Suid-Afrika hulself net soveel tot die Britse oorlogspoging verbind as die Engelse middelklas.

Aan die ander kant het Botha ook besef dat hy Engelse steun vir sy politieke oorlewing nodig het, veral nadat die Nasionale Party teen die oorlog begin agiteer het en 'n rebellie in Oktober 1914 uitgebreek het. In die algemene verkiesing van 1915 het die SAP vyftig setels verower en die Unioniste veertig. Hulle sou dus gesamentlik die meerderheid setels in die parlement hê. Die Nasionale Party het gevorder deur 27 setels te verower, maar onsekerheid oor die Arbeidersparty se lojaliteit het veroorsaak dat hulle slegs vier setels kon inpalm.

Relatief baie Engelse gesinne in die Unie van Suid-Afrika is direk deur die oorlog geraak al het hulle 'n relatief klein gemeenskap verteenwoordig. Engelssprekendes was die meerderheid onder die 8 551 wit Unie-soldate wat in die oorlog gesneuwel het. Engelssprekende troepe het ook gehelp om die rebellie in die Unie te onderdruk, hulle het in Duits-Suidwes-Afrika geveg en van 1915 in die Eerste en Tweede Infanterie-brigades in onderskeidelik Vlaandere en Oos-Afrika diens gedoen.

Meer as 100 000 wit mans het in Suid-Afrikaanse regimente gedien gedurende die oorlog (die amptelike getal van 146 000 was foutief). Sowat 12 000 Suid-Afrikaanse offisiere het hulle tydens die oorlog by imperiale eenhede aangesluit en ook in die Royal Navy en Royal Flying Corps diens gedoen. Van die sowat 160 000 beskikbare Engelssprekende jong mans in die Unie het ongeveer 43% uiteindelik in die gewapende magte van Suid-Afrika of in die Britse weermag gedien.

Kerke, sportliggame en welsynsorganisasies het Engelse Suid-Afrikaners aangemoedig om hulle as vrywilligers by die Unie-weermag aan te sluit. Skole was besonder aktief. Seuns wat as kadette aan militêre diens blootgestel is, het gretig by hul geaffilieerde regimente aangesluit. Baie skole het teen die einde van die oorlog hul oudleerlinge se name en bydraes op ererolle en gedenktekens aangebring. Patriotiese geesdrif, pligsbesef en om vir "King and Country" te veg was belangrike beweegredes vir jong mans om aan te sluit. Daar was ook die sug na avontuur en die drang om aan armoede en werkloosheid te ontsnap. Kameraadskap en die behoefte om manlikheid teenoor gelykes te bewys, was ook belangrik, veral in die intieme kring van patriotiese en oudleerling-organisasies.

Die Eerste Infanterie-brigade is op 15 Julie 1916 beveel om Delville-bos in Frankryk te beset en te behou as deel van die groot Britse offensief in die Somme-vallei. Die Suid-Afrikaners het die Duitse troepe grotendeels uit die bos verdryf, maar hulle het teruggeslaan met hewige artillerie-bombardemente en masjiengeweervuur vanuit die omliggende heuwels. Die Suid-Afrikaners het hulle in die suidwestelike hoek van die bos ingegrawe. Hulle het die posisie behou totdat hulle op 20 Julie met ander Geallieerde troepe vervang is.

Van die 121 offisiere en 3 032 ander soldate wat manmoedig aan hierdie slag deelgeneem het, het slegs 29 offisiere en 751 ander manskappe op 21 Julie oorgebly. Die Suid-Afrikaners het in hierdie hewige en uitmergelende stryd aan die Somme die Duitse magte effektief verhinder om die strategiese suidwestelike hoek van Delville-bos te herower.

Die Slag van Delville-bos was 'n beslissende oomblik in die skepping van 'n Engelssprekende Suid-Afrikaanse identiteit. Soldate en burgerlikes het geglo dat hulle die Britse tradisie van militêre diens nagekom het en dat hulle net so dapper soos soldate van ander dominiums aan die oorlog deelgeneem het. Tog het die kameraadskap en gevare wat hulle saam met Afrikanersoldate meegemaak het, ook die siening van hulself as Suid-Afrikaners versterk. Gesamentlik sou hulle hul beywer vir die toekoms van hul eie land, Suid-Afrika, maar ook vir Brittanje en die Britse Ryk. Die legende van "Springbokke aan die Somme" het 'n belangrike wekroep tot eenheid in die daaropvolgende jare geword.

Die Engelse het die steun wat Botha en Smuts aan die imperiale oorlogspoging verleen het, samewerking tussen die SAP, die Unioniste en die Arbeidersparty, asook die aantal Afrikaners wat saam met hulle geveg het, as bewyse van toenemende eenheid tussen die Engelse en Afrikaners beskou. Die Engelse se bewondering van Afrikanerlojaliste is egter geneutraliseer deur hul woede teenoor die Nasionale Party. Hulle het die NP van verraad beskuldig omdat dié party die Unie se deelname aan die oorlog so sterk afgekeur het. Die meeste Afrikaners was egter intens beledig deur die Engelse se pro-Britse geesdrif en afkeer van die rebellie.

Die tussenoorlogse jare

Al het die idee van 'n gedeelde Suid-Afrikanisme toenemend posgevat, het die meeste Engelse hulself eerstens steeds as Britse onderdane beskou. Die Engelse het egter 'n politieke minderheid gebly wat bewus gebly het van die bedreiging wat Afrikanernasionalisme inhou. Dit het hul posisie en imperiale verbintenis in gevaar gestel.

In die algemene verkiesing van 1920 het die Nasionale Party 44 setels verower, teenoor die SAP wat slegs 41 setels kon inpalm. Smuts, wat ná Botha se dood in 1919 eerste minister van die Unie geword het, kon slegs aan bewind bly met die steun van die 25 Unioniste in die parlement. Die twee politieke partye (die SAP en die Unioniste) het in November saamgesmelt.

Nog 'n belangrike politieke verandering het in 1923 plaasgevind. Die Arbeidersparty het ná die Eerste Wêreldoorlog groot opgang gemaak en het 21 setels in die parlement verower. Hulle het daardie jaar 'n politieke ooreenkoms, bekend as 'n Pakt, met die Nasionale Party gesluit. Voor die oorlog sou so 'n Pakt tussen die oorwegend Britsgesinde Arbeidersparty en die NP, wat afskeiding van die Britse Ryk gesteun het, ondenkbaar gewees het. Ná die

oorlog was die leiers van die Arbeidersparty egter woedend oor Smuts se hard-
handige onderdrukking van die mynwerkerstaking in 1922.

Die Arbeidersparty het geglo dat die Pakt versterk sou word deur die groei-
ende stedelike Afrikanerwerkersklas. Die oorwinning van die Pakt-partye in
die algemene verkiesing van 1924 het 'n regering aan bewind gestel wat oor-
weldigend deur Afrikaners van die NP oorheers is, maar tog twee Engelse
ministers uit Arbeidersgeledere, naamlik Creswell en Walter Madeley, inge-
sluit het. Baie Afrikaners het die SAP verlaat en hulle by die Nasionale Party
aangesluit. Die SAP het toe grotendeels bestaan uit voormalige Unioniste.

Die NP het afstand gedoen van sy standpunt oor sesessie (afskeiding van
die Britse Ryk) ter wille van samewerking met die Arbeidersparty. Die En-
gelse, insluitend vele ondersteuners van die Arbeidersparty, het nogtans
Hertzog se opregtheid betwyfel. In 1926 is hul kommer verlig toe Hertzog
teruggekeer het van die Rykskonferensie in Londen. Hy het aangevoer dat die
Balfour-deklarasie wat by hierdie konferensie verkry is, die gelykheid van die
dominiums en Brittanje binne die nuwe benaming "Britse Statebond" beves-
tig het. Dit was 'n triomf vir sy diplomasie en het die vraag oor afskeiding
ongeldig gemaak.

Die Pakt-regering se indiening van die Vlag-wetsontwerp het die posisie van
die Union Jack in gevaar gestel. Dit het die welwillendheid teenoor Hertzog
binne Engelse geledere laat kwyn. Die Engelse lede van die SAP en die Arbei-
dersparty het die Union Jack se behoud bepleit en in 1927 die regering ver-
plig om 'n kompromis aan te gaan waardeur die Union Jack saam met die
nasionale vlag, bekend as die Unie-vlag, vertoon sou word.

Die ekonomiese depressie vroeg in die 1930's het die regering se posisie
verswak. Hertzog het in 1933 onderhandelinge met Smuts aangeknoop oor
die moontlikheid van nouer samewerking. Dit het uitgeloop op 'n koalisie
tussen die NP en die SAP. Hertzog het eerste minister gebly, maar Smuts het
sy adjunk geword toe die twee partye in 1934 saamgesmelt het as die Verenigde
Suid-Afrikaanse Nasionale Party (VP).

Ondanks koalisie en samesmelting was Hertzog vasbeslote om die onaf-
hanklikheid van die Unie van Suid-Afrika te beklemtoon. Die Britse Statuut
van Westminster het in 1931 wetlike gesag aan die Balfour-deklarasie ver-
leen. Hertzog het toe daarop aangedring dat die SAP die NP se Statuswette
moet aanvaar wat die soewereine onafhanklikheid van die Unie wetlik ge-
waarborg het. Die Statuswette het die Engelse voor hul eerste toets van loja-
liteit ná die Vlag-wetsontwerp gestel. Die meeste Engelse parlementslede en

koerante het die Statuswette aanvaar, hoewel hulle ietwat ongemaklik gevoel het oor die grondwetlike veranderinge.

Die Engelse in Natal en die Oos-Kaap was egter baie meer Britsgesind as elders in die Unie. Agt parlementslede onder kolonel Charles Stallard het van die SAP weggebreek om die Dominiumparty te vorm. Hierdie party was openlik gekant teen Afrikaners en het hulle daartoe verbind om die Statuswette te herroep en Britse belange te behou. Die nuwe party het min steun geniet en kon in die algemene verkiesing van 1938 slegs sewe setels in Natal en een setel in Oos-Londen verower. Ook die Arbeidersparty het nie aan sy NP-verbintenis in die Pakt ontkom nie, maar het beheer oor 'n aantal munisipaliteite behou, asook vier setels in die parlement.

Die mislukte pogings van die Dominiumparty om aansienlike steun te verwerf, het getoon hoe Engelssprekende Suid-Afrikaners – selfs in Natal – verander het. Bitter min Engelse het die Unie toe nog as 'n Britse kolonie beskou of geglo dat hulle die reg gehad het om hul sienings op Afrikaners af te dwing. Die Engelse het saam met Joodse Suid-Afrikaners voortgegaan om die Unie se ekonomie te oorheers. Die meeste Engelse was polities apaties of het besef dat hul getalsminderheid (minder as 800 000 in 1936 te midde van 'n wit bevolking van meer as twee miljoen) hulle afhanklik gemaak het van Afrikanerleiers in die VP, soos Smuts. Hulle het van hierdie leiers verwag om voort te gaan om Engelse belange te beskerm en Suid-Afrika se rol as Statebondslid te bevorder.

Engelssprekende Suid-Afrikaners se aanvaarding van veranderinge is vergemaklik deur die feit dat hulle in 'n land gewoon het wat steeds uiterlik Brits vertoon het. Die Britse vloot het steeds Simonstad as basis gebruik. Engelse regimente in die Unie is dikwels aangedui met die benaming Royal en het "koninklike kolonels" as bevelvoerders gehad. Selfs die goewerneur-generaal, sir Patrick Duncan, wat die eerste Suid-Afrikaner was om (vanaf 1937) hierdie amp te beklee, het voortgegaan om die Kroon in die Unie-regering te verteenwoordig. Openbare vakansiedae soos Empire Day en die Britse koning se verjaarsdag is behou.

Die verbintenis tussen Statebondslande is versterk deur deelname aan die Statebondspele en toetswedstryde tussen sportspanne van Brittanje en die dominiums. Daar is voortgegaan om "God Save the King" te sing en die Union Jack te vertoon. Parlementêre regering in die Unie is gekenmerk deur Britse gebruike en die Engelse het die Kroon beskou as die grootste waarborg van hul posisie in die Unie.

Britse kulturele bande is versterk met die weeklikse aankoms van posskepe van die redery Union Castle wat Britse handelsware – onder meer boeke en tydskrifte – na Suid-Afrika gebring het. Kinders het van jongs af kennis gemaak met Britse prentverhale en boeke wat 'n Britse wêreldbeskouing by hulle vasgelê het. Britse tydskrifte en boeke was baie meer geredelik beskikbaar vir volwassenes in die Unie as Amerikaanse publikasies.

Engelse bande met Brittanje is versterk deur die feit dat Engelstalige koerante in Suid-Afrika voortgegaan het om Britse kulturele waardes te weerspieël. Dit het 'n pro-Britse aanslag gehad, terwyl die Suid-Afrikaanse Uitsaaikorporasie ook daagliks Britse programme en nuusbulletins van die BBC herlei het.

Engelssprekende Suid-Afrikaners se voortgesette gehegtheid aan Brittanje en die Statebond is verder versterk deur ontwikkelinge binne die Afrikanergemeenskap. Hulle was besorg oor Hertzog se beklemtoning van die Unie se reg tot neutraliteit indien Brittanje in 'n oorlog betrokke sou raak. Hulle was selfs nog meer bekommerd oor die stigting van dr. D.F. Malan se Gesuiwerde Nasionale Party, wat toenemende steun van Afrikaners se kultuurorganisasies, skole en universiteite ontvang het. Hierdie instellings het 'n belangrike bydrae gelewer om 'n afsonderlike Afrikaneridentiteit te bevorder.

Die Engelse was nie juis welkom by die honderdjarige herdenking van die Groot Trek in 1938 en is ook nie daarby betrek nie. Dít het hulle vervreem en jingoïstiese houding aangemoedig. In die laat 1930's was daar toenemende onverdraagsaamheid onder Engelse en Afrikaners. Dit was baie onwaarskynlik dat enige vorm van Suid-Afrikanisme in so 'n situasie kon ontwikkel – allermins dat alle wit Suid-Afrikaners lojaliteit teenoor die Kroon en die Statebond sou aanvaar.

Die Tweede Wêreldoorlog

Teen die einde van die 1930's was lidmaatskap van die Statebond toenemend noodsaaklik as bolwerk teen Nazi-Duitsland se aggressiewe optrede en die vergrype van fascistiese Italië in Afrika. Die Engelse het die Unie se lidmaatskap van die Statebond as onversoenbaar met 'n beleid van neutraliteit beskou. Toe die Tweede Wêreldoorlog in September 1939 uitbreek, het die oorgrote meerderheid Engelssprekendes, insluitend die middelklas-Engelssprekende Joodse bevolking, Hertzog se neutrale standpunt in die parlement met skok verwerp.

Vir Hertzog was deelname onversoenbaar met die soewereine onafhanklikheid van die Unie. Die Engelse pers het 'n venynige aanval geloods en protesvergaderings is in al die groot stede gehou. In die parlement het 54 Engelssprekende lede van die VP, die Dominiumparty en die Arbeidersparty, asook 26 Afrikanerparlementslede, Smuts se amendement gesteun wat neutraliteit in effek verwerp het. Slegs een Engelse parlementslid, S.C. Quinlan, wat later 'n Smuts-ondersteuner geword het, en 66 Afrikanerparlementslede het Hertzog se standpunt gesteun.

Patrick Duncan, die goewerneur-generaal, het Hertzog se versoek verwerp om die parlement te ontbind en 'n algemene verkiesing te hou. Hy het Smuts versoek om 'n nuwe regering saam te stel, waarna die Unie op 6 September amptelik teen Duitsland oorlog verklaar het. Smuts moes grootliks staatmaak op Engelse parlementslede, aangesien slegs 'n minderheid Afrikanerparlementslede voortgegaan het om hom te steun. Agt Dominium- en vier Arbeidersparty-parlementslede het 'n koalisie gevorm. Stallard en Madeley is in Smuts se kabinet opgeneem. Die eerste keer sedert Uniewording was daar toe 'n gelyke aantal Afrikaner- en Engelse ministers in die kabinet.

Die werwing van vrywilligers vir die Unie-weermag het teen die einde van 1939 snel verloop. Die meeste regimente was op volle getalsterkte en in Februarie 1940 kon die parlement vrywilligers toestemming gee om die Rooi Eed (of Afrika-eed) af te lê. Dit het hulle daartoe verbind om die oranjekleurige kenteken op hul uniform te vertoon wat aangedui het dat hulle oral op die kontinent van Afrika sou diens doen. Teen 1945 was sowat 9,3% van die totale wit bevolking van die Unie in diens van die weermag. Dit het bestaan uit 186 218 wit mans en 24 975 wit vroue, asook 'n verdere 15 000 rekrute wat in die Royal Air Force (RAF) en 2 944 vrywilligers wat in die Royal Navy (RN) gedien het.

Die aantal Engelse wat militêre diens verrig het, word gewoonlik op sowat 40% beraam. Dit is gerieflikheidshalwe gebaseer op die getalsverhouding tussen Engelse en Afrikaners in die Unie. Indien dit korrek is, was ietwat meer as 41% van die nagenoeg 180 000 vrywilligers Engelssprekende mans tussen 18 en 44 jaar oud. Dit was sowat twee persent minder Engelse weermagslede as gedurende die Eerste Wêreldoorlog.

Die Engelse het nietemin op ander maniere ook groot bydraes tydens die oorlog gelewer. Baie ouer mans of persone wat in die nuwe ammunisiebedrywe gewerk het, het hulle as vrywilligers by die Nasionale Reserwemag aangesluit om binnelandse veiligheid te verseker. Vroue het toepaslike take verrig binne die Unie, maar ook in Noord-Afrika. Hulle het hoofsaaklik gedien in die oorwegend Engelse Rooikruis, St. John-ambulansdiens, Suid-Afrikaanse Militêre Verpleegstersdiens en Suid-Afrikaanse Vroue Militêre Hulpkorps.

Sowat 65 000 vroue was by die Suid-Afrikaanse Vroue Hulpdienste betrokke – die meeste van hulle Engelssprekend. Hulle het fondse ingesamel, geriewe verskaf en gasvryheid betoon aan troepe wat in die Unie diens gedoen het en aan die bemannings van die sowat 49 241 Geallieerde skepe wat Suid-Afrikaanse hawens besoek het. Die twee organisasies vir oudsoldate wat gedurende die 1920's gestig is, naamlik die British Empire Service League (wat vanaf 1941 bekend was as die Suid-Afrikaanse Legioen) en die MOTHS (Memorable Order of Tin Hats), het aktief vrywilligers aangemoedig en diensdoende soldate se gesinne ondersteun.

Soos tydens die Eerste Wêreldoorlog, was daar baie redes waarom vrywilligers hulle gedurende die Tweede Wêreldoorlog by die Unie-weermag aangesluit het. Dit het gewissel van werkverskaffing aan geskoolde werkers tot persone met 'n sterk pligsbesef. Soos in die ander dominiums, het Engelssprekende Suid-Afrikaners teen die middel van 1940 ook die bedreiging van 'n moontlike Nazi-inval in Brittanje aangevoel. Dit was vir hulle 'n keerpunt in hul besluitneming. Baie Engelse het instinktief emosioneel gereageer. Die besluit om as vrywilligers aan te sluit, was gewoonlik nie maklik nie, want dit het dikwels hul gesinne, loopbane en verdere studie ontwrig.

Die operasionele ontplooiing van die Agtste Leër in Noord-Afrika was in baie opsigte 'n Statebondsoorlog. Soldate van Brittanje, die dominiums en koloniale regimente was almal deel daarvan. Dit het entoesiasme vir die Statebond aangewakker, sowel as bewondering vir die wyse waarop die Britte die Duitse *Blitzkrieg* trotseer en ontberings deurstaan het.

Daar was ook bewondering vir die rol van die RAF in die verdediging van die Verenigde Koninkryk. Dit was egter moeilik vir die Engelse in Suid-Afrika om te bly glo aan die beeld van Brittanje as 'n groot moondheid. Tog het die Britse verbintenis steeds hul selfbeeld sterk beïnvloed. Hul ruimhartige fondsinsamelings vir Brittanje gedurende en ná die oorlog is bewys van hierdie gevoelens.

Die Tweede Wêreldoorlog het die Engelse se Suid-Afrikaanse identiteit veel meer versterk as die Eerste Wêreldoorlog. Hegte kameraadskap het ontwikkel tussen Engelse en Afrikanersoldate wat die oranje lussies op hul uniforms vertoon en langs mekaar in Noord-Afrika geveg het.

Soos ná die Anglo-Boereoorlog het die Engelse die geleenthede verspil wat die Tweede Wêreldoorlog gebied het. Die algemene verkiesing in 1943 het Smuts se koalisieregering tot 105 setels in die parlement vermeerder, teenoor die opposisie wat tot 43 setels gekrimp het. Dit het aan die Engelse die geleentheid gebied om hul posisie in die regering te versterk en hegte Suid-Afrikanisme te bevorder deur 'n verbintenis met gematigde Afrikaners.

Die Engelse het nietemin hierdie geleenthede onbenut laat verbygaan. Engelse parlementslede, insluitend die twee nuwe kabinetsministers Harry Lawrence en Sidney Waterson, was in die praktyk ondoeltreffend. Hulle het politieke leierskap aan hul Afrikanerkollegas oorgelaat. Die Dominiumparty het nege setels in die 1943-verkiesing verower en die Arbeidersparty sewe setels. Dit was grootliks te danke aan hul samewerkingsooreenkomste met die Verenigde Party (VP), maar hul steun onder kiesers het daarna vinnig afgeneem.

Na afloop van die oorlog het die Arbeidersparty beheer verloor oor sy munisipale kiesafdelings in Johannesburg en Durban. Die Dominiumparty is ontbind en 'n nuwe Suid-Afrikaanse Party (SAP) is gevorm. Laasgenoemde was toenemend rassisties en anti-Indiër ingestel. Dit het wesentlik eintlik meer ooreenkoms vertoon met Malan se Herenigde Nasionale Party (HNP) as met die VP.

Die oorlog het weinig voordele aan terugkerende soldate gebied. Baie soldate was van mening dat die VP en die Engelse in Suid-Afrika in die algemeen ongevoelig was oor hul behoeftes, asook dié van swart oudgediendes. Die Engelse was in die algemeen nie bereid om die nuwe radikalisme te aanvaar wat die Springbok-Legioen geopenbaar het nie. 'n Egte Suid-Afrikaanse identiteit, wat alle rasse van die Unie sou insluit, was vir hulle ondenkbaar.

Die heersende norm van streng skeiding tussen die twee wit bevolkingsgroepe in die Unie was ook onaanvaarbaar vir die terugkerende Engelse en Afrikaners wat saam in Noord-Afrika geveg het. Die naoorlogse jare was vir die meeste Engelse in die Unie 'n tydperk van welsyn, veiligheid en tevredenheid. Hulle was nie in staat om 'n veranderende Suid-Afrika te voorsien nie. Hulle was merkwaardig onbewus van die onmiddellike bedreiging wat Afrikanernasionalisme vir hulle ingehou het of van die langtermynverwagtinge van swart mense.

Die besoek van koning George VI en sy gesin in 1947 het Engelssprekende Suid-Afrikaners 'n laaste geleentheid gebied om hul bande met Brittanje te vier. Die besoek was van groot simboliese betekenis – dit het die Engelse gemeenskap se lojaliteit aan die Kroon bevestig en hul trots op hul Britse herkoms versterk. Die koninklike besoek het egter ook gepaardgegaan met toenemende Afrikanernasionalisme en steun vir 'n republiek buite die Statebond.

Engelssprekendes en die politiek van 1948 tot vandag

Die Engelse het die vrugte van hul politieke afsydigheid in die algemene verkiesing van Mei 1948 gepluk toe 'n Afrikanernasionalistiese regering aan bewind gekom het. Die VP het die meeste stedelike kiesafdelings verower en ook elf van die sestien Natalse setels ingepalm. Die party is egter oorweldigend in die oorwegend Afrikaanse kiesafdelings verslaan. Die NP het 'n totaal van sewentig setels verower, terwyl sy koalisievennoot, die Afrikanerparty, nege ingepalm het. Die VP het 65 setels en die Arbeidersparty ses kiesafdelings ingeoes.

Hoewel die oorgrote meerderheid Engelse vir Smuts gesteun het, was hulle sodanig vervreem van die VP dat hulle óf buite stemming gebly het óf die NP gesteun het. Dit het Engelse ingesluit wat eerder die rassebeleid van die Nasionale Party gesteun het of wat verbitterd was oor die VP se besluiteloosheid om kwessies te takel wat hulle persoonlik geraak het. Die NP het die omvang van hierdie weersin besef en sy uitsprake oor republiekwording afgeskaal. Kort voor die algemene verkiesing het die NP ook meer op sy rassebeleid gefokus.

Die nuwe Suid-Afrikaanse Party het geen setels in die verkiesing verower nie, terwyl die Arbeiders slegs 'n handjie vol stedelike Engelse stemme ontvang het. Die VP het 'n klein kerngroep Afrikaners se steun behou en hulle is in die omgang steeds Sappe genoem. In werklikheid het die VP egter hoofsaaklik 'n Engelse, stedelike politieke party geword. Die party se enigste noemenswaardige plattelandse steun was afkomstig van die Engelse boeregemeenskappe van die Oos-Kaap en Natal. Dit het hulle in staat gestel om politieke beheer oor die provinsie Natal te behou.

Die nederlaag van die VP met sy verbintenis aan die Kroon, die Statebond en Suid-Afrikanisme het die wêreldbeskouing van Engelssprekende Suid-Afrikaners diepgaande verander. Die land is ná 1948 deur Afrikaners geregeer en tot voordeel van hul groep. Gedurende die 1950's is republikeinsgesinde Afrikaners aangestel as goewerneurs-generaal. Die posisie van die Kroon en die verpligtinge van Statebond-lidmaatskap is grotendeels verontagsaam. Alles wat Brits was in Suid-Afrika is afgetakel. In 1957 is "God Save the Queen" en die Union Jack as amptelike simbole afgeskaf.

Die amptelike geheue van wit Suid-Afrika is verander en die geskiedenis en tradisies van Afrikaners het voorkeur ontvang. Die nasionalistiese beheer oor staatskole het die Britse bydrae tot die ontwikkeling van Suid-Afrika geïgnoreer of as negatief voorgestel. Die Engelse verbintenis tot hul Britse tradisies en afkoms is as "on-Suid-Afrikaans" voorgestel en die nuusbulletins van die BBC is beëindig. Die ideologie van die NP het baie jong Engels-sprekendes van hul erfenis vervreem. Baie van hierdie Engelse was volgens die Suid-Afrikaanse skrywer Christopher Hope 'n "geslag wat in ballingskap gegaan het voordat hulle die ouerhuis verlaat het".

Die veranderinge het egter nie onuitgedaag plaasgevind nie. Die kroning van koningin Elizabeth II in 1953 het koninklike en Statebond-gevoelens aangewakker. Die Engelse het tydens die republikeinse referendum in 1960 oorweldigend teen die voorgestelde staatsvorm gestem. Die aanvang van die Republiek van Suid-Afrika op 31 Mei 1961 was 'n traumatiese beëindiging van hul verhouding met Brittanje. Dit het die Engelse verplig om 'n toekoms in te gaan waarin meer as net politieke omstandighede aan die verander was.

Hulle moes eerstens aanvaar dat hulle as 'n groep verander het. Hoewel hulle toe reeds meer as een miljoen sterk was, was die persentasie Britsgeborenes in hul geledere geleidelik aan die afneem. Minder Britse immigrante het hulle in Suid-Afrika kom vestig en die samestelling van die Engelse gemeenskap het begin verander. Hulle het soos reeds genoem sterk groeps- en godsdienstige identiteite behou, maar Jode is ook opgeneem in die Engelssprekende gemeen-skap, asook ander wit mense wat Engels as moedertaal aanvaar het. Engels-sprekende Suid-Afrika was meer as net 'n Britse gemeenskap.

Tweedens moes Engelssprekendes aanvaar dat die Britse regering nie meer bereid sou wees om wit minderhede in Afrika te ondersteun nie. Die negatie-we reaksie van die Britse Arbeidersparty in 1965 teenoor die eertydse Rhode-sië se eensydige onafhanklikheidsverklaring het die Engelse gemeenskap sterker aangemoedig om hul bande met Brittanje te heroorweeg as die des-tydse republiekwording.

Die Statebond het voorts 'n organisasie geword wat hoofsaaklik deur sy swart lidstate oorheers is. Die Engelse gemeenskap was onthuts oor die wyse waarop Statebondslande Suid-Afrikaners verstoot het. Suid-Afrikaners kon nie meer amptelik aan internasionale sport- en kulturele geleenthede deel-neem nie. Die Britse kultuurboikot van Suid-Afrika het veroorsaak dat jong Engelssprekendes grootgeword het met 'n Amerikaanse kulturele wêreld-beskouing en nie 'n Britse een nie.

Die Engelse was onseker oor hul identiteit en rol in 'n republikeinse Suid-Afrika. Hierdie onsekerheid het ook in die VP (teen die 1970's die Nuwe Republiek Party genoem) en die nuutgestigte Progressiewe Party geheers, asook in die Engelse pers. Engelse Suid-Afrikaners het nogtans hul taalregte behou en het voortgegaan om Suid-Afrika ekonomies en finansieel te oorheers, ondanks die NP se beheer van staatstrukture en Afrikaners se opgang in die ekonomie. Daarbenewens het die Engelse besef dat hul leefwyse al hoe meer bedreig word deur swart nasionalisme. Daarom het hulle gemeenskaplike identifikasie met wit Afrikaners aanvaar sodat hulle kon saamstaan teen swart Afrikane.

Nie alle Engelse het hieraan meegedoen nie. Engelssprekendes in universiteite, kerke, die pers, oudgediende-organisasies en vrouevereniging soos die Black Sash, asook die Progressiewe Party en die Liberale Party, het die toon aangegee om rasseverhoudinge in Suid-Afrika te verbeter en het die NP-regering sterk teengestaan. Hulle was egter 'n relatief klein groep. Die meeste Engelssprekendes het die verdwyning van burgerlike vryhede en Britse waardes soos vryheid van spraak, 'n onafhanklike regstelsel en demokrasie met huiwering aanvaar. Dit was hoofsaaklik omdat hulle niks daaraan kon doen nie.

Sommige Engelse het nog nostalgies vasgeklou aan die verlede en probeer om die simbole van hul verlore identiteit te behou. Tot in die 1990's is die Union Jack nog op munisipale geboue in stede soos Durban, Pietermaritzburg en Port Elizabeth vertoon tydens geleenthede van koninklike en Brits-Suid-Afrikaanse belang. Koninklike portrette is nie verwyder van hul plekke in stadsale, klubs en verenigings nie. Die Natallers het hul provinsie "The last outpost of the Empire" genoem. Uiteindelik het hul heimwee egter ook afgeneem en teen die 1990's kon oudgediendes en ander organisasies soos die Vrymesselaars, Caledoniërs en Sons of England moeilik hul ledetal volhou en baie takke moes sluit.

Ondanks die algemene euforie wat met die geboorte van die nuwe Suid-Afrika in 1994 saamgegaan het, was die meeste Engelssprekende Suid-Afrikaners versigtig om die nuwe bedeling te aanvaar. Soos die Afrikaners vroeër gedoen het, het sommige swart mense hulle daarvan beskuldig dat hulle "nie-Suid-Afrikaans" was weens hul herkoms. Talle Engelse is voorts vervreem deur die hoë misdaadsyfers, korrupsie en regstellende aksie. Teen die einde van die 1990's was hulle ook geskok deur wat vriende en familielede in Zimbabwe moes deurgaan. Dit het vrese aangewakker dat dieselfde in Suid-Afrika kan gebeur.

Baie Engelssprekendes het gevolglik besluit om te emigreer na lande met beter vooruitsigte, terwyl ander in Afropessimisme verval het. As 'n steeds krimpende gemeenskap met 'n onsekere identiteit was dit met die aanbreek van die 21ste eeu moeilik om te voorsien wat die toekoms vir wit Engelssprekende Suid-Afrikaners sou inhou.

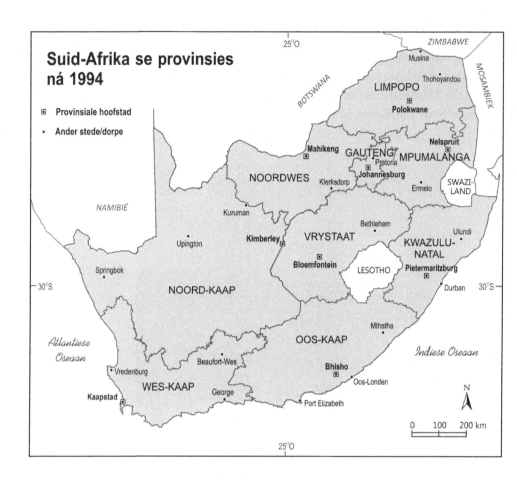

Suid-Afrika se provinsies
ná 1994

⊡ Provinsiale hoofstad
• Ander stede/dorpe

25°O

ZIMBABWE

BOTSWANA

MOSAMBIEK

Musina

Thohoyandou

LIMPOPO

⊡
Polokwane

Nelspruit

Mahikeng
⊡

GAUTENG **MPUMALANGA**
Pretoria
⊡
Johannesburg

NOORDWES

Klerksdorp

Ermelo

SWAZI-
LAND

NAMIBIË

Kuruman

Bethlehem

Ulundi

•Upington

Kimberley ⊡

VRYSTAAT

**KWAZULU-
NATAL**

•Springbok

⊡
Bloemfontein

LESOTHO

Pietermaritzburg
⊡

30°S

NOORD-KAAP

Durban

30°S

*Atlantiese
Oseaan*

Mthatha

OOS-KAAP

Indiese Oseaan

Beaufort-Wes

•Vredenburg

Bhisho

Oos-Londen

N

WES-KAAP

George

0   100   200 km

Kaapstad

Port Elizabeth

25°O

28

Suid-Afrika ná apartheid, 1994-2004

Japie Brits

Die Suid-Afrika wat in 1994 gestalte gekry het, sou nooit weer dieselfde land wees as die een wat bykans vier en 'n halwe dekades lank op 'n rassegrondslag bestuur is nie. Die African National Congress (ANC) het die eerste demokratiese verkiesing in April 1994 gewen deur 62,7% van die steun (12,2 miljoen stemme) op hom te verenig. Daarmee is die apartheidsbewind van bykans 46 jaar beëindig.

Ingevolge die tussentydse grondwet sou 'n regering van nasionale eenheid (RNE) vir die volgende vyf jaar regeer. Daarvolgens kon enige party met twintig of meer setels in die Nasionale Vergadering op een of meer kabinetsportefeuljes aanspraak maak. Hoewel die ANC die meerderheid setels in die Nasionale Vergadering gekry het en dus op sy eie 'n regering kon vorm, het die Nasionale Party (NP) en die Inkatha Vryheidsparty (IVP) gebruik gemaak van die bepalings vir 'n RNE.

Die minderheidspartye wat die beste in die verkiesing gevaar het, kon ook kandidate vir ministers- en adjunkministersposte benoem, asook vir die twee adjunkpresidentsposte. Dieselfde formule het in die provinsiale regerings gegeld. F.W. de Klerk, leier van die Nuwe Nasionale Party of NNP (soos die NP ná 1994 herdoop is), het een van die twee adjunkpresidente geword saam met Thabo Mbeki van die ANC. Die NNP het ook vyf addisionele nasionale kabinetsposte ontvang en die IVP drie.

Suid-Afrika se tussentydse grondwet wat op 27 April 1994 aanvaar is, was een van die liberaalste grondwette ter wêreld. Dit het onder meer vir 'n Handves van Regte (Bill of Rights), 'n Menseregtekommissie en 'n Kommissie vir Geslagsgelykheid voorsiening gemaak. Die finale grondwet wat in 1996 aanvaar is, het die tussentydse een in wese bevestig. Die belangrikste verskil tussen die tussentydse en die finale grondwette was die daarstelling van 'n Nasionale Raad van Provinsies wat die Senaat vervang het. Voorts sou dit ná die 1999-verkiesing ook nie meer vir die regering verpligtend wees om lede van ander partye verteenwoordiging in die kabinet of provinsiale wetgewers te gee nie. Dit sou die einde van magsdeling op sentrale regeringsvlak beteken.

Die leierskap van Nelson Mandela

Heelparty uitdagings het op die nuwe regering van president Nelson Mandela gewag – en spesifiek op die oorheersende ANC-komponent. Dié party, wat feitlik geen ervaring in landsbestuur gehad het nie, moes in sy regerings-rol terselfdertyd die ongelykhede van die verlede takel én nasionale eenheid in 'n hoogs verdeelde land nastreef. Die ANC moes op die hoogste vlak met sy tradisionele "vyand", die Nasionale Party, saamwerk en met 'n fel teenstander in die onlangse swart politiek, die IVP. Voorts moes die party ook die belange van sy verkiesingsbondgenote, die Suid-Afrikaanse Kommunistiese Party (SAKP) en die Congress of South African Trade Unions (Cosatu), in aanmerking neem.

Om homself van 'n bevrydingsbeweging tot 'n nasionale regering te transformeer, was op sigself 'n potensieel moeisame proses. Baie sou van die vermoëns en gesindheid van die nuwe president afhang. Mandela het bykans 27 jaar in die tronk deurgebring en het 'n nasionale en internasionale simbool van die stryd teen apartheid geword. Gedurende daardie jare het hy merkwaardige leierskap en verdraagsaamheid getoon. Daarbenewens het sy buitengewone politieke behendigheid baie duidelik uit die onderhandelinge met die De Klerk-regering vir 'n nuwe bestel ná 1990 geblyk.

Oudpresident De Klerk het opgemerk dat Mandela die vermoë gehad het om elkeen wat hy ontmoet het, spesiaal te laat voel. Die nuwe president het inderdaad 'n simbool van nasionale versoening geword en die beliggaming van die reënboognasie (so genoem deur aartsbiskop Desmond Tutu). Mandela het uitgereik na wit Suid-Afrikaners, wat dit baie op prys gestel het. Daarby was hy besonder sensitief oor die Afrikaner se kultuurerfenis en onwillig om Afrikaanse pleknaame te laat verander. Vir baie sportmanne en -vroue het hy 'n ikoon geword. Almal sou onthou hoe hy in die Springbok-kaptein Francois Pienaar se rugbytrui op die veld verskyn het nadat die Springbokke die Wêreldbeker vir rugby in 1995 gewen het.

Mandela was weliswaar verbind tot nasionale eenheid, maar dit het nie noodwendig beteken dat hy tot elke prys bereid sou wees om met De Klerk en sy NNP-kollegas saam te werk nie. Teen die einde van 1996 het De Klerk die NNP aan die regering van nasionale eenheid onttrek omdat hy gemeen het die ANC was nie ernstig oor magsdeling nie en het kleiner partye eenvoudig verontagsaam wanneer dit by belangrike sake kom. Daarbenewens het De Klerk nie gehou van die wyse waarop Mandela hom tereggewys het wanneer hy sy reg om die regering te kritiseer, verdedig het nie. Hy het aangevoer die ANC skryf die agenda in die kabinet voor en het gekla omdat Mandela en ander ANC-kabinetslede hom nooit enige erkenning gegee het vir sy pogings om buitelandse beleggings na Suid-Afrika te lok deur steun vir die nuwe politieke bedeling te werf. Toe Mandela die NNP in September 1995 in die openbaar aanval en die ANC hom daarteen uitspreek dat die beginsel van magsdeling in die finale grondwet opgeneem word, het De Klerk besluit verdere deelname aan die RNE is futiel. Sommige van sy kollegas het bedenkinge oor sy standpunt gehad, maar die meerderheid het sy aanbeveling gesteun om aan die regering te onttrek.

Mandela was in vele opsigte 'n realistiese en redelike staatsman. Nog voordat hy aan bewind gekom het, het hy besef van die ANC se sosialistiese doelwitte was nie langer haalbaar nie en hy was bereid om die kundigheid van wit mense wat nie aan die ANC behoort het nie, te gebruik. Voorbeelde hiervan was die opname van mense soos Derek Keys en Chris Liebenberg in sy kabinet en die benutting van amptenare van die vorige bewind. Die internasionale wêreld het toenemend van sy dienste as vredesbemiddelaar gebruik gemaak, wat sy internasionale status nog verder verhoog het.

Op die tuisfront het hy dit as sy hooftaak beskou om 'n nuwe nasie te bou. Daarom het hy praktiese bestuursaangeleenthede dikwels aan sy adjudant, Mbeki, oorgelaat. Moontlik was hy nie betrokke genoeg by die daaglikse landsbestuur nie, vandaar die onvermoë van sommige staatsdepartemente om behoorlik te funksioneer. Daar kan ook geredeneer word dat die Heropbou- en Ontwikkelingsprogram (HOP) wat daarop gemik was om basiese sosiale dienste aan benadeelde samelewings te lewer, te gou laat vaar is.

Mandela se regeringstydperk het 'n besliste breuk met die verlede en die begin van 'n nuwe era verteenwoordig. Belangrike hervormings, waaronder grondhervorming, regstellende aksie en swart ekonomiese bemagtiging, is van stapel gestuur. Aansienlike vordering is ook gemaak om nasionale eenheid te bevorder.

MANDELA: DIE NASIEBOUER

Nelson Rolihlahla Mandela is op 18 Julie 1918 in Mvezo naby die huidige Mthatha in die Transkei gebore as seun van die hoofraadgewer van die opperhoof. Hy het aan die Methodist College of Healdtown en aan die Universiteit van Fort Hare gestudeer voordat hy hom in Johannesburg gevestig het. Hy het as klerk in 'n regsfirma gewerk terwyl hy aan die Universiteit van Suid-Afrika en daarna aan die Universiteit van die Witwatersrand gestudeer en 'n regsgraad verwerf het.

Gedurende die 1950's was hy en Oliver Tambo – wat later president van die ANC geword het – vennote in 'n regsfirma in Johannesburg. Albei was betrokke by versetpolitiek as lede van die Congress Youth League (CYL) van die ANC. Die CYL het 'n lewenskragtige politieke beweging geword, veral gedurende die 1940's. Aanvanklik het Mandela die Afrikanistiese ideaal van die CYL onderskryf. Dit het die credo uitgedra dat Afrika aan die Afrikane (inheemse swart mense) behoort; dat 'n trots op Afrika-tradisies gekweek moet word; en dat die Afrikane hul eie bevryding self moet verwesenlik sonder die bystand van nie-Afrikane.

Van 1947 het Mandela as lid van die uitvoerende komitee van die Transvaalse ANC gedien. In die 1950's het hy sy Afrikanistiese standpunt hersien en nou nie-rassigheid as basis vir die politieke bestel van Suid-Afrika as mikpunt gesien. Dit sou beteken dat 'n politieke bondgenootskap met wit liberale, bruin mense en Indiërs 'n meer doeltreffende bolwerk teen apartheid sou vorm. Weens sy bedrywighede in die weerstandspolitiek is hy verban en in Desember 1956 gearresteer, daarna van hoogverraad aangekla, maar ná 'n marathonverhoor wat eers in 1961 geëindig het, saam met sy medebeskuldigdes vrygelaat.

Ná die Sharpeville-tragedie in 1960 is sowel die ANC as die PAC verban. Mandela het ondergronds gegaan en die land verlaat om oorsee steun vir die bevrydingstryd te werf. Hy het ook opleiding in Algerië ontvang en terselfdertyd die stigting van 'n ondergrondse beweging beplan. Terwyl hy steeds ondergronds was, het hy Umkhonto we Sizwe (vertaal as Spies van die Nasie) gestig. MK, soos dit algemeen bekend was, het sabotasie gepleeg teen teikens wat met die apartheidsregering verbind is. Geweld teen burgerlikes was verbode, hoewel "sagte teikens" met verloop van tyd onvermydelik slagoffers van die bevrydingstryd geword het.

Mandela se bewegings het geheim gebly totdat hy in Augustus 1962 gearresteer is. Hy is saam met ander MK-leiers in die sogenaamde Rivonia-hofsaak van 1963 verhoor. In sy verdedigingspleidooi het hy aangevoer dat hy sy hele lewe lank teen wit sowel as swart oorheersing geveg het. Hy is tot lewenslange gevangenisstraf gevonnis. Terwyl hy 'n gevangene op Robbeneiland was, het hy baie gedoen om die omstandighede van ander gevangenes te verbeter. Met verloop van tyd het sy gevangenskap 'n internasionale aangeleentheid geword en eise dat hy vrygelaat word, het toegeneem in die troebel tye van die 1980's. In 1982 is hy na die Pollsmoor-gevangenis oorgeplaas.

In 1985 het president P.W. Botha aangebied om hom vry te laat op voorwaarde dat hy geweld afsweer, maar Mandela was nie bereid om 'n kompromis aan te gaan en swart mense se vryheid vir sy eie op te offer nie. In die laat-1980's het gesprekke tussen hom en verteenwoordigers van die regering (veral met Kobie Coetsee) die weg vir sy vrylating gebaan. Nege dae ná De Klerk se toespraak op 2 Februarie 1990, waartydens die verbod op die ANC en ander bevrydingsorganisasies opgehef is, het Mandela uit die Victor Verster-gevangenis in die Paarl gestap.

Gedurende die vroeë 1990's het gesprekke oor 'n nuwe grondwet begin en ná 'n uitgerekte onderhandelingsproses is daar op 'n tussentydse grondwet ooreengekom. In 1993 het Mandela en De Klerk gesamentlik die Nobelvredesprys ontvang. Ná die verkiesing in 1994 het Mandela as leier van die seëvierende ANC die eerste president van 'n demokratiese Suid-Afrika geword.

Die bewind van Thabo Mbeki, 1999-2004

As verteenwoordiger van die buitelandse faksie van die ANC het Mbeki in die middel-1980's 'n belangrike rol gespeel om bande met wit Suid-Afrikaners te smee, onder wie sakelui wat met die ANC wou praat. Gedurende die grondwetlike onderhandelinge met die De Klerk-regering was Mbeki deel van die ANC se onderhandelingspan. Hoewel sy invloed teen die vroeë 1990's by tye skynbaar afgeneem het, het hy homself weer voor die eerste demokratiese verkiesing laat geld. As Mandela se adjunkpresident is Mbeki geoormerk om die volgende president te word.

Sy bestuurskundigheid het van toenemende belang geword ná die aanvaarding van die finale grondwet in 1996. Sy "I am an African"-toespraak wat hy by daardie geleentheid gelewer het, het wyd beïndruk en word vandag steeds aangehaal. Hy is geprys vir sy versiendheid om in hierdie tyd finansiële beleidsvorming te beïnvloed en om bekwame individue soos Trevor Manuel vir sleutelposte in die departement van finansies aan te beveel.

Nadat Mbeki die bewind oorgeneem het, was transformasie hoog op die agenda en regstellende aksie is aansienlik verhaas. Onder sy bewind is groot pogings aangewend om fiskale dissipline te verseker, staatsuitgawes te verminder en korrupsie teen te werk. Ten spyte van kritiek uit kommunistiese oorde het die nuwe president goeie betrekkinge met die sakesektor gehad. Buitelandse sake het 'n hoë prioriteit geniet en Mbeki het self 'n aansienlike deel van sy tyd aan buitelandse besoeke bestee. (In die laaste jare van sy bewind is hy egter gekritiseer oor die lang tydperke wat hy uit die land was.)

In een opsig het Mbeki aansienlik afgewyk van Mandela se benadering: Hy was minder geneig om wit Suid-Afrikaners tegemoet te kom en die transformasie van die Suid-Afrikaanse samelewing het onder hom 'n baie hoë prioriteit geniet. Dit het nie beteken dat hy konfrontasie gesoek het nie. Inteendeel, hy het stewige bande met Afrikanerakademici soos prof. Willie Esterhuyse behou en by geleentheid gewys op die noodsaaklikheid dat die regering die steun van die wit middelklas wen. Hy het ook by geleentheid verskillende Afrikanergroepe ontmoet (ook nadat hy reeds president was) om sake met betrekking tot die Afrikaanse taal en kultuur te bespreek.

Mbeki se geneigdheid om ras as 'n bepalende faktor in talle sosiale verskynsels te beskou, het egter opgeval. Sy openbare uitspraak in Mei 1998 waarin hy verwys het na die bestaan van twee nasies in Suid-Afrika – een swart en arm, die ander wit en welvarend – is wyd deur wit ekonome en politieke kommentators gekritiseer. In vergelyking met die breër Suid-Afrikanisme wat Mandela verkondig het, was Mbeki Afrikanisties ingestel.

Die kontras tussen Mandela en Mbeki was opvallend. Mbeki was geensins 'n charismatiese leiersfiguur nie; sy leierskapstyl was meer gereserveerd en hy was geneig om mag te sentraliseer. Sy leierskapstyl, wat dikwels ook as outoritêr beskryf is, het ook veel meer kritiek ontlok as dié van Mandela. James Myburgh, 'n politieke ontleder, skryf Mbeki se opkoms toe aan die skepping van 'n netwerk van persoonlike ondersteuners in invloedryke posisies, terwyl onafhanklike denkers binne die ANC heeltemal eenkant toe geskuif is. Alle belangrike besluite is in die binnekring van Mbeki se ondersteuners geneem, dikwels ten koste van doeltreffende administrasie. Op terreine waar die president glad nie ingemeng het nie, het besluiteloosheid hoogty gevier.

'n Verdere punt van kritiek was Mbeki se onverdraagsaamheid teenoor meningsverskil. Juis weens die toenemende sentralisasie van mag onder sy bewind het die parlement sy status as forum vir debatte begin verloor. Mbeki die meesteronderhandelaar het 'n verstommende fyngevoeligheid vir kritiek geopenbaar, veral wanneer dit van die liberale wit opposisie en die pers gekom het.

Hoewel sy "stille diplomasie" teenoor Zimbabwe en onbuigsame siening oor die verband tussen die MI-virus en vigs volgehoue kritiek in Suid-Afrika en die buiteland ontlok het, het min mense sy vermoë ontken om Afrika in 'n nuwe rigting te stuur. Die meeste buitelandse regerings en sakeleiers het hoë agting vir hom gehad. Mbeki was 'n progressiewe leier wat in die voordele van die tegnologiese revolusie geglo het en skynbaar ook nie getwyfel het aan die vermoëns van die nuwe politieke elite om die land ná 1994 suksesvol te regeer nie.

Hy was egter 'n uiters bekwame politieke bestuurder, onderhandelaar en strategiese denker wat eerder agter die skerms as op die politieke verhoog gewerk het. In die konteks van nasiebou mag hy weliswaar nie so suksesvol as Mandela gewees het nie, deels omdat hy geneig was om die ongelykhede van die Suid-Afrikaanse samelewing te oorbeklemtoon. Nogtans het sy ondervinding en pragmatisme dikwels sy tekortkominge gebalanseer wanneer belangrike nasionale sake op die spel was.

MBEKI: DIE ONDERHANDELAAR

Thabo Mvuyelwa Mbeki is op 18 Junie 1942 in Mbewuleni naby Idutywa op die Transkeise platteland gebore. Hy het aan St. John's College in Mthatha gematrikuleer en daarna 'n graad deur korrespondensie verwerf voordat hy 'n meestersgraad in die ekonomie aan die Universiteit van Sussex in Brittanje behaal het.

As seun van twee belangrike ANC-aktiviste, Govan en Epainette Mbeki, het hy ondergronds vir die verbanne ANC in Suid-Afrika gewerk en ook militêre en politieke opleiding in die Sowjetunie ontvang. Mbeki het daarna in die Londense kantoor van die ANC as politieke sekretaris vir die president van die ANC, Oliver Tambo, gewerk en terselfdertyd as die ANC se direkteur van inligting en publisiteit gedien. As senior diplomaat het hy in verskeie Afrikalande gewerk en in 1975 lid van die ANC se nasionale uitvoerende komitee geword.

Ondanks sy verbintenisse met die Sowjetunie was Mbeki nie 'n geesdriftige kommunis of militêre leier nie. Sy historiese bewussyn is wel deur 'n Marxistiese ontleding van die Suid-Afrikaanse samelewing gevorm. Volgens Mbeki was die verslawing van die swart mense die resultaat van 'n ooreenkoms tussen wit Afrikaners en Engelssprekendes om 'n bestendige vloei van goedkoop swart arbeid te verseker. Swart mense het dus die "uitgebuite produseerders" geword. Hierdie verklaring het vir Mbeki die sentrale tema van die Suid-Afrikaanse geskiedenis gevorm.

'n Bepaalde dualisme in Mbeki se politieke filosofie was deel van sy enigmatiese persoonlikheid: Hy was verbind tot nie-rassigheid, soos verskans in die ANC se Vryheidsmanifes (Freedom Charter), maar hy was ook 'n Afrikanis wat sterk gevoel het oor die bevordering van die kontinent se belange. Hy het egter ook laat blyk dat hy 'n praktiese denker was en was onder die ANC-leiers wat geglo het dat die Suid-Afrikaanse Weermag (SAW) veels te magtig was om militêr verslaan te word en dat diplomatieke kontakte met invloedryke wit mense op die lang duur voordelig vir die ANC sou wees. Tambo het met hierdie ontleding saamgestem en in die vroeë 1980's opdrag aan Mbeki gegee om die ANC se diplomatieke veldtogte te koördineer.

Een van die nuwe strategieë van die party was om meer wit Suid-Afrikaners by anti-apartheidsveldtogte te betrek. 'n Vergadering van besondere belang het op 13 September 1985 plaasgevind toe die ANC vooraanstaande Suid-Afrikaanse sakelui in Zambië ontmoet het. Hierdie afvaardiging het hoofsaaklik die belange van die georganiseerde sakewêreld verteenwoordig. Baie bemoedigend was die versekering van die ANC dat hy vrede soek en nie daarin belangstel om nywerhede te nasionaliseer nie. Die wete dat Mbeki nooit Sowjet-sosialisme of sy Oos-Europese ekwivalent gepredik het nie, het sakelui waarskynlik gerus gestel en dit moontlik gemaak om met hom te praat. Tambo het onderhandelinge as noodsaaklik beskou en het skeptici in die party, soos Chris Hani, na sy standpunt oorgehaal.

Gedurende die res van die 1980's het Mbeki se geheime ontmoetings in Brittanje met invloedryke Afrikaners grootliks daartoe bygedra om die weg vir amptelike grondwetlike gesprekke te baan, wat uitgeloop het op die aanvaarding van 'n nuwe grondwet. Gedurende die onderhandelinge tussen die regering en ander partye by Kodesa (die Konvensie vir 'n Demokratiese Suid-Afrika) het kommer in die geledere van die ANC bestaan oor regse Afrikaners wat die veranderinge nie wou aanvaar nie. Mbeki het hierdie vrese besweer deur 'n ooreenkoms met generaal Constand Viljoen, voormalige hoof van die SAW, aan te gaan waarvolgens 'n toekomstige ANC-regering Afrikaners se strewe na selfbeskikking sou erken. In ruil daarvoor sou Viljoen sy invloed gebruik om te help toesien dat die 1994-verkiesing vreedsaam verloop. Hoewel Mbeki simpatie vir die Afrikaners se sentimente gehad het, het hy 'n etniese Afrikanerstaat (volkstaat), soos deur regtervleuel-Afrikaners voorsien, verwerp.

In gesprekke met 'n verskeidenheid georganiseerde Afrikanergroepe ná 1994 het Mbeki beïndruk met sy intellek en bereidwilligheid om na Afrikaners se probleme te luister. Hy het begrip getoon vir hul vrese en ideale, en Afrikaners het aanvaar dat hy vir hulle die nodige ruimte sou gee om hul ideale, veral wat betref die Afrikaanse taal en Afrikaanse opvoedkundige instellings, uit te leef.

Mbeki is as eerste adjunkpresident in die regering van nasionale eenheid aangestel. Nadat die finale grondwet aanvaar is, was hy die enigste adjunkpresident. In hierdie hoedanigheid het hy 'n toenemend belangrike rol in die dag-tot-dag-administrasie van die regering gespeel. Sy invloed binne die party het merkbaar toegeneem en teen die einde van Mandela se termyn was Mbeki 'n voor die hand liggende keuse as nuwe president.

Die drieparty-alliansie

Die drieparty-alliansie is 'n informele bondgenootskap tussen die ANC, die SAKP en die vakverbond Cosatu. Dit behels dat SAKP- en Cosatu-lede ook lidmaatskap van die ANC kan hê en onderneem om die ANC te steun, veral in verkiesings. Die drieparty-alliansie is nie formeel by 'n konferensie of vergadering gestig nie, maar het gevloei uit 'n reeks samesprekings wat in 1990 gehou is. Ten spyte van hierdie samewerking bly elke organisasie grootliks outonoom.

In die eerste tien jaar ná die 1994-verkiesing het onderlinge spanninge binne die alliansie dikwels vlak gelê. Die Growth, Employment and Redistribution (Gear)-program wat die HOP in 1996 vervang het, het tot groot onmin tussen die ANC en sy bondgenote gelei. Die HOP was gerig op armoedeverligting en was 'n belangrike ANC-verkiesingswapen in die 1994-verkiesing. Gear was ingestel op groter ekonomiese groei en die program is in die geheim opgestel sonder behoorlike raadpleging binne die alliansie.

Die SAKP en Cosatu het aangevoer dat die ANC die sosialistiese ideaal prysgee, dat Gear werkersbelange sou versaak en slegs op samewerking met plaaslike en internasionale kapitaal ingestel was. In die lig van die groeiende middelklas in die land het hierdie aantygings 'n element van waarheid bevat. Prominente ANC- en vakbondlede soos Cyril Ramaphosa, Mathews Phosa, Tokyo Sexwale en Nthato Motlana het tot die sakewêreld toegetree. Sommige vakbondleiers het ook na bestuursposte buite die vakbondomgewing gestreef.

Vakbondfederasies het die regering toenemend daarvan begin beskuldig dat hy die kapitalisme in Suid-Afrika goedgesind is. In 1998 het sowel Mandela as Mbeki die linkervleuel van die alliansie (meer radikale sosialiste) openlik gekonfronteer en geëis dat hulle regeringsbeleid aanvaar. Al het die gemor oor die regering se neokapitalistiese beleid nie opgehou nie, het die onvergenoegde lede egter die aftog geblaas en die alliansie het in die 1999-verkiesing weer solidêr voorgekom.

Teen 2002 het die ANC 'n wysiging in sy ekonomiese beleid aangekondig wat die klem op die generering van Suid-Afrikaanse kapitaal geplaas het sodat die land minder afhanklik van buitelandse beleggings sou wees. Die belang van die alliansie is weer eens bevestig toe die ANC uitgestippel het watter belangrike rol sy bondgenote speel om indiensneming te verbeter.

'n Tweede twispunt tussen die bondgenote het gegaan oor die persepsie dat die ANC die alliansie oorheers. Politieke ontleders verskil hieroor. Volgens een siening het die ANC se leierskapselite die mag in eie hande gekonsentreer om sowel die party as die regering te beheer, het hierdie leierskap ook met die verkiesing van politieke leiers ingemeng en het daar dus geen devolusie van mag na provinsiale owerhede plaasgevind ten opsigte van sake soos gesondheid en onderwys nie. Die gevolg was dat debat binne die ANC en die breër alliansie gesmoor is. 'n Ander siening is dat die ANC-leierskap nie werklik so magtig was nie en dat hy byvoorbeeld nie sy gesag op die verkiesing van provinsiale premiers kon afdwing nie.

Spanninge binne die alliansie het bly voortbestaan oor belangrike nasionale kwessies soos die regering se beleid oor MIV/vigs en die beleid ten opsigte van Zimbabwe. Jeremy Cronin, die SAKP se adjunkhoofsekretaris, was in 2002 aan die ontvangkant van hewige regeringskritiek toe hy gesuggereer het dat bevrydingsbewegings neig om burokraties te word nadat hulle die bewind oorgeneem het. Toe hy verder gaan en 'n vergelyking tussen die ANC en die outokratiese Zanu-PF-party van Zimbabwe tref, het leiersfigure binne die ANC hom tot orde geroep en hy moes apologie aanteken. Dit was egter nie die einde van die struwelinge nie.

Kort voordat 'n staking teen privatisering, wat deur Cosatu georganiseer is, later in 2002 sou plaasvind, het Mbeki hierdie optrede skerp veroordeel. Hy het die "ultralinkses" daarvan beskuldig dat hulle besig was om die demokrasie te misbruik om hul eie doelwitte te bevorder. Die klein getal werkers wat uiteindelik gestaak het, het op 'n nederlaag vir Cosatu en die SAKP gedui. Hierdie voorval het moontlik ook enige planne om 'n linkse arbeidersparty tot stand te bring, ontmoedig. Met die algemene verkiesing van 2004 was die drieparty-alliansie gevolglik steeds ongeskonde.

Minderheidspolitiek

Teen 2004 het die ANC die politieke toneel volkome oorheers. Reeds in die 1994-verkiesing het dit feitlik 'n tweederdemeerderheid behaal wat opgeskuif het tot 66,35% in die 1999-verkiesing en tot 69,69% in 2004. Politieke kommentators het gereeld kritiek oor hierdie toedrag van sake uitgespreek en oor die algemeen het die ongebreidelde groei van die ANC se politieke mag kommer gewek. Een studie het met stelligheid verklaar dat Suid-Afrikaners sedert 1994 volgens rasselyne gestem het, wat die ANC so magtig gemaak het dat hy skaars die belange van minderheidsgroepe in aanmerking geneem het. Die skeidslyne tussen party en staat het toenemend verdof. Daar was ook 'n ander gesigspunt. Daarvolgens het Suid-Afrika so 'n diverse bevolkingsamestelling gehad met byvoorbeeld skerp etniese verdelings en 'n getalleoorwig van swart mense dat 'n sterk opposisie politieke stabiliteit moontlik in die wiele kon ry.

Die opposisie het feitlik van die politieke toneel verdwyn. Waar 'n vyfde van die kiesers in 1994 vir die Nasionale Party gestem het, het die party se steun gekwyn tot 6,87% in 1999 en 1,65% in 2004. Die NNP het aansienlik agteruitgegaan toe De Klerk en ander prominente leiers hulle aan die hoofstroompolitiek onttrek het. Die Afrikanerdom was verdeeld en die nasionale beweging het omtrent nie meer bestaan nie. Partye wat verregse Afrikaners verteenwoordig het, het minder as 1% van die nasionale stem in 1999 en in 2004 ontvang.

Gebrekkige leierskap was die groot rede vir die NNP se agteruitgang. Marthinus van Schalkwyk, De Klerk se opvolger, was nie daartoe in staat om vertroue by Afrikanerkiesers in te boesem nie. Kort nadat die NNP met die Demokratiese Party (DP) saamgesmelt het om die Demokratiese Alliansie (DA) te vorm, het Van Schalkwyk hom uit onvergenoegdheid met die politieke situasie aan die alliansie onttrek. Oorlopery deur NNP-agterbankers na die DA het die reeds verswakte party 'n verdere knou gegee. Die skrif was aan die muur vir die NNP toe Van Schalkwyk, in 'n poging om sy voet in die Wes-Kaap in die deur te hou, voor die 2004-verkiesing 'n verkiesingsooreenkoms met die ANC aangegaan het. Hierdie besluit het die NNP nog verder van wit kiesers vervreem en die party is in die verkiesing feitlik uitgewis. In 2005 sou dit op 'n klein vergadering in 'n hotel in Kempton Park amptelik tot sy einde kom.

Die DP, wat in 1994 minder as 10% van die stemme getrek het, het ná 1999 die amptelike opposisie geword. Die DA – soos die DP ná die samesmelting met die NNP bekend gestaan het – het daarop aanspraak gemaak dat hy meer na die tafel kon bring as die NNP, veral wat sy anti-apartheidrekord betref. Sy klassebasis het die welgestelde wit Engelssprekende sakegemeenskap, die tradisioneel "liberale" wit middelklas en die meer welgestelde stedelike Indiërs en bruin mense ingesluit. Tony Leon, die DA-leier, het nooit geskroom om striemende aanvalle op die ANC oor 'n verskeidenheid sake te doen nie. Hy het na Afrikaners en verstedelikte swart mense uitgereik, maar hoewel die DA meer Afrikanersteun as ooit tevore ontvang het, kon hy nie daarin slaag om noemenswaardige swart steun te lok nie.

Mangosuthu Buthelezi se IVP het in elke verkiesing ná 1994 veld verloor. In 1994 het die IVP 10,5% van die stemme verower, maar hierdie steun het verminder tot 8,58% in 1999, en tot 6,97% in 2004. Die IVP is inderdaad gereduseer tot 'n etniese streekparty, gesentreer in KwaZulu-Natal, met 'n klein persentasie wit ondersteuning. In 'n vernuftige politieke maneuver het die ANC die IVP betrek by 'n nasionale koalisie met verteenwoordiging in die sentrale regering en 'n magsdelingstruktuur in KwaZulu-Natal. Sodoende het die chroniese geweld wat uit die IVP-ANC-konfrontasies van die 1980's en 1990's gespruit het, aansienlik verminder.

Die partye wat 'n meer eksklusiewe Afrikanasionalisme verteenwoordig het – die Pan Africanist Congress (PAC) en die Azanian People's Organisation (Azapo) – het nog swakker gevaar en kon nie eens 1% van die nasionale stem in 1999 en 2004 trek nie. Swak organisasie en leierskap, asook die internasionale wêreld se afkeer van rasse-eksklusiwiteit, het ekstremistiese partye gemarginaliseer. Boonop kon die "breë kerk" van die ANC sowel ondersteuners van die Vryheidsmanifes (Charteriste) as Afrikaniste met gemak akkommodeer. Ondersteuners van die swartbewussynsbeweging het skynbaar ook verkies om eerder deur die ANC opgeneem te word as om verloorders by die stembus te ondersteun.

Verdere pogings om 'n ware nie-rassige party tot stand te bring, sluit in die stigting van die United Democratic Movement (UDM). Dié party is in September 1999 gestig deur Bantu Holomisa, voormalige militêre regeerder van Transkei, en Roelf Meyer, die NP se hoofonderhandelaar by Kodesa en latere ANC-lid. Die party het egter slegs 3,42% van die nasionale stemme in 1999 getrek en 2,28% in 2004.

'n Ander verwikkeling was toe die uitgesproke Patricia de Lille van die kwynende PAC weggebreek het en in 2003 haar eie party, die Onafhanklike

Demokrate (OD), gestig het. In die 2004-verkiesing het dié jong party meer stemme as die NNP getrek. Teen 2004 moes De Lille egter nog 'n meer omvattende nasionale beleid ontwikkel. Tog het haar party (in wese 'n anti-korrupsieparty) begin om 'n infrastruktuur te bou en het hy geld uit tradisioneel "wit" oorde ontvang. Dit het die OD 'n voordeel bo die vele ander klein partye gebied.

Georganiseerde arbeid

Met Cosatu (in die 1980's 'n belangrike UDF-bondgenoot in die stryd om apartheid te beëindig) as deel van die drieparty-alliansie sou 'n mens verwag dat die arbeidsbeweging ná 1994 oor die algemeen in 'n aansienlik gunstiger posisie sou wees. Die Wet op Arbeidsverhoudinge van 1995 het genoegsame mag aan die vakbonde gebied om aan toekomstige arbeidswetgewing deel te neem. Georganiseerde arbeid het ook nou toegang tot parlementêre instellings verkry, wat veronderstel was om hul bedingingsmag te vergroot. Daarby het hulle aan die Nasionale Ekonomiese, Ontwikkelings- en Arbeidsraad (Nedlac) deelgeneem, wat hul invloed op regeringsbeleid verseker het.

Die meeste vakbonde is sedert 1994 verteenwoordig in drie vakbondfederasies: Cosatu, die National Confederation of Trade Unions (Nactu) en die Federation of Unions of South Africa (Fedusa). Van hierdie drie was Cosatu by verre die invloedrykste met sy ledetal van 1,8 miljoen. Nactu, met 200 000 lede, was meer ras-eksklusief en sy lidmaatskap het hoofsaaklik uit swart fabrieks- en handearbeiders bestaan. Nactu het Cosatu teengestaan. Fedusa het grotendeels wit lede gehad wat wel ook meestal witboordjiewerkers was.

Ondanks die skynbaar gunstige toestande het die arbeidsbeweging nie juis in die jare ná 1994 gefloreer nie. Cosatu het byvoorbeeld invloed begin verloor nadat die ANC-regering toenemend vryemarkbeginsels aanvaar het. Gedurende die stakings in die vroeë 2000's het dit in werklikheid voorgekom of Cosatu vervreem was van ander vakbonde. Sy twis met die regering oor 'n verskeidenheid sake het verhoudinge nie juis verbeter nie.

Daar was ook ander redes vir die arbeidsbeweging se agteruitgang. Finansiële probleme, bedrog en korrupsie het 'n rol gespeel, maar globalisering het ook sy tol geëis. Vryemarkinstellings het meer baat gevind by die impak van globalisering en die ANC-regering het toenemend in 'n rigting beweeg wat met die algemene tendense van dié verskynsel ooreengekom het.

Afgesien van hierdie eksterne faktore was daar ook 'n interne grondrede wat nie geïgnoreer kon word nie: Ná 1994 het die arbeidsbeweging oor die algemeen sy lewenskragtigheid begin verloor. Volgens die sosioloog Sakhela Buhlungu kan hierdie verskynsel daaraan toegeskryf word dat georganiseerde werkersbedrywighede deur 'n voltydse amptenary en 'n nasionale leierskap vir vakbonde vervang is. Meer poste, spesifiek vir swart professionele mense, het ná apartheid beskikbaar geword en vakbondleiers het ook probeer om deel van hierdie nuwe korporatiewe kultuur te word.

Die politiek van transformasie

In die dekade ná 1994 het die regering gemengde sukses gehad met sy pogings om die dringende kwessies van die dag te hanteer. Die uitdagings was formidabel: Die sosio-ekonomiese posisie van swart mense moes drasties verbeter word, maar terselfdertyd moes ekonomiese groei gehandhaaf word. Om meer as vyf dekades se ongelykhede in die openbare en private sektor uit te wis, was geen geringe taak nie. Die regering het sy belofte om huise, elektrisiteit en skoon water aan arm gemeenskappe te verskaf in 'n groot mate nagekom. Gedurende die eerste vyf bewindsjare van die nuwe regering is 40% meer huise gebou, elektrisiteitsvoorsiening het met 69% toegeneem en watervoorsiening met 47%. Tog het bevolkingstoename en armoede in die daaropvolgende jare verdere vooruitgang vertraag.

Transformasie van die staatsdiens

Regstellende aksie in die staatsdiens het mettertyd een van die mees omstrede en ekonomies ontwrigtende regeringsaksies geword. Die onoordeelkundige toepassing daarvan het die land groot skade berokken.

Groot bedrae geld is bestee om aftreepakkette aan hoofsaaklik wit werknemers te finansier. Teen 2002 is nagenoeg 117 000 pakkette vir vroeë aftrede aangebied. Terwyl wit mense in 1994 44% van staatsdiensposte beklee het, het dit aan die begin van 1999 op slegs 18% te staan gekom. Bestuursposisies is eweneens gevul deur mense van 'n voorheen benadeelde agtergrond. Transformasie, soos op hierdie wyse toegepas, het uiteindelik tot verlies aan vaardighede gelei aangesien pas aangestelde werknemers dikwels ondervinding kortgekom het.

Hervorming van die regstelsel is ook ingestel nadat die ANC beweer het bestaande regters was uit voeling met die sentimente van diegene wat in die vryheidstryd betrokke was. Druk het derhalwe toegeneem om regters uit voorheen benadeelde groepe aan te stel.

Ekonomiese beleid

Die ANC se Vryheidsmanifes van 1955 het voorsiening gemaak vir nasiona-lisering en staatsbesit van nywerhede. Meer as twee dekades lank het hier-die ideologiese rigting die basis van die ANC se ekonomiese denke gevorm totdat dit teen die laat-1980's duidelik begin word het dat kommunisme mis-luk het. Opeenvolgende ANC-beleidsverklarings het nou die privaatsektor betrek om met die regering saam te werk om sosiale welstand te verbeter, hoe-wel nasionalisering steeds 'n opsie gebly het. Dit het verbete teenstand van die sakesektor en ander hoofstroom- politieke partye ontlok.

Gedurende die belangrike ANC-beleidskongres van 2002 het Cosatu en die SAKP daarop aangedring dat 'n beleid van radikale herverdeling van rykdom aanvaar moet word. Mbeki, gesteun deur 'n invloedryke faksie binne die ANC (onder wie Trevor Manuel, Alec Erwin en Joel Netshitenzhe), het egter die standpunt gehuldig dat die bevordering van makro-ekonomiese ontwikkeling en die groei van maatskappyverdienstes herverdeling moet voorafgaan. Dié rigting het amptelike beleid gebly, maar nie sonder volgehoue protes van die linkervleuel nie.

HOP en Gear

Die Heropbou- en Ontwikkelingsprogram (HOP), wat kort voor die 1994-verkiesing deur die ANC van stapel gestuur is, was een van die pilare waarop die party gesteun het. Dit was 'n ambisieuse, omvattende nasionale projek wat voorsiening gemaak het vir behuising, elektrifisering, 'n openbarewerke-program en die uitbreiding van gesondheidsdienste. Tog is die HOP ná twee jaar beëindig omdat die ekonomie nie voldoende gegroei het om die program te finansier nie. Voorts het ondoeltreffende administrasie ontwikkeling gestrem.

Die HOP is deur die Growth, Employment and Redistribution-program (Gear) vervang, wat gebaseer was op vryemarkbeginsels met die klem op groei. Dit het 'n groeikoers van 3,5% per jaar en die skepping van meer as 800 000 nuwe werkgeleenthede in die vooruitsig gestel. Hierdie doelwitte moes deur fiskale dissipline, nuwe beleggingsinisiatiewe en tariefverlaging bereik word. Op die terrein van die politiek het die nuwe inisiatief egter in 'n groot mate tot spanninge binne die drieparty-alliansie bygedra omdat Cosatu en die SAKP hewig teen die beëindiging van die HOP gekant was.

Aan die begin van 1997 was die tekens daar dat Gear nie aan verwagtinge gaan voldoen nie. Suid-Afrika was in die greep van 'n resessie en kon nie werk-lik met ander ontwikkelende lande meeding sover dit buitelandse beleggings

aangaan nie. Soos die geval was met die HOP, was onvoldoende adminis-
tratiewe bekwaamhede 'n beperkende faktor. Aan die begin van die 2000's het
die internasionale klimaat begin verbeter en, aangehelp deur sinvolle makro-
ekonomiese regeringsbeleid, is beter groei bewerkstellig. Gear het meer lewens-
vatbaar begin lyk.

Finansiële administrasie

'n Terrein waarop die ANC-regering tussen 1994 en 2004 uitmuntend ge-
vaar het was dié van makro-ekonomiese ontwikkeling. Die betrokke minister,
Trevor Manuel, bygestaan deur die bekwame direkteur-generaal van finansies,
Maria Ramos, het dié ministerie uitgebou tot een van die suksesvolste porte-
feuljes in die geskiedenis van moderne Suid-Afrika.

Die begrotingstekort is verminder van meer as 9% in 1993 tot 1% in
2002-2003. Terwyl die land 'n negatiewe per capita-groei onder die NP-
regering gehad het, is dit omgeswaai in 'n gemiddelde groei van 2,8%. Skuld
in die openbare sektor is oor 'n tydperk van tien jaar met meer as 10% ver-
minder. Inflasie en rentekoerse het verlaag en die land is hoog aangeslaan as
'n opkomende mag met sy gesonde fiskale en monetêre beleidsrigtings plus 'n
doeltreffende en bewese bankstelsel. Doelgerigte hervormings van die belas-
tingstelsel het die ekonomiese suksesse sedert 1994 aangevul.

Die ekonomiese vooruitgang van swart mense

Die opkoms van 'n swart middelklas ná 1994 het die ekonomie 'n groot in-
spuiting gegee. Hierdie klas het gedurende die eerste tien jaar ná apartheid
met ongeveer 25% per jaar gegroei. Teen 2004 het swart mense 11% van die
Suid-Afrikaanse middelklas uitgemaak, hoewel dié getal minder as 1% van
alle swart mense in die land verteenwoordig het.

Vir die ANC-regering was dit 'n prioriteit om swart mense ekonomies te be-
magtig en veral om 'n swart kapitalistiese klas te vestig. Gedurende die ANC-
kongres van Desember 1997 is daar besluit op 'n beleid van swart ekonomiese
bemagtiging (Black Economic Empowerment of BEE) wat onder meer vereis
het dat tradisioneel wit maatskappye voorsiening vir swart kandidate in hul
middel- en topbestuur moet maak. Die Wet op Gelyke Indiensneming (1998),
wat rassekwotas vir poste in die openbare sektor vasgestel het, is byna gelyk-
tydig gepromulgeer en dié vereistes is spoedig na die privaatsektor uitgebrei.

Swart ekonomiese bemagtiging is skerp veroordeel deur swart en wit poli-
tieke en ekonomiese ontleders as 'n beleid wat slegs 'n klein swart elite sou be-

voordeel. Dit was tot geen voordeel vir die kleinsakesektor nie en het ook nie meer werkgeleenthede geskep nie. 'n Klein getal swart politici wat tot die sakesektor toegetree het, het die vrugte van hoogs voordelige transaksies gepluk.

Verdediging en die polisiemag

Om die ongelykhede van die verlede reg te stel, het vir die ANC-regering 'n doelwit geword. Die regering en staatsdiens moes die rassesamestelling van die land weerspieël. 'n Maklike taak was dit beslis nie as die onervarenheid van pas aangestelde amptenare in aanmerking geneem word. Die eerste kabinet was werklik nie-rassig, maar Mandela het 'n lomp staatsdiens, waarin wit mans oorheers het, geërf. Om hierdie liggaam te herorganiseer (onder meer by wyse van regstellende aksie) was hoog op die nuwe administrasie se prioriteitslys.

Transformasie van die weermag en polisie het unieke probleme opgelewer. In die geval van die weermag het die tussentydse grondwet bepaal dat integrasie tussen die apartheidsera se Suid-Afrikaanse Weermag (SAW), lede van Umkhonto we Sizwe (MK) en dié van die PAC se militêre vleuel, die Azanian People's Liberation Army (Apla), moet plaasvind. Hierdie samevoeging het beteken dat magte wat mekaar dekades lank beveg het en fundamenteel van mekaar oor militêre aangeleenthede verskil het, nou op nasionale vlak moes saamwerk. Aanvanklike probleme soos ontevredenheid onder soldate van die voormalige bevrydingsbewegings oor hul behandeling het gou kop uitgesteek. Die nuwe Suid-Afrikaanse Nasionale Weermag (SANW) is ook ernstig aan bande gelê deur besnoeiings aan die begroting, terwyl voorvalle van rassisme van tyd tot tyd opgevlam het.

Die Suid-Afrikaanse Polisiediens (SAPD) het 'n siviele portefeulje geword toe die nuwe regering oorgeneem het, en 'n sekretariaat vir veiligheid en sekuriteit is in 1996 ingestel om die dag-tot-dag-pligte van die polisie te bedryf. George Fivaz, 'n Afrikaner uit die vorige bedeling met 'n onberispelike rekord, het die eerste nasionale kommissaris geword. 'n Nuwe skepping was die onafhanklike klagtedirektoraat wat klagtes teen die polisie deur die publiek sou hanteer. Soos in die weermag het rassevoorvalle ook onenigheid in die SAPD veroorsaak. 'n Geruime tyd lank het rasse-ongelykheid geheers: Hoewel twee derdes van die mag swart was, was die oorgrote meerderheid van die offisiere wit en die pas van transformasie stadig. Dié situasie het egter met verloop van tyd verander. 'n Ander knaende probleem was lae moreel onder lede van die mag.

Plaaslike regering

Beter voorsiening van dienste op plaaslike vlak om ongelykhede van die verlede uit te wis was nog 'n prioriteit vir die ANC-regering. Gedurende die apartheidsjare het slegs wit plaaslike owerhede baat gevind by belastings wat die sakesektor betaal het. Sakeondernemings wat uit die sentrale sakegebiede na voorstede getrek het, het die belastinglas van wit stedelinge in daardie gebiede aansienlik verlig, sodat laasgenoemde onderbelas was. Die regering het gevolglik 'n nuwe belastingstruktuur daargestel wat hoër belastingkoerse in meer welgestelde gebiede beteken het. Hierdie mense het hulle heftig daarteen verset en selfs met tariefboikotte gereageer.

Terselfdertyd het die regering die Masakhane-openbarevoorligtingsprogram van stapel gestuur, wat swart gemeenskappe aangemoedig het om betaling vir munisipale dienste voort te sit. In die Johannesburgse metropolitaanse gebied alleen het inwoners se skuld vir onbetaalde rekeninge en belastings teen die middel-1990's sowat R900 miljoen beloop. 'n Stelsel is ingestel waarvolgens armer gemeenskappe 'n eenvormige tarief ("flat rate") sou betaal in ooreenstemming met hul verbruik. Die probleem was dat bruin mense wat in sommige arm gemeenskappe die meerderheid gevorm het, daarvan uitgesluit is. Hulle het uiteraard heftig daarteen geprotesteer.

Hervormings op plaaslikeregeringsvlak het gemengde sukses gehad. In groot stede soos Johannesburg het inkomste dramaties toegeneem en gesonde finansiële bestuur het vooruitgang moontlik gemaak. Kleiner rade elders in die land kon hierdie sukses nie nadoen nie. Grootskaalse agteruitgang van dienslewering en bankrotskap was dikwels plaaslike owerhede se lot. 'n Herbesinning oor die toekoms van plaaslike rade het gelei tot die besluit om munisipale grense opnuut af te baken. Ná die munisipale verkiesings van 2000 is 843 munisipale rade vervang met ses metropolitaanse rade, 241 plaaslike rade en 52 distriksrade.

Grondhervorming

Die ongelyke grondbesit in Suid-Afrika het diep historiese wortels. In die verlede het slegs 'n klein minderheid swart mense toegang tot grond gehad en grondonteienings het dikwels plaasgevind. Voor 1994 het wit mense steeds 84% van die grond besit, terwyl boerderybedrywighede in die tuislande gebrekkig was.

Die basis van die regering se grondbeleid ná 1994 was grondrestitusie (die teruggee van dit wat ontneem is), die herverdeling van grond en die beveiliging van eiendomsreg. Wetgewing het amptelike fokus aan al drie hierdie elemente verleen. Derek Hanekom, minister van grondsake in die Mandela-kabinet, het 'n tweeledige benadering gevolg. Hy wou grond aan die arm grondloses verskaf en hulp aan bestaande boere verleen. Sy doelwit was om 30% van die grond teen 1999 te herverdeel, wat die hervestiging van 600 000 kleinboere sou beteken. Sy skema vir toelaes vir die verkryging van grond vir vestiging (Settlement Land Acquisition Grant Scheme of SLAG) het spoedig geblyk te ambisieus te wees. Van die struikelblokke wat hy moes oorkom, was personeeltekorte en interne verskille oor hoe transformasie toegepas moet word. Daarby het grondpryse ná die instelling van die skema gestyg, wat meegebring het dat restitusie 'n baie omslagtige proses geword het. Ongebruikte fondse het begin ophoop.

Hanekom is ná die 1999-verkiesing uit die kabinet gelaat en die nuwe minister, Thoko Didiza, het merkbaar van sy rigting afgewyk. In plaas van die "welsynsbenadering" het die klem nou daarna verskuif om bestaande swart boere se kapasiteit te ontwikkel. Te midde van kritiek oor die verminderde hulp aan die armes het Didiza voorsien dat 70 000 kommersiële boere binne die volgende vyftien jaar gevestig sou word. Teen 2004 was dit nog te vroeg om oor die sukses van dié nuwe skema te oordeel.

DIE ANC-REGERING EN TRADISIONELE LEIERS

Ná die 1994-verkiesing het 10 000 tradisionele stamhoofde in Suid-Afrika betekenisvolle invloed oor kommunale stamgrond uitgeoefen. In die finale grondwet van 1996 is daar vir hulle voorsiening gemaak in die vorm van huise van tradisionele leiers wat adviserende funksies sou hê.

Hoewel die ANC nie etnisiteit en ondemokraties verkose leiers binne die party wou akkommodeer nie, moes hy versigtig wees om tradisionele leiers nie te vervreem nie, veral dié wat aan die Kongres van Tradisionele Leiers van Suid-Afrika (Kontralesa) behoort het. Die invloed van hierdie tradisionele leiers, veral op die platteland, kon ANC-steun by verkiesings beïnvloed. Die regering was byvoorbeeld nie bereid om op aandrang van die IVP vergoeding aan stamhoofde te kontroleer nie.

Al die probleme rondom die magte van die tradisionele leiers was egter nie opgelos nie. Die komplekse sake rondom administrasie en grond was steeds teenwoordig en baie stamhoofde was ontevrede met die beginsels en prosesse rondom grondverdeling. Die grense wat deur die nuwe plaaslike en distriksrade daargestel is, het in baie gevalle oor die grense van stamowerhede gesny, wat by heelparty stamhoofde die indruk gewek het dat hul magte ondermyn word.

Onderwys

Die ANC-regering het 'n skoolstelsel geërf wat etnisiteit en rasse-ongelykheid weerspieël het. Skole is kort ná die 1994-verkiesing gedesegregeer en 'n eenvormige skoolstelsel is aanvaar. Dit het die profiel van onderwys verander, maar die voorheen benadeelde swart meerderheid het nie veel voordeel uit al die veranderinge getrek nie.

'n Groot persentasie onderwysers was nie voldoende gekwalifiseer nie en die moreel was oor die algemeen laag. 'n Leerkultuur was afwesig in baie tradisioneel swart skole, wat deels toegeskryf kan word aan die gevolge van die Soweto-opstand in 1976 toe slagspreuke soos "bevryding voor onderwys" weerklink het. Omdat baie swart ouers Engels as die paspoort tot behoorlike onderrig en toegang tot goeie beroepe gesien het, is inheemse tale verwaarloos. Dit het daartoe gelei dat baie kinders nie 'n behoorlike greep kon kry op vaardighede wat vir spesifieke vakke nodig was nie.

Befondsing aan skole het wel onder die nuwe regering verbeter, maar baie skole was steeds swak toegerus met handboeke en ander opvoedkundige hulpmiddele. Hoewel meer onderwysers aangestel is, was die matriekslaagsyfer en die deurvloeisyfer van leerlinge skokkend laag. Veral wiskunde het 'n besonder lae slaagsyfer getoon.

Sibusiso Bengu, die eerste minister van onderwys ná 1994, het min energie vir die portefeulje uitgestraal, maar toe Kader Asmal hom opgevolg het, het verwagtinge gestyg. Asmal het 'n drastiese verbetering in die matriekslaagsyfer asook 'n afname in ongeletterdheid beloof. Hy het 'n mate van sukses met al twee behaal en ook die opvoedkundige infrastruktuur verbreed. Daar was egter steeds heelparty gebreke, waaronder 'n tekort aan onderwysers in veral wetenskap en wiskunde, asook swak dissipline in skole.

Voortdurende leerplanhervormings was 'n kenmerk van die nuwe onderwysadministrasie. Kurrikulum 2005, met uitkomsgebaseerde onderwys as grondslag, is ingestel. Hierdie benadering was op die stimulering van kritiese denke gerig en moes 'n teenvoeter wees vir meganiese memorisering, wat as 'n opvoedkundige beginsel uit die apartheidsera beskou is. Talle onderwysers en dosente kon egter nie die uitgebreide tegniese woordeskat van die nuwe stelsel baasraak nie en Kurrikulum 2005 moes uiteindelik hersien word.

Universiteite, technikons, tegniese kolleges en onderwyskolleges is ná 1994 van enige rasse-identifikasie gestroop. Dit het egter nie die skeefgetrekte patrone ten opsigte van personeelvoorsiening, hulpbronne, navorsingsuitsette en slaagsyfers herstel nie. Tradisioneel swart universiteite het byvoorbeeld steeds 'n agterstand gehad en hul finansiële krisisse is deur studente se opge-hoopte skuld vererger.

Die ANC het geglo dat tersiêre onderrig nie die voorreg van 'n uitgesoek-te minderheid moes wees nie, maar aan die begin van die 1990's het swart studente nog nie op groot skaal toegang tot tersiêre instellings gehad nie. Sedert die laat 1990's het die samevoeging van hoëronderiginstellings 'n pri-oriteit begin word. Volgens die regering was die rasionaal daaragter om nasio-nale ontwikkeling aan te help en om die land se globale mededingendheid te verhoog. Ingevolge die Nasionale Plan vir Hoër Onderwys van Maart 2001 sou die 36 hoëronderriginstellings tot 21 verminder word en die 120 kol-leges tot 25.

Gesondheid

Swak leierskap en verskeie oordeelsfoute het veroorsaak dat gesondheid tus-sen 1994 en 2004 een van die mees omstrede portefeuljes was. Nkosazana Zuma (later Dlamini-Zuma), minister van gesondheid in die Mandela-regering, het goed begin met vars idees oor onder meer die uitbreiding van primêre gesond-heidsorg en die herstrukturering van professionele rade. Die departement se kliniekbouprogram in die landelike streke het finansiële hulpbronne egter in so 'n mate uitgeput dat groot stedelike hospitale uiteindelik onder finansiële besnoeiings gely het.

Die minister het haarself ook ongewild gemaak deur 'n verpligte gemeen-skapsdiensjaar vir mediese studente in te stel om die tekort aan dokters te probeer verlig. Toe dit nie die gewenste uitwerking gehad het nie, is Kubaanse dokters ingevoer wie se bevoegdheid en kommunikasievaardighede dikwels bevraagteken is.

Zuma se hantering van die MIV/vigs-krisis was selfs nog meer omstrede. Sy het goedkeuring gegee vir die opvoering van 'n musiekblyspel, *Sarafina II*, waarvoor die departement in 1995 oor die R14 miljoen toegeken het sonder dat die korrekte tenderprosedure gevolg is. Zuma het, met die ondersteuning van adjunkpresident Mbeki, ook twee Pretoriase wetenskaplikes ondersteun wat daarop aanspraak gemaak het dat hul middel, Virodene, MIV/vigs doel-treffend kon behandel. Al is dié middel in daardie stadium nog nie op mense getoets nie, was Zuma onwillig om goedkeuring te verleen dat 'n beproefde middel, AZT, aan besmette swanger vroue toegedien word.

Teen 1999 was die siekte buite beheer. Meer as 3,6 miljoen Suid-Afrikaners was MIV-positief en MIV/vigs-aksiegroepe het die regering se beleid aktief teengestaan. Om sake te vererger, het Mbeki (toe as president) ingemeng. Onder invloed van 'n revisionistiese of "alternatiewe" wetenskaplike, David Rasnick, het Mbeki die aanspraak gemaak dat die MI-virus nie alleen vir vigs verantwoordelik was nie. Hy het gewys op die verwantskap tussen vigs en ander Afrikasiektes wat aan armoede verwant was. Zuma se opvolger, Manto Tshabalala-Msimang, het Mbeki ook nie teëgegaan nie, wat die bekamping van die siekte verder vertraag het.

In Oktober 2000 het Tshabalala-Msimang toestemming aan sommige hospitale verleen om 'n nuwe middel, Nevirapine, te gebruik. Teen daardie tyd het Suid-Afrika se status sover dit gesondheidsaangeleenthede aangaan egter reeds 'n ernstige knou gekry weens sy vigsbeleid.

Die kanker van korrupsie en misdaad

As jong demokrasie het Suid-Afrika se beeld 'n groot knou gekry as gevolg van korrupsie op alle terreine van die samelewing en 'n onaanvaarbaar hoë misdaadsyfer. Vanuit die staanspoor het die nuwe regering hom verbind tot die bekamping van hierdie sosiale euwels, maar teen 2004 kon hy nie veel resultate wys nie. Net in 1998 het bedrog en wanbestuur die regering meer as R10 miljard gekos. Ondoeltreffende finansiële beheer was dikwels die groot oorsaak van korrupsie.

Die kantoor van die ouditeur-generaal en die openbare beskermer het magte ontvang om onreëlmatighede aan bande te lê. 'n Spesiale eenheid onder voorsitterskap van regter Willem Heath is in 1995 in die lewe geroep om die wanbesteding van geld te ondersoek. In 1999 is 'n nasionale anti-korrupsiespitsberaad gehou en 'n Nasionale Anti-Korrupsieforum is gestig, terwyl 'n opvoedkundige program ook van stapel gestuur is. Soos baie ander noodsaaklike en belowende projekte het ook hierdie een grotendeels misluk weens 'n gebrek aan geld en personeel. Die Skerpioene, 'n uitsoek-ondersoekeenheid, het tot 2004 waarskynlik die meeste sukses gehad om witboordjiemisdaad teen te werk.

Een van die ontstellendste verskynsels ná 1994 was die stygende misdaadsyfer wat Suid-Afrika as een van die "misdaadmekkas" in die wêreld gebrandmerk het. Die redes vir die hoë misdaadsyfer ná 1994 is ingewikkeld. Verstedeliking en armoede het waarskynlik daartoe bygedra, asook ontoereikende polisiëring. Die SAPD was 'n lang tyd onderbefonds, talle polisielede het teikens van misdadigers geword en lae moreel het sake verder laat versleg. Die geweldskultuur wat in die apartheidsjare gevestig is, het ook bygedra tot die totstandkoming van 'n kriminele klas jeugdiges. Die Internasionale misdaadsindikate het voorts die oorgangsperiode van 1990 tot 1994 gebruik om hulself in die land te vestig en misdaad het daarna dramaties toegeneem.

Misdaadstatistieke is in die vroeë 2000's 'n geruime tyd lank van die publiek weerhou, maar die syfers wat wel beskikbaar was, het 'n skokkende verhaal vertel. In 1994 is omtrent 27 000 mense vermoor en in 1997 sowat 25 000. Tussen 1994 en 1999 is meer as 500 boere op plase vermoor en in die middel-1990's het sowat 12 000 motorkapings voorgekom. In 1998 alleenlik is 49 280 vroue – volgens die aanmeldsyfer – verkrag. Dit het 'n groot impak op die samelewing gehad: Gewone landsburgers moes allerlei maatreëls tref om hul eiendom te beskerm, emigrasie het toegeneem en talle sakeondernemings is ontruim waar die sentrale sakedistrikte van groot stede soos Johannesburg en Pretoria agteruitgegaan het. Misdaad het 'n handige politieke wapen vir opposisiepartye geword.

Die regering het 'n verskeidenheid teenmisdaadprogramme van stapel gestuur en daar was ook samewerking tussen die regering, die sakesektor en plaaslike gemeenskappe. Ten spyte van versoeke dat polisiemagte aan die provinsies oorgedra moet word, het die regering volgehou om die stelsel te sentraliseer.

Die ontoereikende vervolgingstelsel was ook te blameer vir die toenemende misdaad. Die bedanking van ongeveer 'n derde van ervare aanklaers ná 1994 het die stelsel met groot getalle onervare mense gelaat. In die twintig jaar ná 1980 het die getal misdade vir elke 100 000 mense met 'n derde toegeneem en die getal oortreders wat gevonnis is met 'n derde afgeneem.

Waarheid en versoening

Die Waarheids-en-versoeningskommissie (WVK) het aan diegene wat hulle sedert 1960 aan menseregtevergrype skuldig gemaak het, die geleentheid gebied om vir amnestie aansoek te doen. Hulle kon kwytgeskeld word van vervolging as hulle volle bekentenisse doen oor die voorvalle waarby hulle betrokke was. Dit was deel van die poging om die wonde van die verlede te probeer heel.

Aartsbiskop Desmond Tutu was die voorsitter van die WVK en Alex Boraine sy adjunk. Die WVK het openbare verhore gehou en slagoffers is aangemoedig om hul pynlike ervarings met hul gehore te deel. Anders as met hofprosedures is kruisverhoor van getuies nie toegelaat nie, maar hoorsê-getuienis is aanvaar. Drie komitees, waarvan die menseregte- en amnestie-komitees die belangrikste was, het die verrigtinge gelei.

Die WVK-komitees is deur heelwat uitdagings in die gesig gestaar. Die amnestiekomitee het byvoorbeeld gesukkel om tussen politiek gemotiveerde dade en gewone kriminele oortredings te onderskei. Daarby was institusionele liggame huiwerig om getuienis te lewer. Geen lid van die voormalige Nasionale Intelligensie het byvoorbeeld aansoek om amnestie gedoen nie. Wat dit betref, was polisiemanne uit die ou bedeling meer behulpsaam. Afgesien van Adriaan Vlok, voormalige minister van wet en orde, wou lede van die apartheidskabinet nie met die WVK saam werk nie. Feitlik net die helfte van ANC-lede wat by menseregteskendings betrokke was, het om amnestie aansoek gedoen.

Aan die ander kant was daar gevalle waar oortreders hul skuld erken en in die openbaar apologie aangeteken het. Voorbeelde daarvan was Brian Mitchell, bevelvoerder van 'n polisie-eenheid wat vergrype in KwaZulu-Natal gepleeg het, en Aboobaker Ismael, die ANC se hoof van spesiale operasies, wat vir die Kerkstraat-bomontploffing in Pretoria verantwoordelik was.

De Klerk het namens die NP-regering apologie aangeteken (P.W. Botha het geweier om getuienis te lewer), maar die WVK het gemeen dat hy meer getuienis kon aanbied oor die bomontploffing wat die hoofkwartier van die Suid-Afrikaanse Raad van Kerke beskadig het. Daarbenewens is die Staats-veiligheidsraad, wat senior NP-politici ingesluit het, ook vir moorde op politie-ke aktiviste verantwoordelik gehou. Geen getuienis van sogenaamde derdemag-aktiwiteite kon egter gevind word nie. Mangosuthu Buthelezi, IVP-leier, is ook vir skendings van menseregte verantwoordelik gehou.

Die WVK het meer as 21 000 verklarings deur slagoffers ontvang en am-nestie is aan meer as 1 000 mense verleen. Die syfers moet egter beskou word teen die agtergrond van beramings dat bykans twee derdes van die moorde nie ondersoek is nie en dat betekenisvolle bevindings op ongetoetste of on-gestaafde getuienis gebaseer is. Die finale verslag het die bedrywighede van die staat se veiligheidsmasjinerie belig en insig in die metodes van die eertydse Buro vir Staatsveiligheid (wat in die omgang bekend gestaan het as BOSS) gebied. Wandade deur nie net die agente van die staat nie, maar ook deur Inkatha-lede, wit regses, die ANC en ander bevrydingsbewegings is openbaar gemaak. Laasgenoemde het die verhouding tussen die WVK en die ANC versuur, en die ANC het die WVK op 'n keer daarvan beskuldig dat dit pro-beer het om die vryheidstryd te "kriminaliseer".

Bedenkinge is ook oor die metodologie en bevindings van die WVK uitgespreek. Een punt van kritiek was dat die kommissie gelaai was met ANC-simpatiseerders en dat ander partye onderverteenwoordig was. Nog 'n argument was dat daar onvoldoende wetenskaplike bydraes van akademici tydens die werksaamhede van die kommissie was. Een navorser, Anthea Jeffery van die Suid-Afrikaanse Instituut vir Rasseverhoudinge, het bevind die WVK het voorvalle waar Inkatha-volgelinge op groot skaal doodgemaak is, oorgesien omdat die navorsers 'n spesifieke chronologie gevolg het wat hierdie massadood uitgesluit het.

Die historikus Hermann Giliomee het die WVK se uitspraak oor apartheid as die enigste bepalende faktor van geweld bevraagteken. Volgens hom behoort apartheid saamgegroepeer te word met ander sosiale verskynsels soos kolonialisme en segregasie, en teen die agtergrond van die Koue Oorlog gesien te word. Hy het ook daarop gewys dat die Verenigde Nasies (VN) se beskrywing van apartheid as 'n "misdaad teen die mensdom" nooit deur die WVK gekwalifiseer is nie en dat enige assosiasie met volksmoord in so 'n definisie hoogs onvanpas sou wees.

Afrikaners was in die algemeen afkeurend oor die WVK-proses en baie het gemeen dat sy finale verslag Afrikaners uitgesonder het. Veral die Afrikaanse pers was besonder krities oor die kommissie se bevindings. 'n Groep van 127 joernaliste van Nasionale Pers het wel 'n voorlegging aan die WVK gedoen waarin hulle onder meer gesê het dié groep se koerante was 'n integrerende deel van die apartheid-magstruktuur en dat hulle hul as moreel medeverantwoordelik beskou vir wat in die naam van apartheid gebeur het. Die Afrikaanse Handelsinstituut (AHI) was die enigste Afrikanerliggaam wat sy ondersteuning vir rassediskriminasie in die verlede erken het en die Nederduitse Gereformeerde Kerk (NG Kerk) het bely dat dit 'n fout was om apartheid goed te keur.

Ten spyte van kritiek het die WVK tog 'n belangrike rol vervul. In verskeie opsigte was dit 'n gebeurtenis wat 'n reiniging van die nasionale gemoed teweeggebring het. Volgens sommige kommentators het die WVK meer sukses as soortgelyke kommissies in ander lande gehad om mense te versoen. Daar is gesê dat die WVK die meedoënloosheid blootgelê het waarmee die apartheidsregering die teenstanders van apartheid behandel het. Só is die openbare aandag gevestig op wandade wat andersins verborge sou gebly het.

Buitelandse betrekkinge

Suid-Afrika se nuwe rol in die wêreldpolitiek

Die einde van apartheid het saamgeval met die ineenstorting van kommunisme en die einde van die Koue Oorlog. Daar was groot verwagtinge vir wêreldvrede en vooruitgang, maar dié euforie het nie lank gehou nie. Konflikte, veral in die Midde-Ooste en in Derdewêreldlande, was nog glad nie opgelos nie.

Waar die apartheidsregering toenemend in die internasionale arena gemarginaliseer is, is die nuwe ANC-bewind oral in die wêreld met ope arms verwelkom. Suid-Afrika is beskou as 'n middel- of opkomende mag wat 'n betekenisvolle rol in 'n groter konteks kon speel. As gevierde internasionale politikus het Mandela as politieke bemiddelaar in verskeie konflikgeteisterde lande opgetree, wat meegebring het dat Suid-Afrika by geleentheid 'n sleutelrol in vredesonderhandelinge gespeel het. Soms moes die land met netelige besluite worstel, soos om betrekkinge met óf die Volksrepubliek van China (Beijing) óf die Republiek van China (Taiwan) te handhaaf.

'n Verbintenis tot menseregte was 'n ernstige oorweging vir die ANC-regering sover dit buitelandse beleid aangaan. Suid-Afrika moes nie aan enige militêre magsblok behoort nie en moes daarna streef om vriendskaplike oplossings te beding. Nogtans het Pretoria besluit om met Beijing saam te werk, wat 'n skadu oor sy onpartydigheid gewerp het. Die regering se verbintenis tot menseregte het ook probleme meegebring, soos met die miljoene Mosambiekse vlugtelinge wat al jare lank in Suid-Afrika gewoon en gewerk het. Hulle het druk op die land se natuurlike bronne geplaas en met plaaslike swart mense om werk meegeding. Repatriasie of deportasie was moontlike oplossings vir die probleem, maar dit het die ANC-regering in 'n moeilike posisie geplaas: Kon hy so optree teen die inwoners van 'n land wat hom in die stryd teen apartheid bygestaan het?

'n Ander voorbeeld is dat die nuwe regering in 1994 sy teenkanting uitgespreek het teen die uitvoer van wapens na lande met ondemokratiese regerings. Tog was die wapenbedryf so 'n waardevolle inkomstebron vir die land dat die regering uitvoere begin aanmoedig het met die bepaling dat hy die proses sou monitor.

Met verloop van tyd het twee groepe binne die ANC ontwikkel met uiteenlopende standpunte oor buitelandse beleid: Die "internasionaliste" wat menseregte as 'n integrale deel van buitelandse beleid beskou het en die "pragmatiste" wat die onmiddellike politieke en ekonomiese belange van die land op die voorgrond geplaas het. 'n Beleidsdokument van 1999 het die regering se verbintenis tot menseregte weer beklemtoon, maar het ook verwys na aangeleenthede soos sekuriteit, welvaartskepping, beter kommunikasie met die buitewêreld en 'n meer globale fokus as noodsaaklike onderdele van 'n buitelandse beleid.

'n Nuwe fokus: Afrika

Die ANC-regering het in 1995 verklaar dat Afrika in die toekoms Suid-Afrika se eerste prioriteit sou wees. Suid-Afrika het gevolglik 'n groot rol gespeel om vrede op die kontinent te probeer bewerkstellig. Die land was in verskillende hoedanighede betrokke by die konflikte in Lesotho, Mosambiek, Rwanda en die Demokratiese Republiek van die Kongo. Tanzanië is ook bygestaan tydens die oorstromings in 1998 en Mosambiek ná die oorstromings van 2000. Die Suid-Afrikaanse sakesektor was gretig om steun aan hierdie Afrikabeleid te verleen ten einde nuwe markte te vind en handel het toegeneem van ongeveer R10,9 miljard in 1994 tot R25,3 miljard in 1998.

Aanvanklik het die nuwe regering versigtig opgetree in sy rol as 'n leierstaat in Afrika, maar geleidelik het hy groter selfvertroue begin kry en by verskeie geleenthede in die belang van Afrika opgetree, byvoorbeeld om aanspraak te maak op permanente sitting in die Verenigde Nasies (VN) se Veiligheidsraad. Suid-Afrika se leiersrol was egter nie onbetwis nie. In die middel-1990's was verhoudinge tussen Suid-Afrika en Nigerië gespanne toe die Nigeriese staatshoof, generaal Sani Abacha, menseregte en die demokrasie in daardie land geskend het. Suid-Afrika het sterk druk op Nigerië uitgeoefen, maar sonder veel sukses. Verhoudinge het egter weer verbeter toe generaal Olusegun Obasanjo demokratiese regering aanvaar het.

Mandela het ook in September 1997 teenkanting van sommige van die lande van die Suider-Afrikaanse Ontwikkelingsgemeenskap (SAOG) gekry toe hy hervormings van die organisasie en strafmaatreëls teen lidlande wat nie volgens demokratiese beginsels geregeer word nie, voorgestel het.

Beperkte hulpbronne en ontoereikende infrastruktuur in ander lande het Suid-Afrika se leiersrol in Afrika bemoeilik, maar die land het nietemin kragtens 'n parlementêre witskrif van 1998 daartoe verbind gebly om hulp aan Afrika te verleen. Suid-Afrika was ook vasbeslote om die rol van vredemaker te bly vertolk. Sy leiersposisie het ook geblyk uit sy rol in die totstandkoming van die Afrika-unie (AU), die opvolger van die Organisasie vir Afrika-eenheid, in 2002. Mbeki is as voorsitter van die AU gekies en Suid-Afrika het die Pan-Afrikaanse Parlement sedertdien in Midrand gehuisves.

Toe Suid-Afrika in 1994 deel van die SAOG geword het, het sy rol in die ontwikkeling van die sekuriteit en infrastruktuur van die streek nog belangriker geword. Die land sou betrokke wees by elf protokols, oor onder meer waterbronne, vervoer, handel en kommunikasie. Tydens die SAOG-spitsberaad in 1996 is die ontwikkeling van 'n vryhandelsgebied binne die volgende tien jaar in die vooruitsig gestel. Handel met Suider-Afrika het ongeveer 90% van die handel met die hele kontinent uitgemaak. Streekbronne sou saamgevoeg en as 'n eenheid ontwikkel word, soos byvoorbeeld die Hoogland-waterskema in die berge van Lesotho. Afgesien daarvan het die land ook handelsooreenkomste met individuele lande in die streek gehad.

Streeksekuriteit het geblyk 'n meer netelige saak te wees as wat voorsien is toe Suid-Afrika, ooreenkomstig SAOG-doelwitte, in die Lesotho-konflik van September 1998 ingegryp het. Hoewel vrede uiteindelik herstel is, moes Suid-Afrikaanse troepe sewe maande in Lesotho bly.

Die situasie in Zimbabwe het Suid-Afrika se diplomatieke vernuf tot die uiterste beproef. Die skending van menseregte deur die regering van president Robert Mugabe is wyd veroordeel en die uitslae van die parlementêre verkiesing van Junie 2000 is bevraagteken – veral deur Westerse lande. Pleks daarvan om die Mugabe-regering openlik te kritiseer, het Mbeki en sy kabinet 'n beleid van sogenaamde "stille diplomasie" gevolg en verkies om agter die skerms te werk. Hierdie beleid het geen tasbare resultate opgelewer nie en die Weste, die wit opposisie in Suid-Afrika, en 'n aantal hoëprofiel-Suid-Afrikaners (wat swart leiers ingesluit het) het die president en die regering dikwels gekritiseer.

Die tweeslagtigheid van die land se posisie moet miskien binne die konteks van sy komplekse diplomatieke bande met Afrika en die Weste verstaan word. Sommige Afrikalande sal solidariteit met mede-Afrikane betoon, selfs al is hul leiers korrup, eerder as om hulle te midde van Westerse druk te verwerp. Om nie die indruk te skep dat hy pro-Westers is nie, moes die Suid-Afrikaanse regering hom daarvan weerhou om 'n gerespekteerde Afrikaleier soos Mugabe, 'n stoere kritikus van Brittanje en die VSA, openlik te kritiseer.

DIE AFRIKA-RENAISSANCE

Toe Thabo Mbeki president word, het Suid-Afrika homself reeds in die internasionale wêreld gevestig as 'n ekonomiese mag in Afrika en 'n fasiliteerder in streeksgeskille. Mbeki, met sy wye ondervinding van internasionale diplomasie, het 'n meer omvattende rol vir sy land in Afrika voorsien. Hy het die konsep van 'n Afrika-renaissance in Junie 1997 in die parlement uiteengesit en sedertdien is verskeie definisies en vertolkings daarvan uitgespreek. Sommige van hierdie konsepte het meer eksklusiewe Afrosentriese sieninge – veral deur swart akademici – ingesluit. Mbeki se idees was meer inklusief Afrikanisties, met 'n breë gesigsveld, sodat dit in internasionale kringe aanvaarbaar was.

Die Afrika-renaissance is gewortel in die Afrikatradisie en erfgoed uit die prekoloniale tye. Sommige denkers het dit ook gekoppel aan die ubuntu-filosofie wat medemenslikheid en interafhanklikheid tussen mense beklemtoon. Mbeki se idee gaan egter selfs verder as dit en inkorporeer moderne staatsmanskap, asook tegnologiese en ekonomiese ontwikkeling. Teen die agtergrond van onderontwikkeling in baie dele van Afrika word Suid-Afrika se rol selfs meer betekenisvol. 'n Borgskap deur Engen Oil het groot hulp verleen om opheffingsprojekte van stapel te stuur en maatskappye soos Anglo American, Gencor en Shoprite Checkers het hul bedrywighede na Afrikalande uitgebrei.

'n Integrale deel van die Afrika-renaissance is die New Partnership for Africa's Development (Nepad), 'n ontwikkelingsplan waarin Mbeki ook 'n sleutelrol gespeel het. Ingevolge Nepad word aanvaar dat as Afrika by die groei van die wêreldekonomie wil baat vind, moet hy beter infrastruktuur skep en het hy soliede leierskap nodig. Derhalwe het Afrikalande liberale grondwette nodig om 'n kultuur van demokrasie te versprei. Die Suid-Afrikaanse regering is sterk verbind tot Nepad ten spyte van bedenkinge in sommige kringe oor die politieke wil om stukrag aan die projek te lewer. Daar is dikwels gesê Mbeki se huiwering om die Mugabe-regering openlik te kritiseer, is skadelik vir die ontwikkeling van Nepad. Een politieke ontleder het in Augustus 2003 daarop gewys dat Afrika se skuldkrisis in werklikheid sedert die inwerkingstelling van Nepad versleg het.

Suid-Afrika se betrekkinge met die Weste

Suid-Afrika was ná 1994 steeds afhanklik van handelsbetrekkinge met die VSA en Europa. Westerse bande het dus behoue gebly, ongeag die land se fokus op Afrika. Die VSA het Suid-Afrika as 'n sleutelspeler in Afrika beskou, selfs al was die land se strategiese waarde ná die beëindiging van die

Koue Oorlog nie meer van kardinale belang nie. Finansiële hulp ter waarde van $212 miljoen in 1994 en 'n belofte van 'n verdere $500 miljoen per jaar vir die daaropvolgende vier jaar was 'n aanduiding van die land se belangrikheid vir die VSA. Deur die inisiatief van Al Gore en Thabo Mbeki in 1995 het die Amerikaanse kongres wetgewing aanvaar wat demokratiese Afrikalande met markgerigte ekonomieë sou beloon deur byvoorbeeld spesiale handelsvoorkeure aan hulle toe te staan.

Handel met die Europese Gemeenskap (EG) het meer as 40% van Suid-Afrika se handel uitgemaak, terwyl die EG se handel met Suid-Afrika minder as 2% beloop het. Dus was die land se bedingingsmag nie sterk genoeg om te alle tye gunstige ooreenkomste met die Europese Unie (EU) aan te gaan nie. Suid-Afrika kon ook nie daarin slaag om 'n volle lid te word van die Lomé-konvensie wat sekere handels- en ontwikkelingsvennootskappe aan sommige lande in Afrika en die Stille Oseaan, asook Karibiese state, toegeken het nie. Die land kon nietemin daarin slaag om in Maart 2009 'n vryhandelsgebied te kry wat tot die Ooreenkoms oor Handel- en Ontwikkelingsamewerking (Trade and Development Cooperation Agreement of TDCA) tussen die EU en Suid-Afrika gelei het.

'n Jong demokrasie in oënskou

Ná tien jaar van demokrasie kon die kritieke vraag in 2004 gestel word: Is die land 'n beter plek as in 1994? So 'n vergelyking sal natuurlik die politieke staanplek van mense voor en ná die dramatiese magsoorgawe weerspieël.

Deur van rasse-ongelykheid en die gevolge van apartheid op die Suid-Afrikaanse samelewing ontslae te probeer raak, het die ANC-regering 'n vertrekpunt vir 'n verenigde land daargestel. Ware demokrasie het gelykheid, geleenthede en vryheid vir alle Suid-Afrikaners gebring. Dit het vryheid van die pers, vryheid van spraak en 'n grondwet wat die basiese regte van die individu gewaarborg het, ingesluit.

Wat betref dienslewering het die staat toegang tot maatskaplike dienste vir baie Suid-Afrikaners vergroot. Sedert 1994 is meer as 1,4 miljoen gesubsidieerde huise óf gebou óf was dit in aanbou. Voorts het 8,4 miljoen arm Suid-Afrikaners toegang tot lopende water en 3,8 miljoen toegang tot elektrisiteit gekry. Tog was dit juis dienslewering op plaaslike vlak, wat veronderstel was om die ongelykhede van die verlede reg te stel, wat gebrekkig gebly het en die regering se achilleshiel geword het wat die bestuur van die land betref.

Aan die ander kant was dít wat met ekonomiese groei en finansiële en monetêre beleid bereik is, niks minder as indrukwekkend nie. Tog kon makro-ekonomiese prestasies nie 'n oplossing vir strukturele tekortkominge bied nie: Werkloosheid het 'n probleem gebly en 'n groot persentasie van landelike swart mense het in groot armoede geleef.

Terwyl die land se ekonomiese groei beleggings aangemoedig het, kon Suid-Afrika steeds nie met ander ontwikkelende lande meeding nie. Een van die belangrikste redes daarvoor was 'n tekort aan vaardighede. Die onderwysstelsel kon mense nie toerus met die nodige basis op grond waarvan hulle in spesifieke beroepe opgelei kon word nie.

Daarby het die ANC 'n transformasiebeleid gevolg wat onbuigsaam was en skynbaar sonder enige diskresie toegepas is. Die uitvoering van dié beleid in staatsdiensberoepe het vir waarnemers na die blote vervanging van wit mense deur swart mense gelyk. Dit het ook oorgespoel na sportspanne waarvoor kwotas ingestel is en die private sektor waaraan sekere vereistes gestel is. Die gebrek aan kundigheid en vaardigheid weens die vervanging van ervare werknemers met dikwels swak gekwalifiseerde en/of onervare mense uit agtergeblewe gemeenskappe het tot swak dienslewering gelei.

Swart bemagtiging en regstellende aksie het swart professionele mense in staat gestel om in topposte in te beweeg. Talle gekwalifiseerde (meestal wit) mense, onder wie baie Afrikaanssprekendes, het die land begin verlaat omdat hulle vir hulself geen toekoms meer in Suid-Afrika gesien het nie. Daar is van die Afrikanerdiaspora gepraat.

Die strewe na nasionale eenheid het momentum begin verloor nadat Mandela die politieke toneel verlaat het. Die "Madiba Magic" het verdwyn en sy opvolger se prioriteite was anders. Daar kan gesê word Mbeki was ewe afsydig as Jan Smuts meer as vyftig jaar tevore en hy het ook die indruk geskep dat Suid-Afrika se probleme vir hom te klein geword het. Sy leierskapstyl is soms bevraagteken, asook sy regering se kapasiteit om brandende vraagstukke soos MIV/vigs, misdaad en korrupsie te takel. Mbeki het sonder twyfel 'n belangrike rol in die land se progressiewe ekonomiese beleid gespeel en het ook 'n visie oor die opheffing van die hele kontinent deur die Afrikarenaissance en Nepad gehad. Maar was hy in staat om die mense van die land te motiveer om 'n nasionale doelwit na te streef? Teen 2004 het dit gelyk of Suid-Afrika steeds 'n verdeelde samelewing was.

Teen 2004 was dit duidelik dat die ANC nog nie ten volle van 'n bevrydingsbeweging tot 'n nasionale regering getransformeer het nie. Die verdelingslyn

tussen die regerende party en die staat was in werklikheid besig om te ver-
vaag, met die ANC wat mag toenemend probeer sentraliseer het. Korrupsie,
ooreenkomste met lande met swak menseregterekords en 'n kultuur van self-
verryking het die ANC-regering toenemend in 'n slegte lig geplaas.

Hierdie en ander kwessies het sommige Suid-Afrikaners bekommerd ge-
stem. Was die Mbeki-era slegs 'n tydperk van tandekry ná die euforie van die
Mandela-tydvak? Die "reënboognasie" moes die tweede dekade van demo-
krasie met verwagting sowel as onsekerheid tegemoetgaan.

29

Die demokratiese puberteit, 2004-2011

Jan-Jan Joubert

Die jare 2004 tot 2011 kan met 'n tiener se rebelse stadium vergelyk word – dit was die tiende tot die sestiende jaar van die demokratiese bestel in Suid-Afrika. Groei, groeipyne en onsekerheid was aan die orde van die dag. Met die geborgenheid van 'n ouerhuis wat geen staat beskore is nie, was daar volop onsekerheid oor of die land uiteindelik suksesvol sou wees, met verskeie rigtings waarin ontwikkel kon word – sommige positief, ander negatief.

Die tydperk is gekenmerk deur 'n betreklik stabiele ekonomie ten spyte van 'n wêreldwye depressie vanaf 2007. Op politieke vlak was daar die ergste binnegevegte binne die regering in die land se geskiedenis en groeiende vrae oor maatskaplike ongelykheid. Die opkoms van twee populistiese leiers, Jacob Zuma en Julius Malema, het nie gehelp om die regerende ANC se agteruitgang te stuit nie. Opstande deur armes wat kon sien hoe die vrugte van demokrasie net sommiges toeval, het die begrip "diensleweringsprotes" laat ontstaan.

Wat die opposisiepolitiek betref, het die Nasionale Party, wat dekades lank die politieke tuiste van die meeste Afrikaners was, tot 'n eerlose einde gekom, 'n nuwe party het uit die strydende ANC ontstaan en die meeste opposisie-kiesers het 'n tuiste in die liberale waardes van die Demokratiese Alliansie (DA) onder leiding van Helen Zille gevind.

Afrikaanse uitvoerende kunste het 'n ongekende opbloei beleef en die taal-gebruikers het nuwe maniere gevind om by 'n veranderde politieke werklik-heid aan te pas. Dit is ten beste gereflekteer in die opkoms van Afrikaanse vakbonde en burgerregtebewegings.

Politieke woelinge in die regering

Die uitslag van die 2004-verkiesing kon Suid-Afrikaners nouliks voorberei op die politieke magspel wat sou volg. Die ANC het vir die eerste keer meer as twee derdes van die stemme getrek, en het met 69,69% nie minder nie as 279 setels in die Nasionale Vergadering verower. Die DA was tweede met 50 setels. Dit het beteken die ANC kon die Grondwet, as hy wou, na goeddunke verander, hoewel president Thabo Mbeki die onderneming gegee het (en sy woord daaroor sou hou) dat groot grondwetlike veranderinge nie sou plaasvind nie.

Boonop het die ANC volstrekte meerderhede in sewe uit die nege provinsies behaal, en die ander twee kragtens koalisie-ooreenkomste geregeer (in KwaZulu-Natal met die Minority Front en in die Wes-Kaap met die Nuwe Nasionale Party). Vir die eerste keer het al nege provinsies ANC-premiers gehad.

Die tyd sou egter leer dat die regerende ANC soos 'n eend gefunksioneer het. Waar die uitslae dit laat lyk het asof die eend rustig deur die water klief, het interne verdeeldheid beteken die pote het verwoed onderwater geskop. Die katalisator wat die verdeeldheid sou blootlê was 'n ondersoek wat die spesiale misdaadbestrydingseenheid die Skerpioene na die bedrywighede van 'n omstrede Durbanse sakeman, Schabir Shaik, gedoen het. Shaik het mense oorreed om met hom sake te doen weens wat hy sy "politieke konnektiwiteit" genoem het – 'n term wat hy geskep het om aan te toon dat sy vriendskap met leiers uit die bevrydingstryd sou verseker dat sakevennote wat met hom saamwerk, tenders sou wen, veral kragtens die bepalings oor swart ekonomiese bemagtiging.

Die sleutel tot Shaik se konnektiwiteit, so het hy aangevoer, was sy hegte vriendskap met Jacob Zuma, wat reeds van 1999 die land se adjunkpresident was. Ná 'n jare lange ondersoek het regter Hilary Squires vir Shaik op 2 Junie 2005 skuldig bevind op twee aanklagte van korrupsie en drie van bedrog. Hy het geappelleer, maar is in 2007 finaal skuldig bevind en sou vyftien jaar tronkstraf moes uitdien. Daarvan het dadels gekom. Shaik is binne twee jaar vrygelaat, glo omdat hy terminaal siek en trouens sterwend was. Sy oordadige leefstyl, voortdurende uitstappies en gereelde deelname aan sport het 'n bespotting van sy sogenaamde terminale siekte gemaak en is wyd aan "konnektiwiteit" toegeskryf. Dit het nie bygedra tot enige poging om aan te toon dat die bestryding van korrupsie vir die Suid-Afrikaanse regering 'n saak van erns was nie.

Vir Zuma het die Shaik-uitspraak ernstige gevolge ingehou. Suid-Afrikaanse wetgewing teen korrupsie is van die strengste ter wêreld. Dit bepaal enigeen wat by die korrupte dade betrokke was of wat redelikerwys daarvan moes weet, maar niks gedoen het om dit aan te meld nie, is vervolgbaar. Die regter se uitspraak het dit duidelik gemaak dat Zuma en Shaik se verhouding 'n groot rol in Shaik se skuldigbevinding gespeel het. In 'n groot mate het Shaik vir Zuma geldelik onderhou en sy beweerde gevolglike houvas op die land se adjunkpresident gebruik om ondernemers te oortuig om hul geld in sy projekte te belê.

Dit het aan Mbeki die geleentheid gebied om op te tree. Op 14 Junie 2005 het hy Zuma in 'n opspraakwekkende parlementêre toespraak as adjunkpresident afgedank. Wat bedoel was om Zuma se ondergang te wees, het egter Mbeki se ondergang ingelei. Mbeki het naamlik drie fatale politieke foute met Zuma se afdanking begaan. In die eerste plek het meer as 'n week verloop tussen Mbeki se eerste aanduiding dat hy Zuma gaan afdank en die dag waarop hy die daad by die woord gevoeg het. Sy huiwering het Zuma en sy ondersteuners die geleentheid gegee om te beplan en te hergroepeer, sodat hulle teen Mbeki kon terugveg.

Tweedens was die ANC se sentrale interne uitdaging sedert 1994 dat hy nie skielik 'n beter lewe vir almal kan bewerkstellig nie. Gegewe die welvaartgaping in die land en die beperkte middele tot die regering se beskikking kan niemand dit, realisties gesproke, doen nie. Die ANC het egter die verwagting geskep van groter verbeterings as wat prakties moontlik geblyk te wees het. Dit het 'n groot hoeveelheid teleurgestelde mense tot gevolg gehad. Zuma kon nou hul frustrasies op populistiese wyse verwoord, want as afgedankte was hy nie meer medeverantwoordelik vir die regering se mislukkings nie. Hy was dus 'n vaandeldraer en bymekaarkomplek vir ontevredenes.

In die derde plek is Zuma wel geskors as adjunkpresident, maar nie as lid van die ANC nie. Hy kon Mbeki dus binne die struktuur van die party takel, eerder as om sy eie party te moes opbou.

Die gevolg was 'n politieke straatgeveg in die ANC. Vir die volgende twee jaar, tot met die party se leiersverkiesing by Polokwane in Desember 2007, is die ANC se interne eenheid uitmekaar geskeur deur struweling wat in die geskiedenis van die Suid-Afrikaanse partypolitiek ongekend was. Twee hoofgroeperinge in die ANC het teen mekaar te staan gekom. Die verdeling was min of meer as volg:

Mbeki kon reken op die steun van die ANC se verkose topleiers, die sakesektor, die swart middelklas, die kabinet, die meeste ANC-takke in oorwegend

Xhosasprekende en oorwegend wit landsdele, en diegene wat gedink het Zuma het te min akademiese opleiding om die land te lei.

Zuma kon reken op die steun van diegene wat self leiers sou wou wees, maar dit nog nie was nie, die vakbonde en kommuniste, die meeste ANC-takke in oorwegend Zulusprekende en Indiërdele van die land (ANC-takke in oorwegend bruin dele was verdeeld tussen hom en Mbeki), en diegene wat gedink het Mbeki is te deftig om die land te lei.

Vir twee jaar, tussen 2005 en 2007, is ANC-ondersteunende takke, gesinne en omgewings in twee geskeur deur die stryd. By die uiteindelike ANC-leiersverkiesing in Desember 2007 het Zuma 61% van die stemme getrek en Mbeki 39%. Daar is verskeie redes waarom Zuma gewen het:

- Hy kon weens sy nie-betrokkenheid by die regering elke tekortkoming van die staat uitbuit en die gedagte laat posvat dat hy dinge beter sou doen, selfs sonder dat hy enige alternatiewe voorgestel het.

- Omdat hy geen regeringspligte gehad het nie, het hy genoeg vrye tyd tot sy beskikking gehad om die hele land vol te reis en 'n behoorlike verkiesingsveldtog te voer.

- Omdat Cosatu en die SAKP teen Mbeki se makro-ekonomiese beleid Gear (sien hoofstuk 28) gekant was, het hulle hul strukture tot sy beskikking gestel en by hul vergaderings vir hom 'n verhoog geskep vanwaar hy sy veldtog kon voer.

- Zuma het sy vele hofverskynings (sien die kassie oor Zuma op bl. 586) uitstekend gebruik om massasteun te werf. Opgesweepte skares het nagwake buite die hof gehou en hy het hulle telkens ná sy hofverskynings toegespreek.

- Zuma het 'n populistiese veldtog gelei waarvoor sy gemaklike geaardheid hom perfek voorberei het. Sy sangtalent het gemaak dat hy die omstrede lied "Awuleth' umshini wami" (Bring my masjiengeweer) sy eie gemaak het. Dit is op CD opgeneem en het 'n treffer geword – 'n dinamo wat groot energie vir sy veldtog ontketen het.

- Sy doeltreffende gebruik van etniese politiek (hy het homself as "100% Zulu Boy" bemark) het verseker dat hy oorweldigende steun in Zulusprekende dele van die land soos KwaZulu-Natal en Mpumalanga geniet het. Nie minder nie as 99% van die ANC-afgevaardigdes uit KwaZulu-Natal het by die leiersverkiesing in Polokwane die mandaat van hul takke gehad om Zuma te steun.

- Sy ondersteuners was honger vir sukses en het hard van tak tot tak gewerk om 'n puik veldtog te voer.

Daar is ook verskeie redes waarom Mbeki verloor het:

- Weens sy posisie as staatshoof is alle tekortkominge van die regering en staatsdiens op sy brood gesmeer, tot voordeel van Zuma.
- Omdat hy so dikwels in die buiteland was, het hy tred verloor met binnelandse tendense en kon hy nie 'n doeltreffende veldtog teen Zuma voer nie. Hy sou dieselfde politieke les as generaal Jan Smuts byna sestig jaar vroeër leer: ver van jou goed, naby jou skade.
- Sy ondersteuners was so uit voeling met die gees in die land dat hulle tot op die einde nog geglo het Mbeki sou wen.
- Sy persoonlik afwysende gedrag teenoor die SAKP en Cosatu het leiers soos dr. Blade Nzimande (SAKP) en Zwelinzima Vavi (Cosatu) se teenstand teen hom en sy Gear-beleid aangevuur.
- Mbeki se meer terughoudende geaardheid het veroorsaak dat hy geen teenvoeter vir Zuma se populisme gehad het nie. Mense het hom as hoogmoedig ervaar.
- Mbeki het nie stemblokke soos Zuma se Zulustemblok, kommunistiese stemblok en vakbondstemblok gehad nie. Dit het hom in Polokwane duur te staan gekom.
- Baie van sy ondersteuners was in gemaklike magsposisies en was nie so honger vir 'n oorwinning soos Zuma s'n nie. Hulle het gevolglik nie op dieselfde manier as Zuma se ondersteuners elke ANC-tak vir steun bearbei nie.
- Mbeki kon nie ontkom aan die beeld as die booswig in die verhaal nie. Zuma se ondersteuners het naamlik vas geglo dat sy hofverskynings te wyte was aan 'n komplot deur Mbeki en ander maghebbers om Zuma uit 'n moontlike presidentskap te knikker.

Die Polokwane-uitslag het die ANC in 'n onhoudbare situasie geplaas waar daar twee magsentrums binne die party was. Mbeki was aan die hoof van die regering en Zuma aan die hoof van die regerende party, maar hulle het erge verskille gehad.

Ná 'n morsige paar maande het die ANC se nasionale uitvoerende komitee in September 2008 aangekondig Mbeki geniet nie meer die ANC se vertroue nie en op Erfenisdag, 24 September 2008, het Mbeki bedank. Kgalema Motlanthe het hom as president opgevolg.

Mbeki se bedanking sou 'n jaar later tot die grootste skeuring in die ANC in sowat vyftig jaar lei – die ergste skeuring sedert die stigting van die PAC in 1959. 'n Nuwe party, die Congress of the People (Cope), is daaruit gebore. Cope het 7% van die stemme in die 2009-verkiesing getrek. Die ANC het in dié verkiesing teruggesak van 69% tot 65% en beheer oor die Wes-Kaap verloor, wat ANC-planne om nuwe provinsiale grense te trek, in die kiem gesmoor het.

Ná die verkiesing is Zuma as president verkies, met Motlanthe as sy adjunk. Daar was dikwels onduidelikheid oor regeringsbeleid, met Zuma wat sy uiteenlopende groep ondersteuners probeer bymekaarhou het. Wat hulle verenig het, was hul teenstand teen Mbeki. Met Mbeki weg, was hulle nie meer verenig nie en was dit moeilik vir Zuma om hulle eensgesind te hou.

PRESIDENT JACOB ZUMA

Jacob Gedleyihlekisa Zuma is op 12 April 1942 in Nkandla, Zululand, gebore en is in 2009 as die vierde president van 'n demokratiese Suid-Afrika ingehuldig. Sy tweede doopnaam, Gedleyihlekisa, kan uit die Zulu vertaal word as "hy wat jou met 'n glimlag sal mislei", wat volgens sy ondersteuners toevallig en volgens sy teenstanders profeties was.

Zuma het 'n landelike opvoeding gehad waar sy familie se uiterse armoede vereis het dat hy eerder beeste oppas as skoolgaan. Hy het min formele skoolopleiding geniet en het vroeg in sy lewe na Durban gegaan om sy eie potjie te krap. In die stad het sy leergierigheid en vriendelikheid hom in staat gestel om sy geletterdheidsvlakke te verbeter. Hy het bedags gewerk, snags geleer en by die vakbondwese betrokke geraak.

In 1959, op 17-jarige leeftyd, het hy by die ANC aangesluit. In 1962 het hy 'n lid van die ANC se gewapende vleuel Umkhonto we Sizwe (MK) - vertaal as Die Spies van die Nasie - geword en in 1963 'n lid van die SAKP. Hy is in 1963 by Zeerust in hegtenis geneem op 'n aanklag dat hy met ander saamgespan het om die destydse regering omver te probeer werp. Hy het tot 1973 tien jaar tronkstraf op Robbeneiland uitgedien. Tydens sy aanhouding het 'n hegte band tussen hom en die latere staatshoof Nelson Mandela ontstaan.

Ná sy vrylating was Zuma weer met vakbondsake besig en het hy by die verbanne ANC aangesluit. In 1975 het hy die land verlaat en betrokke geraak by die gewapende stryd vanuit die buiteland. Sy betrokkenheid daarby en sy leiersrol in die ANC se intelligensie- en spioenasie-afdelings sou hom later in sy politieke loopbaan goed te pas kom.

In 1990 is die ANC ontban en Zuma het vinnig opgang in die party se KwaZulu-Natalse strukture gemaak. Teen die 1994-verkiesing was hy die provinsiale leier van die ANC en die party se premierskandidaat. Die ANC het die 1994-verkiesing in KwaZulu-Natal teen die Inkatha-Vryheidsparty (IVP) verloor, maar Zuma is in die provinsiale kabinet opgeneem as LUR (provinsiale minister) van ekonomiese ontwikkeling. Van 1994 tot 1999 sou Zuma saam met dr. Frank Mdlalose van die IVP lof inoes vir die wyse waarop hulle die jare lange geweldpleging tussen die IVP en die ANC in die provinsie ontlont het.

In 1999 het president Thabo Mbeki vir Zuma as adjunkpresident van die land aangewys. Die twee het egter van omstreeks 2002 begin bots. Toe Zuma se vriend en finansiële raadgewer, Schabir Shaik, in 2005 aan korrupsie en bedrog skuldig bevind word, het dit duidelik geword dat die nasionale vervolgingsgesag Zuma op 'n spieëlbeeld van die aanklagte teen Shaik sou aankla. Mbeki het Zuma dus afgedank.

Van 2005 tot 2009 was Zuma gereeld in hofsake betrokke. Nie net is hy van bedrog en korrupsie aangekla nie, maar in 'n afsonderlike hofsaak ook van die verkragting van die aansienlik jonger MIV-positiewe dogter van 'n eertydse vriend. Hoewel hy nie aan verkragting skuldig bevind is nie, het sy getuienis dat hy aan MIV/vigs probeer ontkom het deur deeglik te stort, baie mense laat glo hy is onkundig. Dit het sy aansien groot skade berokken.

In 2007 is Zuma tot leier van die ANC verkies. In 2009 het die nasionale vervolgingsgesag op hoogs omstrede wyse besluit om hom nie meer op die aanklagte van korrupsie en bedrog te vervolg nie en ná die 2009-verkiesing is hy as president van die land aangewys.

In die gevolglike relatiewe beleidstilte het 'n nuwe stem opgeklink, dié van Julius Malema, leier van die ANC-jeugliga, met sy opruiende retoriek, waaronder oproepe om die nasionalisering van myne en die afneem van landbougrond by boere om dit onder arm bestaansboere te herverdeel. Malema, 'n boorling van Limpopo, het op negejarige leeftyd by die ANC aangesluit en het op die ouderdom van 21 jaar matriek geskryf. In 2001 is hy verkies tot nasionale leier van die ANC-geaffilieerde Congress of South African Students (Cosas) en in 2008 tot leier van die ANC-jeugliga.

Malema se vurige uitgesprokenheid oor plofbare kwessies het hom gewild by sommige en gevrees by ander gemaak. Sy beledigende opmerkings jeens opposisieleiers en sy rasgebaseerde uitsprake teen wit landgenote het sy prominensie verhoog. Nadat die Zuma-regering van 2009 toenemend intern verdeeld en koersloos geraak het, is Malema algaande meer as 'n potensiële toekomstige ANC-leier en president van die land beskou, hoewel sommige kritici gemeen het sy vurige en soms ondeurdagte uitgesprokenheid sal hom uiteindelik kelder.

Arm gemeenskappe, wat teleurgesteld was omdat hul lewensomstandighede nie vinniger verbeter nie, het swak bestuurde ANC-beheerde munisipaliteite toenemend daarvoor geblameer en openbare protes daaroor het landwyd toegeneem. Geweld, vandalisme en lewensverlies het die opstande gekenmerk. Die ANC het dus verdere steun ingeboet en in die munisipale verkiesing van 2011 teruggesak na 63%.

Politieke opposisie

Die 2004-verkiesing het ná negentig jaar die doodsklok gelui vir die eens magtige Nasionale Party en in 2005 het die party ontbind. Die party se leierskap het na die ANC gegaan en sy kiesers na die DA. Onder leiding van Helen Zille het die DA se steun gegroei van 12% in 2004 tot 16% in 2009 en 23% in 2011.

HELEN ZILLE

Helen Zille is op 9 Maart 1951 in Johannesburg gebore. Haar ouers was vlugtelinge uit Nazi-Duitsland wat hulle in Suid-Afrika gevestig het.

Zille was van kleins af betrokke by die liberale opposisie teen die apartheidstelsel en was 'n stemwerwer vir die legendariese liberale strydros Helen Suzman en die Progressiewe Party in die kiesafdeling Houghton.

Sy was van 1974 politieke verslaggewer van die koerant *The Rand Daily Mail*, 'n uitgesproke kritikus van die apartheidsregering. Zille was die joernalis wat onthul het dat die swartbewussynsleier Steve Biko dood is weens beserings toegedien deur die veiligheidspolisie, en nie weens 'n eetstaking soos die regering beweer het nie. Hierdie en ander politieke onthullings het haar bekend gemaak.

In die 1980's het sy apartheid bly beveg as baie aktiewe lid van die Black Sash (wat ontwortelde swart mense bygestaan het) en die End Conscription Campaign (wat teen verpligte weermagdiens gekant was).

In 1996 het sy, as voorsitter van die beheerliggaam van The Grove Primary School in Kaapstad, opnuut prominensie verwerf toe die skool 'n langdurige en uiters belangrike hofsaak teen die regering gewen het, en so verseker het skole behou inspraak in die aanstelling van personeel.

In 1999 is Zille as lid van die Demokratiese Party (DP), wat in 2000 die Demokratiese Alliansie (DA) sou word, tot die Wes-Kaapse wetgewer verkies, waar sy van 1999 tot 2001 as LUR (provinsiale minister) vir onderwys gedien het. In dié pos het sy hoë lof ingeoes en haar gewildheid het toegeneem.

In 2006 is Zille verkies tot burgemeester van Kaapstad. Met die DA se oorwinning is die ANC vir die eerste keer sedert demokratisering uit 'n stadsregering ontsetel. Zille het as burgemeester haar beeld gevestig as 'n onverskrokke vegter vir skoon regering en teen korrupsie, en is in hierdie verband met die ANC gekontrasteer.

In 2009 het Zille premier van die Wes-Kaap geword. Dit was die eerste keer dat die ANC uit 'n provinsiale regering ontsetel is.

In die munisipale verkiesing van 2006 het die Onafhanklike Demokrate (OD) die mag in verskeie plattelandse Wes-Kaapse munisipaliteite bekom. In Kaapstad het die OD aanvanklik saam met die ANC gewerk, maar later saam met die bewindhebbende DA. Ná die parlementêre verkiesing van 2009, waartydens die OD teruggesak het van sewe setels na vier, is onderhandelings begin om met die DA saam te smelt. Die onderhandelings is in 2010 afgehandel en byna alle OD-lede het by die DA ingeskakel. Patricia de Lille, OD-leier, is as DA-kandidaat vir die Kaapse burgemeesterskap benoem en is in die munisipale verkiesing van 2011 met 'n groot meerderheid van meer as 60% tot burgemeester van Kaapstad verkies.

Cope het in 2011 net 3% van die stemme getrek. Dit het gelyk asof 'n belowende opposisieprojek op die punt was om te ontrafel. Dit was 'n groot teleurstelling vir Cope se ondersteuners, wat gedink het dié party kon 'n standhoudende opposisie onder swart leiding bied. Twee gevestigde ANC-leiers, Mosiuoa Lekota en Mbhazima Shilowa, was die aanvanklike leiers. Hulle het egter stry gekry, wat die party verswak het.

Daar was sterk aanduidings dat die Suid-Afrikaanse politieke toneel kon ontwikkel tot een waar twee partye dominant sou wees, maar wie die Suid-Afrikaanse politieke toekoms wil voorspel, verbrand gewoonlik sy vingers.

Ekonomie

Die Suid-Afrikaanse ekonomie het van 2004 tot 2007 die vrugte van 'n versigtige ekonomiese beleid gepluk, met die groeikoers wat toegeneem het tot 6,5% in 2007. Die land se beleid om binne sy vermoë te leef en dus nie in 'n skuldstrik te trap nie, was die basis van sy sukses. Die staat se groter belastinginkomste is grootliks aangewend om verligting aan armes te bring deur die betaling van verskeie toelaes aan die kwesbaarste deel van die bevolking.

Hierdie deurdagte beleid is ná 2007 voortgesit, maar enige land is in 'n sekere mate ook oorgelewer aan wêreldtendense. Suid-Afrika met sy betreklik oop ekonomie kon nie onaangeraak bly nie deur die wêreldwye resessie weens veral die VSA se ondeurdagte makro-ekonomiese beleid wat van 2007 'n skadu oor die wêreld gegooi het. Suid-Afrika se groeikoers het afgeplat tot -1,7% in 2009, hoewel dit teen 2011 tot 4,5% verbeter het.

Verskeie aspekte het tot die sterker as verwagte vertoning deur die ekonomie bygedra:

- 'n Versigtige ekonomiese beleid met betreklik lae staatsbesteding, verminderde staatskuld en 'n redelik klein begrotingstekort.
- 'n Streng gereguleerde banksektor.
- 'n Sterk goudprys.
- 'n Groeiende swart middelklas met nuutbesteebare inkomste en 'n groot behoefte aan verbruikersgoedere.
- 'n Betreklik stabiele geldeenheid.
- Buitengewoon goeie landboutoestande.
- Relatiewe isolasie van wêreldmarkte, met Afrika wat oor die algemeen minder deur die resessie geraak is as die res van die wêreld.

Daar was egter ook gevaartekens vir die Suid-Afrikaanse ekonomie:

- Die land se werkloosheidsyfer van tussen 24% en 42% (afhangend van watter definisie van werkloosheid gebruik word) in 2010 was weliswaar laer as 'n paar jaar vantevore, maar steeds skrikwekkend hoog en die beter ekonomiese groeikoers het nie daartoe gelei dat genoegsame werkgeleenthede geskep is nie. Daartoe het 'n stram loonstruktuur en indiensnemingsbepalings bygedra.
- Suid-Afrika was steeds een van die lande met die grootste ongelykhede tussen ryk en arm ter wêreld gemeet deur die Gini-koëffisiënt. Hierdie ongelykhede het tussen 1994 en 2011 vererger namate ondernemende mense die geleenthede van oop markte aangegryp het en minder geseënde mense die beskerming van geslote markte verloor het:

Suid-Afrikaners moes nou ekonomies teen die hele wêreld meeding. Die sterkes het gefloreer en die swakkes het gekrepeer.

- Met meer mense wat toelaes ontvang as wat belasting betaal, was daar kommer oor of die uitbetaling van toelaes uiteindelik volhoubaar sou wees.

- Een van die redes vir die lae staatsbesteding was 'n verwaarlosing van die instandhouding van infrastruktuur. Veral wat paaie en kragsentrales betref was die situasie so ernstig dat tolpaaie meer algemeen geword en die koste van elektrisiteit dramaties toegeneem het, met groot implikasies vir verbruikers.

- Kommer het ontstaan oor die voortgesette beskikbaarheid van hoogs opgeleide bestuurslui namate die regering se rasgebaseerde toepassing van regstellende aksie en die gevolglike uitvloei van kundigheid na die buiteland sy tol begin eis het.

- Internasionale maatskappye se kommer oor moontlike nasionalisering en die potensiële impak van swart ekonomiese bemagtiging op die aandeelhouding in hul Suid-Afrikaanse filiale het regstreekse buitelandse beleggings gekortwiek.

- Die persepsie dat korrupsie, wanbestuur en tenderbedrog aan die orde van die dag is, is nie genoegsaam deur sterk optrede van regeringskant teëgewerk nie. Daarin het die ANC se beleid van kaderontplooiing, as onderdeel van die Nasionale Demokratiese Revolusie (NDR), 'n groot rol gespeel.

In sy strewe om swart mense ekonomies te bemagtig en veral om 'n swart kapitalistiese klas te vestig, het die regering ná 2004 kragtig met sy beleid van swart ekonomiese bemagtiging (SEB – Black Economic Empowerment in Engels) voortgegaan. Die Suid-Afrikaanse Grondwet bevat 'n interessante foutlyn wat in die tydperk ná 2004 'n enorme uitwerking op Suid-Afrikaners se alledaagse lewe sou hê. Hoewel nie-rassigheid en gelykheid die morele grondslag van die Grondwet vorm, word erkenning ook gegee aan meer as drie eeue van ongelykheid en ongelyke geleenthede. Die Grondwet verplig die regering ook om dit reg te stel deur die strukturele bevoordeling van gekleurde Suid-Afrikaners, spesifiek swart mense.

Die Mbeki-regering het daarvan probeer werk maak deur te probeer verseker dat die samestelling van onder meer soveel beroepe, sportspanne en studentetalle aan universiteite verteenwoordigend van die rassesamestelling van die bevolking is, met 'n verminderde klem op vaardigheid. Op die vlak van die ekonomie het dié ideaal neerslag gevind in die beleid van SEB.

Dit was Mbeki se herhaalde en sterk uitgesproke mening dat Suid-Afrika in die praktyk twee afsonderlike ekonomieë gehuisves het: 'n ontwikkelde, formele, welvarende ekonomie wat hy as grootliks wit getipeer het, en 'n onderontwikkelde, informele ekonomie van armes wat hy as swart getipeer het. Volgens Mbeki was daar "geen roltrap" tussen die twee ekonomieë nie en moes die staat swart armes dus bemagtig om die wit ekonomie te betree.

Hierdie rasgebaseerde beleid het vereis dat personeel in die staatsdiens en private maatskappye en selfs die aandeelhouding in genoteerde maatskappye meer verteenwoordigend van die algemene bevolking se rassesamestelling moet wees. In die praktyk het die wyse waarop die beleid toegepas is, beteken bruin, wit en Indiërkiesers is van die ANC vervreem omdat kleurkwotas in die werkplek, by opleiding en op die sportveld swart mense bevoordeel en dié drie minderheidsgroepe dus benadeel het.

Maatskappye moes sowat 26% van hul aandeelhouding aan swart mense oordra. Veral buitelandse maatskappye het kwaai kapsie daarteen gemaak, want dit het beteken dat hulle beheer oor ongeveer 'n kwart van hul Suid-Afrikaanse filiale prysgee sonder enige noodwendige teenprestasie van kundigheid deur hul swart vennote. Uiteraard het Suid-Afrikaners wat om rasredes nie by die bemagtiging kon baat nie, erg beswaar gemaak teen die beleid. Uiteindelik was dit egter klas eerder as ras wat die regering weer laat dink het.

Omdat die beleid slegs op ras berus het, het dit in die praktyk beteken slegs 'n klein groepie in die swart elite het baat gevind by die bemagtigingsooreenkomste, waardeur hulle met miljarde rand verryk is. Daarteen het die vakbonde, die swart werkersklas en swart werkloses in so 'n mate protes aangeteken dat die regering teen 2011 besig was om sy beleid te hersien en inkomste 'n faktor in bemagtiging te maak. Die nuwe beleid sou op breë swart ekonomiese bemagtiging berus in 'n poging om meer arm mense deelkragtig in die ekonomie te maak.

Die Nasionale Demokratiese Revolusie

Een van die mees omstrede konsepte in die Suid-Afrikaanse politieke woordeskat ná 1994 was die sogenaamde "Nasionale Demokratiese Revolusie" (NDR). Vir ondersteuners van die ANC was dit sinoniem met die volkome verwesenliking van bevryding uit die nalatenskap van apartheid. Vir teenstanders van die ANC was dit sinoniem met baantjies vir boeties, korrupsie en magsbeheptheid.

Binne die ANC bestaan die konsep van die NDR al baie lank. Verskillende mense verstaan dit verskillend. Daar was nog altyd een denkskool in die ANC wat die NDR bloot gelykgestel het met die daarstel van 'n nie-rassige, nieseksistiese Suid-Afrika, soos voorsien in die Grondwet van 1996.

'n Ander denkskool, wat veral sedert die ANC se nasionale konferensie in Mafikeng (tans genoem Mahikeng) in 1998 op al groter skaal verwoord word, is dat die NDR die volkome transformasie van Suid-Afrika tot gevolg moet hê. Volgens hierdie denkskool is die ANC sedert 1994 aan bewind in Suid-Afrika, maar nie werklik in beheer van Suid-Afrika nie. Politieke mag moet omgesit word in ekonomiese mag en beheer word deur ANC-ondersteuners in die staatsdiens.

Dié visie van die NDR is van 1999 tydens die bewind van presidente Mbeki, Motlanthe en Zuma in praktyk omgesit deur 'n beleid genaamd kaderontplooiing in die staatsdiens en swart ekonomiese bemagtiging deur die aanpassing van tenderregulasies en voorskrifte oor aandeelhouding in private maatskappye.

Die mees omstrede daarvan was kaderontplooiing – die openlike ANC-beleid om ANC-ondersteuners in topposte aan te stel. Veral in die staatsdiens, munisipale bestuur, die veiligheidsmagte, die hoogste aanstellings in die regbank, die land se geheime diens, die SAUK, staatsbeheerde ondernemings soos Eskom en Transnet, semi-staatsinstellings soos die Landbank, en grondwetlik verskanste instellings soos die openbare beskermer en die nasionale direkteur van openbare vervolgings, het 'n geskiedenis van lojaliteit aan die ANC belangrik geword wanneer aanstellings gemaak moet word.

Teenstanders van kaderontplooiing en die NDR het aangevoer dit lei daartoe dat die mees geskikte persoon nie noodwendig in 'n pos aangestel word nie, met negatiewe gevolge vir dienslewering aan die breër bevolking en die skeiding tussen staat en politieke party. Voorstanders van die beleid het aangevoer dit maak die speelveld gelyk vir alle Suid-Afrikaners en transformeer die land om die ongelykhede van die verlede uit te wis, en dat kritiek daarop op rassisme berus, sowel as op 'n poging om bevoordeling uit die verlede te beskerm.

Grondhervorming: 'n geleentheid word 'n nagmerrie

In die tydperk 2004 tot 2011 het die grondkwessie onstuitbaar na die middelpunt van die Suid-Afrikaanse openbare debat beweeg. Min kwessies het meer emosie ontlok, en oor min kwessies was die regering teen die einde van 2011 in 'n moeiliker situasie.

Die doelwit om teen 2014 30% van bewerkbare landbougrond in swart besit te hê was onrealisties en is bowendien deur korrupsie gekniehalter. Teen 2011 moes die minister van landelike ontwikkeling en grondhervorming, Gugile Nkwinti, toegee die grondhervormingsbeleid het misluk. Nuwe denke was nodig. Van die redes vir die mislukking was:

- Daar was geen oudit van die rasverdeling van grondbesit nie. Die regering het dus nie geweet hoeveel grond in besit van watter ras is nie, wat dit onmoontlik gemaak het om die sukses van grondhervorming korrek te meet.
- Daar was geen betroubare register van die grond wat die staat besit nie.
- Sommige boere het te veel geld vir hul grond geëis.
- Grootskaalse wanbestuur en korrupsie het die proses gekniehalter.
- Wanneer 'n begunstigde gemeenskap 'n stuk grond ontvang het, het die staat nie altyd die nodige nasorg gedoen deur opleiding, saad, vee, implemente en oorbruggingsfinansiering te verskaf nie. Die meeste nuutbegunstigde boere het dus misluk.

Nietemin het die regering verbind gebly tot die proses om die wanbalans in grondeienaarskap, wat uit die apartheidstelsel gespruit het en trouens 'n sistemiese hoeksteen daarvan was, te herstel. Teen 2011 het 'n besef egter by die regering en landelike armes, soos diegene verteenwoordig in die Landless People's Movement, begin posvat dat landbou in Suid-Afrika nie noodwendig op kort termyn winsgewend is nie, dat boere, plaaswerkers, nuutbevoordeelde landelike grondeienaars en die staat sal moet saamwerk om die beleid te laat slaag. Teen die einde van 2011 was onderhandelings om 'n werkbare model vir grondhervorming te kry nog aan die gang, met volop welwillendheid maar min uitvoerbare idees. Die tydbom het steeds getik.

Buitelandse beleid

Suid-Afrika het voortgegaan om toegang tot die hoogste internasionale raadsale te geniet en het van Januarie 2011 vir 'n tweede termyn in die Verenigde Nasies (VN) se Veiligheidsraad gedien. Amptelik het die land steeds die uit-

gangspunt uit die Mandela-era eerbiedig dat die ondersteuning van mense-
regte die morele rigsnoer vir buitelandse beleid sou verskaf.

In die praktyk is hierdie edele bedoelings egter dikwels nie in dade om-
gesit nie. Zimbabwe het voortgegaan om van krisis na krisis te steier, maar
die Suid-Afrikaanse regering was nie uitgesproke teen die vergrype van pre-
sident Robert Mugabe se regering nie. Suid-Afrika het ook nie in die VN
streng optrede teen die onderdrukkende militêre bewind in Mianmar (Birma)
ondersteun nie. Suid-Afrika moes dikwels onder die kritiek deurloop dat die
land eerder deur solidariteit met Afrikalande as deur beginsels gelei word.

Buitelandse beleid het op Afrika gefokus. Aan die positiewe kant het Suid-
Afrika 'n leidende rol gespeel in die soeke na vrede in die Groot Mere-gebied
in sentraal-Afrika (onder meer Burundi, Rwanda en die Demokratiese Re-
publiek van die Kongo) en Mbeki het ná sy uittrede as president 'n leeue-
aandeel in die ordelike onafhanklikwording van Suid-Soedan gehad. Aan die
negatiewe kant het Suid-Afrika dikwels op die draad bly sit wanneer korrupte
Afrikaregerings onder druk geplaas is, net om op die laaste nippertjie kant
te kies nadat die slag reeds gelewer is. Voorbeelde uit 2011 sluit in die rege-
ringsverandering in die Ivoorkus en die Afrikastaatsgrepe as deel van die
sogenaamde Arabiese Lente – in Tunisië, Egipte en Libië.

Die groeiende invloed van China wêreldwyd het Suid-Afrika nie onaange-
raak gelaat nie. Chinese regeringsafvaardigings en sakelui het die land voort-
durend besoek. Dit het baie Suid-Afrikaners gegrief dat Chinese beleggers so
min van plaaslike arbeid gebruik gemaak het. Nietemin het amptelike bande
met China bly floreer. Dit het by tye vir Suid-Afrika verleentheid veroorsaak,
soos toe die Suid-Afrikaanse regering herhaaldelik onder Chinese druk geswig
en geweier het om aan die Dalai Lama (geestelike leier van Tibet, wie se land
deur China beset is) 'n visum toe te staan om 'n toespraak in Suid-Afrika te hou.

DIE CHINESE IN SUID-AFRIKA[1]

Die eerste Chinese het in die tweede helfte van die 17de eeu in die Kaap
aangekom. As smouse het hulle vis, vars produkte, lekkers en hand-
gemaakte ware verkoop. Sommige het selfs klein eetplekke oopgemaak.
Daar was ook bannelinge wat deur die VOC uit Batavia na die Kaap
gestuur is om kort vonnisse uit te dien. In hierdie tydperk (1652-1795)
was daar nooit meer as 350 Chinese op 'n gegewe tydstip in die Kaap
nie. 'n Paar van hulle was só welvarend dat hulle slawe-eienaars geword

---

1 Hierdie subafdeling is bygedra deur Karen Harris.

het. Die sukses van verskeie Chinese het veroorsaak dat die Nederlandse koloniste verskeie petisies teen hulle ingedien het en gevolglik is maatreëls aanvaar om hul aktiwiteite te beperk.

Die volgende identifiseerbare golf Chinese wat in die land aangekom het, was diegene wat deel uitgemaak het van die internasionale diaspora van meer as 200 miljoen Chinese in die middel van die 19de eeu. Hulle het hulle in die kusdorpe van die kolonies gevestig en ná die ontdekking van minerale ook na Kimberley en Johannesburg gemigreer. Hulle was hoofsaaklik by dienstenywerhede en kleinskaalse handel betrokke. Aan die begin van die 20ste eeu was daar net meer as 1 000 vry Chinese individue in die Johannesburgse omgewing.

Die verwoesting van die goudmynbedryf weens die Anglo-Boereoorlog het meegebring dat die Britse koloniale regering ingestem het dat Chinese kontrakarbeiders vir die goudmyne gewerf kon word. Oor 'n tydperk van ses jaar (1904-1910) is 63 659 ongeskoolde Chinese arbeiders ingevoer om op driejaarkontrakte te werk waarna hulle na China moes terugkeer. Hoewel die Chinese werkers daarvoor geprys is dat hulle die goudmynbedryf gered het deur produksie wat die hoogste van alle tye was, het hul teenwoordigheid wye reaksie ontlok.

Die beëindiging van die Chinese kontrakarbeiderskema het uiteindelik 'n belangrike rol in die verkiesingsoorwinnings van sowel die Liberale Party in Brittanje as die Het Volk-party in Transvaal gespeel. Van groter belang is egter dat dit ook tot die eerste rassistiese en uitsluitende wetgewing van die 20ste eeu in Suid-Afrika gelei het, naamlik die Cape Chinese Exclusion Act van 1904. Hierdie wetgewing het Chinese die eerste groep gemaak wat uitgesonder en op so 'n openlike wyse teen gediskrimineer is. Daarbenewens het Transvaal in 1906 die sogenaamde "Black Act" aanvaar ingevolge waarvan alle "Asiate" moes herregistreer. Dit het gelei tot 'n veldtog van passiewe verset wat soortgelyk aan, maar afsonderlik van dié van die Indiese leier Mahatma Gandhi gehou is. Leung Quinn het die veldtog gelei.

Ná die totstandkoming van die Unie van Suid-Afrika in 1910 is die Chinese ingevolge immigrasiewetgewing van 1913 as "verbode immigrante" geklassifiseer. Hul getalle sou voortaan slegs van natuurlike aanwas afhang en het daarna geleidelik afgeneem. Teen die middel van die 20ste eeu was daar slegs sowat 7 000 Chinese in die land. Volgens die Bevolkingsregistrasiewet van 1950 is Chinese as 'n subgroep van die sogenaamde kleurlingbevolking geklassifiseer. Onder apartheidswetgewing is hulle as 'n nie-blanke groep beskou en een groepsgebied, Kabegapark, is in die Oos-Kaap vir hulle geïdentifiseer.

Soos die apartheidsregering se handelsbetrekkinge met die Republiek van China (Taiwan) versterk het, het Suid-Afrikaanse Chinese geleidelik sekere toegewings gekry. Hul kinders kon byvoorbeeld met amptelike toestemming na wit skole gaan en hulle kon aansoek doen om in sekere wit woonbuurte te bly, maar hulle het steeds nie stemreg gehad nie. Hulle kon in 1994 eers vir die eerste keer saam met hul swart, bruin en Indiërlandgenote stem.

Daar is egter selfs in die nuwe Suid-Afrika teen die Chinese gemeenskap gediskrimineer, omdat hulle uitgesluit is van die Wet op Gelyke Indiensneming van 1998 en aanverwante wetgewing. Dit het beteken dat Chinese as 'n groep nie daarvoor in aanmerking gekom het om by regstellende aksie te baat nie. Ná 'n nege jaar lange hofstryd het die hooggeregshof in Junie 2008 bevind dat die Chinese wel as 'n voorheen benadeelde groep geklassifiseer kon word en dus voordeel uit regstellende aksie mag trek. Steeds bly hierdie klein gemeenskap egter op die rand van die Suid-Afrikaanse samelewing in die tussenruimtes tussen wit en swart.

Maatskaplike kwessies

Tussen 2004 en 2011 is Suid-Afrika deur groot maatskaplike uitdagings in die gesig gestaar. Met sommige kwessies is groot vordering gemaak, maar ander het bly haper. Gesondheid, misdaadbekamping, vreemdelingehaat en nasiebou was sake wat dringend getakel moes word.

Op gesondheidsgebied was daar geen groter krisis as MIV/vigs nie. Mbeki en die minister van gesondheid, dr. Manto Tshabalala-Msimang, het wêreldwye berugtheid verwerf vir hul reaksie op dié dodelike pandemie. Mbeki het beweer daar is geen onomstootlike bewys dat MIV vigs veroorsaak nie en het aangevoer mense se stellings oor seks, MIV/vigs en die feit dat die siekte op so 'n groot skaal voorkom, beteken hulle sien neer op swart mense as primitiewe, seksueel gedrewe diere. Tshabalala-Msimang het beweer 'n dieet van knoffel, beet, suurlemoen en Afrika-aartappel werk beter as antiretrovirale middels (ARM's) teen MIV/vigs. Die wêreld het met afgryse op Mbeki en Tshabalala-Msimang se stellings gereageer, maar veral arm ANC-ondersteuners het hulle geglo en die dodetal het gestyg.

Mbeki het die grootste fout van sy politieke loopbaan gemaak deur van hierdie gesondheidskwessie 'n politieke speelbal te maak. Sy regering se beleid om die siekte te verswyg, sy weiering om te erken dat die MI-virus vigs veroorsaak en om ARM's aan dodelik siek mense te versprei, word wyd vir die ontsettend hoë MIV/vigs-dodetal in Suid-Afrika geblameer.

Nadat Mbeki in 2007 as ANC-leier verslaan is, het 'n kentering ingetree. Die ampstermyne van presidente Kgalema Motlanthe en Jacob Zuma het onder die doelgerigte leiding van Barbara Hogan en dr. Aaron Motsoaledi as ministers van gesondheid tot die grootste MIV/vigs-bestrydingsprogram in die wêreld gelei – met onmiddellike gevolge. Teen 2011 was daar steeds geen genesing vir die siekte nie, hoewel die gebruik van ARM's die dood met tot veertig jaar kon vertraag.

Nadat Zuma in 2009 aan bewind gekom het, is daar erns gemaak met hierdie en ander gesondheidskwessies, wat tuberkulose en ander voorkombare, oordraagbare siektes ingesluit het. Motsoaledi het groter klem geplaas op die verbetering van primêre gesondheidsorg en sowel die toestande as die diens by staatshospitale. Wanneer stakers gesondheidsdienste bedreig het, het Motsoaledi, 'n gekwalifiseerde geneesheer, self ingespring om mediese sorg te verskaf.

Misdaadsyfers het hoog gebly. Hoogs geskoolde emigrante het misdaad saam met die gevolge van regstellende aksie aangedui as die hoofrede waarom hulle die land wil verlaat. Deur meer polisiebeamptes aan te stel, het die regering die voorkoms van veral geweldsmisdaad teen 2011 gestabiliseer, maar wel teen van die hoogste vlakke ter wêreld.

Xenofobie (vreemdelingehaat) het van 2008 toenemend in Suid-Afrika kop uitgesteek. Die wortel van die kwaad was dat Suid-Afrika nie streng was met sy grensbeveiligingsbeleid nie en dat groot getalle mense uit veral Afrika 'n heenkome in Suid-Afrika gevind het wanneer sake in hul eie land skeefgeloop het. Immigrante het hoofsaaklik uit Zimbabwe, die Demokratiese Republiek van die Kongo, Somalië, Nigerië, Rwanda en Burundi gekom. Baie van hulle het ongeskoolde arbeid verrig, wat die persepsie by Suid-Afrikaanse ongeskoolde werkers laat ontstaan het dat die immigrante ongeskoolde Suid-Afrikaners van werk ontneem. Met Suid-Afrika se hoë werkloosheidsyfer was dit 'n vuurhoutjie in 'n kruitvat. Gewelddadige optrede teen buitelanders het 'n gereelde gebeurtenis begin word, ten spyte van uitgesproke teenstand deur die regering.

Nasiebou en versoening het, gegewe die land se verdeelde verlede, in Suid-Afrika 'n prioriteit en 'n uitdaging gebly. Veral met groot sportgeleenthede was Suid-Afrikaners daartoe in staat om te fokus op dit wat hulle verenig, eerder as dit wat hulle verdeel. Só was dit met die Springbokke se verowering van die Wêreldbeker in rugby in Frankryk in 2007, terwyl die aanbieding van die Wêreldbeker-sokkertoernooi in 2010 'n triomf vir binnelandse versoening –

en vir Suid-Afrika se buitelandse beeld – was. Hoewel integrasie in die praktyk vir die meeste mense algaande 'n meer gemaklike alledaagse werklikheid geword het, was opruiende politici soos Malema 'n stok in die wiel, veral met rasgebaseerde uitsprake teen die land se wit inwoners.

Die Afrikaanse leefwêreld

Afrikaanse mense het aangehou leer hoe om te funksioneer as 'n groep met beperkte bedingingsmag in Suid-Afrika. Vir 'n noemenswaardige groep wit Afrikaanssprekendes was dit 'n moeilike aanpassing dat wit Afrikaanssprekendes (wat in die apartheidsdae 60% van die stemtotaal uitgemaak het) sedert 1994, met die toestaan van stemreg aan alle rasse, net 6% van die totale hoeveelheid kiesers uitmaak. Dit kom neer op 'n tienvoudige verkleining van politieke invloed, wat vir sommiges traumaties was om te hanteer. Ook vir bruin Afrikaanssprekendes het 'n idealistiese prentjie oor die invloed van demokratisering gou op die rotse van realiteit gestrand.

Die Afrikaanse gemeenskap, Afrikaanse skole en die uitbou van die Afrikaanse taal was vir die ANC-regering nie meer die prioriteit wat dit vir regerings tot 1994 was nie. Boonop het sowel wit as bruin Afrikaanssprekendes dit aansienlik moeiliker gevind om werk te kry weens die regering se beleid van rasgebaseerde regstellende aksie wat, soos amptelike ANC-beleid sedert die Morogoro-beraad in 1969 verklaar het, op swart mense in die besonder gefokus was.

Die uitwerking daarvan was dat dit die Afrikaanse gemeenskap gedwing het om na homself te begin omsien op 'n wyse wat vroeër onnodig en dus ondenkbaar sou wees. Die aanpasbaarheid en die bereidheid van die Afrikaanse gemeenskap om dit wat vir hom kosbaar is, selfstandig te koester en uit te bou, is versinnebeeld in die stigting van belangeorganisasies soos die Bruin Belange-Inisiatief (BBI) en die Solidariteit-beweging. Laasgenoemde bestaan uit vier dele, naamlik 'n vakbond, 'n opleidingsafdeling, 'n welsynsbeweging en 'n burgerregtegroep.

Die oper demokratiese bestel het groter interne ongelykheid in Afrikaanse gemeenskappe tot gevolg gehad, met die geleentheid tot groter kompetisie wat sterkeres laat uitskiet en swakkeres onbeskermd gelaat het. Hoewel die voorste bruin mense die kanse aangegryp het wat 'n meer gelyke bestel kon bied, kon die meeste bruin Afrikaanssprekendes nie 'n wesenlike verbetering in hul betreklik armoedige omstandighede sien nie.

Dieselfde neiging was in die wit Afrikaanse gemeenskap waarneembaar, met 'n enorme inkomstegaping wat tussen ryk en arm Afrikaners ontstaan het toe die apartheidstelsel wegval en Suid-Afrika op groter skaal deel van die internasionale wêreld en markte word. Twee gelyklopende tendense het werkloosheid onder wit Afrikaanssprekendes laat styg en tot die herlewing van die armblankevraagstuk gelei: Eerstens het rasgebaseerde werkreservering (sommige werkgeleenthede kon kragtens wet slegs deur wit mense verrig word) weggeval en tweedens het regstellende aksie voorkeur aan swart arbeid bo wit arbeid gegee.

Die BBI, Afrikaanse kerke en Solidariteit het hulle gevolglik bemoei met armoedeverligting en opheffing binne die Afrikaanse gemeenskap. 'n Tradisie van "help jouself" het in die Afrikaanse gemeenskap ontstaan.

Die Afrikaanse uitvoerende kunste het ook gefloreer, met verkope wat ongekende hoogtes bereik het omdat Afrikaanse mense hul taal ondersteun het, die ontplooiing van Afrikaanse punk wat deur die groep Fokofpolisiekar 'n groot impak op jong Afrikaanssprekendes gemaak het, die zef-groep Die Antwoord wat 'n wêreldwye deurbraak vir Afrikaanse musiek beteken het en die rolprent *Skoonheid* wat internasionale erkenning vir die potensiaal van Afrikaans as rolprentmedium verseker het. Afrikaanse mense het deur gesamentlike strukture soos die Afrikaanse Taalraad oor rasgrense begin saamwerk ter uitbouing van hul gedeelde taal- en kultuurbelange op 'n skaal wat dekades tevore ondenkbaar sou wees.

Polities was Afrikaanssprekendes in die verkiesings van 2009 en 2011 meer verenig as ooit in die geskiedenis. 'n Boodskap van verbete skoon regering en gelyke geleenthede vir almal ongeag kleur het veroorsaak dat sowat 70% van bruin Afrikaanssprekendes (in die stede was die syfer meer as 80% vir bruin kiesers) en sowat 94% van wit Afrikaanssprekendes hul kruisies vir Zille se Demokratiese Alliansie (DA) getrek het. Daarmee is die politieke kloof wat sedert die ontstaan van Afrikaans tussen wit en bruin in die Afrikaanse taalgemeenskap bestaan het, in 'n groter mate as ooit tevore uitgewis. Of dit 'n blywende tendens is, sal net die tyd kan leer.

Die tydperk 2004 tot 2011 was dus een waarin die landspolitiek uitgekristalliseer het tot die potensiaal van 'n tweeparty-dominante stelsel, met die ANC en die DA wat teenoor mekaar stelling ingeneem het. Op ekonomiese vlak het Suid-Afrika tot in 2007 gefloreer, en daarna die byt van die wêreldwye depressie beter as die meeste ander lande gehanteer. Op maatskaplike gebied is toelaes aan meer mense uitbetaal, wat die gevaar van 'n te groot belastinglas geskep het. MIV/vigs is van 2009 stewig getakel. In die Afrikaanse leefwêreld het die kunste 'n opbloei beleef, hoewel die taal se gebruik op amptelike terrein afgeskeep is.

Aan die einde van 'n woelige, vormende puberteit van storm en drang het Suid-Afrika op die drempel van 'n volwassenheid gestaan waarvan die presiese aard gevorm sou word deur sy mense, en die presiese aard eers in die volheid van die tyd duidelik sou wees.

Bibliografie

Hoofstuk 1

Bergh, J.S. (red.), *Geskiedenisatlas van Suid-Afrika: Die vier noordelike provinsies*. Pretoria, 1999.

Boonzaier, E., et al., *The Cape herders: A history of the Khoikhoi of Southern Africa*. Kaapstad, 1996.

Clutton-Brock, J., "The legacy of Iron Age dogs and livestock in Southern Africa", in Sutton, J.E.G. (red.), *The growth of farming communities in Africa from the equator southwards*. Special Volume XXIX-XXX. The British Institute in Eastern Africa, Nairobi, 1996.

Coertze, P.J. (red.), *Suid-Afrika binne Afrika-verband*. Kaapstad, 1973.

Deacon, H.J. en Deacon, J., *Human beginnings in South Africa*. Kaapstad, 1999.

Giliomee, H. en Mbenga, B. (reds.), *Nuwe geskiedenis van Suid-Afrika*. Kaapstad, 2007.

Harlan, J.R., "The tropical African cereals", in Shaw, T., et al. (reds.), *The archaeology of Africa: Food, metals and towns*. Londen, 1995.

Junod, H.A., *The life of a South African tribe*. Vol. II. Tweede uitgawe, Londen, 1927.

Manyanga, M., *Resilient Landscapes: Socio-environmental dynamics in the Shashi-Limpopo Basin, Southern Zimbabwe c. AD 800 to the present*. Studies in Global Archaeology 11. Uppsala, 2007.

McCarthy, T. en Rubidge, B., *The story of earth and life*. Kaapstad, 2005.

Murdock, G.P., *Africa: Its peoples and their culture history*. New York, 1959.

Summers, R., *Ancient mining in Rhodesia: Museum memoir no. 3*. Salisbury, 1969.

Van Warmelo, N.J., *A preliminary survey of the Bantu tribes of South Africa*. Ethnological Publications Vol. V. Pretoria, 1935.

Van Aswegen, H.J., *History of South Africa to 1854*. Pretoria, 1993.

Walton, J., *African village*. Pretoria, 1956.

Wentzel, P.J., *A History of the Kalanga*. Volume I-III. Pretoria, 1983.

Hoofstuk 2

Beyers, Coenraad, *Die Kaapse patriotte*. Pretoria, 1967.

Böeseken, Anna, *Die nuusbode*. Kaapstad, 1966.

Böeseken, Anna, *Jan van Riebeeck en sy gesin*. Kaapstad, 1974.

Böeseken, Anna, *Simon van der Stel en sy kinders*. Kaapstad, 1964.

Coertzen, Pieter, *Die Hugenote van Suid-Afrika.* Kaapstad, 1988.
De Kock, W.J., *Portugese ontdekkers om die Kaap.* Kaapstad, 1957.
De Villiers, Anna, *Vrouegalery.* Kaapstad, 1962.
Giliomee, H., *Die Kaap tydens die eerste Britse bewind.* Kaapstad, 1975.
Giliomee, H., *Die Afrikaners: 'n Biografie.* Kaapstad, 2004.
Heese, Hans F., *Groep sonder grense.* Pretoria, 2005.
Hofmeyr, George (red.), *NG Kerk 350.* Wellington, 2002.
Krynauw, D.W., *Beslissing by Blouberg.* Kaapstad, 1999.
Sleigh, Dan, *Die buiteposte.* Pretoria, 2004.

Hoofstuk 3

Shell, Robert, *Children of bondage: A social history of the slave society at the Cape of Good Hope, 1652-1813.* Hannover, 1994.
Shell, Robert, *Slavery at the Cape of Good Hope, 1680-1731.* New Haven, 1986.

Hoofstuk 4

Balie, Isaac, *Die geskiedenis van Genadendal.* Johannesburg, 1988.
Bergh, Johan en Bergh, Annemarie, *Stamme en ryke.* Kaapstad, 1984.
Böeseken, Anna, *Van oorloë en vrede.* Kaapstad, 1983.
Bryer, Lynne en Hunt, Keith, *Die 1820-Setlaars.* Kaapstad, 1984.
Campbell, John, *Travels in South Africa.* Herdruk, Kaapstad, 1974.
Giliomee, H. en Mbenga, B. (reds.), *Nuwe geskiedenis van Suid-Afrika.* Kaapstad, 2007.
Heese, Johan A., *Slagtersnek en sy mense.* Kaapstad, 1973.
Marais, J.S., *The Cape Coloured people, 1652-1937.* Johannesburg, 1968.
Metrowich, Frederick C., *Frontier flames.* Kaapstad, 1968.
Milton, John, *The edges of war.* Kaapstad, 1983.
Rivett-Carnac, Dorothy E., *Hawk's eye.* Kaapstad, 1966.
Van Aswegen, H.J., *Geskiedenis van Suid-Afrika tot 1854.* Pretoria, 1990.

Hoofstukke 5, 6 en 7

Du Bruyn, J.T., "Die Groot Trek", in Cameron, T. en Spies, S.B. (reds.), *Nuwe geskiedenis van Suid-Afrika in woord en beeld.* Kaapstad, 1986.
Duly, L.C., *British land policy at the Cape, 1795-1844: A study of administrative procedures in the Empire.* Durham, 1968.
Duvenage, G.D.J., *Die Groot Trek: Die eerste drie jaar, deel 2 (Die manifes).* Pretoria, 1987.
Duvenage, G.D.J., *Van die Tarka na die Transgariep.* Pretoria, 1981.
Giliomee, H. en Mbenga, B. (reds.), *Nuwe geskiedenis van Suid-Afrika.* Kaapstad, 2007.
Hamilton, Carolyn (red.), *The Mfecane aftermath: Reconstructive debates in Southern African history.* Johannesburg, 1995.
Liebenberg, B.J., *Andries Pretorius in Natal.* Pretoria, 1977.
Muller, C.F.J., *Die oorsprong van die Groot Trek.* Kaapstad, 1974.
Oberholster, J.J., "A.H. Potgieter", in *Suid-Afrikaanse biografiese woordeboek I.* Kaapstad, 1968.
Thom, H.B., *Die lewe van Gert Maritz.* Kaapstad, 1965.

Tromp, A.H., "J.J. Janse van Rensburg", in *Suid-Afrikaanse biografiese woordeboek I.* Kaapstad, 1968.

Van Aswegen, H.J., *Geskiedenis van Suid-Afrika tot 1854.* Pretoria, 1988.

Van der Merwe, P.J., "Die Matebeles en die Voortrekkers", in *Argiefjaarboek, 1986, deel 2.* Pretoria, 1968.

Visagie, Jan C., *Voortrekkerstamouers 1835-1845.* Tweede uitgawe, Pretoria, 2011.

Hoofstuk 8

Bergh, J.S. (red.), *Geskiedenisatlas van Suid-Afrika: Die vier noordelike provinsies.* Pretoria, 1999.

Davenport, T.R.H. en Saunders, C., *South Africa: A modern history.* Londen, 2000.

Delius, P., *The land belongs to us: The Pedi polity, the Boers and the British in the nineteenth century.* Johannesburg, 1983.

Grobler, J., *Uitdaging en antwoord: 'n Vars perspektief op die evolusie van die Afrikaners.* Pretoria, 2007.

Giliomee, H., *Die Afrikaners: 'n Biografie.* Kaapstad, 2004.

Giliomee, H. en Mbenga, B. (reds.), *Nuwe geskiedenis van Suid-Afrika.* Kaapstad, 2007.

Laband, J., *Rope of sand: The rise and fall of the Zulu kingdom in the nineteenth century.* Londen, 1995.

Shillington, K., *The colonisation of the Southern Tswana, 1870-1900.* Johannesburg, 1985.

Hoofstuk 9

Callinicos, L., *Gold and workers 1886-1924,* Vol. I. Johannesburg, 1985.

Callinicos, L., *Working life 1886-1940: Factories, townships and popular culture on the Rand,* Vol. II. Johannesburg, 1987.

Coleman, F.L. (red.), *Economic history of South Africa.* Pretoria, 1983.

Keegan, T.J., *Rural transformation in industrializing South Africa: The southern Highveld to 1914.* Johannesburg, 1986.

Trebilcock, C., *The industrialization of the continental powers 1780-1914.* Londen, 1981.

Turrell, R.V., *Capital and labour on the Kimberley diamond fields, 1871-90.* Cambridge, 1987.

Van Onselen, C., *New Babylon new Nineveh: Everyday life on the Witwatersrand 1886-1914.* Johannesburg, 1982.

Van Zyl, D., *Die ontdekking van rykdom: Aanvangstadium van die Industriële Revolusie in Suider-Afrika 1870-1899.* Kaapstad, 1986.

Hoofstuk 10

Coleman, F.L. (red.), *Economic history of South Africa.* Pretoria, 1983.

De Kiewiet, C.W., *A history of South Africa, social and economic.* Londen, 1941.

Feinstein, C., *An economic history of South Africa: conquest, discrimination and development.* Cambridge, 2005.

Jones, F.S., *The great imperial banks in South Africa: A study of the business of Standard Bank and Barclays Bank, 1861-1961.* Pretoria, 1992.

Keegan, T.J., *Rural transformation in industrializing South Africa: The southern Highveld to 1914.* Johannesburg, 1986.

Marks, S. en Atmore, A., *Economy and society in pre-industrial South Africa*. Londen, 1980.

Marks, S. en Rathbone, R., *Industrialisation and social change in South Africa: African class formation, culture and consciousness, 1870-1930*. Londen, 1982.

Müller, A.L., *Die ekonomiese geskiedenis van Suid-Afrika*. Pretoria, 1977.

Schumann, C.G.W., *Structural changes and business cycles in South Africa, 1806-1936*. Londen, 1938.

Wilson, M. en Thompson, L. (reds.), *The Oxford history of South Africa*. Vol.1. Oxford, 1969.

Hoofstuk 11

D'Assonville, V.E., *S.J. du Toit*. Weltevredenpark, 1999.

Davenport, Rodney, *The Afrikaner Bond, 1880-1911*. Kaapstad, 1966.

Tamarkin, Mordechai, *Cecil Rhodes and the Cape Afrikaners*. Londen, 1996.

Zietsman, P.H., *Die taal is gans die volk*. Pretoria, 1992.

Hoofstuk 12

Nasson, Bill, *The war for South Africa: The Anglo-Boer War 1899-1902*. Kaapstad, 2010.

Pakenham, Thomas, *Die Boere-oorlog*. Johannesburg, 1981.

Pretorius, Fransjohan, *Die Anglo-Boereoorlog 1899-1902*. Kaapstad, 1998.

Pretorius, Fransjohan, *The A to Z of the Anglo-Boer War*. Lanham, 2010.

Warwick, Peter en Spies, S.B. (reds.), *The South African War: The Anglo-Boer War 1899-1902*. Londen, 1980.

Hoofstuk 13

Brits, Jacob P., *Op die vooraand van apartheid: Die rassevraagstuk en die blanke politiek in Suid-Afrika, 1939-1948*. Pretoria, 1994.

Liebenberg, Ben J. en Spies, S.B. (reds.), *South Africa in the twentieth century*. Pretoria, 1993.

Odendaal, André, *Vukani Bantu! The beginnings of black protest politics in South Africa to 1912*. Kaapstad, 1984.

Paton, Alan, *Hofmeyr*. Kaapstad, 1964.

Scholtz, G.D., *Generaals Hertzog en Smuts en die Britse Ryk*. Johannesburg, 1975.

Thompson, Leonard, *The unification of South Africa, 1902-1910*. Oxford, 1960.

Hoofstuk 14

Booyens, Bun, *Die lewe van D.F. Malan: Die eerste veertig jaar*. Kaapstad, 1969.

Giliomee, H., *Die Afrikaners: 'n Biografie*. Kaapstad, 2004.

Kannemeyer, J.C., *Langenhoven: 'n Lewe*. Kaapstad, 1995.

Geyser, O. en Marais, A.H., *Die Nasionale Party*. Vol. 1. Pretoria, 1975.

Muller, C.F.J., *Sonop in die suide: Geboorte en groei van Nasionale Pers*. Kaapstad, 1990.

Muller, Tobie, *'n Inspirasie vir jong Suid-Afrika*. Kaapstad, 1925.

Hoofstuk 15

O'Meara, Dan, *Volkskapitalisme: Class, capital and ideology in the development of Afrikaner nationalism, 1934-1948*. Cambridge, 1983.

Sadie, J.L. *The economic demography of South Africa.* Doktorale tesis: Universiteit Stellenbosch, 2000.

Steyn, J.C., *'n Tuiste in eie taal.* Kaapstad, 1980.

Steyn, J.C., *N.P. van Wyk Louw: 'n Lewensverhaal.* Kaapstad, 1998.

Thom, H.B., *Dr. D.F. Malan.* Kaapstad, 1980.

Hoofstuk 16

Grobler, J., *A decisive clash? A short history of black protest politics in South Africa 1875-1976.* Pretoria, 1988.

Karis, T., Carter, G.M. en Gerhart, G. (reds.), *From protest to challenge.* 5 Vols. Stanford, 1972-1997.

Lodge, T., *Black politics in South Africa since 1945.* Johannesburg, 1983.

Odendaal, A., *Vukani Bantu! The beginnings of black protest politics in South Africa to 1912.* Kaapstad, 1984.

Roux, E., *Time longer than rope: A history of the black man's struggle for freedom in South Africa.* Madison, 1966.

Walshe, P., *The rise of African nationalism in South Africa: The African National Congress 1912-1952.* Berkeley, 1971.

Hoofstuk 17

Botha, J., *Verwoerd is dead.* Kaapstad, 1967.

Hallett, R., *The burden of black grievances: Soweto and Cape Town, 1976.* Kaapstad, 1977.

McLennan, B., *Apartheid: The lighter side.* Kaapstad, 1950.

Munger, E. (red.), *The Afrikaners.* Kaapstad, 1979.

Sampson, N., *Mandela: The authorised biography.* Londen, 1999.

Suttner, R. en Cronin, J., *30 Years of the Freedom Charter.* Johannesburg, 1985.

Hoofstuk 18

Botha, M.C., *Die swart vryheidspaaie.* Johannesburg, 1981.

Cockram, Gail-Maryse, *Vorster's foreign policy.* Pretoria, 1970.

Dawie en Ries, Alf, *John Vorster:10 jaar.* Kaapstad, 1976.

D'Oliveira, John, *Vorster: Die mens.* Johannesburg, 1977.

Du Pisani, J.A., *John Vorster en die verlig/verkrampstryd: 'n Studie van die politieke verdeeldheid in Afrikanergeledere, 1966-1970.* Bloemfontein, 1988.

Geyser, O. (red.), *Geredigeerde toesprake van die sewende eerste minister van Suid-Afrika, Deel 1: 1953-1974.* Bloemfontein, 1976.

Rhoodie, Eschel, *Die ware Inligtingskandaal.* Pretoria, 1984.

Schoeman, B.M., *Vorster se 1000 dae.* Kaapstad, 1974.

Serfontein, J.H.P., *Die verkrampte aanslag.* Kaapstad, 1970.

Terblanche, H.O., *John Vorster: OB-generaal en Afrikanervegter.* Roodepoort, 1983.

Hoofstuk 19

Gerhart, G.M., *Black power in South Africa.* Berkeley, 1977.

Grobler, J., *A decisive clash? A short history of black protest politics in South Africa 1875-1976.* Pretoria, 1988.

Karis, T., Carter, G.M. en Gerhart, G. (reds.), *From protest to challenge.* 5 Vols. Stanford, 1972-1997.

Liebenberg, I. (et al., reds.), *The long march: The story of the struggle for liberation in South Africa.* Pretoria, 1994.

Lodge, T., *Black politics in South Africa since 1945.* Johannesburg, 1983.

Mandela, N., *Long walk to freedom.* Londen, 1994.

Ministerie van onderwys, *Every step of the way: The journey to freedom in South Africa.* Kaapstad, 2004.

Seekings, J., *The UDF: The United Democratic Front in South Africa, 1983-1991.* Kaapstad, 2000.

South African Democracy Education Trust, *The road to democracy in South Africa.* Vol. 1 *(1960-1970).* Kaapstad, 2004.

Hoofstuk 20

De Villiers, Dirk en Johanna, *PW.* Kaapstad, 1984.

O'Meara, Dan, *Forty lost years: The apartheid state and the politics of the National Party.* Johannesburg, 1996.

Pottinger, Brian, *The imperial presidency.* Johannesburg, 1988.

Ries, Alf en Dommisse, Ebbe, *Broedertwis.* Kaapstad, 1982.

Sadie, J.L. *The fall and rise of the Afrikaner in the South African economy.* Stellenbosch, 2002.

Slabbert, F. van Zyl, *The last white parliament.* Johannesburg, 1985.

Welsh, David, *The rise and fall of apartheid.* Johannesburg, 2009.

Hoofstuk 21

Butler, Anthony, *Cyril Ramaphosa.* Johannesburg, 2008.

De Klerk, F.W., *Die laaste trek: 'n Nuwe begin.* Kaapstad, 1998.

Friedman, Steven, *The long journey.* Johannesburg, 1993.

Giliomee, H., *The best-laid schemes; Afrikaner leaders and the annihilation of distance.* Kaapstad, geoormerk vir publikasie in 2012.

Mandela, Nelson, *No easy walk to freedom.* Johannesburg, 1994.

Papenfus, Theresa, *Pik Botha en sy tyd.* Pretoria, 2010.

Temkin, Ben, *Buthelezi: A biography.* Londen, 2003.

Wessels, Leon, *Die einde van 'n era.* Kaapstad, 1994.

Hoofstuk 22

Giliomee, H., *Die Afrikaners: 'n Biografie.* Kaapstad, 2004.

Kinghorn, Johann (red.), *Die NG Kerk en apartheid.* Johannesburg, 1986.

Lipton, Merle, *Capitalism and apartheid.* Aldershot, 1986.

Moodie, Dunbar, *The rise of Afrikanerdom.* Berkeley, 1975.

Hoofstuk 23

De Gruchy, J.W., *The church struggle in South Africa*. Kaapstad, 1982.

Dreyer, W.A., *Nederduitsch Hervormde Kerk van Afrika (1652-1902)*. Pretoria, 1999.

Hofmeyr, G.S. (red.), *NG Kerk 350: Eenhonderd bakens in die geskiedenis van die Nederduitse Gereformeerde Kerk (1652-2002)*. Wellington, 2000.

Hofmeyr, J.W. en Pillay, G.J., *A history of Christianity in South Africa*. Pretoria, 1994.

Loff, C.J.A., *Bevryding tot eenwording: Die NG Sendingkerk in Suid-Afrika 1881-1994*. Kampen, 1998.

Spoelstra, B., *Die Doppers in Suid-Afrika (1760-1899)*. Kaapstad, 1963.

Van der Watt, P.B., *Die Nederduitse Gereformeerde Kerk (1652-1975) (4 Bande)*. Pretoria, 1976-1987.

Hoofstuk 24

Coleman, F.L. (red.), *Economic history of South Africa*. Pretoria, 1983.

Feinstein, C., *An economic history of South Africa: Conquest, discrimination and development*. Cambridge, 2005.

Houghton, H., *The South African economy*. Kaapstad, 1976.

Jones, S. en Muller, A., *The South African economy, 1910-1990*. Basingstoke, 1992.

Jones, S., *The decline of the South African economy*. Cheltenham, 2002.

Kenwood, A.G. en Lougheed, A.L., *The growth of the international economy*. Vierde uitgawe, Londen, 1999.

Nattrass, J., *The South African economy: Its growth and change*. Kaapstad, 1982.

"The South African economy in the 1980s". Spesiale uitgawe: *The South African journal of economic history*, 9(2), 1994.

"The South African economy in the 1990s". Spesiale uitgawe: *The South African journal of economic history*, 18(1 & 2), 2003.

Hoofstuk 25

Baskin, J., *Striking back: A history of Cosatu*. Johannesburg, 1991.

Callinicos, L., *Working life 1886-1940: Factories, townships and popular culture on the Rand*, Vol. II. Johannesburg, 1987.

Du Toit, M.A., *South African trade unions: History, legislation, policy*. Johannesburg, 1976.

Greenberg, S.B., *Race and state in capitalist development: Comparative perspectives*. New Haven, 1980.

Hepple, A., *South Africa: A political and economic history*. Londen, 1966.

Katz, E.N., *A trade union aristocracy: A history of white workers in the Transvaal and the general strike of 1913*. Johannesburg, 1976.

Lewis, J., *Industrialisation and trade union organisation in South Africa, 1924-55: The rise and fall of the South African Trades and Labour Council*. Cambridge, 1984.

Luckhardt, K. en Wall, B., *Organise or starve! The history of the South African Congress of Trade Unions*. Londen, 1980.

Visser, W.P., *Van MWU tot Solidariteit: Geskiedenis van die Mynwerkersunie, 1902-2002*. Pretoria, 2008.

Hoofstuk 26

Beinart, William en McGregor, JoAnn (reds.), *Social history and African environments*. Oxford, 2003.

Dovers, Stephen, Edgecombe, Ruth en Guest, Bill (reds.), *South Africa's environmental history: Cases and comparisons*. Kaapstad, 2003.

Du Pisani, J.A., "Storie van die natuur: Omgewingsgeskiedenis as groeiende navorsingsveld", in *Historia*, 49(2), November 2004, pp. 3-21.

McNeill, J.R., *Something new under the sun: An environmental history of the twentieth-century world*. Londen, 2000.

Pretorius, Fransjohan, "Die invloed van landskap op die Anglo-Boereoorlog", in Le Roux, Schalk en De Villiers, André (reds.), *Essays oor die Suid-Afrikaanse landskap*, pp. 35-47. Pretoria, 2003.

Steyn, Phia, "Industry, pollution and the apartheid state in South Africa", in *History Teaching Review Year Book*, Vol. 22, 2008.

Steyn, Phia, "Popular environmental struggles in South Africa, 1972-1992", in *Historia*, 47(1), Mei 2002, pp. 125-158.

Steyn, Phia. "Environmental management in South Africa: Twenty years of governmental response to the global challenge, 1972-1992", in *Historia*, 46(1), Mei 2001, pp. 25-53.

Hoofstuk 27

Bond, John, *They were South Africans*. Kaapstad, 1956.

De Villiers, André, *English-speaking South Africa today*. Kaapstad, 1976.

Lambert, John, "Britishness, South Africanness and the First World War", in Buckner, Phillip en Francis, R. Douglas (reds.), *Rediscovering the British world*. Calgary, 2005.

Lambert, John, "The thinking is done in London: South Africa's English-language press and imperialism", in Kaul, Chandrika (red.), *Media and the British Empire*, Londen, 2006.

Lambert, John, "'An unknown people': Reconstructing British South African identity", in *The Journal of Imperial and Commonwealth History*, 37(4), Des. 2009, pp. 599-617.

Thompson, Paul S., *Natalians first: Separatism in South Africa, 1909-1961*. Johannesburg, 1990.

Hoofstuk 28

Adam, H., Slabbert, F. van Zyl en Moodley, K., *Comrades in business: Post-liberation politics in South Africa*. Kaapstad, 1997.

Beinart, W., *Twentieth-century South Africa*. Tweede uitgawe, Oxford, 2001.

Brits, J.P., *Modern South Africa: From Soweto to democracy*. Pretoria, 2005.

Daniel, J., Habib, A. en Southall, R. (reds.), *State of the nation: South Africa 2003-2004*. Kaapstad, 2003.

De Klerk, F.W., *The last trek – A new beginning: The autobiography*. Londen, 1998.

Fourie, L., Landman, J.P. en Schoombee, P. (reds.), *"South Africa, how are you?"*. Paarl, 2002.

Gevisser, Mark, *Thabo Mbeki: The dream deferred*. Johannesburg, 2007.

Giliomee, H., *Die Afrikaners: 'n Biografie*. Kaapstad, 2004.

Giliomee, H. en Mbenga, B. (reds.), *Nuwe geskiedenis van Suid-Afrika*. Kaapstad, 2007.

Giliomee, H. en Simkins, C. (reds.), *The awkward embrace: One-party domination and democracy.* Kaapstad, 1999.

Gumede, W.M., *Thabo Mbeki and the battle for the soul of the ANC.* Kaapstad, 2005.

Harber, A. en Ludman, B. (reds.), *Weekly Mail & Guardian A-Z of South African politics: The essential handbook, 1995.* Londen, 1995.

Landsberg, C. en Mackay, A. (reds.), *Southern Africa post-apartheid? The search for democratic governance.* Kaapstad, 2004.

Lodge, T., *Politics in South Africa: From Mandela to Mbeki.* Kaapstad, 2002.

Southall, R. (red.), *Opposition and democracy in South Africa.* Londen, 2002.

Sparks, A., *Beyond the miracle: Inside the new South Africa.* Johannesburg, 2003.

Thompson, L., *A history of South Africa.* Derde uitgawe, New Haven, 2001.

Venter, A. (red.), *Government and politics in the new South Africa: An introductory reader to its institutions, processes and policies.* Tweede uitgawe, Pretoria, 2001.

Internetbronne:

www.anc.org.za

www.sahistory.org.za

paul.bullen.com/BullenEthnicism.html

www.labourhistory.org.za

www.ananzi.co.za

Hoofstuk 29

Accone, Darryl en Harris, Karen L., "A century of not belonging: The Chinese in South Africa", in Kuah Pearce, K.E. en Davidson, A. (reds.), *Power of memories: Negotiating belongingness in the Chinese diaspora.* Hongkong, 2008.

Basson, A., *Finish & klaar: Selebi's fall from Interpol to the underworld.* Kaapstad, 2010.

Calland, R., *Anatomy of South Africa: Who holds the power?* Kaapstad, 2006.

Du Toit, F. en Doxtader, E. (reds.), *In the balance: South Africans debate reconciliation.* Johannesburg, 2010.

Du Preez, M. en Rossouw, M., *The world according to Julius Malema.* Kaapstad, 2009.

Feinstein, A., *After the party: A personal and political journey inside the ANC.* Kaapstad, 2007.

Forde, F., *An inconvenient youth: Julius Malema and the "new" ANC.* Johannesburg, 2011.

Gevisser, Mark, *Thabo Mbeki: The dream deferred.* Johannesburg, 2007.

Gordin, J., *Zuma: A biography.* Kaapstad, 2008.

Green, P., *Trevor Manuel: 'n Lewensverhaal.* Kaapstad, 2009.

Gumede, W.M., *Thabo Mbeki and the battle for the soul of the ANC.* Tweede uitgawe, Kaapstad, 2007.

Gumede, W.M. en Dikeni, L., *The poverty of ideas: South African democracy and the retreat of intellectuals.* Johannesburg, 2009.

Harris, Karen L., "Accepting the group, but not the area: The South African Chinese and the Group Areas Act", in *South African Historical Journal,* Vol. 40, 1999, pp. 179-201.

Harris, Karen L., "Sugar and gold: Indentured Indian and Chinese labour in South Africa", in *Journal of Social Studies,* Nov. 2010, pp. 147-158.

Harris, Karen L., "'Whiteness', 'Blackness', 'Neitherness': The South African Chinese: A study in identity politics", in *Historia*, 47(1), Mei 2002, pp. 105-124.

Hermann, Dirk, *Die keiser is kaal: Waarom regstellende aksie misluk het*. Pretoria, 2007.

Holden, P., *The arms deal in your pocket*. Kaapstad, 2008.

Johnson, R.W., *South Africa's brave new world: The beloved country since the end of apartheid*. Londen, 2009.

Le Roux, M., *Misadventures of a Cope volunteer: My crash course in politics*. Kaapstad, 2010.

Leon, Tony, *On the contrary*. Kaapstad, 2009.

Misra-Dexter, N. en February, J. (reds.), *Testing democracy: Which Way is South Africa going?* Kaapstad, 2010.

Pottinger, Brian, *The Mbeki legacy*. Kaapstad, 2008.

Ramphele, M., *Laying ghosts to Rest: Dilemmas of the transformation in South Africa*. Kaapstad, 2008.

Russell, A., *After Mandela: The battle for the soul of South Africa*. Kaapstad, 2010.

Southall, R. en Daniel, J., *Zunami! The 2009 South African elections*. Johannesburg, 2009.

Yap, M. en Man, D., *Colour, confusion and concessions: The history of the Chinese in South Africa*, Hongkong, 1996.

Skrywersbiografieë

FRANSJOHAN PRETORIUS (redakteur) is professor in geskiedenis aan die Universiteit van Pretoria. Hy het al ses boeke oor die Anglo-Boereoorlog geskryf en as redakteur van nog drie opgetree, waarvan die meeste in sowel Afrikaans as Engels verskyn het. Sy jongste boek is *The A to Z of the Anglo-Boer War*. Hy het verskeie toekennings vir sy werk ontvang, onder meer die Stalsprys vir Kultuurgeskiedenis van die Suid-Afrikaanse Akademie vir Wetenskap en Kuns en die Recht Malanprys vir *Kommandolewe tydens die Anglo-Boereoorlog 1899-1902*. Vir die Engelse vertaling, *Life on commando during the Anglo-Boer War 1899-1902*, was hy naaswenner van die *Sunday Times* Alan Paton-toekenning. Hy is voorsitter van die Geskiedeniskommissie van die Suid-Afrikaanse Akademie vir Wetenskap en Kuns.

W.S. (BARNIE) BARNARD het in 1995 geëmeriteer as professor in geografie aan die Universiteit van Stellenbosch. Hy was die skrywer van 'n agttal boeke, was president van die Geografiese Vereniging van Suid-Afrika en het die Stalsprys vir Geografie van die Suid-Afrikaanse Akademie vir Wetenskap en Kuns ontvang. Hy is in 2010 oorlede.

WILLIAM BEINART is Rhodes Professor of Race Relations aan die Universiteit van Oxford. Sy navorsingsveld is Suider-Afrikaanse geskiedenis en omgewingsgeskiedenis. Hy is die skrywer van *Twentieth-century South Africa* en *The rise of conservation in South Africa, 1770-1950*, en is ook mederedakteur van *Social history and African environments*. Hy is president van die African Studies Association of the United Kingdom.

JAPIE BRITS is emeritusprofessor in geskiedenis aan die Universiteit van Suid-Afrika. Sy studieveld is die Suid-Afrikaanse geskiedenis van die 20ste en 21ste eeu. Uit sy pen het ses boeke verskyn, waaronder *Tielman Roos: Political prophet or opportunist?* en *Op die vooraand van apartheid: Die rassevraagstuk en die blanke politiek in Suid-Afrika, 1939-1948*.

JOHAN DE VILLIERS is emeritusprofessor en navorsingsgenoot aan die Universiteit van Zoeloeland waar hy departementshoof van geskiedenis was. Hy was voorheen aan die Randse Afrikaanse Universiteit en die Universiteit van die Wes-Kaap verbonde. Sy navorsing dek die terrein van militêre en sosiaal-kulturele Suid-Afrikaanse geskiedenis.

KOBUS DU PISANI het betrekkings as navorser en dosent aan vier universiteite in Suid-Afrika en Suid-Korea beklee en is tans professor in geskiedenis op die Potchefstroomkampus van die Noordwes-Universiteit. Hy beskik oor nagraadse kwalifikasies in geskiedenis en omgewingswetenskappe en het navorsingsprojekte oor politieke, geslags- en omgewingsgeskiedenis onderneem. Hy werk aan 'n biografie van B.J. Vorster.

HERMANN GILIOMEE was dosent aan die Universiteit van Stellenbosch en die Universiteit van Kaapstad waar hy professor in politieke studies was. Sy publikasies sluit in *The Afrikaners: Biography of a people* (in Afrikaans vertaal as *Die Afrikaners: 'n Biografie*), *Nog altyd hier gewees: Die verhaal van 'n Stellenbosse gemeenskap* en *Kruispad vir Afrikaans; 'n Vaste plek vir Afrikaans: Taaluitdagings op kampus*. Hy is mederedakteur van *New history of South Africa/Nuwe geskiedenis van Suid-Afrika*.

JACKIE GROBLER is 'n senior lektor in geskiedenis aan die Universiteit van Pretoria. Hy het sy doktorsgraad verwerf met 'n tesis oor die Eerste Vryheidsoorlog (1880-1881). Hy is die skrywer van vyf boeke oor uiteenlopende onderwerpe. Op kultuurgebied is hy 'n aktiewe lid van Die Voortrekkers en hy dien op die direksie van die Voortrekkermonument-maatskappy, asook van die Erfenisstigting.

KAREN L. HARRIS is professor in die departement historiese en erfenisstudies aan die Universiteit van Pretoria. Sy is ook direkteur van dié universiteit se argief. Sy is die president van die Historiese Genootskap van Suid-Afrika en 'n uitvoerende raadslid van die International Society for the Study of Chinese Overseas (ISSCO). Haar navorsingsterrein is Chinese studies.

JOHANNES W. (HOFFIE) HOFMEYR is emeritusprofessor in kerkgeskiedenis aan die Universiteit van Pretoria. Hy is tans buitengewone professor in teologie aan die Universiteit van die Vrystaat, die evangeliese teologiese fakulteit van Leuven (België) en die Liverpool Hope-universiteit (Engeland). Sy navorsingsterreine is die post-reformasie in die Nederlandse kerkgeskiedenis en die hedendaagse Suid-Afrikaanse kerkgeskiedenis. Van sy belangrikste publikasies is *Die Nederlandse Nadere Reformasie en sy invloed op twee kontinente*; en *A history of Christianity in South Africa*. Hy is medehoofredakteur van *NG Kerk 350* en *African Christianity: An African story*.

JAN-JAN JOUBERT is politieke redakteur van die Johannesburgse dagblad *Beeld*. Hy lewer sedert 2001 verslag uit die parlementêre persgalery in Kaapstad. Hy het 'n honneursgraad in geskiedenis (cum laude) aan die Universiteit van die Vrystaat verwerf.

ALAN KIRKALDY is dosent in geskiedenis aan die Universiteit van Rhodes en sy navorsingsveld is die kwessies rondom omgewingsreg. *Capturing the soul: The Vhavenda and the missionaries, 1870-1900* het in 2005 uit sy pen verskyn.

JOHN LAMBERT is emeritusprofessor en navorsingsgenoot in geskiedenis aan die Universiteit van Suid-Afrika. Hy het uitgebreid oor die sosio-ekonomiese en politieke geskiedenis van koloniale Natal asook oor die identiteit en geskiedenis van wit Engelssprekende Suid-Afrikaners gepubliseer. Hy is veral betrokke by studies oor Britswees ("Britishness studies") en die verhouding tussen Britswees en 'n Suid-Afrikanisme in die Engelssprekende gemeenskap.

ANDRIE MEYER is al sedert 1966 aan die Universiteit van Pretoria verbonde en hy behaal die grade BA(BK), BA Honores, MA en DPhil. Gedurende sy loopbaan as navorser, senior lektor en professor, asook waarnemende hoof in die departement argeologie, spesialiseer hy in navorsing oor die kultuurerfenis van Afrika.

DAVID SCHER is 'n senior lektor in geskiedenis aan die Universiteit van die Wes-Kaap. Hy spesialiseer in politieke en konstitusionele geskiedenis en het uitgebreid oor die Suid-Afrikaanse politiek van voor- en ná-1948 gepubliseer. Sy doktorale proefskrif was oor die ontkiesering van bruin stemgeregtigdes in die tydperk 1948-1956. Sy MA-verhandeling is in 1979 gepubliseer met die titel *Donald Molteno: Dilizintaba: He who removes mountains.*

LEOPOLD SCHOLTZ het aan die Universiteit van Stellenbosch, die Randse Afrikaanse Universiteit (RAU) en die Universiteit van Leiden gestudeer waar hy in 1978 'n doktorsgraad in geskiedenis verwerf het. Ná 'n paar jaar as dosent aan die RAU het hy hom in die joernalistiek begeef en hy is tans Media24 se korrespondent in Europa. Hy is die skrywer of medeskrywer van vier boeke en 40 artikels in geakkrediteerde akademiese tydskrifte. Hy was tot onlangs ook 'n kaptein in die Suid-Afrikaanse Nasionale Weermag se reservemag.

ROBERT SHELL is buitengewone professor in historiese demografie aan die Universiteit van die Wes-Kaap. In 2003 het hy vir ses maande die Nelson Mandela Leerstoel vir Afrikastudies aan die Jawaharlal Nehru-Universiteit in New Delhi, Indië, beklee. Hy het uitgebreid oor slawerny, Islam en vigs in Afrika geskryf. Sy gepubliseerde werke sluit in *Children of bondage: A social history of slavery at the Cape of Good Hope.*

PHIA STEYN is dosent in geskiedenis aan die Universiteit van Stirling, Skotland. Sy fokus op omgewingsgeskiedenis van Suider- en Wes-Afrika sedert 1945. Sy is sekretaresse van die European Society for Environmental History.

ELIZE S. VAN EEDEN is as professor in geskiedenis verbonde aan die Vaaldriehoekkampus van die Noordwes-Universiteit. Sy is die outeur van talle artikels en boeke. Sy doen tans navorsing in streeksgerigte multi-dissiplinêre omgewingsprojekte. Sy is voorsitter van die Suid-Afrikaanse Vereniging vir Geskiedenisonderrig en is redakteur van die wetenskaplike tydskrifte *Yesterday & Today* en *New Contree.* Sy dien ook op ander nasionale en internasionale bestuurskomitees.

GRIETJIE VERHOEF is professor in rekeningkunde en ekonomiese geskiedenis, asook direkteur van die Suid-Afrikaanse Sentrum vir Rekeningkunde Geskiedenis aan die Universiteit van Johannesburg. Haar spesialisasiegebied is die sakegeskiedenis van groot besighede in Suid-Afrika, Afrikanersakekonglomerate en die geskiedenis van die versekerings- en bankwese in Suid-Afrika. Sy het verskeie artikels en hoofstukke in boeke gepubliseer. Sy is adjunkpresident van die Internasionale Ekonomiese Geskiedenisvereniging.

JAN VISAGIE is 'n afgetrede geskiedenisdosent en 'n navorsingsgenoot van die departement geskiedenis aan die Universiteit van Stellenbosch. Hy is die skrywer van vyf boeke en het ook talle hoofstukke in boeke bygedra. Een van sy onlangse publikasies is *Voortrekkerstamouers 1835-1845*.

WESSEL VISSER is 'n senior lektor in geskiedenis aan die Universiteit van Stellenbosch. Sy navorsingsterrein is Suid-Afrikaanse arbeids- en vakbondgeskiedenis in die 20ste eeu. Sy boek *Van MWU tot Solidariteit: Die geskiedenis van die Mynwerkersunie, 1902-2002* het in 2008 verskyn.

Register

Lightning Source UK Ltd.
Milton Keynes UK
UKOW06f1913121216
289833UK00007B/279/P